# 云南省法检两院录用工作人员考试法律专业知识教程

主　编　马慧娟
副主编　马才华　李婉琳　张　玲

云南大学出版社

# 编 委 会

主　编：马慧娟

副主编：马才华　李婉琳　张　玲

其他参加编写人员：张吟竹　杜爱萍　欧剑菲
　　　　　　　　　　刘艺乒　严　励　何　琦

# 《云南省法检两院录用工作人员考试法律专业知识教程》教材编写说明

第一，关于本教材的背景说明。

自 1996 年云南省公开招录国家公务员、机关工作人员，开始公务员录用的统一考试，2005 年 4 月 27 日《中华人民共和国公务员法》颁布，根据《中华人民共和国公务员法》和中共中央组织部、最高人民法院、最高人民检察院《关于进一步加强地方各级人民法院、人民检察院考试录用工作的通知》（组通字〔2004〕50 号）的有关规定，中共云南省委组织部、云南省高级人民法院、云南省人民检察院于 2005 年 4 月 15 日下发了《关于印发云南省各级人民法院、人民检察院考试录用工作人员实施办法的通知》（云组发〔2005〕7 号），制定了《云南省各级人民法院、人民检察院考试录用工作人员考试大纲》。自 2005 年开始，云南省各级人民法院、人民检察院录用公务员考试工作，从云南省统一的公务员考试中分离出来。

2009 年依照当时《云南省各级人民法院、人民检察院考试录用工作人员考试大纲》编著完成并由云南大学出版社出版发行本《云南省法检两院录用工作人员考试 法律专业知识教程》教材，受到广大考生的好评。

随着社会生活和社会关系的发展变化，中国法制进程不断推进，我国立法步伐加快，法律法规的不断制定修改和完善，使得本教材内容有一定的滞后。另外，经过多年的教学实践检验，该教材表现出来的不足需要改进，修订与补充应该提上正常考试培训日程。为了真正对广大考生参加考试提供指导和帮助，本教材的重新修订显得迫在眉睫。

第二，关于本教材作者的说明。

经过精心挑选，参加本教材编著的作者有云南大学法学院、云南财经大学法学院、昆明理工大学法学院、云南师范大学哲学与政法学院、云南警官学院的马慧娟教授、刘艺乒教授、李婉琳博士、马才华副教授、张吟竹副教授、杜爱萍副教授、张玲副教授、严励老师、何琦老师、何文、李冀骥、蒋步云、秦秀茹等。他们均来自于云南省高等学校，由具有高级职称、最高学历的法学教授、法学博士、法律专家和其他人员组成。同时其中大多数编著作者又都是自 2005 年至今不间断地参加云南大学培训机构，辅导培训考生的专家和教师，多年来的考试辅导教学实践，为本教材的编写、修订和完善积累了丰富的经验，也奠定了坚实的基础。

第三，关于本教材编著的说明。

在本教材编著过程中，各位编著作者根据多年来云南省法检系统录用工作人员的经验，在教材编写上达成高度的共识。尊重《云南省法检系统录用工作人员考试大纲》的要求，力争教材内容与大纲要求保持高度一致，并且按照云南省法检系统工作人员考试录用同步要求，编著完成本教材内容。

另外，在教材中每一章结束，均按照云南省法检系统录用工作人员考试大纲要求的考试题型编写了复习思考题，并附有相应的答案，以期学生在学习完成之后，能够进行有针对性的、有启发的训练，以提高学习效果。

第四，关于本教材新变化部分的说明。

随着社会生活和社会关系的发展变化，中国法制进程不断推进，我国立法步伐加快，法律法规不断制定、修改和完善。尤其自 2013 年后，《云南省 2013 年度（2014 年度）法检系统录用工作人员考试大纲》专门对《民事诉讼法》《刑事诉讼法》新修改的考试内容提出考试要求。"特别提醒：民事诉讼法、刑事诉讼法涵盖《中华人民共和国民事诉讼法》（2012 年修正）、《中华人民共和国刑事诉讼法》（2012 年修正）内容。"所以本教材对 2013 年度、2014 年度大纲中所提出的新要求、新变化的部分，进行专门深入的研究和相应的编写，以期使本教材在法检两院录用工作人员考试应试教育培训过程中切实起到应有的教育指导作用。

马慧娟

2014 年 12 月 6 日

# 目　　录

# 第一章　法理学

## 第一节　法的概念

### 一、法的含义

法是由国家制定、认可并依靠国家强制力保证实施的，以权利和义务为调整机制，以人的行为关系为调整对象，反映由特定物质生活条件所决定的统治阶级（在阶级对立社会）或人民（在社会主义社会）的意志，以确认、保护和发展统治阶级或人民所期望的社会关系和价值目标为目的的行为规范体系。

法律具有广义和狭义两种不同的含义。广义的法律指法律的整体，即包括一国宪法、法律、法令、条例、决议、指示、规章、条约等规范性法律文件和国家认可的惯例、习惯、判例、法理等在内的整体。广义的法律还包括国务院制定的行政法规，省、自治区、直辖市地方国家权力机关以及省、自治区人民政府所在地的市，经济特区所在地的市，经国务院批准的较大的市的地方国家权力机关制定的地方性法规，民族区域自治地方人民代表大会制定的自治条例和单行条例，国务院各部委制定的部门规章，省、自治区、直辖市人民政府以及省、自治区人民政府所在地的市人民政府、经济特区所在地的市人民政府经国务院批准为较大的市的人民政府制定的规章，经批准的国际条约和公约等。狭义的法律是指拥有立法权的国家机关根据法定的权限和程序所制定的规范性文件。在我国，狭义的法律仅指全国人民代表大会及其常委会制定的法律。

### 二、法的现象

现象是事物的外在表现和外部联系，是本质的表现形式。本质与现象相区别是马克思主义认识论的一个重大问题。根据这个基本原理，区分法的现象与法的本质是法学认识的前提。法的现象是指能够凭借经验的、直观的方式可以认识的法的外部联系的总和，是直观的感性对象——法本身；法的本质则是深藏于法的现象背后以至凭借直观的方式无法把握的法的内在联系，是人们对可感知的法的外部联系的真实本源的一种主观把握和理性抽象。法的现象和法的本质是法学认识的统一对象的不同方面。在认识法的本质时，必须首先揭示法的现象。法的现象是具体的、活生生的、无限丰富的。在具体的社会与历史条件下，在不断的发展运动中，各国各民族创造出了丰富多彩的法的表现形式。只有深入到法的现象领域，揭示法的现象之间的联系，才可能正确认识法的本质。其次，法学研究又不能仅仅停留在现象阶段（尽管现象本身同样具有研究价值），而是必须揭示法的本质。抓住了法的本质，就抓住了法的根本。

### 三、法的本质

法的本质可以概括为以下三个层次：

第一，国家意志性。从初级本质上看，法律具有国家意志性，即法律是国家意志的表现。法律由社会的掌权集团或统治阶级根据自身整体意志、共同意志而以国家名义制定、认可、解释，并由他们通过国家力量强加于全社会，要求一体遵行。法律必须体现国家意志，国家意志性是法律的本质属性之一。

第二，阶级性。法律具有阶级性，即法律是统治阶级意志的体现。

第三，物质制约性。从终极本质上看，法律具有物质制约性，即法律所体现的统治阶级意志的内容是由该阶级的物质生活条件所决定的。法律的基础是社会物质生活条件，其中社会生产方式是最具有决定性的因素。

法的本质是由三个层次的属性所构成的有机整体。法律物质制约性表明法在社会结构中处于上层建筑领域；法律阶级性表明法律是统治阶级意志的体现；法律国家意志性表明法律是被上升为国家意志的统治阶级意志。在认识法的本质时，必须始终把握住法的本质的多层次性。

## 四、法的特征

### (一) 规范性

社会规范种类繁多，形式多样，主要包括风俗习惯、宗教规范、道德规范、法律规范、经济规范、社会组织规范、政治规范等等。在社会中，这些规范的目的、功效、功能各不相同，但共同促进了社会的和谐、和平、安宁、稳定。法作为社会规范的一种，其特点乃在于它所调整的是人们之间的相互关系（社会关系）或相互行为，在这一点上，法作为社会规范，不同于思维规范、语言规范，也不同于技术规范。

法律调整的对象是人的行为和社会关系，它通过对人的行为的调控来调整人的社会关系，进而实现社会控制、调整。法律是针对行为而设定的，因而它首先是对行为起作用，首先调整人的行为。这里要特别注意，除了人的行为，法律不调整其他东西，如思想，思想是自由的。

法作为社会规范，如同道德规范、宗教规范一样，具有规范性。法的核心部分就是行为规范。法律之所以有规范性的特点，在于法律规则中包含了假设、行为模式与法律后果三个部分。法律规范中规定有人们的一般行为模式，从而为人们的交互行为提供共同的标准尺度，一个模型、标准或方向。

从效力上看，法具有规范性、概括性，它不是为某个特定的人而制定的，它所适用的对象是不特定的人；它不仅仅适用一次，而是在其生效期内反复适用。

### (二) 国家意志性

法律与国家有关，是出自国家，由国家制定、认可的社会规范。这是指法是由国家行为造就的，国家造就法的方法主要是制定、认可、签约等行为，因而具有国家性、国家意志性的特点。这是法区别于其他社会规范的重要特征。制定、认可、解释是法律的三种主要方式。

所谓制定，是指享有国家立法权的机关，按照一定的权限划分，依照法定的程序将掌握政权阶级的意志转化为法律。通过制定的方式形成的法律就是成文法。法律创制的结果就是规范性法律文件。

所谓认可，是指拥有立法权的国家机关或拥有司法权的国家机关，承认和赋予社会上已有的某种风俗、习惯、判例、法理、政策等法律效力，借以弥补法律规范的漏洞、空白，弥补、克服法律的局限性，使法律适应不断变化的社会现实。国家"认可"的方式通常有三种：一是赋予社会上早已存在的某些一般社会规范（如习惯、经验、道德、宗教、习俗、礼仪）法律效力；二是通过加入国际组织，承认或签订国际条约的方式，认可国际法规范；三是特定国家机关对具体案件做出概括，产生规则或原则，并赋予这种规则或原则法律效力。其中，最常见的是第一种情况。所谓签约，是指国家与其他国家或国际组织签订条约。

法律与国家息息相关，出自国家，这说明法律的统一性、权威性与国家性、国家意志性密切相关，是法律的国家性、国家意志性直接保证了法律的效力。法的统一性说明法在一个国家只能有一个总的法律体系，而且该法律体系内部各规范之间不能相互矛盾。法的表现形式可能是多种多样的（如成文法和不成文法），但这只是形式上的差别，不能因为这种差别而认为一个国家并存二元或多元的法。从体现国家意志的角度讲，法总是一元的。

（三）普遍性

对法的普遍性的理解，主要是针对适用范围而言。法律与其他社会规范的重要区别之一在于它的普遍性。其他社会规范，如习惯、道德规范、宗教规范等，并非在一国范围内对所有人都有效，因为不同地区或不同人群中通行着不同的习惯、道德与宗教规范。法律则是以国家名义制定、认可和解释的，代表的是国家的意志，因此，法是一种在主权范围内的普遍规范。

法具有普遍性，在国家权力管辖范围内普遍有效，是把法作为一个整体而言，并不意味着每一部特定的法律都能在一国全部领域内对所有人生效。就一个国家的具体法律的效力而言，则呈现出不同的情况，不可一概而论。有些法律是在全国范围内生效的（如宪法、民法、刑法），有些则是在部分地区或仅对特定主体生效（如地方性法规、军事法规）。而那些经国家认可的习惯法，其适用范围则可能更为有限。因此，不能将法的普遍性做片面的理解。

（四）强制性

法的调整方式不同于其他社会规范。法律是借助国家强制力的权威，依靠国家暴力机关保证实施的。因此，一个国家、一个社会没有强制力作为保证，是无法真正形成良好的社会秩序的。法律作为一种社会规范、一种社会控制方式，与国家强制力具有一定的联系，是以国家强制力为后盾的。法律的实施、实现，权威和功能的发挥是借助于国家强制力而进行的，国家强制力保证了法律在社会中的功能和作用。

在这里，特别要注意的是正确理解"国家强制力"。首先，法律的强制力不等于纯粹的暴力。法律的强制力是以法定的强制措施和制裁措施为依据的。其次，法律的强制力具有潜在性和间接性。法律的强制性只有在违法行为发生的时候才能体现出来。在社会生活中，更多的情况是人们自觉地遵守法律。最后，国家强制力不是法律实施的唯一保障力量。由于社会生活的多样化，诸如道德、纪律、宗教、舆论等对维护社会秩序有重要的作用，同样，它们对法律实施也具有促进作用。

### （五）程序性

法的程序性是指法律的强制实施都是通过法定时间与法定空间上的步骤和方式而得以进行的。法律的实施虽然是以国家强制力保证的，但它是由国家专门机关依照法定程序执行的。法律的强制如果等于单纯的暴力，那么统治阶级就无须采用法律的形式来进行治理。所以，实施国家暴力必须体现正当性，必须通过合法的方式，即要按照程序性的要求进行，不能逾越法律的界限。

## 五、法的作用

法的作用是指法在社会中所产生的各种影响的总称。

法的作用可以进行不同的划分。其中，依据法在社会生活中作用的形式与内容，分为规范作用与社会作用。从法是一种社会规范的角度看，法具有规范作用，规范作用是法作用于社会的特殊形式；从法的本质和目的看，法又具有社会作用，社会作用是法规制和调整社会关系的目的。

### （一）规范作用

法律的规范作用是指法律作为行为规范，对人们的行为发生的直接影响，对人的行为所起到的保障和约束作用。它主要包括指引作用、评价作用、预测作用、教育作用和强制作用等。

指引作用是指法作为一种行为规范，为人们提供某种行为模式，指引人们可以这样行为、必须这样行为或不得这样行为，从而对行为者本人的行为产生影响。指引作用有两种形式：确定性指引和不确定性指引。确定性指引是指通过设置法律义务，要求人们做出或抑制一定行为，其主要目的是防止人们做出违反法律指明的行为；不确定性指引是指通过授予法律权利，给人们创造一种选择机会，其目的是鼓励人们从事法律所允许的行为。

评价作用是指法律作为人们的行为规则，具有判断和衡量人们对他人行为合法或违法的作用，评价作用的对象是他人的行为。法律以社会价值观念及价值观念体系为基础，以法的规范性、普遍性、统一性、强制性和综合性的标准来评价人们的行为，来判断人们行为的法律意义。法律评价作用是评价人们行为的法律意义，其标准和核心是合法还是不合法，违法还是不违法。这里需要注意，评价标准既有法律，也有道德、纪律等，不能将道德、纪律评价等同于法律的评价。

预测作用是指人们可以预先知晓或估计到人们相互间将如何行为，特别是国家机关及其工作人员将如何对待人们的行为，进而根据这种预知来做出行动安排和计划。人们根据法律，通过预测自己的所作所为及其后果，来确定、安排、协调自己行为的方式、方向、取舍，从而做出选择。所以，法律是人们行为的预测工具，是人们生活的指南针。

教育作用表现在：通过法律的实施，法律规范对人们今后的行为发生直接或间接的诱导影响。

强制作用是指法律通过制裁违法犯罪行为来强制人们遵守法律。强制作用针对的对象是违法者的行为。强制作用的目的在于实现法律上的权利和义务，确保法律的应有权威和尊严，维护正义，建立、维护和发展良性的社会秩序。法律的强制功能是法律存在的最后屏障。

（二）社会作用

法律的社会作用是指法律的社会、政治功能，即法律作为社会关系的调整器，服务于一定的社会政治目的、目标，承担着一定的社会政治使命，形成、维护、实现一定的社会秩序。

1. 维护阶级统治的作用

第一，法律调整统治阶级与被统治阶级之间的关系，镇压敌对阶级的反抗。

第二，法律调整统治阶级的内部关系，促进内部团结，维护自己的整体利益、普遍利益和根本利益。

第三，法律调整统治阶级与同盟者的关系，促进有利于统治阶级的力量对比关系的形成和巩固。

第四，在对外关系中，法律保证国家主权的完整、国家的安全，防御外来干涉和侵略，创造良好的国际环境。

2. 执行社会公共事务的作用

社会公共事务是相对于纯粹的政治活动而言的一类社会活动。其特征是：这些事务的直接目的并不表现为维护政治统治，而在客观上对全社会的一切成员均有利，具有"公益性"。调整社会公共事务的法律，在主要方面体现着社会性。例如，维护人类社会基本生活条件，维护生产和交换的秩序，组织社会化大生产与推进教育、科学、文化的发展等。法执行社会公共事务的作用在本质上与法在维护阶级统治方面的作用并不矛盾，因为，至少从统治阶级的角度看，法律调整和维护社会公共事务方面，在根本上与维护政治统治是一致的。

## 六、法的局限性

法律在社会中具有极为重要的功能和作用，但是，我们在充分认识法的作用的同时，也应该看到法律功能的有限性和局限性。这种局限性主要体现在：

第一，法只是许多社会调整方式中的一种，而不是唯一的一种。有些社会关系需要用纪律、道德、宗教等其他社会规范来进行调整。

第二，法调整社会关系的范围和深度是有限的。法不是万能的，并非任何问题都适用法来调整，如人的情感关系、友谊关系等就不适宜用法来调整。

第三，法律的稳定性和社会生活的灵活性之间的矛盾一直是法律的难题，由于社会生活呈现出无限性，法律对千姿百态、不断变化的社会生活的涵盖性和适应性不可避免地存在一定的限度。

第四，法律作用的正常发挥需要一定的辅助条件。如果相应的制度没有建立，执法、守法人员的素质没有跟上，法律发挥的作用就会大打折扣。

在认识法律的功能和局限性的时候，我们应该树立正确对待法律的态度，坚决反对法律虚无主义、法律无用论，反对法律万能论，反对教条主义，廓清各种迷雾。只有全面地认识法律功能的多样性、复杂性，我们才能真正推进法治事业，推进社会的法制化。

# 第二节　法的要素

## 一、法律规则

（一）法律规则的含义

法律规则是指具体规定人们的权利和义务并设置相应的法律后果的行为准则。

（二）法律规则的逻辑结构

法律规则具有内在的严密的逻辑结构，主要由三个要素组成，即由假定条件、行为模式和法律后果三个部分构成。

1. 假定条件

假定条件是指法律规范中规定的适用该规范的条件和情况，即在一定范围内，具备一定条件时，该法律规范才对人的行为产生效力。它包含两个方面：一是法律规则的适用条件；二是行为主体的行为条件。

2. 行为模式

行为模式是指法律规则中规定人们如何具体行为之方式的部分。它是从人们大量的实际行为中概括出来的法律行为要求，是任何法律规则的核心部分。

行为模式分为三种：

第一，可为模式。可为模式指在什么假定条件下，人们"可以如何行为"的模式。

第二，应为模式。应为模式指在什么假定条件下，人们"应当或必须如何行为"的模式。

第三，勿为模式。勿为模式指在什么假定条件下，人们"禁止或不得如何行为"的模式。

3. 法律后果

法律后果是指法律规则中规定人们在做出符合或不符合行为模式的要求时应承担相应的结果的部分，是法律规则对人们具有法律意义的行为的态度。

法律后果分为两种：

第一，合法后果，又称肯定式的法律后果，是法律规则中规定人们按照行为模式的要求行为，而在法律上予以肯定的后果，它表现为法律规则对人们行为的保护、许可或奖励。

第二，违法后果，又称否定式的法律后果，是法律规则中规定人们不按照行为模式的要求行为，而在法律上予以否定的后果，它表现为法律规则对人们行为的制裁、不予保护、撤销、停止，或要求恢复、补偿等。

（三）法律规则与法律条文的区别

法律条文可以分为规范性条文和非规范性条文。规范性条文是直接表述法律规范（法律规则和法律原则)的条文,非规范性条文是指不直接规定法律规范,而规定某些法律内容的条文。

法律规则是法律条文的内容,法律条文是法律规则的表现形式。二者的关系大致有以下几类情形:一是一个完整的法律规则由数个法律条文来表述;二是法律规则的内容分别由不同规范性法律文件的法律条文来表述;三是一个条文表述不同的法律规则或其要素;四是法律条文仅规定法律规则的某个要素或若干要素。

(四)法律规则的分类

法律规则可以依据不同的标准进行不同的划分。

1. 依据内容的不同,可分为授权性规则和义务性规则

授权性规则是指规定人们有权做一定行为或不做一定行为,以及要求他人为或不为一定行为的规则,即规定人们的"可为模式"的规则。在现代法律中,授权性规则占据首要地位。它又可分为权利性规则和职权性规则。权利性规则是规定自然人、法人或者其他组织权利的规则,对于此种权利,自然人、法人或者其他组织一般可以行使,也可以不行使。职权性规则是规定国家机关职权的规则。国家机关的职权,对于国家机关而言,既是权利(职权),也是义务(职责),所以,必须行使和履行。

义务性规则是直接规定人们必须从事或不从事一定行为的规则。义务性规则的基本特征是具有强行性(强制性)、不利性,没有选择性,不允许人们随意选择。这一规则所使用的语言是应当、应该、必须、不得、禁止、严禁等等。它分为命令性规则、禁止性规则两种。命令性规则是规定人们必须做出某种行为的规则,禁止性规则是规定禁止或严禁人们做出某种行为的规则。

2. 根据法律规则的强制性程度,可分为强行性规则和任意性规则

强行性规则是指内容规定具有强制性质,不允许人们随便加以更改的法律规则。义务性规则、职权性规则属于强行性规则。不管人们意愿如何,强行性规则所规定的义务必须履行,规则必须得到遵守。

任意性规则指规定在一定范围内,允许人们自行选择或协商确定为与不为、为的方式以及法律关系中的权利义务内容的法律规则。在权利性规则中,有些属于任意性规则。

3. 根据法律规则内容是否确定来划分,可分为确定性规则、委任性规则和准用性规则

确定性规则是指内容本已明确肯定,无须再援引或参照其他规则来确定其内容的法律规则。在法律条文中规定的绝大多数法律规则属于此种规则。

委任性规则是指内容尚未确定,而只规定某种概括性指示,由相应的国家机关通过相应途径或程序加以确定的法律规则。

准用性规则是指内容本身没有规定人们具体的行为模式,而是可以援引或参照其他相应内容规定的规则。

## 二、法律原则

(一)法律原则的含义

法律原则是指为法律规则提供某种基础或根源的综合性的、指导性的价值准则或规

范，是法律诉讼、法律程序和法律裁决的确认规范。

**（二）法律原则的种类**

1. 根据法律原则产生的基础，分为公理性原则和政策性原则

公理性原则是从社会关系的本质中产生出来的，得到广泛承认并被奉为法律的公理。它是严格意义上的法律原则，如任何人不得从不当行为中获益、法律面前人人平等。公理性原则在国际范围内具有普遍性。

政策性原则是国家关于社会发展、进步的决策、指示、决定及目的、目标，如实行计划生育等。政策性原则具有针对性、民族性和时代性。

2. 根据法律原则对人们行为及其条件的覆盖面的宽窄和适用范围大小，分为基本法律原则和具体法律原则

基本法律原则是整个法律体系或某一法律部门所适用的、体现法的基本价值的原则。

具体法律原则是在基本原则指导下适用于某一法律部门中特定情形的原则。

**（三）法律原则与法律规则的区别**

第一，在内容上，法律规则的规定是明确具体的，着眼于主体行为及各种条件的共性；法律原则的着眼点不仅限于行为及条件的共性，而且关注它们的个性，其要求比较笼统、模糊和抽象。

第二，在适用范围上，法律规则只适用于某一类型的行为；法律原则对人的行为及其条件有更大的覆盖面和抽象性，适用范围比法律规则广。

第三，在适用方式上，法律规则是以"全有或全无的方式"适用于个案当中；法律原则的适用则不同，它不是以"全有或全无的方式"应用于个案当中，当两个原则在具体的个案中发生冲突时，法官必须根据案件的具体情况及有关背景，在不同强度的原则间做出利益权衡。

第四，在稳定性上，法律规则没有法律原则的稳定性高。法律规则可能因为具体政策的变化而发生变更；而法律原则的变化频率较慢。有些原则（比如法律面前人人平等原则）会伴随着人类文明的发展和时代的变化发生改变。

**三、法律概念**

法律概念是对各种法律事实进行概括，抽象出其中的共同特点而形成的权威性术语或范畴。法律概念应当具有明确性、规范性和统一性的特点。

# 第三节  法的价值

## 一、法的价值的含义

法的价值是指法这种规范体系（客体）有哪些行为人（主体）所重视的性状、属状和作用。

## 二、法的价值的种类

法的价值包含自由价值、秩序价值、利益价值、正义价值等。

在法律价值中，自由是指一定社会中，人们受到法律保障或得到法律认可的按照自己的意志进行活动的人的权利；秩序，在法律意义上讲，是建立在法律方式基础上，通过法律规则，通过法治而形成的社会秩序；利益，就是指人们受客观规律制约，为了满足生存和发展需要而产生的对于一定对象的各种客观需求；正义，在法律意义上讲，就是法律制度的合法性、合理性、正当性，所涉及的、所要解决的问题是法律的公正性、合法性的根据。

（一）自　由

1. 法律自由的主要特征

第一，法律自由是法律下的自由，是通过法律界定、确定的自由。没有法律，就没有自由。

第二，法律自由是法律基础上的自由，是受法律保障、维护的自由，人所享有的自由没有法律保护是无法真正实现的。

第三，法律自由是法律上的权利，与权利往往相同、相通用。

第四，法律自由是相对的、可变的和发展的，而不是绝对的、不变的和固定的。

2. 法律与自由

（1）法以自由为目的。

自由是法律的灵魂和精神，法律的目的、理想、目标、内容、标准都应当包含有自由的内容，都应当体现着人的自由精神，是人的自由需求、自由追求、自由精神的法律表达。正如马克思所说："法典是人民自由的圣经。"只有确认人的权利，维护人的自由，实现保障人的自由的法律，才是真正意义上的法律。法律以自由为目的，具体地说：①法律规范系为确认和保障自己而设立；②法律权利和法律义务系为实现自由而设定；③法律的制定和实施应以自由为出发点和归宿。

（2）自由需要法律保障。

第一，用法律保障自由是保证自由免受侵犯的需要。

第二，用法律保障自由是保证自由不被滥用的需要。

第三，用法律保障自由是宪法的使命，是其他法律、法规的重要追求。

（3）法律确定自由的范围。

第一，法律确定自由的范围是广泛的。法律总是对人们最基本的自由予以法律确定，对一般的自由则通过法律不予禁止的方式赋予。

第二，法律确定自由的量度与边际。自由是有限度的，人们在对自由资源进行分配时有可能产生矛盾和冲突，这就需要对一些基本的自由予以量度，并且划定自由的边际，而不至于彼此冲突和矛盾。

（4）法律保障自由的实现。

法律保障自由的实现方式是多方面、多层次的，其中最为重要的方面体现在：法律为自由与其他价值之间的张力、冲突的解决提供法律准则；法律为人与人之间自由的冲突提供协调机制，促进所有人的自由的共同实现；法律为人们的自由的真正享有、实现提供法定的方式、方法；法律为平等的自由提供保护机制；法律为自由被侵害和干预提供救济机制；等等。

3. 法律对自由的限制

自由是法律的自由，是法律方式的自由，是法律意义上的自由，是受法律限制、束缚的自由，是通过法律实现的自由。因此，人的自由与法律具有内在关联性，法律既是自由的一种保护、实现手段，也是自由的一种限制、约束工具。

法律对自由的合理限制是奠定在一定的原则基础上的。一般认为，法律对自由的合理限制原则主要有：①法律基于社会生活条件的制约而限制自由；②法律为了社会及他人的利益而限制自由；③法律为了行为人自身的利益而限制自由；④法律为了各项自由的协调而限制自由。

总之，法律限制自由不是任意的、随便的，而是有其自身的界限和原则的，否则，就是不合理的限制，就是对自由的干涉。

（二）秩　序

秩序是人类生活的基础，也是人类生活的基本要求。如果没有秩序，人的行为、社会生活、社会关系都将陷入无序状态。法律秩序是一种社会秩序，法律意义上的秩序是建立在法律方式基础上，通过法律规则，通过法治而形成的社会秩序。

秩序是法律的基础价值，但不是法的终极价值。除了秩序以外，法律追求的还有公平、正义、自由、人权、民主等。在法律的秩序价值与其他价值之间，前者是后者的前提和基础，后者是前者的目的和发展。法律的秩序价值是连接法律与法律其他价值的中介，法律的秩序价值是法律价值的基础。

具体而言，法律的秩序价值包括：

第一，维护阶级统治秩序。在阶级社会中，统治阶级通过法律实现其统治。

第二，维护权力运行秩序。无秩序的权力运行对他人和社会造成的损害非常之大，而且极有可能影响到统治阶级的根本利益，所以，法律对权力运行要进行规范。

第三，维护经济秩序。法律通过确认所有制、调控经济活动等，对经济生活进行规范。

第四，维护社会生活秩序。法律划定权力界限，当纠纷产生时，用文明的手段解决纠纷。

第五，通过建立和维护国际社会政治经济新秩序，促进社会和平、发展和进步。

（三）利　益

法律体现的意志背后仍然是各种利益。所谓利益，就是人们为了满足生存和发展而产生的对一定对象的各种客观需求。离开了利益，法无从产生，也无从存在。首先，在法律起源时期，法律的产生是利益分化所致，由此出现了各种利益之间的矛盾。其次，在阶级社会，法律的根本内容是由统治阶级的根本利益所决定的。所以，利益与法的关系非常紧密。

法律通过权利义务机制调整利益。法律对利益的调整表现在：①确认、界定和分配各种利益；②协调各种利益关系；③保障、促进利益的实现；④促进新的利益形成和发展。

在社会主义社会中，法律在协调各种利益关系的时候，必须反映大多数人的利益，同时兼顾少数人的利益。个人在实现利益的同时，不能损害社会公共利益。除此之外，法律在协调利益关系的时候，还需要缩小利益的差距，对社会弱势群体进行保护。

（四）正　义

正义既是人类普遍公认的崇高的价值、理想和目标，也是广泛涉及哲学、伦理、宗教、政治、法律等领域的理念。

法与正义的关系表现在：

1. 正义是法律的基本价值、目标和目的

第一，追求正义是法律的理想、目的，而且是法律首要的和最高的理想与目的。正义不单是一个法律概念、一种法律价值，而且是法律的最根本、最重要的内容。追求正义，实现正义是法律、法治的根本出发点，也是法律、法治的最基本、最崇高的理想。

第二，正义是衡量、评价法律的基本尺度和标准，有什么样的正义观念、理念，就有什么样的法律规范、法律制度和法律秩序。

第三，正义是其他价值的基础，相对于其他价值，正义具有优先性，其他价值都依赖于正义。

第四，正义推动了法律内部结构的完善。正义观念的进步是法律革新转变的前奏，没有正义观念的变化发展，法律的发展、进步就不存在。在推动法律精神的进化、法律地位的提高、法律结构的完善、法律权威的发挥、法律实效的提高方面，正义具有巨大的作用。

2. 法律是正义的保障机制，是实现正义的基本形式和手段

第一，法律通过配置权利和义务以确立正义，促进和保障分配正义。

第二，通过法律运作，惩罚犯罪和罪恶，惩罚非正义行为以伸张正义，实现矫正正义。

第三，通过权利救济机制的建设和运作，法律补偿人们的损失以恢复正义，重建社会正义。

## 三、法的价值冲突及其解决

法的价值是一个多元的庞大体系，其中包含各种准则，不同的阶级、社团、个人在法律实践和法律理论上有不同的价值观念。所谓法的价值冲突，是指不同法的价值准则和价值观念在各自内部与相互之间存在的矛盾。

法的价值冲突是必然存在的，平衡价值冲突的主要原则有：

第一，价值位阶原则。这是指在不同位阶的法的价值发生冲突时，在先的价值优于在后的价值。首先，法的基本价值（如自由、秩序、正义）优于法的一般价值（如效益、利益）；其次，在基本价值之中，自由价值高于正义价值，正义价值高于秩序价值。

第二，个案平衡原则。这是指处在同一位阶上的法的价值发生冲突时，必须综合考虑主体之间的特定情形、需求和利益，以使得个案的解决能够适当兼顾双方的利益。

第三，比例原则。比例原则是指为了保护某种较为优越的法的价值而必须侵害另一种

法的价值时，不得逾越此目的所必要的程度。也就是说，即使某种价值的实现必然会以其他价值的损害为代价，也应当使被损害的价值降到最低程度。

# 第四节　法的效力

## 一、法的效力的含义

法的效力即法律的约束力，指人们应当按照法律规定的那样行为，必须服从。法的效力可以分为规范性法律文件的效力和非规范性法律文件的效力。规范性法律文件的效力，也叫狭义的法的效力，指法律的生效范围或适用范围，即法律对什么人、什么事、在什么地方和什么时间有约束力。

## 二、法的效力范围

### （一）法对人的效力

法的对人效力指法适用于什么人，即对哪些人具有约束力。确定法对人的效力通常遵循以下原则：

（1）属人原则。又称国民主义，即法对具有本国国籍的公民和在本国登记注册的法人适用，而不论他们在本国领域内或在本国领域外。

（2）属地原则。又称领土主义，即凡在本国领域内的所有人都适用本国法，而不论是本国人还是外国人，本国人如不在本国领域内也不受本国法的约束。

（3）保护原则。即以保护本国利益为基础，任何人只要损害了本国利益，不论损害者的国籍和所在地域，均受该国法的追究。

（4）综合或折中原则。即以上三种原则结合而以属地原则为基础的综合性原则。这是当代大多数国家所采用的原则。我国在对象效力范围上采取以属地原则为主的综合原则。

### （二）法的空间效力

法的空间效力是指法律在哪些地域范围内有效。

法的空间效力通常包含两种情况：

第一，在全国范围内有效。一般来讲，一国法律适用于该国主权范围所及的全部领域，包括领陆、领水及其底土和领空，以及作为领土延伸的本国驻外使馆、在外船舶及飞机。

第二，在一定的区域内有效。这有两种情况，一种是地方性法律规范仅在一定的区域内有效，如国家权力机关制定的地方性法规、自治法规；另一种情况是，法律、法规虽然是最高立法机关制定的，但它们本身只在某一地区生效，因而也只在该地区发生法的效力，如全国人大常委会关于经济特区的立法只适用于特区就是这种情况的表现。

### （三）法的时间效力

法律的时间效力是指法律何时生效、何时失效以及法律对生效以前的事件和行为有无溯及力。

1. 法律的生效时间

第一，自法律公布之日起生效。

第二，由法律规定具体生效时间。如 1997 年修订的《刑法》规定："本法自 1997 年 10 月 1 日起施行。"

第三，规定法律公布后一定条件时生效。如《企业破产法（试行）》规定："本法自全民所有制工业企业法实施满 3 个月之日起试行，试行的具体部署和步骤由国务院规定。"

2. 法律终止生效的时间

法律终止生效的时间分为明示废止和默示废止。明示废止是指在新法或其他法律文件中明文规定废止旧法；默示废止即在适用法律上出现新法和旧法冲突时，适用新法而使旧法事实上废止。

3. 法的溯及力

法的溯及力也称法溯及既往的效力，是指法对其生效以前的事件和行为是否适用。如果适用，就具有溯及力；如果不适用，就没有溯及力。法是否具有溯及力，不同国家、不同法律规范之间的情况是不同的。各国大体有这样几种情况：一是从旧原则，即新法没有溯及力；二是从新原则，即新法有溯及力；三是从轻原则，即比较新法与旧法，哪个法处理轻就按哪个法处理；四是从新兼从轻原则，即新法原则上溯及既往，但在旧法对行为人处罚较轻时，则从旧法；五是从旧兼从轻原则，即新法原则上不溯及既往，但在新法对行为人的处罚较轻时，则从新法。中国目前采取的主要是从旧兼从轻原则，但在特殊情况下采取溯及既往的原则。在这个问题上，我国《立法法》规定，法律、行政法规、地方性法规、自治条例和单行条例、规章不溯及既往，但为了更好地保护公民法人和其他组织的权利和利益而做的特别规定除外。此外，我国《刑法》目前采用的是国际通行的"从旧兼从轻原则"。

# 第五节 法律关系

## 一、法律关系的概念和种类

法律关系是在法律规范调整社会关系的过程中所形成的人与人之间的权利和义务关系。根据我国各种法律的规定，能够参与法律关系的主体包括以下几类：

1. 公民（自然人）

这里的公民既指中国公民，也指居住在中国境内或在境内活动的外国公民和无国籍人。

2. 机构和组织（法人）

这主要包括三类：一是各种国家机关（立法机关、行政机关和司法机关等）；二是各种企事业组织和在中国领域内设立的中外合资经营企业、中外合作经营企业和外资企业；三是各政党和社会团体。这些机构和组织主体，在法学上可以笼统称之为"法人"。

3. 国 家

在特殊情况下，国家可以作为一个整体成为法律关系的主体。

## 二、法律关系的主体

### （一）法律关系主体的概念

法律关系主体是法律关系的参加者，即在法律关系中一定权利的享有者和一定义务的承担者。

### （二）法律关系主体的资格：权利能力、行为能力

1. 权利能力

权利能力又称权义能力（权利、义务能力），是指能够参与一定的法律关系，依法享有一定权利和承担一定义务的法律资格。它是法律关系主体实际取得权利、承担义务的前提条件。权利能力有公民的权利能力和法人的权利能力之分，二者有很大区别。首先，公民的权利能力始于出生，终于死亡，而法人的权利能力始于依法成立，终止于法人消灭。其次，公民的权利能力具有平等性，而法人的权利能力因其成立的宗旨和业务范围的不同而不同。再次，公民的权利能力和行为能力具有不一致性，而法人的权利能力和行为能力则具有一致性。

公民的权利能力可以从不同角度进行分类。首先，根据享有权利能力的主体范围不同，可以分为一般权利能力和特殊权利能力。一般权利能力是一国任何公民均享有的权利能力，是任何公民取得法律资格的条件，不得任意剥夺或解除；特殊权利能力是指公民在特定条件下享有的法律资格，如政治权利能力、劳动权利能力、婚姻权利能力。其次，按照法律部门的不同，可以分为民事权利能力、政治权利能力、行政权利能力、劳动权利能力、诉讼权利能力等。

2. 行为能力

行为能力是指法律关系主体能够通过自己的行为实际取得权利和履行义务的能力。公民的行为能力是由法律予以规定的。

一般而言，公民的行为能力划分为三类：①完全行为能力人。这是指达到一定法定年龄、智力健全、能够对自己的行为负完全责任的自然人。②限制行为能力人。这是指行为能力受到一定限制，只有部分行为能力的自然人。③无行为能力人。这是指完全不能以自己的行为行使权利、履行义务的自然人。

## 三、法律关系的内容

法律关系的内容就是法律关系主体之间的法律权利和法律义务，它是法律规范的内容在实际社会生活中的具体落实，是法律规范在社会关系中的实现状态。

### （一）法律关系主体的权利和义务概述

1. 权利的概念和特征

权利是指由法律规范所规定或隐含其中，实现于法律关系中的法律关系主体以相对自由的作为或者不作为方式而获得利益的一种能力或资格。

其特征有：

第一，权利的本质是由法律规范所决定的，具有合法性，受到国家的保护。

第二，权利主体依据自己的意志来行使权利，具有一定的自主性。

第三，权利的目的是通过国家法律保护和实现权利主体一定的利益。

第四，权利与义务相生相伴，没有无义务的权利，也没有无权利的义务。

法律关系主体的权利是特定的、实有的、个别的，那么法律关系主体的权利和权利能力也是两个不同的概念，它们既有联系也有区别。

两者的联系表现在：权利以权利能力为前提，是权利能力这一法律资格在法律关系中的具体反映。

两者的区别是：

第一，任何人具有权利能力，并不必然表明他可以参与某种法律关系，而要能够参与法律关系，就必须有具体的权利。

第二，权利能力包括享有权利和承担义务这两方面的法律资格，而权利本身不包括义务在内。

2. 义务的概念和特征

义务是法律规范规定或隐含其中，主体以相对受动的作为或者不作为方式保障权利主体获得一定利益的约束手段。

其特征有：

第一，它由法律规范所决定。

第二，它具有一定的强制性，不以义务主体的意志为转移。

第三，法律规范设定义务的目的是保障权利主体一定利益的实现。

（二）法律关系主体的权利和义务的实现

法律权利和法律义务的实现是一个复杂的问题，从大的方面讲，它取决于一个国家的物质生活条件的状况以及科学文化条件和道德人文环境的改善等等。从主观方面讲，权利和义务能否实现还要看法律关系主体之间各种关系的发展，法律关系主体的行为能力的状况，以及是否有法律认识上的错误和不以人的意志为转移的事件的发生等等。权利和义务的实现最重要的是通过国家来保障。国家除了要不断创造和改善物质条件、政治条件和文化条件以外，还必须建立和健全法制。

国家通过法律来保障权利的具体表现如下：

第一，通过明确规定行使权利的步骤和程序，使权利具有可操作性。

第二，通过限制国家机关（尤其是行政机关）的权力，建立依法行政、依法司法的制度来保障权利。

第三，通过及时制裁侵权行为，督促义务人积极履行义务，从而使权利得以实现。

（三）权利与义务的关系：对立统一关系

第一，权利与义务在结构上既相互依存，互为对方存在的条件，又相互分离，具有一定的独立性。

第二，社会的权利总量与义务总量相等，在总量上保持守恒。

第三，权利与义务在价值上具有一致性。权利主体行使权利、义务主体履行义务都体现了法的价值。

第四，权利与义务在功能上具有互补性。权利与义务在结构上的相互统一，也就决定了两者在功能上的相互制约、相互促进。

（四）权利与义务的分类

第一，根据权利和义务的存在形态，可分为应有权利和义务、习惯权利和义务、法定权利和义务、现实权利和义务。

第二，根据权利和义务所体现的社会关系的重要程度，可分为基本权利和义务、普通权利和义务。

第三，根据权利和义务对人们的效力范围，可分为一般权利和义务、特殊权利和义务。

第四，根据权利之间、义务之间的因果关系，可分为第一性权利和义务、第二性权利和义务。

第五，根据权利主体依法实现其意志和利益的方式，可分为行动权利和消极义务、接受权利和积极义务。

第六，根据权利和义务主体的不同，可分为个体权利和义务、集体权利和义务、国家权利和义务、人类权利和义务。

## 四、法律关系的客体

法律关系的客体是指法律关系主体之间权利和义务所指向的对象，它是构成法律关系的要素之一。

法律关系客体的种类包括：

（一）物

法律意义上的物是指由法律关系主体控制、支配的，能够满足社会需要的客观实体。物要成为法律关系客体，须具备以下条件：①应得到法律认可；②应为人类能力所控制；③能够给法律关系主体带来某种物质利益，具有经济价值；④须具有独立性。

至于哪些物可以成为法律关系客体，应由法律具体规定，但有几种物属于禁止进入国内商品流通领域成为私人法律关系的客体：①人类公共物或国家专有之物；②文物或贵金属；③军事设施、武器；④危害人类之物。

（二）行　为

行为包括作为和不作为两种。行为结果一般也分为两种：一种是物化结果，即义务人的行为（劳动）凝结于一定的物体，产生一定的物化产品或营建物（房屋、道路、桥梁等）；另一种是非物化结果，即义务人的行为没有转化为物化实体，而仅表现为一定的行为过程，直至终了，最后产生权利人所期望的结果。

（三）精神产品

精神产品是指法律关系主体通过其智力活动或者在社会活动中所取得的非物质成果，

包括智力产品和道德产品。前者如知识产权，后者如荣誉称号、奖章等。

（四）人身利益

人身权的客体是人身利益。人身在一定范围内可以成为法律关系的客体，如姓名、生命。

## 五、法律关系的产生、变更和消灭

### （一）法律关系产生、变更和消灭的条件

法律关系产生、变更和消灭须具备一定的条件，其中最主要的条件有两个：一是法律规范；二是法律事实。法律规范是法律关系形成、变更和消灭的法律依据，没有一定的法律规范就不会有相应的法律关系。但法律规范的规定只是主体权利和义务关系的一般模式，还不是现实的法律关系本身。法律关系的形成、变更和消灭还必须具备直接的前提条件，那就是法律事实。它是法律规范与法律关系联系的中介。所谓法律事实，就是法律规范所规定的、能够引起法律关系产生、变更和消灭的客观情况或现象。

### （二）法律事实的种类

1. 法律事件

法律事件是法律规范规定的、不以当事人的意志为转移而引起法律关系形成、变更或消灭的客观事实。法律事件又分为社会事件和自然事件两种，无论哪一种事件，对于特定法律关系主体而言，都是不可避免的，是不以其意志为转移的，但这些事件的出现，法律关系主体之间的权利和义务关系就有可能发生、变更和消灭。

2. 法律行为

法律行为是指以权利主体的意志为转移，能够引起法律关系形成、变更和消灭的法律事实。法律行为有多种分类，其中，最常用的分类是合法行为与违法行为。合法行为是与法律规范要求相一致的行为，即法律行为。违法行为是与法律规范的要求不一致的行为，无论哪种类别的行为，都能够引起法律关系的产生、变更和消灭。

# 第六节　法律责任

## 一、法律责任的概念

法律责任指的是行为人由于违法行为、违约行为或者由于法律规定而应承受的某种不利的法律后果。

## 二、法律责任的特点

法律责任的特点有：①承担法律责任的最终依据是法律；②法律责任的履行由国家强制力保证。

### 三、法律责任的种类

1. 刑事责任

刑事责任是指行为人因其犯罪行为所必须承受的、由司法机关代表国家所确定的否定性法律后果。

刑事责任的特点：①行为人的违法行为构成犯罪；②由国家追究犯罪行为人的刑事责任；③刑事责任是所有法律责任中最严厉的一种，具有惩罚性；④刑事责任自负，即犯罪行为人自己承担刑事责任；⑤依刑事法律追究刑事责任。

2. 民事责任

民事责任是指由于违反民事法律、违约或者由于民法规定所应承担的否定性法律后果。

民事责任的特点：①民事责任以财产救济责任为主；②民事责任多由当事人双方协商解决。

3. 行政责任

行政责任是指因违反行政法或因行政法规定而应承担的否定性法律后果。

行政责任的特点：①行政责任承担主体是行政主体与行政相对人；②产生行政责任的原因是行为人违反行政法规定；③多数情况下，归责原则为过错推定；④行政责任的实现方式多样化。

4. 违宪责任

违宪责任是指由于有关国家机关制定的某种法律、法规和规章，或者有关国家机关、社会组织或公民从事与宪法规定相抵触的活动而产生的否定性法律后果。违宪责任是一种特殊的法律责任，它兼有政治上和法律上的双重责任。

### 四、法律责任与权力、权利与义务的关系

1. 法律责任与权力的关系

法律责任与法律权力有着密切的关系。一方面，责任的认定、归结与实现都离不开国家司法、执法机关的权力（职权）；另一方面，责任规定了行使权力的界限以及越权的后果。

2. 法律责任与权利、义务的关系

法律责任与法定权利和义务有密切的关系。首先，法律责任规范着法律关系主体行使权利的界限，以否定的法律后果防止权利行使不当或滥用权利；其次，在权利受到妨害以及违反法定义务时，法律责任又成为救济权利、强制履行义务或追加新义务的依据；再次，法律责任通过否定的法律后果成为权利、义务得以顺利实现的保证。法律责任是国家强制责任人做出一定行为或不做出一定行为，救济受到侵害或损害的合法利益和法定权利的手段，是保障权利与义务实现的手段。

### 五、法律制裁

（一）法律制裁的含义

法律制裁是被动承担法律责任，是指由特定国家机关对责任主体依其应负法律责任而

实施的强制性惩罚措施。这种强制性措施有两种目的，一是保护和恢复违法侵害前的社会关系，确保法律义务得到实现；二是对责任主体给予必要惩罚，使其承担否定性的法律后果。

法律制裁与法律责任有着紧密的联系。一方面，法律制裁是承担法律责任的一种重要方式。法律责任是前提，法律制裁是结果或体现。另一方面，法律制裁与法律责任又有明显的区别。法律责任不等于法律制裁，有法律责任不等于一定有法律制裁。

（二）法律制裁的种类

法律制裁，是指由特定国家机关对违法者依其法律责任而实施的强制性惩罚措施。与上述法律责任的种类相对应，可以将法律制裁分为刑事制裁、民事制裁、行政制裁和违宪制裁。

刑事制裁是司法机关对于犯罪者根据其刑事责任所确定并实施的强制性惩罚措施。承担刑事责任的主体既可以是公民，也可以是法人或非法人组织。

民事制裁是由人民法院所确定并实施的，对民事责任主体给予的强制性惩罚措施。民事责任主要是一种财产责任，所以民事制裁也是以财产关系为核心的一种制裁。

行政制裁是指国家行政机关对行政违法者依其行政责任所实施的强制性惩罚措施。行政制裁可以分为行政处罚、劳动教养、行政处分三种。

违宪制裁，是根据宪法的特殊规定对违宪行为所实施的一种强制措施。承担违宪责任、承受违宪制裁的主体主要是国家机关及其领导人员。在我国，监督宪法实施的全国人民代表大会及其常务委员会是行使违宪制裁权的机关。制裁形式主要有：撤销或改变同宪法相抵触的法律与决定、行政法规、地方性法规，罢免违宪的国家机关领导成员和人大代表等。

# 第七节　立　法

## 一、立法的定义

立法是指享有立法权的国家机关（即立法主体）依照法定职权和程序，制定、认可、修改和废止法律和其他规范性法律文件的活动。立法有广义、狭义两种理解，广义上的立法概念泛指一切有权的国家机关依法制定各种规范性法律文件的活动。狭义上的立法是国家立法权意义上的概念，仅指享有国家立法权的最高权力机关的立法活动，即国家的最高权力机关及其常设机关依法制定、修改、废止宪法和法律的活动。

立法具有以下特点：①立法是国家的一项专门活动，是国家管理权力的运用，是国家履行职能的主要方式之一；②立法主体是特定的国家机关，立法活动是特定的国家机关依照法定职权进行的一项专门活动；③立法是专门机关依照法定的程序所进行的活动；④立法是对有限的社会资源进行制度性的分配，是对社会资源的第一次分配；⑤立法是一个系统的、多层次的、综合的法律制定活动，其以产生具有普遍性、规范性、强制性的一般法律规范为目标。

## 二、立法的权限

立法权限是指立法主体制定、认可、修改、废止法律和其他规范性法律文件的权力归属和范围。一般来说，立法权按照纵向权限划分，可分为中央立法权和地方立法权；按照横向权限划分，可分为立法机关立法权、行政机关立法权和司法机关立法权。

## 三、中国的立法体制

立法体制包括立法权限的划分、立法机关的设置和立法权限行使方面的制度，主要为立法权限的划分。

根据《宪法》规定，全国人民代表大会及其常务委员会行使国家立法权，制定法律；国务院根据宪法和法律制定行政法规，国务院下属的部委根据法律和行政法规制定规章；省、直辖市的人民代表大会及其常务委员会在不与宪法、法律、行政法规相抵触的前提下，可以制定地方性法规；民族自治地方的人民代表大会有权依照当地民族地区的政治、经济和文化的特点，制定自治条例和单行条例；省、自治区的人民政府所在地的市、经济特区所在地的市和经国务院批准的较大的市的人民代表大会及其常务委员会根据本市的具体情况和实际需要，在不同宪法、法律、行政法规和本省、自治区的地方性法规相抵触的前提下，可以制定地方性法规；省、自治区、直辖市人民政府及省、自治区的人民政府所在地的市、经济特区所在地的市和经国务院批准的较大的市的人民政府，可以根据法律和国务院的行政法规制定规章。此外，按照"一国两制"的原则，特别行政区实行的制度（包括立法制度）由全国人民代表大会以法律规定。

## 四、立法原则

立法原则是指导立法主体进行立法活动的基本准则，是立法过程中应当遵循的指导思想。我国《立法法》规定的立法原则为：①立法应当遵循宪法的基本原则；②立法应当依照法定的权限和程序；③立法应当体现人民的意志；④立法应当从实际出发，科学合理地规定权利与义务、权力与责任。由此可以认为，当代中国立法的原则为宪法（合宪）原则、法治原则、民主原则、科学原则。

（一）宪法原则

宪法规定国家的根本制度、根本任务和国家生活中最重要的原则是一切法律、行政法规、地方性法规的立法基础。宪法确立的基本原则是一切法的规范必须遵循的。

（二）法治原则

立法活动都要有法律根据，立法主体、立法权限、立法内容、立法程序都应符合法律的规定，立法机关必须严格按照法律规范的要求行使职权，履行职责。

（三）民主原则

立法应当体现广大人民的意志和要求，确认和保障人民的利益；应当通过法律规定，保障人民通过各种途径参与立法活动，表达自己的意见；立法过程和立法程序应具有开放性、透明度，立法过程中要坚持群众路线。

（四）科学原则

立法应当实事求是，从实际出发，尊重社会的客观实际状况，根据客观需要反映客观规律的要求；要以理性的态度对待立法工作，注意总结立法现象背后的普遍联系，揭示立法的内在规律；应十分重视立法的技术、方法，提高立法的质量。

## 五、立法程序

立法程序是指立法主体制定、认可、修改、废除法律和其他规范性法律文件的法定步骤与方式。我国的《立法法》对当代中国立法的程序进行了基本的规定，全国人民代表大会及其常务委员会的立法程序主要有以下四个步骤：

1. 立法议案的提出

提出立法议案是立法程序的开始。在我国，根据宪法和法律的规定，下列个人和组织享有向最高国家权力机关提出立法议案的提案权：①全国人大代表和全国人大常委会的组成人员。依照法律规定，全国人大代表30人以上或一个代表团可以提出立法议案。全国人大常委会委员10人以上可以向全国人大常委会提出立法议案。②全国人大主席团、全国人大常委会可以向全国人大提出立法议案。全国人大各专门委员会可以向全国人大或全国人大常委会提出立法议案。③国务院、最高人民法院、最高人民检察院可以向全国人大或全国人大常委会提出立法议案。

2. 法律草案的审议

法律草案的审议是指立法主体对已列入议事日程的法律议案进行正式的审查和讨论。我国全国人民代表大会对法律草案的审议一般经过两个阶段：一是由全国人大有关专门委员会进行审议，其中包括对法律草案的修改、补充；二是立法机关全体会议的审议。法律草案审议的结果有以下几种：①交付表决；②搁置；③终止审议。

3. 法律草案的表决和通过

法律草案的表决和通过是立法机关对法律草案表示最终的态度，并以法定多数赞同或同意使法律草案成为法律。这是法的制定程序中具有决定意义的一个步骤。表决时除了通过外，还可能产生另外一种结果，就是没有获得法定数目以上人的赞同，即不通过。我国《宪法》规定，《宪法》的修改由全国人民代表大会以全体代表2/3以上的多数通过。法律草案要经过全国人大或全国人大常委会以全体代表的过半数通过。通过法律草案的方式有公开表决和秘密表决两种。公开表决包括举手表决、起立表决、口头表决、行进表决、记名投票表决等各种形式。秘密表决主要是采取无记名投票的形式。

4. 法律的公布

法律的公布是指立法机关或国家元首将已通过的法律以一定的形式予以公布，以便全社会遵守执行。法律的公布是立法程序中的最后一个步骤，它是法律生效的前提。法律通过后，凡是未经公布的，都不能发生法律效力，从而无法在社会生活中发挥作用。我国《宪法》规定，中华人民共和国主席根据全国人民代表大会的决定和全国人大常委会的决定公布法律。

# 第八节 执 法

## 一、法的实施

法的实施也叫法律的实施，是指具有法律效力的制定法在社会生活中实际施行的活动。法的实施方式可以分为三种：法的执行、法的适用、法的遵守。

## 二、法的实现

1. 法的实现的含义与形式

法的实现是指法的要求在社会生活中被转化为现实。

法的实现的基本形式为：

第一，按照法的实现过程中国家干预程度和方式的不同，分为法的遵守、法的执行和法的适用。

第二，按照法律规范所规定的行为模式的不同，可分为权利的行使和义务的履行。

第三，按法的实现是否通过具体的法律关系，可分为通过具体法律关系的法的实现和不通过具体法律关系的法的实现。

2. 法的实现的标准

第一，人们按照法律规定的行为模式，是否能够按照授权性规范行使权利，按照义务性规范履行义务，是否能够根据法律设定的法律后果追究违法者的法律责任。

第二，刑事案件的发案率、案件种类、破案率及对犯罪分子的制裁情况。

第三，各类合同的履约率与违约率、各种民事或经济纠纷的发案率及结案率，行政诉讼的立案数及其审结情况。

第四，普通公民和国家公职人员对法律的了解程度，他们的法律意识及法治观念是否提高及提高的程度。

第五，与其他国家或地区的法律实施情况进行可比性研究。

第六，社会大众对社会生活中安全、秩序、自由、公正、公共福利等法的价值的切身感受。

第七，法律的社会功能和社会目的是否有效实现及其实现程度。

第八，有关法律活动的成本与收益的比率。

## 三、法的执行

（一）法的执行的含义

法的执行，简称执法。它有广义和狭义之分，广义的执法是指所有国家行政机关、司法机关和法律法规授权的组织及其公职人员依照法定职权和程序实施法律的活动；狭义的执法专指国家行政机关、法律法规授权的组织及其公职人员依法行使管理职权、履行职责、实施法律的活动。本节所指的是狭义的法的执行。

（二）法的执行的特点

法的执行的特点有以下几个方面：

第一，法的执行的内容具有广泛性。

第二，法的执行的主体是国家行政主体、法律法规授权的组织及其公职人员。

第三，法的执行具有国家强制性，行政主体执行法律的过程同时也是代表国家为了维护社会公众的利益而强制他人服从的过程。

第四，法的执行具有主动性和单方面性。行政主体在执法活动中一般处于积极主动而不是消极被动的地位，这是由行政权的性质决定的。在行政法律关系中，行政主体既是当事人又是执法主体，其单方面意志和行为对行政法律关系有着决定意义。但是，行政复议、行政裁决、行政仲裁和行政调解不属于单方面的执法活动。

第五，执法程序具有效率性。

第六，执法依据具有多样性和等级性。行政主体执法的依据主要是法律和行政法规，另外还包括部门规章、地方性法规和地方性规章等。从执法依据的等级性上看，既有中央国家机关的立法，又有地方国家机关的立法。

（三）法的执行的基本原则

1. 依法行政的原则

依法行政的原则是指行政机关必须依照法定的权限、程序和法治精神进行管理，越权无效。这是现代行政法治国家行政活动的一条最基本的原则。具体而言，行政执法权的行使必须依据法律，必须符合法定权限，必须符合法定程序。

2. 执法合理的原则

执法合理的原则是指执法主体在执法活动时，尤其是在行使自由裁量权时，必须符合法律的基本精神和目的，与社会生活的一般常理一致。执法合理的原则要求行政主体执法行为必须符合法律的目的和宗旨，有合理的动机，全面考虑涉及或影响到的各种相关因素，以及执法行为的内容与结果必须公正合理。

3. 讲求效率的原则

讲求效率的原则是指行政机关应当在依法行政的前提下，做到执法行为的及时、准确，以取得最大的行政执法效益。

4. 正当程序的原则

正当程序的原则是指执法主体在执法活动中必须遵循法定的步骤、方式、形式、顺序和时限，实现执法公平、公开、民主，保障公民、法人和其他组织合法权益的执法目的。正当程序原则的基本内涵包括：①行政主体不能成为处理涉及自身利益纠纷的裁决者；②裁决行政纠纷不能显失公平，应给予当事人同等的说明理由、辩论等权利；③在做出不利于当事人的行政决定、行政处理前，应事先通知当事人并给予举行听证的机会等。执法的合程序性是决定执法合法性的根据之一。

# 第九节 司 法

## 一、司法的含义和特点

司法，也称为"法的适用"，是指国家司法机关依据法定职权和法定程序，具体运用法律处理案件的专门活动。司法是法实施的重要方式之一，对实现立法目的、发挥法律的功能具有重要的意义。

司法是国家司法机关实施法律的一种重要方式，和其他国家机关、社会组织和公民实施法律的活动相比，其主要特点为：

第一，司法职权具有法定性。司法是由特定的国家司法机关及其司法人员，按照法定职权实施法律的专门活动，具有国家法定性。在我国，司法权包括审判权和检察权，由代表国家的人民法院和人民检察院行使，司法权是一种专有权，是排他的，任何其他国家机关、社会组织和个人都无权行使这项职权。审判权是指国家审判机关即各级人民法院依法代表国家运用法律处理案件、做出判决和裁定的职权；检察权是指国家检察机关即各级人民检察院依法代表国家批准逮捕、提起公诉、提起抗诉等职权。在司法机关中，并不是所有的工作人员都有司法权，只有那些有司法职权的司法工作人员才能行使司法权。

第二，司法程序具有法定性。司法是司法机关依照法定程序，运用法律处理案件的活动，具有严格的程序性及合法性。司法机关处理案件必须依据相应的程序法规定，程序法是保证司法公正、公平的重要条件。同时司法机关对案件的处理应当有相应的程序法依据，否则无效。

第三，司法裁决具有权威性。司法是司法机关以国家强制力为后盾实施法律的活动，具有国家强制性和权威性。由于法的适用总是与法律争端、违法的出现相联系，而这往往需要国家的干预、裁决和对违法者进行法律制裁，没有国家的强制性，就无法保障这些活动。对于司法机关的依法裁决，所有当事人都必须执行，不得擅自修改和违抗。

第四，司法过程必须有法律文书。司法必须有表明法的适用结果的法律文书，如判决书、裁定书和决定书等。法律文书可以作为一种法律事实，引起一定的法律关系的产生、变更和消灭，而且其具有法律约束力，如有不服，可以依据法定程序上诉或申诉，但是任何人都不得抗拒执行已经生效的判决、裁定和决定等司法结果。

## 二、司法与执法的区别

第一，主体不同。执法是由国家行政机关及其公职人员执行法律的活动，司法是由国家司法机关及其公职人员适用法律的活动。因此，执法的主体是国家行政机关及其公职人员，而司法的主体是国家司法机关及其公职人员。

第二，内容不同。执法是国家行政机关及其公职人员以国家的名义对社会进行全面管理，是执行法律的过程，而司法是国家司法机关及其公职人员针对法律纠纷和争议进行处理的过程，其主要涉及的是法的适用。

第三，范围不同。执法是对社会的一种全面管理，是执行法律，而司法涉及的仅仅只是审判和检察两个领域的范围，因此，执法的范围远远比司法的范围广。

第四，程序要求不同。司法活动有严格的程序要求，司法机关的活动都要严格按照诉讼法的规定进行，执法活动虽然也有相应的程序性规定，但由于执法活动本身的特点，特别是基于执法效能的要求，其程序性没有司法活动那样严格和细致。总的来说，司法活动所要求的程序性要比执法活动所要求的程序性严格。

第五，主动性不同。执法活动是国家行政机关及其公职人员对社会的管理行为，这种职责要求行政机关应主动地去实施法律，而司法活动就具有很强的被动性，案件的发生和当事人的意志是引起司法活动的前提，司法机关特别是审判机关一般不主动去实施法律，只有在受理案件后才能进行适用法律的专门活动。

### 三、我国司法的基本要求和原则

#### （一）司法的基本要求

司法的基本要求是正确、合法、及时。正确包含两个方面，一方面要求司法机关在认定事实方面要准确，即要认定的案件事实必须清楚；另一方面要求司法机关办理案件适用法律必须正确，做到严格执行法律规定，罪行相当。合法指国家司法机关审理案件要合乎法律规定，依法司法。合法包括程序和实体两个方面的合法。及时就是指国家司法机关在审理案件时，要提高工作效率，保证办案质量，及时办案，及时结案。

按照我国司法的基本要求，司法机关在实践中要做到依法办事、有法必依、违法必究。

#### （二）司法的原则

##### 1. 法治原则

法治原则是指在司法过程中，要严格依法司法，做到以事实为根据，以法律为准绳。以事实为根据，就是司法机关对案件做出决定，只能以被合法证据证明了的事实和依法推定的事实作为适用法律的依据。以法律为准绳，就是指司法机关在司法时，要严格按照法律规定办事，把法律作为处理案件的唯一标准和尺度。以事实为根据，以法律为准绳，是社会主义法治对司法提出的必然要求。

##### 2. 司法公正原则

司法公正包括实体公正和程序公正两个方面。司法公正是社会正义的重要组成部分，而且其重要意义还在于公正司法是法的精神的内在要求，同时，公正对司法的重要意义也是由司法活动的性质所决定的，司法活动的性质在于在处理案件适用法律时不偏不倚。司法机关公正司法是其自身存在的合法性基础。可以说，公正是司法的生命。

##### 3. 司法平等原则

平等即指公民在法律面前一律平等，这既是公民的一项基本权利，又是我国司法过程中的重要原则。平等原则主要是指凡是我国公民都必须平等地遵守我国的法律，同时平等地享有法定权利和承担法定义务，不允许任何人有超越法律之上的特权；任何公民的合法权益都平等地受到法律的保护；任何公民的违法犯罪行为都应平等地依法受到追究和制裁。

### 4. 司法独立原则

司法独立原则即司法权独立行使原则，是指司法机关在办案过程中，依照法律规定独立行使司法权。这在我国《宪法》《人民法院组织法》《人民检察院组织法》《刑事诉讼法》《民事诉讼法》《行政诉讼法》里都有明确规定。这一原则的基本含义是：①国家司法权只能由国家各级审判机关和检察机关统一行使，其他任何机关、团体和个人都无权行使这项权利。②人民法院、人民检察院依法独立行使自己的职权，不受行政机关、社会团体和个人的非法干涉。

坚持司法独立原则，并不意味着司法机关行使司法权可以不受任何监督和约束。司法权如同其他权力一样，都要接受监督和制约，这种监督主要包括党的监督和领导、国家权力机关即各级人大的监督、司法机关间的相互监督以及行政机关、企事业单位、社会团体、民主党派和人民群众舆论的监督。

### 5. 司法责任原则

司法责任原则是根据权力与责任相统一的法治原则而提出的一个权力制约机制。具体是指司法机关和司法人员在行使司法权过程中侵犯了公民、法人和其他社会组织的合法权益，造成严重后果而应承担责任的一种制度。按照权力与责任相统一的原则，一方面，对司法机关和司法人员行使司法权给予法律保障；另一方面，对司法机关及其司法人员的违法和犯罪行为给予严惩。我国司法责任制度主要包括国家赔偿制度和追偿制度，对于实现公正司法、廉洁司法起到了重要作用。

# 第十节　守　法

## 一、守法的含义

守法是指国家机关、社会组织和公民个人以法律为行为准则，依照法律行使权利、履行义务的活动。人们通常所说的守法是指遵守法律，不做法律所禁止的行为，这是消极的法的遵守。完整的守法概念不仅包括消极的法的遵守，而且还包括积极的法的遵守，这就是根据法律积极主动地行使自己的权利和义务。需要指出的是，守法中的法是广义上的法，不仅包括宪法和全国人民代表大会及其常委会制定的基本法律和非基本法律，而且还包括行政法规、地方性法规、行政规章和其他所有起到规范作用的法律渊源。

守法是法律实施的最基本、最主要的方式。法律只有在社会中得到普遍遵守和执行，才能达到立法的目的，法律也才能起到规范社会生活的作用。

## 二、守法的主体

守法的主体是指在一个国家和社会中应当遵守法律的主体，即一定守法行为的实施者。

守法与法律关系主体的权利和义务就是守法的内容，守法的内容包括行使法律权利和履行法律义务两个方面，两者密切联系，不可分割。

在行使法律权利方面，守法主要是指守法主体遵守法律规范中的授权性规范，具体说就是人们依法行使权利，但是这种行使的权利必须是法所授予的权利，而且必须采用正当、合法的方式和手段，不得滥用，不得损害他人的合法权利。

在履行法律义务方面，守法主要是指守法主体按照法的要求做出或不做出一定的行为，以保障权利人的合法利益。履行义务包括作为和不作为两个方面。作为主要是指人们遵守法律规范中的命令性规范，做出一定的行为；不作为是指人们遵守法律规范中的禁止性规范，不做出一定行为。

### 三、守法的目标与要求

第一，具有良好的法律意识。法律意识就是法律在人们观念中的状态，包括对法律的态度、知识、思想等。守法活动必然是在法律意识支配下的一种活动，因此，法律意识的强弱就会影响到守法活动的过程，良好的法律意识是指守法主体知法、懂法和尊重法律。

第二，按照法律规范规定的行为模式认真享受权利和履行义务。守法的过程就是把法律规定的抽象的行为模式经过自主决定转化为在具体的法律关系中行使权利、履行义务的行为，这是守法的实质要求。

第三，在发生违反法律的行为或后果时，主动承担法律责任。主动承担法律责任也是行为人对法律规范中行为后果的遵守，承担法律后果是在法律得不到遵守时的补正和救济，也是为了保障法律的有效实施。当行为人发生违反法律的行为或后果时，其主动承担法律责任的程度也是一个社会法治程度的衡量标准。

# 第十一节　违　法

### 一、违法的含义

违法有广义和狭义之分，广义的违法是指违反所有法律的行为，狭义的违法是指除犯罪外的所有非法侵犯他人人身权、财产权、政治权利、精神权利或知识产权的行为。狭义的违法也可以称为侵权，而广义的违法不仅包括侵权，还包括犯罪。

### 二、违法的分类

按违法行为所违反的法律性质的不同进行分类，可以分为：违宪行为；刑事违法行为；民事违法行为；经济违法行为；行政违法行为。

### 三、违法的构成要件

违法的构成要素有以下五个方面：

1. 违反法律是违法的前提

违反法律是对现行的法律秩序的破坏，是对法律的一种蔑视和否定，要依法追究法律责任，并给予法律制裁，保证法律秩序的正常运行。这里"违反法律"的"法律"是广义上的法律，包括一切起规范作用的法律、法规、规章和规范性文件等。

2. 违法必须是违反法律规定的某种行为

违法行为包括积极的作为和消极的不作为，积极的违法是指做出了法律所禁止的行为，消极的违法是指没有做法律所要求的行为。但是，不管是作为还是不作为，违法行为都是客观的，都不同于人们的单纯的思想活动，如果只有思想活动而没有行为，那也不能产生违法的后果。因此，在立法、执法和司法工作中，必须把思想问题和违法行为区别开来。

3. 违法必须在不同程度上侵犯了法律所保护的社会关系

制定法律的目的就在于保护合法的社会关系，建立一定的法律秩序，进行社会控制，保障和促进社会发展，维护国家和公民的利益。行为的违法性与行为的社会危害性具有密切联系，违法行为必然具有社会危害性。

4. 违法一般必须有行为人的故意或过失

故意和过失在不同的法律领域有不同的意义。在民事法律领域，故意和过失被统称为过错，是构成一般侵权行为的要素。在行政法律领域，实行过错推定的方法，只要行为人实施了违法行为就可以认定其主观上有过错。在刑事领域，行为人故意或过失的心理状态是判断其主观恶性的重要依据，也是区别罪与非罪、此罪与彼罪、罪轻与罪重的重要依据。

5. 违法者必须具有法定责任能力或法定行为能力

在我国，法定责任能力和行为能力在违反不同的法律关系时有不同的规定，责任能力主要是指承担行为法律后果的能力；行为能力是指行为人独立实施某种能产生法律后果的行为的能力。

从以上违法的构成要素来看，应注意违法行为与其他一些行为的区别：

第一，违法行为和违反道德的行为的区别。并不是违反道德就会违反法律，也不是违反法律就会违反道德。许多违法行为，特别是犯罪行为，同时也是违反道德的行为，但是有些违法行为并不涉及道德评价的问题，有些行为虽不合道德但也不违法，处于法律调整之外。总的来讲，道德规范调整的范围要大于法律规范所调整的范围。

第二，违法行为与法律上无效的行为的区别。有些法律上无效的行为虽然没有法律上的效力，但也并不构成违法，比如无民事行为能力人实施的民事行为。因此，不能认为法律上无效的行为都是违法行为。

# 第十二节　法律监督

## 一、法律监督的含义

法律监督有广义和狭义之分。广义的法律监督是指一切国家机关、社会组织和公民对所有的法律运作过程的合法性所进行的监督；狭义的法律监督是指有关国家机关依法定职权和程序对立法、执法和司法等法律运作过程的合法性所进行的监督。不管是狭义上的法律监督还是广义上的法律监督，二者都以法律实施及人们行为的合法性为监督的基本内容。

法律监督是权力制约体系的有机组成部分，是法律运行过程中不可或缺的贯穿机制，是现代民主和法治政治的基本运作机制。

## 二、法律监督的实质和构成要素

（一）法律监督的实质

当代中国法律监督的实质是：以人民民主为基础，以社会主义法治为原则，以权力的合理划分与相互制约为核心，依法对各种行使国家权力的行为和其他法律活动进行监视、察看、约束、控制、检查和督促的法律机制。

（二）法律监督的构成要素

法律监督有以下四个要素，缺一不可，共同构成一个完整的法律监督机制。

1. 法律监督的主体

法律监督的主体是指由谁来实施监督，包括国家机关、社会组织和公民三大类。国家机关指国家权力机关、国家行政机关和国家司法机关。社会组织是包括政党在内的政治团体、社会团体、群众组织和企事业单位。公民是我国最大的法律监督主体。不同的法律监督主体在监督的方式、效力和具体内容上存在差异，因而形成不同的法律监督类别，不同的法律监督主体依据法律的授权，从各自的角度对法律的实施进行广泛的监督，共同构成我国的法律监督机制。

2. 法律监督的客体

法律监督的客体是指法律监督的对象。一般情况下，法律监督的客体包括一切社会关系主体，但其主要指运用权力的国家机关、政党、社会团体、社会组织、大众传媒和公民。它们既是法律监督主体，又是法律监督客体。之所以被法律监督，就在于它们是运用权力的主体，法的运行过程基本是通过公权力的运作实现，因而，对公权力运作进行有效监督和控制，就是在最基本和最主要的方面保证法的运行和实现。特别是国家机关在运用权力的时候，如果缺乏监督机制，就容易滥用职权，产生侵权行为。

3. 法律监督的内容

法律监督的内容是指对法律监督客体所实施的法律行为进行合法性的监督，但对应法律监督的客体而言，法律监督在内容上主要是对国家机关、政党、社会团体、社会组织、大众传媒和公民行使权力活动的合法性进行监督。其中，对国家机关行使国家立法、行政、司法权力活动合法性的监督是全方位的监督，既包括对其活动内容和结果的监督，也包括对其活动过程和程序的监督；既包括对其制定的规范性文件本身合法性的监督，也包括对其立法、行政、司法活动本身合法性的监督。

4. 法律监督的规则

法律监督的规则包括法律监督的实体规则和程序规则两部分。法律监督的实体规则，是指规定所有监督主体的监督权力与权利以及规定法律监督客体相应的责任和义务的法律规则。法律监督的程序规则，是指规定法律监督主体从事监督行为的顺序、方式和手续的规则。完善的法律监督规则对于法律监督活动的进行非常重要，严格按照法律监督的相应规则进行法律监督不仅能够使法律监督活动有序进行，而且能够促进法律制度的发展和完善。

### 三、国家法律监督体系

依照法律监督的主体不同，法律监督体系可以分为国家法律监督体系和社会法律监督体系两大类。在我国，国家法律监督是指国家机关以国家名义依法定职权和程序进行的具有直接法律效力的法律监督。国家法律监督体系由三大部分组成，包括国家权力机关的监督、国家行政机关的监督和国家司法机关的监督。国家法律监督是这三大国家机关在我国宪法和法律的授权下依照一定的法定程序以国家名义进行的，具有国家强制力和法的效力，是我国法律监督体系的核心。

（一）国家权力机关的监督

国家权力机关的监督在我国是指各级人民代表大会及其常务委员会为保证国家法律的全面实施，通过法定程序，对由它产生的国家机关进行的监督，这种监督在国家监督中处于主导地位。其中全国人民代表大会及其常务委员会的监督在整个国家监督中处于最高地位，是具有最高法律效力的监督。国家权力机关的监督包括两个方面，一是立法监督，二是对宪法和法律实施的监督。

1. 立法监督

立法监督是指国家权力机关对享有立法权的国家机关的立法活动及其结果的合法性进行的监督。全国人民代表大会的监督对象和范围包括：全国人民代表大会常务委员会在全国人民代表大会闭会期间对基本法律所做的补充和修改；全国人民代表大会常务委员会制定和修改的基本法律以外的其他法律。另外，全国人民代表大会有权改变或撤销全国人民代表大会常务委员会所做的不适当的决定。全国人民代表大会常务委员会的监督对象和范围包括：国务院制定的行政法规，同外国缔结的条约和重要协定，地方性法规、自治条例和单行条例，授权性立法，特别行政区立法机关的立法。立法监督的方式包括批准、备案、发回、宣布无效、改变和撤销等。

2. 对宪法和法律实施的监督

全国人民代表大会监督宪法的实施。全国人民代表大会常务委员会监督宪法和法律的实施，有权处理违宪事件，其处理的方式包括宣布违宪的法律、法规和其他的决定与命令无效，也包括罢免违宪失职的国家领导人。全国人民代表大会及其常务委员会还可以通过听取和审议最高行政机关与司法机关的工作报告、向有关机关提出质询案、对重大问题组织调查委员会进行调查处理等方式，对宪法和法律的实施进行监督。

（二）国家行政机关的监督

国家行政机关的监督是指由国家行政机关所进行的法律监督。国家行政机关的监督包括两部分，一是对行政机关行政行为合法性和合理性的监督；二是对社会组织和公民行为的合法性的监督。国家行政机关的监督也因此划分为四类：一般行政监督、专门行政监督、行政复议和行政检查。一般行政监督是指在行政隶属关系中，上级行政机关对下级行政机关所进行的监督。专门行政监督是指行政系统内部设立的专门监督机关实施的法律监督。行政复议是指由行政复议机关根据公民、法人或者其他组织的申请，对被申请的行政机关的具体行政行为进行复查并做出决定的一种活动。行政检查是指行政机关以法定职权，对相对方遵守法律、法规、规章，执行行政命令、决定的情况进行的监督。

（三）国家司法机关的监督

国家司法机关的监督是以检察机关和审判机关为主体所进行的监督。

1. 检察机关的监督

人民检察院是国家专门的法律监督机关，检察监督是人民检察院依法对有关国家机关及其公职人员执法、司法活动的合法性和刑事犯罪活动所进行的监督。这种监督包括：①法纪监督，即人民检察院对国家工作人员渎职和侵犯公民权利的犯罪的监督；②经济监督，就是人民检察院对国家工作人员利用职务便利从事经济犯罪的监督；③侦查监督，就是人民检察院对公安机关刑事侦查行为合法性的监督；④审判监督，就是人民检察院对审判机关审判活动合法性的监督。另外，检察机关的监督还包括对监狱、看守所、劳教所等机关对刑事案件判决、裁定的执行的监督。

2. 审判机关的监督

审判机关的监督即人民法院系统对其他国家机关、社会组织、公民法人执法、司法、守法活动的监督。这种监督包括对内监督和对外监督两方面。对内监督是指审判机关系统内部依审判监督权限和程序对具体审判活动及其裁决的合法性所进行的监督，对外监督是指审判机关依诉讼程序对其他国家机关、社会组织、公民法人行为的合法性进行监督。

## 四、社会法律监督体系

社会法律监督就是非国家机关的监督，是由国家机关以外的各政党、社会组织和公民依照宪法和法律，对各种法律活动所进行的法律监督。社会法律监督体系具有广泛性和人民性，因此具有重要的意义。根据其主体的不同，可以分为以下几种：

（一）中国共产党的法律监督

中国共产党的法律监督是一种非常重要的监督。在我国，中国共产党是执政党，在国家生活中处于领导地位，在监督宪法和法律的实施、维护祖国统一、监督党和国家方针政策、保障政令畅通、监督各级干部特别是领导干部、防止滥用权力等方面都具有极其重要的作用。

中国共产党的法律监督一般通过两种方式实现：一是通过行使政治领导权，督促所有国家机关、社会组织、法人严格依照法律办事；二是通过党的纪律检察机关和党的组织系统对自己的党员和党的组织活动的合法性进行监督。

（二）社会组织的法律监督

社会组织的法律监督主要是指各民主党派、人民政协和社会团体的监督。各民主党派在我国作为参政党，既参与法律、法规、重大决策的制定、执行，也通过各种方式参与对国家法律实施的监督，同时，还以批评和建议的方式，对执政党的执政政策及政策的执行提出监督意见。

人民政协是发扬社会主义民主、联系各方面群众的重要纽带，其监督包括：立法监督；参与重大政策的决策、重要法律的协商和讨论并提出修改意见；以视察、考察、调查研究等方式监督法律的实施。

社会团体的法律监督主要是指由工会、青年团、妇女联合会以及城市居民委员会、农村村民委员会、消费者保护协会、环境保护组织等社会组织所进行的法律监督。这些团体对涉及自己组织和工作范围的法律的贯彻执行情况进行具体的监督，其监督的方式包括批评、建议、申诉、控告、检举和诉诸舆论等。

### （三）公民的法律监督

公民的法律监督是指公民直接进行的法律监督，这种监督指向广泛，其主体是公民个人，客体是所有国家机关及其工作人员、政党、社会团体、社会组织、大众传媒。宪法规定的公民的选举权、罢免权、表达权、申诉权、控告检举权等，实际上就是一种直接的监督权。而且宪法和法律都有相应的规定，为公民的法律监督权提供多种渠道和途径，提供制度上、组织上和物质上的保障。

### （四）法律职业群体的法律监督

随着我国法制的发展，法律职业群体也在不断壮大，但这里的法律职业群体专指律师和法学家等法律工作者，由于这些人专门从事法律工作，拥有关于法律的专门知识，因此他们在向当事人提供法律服务、代理当事人参与诉讼、为当事人出庭辩护和办理其他法律事务的过程中，可以监督、制约司法机关和行政机关的司法与执法工作。

### （五）新闻舆论的法律监督

新闻舆论的法律监督是借助传媒手段实现的，它具有反应速度快、传播范围广的特点，因而具有相当大的道义影响和震撼力，可以起到防微杜渐、防患于未然的作用，是一种不可忽视的重要的法律监督方式。

# 第十三节　法律解释

## 一、法律解释的含义和特点

法律解释是指由一定的组织或个人对法律规定的含义所做的说明。法官、律师、公民和任何组织在法的实施过程中都会涉及法律解释的问题，任何法律在实际运用中都会涉及法律解释的问题。法律解释是国家社会活动和人们日常生活的重要组成部分，又是法律实施的一个重要前提。

法律解释的特点如下：

第一，法律解释的对象是具有法律效力的规范性法律文件。这里的法律不限于狭义的法律，而是包括宪法、法律、法规在内的所有规范性法律文件。法律解释不仅是对个别法律条文、概念和术语的说明，还包括对整个法律文件系统的阐述，包括法律原则和法律意旨等的解释。

第二，法律解释往往与具体案件密切联系。法律解释一般都是在法的实施过程中发生的，而具体的案件又是法律实施的载体，法律解释还把具体的案件和相关的法律联系起来。法律解释的目的就在于在处理具体案件时，用具体的法律条文、相关原则和思想解决案件，所以说，法律解释往往与具体案件密切联系。

第三，法律解释具有一定的价值取向性。法律解释的过程就是一个价值判断、价值选择的过程。法律的价值就在于要依此实现一定的立法目的，而这些目的又以某些价值为基础。

## 二、法律解释的种类

法律解释根据不同的划分标准，可以有多种不同的分类。

1. 正式解释和非正式解释

这是根据解释主体和解释的效力不同所做的分类。

正式解释也叫法定解释或有权解释，是指由特定的国家机关、官员和其他有解释权的人对法律所做出的具有法律约束力的解释。根据解释的机关不同，正式解释又可以分为立法解释、司法解释和行政解释。立法解释即由立法机关做出的解释，一般由人大常委会解释；司法解释就是司法机关在司法过程中对法律的解释；行政解释就是由行政机关在行政执法过程中对法律的解释。但从历史的角度来看，在各个历史阶段，法律解释的国家机关有所不同。

非正式解释又称学理解释，是指由学者或个人及社会组织对法律规定所做出的解释。这种解释是学术性或常识性的，不被作为执行法律的依据。但是，这种非正式解释却对法律发展的方向起引导作用，同时，对法律适用、法学研究、法学教育、法律宣传等方面也起着重要作用。

2. 字面解释、限制解释和扩充解释

这是根据解释尺度的不同所进行的分类。

字面解释是指严格按照法律条文的通常含义解释法律，既不缩小，也不扩大。

限制解释是指在法律条文的字面含义与立法原意相比较广时，做出比字面含义窄的解释。

扩充解释是指在法律条文的字面含义与立法原意相比较窄时，做出比字面含义宽的解释。

在法律解释的实践中，往往把这几种解释方法综合使用，以达到解释符合法律的价值取向。

## 三、法律解释的方法

法律解释的方法和法律解释的分类有密切的联系，但两者的目的却不同，法律解释的方法是解释者在做出法律解释时为了达到解释的目的所使用的方法。各法系对法律解释的方法都有不同的划分，但是法律解释大体上都包括文义解释、历史解释、体系解释、目的解释等几种方法。

文义解释即语法解释、文法解释、文理解释，指从法律条文的字面来说明法律规定的含义。这种解释的特点在于，在解释时主要把法条的语言作为基础，而不太关注解释后果。

历史解释是指通过研究有关立法的历史资料或从与新旧法律的对比中了解法律的含

义。其目的主要是探求某一法律概念如何被接受到法条中来，这个法律体系制定的历史背景以及立法的价值所在。

体系解释是一种逻辑解释，也称系统解释。即将被解释的法律条文放在整个法律体系中，联系此法条与其他法条的相互关系来解释法律。

目的解释是指从制定某一法律的目的来解释法律。根据立法意图，解答法律疑问是法律解释的应有之意。这里的目的不仅是整个法律的目的，也包括各个法律规范的目的。

我国的法律解释包括：最高国家权力机关的常设机关——全国人大常委会进行的立法解释；最高国家行政机关——国务院进行的行政解释；最高国家司法机关——最高人民法院、最高人民检察院进行的司法解释；地方性国家机关的解释。

# 第十四节　法治、人治与法制

## 一、法治的含义

由于法治内容和意蕴具有多元性、丰富性和复杂性，所以理解法治应当从多个方面进行。

### （一）法治是一种治国之道

作为一种治国之道、治国方略，法治是管理社会、治理国家的主要方法。它是指一个国家在种种社会控制方式中选择以法律为主要的手段进行社会控制，而不是选择其他方法为主要控制手段，即所谓法律主治、法律的统治。这是法治最早、最基本的含义。

### （二）法治是一种依法办事的社会状态和社会活动方式

法治要求所有社会关系参加者的活动以法律为基本原则。在一个法治社会中，所有的人都自觉地把法律当作自己的行为准则、行为标准，自觉地用法律来引导、规范自己的活动，进行自律；所有的人与人之间的关系、所有的社会关系都建立在法律的基础上，以法律的方式正当地处理相互之间的权利和义务、权力和职责的关系。在这个意义上，法治的基本要素是依法办事，即任何人、任何社会组织都必须遵守和服从法律，在制定法律之后，任何人和组织的一切活动都受既定法律规则的约束。依法办事要求社会成员都要严格遵守服从法律，不得以任何正当或不正当的理由去违背法律，更不能随意凌驾于法律之上，这是法治的前提和基础。

### （三）法治是一种规范的法律秩序和法治秩序

作为一种社会秩序，法治是通过法律对社会的权利、义务、权力、责任等一切法律资源进行合理配置，促使法律资源的利用获得最大化、最优化效率的一种制度设计和安排。法治社会是一个以法律为主导的有序化、规范化、制度化的社会，法律主体之间在法律基础上形成一种良性的双向互动关系，达成共识和相互信任。

### （四）法治是一种以民主宪政为核心的政治法律制度

法治与民主息息相关，没有民主就没有法治，没有法治就没有民主。作为一种政治法律制度，法治就是民主宪政，它建立在民主的基础上，按照人民主权原则实现了社会生活的制度化、规范化、民主化，一切活动、一切权力的行使都以保障、维护、促进和实现人民的权利为目的。法治、民主宪政划定了两条基本的界线：第一条是对国家权力、国家行为划定界线，反对专制，反对极权，反对独裁，反对权力的专横，要求权力分立、相互制衡，要求权力的运作严格遵循法律，要求一切公共事务依正当的法律程序来处理，要求政府官员在法律所提供的框架内进行活动，不得随意逾越。第二条是法治、民主宪政通过法律的方式划分个人的权利和义务界线，确定人的自由的范围，为个人的自由、权利提供同等的保护和保障，真正实现法律面前人人平等。这种双重性使命构成法治的制度性基石，促使公民与公民之间、公民与政府之间相互协调，共同推动法治和民主的深化、发展。

（五）法治代表一种价值取向

有法律并不一定就是法治，法治的内在含义不应简单等同于法律制度、法律秩序，它自身是，也应该是社会价值的载体，体现、承载着特定的社会价值观念体系及其目标，代表着社会的文明精神。作为法律主治，法治是以民主、自由、平等、人权、理性、文明、秩序、效益等价值观念为基础，以保障、维护、促进、实现人的自由和尊严为目的。价值性、合理性是法律的合法性的基础，没有价值性、合理性的法律、法治是令人难以想象的，也是没有权威性的。从这个意义而言，法律的真正权威性不在于它的强制性、强制力，而在于它本身是生活的终极目的和意义的一部分，是社会价值观念体系的载体。

（六）法治是一种对法律的信仰

法治绝不仅仅是依靠法律的形式要素，通过法律的一些程序性规定、规则而实现的，更不是依赖于法律的严酷、刻板与不讲人情，依赖于法律的外在强制力，通过强迫、压制与威胁实现的，而是通过社会成员在观念、意识、心理和情感上对法律的信仰、尊崇而实现的。可见，法律只有被人们所信仰，也必须被人们所信仰，成为自己内在的理性准则，才能实现法治。作为一种信仰，法治要求人们不仅要在外在行为上自觉地遵守法律，以法律作为行为准则，而且要在内心深处自觉地信奉法律，在观念、心理、意识、情感、信念等方面尊奉法律的神圣性来源、神圣性品质、神圣性力量。从这个意义而言，法治不是工具性的，而是目的性的东西。

可见，法治既是人类的理想，又是现实；既是价值、观念、信仰，又是社会制度、社会秩序；既是行为方式，又是社会管理机制。它以法律至上为内在核心，以依法治国为外在形式，以依法办事为基本要素，依据民主、自由、平等、正义、理性、人权、文明、效益、秩序、安全等社会价值观念、价值观念体系构建社会的基本结构和行为方式，形成以法律制度为主导的有序化的社会管理机制、管理模式，从而保障、促进和实现人的权利，保障、促进和实现人的自由。法治是价值、原则、制度、程序、组织、信仰等要素的综合统一体。

在当代中国，法治又被称为依法治国。依法治国就是广大人民群众在党的领导下，依照宪法和法律规定，通过各种途径和形式管理国家事务，管理经济文化事业，管理社会事务，保证国家各项工作都依法进行，逐步实现社会主义民主的制度化、法律化，使这种制度与法律不因领导人的改变而改变，不因领导人的看法和注意力的改变而改变。

## 二、人治的概念与特点

与法治一样，"人治"（Rule of Individual）也是一个古老的概念。在古希腊，著名的哲学家柏拉图在《理想国》一书中所构建的理想的国家是哲人治国，提倡富有智能的哲学家当国王治理国家。他说："除非哲学家成为我们这些国家的国王，或者我们目前称为国王和统治者的那些人物，能严肃认真地追求智能，使政治权力与聪明才智合而为一；那些顾此失彼，不能兼有的庸庸碌碌之徒，必须排除出去。否则的话……对国家甚至我想对全人类都将祸害无穷，永无宁日。"这种贤人政治主要依赖于哲学家国王的智能、德性、知识，主要是通过统治者的个人能力和良心而进行和实现的。后人将柏拉图这种不要法律、不重视法律的社会管理模式称为人治，于是柏拉图成为西方人治理论的鼻祖。在中国先秦时期，儒家及其代表人物主张"为政在人"，如孔子说："文武之政，布在方策，其人存，则其政举；其人亡，则其政息。"儒家这种贤人政治也是依赖于统治者的道德品质、道德修养，依赖于统治者的修身养性，因而对于其他社会规范重视不够，是中国人治理论的来源。后世在这些学者及其思想的基础上继续提出各种主张，并在现实中不断实施，从而使人治成为一种控制社会、管理社会的治国方法。

一般认为，人治是一种轻视、否定、摒弃法律而主要依靠领导者个人意志、能力、素质、智能来治理国家的方法。在人治的理想中，国家的最高统治者、领导者是圣贤之士，他们以自身的德行、知识、智能管理社会和人民，他们没有必要受刻板烦琐的规范性法律条文的拘束，能在一切大小事务上做出明智、公正和正确的决定，引导整个国家、社会和人民走向和谐与幸福。在人治的现实中，领导者、掌权者个人的意志凌驾于法律之上，个人的意志和心愿就是国家的根本法律，一切事务、一切制度、一切方针、一切措施都是依据个人的意志而随意决定和实施的，是为"言随法出""一言立法""一言废法"。这显示出，作为一种现实的治国方式，人治具有极大的随意性、擅断性、专横性和多变性。

虽然主张人治的人看待人治的形态和模式具有极大的差异，但人治有其共同的特点：

第一，统治者的意志、心愿就是法律。

第二，国家、社会的治乱兴衰，主要依托于一两个英明的领导者，掌握国家最高权力的明君圣主决定着一个国家、社会的长治久安，决定着一个民族的前途和命运，决定着人民的生活福祉。

第三，统治者的权威是至高无上的，他除了受自己的心意、知识、智能和德性的制约外，不受任何东西的约束，不受法律的拘束。因此，人治总是与专制、极权联系在一起，总是与专制政治、等级特权制度纠缠不休。

第四，国家的一切制度、方针、策略都取决于统治者，一切重大事务、重大问题都由个别人或少数人决断。

第五，法律、法律制度是从属性的，其地位、功能、作用和权威均取决于统治者的个人意志和心愿。

## 三、法治与人治的区别

法治与人治是两种截然不同的治国方式。根据学术界的研究成果，我们将法治与人治的区别归纳为下列几个方面：

第一，在价值理念方面，法治是自由、平等、民主、理性、权利、人权、正义、秩序、效益等社会价值观念体系的综合体，它的目标就是通过法律形式实现人的价值，实现人的自由；而人治与专制、极权、等级、特权、奴役、不平等、非正义等具有亲缘性，它的目标是为了实现和满足个别人的私欲，实现和满足个人的意志。

第二，在政治方面，法治建立在民主和宪政基础上，一般实行共和体制；而人治建立在专制、极权基础上，是一人或少数人之治。

第三，在人性基础方面，法治基于对人的本性的悲观消极的假设，强调人的不完善性，认为没有哪个人是完美的，人性中总有弱点，有其邪恶的一面，一旦拥有权力就有滥用、误用权力，导致权力的腐化、腐败的可能，单靠个人的智能、德行和毅力是无法完全控制自己的，需要作为社会公器的法律进行调控，因此强调依法治理；而人治基于对人的乐观、积极的估计，认为德性就是力量，人性中的善良一面能够控制邪恶的一面，善能够战胜恶，主张依靠那些富有道德、智能的先知先觉者的道德教化来管理、统治社会，因此提倡圣君贤人的道德教化，提倡道德高于法律。

第四，在法律地位方面，法治强调法律在社会政治、经济、文化生活中的主导、核心作用，认为法律是规范人们行为的主要模式，是调整社会关系的利器，因此法律是至高无上的，法律必须被敬重、遵守和信仰；人治强调道德、良心的重要性，不重视、忽视、排斥法律的作用，因此人治虽然不完全排斥法律，但法律始终是从属性的，它的作用、调整范围是非常有限的，法律未能受到所有人的尊崇，它的发挥受统治者意志的影响。

第五，在法律与权力的关系方面，法治意味着法律是社会权力和秩序的基础，奉行"法律支配权力""法律限制权力"的原则；而人治把法律视为国家权力的工具，提倡权大于法，权力不受制于法律，不对法律负责，奉行"权力支配法律"的原则。

第六，在法律权威方面，在人与法的关系方面，法治要求法律至高无上，任何个人、组织、团体、集团、党派都必须严格遵守、服从法律，严格依法行事，不得凌驾于法律之上，不得随意侵犯、违背法律，一旦违背法律，必将受到法律的谴责和制裁；而人治不是不要法律，但往往否定法律的至上性，随意蔑视、践踏法律的尊严，强调个人权威至上。由此可见，因法治推崇法律至高无上，法治优于人治，法律权威的至上性是法治的灵魂和核心。

## 四、法治与法制的区别

法律至上性原理、原则要求实行法治，而非一般的法制。对于法制，学术界有不同的理解。有人认为从静态意义上说，法制是法律、法律制度，即统治阶级按照自己的意志，通过国家政权建立的用以维护其阶级专政的法律和制度，它是任何国家都不可缺少的统治工具。这种看法在很多情况下被归结为法律和制度的条文，归结为法律规范。有人从动态意义上认为法制是法的制定、执行、遵守的总称，是立法、执法、司法、守法和法律监督等环节的有机统一体。这是从法律作为社会工程、社会系统的意义上来理解的，着重于法律的运作。有人认为法制是依法办事的原则，即一定阶级民主政治的制度化、法律化，并严格按照法律进行国家管理的原则。这种认识有时直接将法制简化为"有法可依，有法必依，执法必严，违法必究"的原则。现在学术界一般把法制理解为立法、执法、司法、守法和法律监督等环节的有机统一体，其中心环节是依法办事。

法治与法制在许多方面是相同相通的，有时是可以互换的，但两者仍有很大的区别，法治优于法制。相比较而言，法治的优越性在于：

第一，法治更为明确地突出它的前提和基础在于法律的至高无上性，突出了法律在社会生活中的重要性和权威性。有社会就有法律，任何一个民族、国家、社会都有法律、法律制度，每个人都生活在某种秩序之中。在法治社会，在多种多样的规范人们行为、社会关系的社会规范中，在多层次、多维度的社会控制方式中，法律是最为主要、最为根本的一种，它具有最高的权威性。任何个人、组织、团体、阶级、党派都必须服从法律，在法律的范围内活动，不得凌驾于法律之上。法律至上是法治的根基，因之，法治能够防范、禁止、限制、制约专横权力的形成和使用，引导社会真正实现自由和平等。

第二，与法制相比，法治不仅强调法律的正当性、合法性，强调依法办事，而且更为明确地突出了法律的合理性、价值性和神圣性，法治是以"超法律原理"为基础的。法律的首要前提是正当性、合法性，它的制定、执行、适用、实施等各个环节都必须合法，没有正当性、合法性的法律就没有效力，不值得人们遵守服从。但是仅有合法性，仍然无法实现法治。在法治社会中，法不仅仅是法律制度，也不仅仅是依法办事。就其形式而言，法包括法律、法规、条例、判决等，但就其精神实质而言，法却高于和先于法律规范，是国家机关制定和执行法律法规所必须遵循的规则。法治之法是符合人类理性、尊严、良知的，是社会价值观念体系的载体。正是法律本身的合理性、价值性和神圣性奠定了它的合法性的基础，法律权威的发挥是其合理性、价值性和神圣性的外化。

第三，与法制相比，法治更为明确地显示了法律的目的性。法治不仅仅是法律、法律制度，也不仅仅是依法而治、依法办事，而且是以社会价值观念体系为基础，以维护、捍卫和实现人的基本人权为使命、目标和目的，维护、实现人的自由、权利和尊严是法治之法的基本框架。因此，法治就不仅仅是一种简单的治国方略，而且也是一种价值建构，是为了人的自由、权利、尊严的实现而设计的理性化的制度。

因此，法治不是法制，它通过树立法律至上的权威性，避免了法制那种导致统治者凌驾于法律之上，为统治者的专制、极权披上合法外衣做辩护的困境，从而真正为人类的自由、权利、理性的实现开辟了广泛的途径和机会。

## 五、法治国家的含义

法治的实践无论是作为一种治国方略，还是一种意识形态，都意味着社会管理结构的改革与制度模式的变迁。只有借助变革，法治才能从一种社会理念上升到统治领域，成为国家制度的基本原则，并将政治活动纳入法律的轨道。法治原则与国家制度的这种结合，宣告了近现代"法治国家"的诞生。

一般来说，"法治国家"目前主要在以下两种意义上使用：

第一，专指"法治国"。"法治国"是指构筑在法律基础之上的国家。这一用法源于康德、费希特等近代德国思想家的政治学说，其基本思想是以成文法对国家权力进行限制和人民在法律之下的自由组合；国家因而是以法律组织起来的团体，国家与法律合一，国家即法律秩序。"法治国"思想与我们通常所说的"法治国家"理论有重大的区别，这种思想把法律看作强者的意志，不顾及法律本身的正义性，法律纯粹是一种工具。

第二，泛指法治主义国家。法治的实现即法治理念的制度化，乃是一个社会文化过程，任何所谓的"法治国家"都带有其不可复制的历史和文化的特殊性。作为一种现代性的和更具有建设性价值的制度模式，现代的"法治国家"应更集中地表现为一个"类"的概念，即采纳和贯彻法治主义的国家。这种国家是依靠正义之法来治理国家与管理社会，从而使权力和权利得到合理配置的一种理想状态，是法治理念的实现。在汉语中，依法治国也是在这种意义上使用的，它不仅注重法律作为一种社会调控手段的作用，还注重法律内在的正义要求。

### 六、社会主义法治国家的基本条件

（一）社会主义法治国家的制度条件

第一，社会主义法治国家必须有完备的法律和系统的法律体系。

第二，社会主义法治国家必须有相对平衡和相互制约的符合社会主义制度需要的权力运行的法律机制。不能对权力进行有效约束的国家，不是法治国家；不能使用法律约束权力的国家，也不是法治国家。

第三，社会主义法治国家必须有一个独立的具有极大权威的司法系统和一支高素质的司法队伍。社会主义法律的尊严很大程度上是依靠法院的工作来维护的，如果法院、法官不能独立做出判断，如果判决可以不执行，那么，社会主义法律的权威也就不复存在。

第四，社会主义法治国家必须有健全的律师制度。依法治国，并不等于人人皆知法律、精通法律。全面依法办事的法治国家必须具有一个能够造就优秀律师并为社会提供优质法律服务的律师制度。这个律师制度必须能够保证律师在工作（包括调查取证、出庭辩护）中受到尊重，使律师成为维护法律的重要力量。

（二）社会主义法治国家的思想条件

社会主义法治国家的思想条件是指在社会主义法治国家人们对法律的观点、认识普遍应该达到的规格和标准。其内容包括：

第一，法律至上。这是指法律在社会规范中具有最高权威，所有的社会规范都必须符合法律的精神。在我国的社会生活中，民间社会的行为传统上、习惯上更依赖伦理规范的调节；正式制度化的行为，尤其是组织化的管理行为，则更依赖组织内部的规章制度和领导意见。伦理规范本来不具有外在强制性，但是由于正式制度本身的非规范性因素，导致伦理规范凭借国家强制实施。因此，在国家生活中形成了规范人们行为的社会规范的多元化的现实，而且这些行为规范还都具有强制性，造成民间行为和国家行为混淆，公私不分。法律至上则既能够维护中央和国家统一领导的权威，又能够使每个人享受到法治社会的公民自由，从而最大限度地调动个人的积极性和主动性。

第二，权利平等。这是指全社会范围内人们的平等，就是承认所有的社会成员法律地位平等。以往，法律界有一种观点，认为平等仅仅指法律实施中的平等，不包括立法中的平等。实际上，权利平等是平等权的核心，立法不平等就不会有法律实施的平等。法治国家的平等是平等主体之间的平等，是反特权的平等，是市场主体公平竞争的平等。因此，离开了权利平等就不是法治国家，而是特权化的封建性质的国家。

第三，权力制约。这是指所有以国家强制力保证实现的公共权力（主要是国家机构的权力），在其运行的同时，必须受到其他公共权力的制约。权力制约是相对于权力至上而言的，权力至上的思想根源则是"为政在人"的贤人政治观念。长期以来，我国一直强调领导干部的自身道德素质和修养的完善，把国家权力的良性运行完全或主要寄托在掌握权力者个人的道德品质上，这是非常靠不住的。共产党同志早就指出，我们过去发生过的各种错误固然与某些领导人的思想、作风有关，但是组织制度、工作制度方面的问题更重要。这些方面的制度好可以使坏人无法任意横行，制度不好可以使好人无法充分做好事，甚至走向反面。实践证明，不受制约的权力必然被滥用，必然导致腐败。权力制约就是要依靠法律的规定，界定权力之间的关系，使权力服从于法律。

第四，权利本位。这是指在国家权力和人民权利的关系中，人民权利是决定性的、根本的；在法律权利与法律义务之间，权利是决定性的，起主导作用的。社会主义国家是人民当家做主的国家类型。国家权力之所以必须是有限的，就在于它来源于人民。因此，法律义务的设定必须出于维护相应的法律权利或公众利益的需要，并经过必备的法律程序通过。

# 第十五节　法与政治

## 一、政治对法的作用

通常认为，由于政治在上层建筑中居主导地位，因而总体上法的产生和实现与一定的政治活动相关，反映和服务于一定的政治，但必须注意，这并不意味着每一部具体的法律都有相应的政治内容，都反映某种政治要求。同时，法在形式、程序和技术上的特有属性使法在反映一定的政治要求时必须同时满足法自身特有属性的要求。法的相对独立性不只是对经济基础而言的，也表现在对上层建筑诸因素的关系中。在此意义上，更可能深刻理解所谓的法治政治。政治关系的发展变化也在一定程度或意义上影响着法的发展变化。

## 二、法对政治的作用

法作为上层建筑相对独立的部分，对政治并非无所作为。特别在近现代，可以说，法在多大程度上离不开政治，政治也在多大程度上离不开法。

第一，法与政治体制。政治体制指政治权力的结构形式和运行方式。如果在集权型权力结构中，法的被需要还只是作为人治这种权力运行方式的点缀或辅助，则在分权型权力结构中，权力的配置和行使皆须以法为依据。

第二，法与政治功能。政治的基本功能是把不同的利益交融和冲突集中上升为政治关系，对社会价值物进行权威性分配和整合。法不仅贯穿经济关系反映和凝聚为政治关系的过程，且将利益和价值物的权威性分配以规范、程序和技术性形式固定下来，使之具有形式上共同认同的性质，并因此具有形式上的正统性。

第三，法与政治角色的行为。法对于国家机构、政治组织、利益集团等政治角色的行为和活动的程序性和规范性控制，以及20世纪初期开始的政党法制化趋势，均表明法对重要政治角色的行为控制、调整的必然和必要。

第四，法与政治运行和发展。政治运行的规范化、政治发展中政治生活的民主化（如政治过程的透明、公民政治参与的热情等）和政治体系的完善化如果离开法的运作，都无从谈起。

### 三、法与政策的联系和区别

政策一般指国家或政党的政策，此处指政党政策。政党政策是政党为实现一定政治目标、完成一定任务而做出的政治决策。执政党的政策在政治生活中尤其占有重要地位。

法与执政党政策在内容和实质方面存在联系，包括阶级本质、经济基础、指导思想、基本原则和社会目标等根本方面具有共同性。但二者的区别也很明显，主要表现在形式上：

第一，意志属性不同。法由特定国家机关依法定职权和程序制定或认可，体现国家意志，具有普遍约束力，向全社会公开；政党政策由党的领导机关依党章规定的权限和程序制定，体现全党意志，其强制实施范围仅限于党的组织和成员，允许有不对社会公开的内容存在。但在政党法制化趋势下，政党特别是执政党政策公开与秘密的范围也需要依法界定。

第二，规范形式不同。法表现为规范性法律文件或国家认可的其他渊源形式，以规则为主，具有严格的逻辑结构，权利义务的规定具体、明确。政党政策则不具有法这种明确、具体的规范形式，表现为决议、宣言、决定、声明、通知等，更具纲领性、原则性和方向性。

第三，实施方式不同。法的实施与国家强制力相关，且是有组织、专门化和程序化的。政党政策以党的纪律保障实施，其实施不与国家强制力相关，除非它已转化为法律。

第四，调整范围不尽相同。法倾向于只调整可能且必须以法定权利义务来界定的、具有交涉性和可诉性的社会关系和行为领域。一般而言，政党政策调整的社会关系和领域比法律广，对党的组织和党的成员的要求也比法的要求高。但这并不意味着政党政策可以涵盖法的调整范围，法也有其相对独立的调整空间。

第五，稳定性、程序化程度不同。法具有较高的稳定性，但并不意味着法不能因时而变，只是法的任何变动都需遵循严格、固定且专业性很强的程序，程序性是法的重要特征。政策可依形势变化做出较为迅速的反应和调整，其程序性约束也不及法那样严格和专门化，但这也并不意味着政策可朝令夕改或无最基本的程序要求。

### 四、依法执政与政治文明

依法执政是社会主义政治文明的重要体现。现代法治国家就是"政党国家"，即实行以政党制度为基础的国家权力配置方式与运作体制的国家。在共产党领导的多党合作制度中，共产党是执政党，各民主党派是参政党，这就必然产生执政党的执政方式和参政党的参政方式的问题。如果不解决好执政党的执政方式和参政党的参政方式问题，共产党领导的多党合作制度就不可能发挥其应有的作用。

依法执政是建设社会主义政治文明的必然要求。只有依法执政才符合社会主义政治文明的基本要求。依法执政的核心是要树立和维护法律的权威，而法律的权威来源于全体人民对法律的遵守和服从，不允许任何个人和组织有超越法律之上的特权。即使是作为执政党的共产党的活动，也必须在宪法和法律规定的范围内进行。

依法治国要求做到依法执政。在依法治国的条件下，执政党必须"坚持依法执政"。所谓"依法执政"，在当代中国的政治场景中，是指在坚持共产党领导的前提下，执政党严格依照宪法和法律对国家事务进行治理。

# 第十六节　社会主义法治理念

## 一、社会主义法治理念的基本含义

理念是人们对事物发展规律的科学认识和坚定信念。法治理念是人们对法律的功能、作用和法律的实施所持有的内心信念和观念，是指导一国法律制度设计和司法、执法、守法实践的思想基础与主导价值追求。

任何一个社会的法治理念都是对法治实践和理论的科学总结，我国社会主义法治理念是对我们改革开放 30 年法治理论和实践的科学总结。中央政法委将社会主义法治理念总结为"依法治国、执法为民、公平正义、服务大局、党的领导"五个基本方面。

依法治国是社会主义法治的核心内容，执法为民是社会主义法治的本质要求，公平正义是社会主义法治的价值追求，服务大局是社会主义法治的重要使命，党的领导是社会主义法治的根本保证。这五个方面相辅相成，体现了党的领导、人民当家做主和依法治国的有机统一。

## 二、正确理解社会主义法治理念的内涵

### （一）依法治国

依法治国是我们党领导人民治理国家的基本方略。只有坚持依法治国，才能使广大人民群众在党的领导下依照宪法和法律规定，通过各种途径和形式管理国家事务，管理经济文化事业，管理社会事务，才能保证国家的各项工作都依法进行，才能逐步实现社会主义民主政治的制度化、规范化、程序化。

1997 年，中国共产党第十五次全国代表大会将"依法治国，建设社会主义法治国家"确立为治国的基本方略；在 1999 年 3 月召开的九届全国人民代表大会第二次会议上，"依法治国，建设社会主义法治国家"又被写入了《宪法修正案》。依法治国方略的最终确立，在我们党和国家的发展史上，具有伟大而深远的历史意义。

依法治国理念的基本含义是依据法律而不是个人的旨意管理国家和社会事务，实行的是法治而不是人治；其核心是确立以宪法和法律为治国的最具权威的标准。树立依法治国理念，需要准确把握以下三个方面的基本内涵：法律面前人人平等，树立和维护法律权威，法律权威就是法律所具有的尊严、力量和威信。维护法律权威，必须确立法律是人们生活的基本行为准则的观念；必须首先维护宪法权威；必须努力维护社会主义法制的统一和尊严；必须树立执法部门的公信力。严格依法办事意味着四个方面的含义：职权由法定、有权必有责、用权受监督、违法受追究。

### （二）执法为民

执法为民就是把实现好、维护好、发展好最广大人民的根本利益作为司法工作的根本

出发点和落脚点，在各项司法工作中切实做到以人为本、执法公正、一心为民。

执法为民是我们党全心全意为人民服务的根本宗旨和立党为公、执政为民的执政理念在司法工作中的体现。只有坚持以人为本、执法为民，弄清为谁执法、靠谁执法、怎样执法这个根本问题，才能保证司法干警恪尽职守、勤勉工作，切实保障人民群众的合法权益。

"官本位"意识是指以官为本、一切为了做官，把做官看作人生的最高价值追求，同时又用做官来评判人生价值的大小，评判一个人的地位和作用。在现实生活中，"官本位"意识导致跑官要官、买官卖官行为和各种官僚主义现象发生。在司法工作中，"官本位"的突出表现是："官"的大小是决定案件是非曲直的标准；对"官"的处罚与对民的处罚实行差别对待；对案件的裁判不是依据法律而是依据"官"之好恶；特权思想严重，"官"以管人者自居，高高在上，脱离群众；有的滥用执法权力，徇私枉法，办"金钱案""关系案""人情案"等等。

执法为民理念的提出，是党"立党为公、执政为民"的执政理念在司法工作中的直接反映和体现。司法机关是党绝对领导下的国家政权机关，司法机关以及司法工作要落实和实现党的"立党为公、执政为民"的执政理念，就要坚持执法为民，把实现好、维护好、发展好最广大人民的根本利益作为全部司法工作的根本出发点和落脚点。

要坚持执法为民，反对"官本位"，就要求司法干警从思想上弄清权从何来、为谁用权、用权的依据是什么等一系列问题，用执法为民的法治理念统一执法指导思想，克服和纠正司法队伍中存在的种种不正确的执法观念和意识，确保司法工作始终保持为人民服务、为社会主义服务的正确方向。

（三）公平正义

公平正义是社会主义法治的重要目标，是构建社会主义和谐社会的重要任务。只有坚持公平正义，做到合法合理、平等对待、及时有效，才能实现公正执法，才能真正维护人民群众的合法权益，促进社会和谐。只有树立公平正义的理念，才能使宪法规定的建设社会主义法治国家的任务落到实处，才能真正维护人民的利益，促进社会和谐发展。公平正义是司法工作的生命线。作为法治理念的公平正义是指社会成员能够按照法律规定的方式公平地实现权利和义务，并受到法律的保护。

党的十六大报告明确指出，社会主义司法制度必须保障在全社会实现公平正义。因此，公平正义是社会主义法治的最高价值目标追求和重要任务，维护和实现公平正义是司法工作的永恒主题和神圣职责，也是司法干警崇高而伟大的使命。

对于司法机关和广大司法干警而言，树立公平正义理念需要准确把握以下几个主要方面的内容：坚持秉公执法、合法合理、平等对待、及时高效、程序公正。

（四）服务大局

服务大局是司法工作充分发挥职能作用和司法干警有效履行职责的必然要求。司法工作是党和国家工作的重要组成部分，同其他各项工作相辅相成、相互促进。要紧紧围绕党和国家的工作大局开展工作，克服单纯业务观点，注重执法的法律效果和社会效果的统一。

司法工作服务大局，就是要保障社会主义经济建设、政治建设、文化建设与和谐社会建设，为全面建设小康社会，建设富强、民主、文明的社会主义国家，创造和谐稳定的社会环境和公正高效的法治环境。

服务大局是社会主义法治的重要使命，是司法工作的重大政治责任，是解决司法工作中现实问题的客观需要。服务大局的理念要求主动服从服务于党和国家大局，保障国家和人民的利益。要正确处理好三个关系：服务大局与严格依法履行职责的关系；全局利益与局部利益的关系；执法的法律效果和社会效果之间的关系。

当前，我国社会主义事业正处在关键阶段，既是"黄金发展期"和重要战略机遇期，又是人民内部矛盾凸显、刑事犯罪高发、对敌斗争复杂的时期，司法工作服务大局的责任更加重大，任务更加繁重。目前在一些地方，一些司法部门的领导和干警不能全面把握大局，把服务经济建设片面理解为服务地区或部门的经济利益，在工作内容和政绩评价上出现偏差；有的把地方、部门的局部工作和利益置于全党、全国工作大局和整体利益之上，在执法活动中搞利益驱动或者搞挂牌保护、特殊保护等；有的片面理解或割裂司法工作与大局的关系，缺乏大局观念和服务大局的意识，存在单纯业务观点；有的对服务大局与履行职责的关系存在模糊认识，甚至将其对立起来，以致影响司法机关职能作用的发挥，削弱了执法办案、服务大局的效果。应对形势的要求，解决现实中存在的问题，必须牢固树立服务大局的观念，更加自觉地使司法工作融入大局、服务大局。

（五）党的领导

坚持社会主义法治理念，就要坚持党的领导。党的领导是社会主义法治的根本保证。法治建设绝不是要削弱党的领导，而是要从理念上更好地强化党的意识、执政意识、政权意识，通过改善党的领导来更有效地坚持党的领导、加强党的领导，通过完善党的执政方式来更有效地提高党的执政能力、保持党的先进性。

坚持党的领导，就要加强党的执政能力建设，巩固党的执政地位。具体到司法部门和广大司法干警，就要切实增强党的观念，坚持马克思主义的指导地位，自觉贯彻执行党的路线、方针、政策，不断加强党组织和党员队伍的建设。

坚持党的领导是我国宪法确定的一项基本原则。就司法机关来说，坚持党的领导，是由司法机关的性质和任务决定的。我国司法机关是人民民主专政的重要工具，是维护政权的国家机器。没有党的统一而坚强的领导，司法机关单靠自身是无法完成法律所赋予的重大历史责任和使命的。只有不断加强和改进党对司法工作的领导，才能保证司法机关全面发挥好维护国家安全、化解矛盾纠纷、打击预防犯罪、管理社会秩序、维护公平正义、服务改革发展的职能，为在全社会实现公平正义、构建社会主义和谐社会发挥更加积极的作用。

党的领导和社会主义法治在根本上是一致的。牢固树立坚持党的领导的理念，要正确认识和处理好以下三个关系：

1. 坚持党的领导、人民当家做主和依法治国的关系

首先，社会主义民主法制建设作为中国特色社会主义事业的重要组成部分，必须旗帜鲜明地坚持党的领导。党的领导是人民当家做主和依法治国的根本保证，中国共产党是建设中国特色社会主义事业的领导核心。历史和现实反复证明，在中国这样一个深受封建主

义传统影响的、有着 13 亿人口的大国，建设民主政治和法治国家必须有步骤、有领导、有秩序地进行，离开了中国共产党的领导，只能使国家陷入无政府状态，人民无法实现当家做主的愿望，国家也无法走上依法治国的道路。

其次，人民当家做主是社会主义民主政治的本质要求。国家的一切权力属于人民，这是《中华人民共和国宪法》明确规定了的，人民当家做主体现着国家的性质和方向，任何法律的制定和实施都要表达人民的意志、维护人民的利益、接受人民的监督。

最后，依法治国是党领导人民治理国家的基本方略。中国共产党作为执政党，按照依法治国的要求，必须树立、维护宪法和法律的权威，绝不允许任何组织和个人有超越法律的特权。中国共产党的领导要体现在依法治国的全部过程中，即立法、执法、司法都要体现党的领导，并通过党组织和党员的模范作用，维护宪法和法律的连续性、稳定性、权威性。

2. 贯彻落实党的方针政策与执行国家法律的关系

党的政策是法律的核心内容，是法律的灵魂和精髓。党所提出的主张和措施从根本上说体现了人民群众的共同意志和利益。党通过政策的法律化来实现自己的政治领导。法律是党通过国家政权贯彻党的政策的基本手段。党的政策被制定为法律，上升为国家意志，就能够获得有力的实施保障。贯彻党的政策能够促进法律更好地得到实施，树立法治的权威。政策一般指国家或政党的政策，此处指政党政策。政党政策是政党为实现一定政治目标、完成一定任务而做出的政治决策。执政党的政策在政治生活中尤其占有重要地位。

在倡导法治的条件下，把党的政策与法律对立起来，认为党的政策是法治化的阻碍，否定党的政策对法治化进程的指导作用是错误的；而把二者等同起来，认为"政策就是法"，否定法律的作用，也是错误的。必须正确把握党的方针政策和国家法律的关系，自觉地把贯彻落实党的方针政策与严格执行国家法律有机结合起来，在具体执法活动中做到法律效果和社会效果的有机统一。

3. 坚持党的领导与司法机关依法独立行使职权的关系

为此必须防范和解决两种错误倾向：一种是在个别党政领导同志中还存在干预司法的现象，主要表现是在案件事实的认定和具体适用法律上对司法机关施加压力。另一种是一些司法人员包括一些司法部门的领导干部不能正确对待党委的领导，把党委领导同志关心、督促司法部门严格公正执法当作干预司法。

处理好二者的关系，在党的领导方面，要改进党的执政方式，解决好党对司法工作领导什么和怎么领导的问题。党对司法工作的领导主要是政治领导、思想领导和组织领导。要领导和推动司法部门贯彻落实中央的大政方针，加强对维护国家安全和社会稳定工作的统筹协调，指导和推动司法部门为经济社会发展提供有力的法制保障，强化对司法部门执法活动的监督，建设高素质的司法干部队伍，加强司法部门领导班子建设，从机制、物质保障、确保司法人员资质、提高司法人员的待遇上入手，为司法机关依法独立公正地行使职权创造必要的条件。

在领导方法上，应该明确党的领导是总揽全局，而不是包办具体事务，更不是代替司法机关对具体案件进行定性和处理。要坚持谋全局、把方向、抓大事，集中精力抓好全局性、战略性的重大问题。要不断改进领导方式，做到总揽全局但不包揽案件，指挥协调但不代替办案，支持司法机关依法独立公正地行使审判权和检察权，不能直接插手、干预司法机关正常的司法活动，不能仅从本地区本部门的利益出发，搞地方保护主义和部门保护主义，不能随意调动司法干警处理法定职责以外的其他事务。

处理好二者的关系，在司法部门方面，要对司法机关依法独立行使职权有正确的认识。根据我国《宪法》的规定，国家的司法权只能由国家司法机关统一行使，其他任何组织和个人都无权行使；司法机关依法独立行使职权，不受行政机关、社会团体和个人的干涉。但是，也必须认识到，司法机关独立行使职权，不是不要党的领导，也不是不接受党的监督。

总之，要树立正确的社会主义法治理念，必须旗帜鲜明地反对那些对社会主义法治建设有害的、错误的观念，在树立正确理念的同时反对错误的观念。只有这样，才能保证社会主义法治建设的健康有序发展。

# 【练习题】

## 一、单项选择题

1. 下列关于法律规则和法律条文关系的表述正确的是（　　　）
   A. 一个法律条文就是一个法律规则
   B. 法律条文是法律规则的内容
   C. 法律规则是法律条文的载体
   D. 法律条文是法律规则的表现形式
2. 中国法理学界近年来归纳的法的要素通常采用的模式是（　　　）
   A. 规则、原则、政策三要素
   B. 规则、原则、概念三要素
   C. 律令、技术、理想三要素
   D. 命令、义务、制裁三要素
3. 下列不属于权力资源的法律调控方式的是（　　　）
   A. 选举制度　　　B. 分权制度　　　C. 制衡制度　　　D. 极权制度
4. "从事物的性质来说，要防止滥用权力，就必须以权力约束权力。"该观点出自（　　　）
   A. 洛克　　　　　B. 孟德斯鸠　　　C. 华盛顿　　　　　D. 卢梭
5. 西方法学理论自 19 世纪以来对法律解释问题的探讨大多是围绕司法判决中法官适用、解释法律的方法和活动展开的。其背后的理论脉络依据的是（　　　）
   A. 三权分立原则　　　　　　　B. 立法至上原则
   C. 司法至上原则　　　　　　　D. 行政权力控制

## 二、判断题

1. 法的价值具有绝对性和相对性。　　　　　　　　　　　　　　　　（　　　）
2. 法的渊源具有多样性，法的形式具有多元性。　　　　　　　　　　（　　　）

3. 法的体系就是指立法体制。　　　　　　　　　　　　　　　( 　 )

4. 承担法律责任就意味着接受法律制裁。　　　　　　　　　( 　 )

5. 命令性规则和禁止性规则都属于义务性规则。　　　　　　( 　 )

## 三、简答题

1. 简述法治的含义。

2. 简述法律规则的分类。

# 【参考答案】

## 一、单项选择题

1. D　　2. B　　3. D　　4. B　　5. A

## 二、判断题

1. 答：√。法的价值是相对和绝对的统一。相对，就是法的价值的条件性，表现为法的价值不是固定不变的。绝对，就是法的价值的普遍性，在不同时代和不同社会的人们之间存在某些共同的价值标准。

2. 答：×。法的渊源是多样化的，有来自不同资源、不同进路和不同动因的法的渊源，它们之间有复杂的关联，各具独立性，是多元化地存在于一国法的渊源体系之中的。法的形式也是多样化的，但却不是多元的。一国法的形式通常总有法律、法规和其他规范性法律文件的区分，它们的种类在各国也不尽相同。但多样化的法的形式，特别是在公法如宪政制度所涉及的法的形式方面，在绝大多数国家，却被一条统一的主线贯串在一起，这条主线就是统一的国家权力体系。

3. 答：×。法的体系，通常是指一个国家全部现行法律规范分类组合为不同的法律部门而形成的有机联系的统一整体。立法体制是关于立法权限、立法权运行和立法权载体诸方面的体系和制度所构成的有机整体。其核心是有关立法权限的体系和制度。

4. 答：×。法律制裁与法律责任密切相关但又明显不同。法律责任是法律制裁的前提，无法律责任即无法律制裁的可能。法律制裁是法律责任的功能体现，但有法律责任不一定会有强制性制裁措施。

5. 答：√。

## 三、简答题

1. 答：法治是一种源远流长的意识形态、治国方略和社会文化现象，"法治"一词至少具有以下四种社会内涵和意义：（1）"法治"意指一种治国方略或社会调控方式。法治作为一种治国方略或社会调控方式，指的是国家在诸多社会控制体系中选择法律作为主要控制手段。（2）"法治"意指一种依法办事的原则。法治作为一个动态的或能动的社会范畴，其基本意义是指依法办事。也就是说，在制定了法律之后，任何个人和组织的社会性活动均应该受到既定法律规则的约束，人人平等地依法办事是法治的基本要求和标志。（3）"法治"意指良好的法律秩序。无论是作为治国方略，还是作为依法办事的原则，法治最终要表现为一种良好的社会秩序。达到某种良好的法律秩序，既是法治的目标和结果，也是检验一个国家是否厉行法治的一个重要指标。（4）"法治"代表着某种具有价值规定的社会生活方式。法治不是单纯的法律秩序，还是一种理想的社会生活状况。不是任何一种法律秩序都称得上是法治状态，法治是有特定价值基础和价值目标的法律秩序，即是有价值规定性的生活方式。

2. 答：依据不同的标准和出于不同目的，可对法律规范做出不同的分类。对法理学研究与实务意义较大的分类有以下四种：（1）从法律规则内容上看可以将它分为授权性规则、义务性规则和权义复合规则。授权性规则是指示人们可以作为、不作为或要求别人作为、不作为的规则。义务性规则是直接要求人们作为或不作为的规则。权义复合规则指兼具授予权利、设定义务两种性质的法律规则。（2）从法律规则形式特征上看，可将它分为规范性规则和标准性规则。规范性规则指规则的内容明确、肯定和具体，且可直接适用的规则。标准性规则指法律规则的部分内容或全部内容（事实状态、权利、义务、后果等）具有一定伸缩性，须经解释方可适用且可适当裁量的法律规则。（3）从法律规则的功能上看，可将法律规则分为调整性规则和构成性规则。调整性规则是对已有行为方式进行调整的规则。构成性规则是组织人们按规则规定的行为去活动的规则。（4）从法律规则的强制性程度上来看，可将它分为强行性规则和指导性规则。强行性规则指行为主体必须作为或不作为的规则。指导性规则指行为人可自己决定是否按规则指定的行为行事，规则只具有指导意义而不具强行性，这是一种命令性较弱的义务性规则。

# 第二章　宪法学

## 第一节　宪法的基本理论

### 一、宪法的概念

作为法律形式的宪法，是指在一个国家法律体系中规定国家制度和社会制度的基本问题、具有根本法地位的法律规范的总称。

宪法与普通法律的区别在于宪法的根本法属性，即它是国家的根本法，是"法律的法律"，是"母法"，其他法律是宪法的"子法"。将宪法称为根本法是因为宪法不是关于某一问题或某一方面的法律，而是关于国家生活和社会生活中最基本问题的法律，它所调整的是最基本的社会关系（如公民与国家之间的关系、国家机关相互之间的关系）。

### 二、宪法的特征

将宪法与同一法律体系之下的普通法律相比较，宪法有如下三个特征：

**（一）宪法的内容比普通法律要广泛、全面、重大**

宪法的内容涉及一个国家的政治、经济、文化、社会、外交等各方面的重大的原则性问题，涉及国家的根本制度、基本制度及根本任务问题。其内容具有根本性、宏观性和全面性的特点。而普通法律所规定的内容只涉及国家生活或社会生活的某一方面的问题，它是宪法某一方面规定或某一项规定的具体化，其内容具有具体和微观的特点。

**（二）宪法的效力高于普通法律**

第一，宪法是普通法律的立法依据或立法基础。宪法是一个国家的根本大法，是法律的法律，普通法律没有宪法的依据就无从产生，因此人们也形象地称宪法为"母法"。国家立法机关在制定普通法律的时候必须以宪法作为依据。当然有的法律公开宣称"根据宪法制定本法"，有的法律虽不明确宣称，但也是以宪法作为立法基础的。

第二，普通法律与宪法不相抵触。如果普通法律的规定、原则、精神同宪法的规定、原则、精神相抵触，那么它应该被撤销、改变或宣布无效。在一个多级立法的国家里，依据宪法产生的各个级别的立法都应该以宪法作为标尺，以保证国家法律体系的统一性与一致性。我国《宪法》第五条规定："一切法律、行政法规和地方性法规都不得同宪法相抵触。"

第三，一切宪法主体都必须以宪法为最根本的活动准则。宪法是一国最高的和最根本的活动准则，一切宪法主体都必须遵守它，将它奉为行动的最高准则。我国《宪法》序言规定："全国各族人民、一切国家机关和武装力量、各政党和各社会团体、各企业事业组织，都必须以宪法为根本的活动准则，并且负有维护宪法尊严、保证宪法实施的职责。"

（三）宪法的制定和修改程序比普通法律严格、复杂

由于宪法所规定的内容是一个国家最根本的制度、原则，是其他法律赖以建立的依据，为了保证宪法的尊严和相对稳定性，绝大多数国家在制宪和修宪程序上做了严格的要求。

第一，宪法的制定一般要求成立一个专门机构。如制宪会议、制宪议会、宪法起草委员会等，其职责就是起草或制定宪法，在完成起草或者制定宪法的任务后，该专门机构即予以解散。而普通法律的制定一般由依据宪法成立的国家立法机关进行。同时，制定宪法的程序也与普通法律不一样。宪法一般需要特定的多数通过，而普通法律则只需要一半以上的多数通过。

第二，宪法的修改与普通法律的修改在提起主体和通过程序上不一样。如在我国，宪法的修改，由全国人民代表大会常务委员会或者 1/5 以上的全国人大代表提议，除了这两个特定的主体以外的一切组织和个人都无权向全国人大提出有效的修宪议案。但有权提起普通法律修改的主体则更广泛一些。在修改程序上，我国宪法规定，修改宪法由全国人大以全体代表的 2/3 以上的多数通过，而普通法律的修改由全国人大及其常委会以全体代表或委员的过半数通过即可。

## 三、宪法的本质

宪法的本质在于，它是一国政治力量（其中主要是阶级力量）对比关系的全面的、集中的体现，是统治阶级根本意志和根本利益的集中反映。宪法反映阶级力量对比关系，主要表现在以下三个方面：

（一）宪法是阶级斗争的结果和总结

只有在社会的阶级斗争中取得胜利，掌握了国家权力的统治阶级才能以国家的名义制定宪法。这个新生的统治阶级为了维护这种斗争成果，为了维护本阶级的利益，确保在未来的阶级斗争中立于不败之地，必将以宪法反映这种斗争的经验教训，因此宪法又是一种总结。

（二）宪法规定了社会各阶级在国家中的地位及其相互关系

统治阶级制定宪法的首要任务就是把统治阶级关系法律化，即对于哪个阶级是统治阶级、哪个阶级是被统治阶级、哪个阶级是同盟者，用法律的形式加以确认，使统治阶级的统治地位合法化。

（三）宪法随着阶级力量对比关系的变化而变化

当阶级力量对比关系发生根本性变化时，必然会导致不同类型宪法的出现；当以前处于支配地位的阶层或阶级被其他阶层或阶级及其联盟取而代之时，往往要制定同一类型的新宪法；统治阶级力量的加强或减弱，若不足以改变社会内部的阶级结构，这时宪法的变化往往以修改宪法的方式进行。

综上所述，宪法是规定民主制国家的根本制度和根本任务、集中表现各种政治力量对比关系、保障公民基本权利、具有最高法律效力的国家根本法。

### 四、宪法的分类

（一）资产阶级学者的宪法分类

早期的分类主要有三种：①从宪法是否具有统一法典的形式，把宪法分为成文宪法和不成文宪法；②从宪法的法律效力以及其制定修改程序的不同，把宪法分为刚性宪法和柔性宪法；③从制定宪法的主体不同，将宪法分为钦定宪法、民定宪法、协定宪法。现代资产阶级学者根据形式上的标准，对宪法做了各式各样的分类，主要分为近代宪法和现代宪法、平时宪法和战时宪法、君主宪法和共和宪法、原始宪法和派生宪法、以序言开头的宪法和不以序言开头的宪法等等。

（二）马克思主义学者的宪法分类

马克思主义宪法学家根据国家的类型和宪法的阶级本质的不同，把宪法区分为社会主义类型的宪法和资本主义类型的宪法。

## 第二节　宪法的基本原则

宪法的基本原则是指人们在制定和实施宪法过程中必须遵循的最基本的准则，是贯穿立宪和行宪的基本精神。

### 一、人民主权原则

主权是国家的最高权力。法国的布丹首创这个概念，并认为主权在君；洛克则提出议会主权；真正的人民主权的学说是由法国的卢梭创立的。人民主权是指国家中绝大多数人拥有国家的最高权力。在卢梭看来，主权是公意的具体表现，人民的公意表现为最高权力；人民是国家最高权力的来源，国家是自由的人民缔结契约的产物，而政府的一切权力都是人民授予的。人民主权学说的出现是国家学说发展史上的一大飞跃，是资产阶级反对封建阶级的锐利武器，胜利后的资产阶级纷纷在宪法中确认人民主权原则。

社会主义国家的宪法一般表述为"国家的一切权力属于人民"的原则。"一切权力属于人民"是无产阶级在创建无产阶级政权过程中，在批判性地继承资产阶级民主思想的基础上，对人民主权原则的创造性运用和发展。我国《宪法》规定："中华人民共和国的一切权力属于人民。人民行使国家权力的机关是全国人民代表大会和地方各级人民代表大会。人民依照法律规定，通过各种途径和形式，管理国家事务，管理经济和文化事业，管理社会事务。"

### 二、基本人权原则

人权是指作为一个人所应该享有的权利。人权在阶级社会里具有鲜明的阶级性，但就其原创意义而言，人权属于应有权利、道德权利。17、18世纪的西方资产阶级启蒙思想家提出了天赋人权学说，强调人生而享有自由、平等、追求幸福和财产的权利。在启蒙思想家提出的天赋人权学说和人权口号的指导下，资产阶级开始了争取人权的斗争，在资产阶级革命胜利后，人权口号逐渐被政治宣言和宪法确认为基本原则。

社会主义国家建立后，同样也在宪法中确认了基本人权原则。在措辞上，社会主义宪法并未直接使用"人权"一词，但宪法中有关"公民基本权利"的规定实质上就是对基本权利的确认。

### 三、法治原则

法治是相对于人治而言的，是指统治阶级按照民主原则把国家事务法律化、制度化，并严格依法进行管理的一种方式。法治是17、18世纪资产阶级启蒙思想家所倡导的重要的民主原则，其核心思想在于依法治理国家，法律面前人人平等，反对任何组织和个人享有法律之外的特权。

社会主义国家的宪法不仅宣布宪法是国家的根本法，而且还规定国家的立法权属于最高人民代表机关，使宪法和法律有了广泛而深厚的民主基础，为社会主义的法治原则的实现提供了前提条件。我国1999年《宪法修正案》规定："中华人民共和国实行依法治国，建设社会主义法治国家。"法治原则要求宪法至上，即确立宪法在法律、政治、社会生活中的地位。为此我国现行宪法在序言中明确规定："本宪法以法律的形式确认了中国各族人民奋斗的成果，规定了国家的根本制度和根本任务，是国家的根本法，具有最高的法律效力。"

### 四、权力制约原则

权力制约原则是指国家权力的各部分之间相互监督、彼此牵制，以保障公民权利的原则。它既包括公民权利对国家权力的制约，也包括国家权力对国家权力的制约。在资本主义国家宪法中，权力制约原则主要表现为分权制衡原则，在社会主义国家宪法中则表现为监督原则。

分权制衡原则是由法国的资产阶级启蒙思想家孟德斯鸠完成的。分权是指将国家权力分为几部分，分别由几个国家机关独立行使；制衡原则是指这几个国家机关在行使权力过程中，保持一种相互牵制和相互平衡的关系。1787年的美国宪法就是按照典型的分权制衡原则确立了国家的政权体制。

社会主义国家的监督原则由第一个无产阶级专政政权巴黎公社首创。权力机关的组成成员由选民民主选举产生，并对选民负责，受选民监督。

# 第三节　宪法规范

### 一、宪法规范的概念

宪法规范是指调整国家最基本、最重要的社会关系，并具有最高法律效力的各种规范的总和。

## 二、宪法规范的主要特点

宪法规范的特点很大程度上取决于宪法的地位及其内容。宪法规范一般有如下特点：

### （一）根本性

宪法规范规定的是国家生活和社会生活各方面的根本制度、基本制度、基本原则，具有根本的创制性，是国家各种具体制度的最终根据及渊源。其他的法律规范都是依据宪法规范建立起来的，其法律效力也来源于宪法规范。

### （二）最高权威性

宪法规范在法律规范体系中居于最高的地位，其他法律都必须以宪法为制定的依据，一般法律规范不能与宪法规范相抵触，否则便失去法律效力。同时宪法还是一切组织或者个人活动的根本准则。

### （三）原则性

宪法规范大都确定社会制度、国家制度的基本原则，宪法是根本大法，不是法律大全，所以宪法规范不可能涉及国家生活的细枝末节，而以确定原则为限。此类原则往往是立法之本，对全局有最高的指导意义。宪法对其所规定的内容往往采用较为概括的方法，如果没有概括性，宪法必将冗长无比，失去作为根本法的意义。

### （四）纲领性

宪法的纲领性是指宪法规范明确表达对未来目标的追求。由于宪法不仅是过去经验的总结，而且是现实的根本准则，还是对未来纲领的宣告，所以宪法确认国家的发展目标和宏观发展思路，就是其纲领性的表现。

### （五）相对稳定性

宪法规范的原则性和概括性使得它较其他法律具有更大的适应性，能够在一定范围内承受客观形势带来的变化。宪法是国家的根本大法，统治阶级如果不是有意着眼于改革，一般不会轻易地修改宪法；加之宪法自身都做了严格修改程序的宣告，使得宪法的修改不会轻易发生。基于以上两点，宪法规范在形式上又具有相对稳定性。

# 第四节　宪法关系

## 一、宪法关系的概念

宪法关系也称宪政法律关系或宪法法律关系，是指按照一定的宪法规范，在宪法主体之间产生的、以宪法上的权利义务为基本内容的社会政治关系，是立宪社会最为基本的政治秩序在法律上尤其是在宪法上的表现。

## 二、宪法关系的主体

宪法关系的主体是宪法权利和宪法义务的直接承担者与直接行使者。宪法关系的主体分为以下三类：

### （一）公　民

公民参与国家事务，成为政治关系中完整的主体，因其平等性、自由性、主动性而成为宪法关系中最为活跃的主体因素。

### （二）国　家

国家的历史演变是其成为宪法关系主体的重要条件。近代宪政国家是在反对封建专制的基础上，由过去享有绝对权威的国家演变为权力行使者和义务承担者的宪法关系主体，国家机关是国家在宪法关系中的主要存在方式。

### （三）其他主体

宪法规范涉及的内容极广，因而通过宪法规范承担宪法权利和宪法义务的主体颇多。

1. 国家机关

国家机关能够以国家代表的身份参与宪法关系，同时国家机关也独立地以自己的名义行使和承担宪法上的权利与义务。

2. 民　族

多民族国家的宪法一般都规定了民族的地位和权利，在这种情况下，民族也成为宪法关系的主体。

3. 政　党

政党的存在及其合法活动是现代国家立宪政体得以有效运行的必要因素，虽然多数国家的宪法对政党承担的宪法权利义务未做明确规定，但政党无疑是现代宪法关系的重要主体之一。

4. 利益集团

从利益集团对宪法关系和宪政社会中公民与国家的重要联系和缓冲作用来看，利益集团也是宪法关系的一种主体。

## 三、宪法关系的内容

宪法关系的内容主要是指宪法关系各主体之间针对某一特定客体，依宪法规范而确立的宪法上的权利和义务，其核心是依据宪法而形成的公民与国家之间的权利和义务。

### （一）权利—权力关系是宪法关系的基本内核

权利—权力关系决定了宪法关系的性质，决定了宪法关系的基本结构形式。权利—权力关系是宪法关系各主体法律地位的体现，权利与权力的冲突与妥协是宪法关系运作的基本形式，权利与权力的互动关系推动着宪法关系的发展。

（二）公民权利制约国家权力是宪法关系的基本精神

权利制约权力是人民主权对宪法关系的必然要求。

（三）国家权力的相互制约是权利制约权力的重要补充

权力的相互制约通过国家权力的适当分立与结合，既能保证机关内部的有机配合，又能相互牵制平衡，使任何机关都不能够真正掌握绝对的权力，从而在总体上将国家权力限制在一定范围之内，不致产生权力极度膨胀、侵犯公民权利的局面。

### 四、宪法关系的客体

宪法关系的客体是指宪法关系各主体的宪法权利和宪法权力所指向的对象，是宪法权利和宪法权力得以实现的媒介。

宪法行为是宪法关系的客体，即公民和国家等主体依法行使宪法规范所赋予的权利和权力的行为，它包括公民的宪法权利行为和国家的宪法权力行为两种类型。宪法权利行为和权力行为是宪法关系主体相互之间及其与宪法规范产生联系的唯一领域。

宪法权利行为是宪法关系主体的作为或不作为。公民通过一定方式的作为或不作为，行使自己的宪法权利，使自己的利益在宪法关系的运作中得到满足或部分满足。宪法通过对公民权利行为的引导、评价和调节以实现对公民的规范。同时，公民行使宪法权利的行为也会对宪法关系产生积极的作用。

宪法权力行为是国家及其机关依法行使宪法授予的权力的行为。宪法必须对国家权力行为进行规范和控制，其目的就是阻止权力滥用给国家宪政体制和公民权利带来威胁，同时发挥权力行为对宪法关系的积极促进作用。

谈到宪法关系的客体，有必要提及违宪行为这一概念。违宪行为不是权利行为或权力行为，不是宪法关系的客体，而是宪法关系的标的。违宪行为包括公民的违宪行为和国家的违宪行为两种形式。在多数情况下，公民违宪行为同时也是违法行为，因而由各个部门依法予以纠正和制裁。针对国家违宪行使权力的行为，必须建立宪法监督或宪法诉讼法律关系，通过宪法手段对这种行为进行纠正、制裁和预防。

# 第五节　宪　政

### 一、宪政的概念和特征

近代意义的宪政也称"民主宪政""立宪政体"，是指以宪法为前提，以民主政治为核心，以法治为基石，以保障人权为目的的政治形态或政治过程。

宪政的特征为：①宪法实施是建立宪政的基本途径；②建立有限政府是宪政的基本精神；③树立宪法的最高权威是宪政的集中表现。

### 二、宪法与宪政的关系

宪法与宪政存在非常密切的联系：宪法是宪政的前提，宪政则是宪法的生命。

宪法和宪政也存在区别：①从外在状态的角度看，宪法主要是静态的文书形式，宪政则是立宪政治的实际运行，同时宪政不仅指宪政制度，而且包括各种具体的宪政活动；②从内容范围的角度看，宪政的范围更为广泛；③从价值取向的角度看，近代宪政的基本精神是为了约束国家机关的权力，保障公民权利，使人民主权思想得到贯彻落实。

# 第六节　国　体

## 一、国体概述

国体亦称国家性质，即国家的阶级本质。它是由社会各阶级、阶层在国家中的地位所反映出来的国家的根本属性。它包括两个方面：一是各阶级、各阶层在国家中所处的统治与被统治地位；二是各阶级、各阶层在统治集团内部所处的领导与被领导地位。不同类型国家的宪法对国体的表现方式很不一致。资本主义国家宪法通常以"主权在民""全民国家"等超阶级的字样规定国体，否认国家的阶级本质；社会主义国家则公开表明国家的阶级本质，宣布自己是无产阶级专政或人民民主专政的国家。

## 二、人民民主专政的实质

### （一）人民民主专政是我国的国体

我国《宪法》第一条："中华人民共和国是工人阶级领导的、以工农联盟为基础的人民民主专政的社会主义国家。"表明了社会主义制度是我国的根本制度，人民民主专政是我国国家性质的具体体现。

人民民主专政是一种对人民实行民主和对敌人实行专政有机结合的国家制度。人民在数量上占了我国人口的绝大多数，在我国现阶段，人民的范围包括以工人、农民和知识分子为主体的全体社会主义劳动者、社会主义事业的建设者、拥护社会主义的爱国者和拥护祖国统一的爱国者。而人民的敌人只包括极少数敌视和破坏社会主义制度的敌对势力和敌对分子。民主和专政是一个问题的两个方面，人民民主专政的民主方面和专政方面是辩证统一的，对人民实行民主是对敌人实行专政的基础，对敌人实行专政是对人民实行民主的保障。

### （二）人民民主专政实质上是无产阶级专政

人民民主专政是无产阶级专政的具体体现，两者在精神实质和核心内容上是一致的，具体表现在：

第一，领导力量一致。两者都是由工人阶级（通过中国共产党）来领导的。

第二，阶级基础一致。工人阶级要推翻剥削阶级、建设和完善社会主义，都必须与广大的农民阶级结成牢固的联盟。

第三，专政职能一致。无产阶级专政和人民民主专政都担负着保障人民当家做主的地位、不断扩大社会主义民主的范围、维护社会主义制度、组织社会主义经济建设和精神文明建设等职能。

第四，历史使命一致。无产阶级专政和人民民主专政的最终目的和历史使命都是要消灭阶级，消灭剥削，建设社会主义，实现共产主义。

既然人民民主专政在实质上是无产阶级专政，我国宪法为什么还要采用人民民主专政的提法呢？因为人民民主专政更能确切地表明我国的阶级状况和政权基础，更能直接地体现出对人民实行民主和对敌人实行专政的两个方面，更能充分地反映我国的国情。

### 三、我国人民民主专政的主要特色

（一）中国共产领导的多党合作制度

1. 多党合作制度的基本内容和方式

根据宪法和其他有关文件的规定，中国共产党领导的多党合作制度包括以下几个方面的基本内容：

第一，坚持中国共产党的领导、坚持四项基本原则是多党合作制度的政治基础。中国共产党是社会主义事业的领导核心，是执政党；各民主党派是与中国共产党通力合作，共同致力于社会主义建设事业的亲密友党，是参政党。

第二，"长期共存，互相监督，肝胆相照，荣辱与共"是多党合作制度的基本方针。

第三，坚持社会主义初级阶段的基本路线，把我国建设成为富强、民主、文明的社会主义现代化国家和统一祖国、振兴中华是各政党的共同奋斗目标。

第四，各政党都必须在宪法和法律的范围内活动。

在现阶段，中国共产党领导的多党合作制度的形式为：

第一，中国共产党和民主党派政治协商。

第二，民主党派成员或无党派人士在国家权力机关参政议政。

第三，民主党派成员、无党派人士担任各级人民政府及司法机关的领导职务。

第四，民主党派在人民政协、全国委员会和地方委员会中发挥作用。

2. 政治协商制度的主要内容和方式

政治协商制度的内容包括：国家的重要方针政策及重要部署、政府工作报告、国家财政预算、经济与社会发展规划、国家政治生活方面的重大事项、国家的重要法律草案、中共中央提出的国家领导人人选、外交上的重要方针政策、关于祖国统一的重要方针政策、群众生活的重大问题等等。

政治协商制度的主要形式包括：中国人民政治协商会议全国委员会的全体会议、主席会议、常务委员会会议、专题座谈会、各专门委员会，以及协商座谈会、小范围的谈心会。

（二）爱国统一战线

建立和完善广泛的统一战线，是建立、巩固和发展人民民主专政制度的重要保障。

爱国统一战线是指由中国共产党领导的，由各民主党派参加的，包括社会主义劳动者、社会主义事业的建设者、拥护社会主义的爱国者和拥护祖国统一的爱国者组成的广泛的政治联盟。它具体包含两个范围的联盟：一个是我国大陆范围内，由全体社会主义劳动者和拥护社会主义的爱国者所组成的政治联盟；另一个是广泛的团结台湾同胞、港澳同胞和海外侨胞，以拥护祖国统一为基础的政治联盟。

目前我国爱国统一战线的任务是：为社会主义现代化建设服务，为实现祖国统一大业服务，为维护世界和平服务。

中国人民政治协商会议是中国爱国统一战线的组织形式，是实现中国共产党领导的多党合作和政治协商制度的重要机构。它既不是国家机关，又不是一般的社会团体。

中国人民政治协商会议设全国委员会和地方委员会。全国委员会由中国共产党、各民主党派、无党派人士、人民团体、各少数民族和各界的代表、台湾同胞、港澳同胞和归国侨胞的代表以及特别邀请的人士组成。地方委员会的组成根据当地情况，参照全国委员会的组成决定。中国人民政治协商会议全国委员会和地方委员会的主要职能是政治协商和民主监督，组织参加本会的各党派、各社会团体和各族各界人士参政议政。

# 第七节 国家的基本经济制度

## 一、社会主义公有制是我国经济制度的基础

### （一）国有经济

国有经济，即社会主义全民所有制经济，是国民经济中的主导力量。国家保障国有经济的巩固和发展。国有经济是指：国有企业，矿藏、水流，法定属于集体所有的森林、山岭、草原、荒地、滩涂等自然资源，城市的土地、农村和城市郊区的土地除外。

### （二）集体所有制经济

农村中的生产、供销、信用、消费等各种形式的合作经济，是社会主义的劳动群众集体所有制经济。国家保护城乡集体经济组织的合法的权利和利益，鼓励、指导、帮助集体经济的发展。

## 二、我国社会主义市场经济的重要组成部分

### （一）劳动者个体经济、私营经济

劳动者个体经济是指城乡劳动者个人占有少量生产资料和产品，从事不剥削他人的个体劳动，收益归己的一种所有制形式。它具有三个特点：①生产资料和产品归个体劳动者所有；②以个体劳动者为基础，允许请少量的帮工和带学徒；③劳动所得归个体劳动者支配。

私营经济是指以雇工经营为特征、存在雇佣劳动关系的一种所有制形式。私营经济从其内部存在的雇佣劳动关系来看，具有资本主义经济的性质。目前私营企业可以采用独资企业、合伙企业和有限责任公司三种形式。

2004年《宪法修正案》明确规定："国家保护个体经济、私营经济等非公有制经济的合法的权利和利益。国家鼓励、支持和引导非公有制经济的发展，并对非公有制经济依法实行监督和管理。"

（二）"三资"企业

"三资"企业是依据宪法的规定，在无损于我国主权和经济独立的前提下，经我国政府批准而兴办的中外合资企业、中外合作企业、外商独资企业。"三资"企业在中国境内登记设立，是中国的企业和法人。它们必须遵守我国的法律和法规，接受我国政府的管理和监督，同时，其合法权益也受到我国法律和我国政府的保护。

### 三、我国现阶段的分配制度

根据《宪法》规定，我国的分配原则是："社会主义公有制消灭了人剥削人的制度，实行各尽所能、按劳分配的制度。""国家坚持按劳分配为主体、多种分配方式并存的分配制度。"

按劳分配是指，在各尽所能的前提下，由代表人民的国家或集体经济组织按照每个公民劳动的数量和质量分配给公民应得的劳动报酬。在我国现阶段，存在着多种所有制形式，分配方式也不可能是单一的。目前除了按劳分配这一主要分配方式外，其他分配方式还有：企业发放债券筹集资金，因此出现凭债券取得的利息；随着股份经济的产生，股份分红相应出现；企业经营者收入中包含部分风险补偿；私营企业雇佣一定数量的劳动力，会给企业主带来部分非劳动的收入。

### 四、国家保护社会主义公共财产

社会主义公共财产包括全民所有制经济的财产和集体所有制经济的财产，它是我国经济制度的基础，是人民民主专政权巩固、发展和建设四个现代化的物质基础，是我国经济发展和国防建设的物质源泉，是国家繁荣昌盛和人民群众物质文化生活需要不断得以满足的物质前提和根本保障。

《宪法》第十二条明确宣布："社会主义的公共财产神圣不可侵犯。国家保护社会主义的公共财产。""禁止任何组织或者个人用任何手段侵占或者破坏国家的和集体的财产。"

# 第八节　国家的基本文化制度

### 一、文化制度的概念

文化制度是指一国通过宪法和法律调整以社会意识形态为核心的各种基本关系的规则、原则和政策相互结合的制度。文化制度主要包括教育事业，科技事业，文学艺术事业，广播电影电视事业，医疗、卫生、体育事业，新闻出版事业，文物事业，图书馆事业以及社会意识形态等方面。文化制度从一个侧面反映着国家性质。

文化制度包括三个层次。第一层次即广泛意义上的文化，是指人类在社会历史发展过程中所创造的物质财富和精神财富。这个层次的文化近义于社会文明。第二层次的文化则特指人类在一定的历史阶段所创造的精神财富。这个意义上的文化近义于社会的精神文明。第三层次即最狭义的文化，仅指文学艺术、新闻出版、广播电视等特定的社会事业。

### 二、社会主义精神文明建设的内容

（一）教育科学文化建设

第一，发展社会主义教育事业。社会主义教育事业是实现社会主义现代化建设的基础。

第二，发展社会主义科学事业。

第三，发展卫生事业和体育事业。卫生和体育事业的发展水平，标志着一个国家和社会的文明进步程度。

第四，发展文学艺术和其他文化事业。

（二）思想道德建设

思想道德建设决定着精神文明建设的性质，保证社会主义建设事业的发展方向。

第一，普及理想教育，把我国建设成为富强、民主、文明的社会主义国家。

第二，普及道德教育，树立和发扬社会主义道德风尚。国家提倡爱祖国、爱人民、爱劳动、爱科学、爱社会主义的公德。

第三，在人民中进行以共产主义为指导、以爱国主义为基础的思想政治教育。

第四，反对资本主义的、封建主义的和其他的腐朽思想。

# 第九节　政权组织形式

## 一、政权组织形式的概念与种类

（一）政权组织形式的概念

政权组织形式又称政体，是指统治阶级按照一定的原则组成的，代表国家行使权力以实现统治阶级任务的国家政权机关的组织体制。政体是国家制度的重要组成部分，是国家的主要外在表现形态。掌握国家政权的统治阶级都会根据本国的实际情况和现实需要，采取与自己国家政权的性质相适应的政体，以实现国家的各项职能。

（二）政权组织形式的种类

世界各国政体形式可以分为君主政体与共和政体。其中，君主政体又分为君主专制政体和君主立宪政体，共和政体又分为议会制、总统制、委员会制。

君主政体是指国家的最高权力实际上或名义上由君主一人掌握的政体。其中，君主专制政体是指由君主一人掌握国家最高权力的政体；君主立宪政体是指君主不再享有专制政体下的无限权力，其权力受到宪法和议会限制的政体。君主立宪政体还可细分为二元君主立宪政体和议会君主立宪政体，二元君主立宪制政体下君主的权力受到的限制极少，议会君主立宪制政体下君主的权力所受的限制较大。

共和政体是指国家的最高权力实际上或名义上都不属于一人所有，而由选举产生并由有一定任期的国家机关掌握的政体。在议会制国家，议会在国家生活中占主导地位；内阁由议会产生，向议会负责；总统由选举产生，一般不掌握实际权力，只为名义上的国家元首。在总统制国家，总统由选举产生，对选民负责，既是国家元首，又是政府首脑，议会行使立法权，对总统行使一定的制约权。在委员会制的国家，立法权属于国会，最高行政机构由委员会构成，由议会选举产生。

社会主义国家的共和制政体在形式上有苏维埃制、大国民议会制、代表团制、人民代表大会制等，它们都按民主集中制原则组成，人民代表机关都在国家政权组织体系中占最高地位，其他机关由代表机关产生，对代表机关负责。

## 二、人民代表大会制度的概念

人民代表大会制度是我国人民在长期的革命斗争实践中创建的国家政权组织形式，是指我国人民在中国共产党的领导下，贯彻民主集中制的基本原则，依照法律规定的程序和原则，民主选举各级人民代表大会，再由各级人民代表大会组织对它负责、受它监督的各级其他国家机关组成统一协调的国家政权机关体系，共同行使国家权力，实现人民当家做主的一种政治制度。

人民代表大会制度由以下环节构成：

（一）国家的一切权力属于人民

国家的一切权力属于人民是人民代表大会制度的实质。人民作为整体是国家权力的所有者，要使人民能够统一意志，行使权力，必须实行民主与集中相结合的政治制度。在我国，这样的政治制度就是人民代表大会制度。

（二）人民民主选举产生人民代表，组成各级人民代表大会，作为人民行使权力的机关

在我国，人民是国家权力的集体所有者，并不都去直接行使权力，为此必须选举代表，由他们代表人民，组成各级人民代表大会行使国家权力。全国人民代表大会是人民行使国家权力的最高机关。

（三）其他国家机关由人民代表大会产生，受它监督，向它负责

人民代表大会有权产生其他的国家机关，行使部分国家权力，如经宪法授权的行政权、司法权等。这些机关都从属于人民代表大会，受它监督，并向产生它的人民代表大会负责。

（四）人民代表大会常务委员会向本级人民代表大会负责，人民代表大会向人民负责

县以上各级人民代表大会均设常务委员会作为常设机关。常务委员会对产生它的人民代表大会负责，受人民代表大会监督。而人民代表大会都是由选民选举产生，因此必须对人民负责，受人民监督。

### 三、人民代表大会制度是我国实现社会主义民主的基本形式

（一）社会主义民主就其本质来说就是人民当家做主，人民代表大会制度就是实现这种民主的形式

第一，从人民代表大会的组成来说，各级人民代表大会都是由人民代表组成，而人民代表都是由人民通过民主选举方式选举产生的。

第二，从人民代表的职权来说，人民代表大会代表人民行使国家权力。

第三，从人民代表大会的责任来说，它要向人民负责，接受人民的监督。

（二）人民代表大会制度是我国的根本政治制度

第一，人民代表大会制度直接反映我国的阶级本质。

第二，人民代表大会制度最能体现我国政治生活的全貌。

第三，人民代表大会制度是国家的其他制度赖以建立的基础。

# 第十节　选举制度

### 一、选举制度的概念

选举制度是指关于选举国家代表机关代表与国家公职人员的原则、程序与具体方法的各项制度的总称。它反映了国家权力与公民权利之间的平衡关系，体现了社会主义民主政治发展的客观要求。我国的选举制度体现了人民性、民主性和科学性的特点。

### 二、我国选举制度的基本原则

选举制度的基本原则是贯穿在选举制度运作过程中的、反映选举制度基本价值与功能的原理与基本精神。我国选举制度的基本原则是实现一切国家权力属于人民的宪法精神，保障人民参与国家管理的基本权利。

（一）选举权的普遍性原则

选举权的普遍性是指一个国家内享有选举权的公民的广泛程度。根据我国《选举法》规定，享有选举权的基本条件有三个，即具有中国的国籍、年满 18 周岁、依法享有政治权利。

需要注意的是，精神病患者享有选举权，但由于无法行使选举权而不列入选民名单。因犯国家安全罪或其他严重刑事犯罪案件被羁押、正在受侦查、起诉、审判的人，经人民法院或者人民检察院决定，在被羁押期间停止行使选举权利。

（二）选举权的平等性原则

选举权的平等性是指每个选民在每次选举中只能在一个地方享有一个投票权，每票的效力相等，不允许任何选民享有特权，更不允许对任何选民非法加以限制或歧视。在各级

人民代表大会代表名额的分配上，采取以一定人口数为基础的原则。

我国选举法规定的选举权的平等性并不是绝对意义的平等，它着眼于实际民主，从政治、经济与文化发展的实际水平与可能性出发不断提高平等性程度。如1995年就将省、自治区、直辖市和全国这两级人民代表大会中农村和城市每一代表所代表的人口数由原来的8∶1、4∶1一律改为4∶1，反映了选举价值逐步向实质平等发展的客观要求。选举法对于少数民族与汉族每一代表所代表的人口数也规定了不同比例，而且规定"人口特少的少数民族至少有一名代表"。

### （三）直接选举和间接选举并用的原则

由选民直接投票选举国家代表机关代表和国家公职人员的是直接选举；不是由选民直接投票选出，而是由下一级国家代表机关或者由选民投票选出的代表选举上级国家代表机关的代表和国家公职人员的是间接选举。在我国，不设区的市、市辖区、县、自治县、乡、民族乡、镇的人民代表大会的代表，由选民直接选举，而其余级别的人大代表的选举都由下一级人民代表大会选举。这种直接选举和间接选举并用的原则主要是根据国家的经济、政治与文化发展的实际情况确定的，具有现实的客观基础。

### （四）秘密投票原则

秘密投票或称无记名投票，是选举人在选举时只需在正式代表候选人姓名下注明同意或不同意，也可以另选他人或弃权，而无须署名，选票填好后亲手投入票箱。

在我国，全国和地方各级人民代表大会代表的选举，一律采用无记名投票的方法。对于少数文盲或者因残疾不能写选票的人，选举法规定可以委托他信任的人代写。

## 三、我国选举制度的组织与程序

### （一）选举的组织

在我国，实行直接选举的各级人大代表的选举工作由选举委员会主持，即不设区的市、市辖区、县、自治县、乡、民族乡、镇设立选举委员会，主持本级人民代表大会代表的选举。不设区的市、市辖区、县、自治县的选举委员会受本级人民代表大会常务委员会的领导，乡、民族乡、镇的选举委员会受上一级人民代表大会常务委员会的领导。实行间接选举的各级人大代表的选举由本级人大常委会主持。

### （二）选举的程序

#### 1. 划分选区

选区是以一定数量的人口为基础划分的区域，是选民直接选举产生人民代表的基本单位，同时也是人民代表联系选民进行活动的基本单位。选区可以按居住状况划分，也可以按生产单位、事业单位、工作单位划分。在划分选区时，选区的大小按照每一选区选1~3名代表划分。选区过大，不便于选民了解候选人；选区过小，不利于产生各方面的优秀人才。

2. 选民登记

选民登记是指对每一个享有选举权利的公民，从法律上确认其选民资格的行为。选举委员会将符合法律规定条件的公民列入选民名单，承认其选民资格。1986 年修改的《选举法》规定，经登记确认的选民资格"一次登记，长期有效"。选民名单应在选举日 20 日以前公布，有不同意见的公民可以向选举委员会提出申诉，选举委员会应在 3 日内做出处理决定。申诉人如果对处理决定不服，可以在选举日 5 日前向人民法院起诉，人民法院应在选举日以前判决，人民法院的判决即是最后决定。

3. 代表候选人的提出

（1）推荐代表候选人。

全国和地方各级人民代表的代表候选人，按选区或选举单位提名产生。各政党、各人民团体可以联合或单独推荐代表候选人，选民或者代表 10 人以上联名，也可以推荐代表候选人。

（2）差额选举。

差额选举又叫不等额选举，是指候选人多于应选代表名额的选举。由选民直接选举的代表候选人名额应多于应选代表名额的 1/3 至 1 倍，而间接选举的代表候选人名额应多于应选代表名额的 1/5 至 1/2。差额比例的确定有利于选民根据自己的自由意志选择满意的候选人。

（3）确定正式代表候选人名单。

在直接选举的地方，由选举委员会汇总的代表候选人名单由该选区的各选民小组反复酝酿、讨论、协商，再由选举委员会根据较多数选民的意见，确认正式代表候选人名单，并在选举日 5 日之前公布。在间接选举的地方，各级人民代表大会主席团将候选人名单提交全体代表反复酝酿、讨论、协商，然后由大会主席团根据较多数代表的意见，确定正式代表候选人名单。

（4）介绍代表候选人。

推荐者应向选举委员会或者大会主席团介绍候选人的情况。选举委员会或者人民代表大会主席团应当向选民或者代表介绍代表候选人的情况。选举日必须停止对代表候选人的介绍。

4. 投票选举

选举人对于代表候选人可以投赞成票或者反对票，还可以另选其他选民，也可以弃权。如果选民在选举期间外出，经选举委员会同意，可以书面委托其他选民代为投票，每一选民接受的委托不得超过 3 人。

选举结果的确定有三个程序：

第一，确定选举是否有效。直接选举的地方需要全体选民的过半数参加投票。

第二，代表候选人的当选。在直接选举中，代表候选人获得参加投票的选民过半数即可当选。在间接选举中，代表候选人须获得全体代表的过半数选票才能当选。

第三，选举结果由选举委员会或者人民代表大会主席团根据选举法确定是否有效，并予以宣布。

5. 对代表的罢免和补选

间接选举产生的人大代表可以向选举他的人民代表大会的常务委员会书面提出辞呈，

直接选举产生的人大代表可以向本级人民代表大会常务委员会提出辞呈，乡镇人大代表向本级人民代表大会常务委员会提出辞呈。

县级以上地方各级人民代表大会闭会期间，可以由本级人民代表大会常务委员会补选上一级人民代表大会的代表。补选出缺的代表时，可以采取差额选举形式，也可以采取等额选举形式。

选举权只有和罢免权结合在一起，才是完整意义上的选举权。各级人民代表大会代表受选民和原选举单位的监督，选民或原选举单位有权罢免所选出的代表。①对于县级和乡级的人大代表，原选区选民30人以上联名，县级人大常委会书面提出罢免要求，由县级人大常委会派有关负责人员主持表决，经原选区过半数选民通过；②对于县级以上的人大代表，主席团或1/10以上代表联名，向该级人大提出，经该级人大代表过半数通过；在人大闭会期间，各级人大常委会主任会议或常委会1/5以上的组成人员联名，向该级人大常委会提出，经常委会组成人员过半数通过；③所提罢免要求和罢免案均应写明罢免理由；④被提出罢免的代表有权提出口头的或者书面的申辩意见；⑤罢免代表均采用无记名投票的方式；⑥罢免决议须送上一级人大常委会备案；⑦依法定程序通过的罢免决议产生法律效力，被罢免的代表基于代表资格的一切职务都相应被撤销。

### 四、选举的物质保障和法律保障

《选举法》明确规定，全国人民代表大会和地方各级人民代表大会的选举经费由国库开支，这一方面从物质条件上保障了整个选举活动能够正常、顺利地进行；另一方面可以使每一个选民和候选人不致因财产占有的悬殊而在选举中受到任何限制或处于不利的地位，也可避免一些人利用经济实力来控制和操纵选举。

《选举法》和其他有关选举的法律文件规定了我国选举的原则、组织、程序和方法，是我国选举制度的法律化、条文化的体现。各省、自治区、直辖市的人民代表大会常务委员会可以根据选举法有关选举的实施细则，保证选举因地制宜地顺利进行。法律还明确规定了对破坏选举的行为依法给予行政处分或刑事处分。

《选举法》于2004年10月做了修改，主要修改了如下内容：

第一，关于省级地方人大代表名额的最高限。修改前的表述为"人口超过1亿的省，代表总名额不得超过1000名"，这与同款同项中规定的代表名额计算方法有矛盾之处，修改为"代表名额不得超过1000名"，则问题不再存在。

第二，关于直接选举中提名、酝酿候选人的程序。修改后的选举法对此规定得更加详细，区分了两种情况：一是所提候选人的人数超过本法规定的最高差额比例时，由选举委员会交该选区的各选民小组讨论、协商，根据较多数选民的意见确定正式代表候选人名单；二是对正式代表候选人不能形成较为一致意见的，进行预选，根据预选时得票多少的顺序，确定正式代表候选人名单。

第三，关于介绍代表候选人。增加了"选举委员会可以组织代表候选人与选民见面，回答选民的问题"。

第四，关于对直接选举的代表提出罢免要求的人数。对县级和乡级人大代表的罢免，修改前的选举法规定"原选区选民30人以上联名，可以向县级的人民代表大会常务委员会书面提出罢免要求"；修改后的选举法规定对县、乡两级提出罢免要求的人数不同，即

"对于县级的人民代表大会代表，原选区选民 50 人以上联名，对于乡级的人民代表大会代表，原选区选民 30 人以上联名"，可以向县级的人民代表大会常务委员会书面提出罢免要求。

第五，关于对破坏选举的处罚。本部分增补选举中所涉及的对破坏选举的制裁，即是本次选举法所做修改之一，区分了对具有特殊身份的国家工作人员的行政处分，以及对不同的破坏行为依照其破坏程度给予不同的处罚。《选举法》以专章规定，为保障选民和代表自由行使选举权和被选举权，对有下列行为之一，破坏选举、违反治安管理规定的，依法给予治安管理处罚；构成犯罪的，依法追究刑事责任：①以金钱或者其他财物贿赂选民或者代表，妨害选民和代表自由行使选举权和被选举权的（选举法修订后新增）；②以暴力、威胁、欺骗或者其他非法手段妨害选民和代表自由行使选举权和被选举权的；③伪造选举文件、虚报选举票数或者有其他违法行为的；④对于控告、检举选举中违法行为的人，或者对于提出要求罢免代表的人进行压制、报复的。国家工作人员有前款所列行为的，还应当依法给予行政处分。

# 第十一节　国家结构形式

## 一、国家结构形式的概念和种类

（一）国家结构形式的概念

国家结构形式是国家的统治阶级所采取的、按照一定原则来划分国家内部区域，调整国家整体与组成部分、中央与地方之间相互关系的国家外部总体形式。国家结构形式与政权组织形式共同构成了国家形式。

（二）国家结构形式的种类

现代国家的国家结构形式主要有两大类：单一制和复合制。

单一制是由若干行政区域单位或自治单位组成的单一主权国家，其特征是：①从法律体系看，国家只有一部宪法，由统一的立法机关根据宪法制定法律；②从国家机构组成看，国家只有一套中央机关体系；③从中央与地方的权力划分看，地方政府的权力由中央授予，地方行政区域单位和自治单位没有脱离中央而独立的权力；④从对外关系看，国家是一个独立的主体，公民具有统一的国籍。

复合制国家是指有两个或多个成员国联合组成的联盟国家或国家联盟。近代复合制国家主要有邦联和联邦两种形式。邦联是几个独立的国家为了一定的目的而结成的比较松散的国家联合。邦联没有统一的宪法；各个成员国保留有自己的主权；邦联议会或成员国首脑会议是协商机关，其决议需经成员国认可方有约束力；各成员国可以自由退出邦联。邦联制不是典型意义上的国家结构形式。联邦是两个或多个成员国（邦、州、共和国等）组成的复合制国家。其特征是：①从法律体系看，联邦有联邦的宪法，各成员国有各成员国的宪法；②从国家机构组成看，联邦和州有各自的一套中央机关体系；③从联邦和各成员国的权力划分看，其职权划分由联邦宪法做出具体规定，既要保证联邦行使国家的立法、行政、司法、财政、军事等主要国家权力，又规定各成员国享有一定的外交权；④从对外关系看，有些国家允许其成员国享有一定的外交权，联邦国家的公民既有联邦国的国籍，又有成员国的国籍。

## 二、决定国家结构形式的因素

国家结构形式与国家性质并没有必然的联系。一个国家采取何种国家结构形式，主要有以下决定因素：

1. 民族因素

一般而言，单一民族国家往往实行单一制，多民族国家往往实行联邦制，但如果多民族国家中有一个民族得到长足的发展，其他各民族都愿意团结在它的周围，同样可能形成单一制。

2. 经济因素

如果一国不同区域之间经济发展水平存在较大的不平衡，或经济产业之间存在较大差异，相互之间缺乏互补性和紧密联系性，则通常建立联邦制。

3. 地理因素

一国如果被自然地分割为若干部分，或一国之内不同地区的地理条件存在较大差异，都有可能使不同地区、部分之间形成较为松散的联系。

4. 历史因素

历史传统、特定历史事实及其他历史遗留问题，也可能影响该国的国家结构形式。

## 三、我国采取单一制国家结构形式的原因

第一，我国有采取单一制国家结构形式的历史传统。自秦统一六国以来，我国除短时间处于分裂状态以外，一直是中央集权的国家，从未出现复合制的国家结构形式。历史证明，只有统一才能带来各民族的团结、繁荣和发展。

第二，我国民族成分和民族分布状况形式决定了只能实行单一制的国家结构形式。我国共有56个民族，而且民族之间人口数差异很大。民族分布状况是大分散、小集中，大杂居、小聚居。各民族的这种交叉居住形式决定了我国单一制的形成。

第三，我国各民族的关系也有利于实行单一制国家。我国各民族在历史上相互合作、相互交流，形成了统一的中华民族，共同创造了灿烂的中华文化和中华文明，各民族也在长期反对帝国主义的侵略斗争和反抗国内反动统治者的斗争中结成了战斗友谊。这些都为建立单一制国家提供了可能性和必要性。

第四，采取单一制国家结构形式是社会主义现代化建设的需要。社会主义现代化建设要求各民族在统一的国家内互通有无、互相帮助，共同建设祖国。

## 四、我国单一制国家结构形式的主要特点

单一制的国家特征我国都具备：全国只有一部宪法，只有一套统一的中央机关体系，公民只有一个国籍，中央人民政府是我国对外交往的唯一国际法主体，地方所行使的权力源于中央通过立法授予。与此同时，我国的单一制又有自己的特点：

第一，我国没有实行一般意义上的地方自治制度，中央和地方是领导与被领导的关

系，地方在法律上不具有与中央平等的地位与资格。

第二，为处理多民族的关系，实行民族区域自治制度，赋予民族区域自治地方的自治机关自治权。

第三，为了解决历史遗留问题，在中国香港、澳门实行"一国两制"，建立了特别行政区，允许特别行政区保留原有的资本主义制度和生活方式，并享有高度的自治权。

## 五、我国的行政区域划分

行政区域划分（简称行政区划），是指依照宪法和法律的规定，由特定的机关按照一定的原则和程序，将国家领土划分为不同的区域，以便进行管理的一种国家制度。

（一）我国行政区划的原则

第一，有利于人民参加国家管理。
第二，有利于经济发展。
第三，有利于巩固国防。
第四，有利于民族团结。
第五，照顾自然环境和历史传统。

（二）《宪法》规定的行政区划

第一，全国分为省、自治区、直辖市，国家在必要时设立特别行政区。
第二，省、自治区分为自治州、县、自治县、市，直辖市和较大的市分为区、县。
第三，自治州分为县、自治县、市，县、自治县分为乡、民族乡、镇。

（三）行政区域变更的法律程序

第一，由全国人大审议决定省、自治区、直辖市的设立、撤销、更名以及特别行政区的成立。

第二，由国务院审批省、自治区、直辖市的行政区划界限的变更，自治州、县、自治县、市、市辖区的设立、撤销、更名或者改变隶属关系，以及县、市的行政区域界线的重要变更。

第三，由省、自治区、直辖市人民政府决定县、市、市辖区的部分行政区域界线的变更，以及乡、民族乡、镇的设立、撤销、更名或变更审批行政区域界线。

（四）行政区域边界争议的处理

1981 年 5 月 30 日国务院发布的《行政区域边界争议处理办法》是我国第一个专门规定行政区域边界争议处理的法规。1988 年 12 月 27 日国务院又通过了《行政区域边界争议处理条例》，并于 1989 年 2 月 3 日发布实施。此外，国务院《关于区划管理的规定》等法规也是处理行政区域边界争议的法律依据。

边界争议处理事项及程序步骤主要包括：①争议双方人民政府必须采取有效措施，防止事态扩大；②争议双方人民政府首先应进行协商解决；③经协商达成协议的，双方应将各自的解决方案并附边界地形图，报上级人民政府处理；④上级人民政府受理后，应先由同级民政部门组织调解，经调解未成的，再由受理的人民政府做出处理决定；⑤处理边界争议的协议经双方签字生效，上级人民政府的处理决定自下达之日生效；⑥协议和决定生效后，应按规定实地勘测边界线，并标绘大比例尺的边界线地形图；⑦地方人民政府处理的边界争议，必须按规定履行备案手续；⑧向有关群众公布正式划定的行政区域界限。

# 第十二节　民族区域自治制度

## 一、民族区域自治制度的概念

民族区域自治制度是指在中华人民共和国范围内，以少数民族聚居区为基础，建立相应的民族区域自治地方，并设立民族自治机关，行使宪法和法律规定的自治权的制度。全国人大依据宪法于1984年制定了《中华人民共和国民族区域自治法》。

民族区域自治地方是指我国境内少数民族聚居并实行区域自治的行政区域，分为自治区、自治州、自治县三级，各民族区域自治地方都是中华人民共和国不可分离的部分。

民族自治地方在民族构成上可以分为三类：①以一个少数民族聚居区为基础建立的民族自治地方，如西藏自治区。②以一个人口较多的少数民族聚居区为基础，同时包括一个或几个人口较少的其他少数民族聚居区所建立的民族自治地方，如新疆维吾尔自治区。③以两个或两个以上的少数民族聚居区为基础，联合建立的民族自治地方，如鄂西土家族苗族自治州。

民族乡不属于民族自治地方，其人民代表大会和人民政府不属于自治机关，也不享有宪法和有关法律规定的自治权。但民族乡可以依据法律的规定，结合本民族的具体情况和民族特点，因地制宜发展经济、文化、教育和卫生等事业。

## 二、民族自治地方的自治机关

民族自治地方的自治机关，是指在民族区域自治地方设立的行使同级一般行政区域地方国家机关职权和同时行使自治权的国家机关，包括自治区、自治州、自治县的人民代表大会和人民政府。而自治地方的审判机关和检察机关则不是自治机关，不行使民族自治权。

民族区域自治地方的人大及其常委会、人民政府在组成方面又有不同于一般行政区域的地方国家权力机关和人民政府的民族特点与要求：①在民族自治地方的人大中，除实行区域自治的民族的代表外，其他居住在本行政区域内的民族也应当有适当名额的代表；②在民族自治地方的人大常委会中，应当由实行区域自治的民族的公民担任主任或副主任；③自治区主席、自治州州长、自治县县长由实行区域自治的民族的公民担任；④民族自治地方的人民政府的其他组成人员和自治机关所属工作部门的干部中，要尽量配备实行区域自治的民族和其他少数民族的人员。自治区、自治州、自治县的人大和人民政府每届任期为5年。

### 三、民族自治地方的自治权

民族自治地方的自治机关除行使宪法规定的一般行政区域的地方国家机关的职权外，还行使《宪法》《民族区域自治法》和有关法律规定的自治权。

#### （一）民族立法自治权

1. 制定自治条例和单行条例

民族自治地方的人民代表大会有权制定自治条例和单行条例。自治区制定的自治条例和单行条例，报全国人大常委会批准后生效；自治州、自治县制定的自治条例和单行条例，报省或者自治区的人大常委会批准后生效，并报全国人大常委会备案。

2. 变通立法权

根据本地方实际情况贯彻执行国家的法律、政策，对不适合民族自治地方实际情况的法律、政策，自治机关可以报经上级国家机关批准变通执行或者停止执行。

#### （二）财政经济自治权

第一，民族自治地方的自治机关有管理地方财政的自治权。凡是依照国家财政体制，属于民族自治地方的财政收入，都应当由民族自治地方的自治机关自主地安排使用。

第二，在国家计划指导下，自主地安排和管理地方性的经济建设事业。

第三，对外贸易自主权。

第四，对本地方的各项开支标准、定员、定额，根据国家规定的原则，结合本地方的实际情况，可以制定补充规定和具体办法。

第五，在执行国家税法的时候，除应由国家统一审批的减税项目外，对属于地方财政收入的某些需要从税收方面加以照顾和鼓励的，可以实行减税或免税。

#### （三）教育、科学、文化、卫生自治权

#### （四）人口政策自治权

#### （五）组织公安部队自治权

民族自治地方的自治机关依照国家军事制度和当地的实际需要，经国务院批准，可以组织本地方维护社会治安的公安部队。

#### （六）语言文字自治权

民族自治地方的自治机关在执行职务的时候，依照本民族自治地方自治条例的规定，使用当地通用的一种或几种语言文字。

（七）培养和招收民族干部自治权

# 第十三节　特别行政区制度

## 一、特别行政区的概念与特点

特别行政区是指在我国版图内，根据我国宪法和法律的规定专门设立的具有特殊的法律地位，实行特别的社会、经济制度，直辖于中央人民政府的行政区域。

特别行政区的特点：①特别行政区直辖于中央人民政府，是与省、自治区、直辖市处于同等级而又享有高度自治的一种新的地方行政区域；②特别行政区所实行的制度与内地不同，它可以保留原有的资本主义社会经济制度和生活方式50年不变；③特别行政区实行"高度自治"，即"港人治港""澳人治澳"。特别行政区享有行政管理权、立法权、独立的司法权和终审权。特别行政区通用自己的货币，财政独立，收入全部用于自身需要，不上缴中央人民政府。

## 二、中央与特别行政区的管辖范围

（一）中央管理的有关特别行政区的事务

中央，是指全国人民代表大会及其常务委员会、国务院和中央军事委员会。根据基本法的规定，凡是主权范围内的事务均应由中央行使权力、负责管理。这些事务指：①负责管理与特别行政区有关的外交事务；②负责管理特别行政区的防务；③任命行政长官和主要官员；④决定特别行政区进入紧急状态；⑤解释特别行政区基本法，全国人民代表大会常务委员会授权特别行政区在审理案件时对基本法关于特别行政区自治范围内的条款自行解释；⑥修改特别行政区基本法，全国人民代表大会有权修改基本法。

（二）特别行政区高度自治权的内容

特别行政区的高度自治权是特别行政区独特法律地位的体现。具体内容如下：①行政管理权。凡属于特别行政区自治范围内的行政事务，均由特别行政区政府负责管理或处理。②立法权。除了有关外交、国防和其他按基本法规定不属于特别行政区自治范围的法律，特别行政区不能自行制定外，其余所有民事的、刑事的、商事的和诉讼程序方面的法律都可以由特别行政区自行制定。特别行政区制定的法律要报全国人大常委会备案，但备案不影响该法律的生效。对于不符合宪法和基本法的法律，全国人大常委会可将法律发回，既不修改，也不撤销，由特别行政区的立法机关决定。③独立的司法权和终审权。特别行政区各级法院依法行使审判权，不受任何干涉；终审权属于特别行政区终审法院。特别行政区各级法院在行使审判权时，应继续保持港澳原有法律制度和原则对法院审判权所做的限制，它们对国防、外交等国家行为无管辖权。

### 三、特别行政区的政治体制

（一）特别行政区行政长官

行政长官由年满 40 周岁，在当地居住连续满 20 年并在外国无永久性居留权的中国公民担任。行政长官由当地通过选举或协商产生，由中央人民政府任命，任期 5 年，可连任一次。行政长官是特别行政区的首长，代表特别行政区对中央人民政府和本特别行政区负责。

（二）特别行政区政府

特别行政区政府是特别行政区的行政机关。行政官员必须由在当地连续居住 15 年并在外国无永久性居留权的居民中的中国公民担任。

（三）特别行政区立法会

特别行政区立法会是特别行政区的立法机关，行使立法权、监督权和其他职权。议员一般是由永久性的居民担任。在香港，非中国籍的和在外国有永久性居留权的居民在立法会的比例不得超过 20%，而在澳门则没有这些资格限制。立法会的任期除第一届另有规定外，每届任期为四年。

（四）特别行政区的司法机关

1. 香港特别行政区的司法机关
香港特别行政区司法机关的组织系统是：终审法院、高等法院、区域法院、裁判署法庭和其他专门法庭。高等法院设上诉法庭和原讼法庭。法官根据当地法官和法律界及其他方面知名人士组成的独立委员会推荐，由行政长官任命。除法律规定的几种情形外，法官一般是终身任职。

2. 澳门特别行政区的司法机关
澳门特别行政区设终审法院、中级法院、初级法院和行政法院。此外还设有检察院。各级法院的法官根据当地法官、律师和知名人士组成的独立委员会推荐，由行政长官任命。检察长由行政长官提名，报中央人民政府任命。

### 四、特别行政区的法律制度

（一）特别行政区基本法

特别行政区基本法是由全国人大制定的体现"一国两制"方针的法律，它在特别行政区的法律体系中具有特殊的法律地位，高于特别行政区的其他法律，特别行政区制定的法律必须以基本法为依据，不得同基本法相抵触。

（二）予以保留的原有法律

原有法律基本不变，同基本法相抵触或经特别行政区的立法机关做出修改的法律除外。但原有法律是有特定范围的，主要是指在当地形成的法律。原有法律是否被采用，要经过全国人民代表大会常务委员会审查。

### （三）特别行政区立法机关制定的法律

特别行政区的立法机关对于凡属高度自治范围内的事项都可立法，其制定的法律须报全国人民代表大会常务委员会备案，备案不影响法律的生效。

### （四）适用于特别行政区的全国性法律

适用于特别行政区的全国性法律必须是载明在基本法附件三的法律，仅限于国防、外交和不属于高度自治范围内的法律。这些法律并不能自动生效，需要由特别行政区将法律在当地公布或由特别行政区自己的立法来实施。附件上所指的全国性法律有：《关于中华人民共和国国都、纪年、国歌、国旗的决议》《关于中华人民共和国国庆日的决议》《国籍法》《国旗法》《国徽法》《中华人民共和国外交特权与豁免条例》《中华人民共和国领海及毗连区法》《驻军法》等。

在特定情况下，全国性法律在特别行政区同样适用。

# 第十四节　公民的基本权利和义务

## 一、公民和国籍

### （一）公　民

公民通常是指具有某个国家国籍的自然人。我国从 1953 年实行《选举法》开始，采用"公民"取代了"国民"的称谓。1982 年《宪法》明文规定："凡具有中华人民共和国国籍的人都是中华人民共和国公民。"判断一个人是否是某国公民的唯一标准就是其是否具有该国的国籍，除此，并无其他的资格限制。

### （二）国　籍

国籍是指一个人属于某个国家的一种法律上的身份。一个人具有某个国家的国籍，他就通常被认作是该国的公民，就享有宪法和法律规定的权利并承担必须履行的义务。另外，该国对侨居外国的本国公民有义务给予外交保护，并有义务接纳他回国。

国籍的取得方式有两种，即出生国籍和继有国籍。出生国籍是因出生而取得国籍，各国对此采取的立法原则不一，有的采用血统主义，有的采用出生地主义；有的采用血统主义和出生地主义相结合的原则。继有国籍是因加入而取得的国籍，一般存在两种方式：①根据当事人的申请而取得；②根据法律规定的一定事实的出现而取得，如因跨国婚姻、收养、领土转移等而取得新国籍。

我国《国籍法》在出生国籍上采取血统主义和出生地主义相结合的原则，避免无国籍和多重国籍现象的产生。对于继有国籍，也规定了一定的前提条件以及申请手续。受理国籍申请的机关在国内为申请人所在地的公安机关，在国外为中国外交代表机关和领事机关，最后的批准权属于中华人民共和国公安部。

## 二、公民和人民（含公民权与人权）

在我国，公民和人民是两个不同的概念。它们的区别是：①范畴不同。公民是与外国人（包括无国籍人）相对应的法律概念；人民是与敌人相对应的政治概念。人民在不同的历史时期有着不同的内容，在现阶段，人民是指全体社会主义劳动者、拥护社会主义的爱国者和拥护祖国统一的爱国者。②范围不同。我国全体公民的范围要比人民的范围广，公民中除人民外，还包括人民的敌人。③后果不同。公民中的人民享有宪法和法律规定的一切权利并履行全部的义务；公民中的敌人则不能享有全部权利，也不能履行公民的某些光荣的义务。④公民所表达的是一种个体概念，人民所表达的是一种群体概念。

## 三、公民基本权利和基本义务的概念

### （一）公民的基本权利和基本义务

公民的基本权利是指宪法赋予的、表明权利主体在权利体系中重要地位的权利。基本权利表明公民的宪法地位、一国权利体系的基础、稳定的权利体系，在一般情况下具有不可转让性和综合性。

公民的基本义务是指由宪法规定的公民必须遵守和应尽的根本责任。公民的基本义务是公民对于国家的具有首要意义的义务，它构成普通法律所规定的义务的基础。对国家来讲，公民的基本义务就是国家的权利，国家有权要求公民按照宪法和法律的规定做出一定行为或者不为一定行为。

### （二）公民权与人权

公民的基本权利和义务是由资产阶级最先以宪法的形式确认的。资产阶级把公民基本权利称为人权和公民权，并把它作为资产阶级宪法的核心内容。

人权起初是资产阶级为反对封建专制和宗教特权而提出的一个口号。世界上第一个把人权提到纲领性文件和根本法地位的是1776年美国的《独立宣言》，马克思称它为"第一个人权宣言"。1789年法国制宪会议通过了第一个直接以"人权"为名的《人权与公民权宣言》（即通称的《人权宣言》）。随着资产阶级革命的胜利，这些国家的宪法大都把人权作为公民权利加以确认。二战后，人权问题进入国际范围。1948年联合国大会通过了《世界人权宣言》，重申"人皆生而自由；在尊严及权利上均各平等"，并规定个人自由和政治权利的内容，以及社会、经济、文化等方面的权利。联合国于1966年通过了《公民权利和政治权利》《经济、社会、文化权利国际公约》，1977年通过了关于人权概念的决议案。决议指出，人权不仅是个人人权和基本自由，而且还包括民族和人民的权利与基本自由。1979年联合国人权委员会又通过了有关人权的决议，强调国家主权、民族自决权、发展权和基本人权，因而人权包括个人人权和集体人权。在我国人民争取人权的长期斗争中，生存权始终处于首要地位。公民享有广泛的社会经济文化权利是社会主义宪法和人权的特点，也是我国宪法和人权的特点。最早由1919年德国的魏玛宪法加以规定的公民社会经济文化权利是人权的重要发展，后来主要由社会主义国家宪法加以充实和发展。

## 四、我国公民的基本权利

### （一）平等权

平等权是指公民平等地享有权利，不受任何差别对待，要求国家同等保护的权利。在现代宪政国家中，平等权首先表现为法律面前人人平等的原则。

平等权的具体内容：

第一，我国公民不分民族、种族、性别、职业、家庭出身、宗教信仰、教育程度、财产状况、居住期限，都一律平等地享有宪法和法律规定的权利，都平等地履行宪法和法律规定的义务。

第二，任何人的合法权益都一律平等地受到保护，对违法行为一律依法予以追究。

第三，在法律面前，不允许任何公民享有法律以外的特权，任何人不得强迫任何公民承担法律以外的义务，不得使公民受到法律以外的处罚。公民在法律面前一律平等，既包括公民在适用法律上一律平等，又包括公民在守法上的平等，但不包括立法上的平等，在立法上，统治阶级与被统治阶级无法平等。另外，法律面前的平等只是法律范围内的平等，而不是事实上的平等。

### （二）政治权利和自由

#### 1. 选举权与被选举权

选举权与被选举权是指选民依法选举或被选举为代议机关代表和特定国家机关公职人员的权利。在我国，凡是年满 18 周岁的公民，不分民族、种族、性别、职业、家庭出身、宗教信仰、教育程度、财产状况、居住期限，都有选举权与被选举权，但依照法律被剥夺政治权利的人除外。

#### 2. 监督权和获得赔偿权

监督权是公民监督国家机关及其工作人员活动的权利。公民根据监督权客体的实际情况，自行选择适宜的方式。具体包括：批评、建议、控告、检举、申诉等权利。批评权是指公民对国家机关、国家工作人员在工作中的错误和缺点，有提出批评意见的权利。建议权是指公民有对国家机关、国家机关工作人员的工作提出建设性意见的权利。批评、建议权的行使有利于反对官僚主义，提高工作效率。控告权就是公民对任何国家机关和国家机关工作人员的违法失职行为，有向有关国家机关进行申诉、控告或者检举的权利。检举权是指公民对于违法失职的国家机关和国家机关工作人员，有向有关机关揭发事实，请求依法处理的权利。控制权和检举权的区别就在于：控告人往往是受害者，而检举人一般与事件无直接联系；控告是为了保护自己的权益，而检举一般是出于正义感和维护公共利益的目的。申诉权是指公民的合法权益因行政机关或司法机关做出的错误的、违法的决定或判决，或者因国家机关工作人员的违法失职行为而受到侵害时，受害公民有向有关机关申诉理由、要求重新处理的权利。申诉权有诉讼上的申诉权与非诉讼上的申诉权。

取得国家赔偿权是指由于国家机关和国家工作人员侵犯公民权利而受到损失的人，有依照法律规定取得赔偿的权利。《国家赔偿法》对此做了详细的规定。

### 3. 政治自由

（1）言论自由。

言论自由是公民对于政治和社会的各项问题，有通过语言的方式表达其思想和见解的自由。语言的方式有口头的和书面的两种。我国公民的言论自由应该在法律规定的范围内行使：不得利用言论自由权煽动群众反对政府，危害国家和社会安宁；不得利用言论自由权对他人的人格尊严进行侮辱、诽谤。

（2）出版自由。

出版自由是公民以出版物的形式表达其思想和见解的自由。出版自由也要按照法律的规定享有和行使，除了遵守言论自由的法律规定外，不得利用出版物来传播剥削阶级的腐朽思想。我国现在施行的是预防制和追惩制相结合的管理办法，预防制是事前干预的办法，追惩制是事后发现违法予以追究的办法。

（3）结社自由。

结社自由是公民为一定宗旨，依照法定程序组织或参加具有连续性的社会团体的自由。公民因结社的目的不同而分为营利性结社和非营利性结社，非营利性结社又分为政治性结社和非政治性结社。各国法律通常对政治性结社予以严格限制。1998年10月，我国国务院通过的《社会团体登记管理条例》就是行使结社自由权利应遵循的主要法律。

（4）集会、游行、示威自由。

集会、游行、示威自由是公民表达其意愿的重要表现形式，直接反映了公民的宪法地位。

集会自由是公民为共同的目的，临时集合在一定场所讨论问题或表达意愿的自由。集会自由是言论自由的延伸和扩展，通过集会可以扩大言论，更好地实现言论自由的影响。集会和结社也不同，集会是临时性的聚集，而结社是长期的、持续性的结合，并且具有固定的组织、章程和制度。游行自由是公民有在公共道路或露天场所以集会、游行、静坐等方式表达其强烈意愿的自由。示威自由是公民为了强烈的意愿而聚集在一起，以显示决心和力量的自由。集会、游行、示威自由的共同之处是它们都是自由表达意愿，不同之处则是表达意愿的程度、方式和方法有所差异。由于集会、游行、示威自由权利的行使多发生在公共道路或露天场所，参加或观看的人数众多，情绪感染性强，对社会影响较大，所以公民在行使这些自由权利时，既要符合法律规定的要求，又要注意不得损害国家、社会、集体的利益和其他公民的合法自由与权利。

1989年10月31日第七届全国人大常委会通过并公布了《集会游行示威法》，该法对立法的目的，集会、游行、示威的概念和标准以及主管机关、具体管理程序和措施（如申请和获得许可的程序，对集会、游行、示威的场所、时间、行为的规范）以及违法行为应承担的法律责任等做了明确的规定。该法是实现宪法赋予公民集会、游行、示威自由权利的重要依据和法律保障，同时也是对滥用此项自由权利行为的必要限制。

（三）宗教信仰自由

宗教信仰自由是指每个公民都有按照自己的意愿信仰宗教或不信仰宗教的自由；有信仰这种宗教的自由，也有信仰那种宗教的自由；在同一宗教里，有信仰这个教派的自由，也有信仰那个教派的自由；有过去不信教而现在信教的自由，也有过去信教而现在不信教的自由；有按宗教信仰参加宗教仪式的自由，也有不参加宗教仪式的自由。

宗教是一种社会意识形态，其本质是与马克思主义的世界观相对立的。《宪法》之所以规定宗教信仰自由，是因为：①宗教是一种历史现象，有它发生、发展和消亡的过程；②宗教信仰属于思想范畴的问题，对待公民的思想认识问题，只能采取民主的方法、说服教育的方法去解决，绝不能强迫命令，粗暴干涉；③宗教的存在具有长期性、国际性、民族性和群众性的特点，正确处理好宗教问题，对民族的团结、国家的统一和国际的交往，都有重要意义。

宗教信仰自由作为公民的一项基本权利，受宪法和法律的保障，任何国家机关、社会团体和个人不得强制公民信仰宗教或者不信仰宗教，不得歧视信仰宗教的公民和不信仰宗教的公民。国家保护正常的宗教活动，任何人不得利用宗教进行破坏社会秩序、损害公民身体健康、妨碍国家教育制度的活动。1999 年 10 月，全国人大常委会通过了《关于取缔邪教组织、防范和惩治邪教活动的决定》，国家依法打击邪教组织，有利于保护正常宗教活动和公民的宗教信仰自由。邪教具有反社会、反政府的特征，其歪理邪说与宗教教义是相对立的。邪教组织是指冒用宗教、气功或者其他名义，建立、神化首要分子，利用制造、散布迷信邪说等手段蛊惑、蒙骗他人，发展、控制成员，危害社会的非法组织。

（四）人身自由

人身自由是以人身保障为核心而构成的权利体系，是公民参加国家生活、社会生活和享受其他权利的前提条件。

1. 人身自由不受侵犯

人身自由不受侵犯是指公民的人身（包括肉体或精神）不受非法限制、搜查、拘留和逮捕。它有以下几方面的含义：①任何公民非经人民检察院批准或决定，或者非经人民法院决定，并由公安机关包括国家安全部门执行，不受逮捕；②禁止非法拘禁或者以其他方法限制、剥夺公民的人身自由；③禁止非法搜查公民的身体，司法机关违反法律规定的程序或者依法不享有搜查权的组织和个人，对公民的身体强行搜查，都属于非法搜查。

2. 人格尊严不受侵犯

公民的人格就是公民作为人所具有的资格。从法律上讲，就是指作为权利和义务主体的自主的资格。人格权主要指姓名权、名誉权、荣誉权、肖像权和人身权等。我国《宪法》明文规定："中华人民共和国公民的人格尊严不受侵犯。禁止用任何方法对公民进行侮辱、诽谤和诬告陷害。"

3. 住宅不受侵犯

公民的住宅不受侵犯是指任何机关、团体或者个人，非经法律许可，不得随意侵入、搜查或者查封公民的住宅。公安机关、检察机关为了收集犯罪证据、查获犯罪人，侦察人员需要对被告人及有关场所进行搜查时，必须严格依照法律规定的程序进行。我国《刑法》规定，非法搜查他人住宅，或者非法侵入他人住宅的，处 3 年以下有期徒刑或者拘役。

4. 通信自由和通信秘密受法律保护

宪法规定公民的通信自由和通信秘密受法律保护，任何组织或个人不得以任何理由侵犯公民的通信自由和通信秘密，公民的通信，他人不得隐匿、毁弃、拆阅或者窃听。在一定条件下，公安机关和检察机关为了国家安全或追查刑事犯罪的需要，可以依法对公民的通信进行检查。

（五）社会经济、文化教育方面的权利

社会经济权利是指公民根据宪法规定享有的具有物质经济利益的权利，是公民实现基本权利的物质上的保障。

文化教育权利则是公民根据宪法的规定，在教育和文化领域享有的权利与自由。除财产权和继承权外，公民的社会经济、文化教育权利都属于公民的积极受益权，即公民可以积极主动地向国家提出请求，国家也应积极予以保障的权利。

1. 财产权

财产权是指公民对其合法财产享有的不受非法侵犯的所有权。

2. 劳动权

劳动权是指有劳动能力的公民有从事劳动的义务并取得相应报酬的权利。

3. 劳动者休息的权利

劳动者休息的权利是指劳动者在享受劳动权的过程中，为保护身体健康、提高劳动效率，根据国家法律和制度的有关规定而享有的休息和休养权利。

4. 获得物质帮助的权利

获得物质帮助的权利是指公民因失去劳动能力或者暂时失去劳动能力而不能获得必要的物质生活资料时，从国家和社会获得生活保障、享有集体福利的一种权利。

5. 受教育的权利和义务

公民享有受教育的权利和义务是指公民有在国家和社会提供的各类学校与机构中学习文化科学知识的权利，有在一定条件下依法接受各种形式的教育的义务。

6. 进行科学研究、文学艺术创作和其他文化活动的自由

科学研究自由是指我国公民在从事社会科学和自然科学研究时，有选择科学研究课题、研究和探索问题、交流学术思想、发表个人学术见解的自由。

（六）特定人的权利

宪法中的特定人是指妇女、退休人员、军烈属、母亲、儿童、老人、青少年、华侨等。

1. 保障妇女的权利

《宪法》第四十八条规定："中华人民共和国妇女在政治的、经济的、文化的、社会的和家庭的生活等各方面享有同男子平等的权利。"

2. 保障退休人员的权利

退休制度是指根据国家有关部门的规定，国有和集体等企业、事业组织的职工和国家机关的工作人员达到一定年龄时，离开劳动或工作岗位，进行休息或休养，并按照规定领取一定的离休金或退休金的制度。

3. 保障军烈属的权利

《宪法》第四十五条规定："国家和社会保障残废军人的生活，抚恤烈士家属，优待军人家属。"

4. 保护婚姻、家庭、母亲、老人和儿童

《宪法》第四十九条规定："婚姻、家庭、母亲和儿童受国家的保护。""禁止破坏婚姻自由，禁止虐待老人、妇女和儿童。"

5. 关怀青少年和儿童的成长

6. 保护华侨的正当的权利和利益，保护归侨和侨眷的合法的权利和利益

## 五、我国公民的基本义务

（1）维护国家统一和民族团结。

（2）遵守宪法和法律。

（3）保守国家秘密，爱护公共财产，遵守劳动纪律，遵守公共秩序，尊重社会公德。

（4）维护祖国安全、荣誉和利益。

（5）保卫祖国，依法服兵役和参加民兵组织（依法被剥夺政治权利的人没有服兵役的义务）。

（6）依法纳税。

（7）其他基本义务。

## 六、我国公民基本权利和义务的主要特点

（一）公民权利和自由的广泛性

第一，享有权利的主体非常广泛。在现阶段，我国权利主体包括占全国绝大多数的工人、农民、知识分子、拥护社会主义的爱国者、拥护祖国统一的爱国者。就是被剥夺政治权利的公民也有与他们身份相适应的某些公民权利。

第二，宪法确认并保障的公民权利和自由的范围也十分广泛。具体包括公民政治、经济、文化、宗教信仰等方面的权利，还有社会生活、婚姻家庭以及个人财产方面的权利。

（二）公民权利和义务的平等性

第一，公民在享有权利和使用法律上都一律平等。也就是：①公民不分民族、种族、性别、职业、家庭出身、宗教信仰、教育程度、财产状况和职位高低，都一律平等地享有宪法和法律规定的权利，也一律平等地履行宪法和法律规定的义务；②国家机关在适用法律时对公民也一律平等，对任何公民的正当权利和合法利益都平等地予以保护；③国家不允许任何组织或个人享有宪法和法律之上的特权，人人都必须在宪法和法律的范围内活动。

第二，任何公民都平等地享有权利和义务，不可以只享有权利而不履行义务，也不可以只履行义务而不享有权利。

（三）公民权利和义务的现实性

第一，宪法在确认公民的基本权利和自由时，总是从我国的实际情况出发，充分结合现阶段政治、经济、文化发展的实际水平，来确认权利自由的范围、内容以及物质保障问题。具体表现在：①客观上十分需要而又非确认不可的，就坚决写进宪法；②能够做到的

或者经过创造条件可以实现的，就根据能够做到的程度，做出实事求是的规定；③从实际来看，在相当长的时间内不能做到的，宪法就不予确认。

第二，宪法规定的公民的基本权利义务具有法律保障和物质保障。法律保障有立法、司法、执法上的各种保障，物质保障主要是国家和社会提供的物质帮助。

（四）公民权利和义务的一致性

公民权利和义务的一致性是指公民的权利和义务互相依存、互相促进、互为条件的辩证统一关系。具体表现在：

第一，宪法要求公民既享有宪法和法律规定的权利，又必须履行宪法和法律规定的义务。不允许只享有权利而不履行义务，或只履行义务而不享有权利的现象存在。

第二，公民的某些权利和义务是相互结合的，如劳动权、受教育权既是公民的权利，又是公民的义务。

第三，权利和义务相互促进。国家为公民行使权利和自由提供的保障越多，就越能激发公民的政治热情和生产积极性，促使他们对义务的履行，而履行义务的自觉性越高，国家就越能向前发展，越会富强昌盛，公民的权利和自由越能得到保障。

# 第十五节　国家机构

## 一、我国国家机构的组织与活动原则

1. 民主集中制原则

民主集中制是指在民主基础上实行集中，在集中指导下实现民主的国家机构组织和活动原则，它体现民主与集中的辩证统一。民主集中制在国家机关的组织和活动中主要体现在：

第一，在国家机构与人民的关系方面，体现了国家权力来自人民，由人民组织国家机构，因为权力机关——人民代表大会是由人民民主选举产生的人民代表组成的。

第二，在国家权力机关与其他国家机关之间的关系上，国家权力机关居于核心地位，其他的国家机关都由它产生，对它负责，受它监督。

第三，在中央和地方机构的关系上，遵循"在中央的统一领导下，充分发挥地方的主动性、积极性"的原则。

2. 社会主义法治原则

"有法可依、有法必依、执法必严、违法必究"是社会主义法治原则的基本要求。在国家机构中具体体现为：国家立法机关要加强立法工作，不断完善社会主义法律体系；依法组织和建立国家机关及其职能部门；所有国家机关的职权都有法律依据；各种国家机构都必须依法定程序行使宪法和法律赋予的职权；国家权力机关要加强法律监督，保证同级其他国家机关在宪法和法律的范围内活动。

3. 责任制原则

责任制是指国家机关依法对其行使职权、履行职责的后果承担责任的原则。由于各种国家机关行使的国家权力的性质不同，我国宪法规定了两种责任制：集体负责制和个人负责制。集体负责制是合议制机关在决定问题时，由全体组成人员集体讨论，按照少数服从多数的原则做出决定。集体组织中每个成员的地位和权利平等，任何人都没有特殊权利，由集体承担责任。各级人民代表大会及其常委会、各级人民法院、各级人民检察院都适用集体负责制。个人负责制亦称首长负责制，是国家特定机关在行使职权时，由首长个人决定并承担责任的一种领导体制。首长负责制分工明确，在执行决定时可以避免无人负责或推卸责任的现象，能够充分发挥首长的个人智慧和才能，提高工作效率。各级行政机关以及中央军事委员会都实行个人负责制。

4. 联系群众，为人民服务原则

国家机关和国家机关工作人员必须依靠人民的支持，经常保持同人民的密切联系，倾听人民的意见和建议，接受人民的监督，努力为人民服务。首先，在思想上树立密切联系群众，一切为人民服务的思想，认识到自己手中的权力是由人民赋予的。其次，要坚持"从群众中来，到群众中去"的工作方法。再次，广泛吸收人民群众参加管理国家并接受人民监督。

5. 精简和效率原则

国家机关实行精简的原则，实行工作责任制，实行工作人员的培训和考核制度，不断提高工作质量和工作效率，反对官僚主义。在我国，精简机构，实行机构改革必须做到：按照经济体制改革和政企分开的原则，合并裁减部门和机构，使政府对企业由直接管理为主转变为间接管理为主；依法设置机构，定岗定员，改变国家机关臃肿、人浮于事、办事效率低等情况；改革干部人事制度，完善和推广国家公务员制度。

## 二、全国人民代表大会及其常务委员会

（一）全国人民代表大会的性质和地位

全国人民代表大会是最高国家权力机关，也是最高国家立法机关。全国人民代表大会统一行使全国人民赋予的最高权力，最高国家行政机关、审判机关、检察机关都由它产生，对它负责。全国人民代表大会制定的法律、通过的决议和决定，一切国家机关和武装力量、各政党和各社会团体、各企事业组织以及所有公民都必须遵守。

（二）全国人民代表大会的组成和任期

全国人民代表大会由省、自治区、直辖市、特别行政区和军队选出的代表组成。代表的选举由全国人大常委会主持。特别行政区出席全国人大的代表选举办法另有法律规定。中国人民解放军出席全国人大的代表，按照全国人大常委会分配的名额，由军人代表大会产生。

全国人民代表大会每届任期5年。全国人民代表大会任期届满的两个月以前，全国人民代表大会常务委员会必须完成下届全国人民代表大会代表的选举。如果遇到不能选举的非常情况，由全国人大常委会以全体组成人员的2/3以上多数通过，可以推迟选举，延长本届全国人大的任期。但在非常情况结束后一年内，必须完成下届全国人大代表的选举。

（三）全国人民代表大会的职权

1. 修改宪法和监督宪法实施

现行宪法规定，宪法的修改，由全国人民代表大会常务委员会或者 1/5 以上的全国人大代表提议，并由全国人民代表大会以全体代表的 2/3 以上的多数通过。全国人大还有权监督宪法的实施。

2. 制定和修改国家基本法律

全国人大有权制定刑事、民事、国家机构的和其他的基本法律。

3. 对国家机构组成人员的选举、决定和罢免

全国人大常委会组成人员的人选、国家主席和副主席的人选、中央军事委员会主席的人选、最高人民法院院长和最高人民检察院检察长的人选，由大会主席团提名，由大会投票表决。

4. 决定国家的重大事项

审查和批准国民经济和社会发展计划及计划执行情况的报告；审查和批准国家预算及预算执行情况的报告；批准省、自治区和直辖市的建制；决定特别行政区的设立及其制度；决定战争与和平问题。

5. 对其他国家机关予以监督

由全国人大选举产生的机关都由全国人大来监督。听取和审议全国人大常委会、国务院、最高人民法院、最高人民检察院的工作报告，是目前全国人民代表大会对这些机关实行监督的基本形式。

6. 其他应行使的职权

现行宪法规定全国人大有权行使"应当由最高国家权力机关行使的其他职权"，以概括的方式为全国人大处理这些新问题提供了宪法依据。

（四）全国人民代表大会的工作程序

1. 会议的举行

全国人大的工作方式就是开会。会议一年一次，一般是在第一季度，由人大常委会召集。会议的法定人数为全体代表的 2/3 以上。

（1）代表团。

全国人大代表按选举单位组成代表团，代表团推选出本团的团长、副团长，召集并主持代表团会议。代表团提出的议案、质询案、罢免案，均由代表团全体代表的过半数通过。

（2）预备会议。

在全国人大会议举行之前，由全国人大常委会主持预备会议，选举主席团和秘书长，通过全国人大会议议程和关于会议其他准备事项的决定。

（3）主席团。

主席团是全国人大会议的主持者。主席团推选主席团常务主席若干人，召集主持主席团会议，并可以召开代表团团长会议，听取各代表团的意见；推选主席团成员若干人分别担任每次大会会议的执行主席。

（4）列席人员。

国务院组成人员、中央军委的组成人员、最高人民法院院长、最高人民检察院检察长列席人大会议，其他经全国人大常委会决定的有关人员也可列席。

（5）秘书处。

全国人大设秘书处，在秘书长领导下办理主席团交付的事项和处理会议日常事务。

2. 议案的审议

（1）提出议案。

大会主席团、全国人大常委会、国务院、中央军委、最高人民法院、最高人民检察院，一个代表团、30 名以上的代表联名，可以向全国人大提出属于全国人大职权范围内的议案，由主席团决定是否列入会议日程。

（2）审议和表决。

列入大会议程的议案由各代表团审议或各专门委员会审议，由主席团审议决定提请大会全体会议表决。

（3）代表建议。

全国人大代表向会议提出的各方面工作的建议、批评和意见，由全国人大常委会办事机构交由有关机关、组织研究处理，并负责答复。

3. 询问和质询

询问是指人大代表在审议有关报告时向有关部门提出问题，以便进一步了解情况。有关部门应派负责人到会，听取意见，回答询问。

质询是人大代表向有关部门就政策性的重大问题提出质问或监督性意见。质询应按法定程序进行。

（五）全国人大常委会的性质和地位

全国人大常委会是全国人大的常设机关，是最高国家权力机关的组成部分，是在全国人民代表大会闭会期间经常行使最高国家权力的机关，也是国家立法机关。

（六）全国人大常委会的组成和任期

全国人大常委会由委员长、副委员长若干人、秘书长、委员若干人组成。他们都由每届全国人大第一次会议主席团从代表中提出人选，经各代表团酝酿协商后，再由主席团根据多数代表的意见确定正式候选人名单，最后由大会全体会议选举产生。常委会的组成成员不得担任国家行政机关、审判机关和检察机关的职务；如果担任上述职务，必须向常务委员会辞去常务委员的职务。每届全国人大常委会的任期同全国人民代表大会任期相同，都是 5 年。略有区别的是，下届人大第一次会议开始时，上届人大的任期即告结束，但上届全国人大常委会行使职权到下届全国人大常委会产生时才告结束。

（七）全国人大常委会的职权

1. 立法权

全国人大常委会有权制定和修改基本法律以外的其他法律，对基本法律可以进行补充和修改，但不得同该法律的基本原则相抵触。

### 2. 宪法和法律解释权

全国人大常委会有权解释宪法和法律，对各地区、各部门提出属于法律条文本身需要进一步明确界限或做补充规定的，由秘书长交由全国人大法律委员会会同有关专门委员会研究，提出解释方案，经全国人大常委会审议，做出法律解释。

### 3. 监督权

全国人大常委会是经常性监督国务院、最高人民法院和最高人民检察院的最高机关，其监督的主要方式有听取工作报告、开展执法检查、进行个案监督、组织特定问题调查委员会、质询等等。

### 4. 重大事项的决定权

全国人大常委会是人大闭会期间决定重大事项的机关，如对国家预算方案进行重大调整，决定全国总动员或局部总动员，决定战争状态的宣布。

### 5. 人事任免权

全国人大常委会的任免权是指国家机关副职以下包括副职的国家机关领导人的任职与免职。

### 6. 全国人大授予的其他职权

### （八）全国人民代表大会常务委员会的会议制度

### 1. 举行会议

全国人大常委会一般是两个月举行一次，由委员长召集和主持。列席常委会会议的有三类人士：国务院、中央军委、最高人民法院、最高人民检察院的负责人；全国人大各专门委员会的有关委员；各省、自治区、直辖市的人大常委会主任或副主任。必要时也可以邀请有关的全国人大代表列席。会议形式分为全体会议、分组会议和联组会议。

### 2. 议案的提出和审议

（1）议案的提出。

委员长会议、国务院、中央军委、最高人民法院、最高人民检察院、全国人大各专门委员会、常委会组成人员 10 人以上联名，可以提出属于常委会会议审议的议案。

（2）议案的审议。

常委会全体会议听取关于议案的说明，随后进行分组会议审议，并由有关的专门委员会审议，在下次会议上提出审议结果的报告。

（3）议案的表决。

议案由常委会全体组成人员的过半数通过，交付表决的议案中有修正案的，要先表决修正案。

### 3. 质　询

在常委会会议期间，常委会组成人员 10 人以上联名，可以提出对一府两院的质询案。质询案由委员长会议决定，由受质询机关的负责人在常委会会议上或在有关的专门委员会会议上口头答复，或者由其书面答复。

（九）全国人民代表大会各专门委员会

1. 全国人大各专门委员会的性质和组成

各专门委员会是由全国人民代表大会产生，受全国人民代表大会领导，闭会期间受全国人大常委会领导的常设性工作机构。它没有独立的法定职权，其主要职责是在全国人大及其常委会的领导下，研究、审议和拟定有关议案。全国人大各专门委员会由主任委员1人、副主任委员若干人、委员若干人组成。他们都由全国人大主席团从代表中提名，由大会通过。

2. 全国人民代表大会专门委员会的工作职责

（1）审议全国人大或人大常委会交付的议案。

（2）提出议案。

（3）审议违宪的规范性文件。

（4）审议质询案。

（5）对与本委员会有关的问题进行调查研究，提出建议。

3. 专门委员会的分类

专门委员会分常设性委员会和临时委员会两种。

常设性委员会共有九个：民族委员会、法律委员会、财政经济委员会、教育科学文化卫生委员会、外事委员会、华侨委员会、内务司法委员会、环境保护委员会、农业与农村委员会。

临时委员会是根据临时需要设立的，如特定问题调查委员会。这类委员会在全国人大和全国人大常委会认为必要时可以设立，待任务完成后即撤销。

（十）全国人民代表大会代表

1. 全国人民代表大会代表的权利

（1）出席会议。

全国人大代表作为最高国家权力机关的组成人员，只有出席会议才能依法行使职权。代表未经批准，两次不出席会议的，其代表资格终止。

（2）提出议案，审议有关议案和报告，参加表决。

（3）参加各项选举活动。

（4）提出质询案和进行询问。

（5）提出罢免案。

（6）提议组织特定问题调查委员会。

（7）提出建议。

2. 全国人民代表大会代表的义务

（1）模范遵守宪法和法律，宣传法制，协助宪法和法律的实施。

（2）保守国家秘密。

（3）接受原选举单位和群众的监督。

（4）密切联系群众和原选举单位，倾听广大人民群众的意见，经常列席原选举单位的人民代表大会会议。

### 三、中华人民共和国主席

（一）国家主席的性质和地位

国家元首是国家的首脑，是国家对内对外的最高代表。中华人民共和国主席是我国的国家元首，是我国国家机构的重要组成部分，对内对外代表中华人民共和国。

（二）国家主席的产生和任期

中华人民共和国主席、副主席由全国人民代表大会选举产生。具体程序是：首先由全国人大会议主席团提出国家主席和副主席的候选人名单，然后经各代表团酝酿协商，再由会议主席团根据多数代表的意见确定候选人名单，交付大会表决，由大会选举产生国家主席和副主席。在我国，有选举权和被选举权的年满45周岁的中华人民共和国公民可以被选为中华人民共和国主席、副主席。国家主席、副主席的任期与全国人大每届任期相同，都是5年，而且连续任职不超过两届。

（三）国家主席的职权

国家主席一般根据全国人大的决定和全国人大常委会的决定行使以下职权：①公布法律，发布命令；②任免国务院的组成人员和驻外全权代表；③外交权；④荣典权。

（四）国家主席职位的补缺

国家主席缺位时，由副主席继任。副主席缺位时，由全国人大补选。主席、副主席缺位时，由全国人大补选；在补选之前，暂由全国人大常委会委员长代理主席职位。

（五）国务院的性质和地位

中华人民共和国国务院，即中央人民政府，是最高国家权力机关的执行机关，是最高国家行政机关。

第一，中央人民政府对外而言，就是中华人民共和国政府；对内而言，它统一领导地方各级人民政府的工作。

第二，最高国家权力机关的执行机关——全国人大及其常委会行使立法权，在法律制定和颁布后，需要组织其他机关去执行法律、适用法律。国务院便是最高权力机关的执行机关。除法律外，最高权力机关就国家重大事务所做出的决定，也由国务院执行。

第三，最高国家行政机关——国务院是行使行政权的机关，在国家行政机关系统中，地位最高，统一领导各部、各委员会的工作，统一领导全国地方各级国家行政机关的工作。

（六）国务院的组成和任期

1. 国务院的组成

国务院由总理1人、副总理若干人、国务委员若干人、各部部长、各委员会主任、审计长、秘书长组成。国务院总理由国家主席提名，全国人大决定；其他组成人员由总理提名，全国人大决定，闭会期间由全国人大常委会决定。

2. 国务院的任期

与全国人民代表大会每届任期相同，均为 5 年，总理、副总理、国务委员连续任职不得超过两届。

（七）国务院的领导体制

1. 国务院实行总理负责制

总理负责制是指国务院总理对他所主管的工作负全部责任，与负全部责任相联系的是他对自己主管的工作有完全的决定权。国务院实行总理负责制这种个人负责制形式是由国务院的性质和任务决定的。行政机关在执行权力机关的决定时，需要高度的集中指挥才能提高工作效率，及时地处理各种繁杂的事务。如果行政机关也采取少数服从多数的原则，势必会因开会、画圈而迁延时日，影响效能。

2. 总理负责制的表现

第一，由总理提名组织国务院。总理有向最高国家权力机关提出任免国务院组成人员议案的权利。

第二，总理领导国务院的工作，副总理、国务委员协助总理的工作，国务院其他组成人员都是在总理领导下工作，向总理负责。

第三，总理主持召开常务会议和全体会议，总理拥有最后决定权，并对决定的后果承担全部责任。

第四，国务院发布的决定、命令、行政法规，提出的议案，任免国务院组成人员的决定，都由总理签署。

3. 会议制度

国务院工作中的重大问题，必须经国务院常务会议或者国务院全体会议讨论决定。国务院全体会议由国务院全体成员组成，国务院常务会议由总理、副总理、国务委员、秘书长组成。

（八）国务院的职权

第一，根据宪法和法律，规定行政措施，制定行政法规，发布行政决定和命令。

第二，对国防、民政、文教、经济等各项工作的领导和管理权。

第三，对所属部、委和地方各级行政机关的领导权及行政监督权。

第四，提出议案权。

第五，行政人员的奖惩权。

第六，全国人大及其常委会授予的其他职权。

## 四、中央军事委员会

（一）中央军事委员会的性质和地位

中华人民共和国中央军事委员会是国家的最高军事领导机关，领导全国的武装力量，是国家机构的重要组成部分。党的中央军事委员会组成人员经过党和各民主党派的协商，由全国人民代表大会通过，成为国家的中央军事委员会的组成人员，这就把党的中央军委同全国人民代表大会统一起来了。

（二）中央军事委员会的组成和任期

中央军委由主席1人、副主席若干人、委员若干人组成。中央军委主席由全国人民代表大会产生并向他负责，根据军委主席的提名，全国人大决定其他组成人员的人选。全国人大有权罢免中央军委主席和中央军委其他组成人员。

中央军委的每届任期与全国人大相同，为5年，但宪法没有对军委主席连续任职问题做出规定。

（三）中央军事委员会的职责

中央军委实行主席负责制。军委主席有权对中央军委职权范围内的事务做出最后决策。中央军委是国家最高的军事决策机关，它行使的职权有：统一指挥全国武装力量；决定军事战略和武装力量的作战方针；领导和管理中国人民解放军的建设，制定规划、计划并组织实施；制定军事法规，发布决定和命令；等等。

## 五、地方各级人民代表大会

（一）性质和地位

地方各级人民代表大会是地方国家权力机关，本级的地方国家行政机关、审判机关和检察机关都由本级人民代表大会选举产生，在本行政区域内对它负责，受它监督。地方各级人民代表大会在本级国家机构中处于首要的地位。

（二）组成和任期

省、自治区、直辖市、自治州、设区的市的人民代表大会代表由下一级的人民代表大会选举；县、自治县、不设区的市、市辖区、乡、民族乡、镇的人民代表大会由选民直接选举产生。地方各级人民代表大会每届任期都为5年。

（三）职　权

第一，在本行政区域内，保证宪法、法律、行政法规和上级人民代表大会及其常委会决议的遵守和执行，保证国家计划和国家预算的执行。

第二，选举和罢免本级地方国家机关组成人员或领导人员等。

第三，决定重大的地方性事务。

第四，监督其他地方国家机关（包括本级人民代表大会常务委员会、人民政府、人民法院和人民检察院）的工作。

第五，保护各种权利，即保护社会主义公有财产，保护公民私人所有的合法财产，维护秩序，保障公民的人身权利、民主权利和其他权利，保障宪法和法律赋予妇女的男女平等、同工同酬和婚姻自由等各项权利。

第六，除以上五个方面的职权以外，省、自治区、直辖市的人民代表大会根据本行政区域的具体情况和实际需要，在不同宪法、法律、行政法规相抵触的前提下，可以制定和颁布地方性法规，报全国人民代表大会常务委员会和国务院备案。

（四）会议制度和工作程序

1. 会议的召集程序

地方各级人大会议由本级人大常委会召集，每年至少举行一次，在预备会议上，选举本次大会的主席团和秘书长；经1/5以上代表提议，可以临时召集本级人大会议。

2. 议案的提出程序

在地方人大举行会议时，主席团、常委会、各专门委员会、本级人民政府、县级以上的地方各级人大十人以上联名，乡、民族乡、镇的人大代表五人以上联名，可以提出属于本级人大职权范围内的议案，由主席团决定是否列入大会议程。

3. 选举和罢免程序

地方人大按照选举程序选举产生本级地方一府两院的领导人，主席团、常务委员会或者1/10以上代表联名，可以提出对本级人大常委会组成人员、人民政府组成人员、人民法院院长、人民检察院检察长的罢免案，由主席团提请大会审议。在乡一级，主席团或1/5以上代表联名，可以提出对本级人大主席、副主席、（副）乡长、（副）镇长的罢免案。

4. 质询和询问程序

地方各级人大举行会议时，代表十人以上联名可以书面提出对本级人民政府及其各工作部门以及人民法院、人民检察院的质询案。质询案由主席团交受质询机关在主席团、大会全体会议或者有关的专门委员会会议上口头答复，或者由受质询机关书面答复。在地方各级人大审议议案时，代表可以向有关地方国家机关提出询问，由有关机关派人说明。

（五）专门委员会和调查委员会

各专门委员会受本级人大领导，在大会闭会期间，受本级人大常委会领导。各专门委员会的主任委员、副主任委员、委员由主席团在代表中提名，大会通过。各专门委员会主要是研究、审议和拟定有关议案，对有关问题进行调查研究，提出建议。县级以上的地方人大经主席团或1/5以上代表提请，可以组织关于特定问题的调查委员会。

## 六、地方各级人民政府

（一）性质和地位

地方各级人民政府是地方各级国家权力机关的执行机关，是地方各级国家行政机关。由本级人大选举产生，对人大负责并报告工作，人大闭会期间，对本级人大常委会负责并报告工作。

（二）组成、任期和领导体制

省、自治区、直辖市、自治州和设区的市的人民政府分别由省长、副省长、自治区主席、副主席、市长、副市长、州长、副州长和秘书长、厅长、局长、委员会主任等组成。

县、自治县、不设区的市、市辖区人民政府分别由县长、副县长、市长、副市长、区长、副区长和局长、科长等组成。乡、民族乡、镇人民政府每届任期与本级人民代表大会的任期相同。我国各省、自治区、直辖市、自治州、市、县、自治县、市辖区、乡、民族乡、镇的人民政府都实行省长、自治区主席、市长、州长（市长）、县长（市长）、区长、乡长、镇长负责制。

（三）职 权

执行本级人民代表大会及其常委会决议，以及上级国家行政机关的决定和命令，执行国民经济和社会发展计划、预算；规定行政措施，发布决定和命令；领导和管理所属各工作部门和下级人民政府的工作；管理本行政区域内的行政事务；保障宪法和法律赋予公民的权利获得实现；改变或撤销所属各工作部门的不适当的命令、指示和下级人民政府的不适当的决定、命令；办理上级国家行政机关交办的其他事项。

（四）工作部门

省、自治区、直辖市人民政府的厅、局、委员会等工作部门的设立、增加、减少或合并，由本级政府报请国务院批准，并报本级人大常委会备案；每一级人民政府内部工作部门的设立、增加、减少或合并，都由本级人民政府报请上一级人民政府批准，并报本级人大常委会备案。此外，县级以上的地方人民政府设立审计机关，地方各级审计机关依照法律规定独立行使审计监督权，对本级人民政府和上一级审计机关负责。

（五）派出机构

省、自治区人民政府在必要时，经国务院批准，可以设立若干派出机关，如设"行政公署"，但在一些地方实行地市合并、市管县的体制后，法律上不再使用"行政公署"。县、自治县的人民政府在必要时，经省、自治区、直辖市的人民政府批准，可以设立若干区公所，作为它的派出机关。市辖区、不设区的市的人民政府，经上一级人民政府批准，可以设立若干街道办事处，作为它的派出机关。

## 七、村民委员会和居民委员会

村民委员会和居民委员会是在农村或城市，由居民以居民区为纽带建立起来进行自我教育、自我管理、自我服务的基层群众自治组织。

（一）村民委员会

1. 村民委员会与乡、民族乡、镇的人民政府的关系
乡级人民政府对村委会的工作给予指导、支持和帮助，但不得干预依法属于村民自治范围内的事项；村委会协助乡级人民政府开展工作。

2. 村民委员会的任务
办理本村的公共事务和公益事业，调解民间纠纷，协助维护治安，向县人民政府反映村民的意见、要求和提出建议；承担本村生产的服务和协调工作；管理本村集体所有的土地和其他财产；教育村民合理利用自然资源，保护和改善生态环境；宣传宪法、法律、法

规和国家的政策，开展多种形式的社会主义精神文明活动；协助有关部门，对被剥夺政治权利的村民进行教育、帮助和监督。

3. 村民委员会的设置、组织与村民会议

村民委员会的设立、撤销、范围调整，由乡、民族乡、镇的人民政府提出，经村民委员会讨论同意后，报县级人民政府批准。

村民委员会由主任、副主任和委员共三至七人组成，由村民直接选举产生，每届任期3年，连选可连任。村民会议由18周岁以上的村民组成。召开村民会议，应当有本村18周岁以上村民的过半数参加。

（二）居民委员会

1. 居民委员会与不设区的市、市辖区的人民政府或它的派出机关的关系

政府机关给予居民委员会工作上的指导、支持和帮助；居民委员会协助政府部门开展工作。

2. 居民委员会的任务

办理本居住地区居民的公共事务和公益事业；调解民间纠纷；宣传宪法、法律、法规和国家的政策，维护居民的合法权益；开展多种形式的精神文明活动；协助人民政府和其派出机关做好与居民利益有关的各项工作；向人民政府或它的派出机关反映居民的意见、要求和提出建议。

3. 居民委员会的设置、组织与居民会议

居民委员会的设立、撤销、规模调整，由不设区的市、市辖区的人民政府决定。居民委员会由主任、副主任和委员共五至九人组成，由居民选举产生。

## 八、人民法院

（一）人民法院的性质和任务

《宪法》第一百二十三条规定："中华人民共和国人民法院是国家的审判机关。"这一规定明确了人民法院的性质。根据这一规定，在我国，审判权必须由人民法院统一行使，即只有人民法院才有审判权，其他任何机关、团体和个人都无权进行审判活动。人民法院的任务是审判刑事案件、民事案件和行政案件，并且通过审判活动，惩办一切犯罪分子，解决民事纠纷和行政纠纷，以保卫人民民主专政制度，维护社会主义法制和社会秩序，保护社会主义的全民所有的财产、劳动群众集体所有的财产，保护公民私人所有的合法财产，保护公民的人身权利、民主权利和其他权利，保障社会主义革命和社会主义建设事业的顺利进行，通过全部审判活动教育公民忠于社会主义祖国，自觉地遵守宪法和法律。

（二）人民法院的组织体系和职权

我国人民法院的组织体系由以下法院组成：全国设立最高人民法院、地方各级人民法院和专门人民法院；地方各级人民法院分为高级人民法院、中级人民法院、基层人民法院；专门人民法院包括军事法院、海事法院、铁路运输法院。

《宪法》第一百二十七条第二款规定："最高人民法院监督地方各级人民法院和专门

人民法院的审判工作，上级人民法院监督下级人民法院的审判工作。"这表明上下级人民法院之间的关系不是领导关系，而是监督关系。根据这一规定，上级人民法院不能直接指挥命令下级人民法院如何进行审判，只能对下级人民法院在审判活动中是否正确适用法律进行审查监督。这种监督主要体现在上级人民法院按照上诉程序、审判监督程序及死刑复核程序对下级人民法院具体案件进行监督，纠正错误的判决和裁定。

1. 最高人民法院的主要职权

（1）一审管辖权。

（2）上诉管辖权。

（3）审判监督权。

（4）司法解释权。

（5）死刑核准权。

2. 地方各级人民法院

（1）基层人民法院。

基层人民法院包括县人民法院和不设区的市人民法院、自治县人民法院、市辖区人民法院。基层人民法院的职权主要包括：①一审管辖权；②庭外处理权；③调解指导权。

（2）中级人民法院。

中级人民法院包括在省、自治区内按地区设立的中级人民法院；在直辖市内设立的中级人民法院；设区的市的中级人民法院；自治州中级人民法院。中级人民法院的职权主要包括：①一审管辖权；②上诉管辖权。

（3）高级人民法院。

高级人民法院包括省高级人民法院、自治区高级人民法院、直辖市高级人民法院。其职权主要包括：①一审管辖权；②上诉管辖权；③审判监督权；④死刑核准权。

3. 专门人民法院

专门人民法院是人民法院组织体系中的一个特殊组成部分，它们是在特定部门或者针对特定案件而设立，受理与设立部门相关的专业性案件的法院。根据《宪法》和《人民法院组织法》的规定，目前我国设有军事法院、海事法院、森林法院和铁路运输法院等专门人民法院。

军事法院包括中国人民解放军军事法院（军内的最高级）、大军区及各军兵种军事法院（相当于中级层次）、军级军事法院（基层级）三级，军事法院的最高审级是中华人民共和国最高人民法院，军事法院负责审判军事人员犯罪的刑事案件。

海事法院只设一级，设立在广州、上海、武汉、天津、大连、青岛、宁波、厦门、海口和北海等港口城市，其建制相当于地方的中级人民法院。海事法院管辖中国法人和公民之间，中国法人、公民和境外（外国或地区）法人和公民之间的第一审海事案件和海商案件。对海事法院判决和裁定的上诉案件，由海事法院所在地的高级人民法院管辖。

森林法院审理破坏森林资源案件、严重责任事故案件及涉外案件，其任务是保护森林。基层森林法院一般设置在某些特定林区的林业局（包括木材水运局）所在地；在地区（盟）林业管理局所在地或国有森林集中连片地区设立森林中级法院。

铁路运输法院是设在铁路沿线的专门人民法院，分为两级：一是铁路管理分局所在地设立铁路运输基层法院；二是在铁路管理局所在地设立铁路运输中级法院。铁路运输法院负责审判由铁路公安机关侦破、铁路检察院起诉的发生在铁路沿线的刑事犯罪案件和与铁路运输有关的经济纠纷。对铁路运输中级法院判决和裁定的上诉案件，由所在地的省、自治区、直辖市高级人民法院管辖。

### 九、人民检察院

#### （一）人民检察院的性质和任务

《宪法》第一百二十九条规定："中华人民共和国人民检察院是国家的法律监督机关。"这一规定明确了人民检察院的性质。从人民检察院的法律监督实践来看，人民检察院的法律监督主要是对国家机关、国家机关工作人员是否违反《刑法》实行监督，以及对在刑事诉讼中公安机关、人民法院和监狱等机关的活动是否合法实行监督，并包括对人民法院的民事审判和行政审判活动的事后监督。

通过行使检察权，打击一切叛国的、分裂国家的犯罪活动，惩治危害国家安全的犯罪分子和其他犯罪分子，保卫国家的安全，保卫人民民主专政的政权和社会主义制度，维护社会主义法制，维护社会秩序、生产秩序、工作秩序、教学科研秩序和人民群众生活秩序，保护社会主义的国有财产和劳动财产，保护公民的人身权利、民主权利和其他权利，保卫社会主义现代化建设的进行，并通过检察活动，教育公民忠于社会主义祖国，自觉地遵守宪法和法律，积极同违法行为做斗争。

#### （二）人民检察院的组织体系和职权

全国设立最高人民检察院、地方各级人民检察院和专门人民检察院。地方各级人民检察院分为省、自治区、直辖市人民检察院；省、自治区、直辖市人民检察院分院，自治州和设区的市人民检察院；县、不设区的市、自治县和市辖区人民检察院。专门人民检察院包括军事检察院、铁路运输检察院等。

省一级人民检察院和县一级人民检察院，根据工作需要，提请本级人民代表大会常务委员会批准，还在工矿区、农垦区、林区等区域设置人民检察院，作为派出机构。最高人民检察院是国家最高检察机关。最高人民检察院领导地方各级人民检察院和专门人民检察院的工作，上级人民检察院领导下级人民检察院的工作。这表明，在人民检察院系统内上下级人民检察院之间的关系是领导与被领导的关系，最高人民检察院领导地方各级人民检察院和专门人民检察院，上级人民检察院领导下级人民检察院，下级人民检察院必须接受上级人民检察院的领导和最高人民检察院的领导，对上级人民检察院负责。垂直领导体制表现为：①人事任免；②业务领导。

人民检察院的职权是：①立案侦查；②批准逮捕；③提起公诉；④侦查监督；⑤审判监督；⑥执行监督。

## 第十六节　宪法解释

### 一、宪法解释的机关

世界上共有三种宪法解释体制，它与各国的监督体制是一致的：①由最高权力机关或立法机关解释宪法；②由普通法院解释宪法；③由专门机关解释宪法。

## 二、宪法解释的原则

各国的宪法解释机关在解释宪法时会有一些不同的原则标准，但通常有以下一些原则需要遵循：①符合宪法的基本精神和基本原则；②符合制宪的根本目的；③与宪法的整体内容协调一致；④与社会实际相适应，并代表社会发展的方向。

## 三、宪法解释的方法

1. 文理解释和论理解释

文理解释包括字面解释和语法解释。文理解释主要是从表现宪法规范的条文，根据字、词以及句子结构、文字排列、标点符号等等，对宪法的内容、含义进行解释。论理解释包括逻辑解释、系统解释、历史解释、目的解释等等，主要是在解释宪法的过程中，考虑其他相关因素，以确定宪法规范规定的具体内容和特定含义。

2. 限制解释和扩充解释

限制解释又称从严解释，是指当宪法规定有广义和狭义的理解时，做狭义的理解；扩充解释是指当宪法规定有广义和狭义的理解时，做广义的理解。

# 第十七节　宪法修改

## 一、宪法修改的方式

1. 全面修改

全面修改即对宪法全文进行修改，以新宪法取代旧宪法。

2. 部分修改

部分修改即对宪法原有的部分条款加以改变，或者新增若干条款，而不牵动其他条款和整个宪法的修改方式。

3. 无形修改

无形修改即在形式上没有对宪法条文内容进行修改，但在实际上却变更了其含义的修改方式。这是现实中存在的方式，但从树立宪法的权威和尊严，建设社会主义法治国家的角度来看，无形修改的方式应予避免。

## 二、宪法修改的程序

1. 提　案

在我国，宪法的修改需要由全国人大常委会或1/5以上的全国人大代表提议。

2. 审　定

在宪法修正案提出以后，由法定有权机关对宪法"应否修改"做原则上审查与决定的程序。这一程序在有些国家并不存在。设立这一程序的目的不在于决定宪法如何修改，而在于决定宪法应否修改。

3. 起 草

在决定宪法应该修改以后，由法定有权机关对决定修改的部分进行具体的草案拟定。设立这一程序的目的不是决定宪法应否修改，而是决定宪法条文应该如何修改。

4. 议 决

在我国，宪法修正案需要全国人民代表大会全体代表的2/3以上多数通过。

5. 公 布

宪法修正案只有在公布以后，才能产生法律效力。

### 三、现行宪法的历次修改

1. 1988年《宪法修正案》的主要内容

第一，国家允许私营经济在法律规定的范围内存在和发展。私营经济是社会主义公有制经济的补充。

第二，土地的使用权可以依照法律的规定转让。

2. 1993年《宪法修正案》的主要内容

第一，增加了"我国正处于社会主义的初级阶段""根据建设有中国特色社会主义的理论"的规定，将"高度文明、高度民主"的奋斗目标改为"富强、民主、文明"。

第二，增加"中国共产党领导的多党合作和政治协商制度将长期存在和发展"。

第三，将"国营经济"修改为"国有经济"。

第四，将"农村人民公社、农业生产合作社"修改为"农村中的家庭联产承包为主的责任制"。

第五，将"计划经济"修改为"社会主义市场经济"。

第六，将县级人大的任期由3年修改为5年。

3. 1999年《宪法修正案》的主要内容

第一，确立"共产党理论"的指导地位。

第二，增加规定"中华人民共和国实行依法治国，建设社会主义法治国家"。

第三，增加规定"国家在社会主义初级阶段，坚持公有制为主体，多种所有制共同发展的基本经济制度，坚持按劳分配为主体、多种分配方式并存的分配制度"。

第四，将"以家庭联产承包为主的责任制"修改为"农村集体经济组织实行家庭承包经营为基础、统分结合的双层经营体制"。

第五，关于个体经济和私营经济，规定"在法律规定范围内的个体经济、私营经济等非公有制经济，是社会主义市场经济的重要组成部分"。

第六，将"反革命活动"修改为"危害国家安全的犯罪活动"。

4. 2004年《宪法修正案》的主要内容

第一，在《宪法》序言中增加"三个代表"这一指导思想。

第二，在《宪法》序言关于爱国统一战线组成结构的表述中增加"社会主义事业的建设者"。

第三，将国家的土地征用制度修改为："国家为了公共利益的需要，可以依照法律规定对土地实行征收或者征用并给予补偿。"

第四，将国家对非公有制经济的政策修改为："国家保护个体经济、私营经济等非公有制经济的合法的权利和利益。国家鼓励、支持和引导非公有制经济的发展，并对非公有制经济依法实行监督和管理。"

第五，将国家对公民私人财产的政策修改为："公民的合法的私有财产不受侵犯。""国家依照法律规定保护公民的私有财产权和继承权。""国家为了公共利益的需要，可以依照法律规定对公民的私有财产实行征收或者征用并给予补偿。"

第六，增加规定："国家建立健全同经济发展水平相适应的社会保障制度。"

第七，增加规定："国家尊重和保障人权。"

第八，将全国人大代表的产生方式修改为："全国人民代表大会由省、自治区、直辖市、特别行政区和军队选出的代表组成。各少数民族都应当有适当名额的代表。"

第九，将全国人大常委会、国务院对戒严的决定权改为对紧急状态的决定权；相应地，国家主席对戒严的宣布权也改为对紧急状态的宣布权。

第十，将乡、民族乡、镇的人民代表大会每届任期3年修改为："地方各级人民代表大会每届任期5年。"

另外，在宪法中增加关于国歌的规定。

# 第十八节　宪法的实施及其保障

## 一、宪法实施的含义

宪法实施是指宪法规范在客观实际生活中的贯彻落实，是宪法制定颁布后的运行状态，也是宪法作用与社会关系的基本形式。其内容是将宪法文字上的、抽象的权利义务关系，转化为现实生活中生动的、具体的权利义务关系，并进而将体现在宪法规范中的人民意志转化为人们的行为。

## 二、宪法的执行、适用和遵守

### （一）宪法的执行

宪法的执行通常指国家代议机关和国家行政机关贯彻落实宪法内容的活动。

### （二）宪法的适用

宪法适用则通常指国家司法机关在司法活动中贯彻落实宪法的活动。

### （三）宪法的遵守

宪法的遵守是指一切国家机关、社会组织和公民个人严格依照宪法规定从事各种行为的活动。宪法的遵守通常包括两层意义：一是根据宪法享有并行使权利；二是根据宪法承担并履行义务。

## 三、宪法实施的主要特点

宪法的实施与普通法律的实施存在许多共同点，但宪法实施也有其独特性：

1. 宪法实施的广泛性和综合性

宪法实施的广泛性包括宪法实施范围的广泛性和实施主体的广泛性。宪法调整的范围涉及国家政治、经济、文化和社会生活等各个方面；由于宪法实施的范围涉及我国各种社会关系中的一切主体的行为，而且宪法的实施也需要通过社会关系中一切主体的行为才能实现，因此，宪法实施的主体具有广泛性和多样性。宪法实施的综合性是指宪法的实施是整个国家具有高度综合性的社会问题，在宪法实施过程中应充分考虑国家和社会生活中的各种综合因素。

2. 宪法实施的最高性和原则性

宪法实施的最高性是由宪法的内容以及根本法地位决定的。宪法实施的原则性主要表现在宪法规范对所调整的社会关系从宏观上、总体上进行原则指导的过程。宪法实施的最高性和原则性也决定宪法实施与一般法律实施之间的相互关系：宪法实施是一般法律实施的基础，一般法律实施则是宪法实施的具体化。

3. 宪法实施的直接性和间接性

就实施方式而言，宪法在实施过程中具有直接性特点，但主要是间接性特点。宪法在实施过程中通过具体法律规范来作用于具体的人和事，国家的其他法律和法律性文件是以宪法为基础，并且不能与宪法相抵触，因此对普通法律的实施就是在间接地实施宪法。就违宪制裁措施而言，宪法实施具有直接性和间接性特点。直接制裁主要是直接依据宪法追究违宪责任，间接制裁是指通过具体法律来追究法律责任。

### 四、宪法实施的主要原则

宪法实施的主要原则是：①最高权威性原则；②民主原则；③合法性原则；④稳定性原则；⑤发展性原则。

必须明确的是，宪法实施除了必须遵循和贯彻上述五项主要原则以外，还必须遵循和贯彻宪法实施的公开原则、效益原则和监督原则等等。

### 五、宪法实施的条件

1. 宪法实施的外部条件

宪法实施的外部条件是指宪法实施的外部社会环境，主要有以下三个方面：①宪法实施的政治条件。稳定的政治环境和安定的政治局面能够促成有效地实施宪法。②宪法实施的经济条件。商品经济的发展程度决定着宪法实施的程度。③宪法实施的思想意识条件。

2. 宪法实施的自身条件

宪法自身的条件是宪法实施的前提，它主要表现在两个方面：①宪法本身是否科学，即宪法的产生是否具有正当性，宪法的内容是否正确地反映了本国国情，宪法的结构是否科学、合理等等。②宪法本身是否规定了完善的实施机制。

### 六、宪法实施保障的内容

宪法实施保障在一定意义上亦即宪法监督，是立宪国家为了促进宪法的贯彻落实而建立的制度和开展的活动的总称。其内容主要有两个方面：①保障法律、法规和法律性文件的合宪性；②保障国家机关及其工作人员、各政党、武装力量、社会团体、企事业组织和全体公民的行为的合宪性。

宪法实施保障的目的就在于撤销或改变违宪的规范性文件，以及追究违宪行为者的责任。其具体有两个方面：①保障宪法秩序。对于与宪法相抵触的规范性文件予以撤销、改变、不适用，对于违宪的行为予以制裁，从而保证宪法的最高权威和最高法律效力的实现。②保障公民的基本权利和自由。违宪的规范性文件和违宪的行为必然损害宪法赋予公民的基本权利和自由，宪法实施保障制度的建立保证了公民的基本权利和自由免受侵害或为受侵害者提供法律救济。

### 七、宪法实施保障的体制

1. 由立法机关负责保障宪法实施的体制

在这一体制下，最高国家权力机关或立法机关依据议事程序和议事规则行使宪法监督权，有权对任何违反宪法的法律、法规及行政命令等规范性文件予以改变或撤销。社会主义国家一般都实行这种宪法监督体制。

2. 由司法机关负责保障宪法实施的体制

由司法机关实行宪法监督，主要是指普通法院在审理具体案件时，对该案涉及的作为案件审理依据的法律、法规及行政命令等规范性文件，依据司法程序对其合宪性进行审查。法院有权拒绝适用违宪的规范性文件，但无权宣布撤销该规范性文件。美国为这一体制的创制者。

3. 由专门机关负责保障宪法实施的体制

专门机关往往是国家特别成立的一种机构，在许多国家称为"宪法法院"，但在法国称为"宪法委员会"。它们按照特别程序审查规范性文件是否合宪，并有权予以撤销。撤销决定具有一般效力。

### 八、宪法实施保障的基本方式

1. 事先审查和事后审查

事先审查又称预防性审查，是指在法律、法规和规范性文件尚未正式公布实施以前，由有权机关对其是否合宪所进行的审查。事后审查就是在规范性文件生效的情况下，因宪法纠纷而对该法律进行的合宪性审查。

2. 附带性审查和宪法控诉

附带性审查是指司法机关在审理案件过程中，提出对所适用的法律、法规和规范性文件是否违宪的问题，而对该法律文件所进行的合宪性审查。宪法控诉是指公民个人有权就宪法所保障的基本权利受到侵害而向宪法法院提出控诉的一种制度。

# 【练习题】

## 一、单项选择题

1. 下列对宪法渊源的论述错误的是（　　）

   A. 《宪法修正案》与《宪法典》具有同等的法律效力

   B. 《宪法》惯例既存在于不成文宪法国家，也存在于成文宪法国家

   C. 《中华人民共和国全国人民代表大会组织法》属于宪法本体法

   D. 一般来说，宪法学说和学理解释只是宪法解释机关或司宪机关的参考，并非正式的渊源

2. 根据我国现行宪法，解释宪法的权力由哪个国家机构行使？（　　）

   A. 全国人民代表大会

   B. 全国人民代表大会常务委员会

   C. 全国人民代表大会主席团

   D. 最高人民法院

3. 下列有关《宪法》序言的表述错误的是（　　）

   A. 有的《宪法》序言并不注明"序言"字样，有的宪法序言不用"序言"一词，而用"前言""引言"等

   B. 一国宪法是否设有序言与该国的法律文化传统和立宪技术水平相关

   C. 与资本主义国家、西方文明国家相比，社会主义国家、非西方文明国家的宪法设有序言的比例较小

   D. 无论社会主义还是资本主义的宪法，其序言的主要功能都在于宣告政权的合法性

4. 法国 1958 年《宪法》（《第五共和宪法》）的"序言"属于下列哪种类型？（　　）

   A. 目的性序言

   B. 原则性序言

   C. 纲领性序言

   D. 综合性序言

5. 关于意大利和美国的宪法修正案与原文的组合与公布方式，下列表述正确的是（　　）

   A. 美国是保留原文不变，直接在原文后增加修正案；意大利则是修订原文并增加注释构成新文本

   B. 意大利是保留原文不变，直接在原文后增加修正案；美国则是修订原文并增加注释构成新文本

   C. 两国都是保留原文不变，直接在原文后增加修正案

   D. 两国都是修订原文并增加注释构成新文本

## 二、判断题

1. 一般把 1787 年美国宪法看作是世界上的第一部成文宪法。　　　　　　（　　）

2. 不成文宪法的典型国家是英国，但二战之后英国也制定了统一的宪法典。　（　　）

3. 君主立宪制的英国，其宪法属于钦定宪法。　（　　）

4. 在我国，宪法的基本原则就是宪法的指导思想。　（　　）

5. 最早提出"主权"概念并进行具体阐述的思想家是法国人卢梭。　（　　）

## 三、简答题

1. 如何看待《宪法》序言的效力问题？

2. 关于宪法解释，依据不同的标准可以做出哪些不同的分类？

# 【参考答案】

## 一、单项选择题

1. C　2. B　3. C　4. B　5. A

## 二、判断题

1. √　2. ×　3. ×　4. ×　5. ×

## 三、简答题

1. 答：《宪法》序言是否具有法律效力，宪法学界对此问题存在很大分歧，大致上有"无效力""有效力"和"有部分效力"三种观点。（1）"无效力说"认为，《宪法》序言的内容大多是非规范性的，不具备发挥法律效力的要件。（2）"有效力说"主要有三个理由：其一，序言是《宪法》的组成部分之一，宪法在宣布自身具有最高法律效力之时，并没有指明只是《宪法》的条文才有效力，序言没有效力；其二，序言的修改和宪法其他内容的修改一样，也要遵循特别的程序，这说明序言与正文的效力是相同的；其三，序言的内容极其重要，所以理当与正文具有同等的效力。（3）"部分效力说"认为，笼统讨论宪法序言效力的有无是不恰当的，应该根据序言的内容，具体问题具体分析：一是序言中记载历史的部分没有也无须法律效力，因为这属于历史事实。二是序言中规定宪法原则的部分必须与宪法规则结合起来才有法律效力。因为序言确认的原则具有纲领性，难以直接适用。三是序言中的规范性内容具有完全的法律效力，比如宪法对自身效力的规定。（4）宪法原则并非必须与宪法规则结合起来才有效力。如前所述，第一，宪法原则具有弥补宪法规则漏洞的重要作用，当出现规则漏洞时，宪法原则就应直接发挥效力；第二，如果宪法规则没有彻底贯彻宪法原则，宪法原则也应当直接发挥效力。（5）"有效力说"认为："序言中的目的条款、史实条款等则属于非规范性条文，表明了统治阶级对前人奋斗历程和胜利成果的确认和赞扬，也对后人有教育和感化作用，并能使人们振奋精神、发愤图强，达到一定的社会效果"，这种分析本身是十分透彻的，但这种"社会效果"并非法律上的约束力。

2. 答：（1）有权解释与学理解释。这是以释宪的主体和效力为标准所做出的分类。有权解释是指宪法规定的具有释宪权的机关所做出的解释。学理解释是指学者、学术团体或者其他组织对宪法所做的解释。有权解释具有与宪法规范同等的法律效力，学理解释则不具有法律效力，但正确的学理解释对释宪机关有重要的参考作用，对宪法教育更是不可缺少。（2）补充解释与审查解释。这是以释宪的动机和目的为标准所做出的分类。补充解释是指释宪机关为了保证宪法的正确实施而对宪法所做的解释说明。审查解释是指释宪机关为了宪法审查的需要而做出的解释，它主要判断规范性文件或行为是否违宪。补充解释不以宪法审查的发生为前提，是预见性的解释。审查解释则是裁判性的解释。（3）还可以根据解释机关的不同、解释立场的不同以及解释方法的不同对宪法解释进行分类。

# 第三章 行政诉讼法

## 第一节 行政诉讼概述

### 一、行政诉讼的概念和特征

行政诉讼是指行政相对人认为行政主体的具体行政行为侵犯其合法权益，依法向人民法院提起诉讼，人民法院依法定程序审查行政机关的具体行政行为并做出裁判的活动。

行政诉讼的特征包括：①行政诉讼的原告只能是行政相对人。行政机关不能以原告身份提起诉讼，也不得反诉；②行政诉讼的被告只能是做出具体行政行为的行政机关和法律法规授权的组织；③行政诉讼只审查具体行政行为，而不涉及抽象行政行为；④人民法院主要进行合法性审查，法律有特殊规定的才做合理性审查。

### 二、行政诉讼的基本原则

1. 与民事诉讼、刑事诉讼共有的原则

这一原则具体包括的内容有：①人民法院独立行使审判权原则；②以事实为根据，以法律为准绳原则；③合议、回避、公开审判、两审终审原则；④当事人诉讼法律地位平等原则；⑤使用本民族语言进行诉讼原则；辩论原则；⑥人民检察院对行政诉讼进行法律监督原则。

2. 行政诉讼特有的原则

这一原则具体包括的内容有：①选择复议原则；②人民法院特定主管原则；③被告负举证责任原则；④审查具体行政行为合法性原则；⑤诉讼中具体行政行为不停止执行原则；⑥不适用调解原则；⑦司法变更有限原则。

### 三、《行政诉讼法》的概念和立法宗旨

《行政诉讼法》是我国规定行政诉讼制度的法律规范系统，是有关《行政诉讼法》的法律规范的总和，是行政法的组成部分之一。行政法不仅包含实体法规范，也包含程序法规范。

《行政诉讼法》的立法宗旨如下：

第一，保证人民法院正确、及时审理行政案件。第二，保护公民、法人和其他组织的合法权益。第三，维护和监督行政机关依法行使职权。

# 第二节　行政诉讼的受案范围

## 一、对受案范围的总体划定

《行政诉讼法》第二条规定："公民、法人或者其他组织认为行政机关和行政机关工作人员的具体行政行为侵犯其合法权益，有权依照本法向人民法院提起诉讼。"

## 二、对受案范围的肯定式列举

《行政诉讼法》第十一条规定，人民法院受理公民、法人和其他组织对下列具体行政行为不服提起的诉讼：①对拘留、罚款、吊销许可证和执照、责令停产停业、没收财物等行政处罚不服的；②对限制人身自由或者对财产的查封、扣押、冻结等行政强制措施不服的；③认为行政机关侵犯法律规定的经营自主权的；④认为符合法定条件申请行政机关颁发许可证和执照，行政机关拒绝颁发或者不予答复的；⑤申请行政机关保护人身权、财产权的法定职责，行政机关拒绝履行或者不予答复的；⑥认为行政机关没有依法发给抚恤金的；⑦认为行政机关违法要求履行义务的；⑧认为行政机关侵犯其他人身权、财产权的。

## 三、对不可诉行为的列举

《行政诉讼法》第十二条规定人民法院不受理公民、法人或者其他组织对下列事项提起的诉讼：①国防、外交等国家行为；②行政法规、规章或者行政机关发布的具有普遍约束力的决定、命令；③行政机关对行政工作人员的奖惩、任免等决定；④法律规定由行政机关最终裁决的具体行政行为。

根据最高人民法院的司法解释，下列行政行为也不属于人民法院的受案范围：①调解行为以及法律规定的仲裁行为；②不具有强制力的行政指导行为；③驳回当事人对行政行为提起申诉的重复处置行为；④刑事侦查行为，如公安机关、国家安全机关所实施的逮捕、拘留、取保候审等行为；⑤对行政相对人的权利义务不产生实际影响的行政事实行为。

# 第三节　行政诉讼管辖

## 一、行政诉讼管辖概述

行政诉讼管辖是指人民法院之间受理第一审行政案件的权限和分工。行政诉讼管辖与行政诉讼受案范围关系密切。受案范围是人民法院与其他国家机关之间处理行政案件的权限划分，解决的是外部分工问题；诉讼管辖则是划分人民法院系统内部各级人民法院之间、同级人民法院之间处理行政案件的权限划分，解决的是内部分工问题。

行政诉讼管辖的种类如下：

$$
行政诉讼管辖
\begin{cases}
法定管辖 \begin{cases} 级别管辖 \\ 地域管辖 \end{cases} \\
指定管辖 \begin{cases} 裁定管辖 \\ 移送管辖 \end{cases}
\end{cases}
$$

## 二、行政诉讼的级别管辖

级别管辖是指上、下级人民法院之间受理第一审行政案件的权限和分工。级别管辖的规则包括：

（1）基层人民法院管辖第一审行政案件。

（2）中级人民法院管辖的第一审行政案件。

中级人民法院管辖的第一审行政案件分以下三大类：

第一类，确认发明专利的案件和海关处理的案件。其中，确认发明专利的案件主要有三种：①关于是否授予发明专利权争议的案件；②关于宣告授予的专利权无效或者维持发明专利权的争议案件；③关于实施强制许可的案件。

第二类，国务院各部门处理的案件和省、自治区、直辖市人民政府处理的案件。

第三类，本辖区内重大复杂的案件。包括：①经复议的案件复议机关是国务院有关部门或省级人民政府的；②有较大影响的共同诉讼、集团诉讼案件；③被告为县级或县级以上人民政府或省级人民政府所属部门的案件；④涉外或涉港、澳、台且具有较大社会影响的案件。

（3）高级人民法院管辖的第一审行政案件——本辖区内重大、复杂的第一审行政案件。

（4）最高人民法院管辖的第一审行政案件——全国范围内重大、复杂的第一审行政案件。

## 三、行政诉讼的地域管辖

地域管辖是指同级人民法院之间受理第一审行政案件的分工和权限。只有确定级别管辖以后才能确定地域管辖。根据《行政诉讼法》的规定，地域管辖分为一般地域管辖和特殊地域管辖。特殊地域管辖包括专属管辖和共同管辖。

1. 一般地域管辖的规则

行政案件由最初做出具体行政行为的行政机关所在地人民法院管辖。经复议的案件，复议机关改变原具体行政行为的也可以由复议机关所在地人民法院管辖。所谓"改变原具体行政行为的"是指具有下列三种情形之一：①复议改变原具体行政行为所认定的主要事实的；②复议改变原具体行政行为的主要规范依据的；③复议决定改变原具体行政行为的处理结果，即撤销、部分撤销或者变更原具体行政行为的。

2. 特殊地域管辖的规则

第一，专属管辖。专属管辖是指特定的诉讼只能由特定的法院管辖。因不动产提起的诉讼由不动产所在地人民法院管辖。

第二，共同管辖。共同管辖指的是依照法律的规定，两个或两个以上的人民法院对同一个案件都有管辖权而由原告选择具体法院管辖的管辖。共同管辖有两种情况：①经过行政复议的案件复议机关改变原具体行政行为的，由最初做出具体行政行为的行政机关所在地人民法院管辖或由复议机关所在地人民法院管辖；②对限制人身自由的行政强制措施不服提起的诉讼，由被告所在地或原告所在地人民法院管辖，"原告所在地"包括原告户籍所在地、经常居住地和被限制自由所在地。

### 四、行政诉讼的裁定管辖

1. 移送管辖

移送管辖是指人民法院对已受理的案件经审查发现不属于本法院管辖时，将案件移送给有管辖权的人民法院管辖的制度。移送管辖必须同时具备三个条件：①移送的案件必须是已受理的案件；②移送的法院对案件没有管辖权；③受移送的法院必须有管辖权。

人民法院发现受理的案件不属于自己管辖时，应当移送有管辖权的人民法院。受移送的人民法院不得自行移送。受移送的人民法院认为确实没有管辖权时，应报请上级人民法院指定管辖，以免法院之间互相推诿，影响案件的及时审理。

2. 指定管辖

指定管辖是指上级人民法院用裁定的方式，将某一案件交由某一下级人民法院进行管辖的制度。

根据《行政诉讼法》第二十二条的规定，指定管辖有两种情形：①由于特殊原因，有管辖权的人民法院不能行使管辖权（如因回避、审判人员不够、不能组成和议庭、发生自然灾害等）；②由于管辖权发生争议，双方法院又协商不成的（如辖区境界不明、行政区划变动引起争议、两个或两个以上有管辖权的法院同时接到诉状）。

3. 管辖权的转移

管辖权的转移是指由上级人民法院决定或者同意，把案件的管辖权由上级人民法院移交给下级人民法院，或者由下级人民法院移交给上级人民法院的制度。管辖权的转移应具备三个条件：①必须是人民法院已经受理的案件；②移交的人民法院对案件有管辖权；③移交的人民法院与受移交的人民法院有上下级关系。

管辖权转移与上述的移送管辖不同，它们的区别有以下几点：①产生的前提不同。②发生的范围不同。③转移的实质内容不同。

# 第四节　行政诉讼参加人

## 一、行政诉讼参加人的概念

行政诉讼参加人是指依法参加行政诉讼活动，享有诉讼权利和承担诉讼义务，并与行政诉讼有利害关系的人，包括当事人、共同诉讼人、第三人、诉讼代理人。行政诉讼参与人是指除诉讼参加人外的证人、勘验人、鉴定人、翻译人员等。

在行政诉讼的不同阶段，当事人有不同的称谓：在一审中，称为原告和被告；在二审中，称为上诉人和被上诉人；在审判监督程序中，称申诉人和被申诉人；在执行程序中，称申请执行人或被执行人。

## 二、行政诉讼的原告

原告是指认为行政机关的具体行政行为侵犯其合法权益，依法以自己的名义向人民法院起诉的个人、法人和其他组织。

根据《行政诉讼法》第二十四条第二款的规定和最高人民法院的司法解释，行政诉讼原告资格的转移主要有以下几种情形：①有权提起诉讼的公民死亡，其近亲属可以提起诉讼。在这种情况下，提起诉讼的近亲属是以原告的身份而不是以诉讼代理人的身份提起诉讼。近亲属的范围具体包括：配偶、父母、子女、兄弟姐妹、祖父母、外祖父母、孙子女、外孙子女以及对公婆、岳父母尽了赡养义务的儿媳、女婿。②有权提起诉讼的法人或其他组织终止，承受其权利的法人或者其他组织也可以提起诉讼。

原告资格的其他情形包括：①合伙企业向人民法院提起诉讼的，应当以核准登记的字号为原告，由执行合伙企业事务的合伙人做诉讼代表人；其他合伙组织提起诉讼的，合伙人为共同原告。不具备法人资格的其他组织向人民法院提起行政诉讼，由该组织的主要负责人做法定代表人；没有主要负责人时，可以由推选的负责人做法定代表人。同案原告为五人以上，应当推选一名至五名诉讼代表人参加诉讼；在指定期限内未选定的，人民法院可以依职权指定。②与具体行政行为有法律上的利害关系但不是具体行政行为直接针对的对象的公民、法人或其他组织，对该具体行政行为不服，可以原告身份提起行政诉讼。③农村土地承包人或者村民小组对行政机关征用或者以其他方式处分其使用的农村集体所有土地的行为不服，可以自己的名义向人民法院提起行政诉讼。④被撤换的企业、事业或其他组织的法定代表人不服行政机关做出的撤换法定代表人的决定，可以个人的名义提起行政诉讼。⑤行政机关撤销或者变更具体行政行为，与被撤销、变更的行为有法律上利害关系的个人或组织对撤销行为不服的，可依法提起行政诉讼。⑥被注销、撤销、合并、强令兼并、分立或改变企业隶属关系的企业，不服行政机关做出的上述行为的，可以原企业名义提起诉讼。⑦股份制企业的股东大会、股东代表大会、董事会、特别股东会或者独立董事认为行政机关做出的具体行政行为侵犯企业的经营自主权的，可以企业名义提起行政诉讼。非股份有限公司的企业的职工大会、职工代表大会认为行政机关做出的具体行政行为侵犯企业的经营自主权，但企业的法定代表人因故不提起行政诉讼的，可以推举代表提起行政诉讼。⑧联营企业的联营各方、中外合资或合作企业的合营合作各方认为联营或合资、合作企业权益或已方权益受具体行政行为侵害的，均可以自己的名义提起行政诉讼。⑨当事人在被限制人身自由期间，其近亲属可以依当事人的口头或者书面委托，以当事人的名义提起和参加诉讼。

## 三、行政诉讼的被告

行政诉讼的被告是指做出原告认为侵犯其合法权益并向人民法院提起诉讼的具体行政行为，而由人民法院通知应诉的行政机关或法律、法规、规章授权的组织。

根据《行政诉讼法》第二十五条和最高人民法院司法解释的规定，行政诉讼的被告有以下几种情形：①原告直接向人民法院起诉的，做出被诉的具体行政行为的行政机关是被告。②经复议的案件，复议机关决定维持原具体行政行为的，做出原具体行政行为的行政机关是被告；复议机关改变原具体行政行为的，复议机关是被告；复议机关在法定期限内不做复议决定，当事人向人民法院起诉的，应以做出原具体行政行为的行政机关为被告；当事人对复议机关不作为不服提起诉讼的，应以复议机关为被告。③由法律、法规授权的组织所做的具体行政行为，该组织是被告；由行政机关委托的组织所做的具体行政行为，委托的行政机关是被告。④行政机关被撤销的，继续行使其职权的行政机关是被告；如果没有继续行使其职权的行政机关，应由做出撤销决定的行政机关做被告。⑤当事人不服经上级行政机关批准的具体行政行为，向人民法院提起诉讼的，应当以对外发生法律效力的文书上署名的机关为被告。⑥当事人对行政机关组建并赋予相应管理职能但不具有独立承担法律责任能力的机构以自己的名义做出具体行政行为不服，向人民法院提起诉讼的，以组建该机构的行政机关为被告。⑦行政机关的内设机构或者派出机构在没有法律、法规授权的情况下，以自己的名义做出具体行政行为，当事人不服提起诉讼的，应当以该行政机关为被告。⑧当事人对有法律、法规授权的行政机关所属机构或职能部门、被授权行使行政职权的组织超出法定授权范围实施行政行为不服，向人民法院提起行政诉讼的，应当以实施该行为的机构、部门或组织为被告。

### 四、行政诉讼的共同诉讼人

共同诉讼是指当事人一方或双方为两人以上的诉讼。原告为两人以上的，称为共同原告；被告为两人以上的，称为共同被告。共同诉讼的意义在于减少诉讼，简化诉讼程序，节省诉讼时间和费用。

共同诉讼分为两类：必要的共同诉讼和普通的共同诉讼。必要的共同诉讼是指因同一具体行政行为发生的行政案件，人民法院必须合并审理的诉讼；普通的共同诉讼是指因同样的具体行政行为发生的行政案件，人民法院认为可以合并审理的诉讼。

### 五、行政诉讼的第三人

行政诉讼的第三人是指与提起诉讼的具体行政行为有利害关系的原告和被告以外的公民、法人或其他组织。

第三人的种类包括：①行政机关对实施同一违法行为的两个以上相对人给予行政处罚，其中一部分人对行政处罚不服，向人民法院提起行政诉讼，另一部分人不起诉，没有起诉的其他被处罚人应当作为第三人参加诉讼。②一方当事人对行政机关有关民事争议所做的处理或者裁决不服提起诉讼，争议另一方当事人未起诉的，另一方当事人应当作为第三人参加诉讼。③行政相对人对行政机关与非行政机关的组织共同署名做出的处理决定不服，向人民法院提起行政诉讼。在这种情况下，非行政机关的组织因不具备行政主体资格，不能成为被告，而应当作为第三人参加诉讼。④对可以追加被告而原告不同意追加的，人民法院可通知相应行政主体以第三人的身份参加诉讼。

### 六、行政诉讼的代理人

根据《行政诉讼法》的规定，行政诉讼代理人包括法定代理人和委托代理人。

# 第五节　行政诉讼证据

## 一、行政诉讼证据的概念和种类

行政诉讼的证据是指能够用来证明行政案件真实情况的一切客观事实材料。与其他诉讼证据相同，行政诉讼证据也必须具备客观性、相关性和合法性的特征。

行政诉讼证据的种类如下：①书证；②物证；③视听资料；④证人证言；⑤当事人的陈述；⑥鉴定结论；⑦勘验笔录、现场笔录。

## 二、行政诉讼的举证责任

1. 被告负主要举证责任

关于行政诉讼举证责任的分担，《行政诉讼法》规定主要由被诉的行政机关一方承担。《行政诉讼法》第三十二条规定："被告对作出的具体行政行为负有举证责任，应当提供作出该具体行政行为的证据和所依据的规范性法律文件。"根据该规定，被告举证责任的范围包括做出具体行政行为的证据和所依据的规范性文件，即举证范围不仅限于事实根据，而且还包括行政主体做出具体行政行为的法律法规等规范性文件依据。

2. 原告的举证责任

在行政诉讼中，被告对具体行政行为负举证责任，并不是说原告不负任何举证责任。原告一般应对下列事项进行举证：①证明起诉符合法定条件，但被告认为原告起诉超过起诉期限的除外；②在起诉被告不作为的案件中，证明其提出申请的事实；③在一并提起的行政赔偿诉讼中，证明因受被诉行为侵害而造成损失的事实；④其他应当由原告承担举证责任的事项。

3. 被告的举证规则

在诉讼过程中，被告及其代理人不得自行向原告和证人收集证据。被告应当在收到起诉状副本之日起 10 日内提供做出具体行政行为时的证据、依据；被告不提供或者无正当理由逾期提供的，应当认定该具体行政行为没有证据、依据。

## 三、调取和保全证据

行政诉讼证据的收集与保全主要是指人民法院及诉讼当事人，为使行政诉讼顺利进行而对与案件事实有关的行政诉讼证据进行收集、保全的活动。

1. 被告对行政诉讼证据的收集与保全

由于作为被告的行政机关承担对其做出的具体行政行为的举证责任，因此，行政诉讼证据的收集与保全工作主要由行政机关在具体行政行为做出之前的行政程序阶段完成。在行政诉讼过程中，被告不得自行向原告和证人收集证据。但是，人民法院有权要求当事人提供证据或者补充证据。被告在人民法院明确要求时，可以向原告或证人收集证据。有下列情形之一的，被告经人民法院准许可以补充相关的证据：被告在做出具体行政行为时已经收集证据，但因不可抗力等正当事由不能提供的；原告或者第三人在诉讼过程中，提出了其在被告实施行政行为过程中没有提出的反驳理由或者证据的。

2. 原告对行政诉讼证据的收集

原告一方承担一定的收集证据的义务，这主要表现在：①在起诉阶段，原告必须提供行政争议存在的事实根据；②在行政赔偿案件中，应本着"谁主张，谁举证"的原则，由当事人分别承担举证义务。

3. 人民法院对行政诉讼证据的收集与保全

人民法院有权向有关行政机关及其他组织、公民调取证据。对行政诉讼证据的收集与保全，是人民法院在审判活动中拥有的审判权力的一部分，而不是其所承担的证明义务。有下列情形之一的，人民法院有权调取证据：原告或者第三人及其诉讼代理人提供了证据线索，但无法自行收集而申请人民法院调取的；当事人应当提供而无法提供原件或者原物的。

## 四、证据的对质辨认和核实

证据的对质辨认和核实，是指在法官的主持下，当事人就有关证据进行辨认和对质，围绕证据的真实性、关联性、合法性及证据的证明力和证明力大小进行辩论的活动，是对证据进行审查的重要环节。

1. 对书证和物证的质证

对书证和物证进行质证时，当事人应当出示证据的原件或者原物，但当事人出示原件或者原物确有困难并经法庭准许可以出示复制件或者复印件；原件或者原物已不存在，可以出示证明复制件、复制品与原件、原物一致的其他证据。

2. 对视听资料的质证

当事人原则上应向法庭出示视听资料的原始载体。视听资料应当当庭播放或者显示，并由当事人进行质证。

3. 关于证人出庭作证的问题

一般而言，证人均应当庭作证，并接受当事人言辞询问。但有下列情形之一的，经人民法院准许，当事人可以提交书面证言：①当事人在行政程序或者庭前证据交换中对证人证言无异议的；②证人因年迈体弱或者行动不便无法出庭的；③证人因路途遥远、交通不便无法出庭的；④证人因自然灾害等不可抗力或者其他意外事件无法出庭的；⑤证人因其他特殊原因确实无法出庭的。

出庭作证的证人不得旁听案件的审理。法庭询问证人时，其他证人不得在场，但组织证人对质的除外。

4. 对鉴定意见的质证

在对鉴定意见进行质证时，当事人可以要求鉴定人出庭接受询问。鉴定人因正当事由不能出庭的，经法庭准许，可以不出庭，由当事人对其书面鉴定结论进行质证。

## 五、证据的审核认定

对行政诉讼证据的审查主要由人民法院承担。由于行政诉讼是对被诉具体行政行为合法性的审查，人民法院审查证据的重点应是被告具体行政行为是否合法的证据。因此，人民法院在审理时，应着重审查具体行政行为的做出是否有相应的职权，是否符合法定程序，是否有足够的事实根据，人民法院对证据的审查应主要集中于解决这些问题的事实根据。此外，未经法庭质证的证据不能作为人民法院裁判的根据。复议机关在复议过程中收集和补充的证据，不能作为人民法院维持原具体行政行为的根据。被告在二审过程中向法庭提交在一审过程中没有提交的证据，不能作为二审法院撤销或者变更一审裁判的根据。

# 第六节　行政诉讼程序

## 一、起诉和受理

### （一）起诉的概念及条件

行政诉讼的起诉是指公民、法人或其他组织，认为行政机关的具体行政行为侵犯其合法权益，向人民法院提出诉讼请求，要求人民法院行使审判权，依法保护自己的合法权益的行为。

提起行政诉讼应当具备以下条件：①原告是认为具体行政行为侵犯其合法权益的公民、法人或其他组织；②有明确的被告；③必须有具体的诉讼请求和事实根据；④起诉的案件属于人民法院受案范围和受诉人民法院管辖。

### （二）起诉期限

1. 直接起诉的期限

公民、法人或者其他组织直接向人民法院起诉的，应当在知道做出具体行政行为之日起 3 个月内提出。

2. 经复议的诉的期限

申请人不服复议决定的，可以在收到复议决定书之日起 15 日内向人民法院起诉；法律有特别规定的除外。复议机关逾期不做决定的，申请人可以在复议期满之日起 15 日内向人民法院起诉。

### （三）起诉与行政复议

我国法律对行政复议与行政诉讼关系的规定，大致分为以下几种情形：①原告选择，可申请复议也可直接起诉，选择先行复议的，对复议决定不服可起诉；②原告选择，可申请复议也可直接起诉，选择先行复议的，复议决定是终局的，不可再起诉。③复议前置，原告必须经复议后，方能对复议不服起诉，如对因《治安管理处罚法》的规定而受到处罚不服的。

### （四）受理的概念和程序

行政诉讼的受理是指人民法院对原告的起诉行为进行审查后，认为起诉符合法律规定的要件，在法定期限内予以立案，或者认为起诉不符合法律规定，决定不予受理的行为。

人民法院对符合起诉条件的起诉，应当在 7 日内立案；对不符合起诉条件的，应当在 7 日内做出不予受理的裁定。受诉法院在 7 日内不决定立案受理，又不做出不予受理裁定的，起诉人可向上一级人民法院申诉或起诉。上一级人民法院认为符合受理条件的，应予受理；受理后可以移交或指定下级人民法院审理，也可以自行审理。

## 二、一审程序

### （一）审理前的准备

1. 建立审判组织

人民法院审理行政案件必须组成合议庭（由 3 人以上的单数审判员和人民陪审员组成），不得采用独任审判。

2. 通知被告应诉和发送诉讼文书

人民法院应当在立案之日起 5 日内，将起诉状副本发送被告，通知被告应诉。被告应当在收到起诉状副本之日起 10 日内向法院提交答辩状。法院在收到被告提交的答辩状之日起 5 日内，将答辩状副本发送原告。被告不提交答辩状的不影响法院审理。

3. 调查收集证据

4. 确认、更换和追加当事人

### （二）开庭审理

1. 庭审准备

庭审准备活动主要有：①传唤当事人和通知其他诉讼参与人。法院确定开庭日期后，应在开庭 3 日前用传票传唤当事人出庭参加庭审，并以通知书通知诉讼代理人、证人、鉴定人、翻译人员等到庭参加诉讼活动。②张贴公告。人民法院公开审理行政案件，应在开庭 3 日前发布公告。公告内容包括案由、当事人姓名或机关名称、开庭时间和地点。公告一般张贴在法院门前的公告栏内。

2. 开庭审理

人民法院审理行政案件一般经过开庭准备、宣布开庭、法庭调查、法庭辩论、合议庭评议、宣告判决等六个环节。

### （三）撤诉与缺席判决

1. 撤　诉

撤诉是指原告在人民法院做出判决或裁定前申请撤回起诉或者法院根据原告的行为推定其放弃诉讼的行为。

撤诉有三种情况：①原告申请撤诉。在行政诉讼过程中，当法院受理案件以后，判决或裁定宣告以前，原告向法院申请撤回诉讼，法院审查同意后，可准许其撤诉。②被告改变原具体行政行为，原告同意后撤诉。这种撤诉也要经人民法院审查准许。③视为撤诉。在行政诉讼中，原告并没有明确表示撤诉的意思，但基于其在诉讼中消极的诉讼行为，法院可推定其放弃诉讼：原告经法院两次合法传唤无正当理由拒不到庭，或者虽到庭但未经法庭同意而中途退庭的，法院可以按撤诉处理。

原告申请撤诉或法院视为撤诉的，经法院准许，终结诉讼。原告申请撤诉，法院不予准许的，诉讼继续进行，如原告拒不到庭，法院可以缺席判决。

### 2. 缺席判决

缺席判决是在法院开庭审理时，当事人一方经法院合法传唤无正当理由拒不到庭，法院继续审理并经合议庭合议后做出裁判的诉讼制度。

缺席判决适用于下列情况：①被告经合法传唤无正当理由拒不到庭或到庭后未经法庭准许中途退庭的；②原告虽申请撤诉但法院不准许，其拒不到庭，或原告未申请撤诉，但经法院两次合法传唤，仍拒不到庭的。

## 三、二审程序

行政诉讼的二审程序又称上诉审程序，是指第一审法院做出裁判后，诉讼当事人不服，在法定期限内提请上一级法院重新进行审理并做出裁判的程序。

诉讼当事人对一审法院的判决或裁定不服，可以在法定期限内提起上诉。对判决不服的上诉期为15日（自接到判决书之日起15日内），裁定期为10日。

二审法院收到上诉状后，经审查认为，诉讼主体合格，未超过法定的上诉期限，应当予以受理。对不符合上诉条件的，裁定驳回上诉。

二审法院经过对案件的审理，应根据具体行政行为及原审判决的不同情况，做出下列不同的判决或裁定：①维持原判。认为一审认定事实清楚，适用法律、法规正确的，判决驳回上诉，维持原判。②依法改判。认为一审判决认定事实清楚，但适用法律、法规错误的，应依法改判；对原判认定事实不清、证据不足的，也可以查清后改判。③发回重审。认为原判认定事实不清、证据不足或违反法定程序可能影响案件正确判决的，应裁定撤销原判，发回重审。原审法院应当另行组成合议庭进行审判，当事人对重审案件的判决、裁定，可以上诉。

对于一审案件，法院应在3个月内审结；对于二审案件，法院应在2个月内审结。

## 四、审判监督程序

行政诉讼审判监督程序是指法院根据当事人的申请、检察机关的抗诉或法院自己发现已经发生法律效力的判决、裁定确有错误，依法对案件进行再审的程序。

提起审判监督程序的几种情况：①原审人民法院或其上级人民法院发现发生法律效力的判决、裁定确有错误的，可以提起再审，进入审判监督程序。原审人民法院提起再审者，应由院长提起，由本院审判委员会讨论决定。②人民检察院认为已发生法律效力的判决或裁定违反法律、法规规定，向人民法院抗诉，从而提起审判监督程序。最高人民检察院对各级人民法院、上级人民检察院对下级人民法院已发生法律效力的判决裁定，发现违反法律、法规规定的，有权向做出生效裁判的人民法院的上一级人民法院提出抗诉，人民法院应当再审。③当事人对已发生法律效力的判决、裁定或调解书，认为有错误的，可在判决、裁定或调解书生效后两年内向人民法院申请再审。对人民法院驳回再审申请的，申请人不服，可向上级人民法院提出申诉。人民法院审查当事人的再审申请后，认为符合条件的，由院长提交审判委员会讨论决定再审。法院做出决定后，应通知各方当事人，并立案审查，进入审判监督程序。

按照审判监督程序决定再审的案件，应当裁定中止原判决执行。再审的案件，原来是一审的，依一审程序审理；原来是二审的，按二审程序审理。依一审程序再审的案件，当事人对再审裁判不服，可以上诉；依二审程序再审的案件，裁判为终审裁判，当事人不得上诉。

# 第七节　行政诉讼的法律适用

## 一、行政诉讼的法律适用的含义

行政诉讼的法律适用是指人民法院依法定程序将法律、法规（包括决定参照的规章）的规定具体运用于各种行政案件，从而对行政机关所做具体行政行为的合法性进行审查的活动。法律适用涉及以下的法律规范：诉讼程序法、行政实体法和行政程序法。

行政诉讼法的法律适用的特点如下：①适用的主体是人民法院；②是法律规范的第二次适用；③是具有最终法律效力的适用；④适用的范围限于法律、法规和规章，而不适用行政机关在第一次适用时所适用的规章以下的规范性文件。

## 二、《行政诉讼法》适用的规则

1. 法律、法规的适用——行政审判的依据

人民法院审理行政案件，以法律和行政法规、地方性法规为依据。地方性法规适用于本行政区域内发生的行政案件。人民法院审理民族自治地方的行政案件，并以该民族自治地方的自治条例和单行条例为依据。可见，行政审判的依据是法律、法规。作为行政审判依据的法律是由全国人大或其常委会制定的，在全国范围内具有普遍约束力的规范性文件，包括宪法、基本法律、一般法律。在没有相应法律规定的情况下，人民法院可直接适用宪法。作为行政审判依据的法规包括行政法规、地方性法规、自治条例、单行条例。

2. 行政规章的参照适用

人民法院审理行政案件，参照国务院各部、委根据法律和国务院的行政法规、决定、命令制定、发布的规章，以及省、自治区、直辖市和省、自治区的人民政府所在地的市和经国务院批准的较大的市人民政府根据法律和国务院的行政法规制定、颁布的规章。

人民法院审理行政案件参照规章，但对不合法的规章有权拒绝适用，对合法的规章承认其效力，并据以审查依据规章做出的具体行政行为的合法性。规章不能作为行政审判依据，但是，人民法院审理行政案件也离不开规章，尤其在法律和法规对某一具体行政行为没有明确规定而规章做了规定的情况下，人民法院应参照适用。规章必须依据法律、法规制定。人民法院参照适用规章，应首先对规章进行审查，审查规章的制定及其内容是否合法，以决定是否适用及如何适用。当规章的制定有法律、法规的根据，且其内容不与法律、法规相抵触时，人民法院审理行政案件应参照适用。当规章与法律、法规相抵触，人民法院有权拒绝适用。人民法院审查规章，不能对其合法性与否做出裁决，只能决定在审查具体行政行为的合法性时是否予以适用。

## 三、行政诉讼法律规范适用的冲突规范

法律规范冲突是指调整同一事项同时有两个或两个以上的法律规范，且其规定不一致，相互矛盾，甚至相互抵触。

## (一) 主要的冲突形式

主要的冲突形式包括：①特别冲突，即特别法与普通法、单行法与法典的冲突；②层级冲突，即不同效力等级的法律规范就同一法律事项的规定不相一致时产生的冲突；③平级冲突，即处于相同效力等级的法律规范就同一法律事项的规定不一致而产生的部门、地区之间的冲突；④新旧法冲突，即新的行政法律规范与旧的行政法律规范对同一法律事项的规定不一致而产生的是适用新法还是适用旧法的法律适用冲突；⑤人际冲突，即基于民族、种族或身份、系属的不同而就同一法律事项的规定不相一致所产生的冲突；⑥区际冲突，即不同行政区域的法律规范就同一法律事项的规定不相一致所产生的冲突。

## (二) 法律规范冲突的选择适用规则

法律规范发生冲突时，应当依照上位法优于下位法（或称为下位法服从上位法）、特别法优于普通法（或称普通法服从特别法）、后法优于前法（或称前法服从后法）的规则选择所应当适用的法律规范。

1. 解决层级冲突的规则——上位法优于下位法

宪法具有最高的法律效力，一切法律、行政法规、地方性法规、自治条例和单行条例、规章都不得同宪法相抵触；法律的效力高于行政法规、地方性法规、规章；行政法规的效力高于地方性法规、规章；地方性法规的效力高于本级和下级地方政府规章；省、自治区的人民政府制定的规章的效力高于本行政区域内的较大的市的人民政府制定的规章；自治条例和单行条例依法对法律、行政法规、地方性法规做变通规定的，在本自治地方适用自治条例和单行条例的规定；经济特区法规根据授权对法律、行政法规、地方性法规做变通规定的，在本经济特区适用经济特区法规的规定。

2. 解决同级冲突的规则——特别法优于一般法

同一机关制定的法律、行政法规、地方性法规、自治条例和单行条例、规章，特别规定与一般规定不一致的，适用特别规定；部门规章之间、部门规章与地方政府规章之间具有同等效力，在各自的权限范围内施行；同一法律的不同条文对相同事项有一般规定和特别规定的，优先适用特别规定。

3. 解决时间冲突的规则——新法优于旧法

人民法院审理行政案件时，发现被适用的法律之间、行政法规之间、地方性法规之间、自治条例之间、单行条例之间、地方性法规与规章之间、规章之间对同一事项的新的一般规定与旧的特别规定不一致的，应按照下列情形选择适用：①同一机关制定的法律、行政法规、地方性法规、自治条例和单行条例、规章，新的规定与旧的规定不一致的，适用新的规定。②不同机关制定的法律之间、行政法规之间、地方性法规之间、根据授权制定的法规与法律之间不一致的，新的一般规定允许旧的特别规定继续适用的，适用旧的特别规定；新的一般规定废止旧的特别规定的，适用新的一般规定；不能确定新的一般规定是否允许旧的规定继续适用的，应当中止行政案件的审理，逐级上报最高人民法院送请有关机关依照《立法法》的规定做相应处理。

### 四、行政审判中的参照规章应当注意的问题

人民法院审理行政案件，参照国务院各部、委根据法律和国务院的行政法规、决定、命令制定、发布的规章以及省、自治区、直辖市和省、自治区的人民政府所在地的市和经国务院批准的较大的市人民政府根据法律和国务院的行政法规制定、发布的规章。

参照规章的规则包括：①人民法院在审理行政案件时，规章对人民法院不具有绝对的拘束力，对于不合法的规章，人民法院有权拒绝适用。②人民法院通过审查，认定规章不合法的，有权拒绝适用，但不能宣布该规章无效，也不能撤销，而应由最高人民法院送请国务院做出解释或裁决。③审理行政案件时应该适用。

# 第八节　行政诉讼的判决、裁定与决定

## 一、行政判决

行政判决是指人民法院经过对行政争议案件审理后，对行政机关的具体行政行为是否合法，从实体上做出具有法律约束力的判定。

（一）一审判决的种类

1. 维持判决

维持判决是指人民法院对被诉具体行政行为的肯定。维持原判必须同时具备以下三个条件：①证据确凿；②适用法律法规正确；③符合法定程序。

2. 驳回诉讼请求的判决

驳回诉讼请求的判决是对原告诉讼请求的否定，是对被诉行政行为或不作为的不同程度的间接肯定。一般有以下几种情形：①起诉被告不作为理由不能成立的；②被诉具体行政行为合法但存在合理性问题；③被诉具体行政行为合法，但因法律、政策变化需要变更或废止的。

3. 撤销判决

撤销判决是指人民法院对被诉具体行政行为的否定。撤销判决分为全部撤销、部分撤销及判决撤销并责成被告重新做出具体行政行为三种。被诉具体行政行为有下列情形之一的，应做出撤销判决：①主要证据不足；②适用法律法规错误；③违反法定程序；④超越职权；⑤滥用职权。

4. 限期履行判决

限期履行判决是指被告不履行或者拖延履行法定职责时，要求被告必须在一定期限内履行法定职责的判决。限期履行判决一般有以下三种情况：①符合法定条件，向申请行政机关颁发许可证和执照，行政机关拒绝颁发或不予答复的；②向申请行政机关履行保护人身权、财产权的法定职责，行政机关拒绝履行或者不予答复的；③被诉行政机关没有依法发给抚恤金的。

5. 变更判决

变更判决是指在行政处罚显失公正时，人民法院做出的改变具体行政行为的判决。人

民法院判决变更被诉具体行政行为，必须具备两个条件：①具体行政行为是实施行政处罚的行为；②行政处罚显失公正。

6. 确认判决

确认判决是对被诉行为是否合法的判定。有下列情形之一的，可以做出确认判决：①被告不履行法定职责，判决责令其履行法定职责已无实际意义的；②被诉具体行政行为违法，但不具有可撤销内容的；③被诉具体行政行为依法不成立或者无效的。

（二）二审判决的种类

第二审人民法院审理上诉行政案件后，根据不同情况，可以做出维持判决和依法改判两种类型的判决。

维持原判是指第二审人民法院通过对上诉案件的审理，确认一审判决认定事实清楚，适用法律、法规正确，做出的驳回上诉人的上诉、维持一审判决的判决。

依法改判是指第二审人民法院通过对上诉案件的审理，确认一审判决认定事实清楚，但适用法律、法规错误，或者确认一审判决认定事实不清、证据不足及由于违反法定程序可能影响案件正确判决的，在查清事实后依法改变一审判决。

## 二、行政裁定

行政裁定是指在行政诉讼过程中，人民法院针对行政诉讼程序问题做出的裁决。行政裁定与行政判决具有同等的法律效力。

行政裁定的适用范围包括：①不予受理；②驳回起诉；③管辖异议；④中止诉讼；⑤终结诉讼；⑥移送或指定管辖；⑦诉讼期间停止具体行政行为的执行，或者驳回停止执行的申请；⑧财产保全；⑨先予执行；⑩准许或者不准许撤诉；⑪补正判决书中的笔误；⑫中止或终结执行；⑬提审、指令再审或者发回重审；⑭准许或者不准许执行行政机关的具体行政行为；⑮其他需要裁定的事项。对于①、②、③项裁定，当事人可以上诉。

## 三、决　定

决定是指人民法院在行政诉讼期间，对诉讼中遇到的特殊事项做出的处理。

决定一般适用于下列范围：①决定是否回避；②确定第三人；③指定法定代理人；④许可律师以外的当事人和其他诉讼代理人查阅庭审材料；⑤指定鉴定；⑥确定不公开审理；⑦决定案件的移送；⑧决定强制执行生效的判决和裁定；⑨对妨害诉讼行为采取的强制措施；⑩其他不应适用裁定解决的程序问题或者行政审判中发生的法院内部问题。

决定做出后向当事人宣布即发生法律效力。当事人对人民法院的决定不能上诉。法律规定当事人可以申请复议的，复议期间不停止案件的审理和决定的执行。

# 第九节　行政诉讼执行

## 一、行政诉讼执行的概念和执行主体

行政诉讼执行是指在义务人逾期拒不履行人民法院就行政案件依法做出的具有执行力

的法律文书时，人民法院和有关行政机关依法采取强制措施，从而使生效法律文书得以实现的活动。

执行主体是指依法有权执行人民法院生效判决的国家机关，包括人民法院和行政机关。即公民、法人或者其他组织拒绝履行判决、裁定的，行政机关可以向人民法院申请执行，或者依法强制执行。

## 二、行政诉讼执行的根据和措施

执行根据是指当事人据以申请执行和人民法院据以采取执行措施的法律文书。行政诉讼的执行措施包括：

第一，对公民、法人或其他组织的执行措施，主要有查封、扣押、扣留、变卖被执行人的财产、强制被执行人交付法律文书中指定的财物和票证、强制迁出等。

第二，对行政机关的执行措施主要有：①划拨，即对应当归还的罚款或应当给付的赔偿金通知银行从该行政机关的账户内划拨；②罚款，即在规定期限内不履行义务的，对该行政机关处以 50 元至 100 元的罚款；③司法建议，即向该行政机关的上一级行政机关或者监察、人事机关提出司法建议；④追究刑事责任，即对拒不履行判决、裁定，情节严重，构成犯罪的，依法追究其主管人员和直接责任人员的刑事责任。

## 三、执行程序

1. 执行程序的提起

法律规定的提起方式有：①申请执行，申请执行须向第一审人民法院提出；②移送执行，又称移交执行或交付执行；③委托执行，即负责执行的人民法院在异地不便执行时，委托当地人民法院代为执行。

2. 执行审查

执行审查是执行机构在法定期限内，对执行申请书、移交执行书以及有关的法律文书进行审查，并决定是否立案执行的过程。

3. 执行准备

4. 执行实施

5. 执行结束

6. 执行受阻

执行受阻是指在执行过程中，遇到某些特殊情况使执行程序不能进行或根本无法继续进行的状态。它包括执行中止、执行终结和执行延期三种情况。

7. 执行补救

执行补救是指执行结束后，因出现某种情况，需要采取措施予以补救的措施。补救措施主要有：①执行回转，即将已经执行的对象恢复到执行开始前的状况；②再执行，对本应执行而未执行的内容再次实施执行。

# 【练习题】

## 一、单项选择题

1. 行政复议与行政诉讼这两种处理行政争议的途径在（　　）方面是相同的。
   - A. 审查范围
   - B. 适用的法律依据
   - C. 审查对象
   - D. 处理效果

2. 有权提起行政诉讼的公民死亡，（　　）可以提起诉讼。
   - A. 其近亲属
   - B. 其所在单位推荐的人
   - C. 经人民法院许可的公民
   - D. 经人民法院指定的人

3. 人民法院在第一审行政审判程序中，应当更换被告，而原告不同意变更的，裁定（　　）
   - A. 不予受理
   - B. 驳回起诉
   - C. 中止诉讼
   - D. 终结诉讼

4. （　　）对基层人民法院已经生效的行政判决、裁定，发现违反法律、法规规定的，应当建议提出抗诉。
   - A. 同级人民检察院
   - B. 同级人民检察院的上一级人民检察院
   - C. 省、自治区、直辖市人民检察院
   - D. 最高人民检察院

5. 人民法院以（　　）为由，判决撤销具体行政行为的，行政机关可以做出与原具体行政行为相同的具体行政行为。
   - A. 主要证据不足
   - B. 违反法定程序
   - C. 超越职权
   - D. 滥用职权

6. 根据《行政诉讼法》规定，相对人对具体行政行为不服直接向人民法院提起诉讼，应当在知道做出具体行政行为之日起（　　）内提起，法律另有规定的除外。
   - A. 15 日
   - B. 30 日
   - C. 2 个月
   - D. 3 个月

7. 人民法院审理案件时，认为地方行政规章与国务院部、委规章不一的（　　）
   - A. 参照地方行政规章
   - B. 参照国务院部、委规章
   - C. 由最高人民法院送请国务院做出解释或者判决
   - D. 由最高人民法院做出解释

8. 基层人民法院审理行政案件过程中，发生特殊情况需要延长审理期限（　　）
   - A. 报请高级人民法院批准
   - B. 报请中级人民法院批准
   - C. 本法院自行决定
   - D. 报请最高人民法院批准

9. 我国行政诉讼的一个突出特点是人民法院依法审查具体行政行为的（　　）
   - A. 合法性
   - B. 合理性
   - C. 合法性与合理性
   - D. 适当性

10. 以下哪一组行为不属于人民法院对行政行为进行审查的范围？（　　）

①具体行政行为的合法性

②规章的合法性

③行政处罚行为是否显失公正

④抽象行政行为的合理性

A. ②④　　　　　B. ②③④　　　　　C. ①②③④　　　　　D. ④

11. 下列哪种情况下可以提起行政诉讼？（　　）

（1）某国家元首来华访问，外交照会后由外交部工作人员陪同到八达岭长城参观，沿途八达岭高速公路戒严 2 小时，某快运公司因此耽误业务，造成经济损失 2 万余元

（2）某市是重要的苹果生产基地，林业局为规范秋季收购，公布参考价格，但由于市场预测出现较大误差导致定价偏低，消息闭塞的果农们因此遭受了一定损失

（3）某县人民政府就本县两个重要国有企业的合并问题制定了一份规划，同时出台了一个红头文件，但该文件规定的某些合并条件使其中某个企业的合同相对人遭受了重大的利益损失

（4）某市纪检委接到群众举报该市财政局综合处李某在某中学改建过程中未实行公开招标，"暗箱操作"，在群众中造成了十分恶劣的影响，遂给予李某留职查看的行政处分

（5）某市老中医李某为自己发明的治疗腰腿疼病的特效跌打丸申请"李氏"的商标，被驳回申请，后李某申请复审，同样被裁定驳回申请

A. （1）（3）（5）　　　　　　　　B. （1）（2）（3）

C. （3）（5）　　　　　　　　　　D. （2）（4）（5）

12. 香港居民陈某在内地经商期间因违反《治安管理处罚法》的规定被某市公安局处以拘留 15 天的行政处罚。陈某不服，向公安局所在地基层人民法院起诉，受诉人民法院在 7 日内未立案也未做出裁定。陈某向某市中级人民法院提起行政诉讼，该中级法院的以下哪种决定是正确的？（　　）

A. 被告为县级以上人民政府的工作部门，应由本院受理

B. 案件为涉及香港特别行政区的案件，应由本院受理

C. 指定公安局所在地基层人民法院管辖

D. 指定本辖区其他基层人民法院管辖

13. 某市人民政府为了达到全国卫生城市的标准，成立了市容管理办公室这一临时机构。某日，该办公室在日常卫生检查中发现某商城将大量的货物堆放在街边，当即指令该商城搬走并清除垃圾。该商城置之不理。次日上午，该办公室派人将该商城的货物搬至市政府大院内封存起来。该商城以市容管理办公室为被告提起行政诉讼，要求人民法院撤销市容管理办公室的行政强制措施，以下选项组合中正确的是（　　）

①法院应该受理此案

②市容管理办公室不具备行政主体资格，因而不能做被告，原告起诉的被告不

适格

③人民法院在认为市容管理办公室不适格的情况下，依职权主动将被告变更为市人民政府

④人民法院应该通知该商城市容管理办公室不是适格被告，应变更被告，如果原告不同意，应驳回起诉

⑤本案的适格被告应该是市人民政府

A. ②③⑤　　　B. ①②④⑤　　　C. ①　　　D. ①④⑤

14. 下列有关行政诉讼的被告的确认正确的是（　　）

A. 行政机关在没有法律、法规或者规章规定的情况下，授权其内设机构、派出机构或者其他组织行使行政职权的，可以以被授权的内设机构、派出机构或者其他组织为被告，也可以以该授权的行政机关为被告

B. 复议机关在法定期间内不做行政复议决定的，当事人对复议机关的不作为不服提起诉讼的，应以复议机关为被告

C. 当事人不服经上级机关批准的具体行政行为，向人民法院提起诉讼的可以以做出具体行政行为的行政机关或做出批准决定的行政机关为被告

D. 原告所起诉的被告不适格，人民法院可直接裁定驳回起诉

15. 某省甲市南区人民政府为改造旧城建设，成立一公司负责旧房拆除。郭某因与该公司达不成协议而拒不搬迁。南区人民政府决定对其住房强制拆迁。郭某对强制拆迁行为不服向南区人民法院提出行政诉讼，一个月未得到南区人民法院答复。下列说法哪个是不正确的？（　　）

A. 郭某可以向甲市中级人民法院起诉

B. 郭某可以向甲市中级人民法院申诉

C. 甲市中级人民法院应当书面告知郭某向有管辖权的法院起诉

D. 甲市中级人民法院可以指定本辖区内其他基层人民法院管辖

## 二、多项选择题

1. 对公安机关做出的治安处罚决定不服，相对人可以申请复议，这种复议属于（　　）

A. 一轮复议　　　　　　　　B. 二轮复议

C. 非必经复议　　　　　　　D. 非终局复议

2. 行政诉讼期间，原则上不停止具体行政行为的执行。但有下列哪项情形具体行政行为即可停止执行？（　　）

A. 被告认为需要停止执行的

B. 人民法院认为应当停止执行的

C. 原告申请停止执行，人民法院经审查裁定停止执行的

D. 被告申请停止执行，人民法院经审查裁定停止执行的

3. 对人民法院下列哪种事项做出的行政裁定不服，可以提起上诉？（　　）

A. 起诉不予受理　　　　　　B. 驳回起诉

C. 财产保全　　　　　　　　D. 先予执行

4. 在下列哪种情况下，人民法院对行政案件可以通过裁定移转管辖？（　　）

A. 下级人民法院把自己管辖的案件移交给上级人民法院审理

B. 有管辖权的人民法院由于特殊原因不能行使管辖权

C. 上级人民法院决定自行审理原属下级人民法院管辖的案件

D. 上级人民法院把自己管辖的第一审案件移交下级人民法院审理

5. 街道派出所做出了对张某拘留的行政行为，张某向区公安分局提出了行政复议，对于复议决定仍不服，决定起诉，那么他如何确定被告？可能存在的被告有（　　）

A. 街道办事处

B. 街道派出所

C. 改变原具体行政行为的区公安分局

D. 维持原具体行政行为的区公安分局

6. 下列哪些情形下复议机关和行政诉讼的被告是重合的？（　　）

A. 公安派出所做出劳动教养决定的

B. 街道办事处向居民摊派管理费的

C. 税务所未经税务局局长批准拍卖扣押的货物抵缴税款的

D. 市政府打假办公室以自己的名义对企业给予没收企业营业执照处罚的

7. 某县卫生局防疫科在对家家福餐馆进行检查后，以县卫生局的名义，认定家家福餐馆违反《食品卫生法》相关规定，对其做出罚款 4000 元的行政处罚，该餐馆不服，向市卫生局申请复议，市卫生局超过复议期限一直未做出复议决定，该餐馆欲向人民法院提起诉讼，关于本案说法正确的有（　　）

A. 以县卫生局为被告，法院审查罚款 4000 元行为的合法性

B. 已经申请行政复议，直接告县卫生局，法院不予受理

C. 以市卫生局为被告，法院审查罚款 4000 元行为的合法性

D. 以市卫生局为被告，法院受理后判令市卫生局受理复议申请并做出复议决定

8. 李某和王某是一对夫妻，住于某市 A 区，两人婚后生有一女，因一心想要一男孩，遂采取不正当手段获得二胎的准生证。但时隔不久被发现，A 区政府对两人处以50000 元罚款。两人对此处罚不服，向位于 B 区的市政府申请复议。市政府审查后做出罚款 40000 元的复议决定。两人仍不服，准备向法院起诉。以下哪些法院拥有管辖权？（　　）

A. A 区人民法院　　　　　　　　　B. B 区人民法院

C. 该市中级人民法院　　　　　　　D. 原告所在地的人民法院

9. 下列选项中哪些既可以由复议机关所在地人民法院管辖，也可以由最初做出具体行为的行政机关所在地人民法院管辖？（　　）

A. 经复议而复议机关改变原具体行政行为所认定的主要事实的

B. 经复议而复议机关维持原具体行政行为的

C. 经复议，复议机关部分撤销原具体行政行为内容的

D. 经复议，复议机关撤销原具体行政行为决定的

10. 关于行政诉讼管辖，下列哪些说法是正确的？（　　　）

    A. 当事人以案件重大复杂为由，直接向中级人民法院起诉，中级人民法院可以视情况指定本辖区其他基层人民法院管辖

    B. 基层人民法院对其管辖的第一审行政案件，认为需要由中级人民法院审理或者指定管辖的，可以报请中级人民法院决定

    C. 中级人民法院对基层人民法院管辖的第一审行政案件，根据案件情况，可以决定自己审理，也可以指定本辖区其他基层人民法院管辖

    D. 当事人对指定管辖裁定有异议的，可以提出管辖权异议

## 三、案例分析（不定项选择）

A 市张某到 C 市购货，因质量问题，张某拒绝支付全部货款，双方发生纠纷后货主即向公安机关告发。C 市公安机关遂以诈骗嫌疑将张某已购货物扣留，并对张某采取留置盘问审查措施。两天后释放了张某，但并未返还所扣财物。张某欲提起行政诉讼。根据案情回答下面题。

1. 哪些法院对此案有管辖权？（　　　）

   A. C 市基层人民法院　　　　　　B. C 市中级人民法院

   C. A 市基层人民法院　　　　　　D. A 市中级人民法院

2. 如张某寻求救济，下列哪种说法是正确的？（　　　）

   A. 张某可直接向法院起诉

   B. 张某可先提起复议，对复议决定不服再起诉

   C. 张某只能申请复议，不能提起行政诉讼

   D. 张某既可以直接起诉，也可以先经复议，对复议决定不服再起诉

3. 如果法院受理起诉，可能做出的是何种判决？（　　　）

   A. 维持判决　　　　　　　　　　B. 撤销判决

   C. 赔偿判决　　　　　　　　　　D. 确认判决

# 【参考答案】

## 一、单项选择题

1. C　2. A　3. B　4. A　5. B　6. D　7. C　8. A　9. A　10. D　11. C　12. D　13. B　14. B　15. C

## 二、多项选择题

1. AD　2. AC　3. AB　4. ACD　5. BC　6. AC　7. AD　8. AB　9. ACD　10. ABC

## 三、案例分析（不定项选择）

1. AC　2. ABD　3. BD

# 第四章　刑　法

## 第一节　刑法概述

### 一、刑法的概念和分类

刑法是规定犯罪、刑事责任和刑罚的法律，具体地说，刑法是掌握国家政权的统治阶级为了维护本阶级政治上的统治和经济上的利益，根据自己的意志，规定何种行为构成犯罪和应承担何种刑事责任并对犯罪人处以何种刑罚的法律。

刑法有广义和狭义之分。广义的刑法指的是一切规定犯罪、刑事责任和刑罚的法律规范的总和。它不仅包括刑法典，还包括一切单行刑法以及非刑事法律规范中的刑事责任条款（也称附属刑法），它是一个以刑法典为核心的庞大体系。而狭义的刑法仅仅指的是刑法典。在我国，狭义的刑法即是 1979 年 7 月 1 日第五届全国人民代表大会第二次会议通过并在 1997 年 3 月 14 日第八届全国人民代表大会第五次会议修订的《中华人民共和国刑法》以及八个修正案。

### 二、刑法的性质和任务

（一）刑法的性质

刑法的性质包括两层含义：一是刑法的阶级性质；二是刑法的法律性质。

1. 刑法的阶级性质

和其他法律一样，刑法不是从来就有的，是随着私有制、阶级国家的产生而产生的。是统治阶级运用来同犯罪做斗争，以维护本阶级的统治和利益的有力武器。刑法关于犯罪、刑事责任和刑罚的规定，总是由统治阶级的意志和利益所决定的。因此，在任何国家，刑法的阶级本质都是由国家的阶级本质决定的。我国刑法是保护人民、打击敌人、惩罚犯罪、服务司法的有力武器，是人民民主专政的重要工具。这些都反映了我国刑法的社会主义本质。

2. 刑法的法律性质

作为法律体系的重要组成部分，刑法与其他部门法相比，有两个主要特点：其一，刑法所保护的社会关系非常广泛。刑法所保护的是所有受到犯罪侵害的社会关系，这些社会关系几乎涉及社会生活的各个领域，而不像民法、行政法、经济法等其他法律那样往往只局限于特定的方面或特殊的领域范围。所有这些部门法所调整或保护的领域同时也借助刑法进行保护和调整。其二，刑法的强制性最为严厉。刑法和其他法律规定的法律后果不同，其严厉性决定了刑法对其他法律实施的保障性。

（二）刑法的任务

《中华人民共和国刑法》第二条规定："《中华人民共和国刑法》的任务，是用刑罚同一切犯罪行为做斗争，以保卫国家安全，保卫人民民主专政的政权和社会主义制度，保护国有财产和劳动群众集体所有的财产，保护公民私人所有的财产，保护公民的人身权利、民主权利和其他权利，维护社会秩序、经济秩序，保障社会主义建设事业的顺利进行。"由此刑法的任务可以概括为：惩罚犯罪和保护人民。惩罚犯罪是保护国家和人民合法权益的途径或者手段，而保护国家及人民合法权益是惩罚犯罪的目的。

### 三、刑法的体系

刑法的体系是指刑法典的组成和结构。

我国修订后的《刑法》分为总则、分则和附则三个部分。其中总则、分则各为一编，在编之下，再根据法律规范的性质和内容划分为章、节、条、款、项等层次。

《刑法》第一编总则一共有五章，依次为：刑法的任务、基本原则和适用；犯罪；刑罚；刑罚的具体运用；其他规定。除了第一章和第五章外，其余章下均设若干节。《刑法》第二编分则一共有十章，依次为：危害国家安全罪；危害公共安全罪；破坏社会主义市场经济秩序罪；侵犯公民人身权利、民主权利罪；侵犯财产罪；妨害社会管理秩序罪；危害国防利益罪；贪污、贿赂罪；渎职罪；军人违反职责罪。其中第三章破坏社会主义市场经济秩序罪和第六章妨害社会管理秩序罪两章下均设若干节。《刑法》附则仅一个条文，即第四百五十二条。该条内容一是规定了修订后的《刑法》开始施行的时间；二是规定修订后的《刑法》与以往单行刑法的关系，宣布在修订《刑法》生效后某些单行刑法的废止以及某些单行刑法中的刑事责任内容的失效。

《刑法》总则是关于犯罪、刑事责任、刑罚的一般原理原则的规范体系，这些规范是认定犯罪、确定责任和适用刑罚所必须遵守的共同规则。《刑法》分则是关于具体犯罪的规范体系，是解决具体定罪量刑的标准。《刑法》总则与《刑法》分则是一般与特殊、抽象与具体的关系。组成刑法的各个法律规范都以条文的形式出现，采用统一的顺序号码进行编号，配置在各编、章、节中，条下设款、项，结构严谨，引用时必须绝对地准确。

### 四、刑法的解释

刑法的解释就是对刑法规范的含义的阐明。只有正确地了解刑法规范的真实含义，才能正确地加以适用。

刑法规范是对客观事物的高度概括和抽象，它的含义尤其是其中存在的一些专门术语名词只有通过解释才能为人所确切理解。而且，随着社会不断发展变化，刑法规范不可能把全部复杂多变的情况都包括进去，需要刑法解释来确定超出刑法规范含义的情况能否适用刑法规范。

刑法的解释，可以以不同的标准进行分类，主要有以下两类：

（一）立法解释、司法解释和学理解释

按解释的效力，可以分为立法解释、司法解释和学理解释三类。

1. 立法解释

立法解释即立法机关所做的解释。在我国，立法解释由最高立法机关全国人民代表大会及其常务委员会做出，包括三种情况：①立法机关在制定《刑法》时，为避免条文用语发生歧义而以专门的条文加以解释。例如，《刑法》第九十四条规定："本法所称司法工作人员，是指有侦查、检察、审判、监管职责的工作人员。"②立法机关在制定《刑法》时，在"法律起草说明"中所做的解释。③由立法机关专门加以解释或者用法令加以规定。

2. 司法解释

司法解释主要是指最高司法机关对具体运用《刑法》所做的解释。有权进行司法解释的是最高人民法院和最高人民检察院。

以上的两种解释即立法解释和司法解释都是有权解释，对于司法机关和一般公民都有约束力。

3. 学理解释

学理解释是由国家的宣传机构、社会组织、教学科研单位或者专家学者从学理上对刑法含义所做的解释。学理解释是非有权解释，不具有法律约束力，但对于正确理解和适用刑法具有参考价值。

（二）文理解释和论理解释

按解释的方法分类，可以分为文理解释和论理解释两类。

1. 文理解释

刑法条文的解释含义就是字面原本的含义。这种解释方法具有优先性，如果这种解释方法得出的结论不合理，才有必要使用论理解释的方法。例如，财产犯罪的对象"公私财物"就是指他人的财物。

2. 论理解释

论理解释又分为当然解释、扩张解释和限制解释。

（1）当然解释："举轻以明重，举重以明轻"，即入罪时，如果轻行为成立犯罪，那么与此性质相同的更严重的行为当然成立犯罪；出罪时，如果重行为不成立犯罪，那么，与此性质相同的更轻的行为当然不成立犯罪。

（2）扩大解释：刑法条文的解释含义大于条文字面的含义。例如，"凶器"（包括用法上的凶器），"金融机构"（包括运钞车和自动取款机），"信用卡"（包括借记卡等）。

（3）限制解释：刑法条文的解释含义小于条文字面的含义。例如，为境外窃取、刺探、收买、非法提供国家秘密、情报罪中的"情报"（仅指关系国家安全和利益、尚未公开或者依照有关规定不应公开的事项）。

## 五、刑法的基本原则

刑法的基本原则是指贯穿全部刑法规范、在刑事立法和刑事司法的整个过程中所必须严格遵守的准则，它是刑法所固有的、全面性的原则。

我国1997年修订的《刑法》第三条至第五条明文规定了三项基本原则，即罪刑法定原则、适用刑法人人平等原则及罪责刑相适应原则。三个基本原则相互联系、相互作用、相互制约，共同构成一个有机整体，贯穿于《刑法》的制定和实施过程中，对于指导、规范国家刑罚权的正确行使，防止刑罚权被滥用具有非常重要的作用。

（一）罪刑法定原则

《刑法》第三条规定："法律明文规定为犯罪行为的，依照法律定罪处刑；法律没有明文规定为犯罪行为的，不得定罪处刑。"

1. 基本含义

法无明文规定不为罪，法无明文规定不处罚。

2. 罪刑法定原则的基本内容

（1）成文的罪刑法定：排斥习惯法等。

（2）事前的罪刑法定：溯及既往的禁止。但允许有利于行为人的溯及既往，溯及力问题中从旧兼从轻原则表达了这一思想。

（3）严格的罪刑法定：合理解释刑法，禁止类推解释。

（4）确定的罪刑法定：刑法的规定必须清楚、明了，不得有歧义，不得含糊不清，禁止不确定刑。

（二）适用刑法人人平等原则

《刑法》第四条规定："对任何人犯罪，在适用法律上一律平等。不允许任何人有超越法律的特权。"这一规定表明：适用刑法人人平等原则是指适用法律上的平等，即司法平等，不包括立法平等。

1. 基本含义

平等适用刑法原则，也即刑法面前人人平等的原则，意味着刑法规范在根据其内容应当得到适用的所有场合，都予以严格适用。

2. 基本内容

平等保护法益；平等地认定犯罪；平等地裁量刑罚；平等地执行刑罚。

（三）罪责刑相适应原则

《刑法》第五条规定："刑罚的轻重，应当与犯罪分子所犯罪行和承担的刑事责任相适应。"

1. 基本内容

刑罚与罪责、犯罪情节、犯罪人的人身危险性相适应。

2. 表现特点

（1）制刑，重视罪责，兼顾犯罪情节与犯罪人的人身危险性。

（2）量刑，重在犯罪情节，兼及人身危险性，罪责只在极个别情况下，才对宣告刑的选定起绝对决定作用。

（3）行刑，重在犯罪人的人身危险程度的消长变化，兼及罪责和犯罪情节。

罪责刑相适应原则体现了区别对待的策略，目的在于保证国家刑罚权的正确运用，既反对罚不当罪，又防止惩罚无辜，从而实现刑法的公平和正义。

## 六、刑法的适用范围

刑法的适用范围即刑法的效力范围，指的是刑法在什么地方、对什么人以及在什么样的时间内具有效力，它包括刑法的空间效力和时间效力。

（一）刑法的空间效力

1. 空间效力的概念和原则

刑法的空间效力指的是刑法在什么地方、对什么人有效，实际就是要解决刑事管辖权的问题。

一个独立自主的主权国家，无不在刑法中对刑法的空间效力做出规定，但由于各国社会政治情况和历史传统习惯的差异，在解决刑事管辖权范围问题上所主张的原则不尽相同。概括起来，主要有以下几种：

（1）属地原则（又称为领土原则）。

以地域为标准，凡是发生在本国领域内的犯罪，无论是本国人还是外国人，都受本国刑法的管辖；反之，如果犯罪是发生在本国领域之外，都不适用本国刑法。

（2）属人原则（又称为国籍原则）。

以人的国籍为标准，凡是本国人犯罪，不管是发生于本国领域内还是本国领域外，都适用本国刑法。

（3）保护原则（又称为安全原则）。

以保护本国利益为原则，凡是侵害了本国国家或公民利益的，不管是本国人还是外国人，也不管是在本国领域内还是本国领域外犯罪，都适用本国刑法。

（4）普遍原则（又称为世界性原则）。

以保护国际社会的共同利益为标准，凡是发生了国际条约所规定的侵害国际社会共同利益的犯罪，不管是本国人还是外国人，也不管是在本国领域内还是本国领域外犯罪，都适用本国刑法。

我国刑法对空间效力的规定，是以属地原则为基础，兼采取其他原则。

2. 我国刑法的属地管辖权

《刑法》第六条第一款规定："凡在中华人民共和国领域内犯罪的，除法律有特别规定以外，都适用本法。"

"领域"指的是我国国境内的全部区域，具体包括我国全部领土、领水、领空和底土。

"法律有特别规定"主要是指：①《刑法》第十一条规定的"享有外交特权、豁免权的外国人"的刑事责任通过外交途径解决。②《刑法》第九十条规定的"民族自治地方不能全部适用本法规定的，可以由自治区或者省的人民代表大会根据当地民族的政治、经济、文化的特点和本法规定的基本原则，制定变通或者补充规定，报请全国人民代表大会常务委员会批准施行"。③修订的《刑法》施行后国家立法机关所制定的特别刑法典的特别规定。④我国香港特别行政区和澳门特别行政区基本法做出的例外规定。

《刑法》第六条第二款规定："凡在中华人民共和国船舶或者航空器内犯罪的，也适用本法。"

"中华人民共和国船舶或者航空器"，包括挂有或者涂有我国国旗、国徽标识、注册地在我国或者所有权属于我国的船舶与航空器，不包括国际长途汽车或者火车。凡在中华人民共和国船舶或者航空器内犯罪的，不管其航行或者停放在何处，适用我国刑法。

此外，根据我国承认的 1961 年 4 月 18 日《维也纳外交关系公约》的规定，各国驻外大使馆、领事馆及其外交人员不受驻在国的司法管辖。所以发生于我国驻外使领馆内的犯罪也适用我国的《刑法典》。

《刑法》第六条第三款规定："犯罪的行为或者结果有一项发生于中华人民共和国领域内的，就认为是在中华人民共和国领域内的犯罪。"包括以下情形：①犯罪的行为地和结果地都在我国领域内的；②犯罪的行为地在我国领域内，但是犯罪的结果地是在国外的，如在我国境内邮寄装有炸药的包裹在国外爆炸；③犯罪的行为地在国外，但是结果地却在我国领域内的，如犯罪行为人在我国境外开枪导致我国境内公民死亡。

3. 我国刑法的属人管辖权

《刑法》第七条第一款规定："中华人民共和国公民在中华人民共和国领域之外犯本法规定之罪的，适用本法，但是按照本法规定的最高刑 3 年以下有期徒刑的，可以不予追究。"《刑法》第七条第二款规定："中华人民共和国国家工作人员和军人在中华人民共和国领域之外犯本法规定之罪的，适用本法。"本条规定针对的是本国人在国外犯罪的情况，可以看出，我国的国家工作人员和军人一律适用我国刑法典；其他的公民一般也适用我国的刑法典，但是犯罪比较轻的即法定最高刑为 3 年以下有期徒刑的，可以不予追究。

4. 我国刑法的保护管辖权

《刑法》第八条规定："外国人在中华人民共和国领域外对中华人民共和国国家或者公民犯罪，而按照本法规定最低刑为 3 年以上有期徒刑的，可以适用本法，但是按照犯罪地的法律不受处罚的除外。"该条规定表明，外国人在我国领域外对我国国家和公民犯罪，我国刑法有权管辖，但是要满足以下条件：①所犯之罪侵犯我国国家或者公民利益；②按照我国刑法规定属于重罪（最低刑为 3 年以上有期徒刑）；③犯罪地法律也认为是犯罪。

根据《刑法》第十条规定：中国公民在我国领域外犯罪，依照刑法典应当负刑事责任的，虽然经过外国审判，仍然可以依照我国刑法典追究，但是在外国已经受过刑事处罚的，可以免除或者减轻处罚。

5. 我国刑法的普遍管辖权

《刑法》第九条规定："对于中华人民共和国缔结或者参加的国际条约所规定的罪行，中华人民共和国在所承担条约义务的范围内行使刑事管辖权的，适用本国刑法。"该条规定针对的是国际犯罪，应当注意这些罪行只能是我国缔结或者加入的国际条约中所规定的罪行，而且只有当犯有这些罪行的罪犯在我国境内时，我国才能对其行使刑事管辖权，解决的方式是引渡或起诉。

### （二）刑法的时间效力

刑法的时间效力是指刑法在时间上的适用范围，即刑法的生效时间、失效时间以及对刑法典生效前的行为是否适用，即是否具有溯及力。

1. 刑法的生效时间

刑法的生效时间指的是刑法自什么时候开始发生法律上的效力。通常有两种规定：一是从刑法公布之日起施行；二是在公布一段时间后再施行。我国现行刑法典是于 1997 年 3

月14日第八届全国人民代表大会第五次会议修订并公布的，但是自1997年10月1日起施行。

2. 刑法的失效时间

刑法的失效时间是指刑法颁布实施后什么时候失去法律上的效力，也就是刑法效力终止的时间。通常有两种情况：一是由国家的立法机关明确宣布废止，即在新法公布后，在新法中或者在其他的法令中明确宣布与新法相抵触的旧法即行废止或者失效。《刑法》第四百五十二条第二款规定，列于该法附件的全国人民代表大会常务委员会特定的条例、补充规定和决定，已经纳入本法或者已不适用，自本法施行之日起予以废止。二是自然失效，即由于新法代替旧法，旧法自动失效；或者由于立法时规定的特殊条件已经消失，该法律当然失效。

（三）刑法的溯及力

刑法的溯及力，也称溯及既往的效力，是指刑法生效后，对它生效前未经审判或判决未确定的行为是否具有追溯适用效力，如果具有适用效力，则是有溯及力，否则就是没有溯及力。

各国的立法主要有以下四个原则：①从旧原则。新法对过去的行为一律没有溯及力，对过去的行为一概适用行为当时的旧法。②从新原则。新法具有溯及力，即新法对于过去未经审判或者判决尚未确定的行为一律适用，而不再适用旧法。③从新兼从轻原则。新法原则上溯及既往，但旧法不认为是犯罪或者处刑较轻的，则应按照旧法处理。④从旧兼从轻原则。新法原则上不溯及既往，但新法不认为是犯罪或者处刑较轻的，则应适用新法。

我国采用的是从旧兼从轻原则。《刑法》第十二条规定："中华人民共和国成立以后本法施行以前的行为，如果当时的法律不认为是犯罪的，适用当时的法律；如果当时的法律认为是犯罪的，依照本法总则第四章第八节的规定应当追诉的，按照当时的法律追究刑事责任，但是如果本法不认为是犯罪或者处刑较轻的，适用本法。本法施行以前，依照当时的法律已经做出的生效判决，继续有效。"刑法的时间效力可以按以下情况处理：①如果行为时的法律不认为是犯罪而现行的刑法认为是犯罪的，适用行为时的刑法处理，即不追究刑事责任，现行刑法没有溯及力；②行为时的刑法认为是犯罪，现行的刑法不认为是犯罪的，适用现行的刑法，即不追究刑事责任，现行刑法具有溯及力；③行为时的刑法认为是犯罪，现行的刑法也认为是犯罪并应当受到追诉的，按照行为时的法律追究刑事责任，但是如果按照现行的刑法处刑比行为时的刑法处刑要轻的，则应当适用现行的刑法，现行的刑法具有溯及力；④现行的刑法施行前，依照当时的法律已经做出的生效判决继续有效。

需要注意的是：按照审判监督程序重新审判的案件，适用行为时的法律。

# 第二节　犯罪概述

## 一、犯罪的概念

《刑法》第十三条规定："一切危害国家主权、领土完整和安全，分裂国家、颠覆人民民主专政的政权和推翻社会主义制度，破坏社会秩序和经济秩序，侵犯国有财产或者劳动群众集体所有的财产，侵犯公民私人所有的财产，侵犯公民的人身权利、民主权利和其他权利，以及其他危害社会的行为，依照法律应当受刑罚处罚的，都是犯罪，但是情节显著轻微危害不大的，不认为是犯罪。"这一概念是从我国的实际情况出发，总结了我国同犯罪做斗争的经验，给犯罪下的一个法律定义。根据以上的规定，可以把犯罪概括为具有社会危害性、违反了刑事法律规范、应当受到刑罚处罚的行为。

## 二、犯罪的特征

犯罪的概念表明犯罪具有以下三个基本特征：

### （一）严重的社会危害性

社会危害性就是指法益侵犯性。如果某种行为根本不可能侵害或者威胁法益，不管其内心多么邪恶，也不具有刑法意义上的社会危害性。

需要注意的是，社会危害性是质与量的统一，并非一切危害了社会的行为都构成犯罪，"情节显著轻微危害不大的"，刑法不认为是犯罪。只有严重侵犯了刑法所保护的社会关系的行为才构成刑法规定的犯罪。

社会危害性的有无和大小是受社会政治、经济条件等制约的。社会政治、经济条件变化了，行为的社会危害性就可能发生变化，某些原来具有社会危害性的行为可能会丧失其社会危害性，而有些行为的社会危害性可能会增大，有些也可能会变小。因此，必须结合实际情况来判定行为的社会危害性。

### （二）刑事违法性

犯罪是违反刑事法律规范即触犯刑律的行为，刑事违法性表现为两种情况：一是直接违反刑法规范；二是违反其他法律规范，但因情节严重进而违反了刑法规范。因此，一般的违反其他法律规范而没有达到情节严重的程度的行为，只是一般的违法行为而不是犯罪行为。

### （三）应受刑罚处罚性

犯罪行为是依法应当受到刑罚处罚的行为。任何的违法行为都要承担相应的法律后果，但是只有应当受到刑罚处罚的行为才是犯罪行为。也就是说，如果刑法没有对某种行为规定刑罚，那么该种行为就不应当被认定为犯罪。犯罪是适用刑罚的前提，而刑罚是犯罪所要承担的法律后果。

# 第三节　犯罪构成

## 一、犯罪构成的概念

所谓犯罪构成，是指刑法规定的决定某一行为的社会危害性及其程度而为该行为成立犯罪所必须具备的一切客观要件与主观要件的有机整体。它是一个由相互联系、相互作用的诸要素组成的有机整体，具有特定的犯罪性质和社会危害性。

## 二、犯罪构成的特点

（一）犯罪构成的法定性

《刑法》总则中规定了一切犯罪所必须具备的共同条件，而《刑法》分则规定了具体犯罪所必须具备的条件。所以，只要是符合了犯罪构成要件的行为就是犯罪行为，也就表明该行为具有刑事违法性。

（二）犯罪构成的主客观统一性

犯罪构成是由相互联系、相互作用的主客观要件组成的一个有机统一的整体。在这个整体中，"主观"和"客观"的要件以一定的方式结合在一起，共同形成犯罪构成这个有机整体的性能。"主观"包括犯罪主体和犯罪主观方面，"客观"包括犯罪客体和犯罪客观方面。

（三）犯罪构成与社会危害性的统一性

犯罪构成要说明的是行为在什么样的条件下具有社会危害性就会成为犯罪行为，确定犯罪构成的要件必须以行为的社会危害性作为实质依据。只有对行为的社会危害性及其程度具有决定意义而为该行为成立犯罪所必需的那些事实特征才是犯罪构成的要件，如果行为符合犯罪构成，那么就说明该行为具有社会危害性。

（四）犯罪构成的重要性

犯罪构成对于刑事司法具有重要的意义，它是定罪量刑的法律准绳，是犯罪主体承担刑事责任的法律依据。其重要性在于：①它提供了区分罪与非罪的法律标准，符合犯罪构成要件的成立犯罪，不符合则不成立犯罪；②它提供了区分此罪与彼罪的标准，符合不同犯罪的犯罪构成要件就成立不同的犯罪；③它提供了区分一罪和数罪的法律标准，行为符合一个罪的犯罪构成要件就成立一个罪，行为符合数个罪的犯罪构成要件就成立数个罪；④它提供了区分重罪和轻罪的法律标准，可以从犯罪构成的内容得知犯罪的社会危害性不同，从而决定该犯罪的轻重程度不同。

## 三、犯罪的构成要件

犯罪的构成要件就是犯罪构成由哪些要素组成。

根据我国《刑法》的规定，任何一种犯罪的成立都必须具备四个方面的构成要件，即犯罪构成的要件一共有四个，分别是：犯罪客体、犯罪客观方面、犯罪主体、犯罪主观方面。

犯罪客体是指刑法所保护的而为犯罪所侵犯的社会关系。

犯罪的客观方面是指犯罪活动的客观外在表现，包括危害行为、危害结果以及危害行为和危害结果之间的因果关系、特定的时间、地点和方法（手段）等。

犯罪主体是指实施犯罪行为，依法承担刑事责任的人，包括自然人主体和单位主体。

犯罪的主观方面是指犯罪主体对自己的行为及其危害社会的后果所抱的心理态度，包括罪过（犯罪的故意或者犯罪的过失）、犯罪动机、犯罪目的等。

## 四、犯罪的客体

### （一）犯罪客体的概念

犯罪的客体是指犯罪主体的犯罪活动所侵害的、为我国刑法所保护的社会主义社会关系。

### （二）犯罪客体的种类

犯罪客体按其范围的大小，可以分为以下三种：

1. 一般客体

犯罪的一般客体在刑法上是指一切犯罪所共同侵害的客体，即我国刑法所保护的社会主义社会关系的整体。犯罪的一般客体反映了犯罪行为的共同本质，是刑法所保护客体的最高层次。我国《刑法》第二条关于刑法任务的规定、第十三条关于犯罪概念的规定说明了犯罪一般客体的主要内容。

2. 同类客体

犯罪的同类客体是指某一类犯罪所共同侵害的，我国刑法所保护的社会关系的某一部分或者某一方面。它是刑法对犯罪分类的基础。《刑法》分则便是以此为基础将犯罪划分为十大类：①危害国家安全罪；②危害公共安全罪；③破坏社会主义市场经济秩序罪；④侵犯公民人身权利、民主权利罪；⑤侵犯财产罪；⑥妨害社会管理秩序罪；⑦危害国防利益罪；⑧贪污、贿赂罪；⑨渎职罪；⑩军人违反职责罪。

3. 直接客体

犯罪的直接客体是指某一种具体的犯罪所直接侵犯的某一种具体的社会主义社会关系。例如，故意杀人罪侵害的直接客体是他人的生命权利，故意伤害罪侵犯的直接客体是他人的人身健康权利。犯罪的直接客体直接反映了该种犯罪行为所侵害的社会关系的性质，并与犯罪构成的其他要素一起共同界定该种犯罪的性质特点及其社会危害性。由于犯罪行为的复杂性，有的犯罪所侵害的社会关系往往不是一个而是多个。根据某种犯罪所侵害的社会关系的数量多少，可以进一步把犯罪的直接客体划分为简单客体和复杂客体。简单客体又可以称为单一客体，是指某一种犯罪只直接侵害一种具体的社会关系。复杂客体是指某一种犯罪侵害两个或者两个以上的社会关系。在复杂客体中，犯罪所侵害的主要社会关系称为主要客体，犯罪所侵害的其他社会关系称为次要客体。

### （三）犯罪客体与犯罪对象

犯罪对象是《刑法》分则条文规定的犯罪行为所作用的客观存在的具体人或者具体物。

犯罪客体和犯罪对象是两个既有联系又有区别的概念。联系体现为：犯罪对象反映犯罪客体，犯罪客体制约犯罪对象。其区别体现为：

第一，犯罪客体决定犯罪性质，犯罪对象则未必。例如，同样是盗窃电线，某甲盗窃的是库房里备用的电线，某乙盗窃的是输电线路上正在使用中的电线，前者构成盗窃罪，而后者构成破坏电力设备罪。犯罪对象都是电线，但是由于二者的犯罪客体不一致，前者是公私财产的所有权，后者是公共安全，所以仅从犯罪对象分析是不能够准确判定犯罪性质的，只有从犯罪客体入手才能准确确定某种犯罪行为的性质。

第二，犯罪客体是任何犯罪的必要构成要件，而犯罪对象只是某些犯罪的必要构成要件。特定的犯罪对象在某些犯罪中是犯罪的构成要件，行为只有作用于特定的对象才能构成犯罪。

第三，任何犯罪都会使犯罪客体受到侵害，但是犯罪对象却不一定会受到侵害。

第四，犯罪客体是犯罪分类的基础，而犯罪对象却不是。《刑法》根据犯罪客体将犯罪划分为十大类，如果根据犯罪对象则无法划分。犯罪对象在不同的犯罪中可以是相同的，在同一犯罪中也可以是不同的。

### 五、犯罪的客观方面

（一）犯罪的客观方面的概述

犯罪的客观方面是指刑法所规定的、说明行为对刑法所保护的社会关系造成侵害的客观外在事实特征。它说明犯罪是通过什么行为、在什么情况下对刑法所保护的社会关系造成了什么样的影响和后果。犯罪的客观方面具有法定性，它以客观事实特征为内容，说明行为对刑法所保护的社会关系有所侵犯，是任何犯罪的必备构成要件。它是犯罪构成的重要组成部分，是整个犯罪活动的基础。

（二）犯罪的客观方面的内容

犯罪的客观方面的内容由危害行为、危害结果、危害行为与危害结果之间的因果关系以及行为的时间、地点和方法手段等要素组成。

危害行为是整个犯罪活动的中心环节，也是犯罪构成的中心环节。危害行为是一切犯罪活动的共同要件，任何犯罪的成立都必须有刑法所规定的危害行为。

1. 危害行为

（1）危害行为的概念和特征。

危害行为是指人在意识的支配下实施的危害社会的身体活动。它具有三个最基本的特征：

①有体性：危害行为在客观上是人的身体动静。这是危害行为的外在特征。也就是说，任何的危害行为，必须在客观上表现为身体的运动或者静止，没有身体的动静就没有危害行为。这就说明，如果仅仅有犯罪的思想而没有身体的动静，就不存在危害行为，从而也就不存在犯罪。刑法规范排除"思想犯罪"。

②有意性：危害行为是主体有意识的身体动静，也就是说，危害行为必须是在主体的意识支配下的行为，这是危害行为的内在特征。无意识的举动被排除在危害行为之外。

③有害性：危害行为在法律上是对社会有危害的身体动静。危害行为必须在客观上造成了危害社会的后果，无害于社会的行为不可能成为危害行为。

（2）危害行为的形式。

①作为。

作为，即积极的行为，指以积极的身体举止实施刑法所禁止的行为。体现为违反禁止规范。作为主要有这样几种实施方式：①利用自己身体实施行为；②利用物质性工具实施行为；③利用自然力实施行为；④利用动物实施行为；⑤利用他人实施行为等。

②不作为。

不作为，即消极的行为，指行为人在能够履行自己应尽义务的情况下不履行该义务。体现为违反禁止规范与命令规范。

成立刑法上的不作为，在客观方面必须具备三个要件：首先是行为人负有实施某种作为的特定法律义务，这是前提条件。这种义务的来源主要有：①法律、法规明文规定的义务；②职务或者业务要求的义务；③法律行为引起的义务；④先前行为引起的义务。其次，行为人有能力履行特定的法律义务，如果行为人没有能力履行法定的义务则不构成不作为。再次，行为人没有履行作为的特定法律义务，即行为人没有实施一定的行为来履行他的法定义务，造成或者可能造成危害后果。

2. 危害结果

危害后果是危害行为给刑法所保护的法益所造成的现实侵害事实与现实危险状态。

危害结果具有以下特征：

第一，因果性。危害结果是由于危害行为引起的，是危害行为所造成的。危害行为是危害结果产生的原因，没有危害行为就没有危害结果。不是危害行为所导致的结果，就不是刑法意义上的危害结果，而且危害结果的性质还取决于危害行为的性质。总之，没有危害行为就谈不上危害结果。但是，并不是任何的危害行为都会造成危害结果。

第二，侵害性。任何一种危害结果都必然是危害行为对社会产生了一定的损害或不利的影响，只有危害行为引起的对刑法所保护的社会关系具有侵害性的那些事实才有可能成为危害结果，而不是任何由危害行为引起的结果都是危害结果。当危害结果是犯罪的构成要件时，它对犯罪的社会危害性起决定性的作用，是定罪以及认定犯罪完成形态是否成立的依据；当危害结果不是犯罪的构成要件时，它对犯罪的社会危害性程度的大小起一定的影响作用，主要是作为量刑的依据。

第三，现实性。危害结果是危害行为已经实际造成的损害，而不包括可能造成但是尚未实际造成的损害。对于可能造成但是尚未造成的损害，只是一种可能会发生的结果，只是一种可能性而不具有现实性，因此不是刑法上的危害结果。

第四，多样性。由于刑法所保护的社会关系、危害行为的形式、犯罪的对象、犯罪的手段等都具有多样性的特点，决定了危害结果也必然会呈现出多样性的特征。

3. 犯罪的其他客观要件

犯罪的其他客观要件主要是指犯罪特定的时间、地点和方法（手段）等因素。犯罪的时间、地点和方法（手段）并不是犯罪的必要构成要件，也就是说，刑法并没有把特定的时间、地点和方法规定为所有犯罪都必须具备的条件。但是，有的《刑法》条文明文规定了行为必须是在特定的时间、地点和以特定的方法实施才能构成犯罪。例如，《刑法》第三百四十条、第三百四十一条规定的非法捕捞水产品罪、非法狩猎罪等，必须是在"禁渔区""禁渔期""禁猎区""禁猎期"实施捕捞和狩猎行为才构成犯罪，在其他时间和地点实施同样的捕捞和狩猎行为就不构成犯罪。有的《刑法》条文将特定的时间、地点方法作为法定刑升格的条件和从重处罚的情节。时间、地点和方法即使不是犯罪的必备构成要件，它们对于量刑也具有很重要的参考意义。

（三）危害行为和危害结果之间的因果关系

刑法上的因果关系是指危害行为（实行行为）与危害结果（构成要件意义上的实害结果）之间的一种引起与被引起的关系。

1. 因果关系的理论意义

（1）影响罪数认定。危害行为与危害结果存在因果关系，表明该危害行为与危害结果属于同一个案件，成立一罪；否则，该行为与危害结果可能属于两个案件。

（2）影响故意犯罪未完成形态的判定。在故意犯罪中，如果危害行为与危害结果存在因果关系，则成立既遂。

（3）影响过失犯罪是否成立的判定。在我国刑法中，所有过失行为要成立犯罪，必须导致特定实害结果，即要求过失行为与特定实害结果之间存在因果关系。如果二者之间不存在因果关系，过失行为就不能成立犯罪。

（4）影响结果加重犯的认定。基本犯罪行为与加重结果之间必须存在因果关系，才能认定结果加重犯。

2. 刑法上因果关系的特点

刑法上的因果关系与哲学上的因果关系一样，都具有客观性、顺序性、相对性、规律性、复杂性。

刑法上的因果关系的特殊性为：

①范围的特定性：在刑法上，只有引起危害结果发生的危害行为才是原因。

②内容的特定性：在某些犯罪中，刑法上的因果关系必须是一种特定的发展过程。

③刑法上因果关系的认定。

## 六、犯罪的主体

犯罪主体是指实施了危害社会的行为，依法应当承担刑事责任的自然人和单位。其中，自然人犯罪主体是我国刑法中最基本、最具有普遍意义的犯罪主体；单位主体在我国刑法中不具有普遍意义而且有其特殊性。

（一）自然人犯罪主体

自然人犯罪主体必须是达到刑事责任年龄、具备刑事责任能力的人。

1. 刑事责任能力

刑事责任能力是指行为人对自己行为的辨认能力与控制能力。其中辨认能力是指行为人认识自己特定行为的性质、结果与意义的能力；控制能力是指行为人支配自己实施或者不实施特定行为的能力。具有刑事责任能力，是指同时具有辨认能力与控制能力；如果缺少其中一种能力，则属于没有刑事责任能力。

行为人是否具有责任能力以及责任能力的程度如何，取决于两个方面：一是行为人是否因精神病而减弱或者丧失责任能力；二是行为人是否达到了刑事责任年龄。我国刑法将刑事责任能力分为完全刑事责任能力、完全无刑事责任能力、相对无刑事责任能力和减轻刑事责任能力。

2. 刑事责任年龄

（1）刑事责任年龄的概念。

刑事责任年龄是指刑法所规定的行为人承担刑事责任所必须达到的年龄范围。行为人只有达到了法定的刑事责任年龄，才能对自己的犯罪行为负刑事责任。如果行为人没有达到刑事责任年龄，其实施的行为就不可能构成犯罪。

（2）刑事责任年龄阶段的划分。

①完全不负刑事责任年龄阶段：根据我国《刑法》第十七条的规定，不满 14 周岁是完全不负刑事责任年龄的阶段。

②相对负刑事责任年龄阶段：根据我国《刑法》第十七条第二款的规定，已满 14 周岁不满 16 周岁的人，犯故意杀人、故意伤害致人重伤或者死亡以及强奸、抢劫、贩卖毒品、放火、爆炸、投毒罪的，应当负刑事责任。

③完全负刑事责任年龄阶段：根据我国《刑法》第十七条第一款规定，已满 16 周岁的人进入完全负刑事责任年龄阶段。

（3）未成年人犯罪的刑事处遇。

①从宽处理原则。《刑法》第十七条第三款的规定，已满 14 周岁不满 18 周岁的人犯罪，应当从轻或者减轻处罚。

②不适用死刑原则。《刑法》第四十九条规定，犯罪时不满 18 周岁的人不适用死刑。

③不成立累犯原则。经《刑法修正案（八）》修订的《刑法》第六十五条第一款规定，未成年人犯罪不成立累犯。

④从宽适用缓刑原则。

⑤免除前科报告义务。

（4）老年人犯罪的刑事处遇。

①从宽处理原则。《刑法》第十七条之一规定，已满 75 周岁的人故意犯罪的，可以从轻或者减轻处罚；过失犯罪的，应当从轻或者减轻处罚。

②原则上不适用死刑。《刑法》第四十九条第二款规定，审判时已满 75 周岁的人，不适用死刑，但以特别残忍手段致人死亡的除外。

③从宽适用缓刑原则。

（5）犯罪孕妇的刑事处遇。

①不适用死刑的原则。《刑法》第四十九条规定，审判时怀孕的妇女，不适用死刑。

②从宽适用缓刑原则。

3. 精神障碍

（1）完全无刑事责任的精神病人。

我国《刑法》第十八条第一款规定，精神病人在不能辨认或者不能控制自己行为的时候造成危害结果，经法定程序鉴定确认的，不负刑事责任，但是应当责令他的家属或者监护人严加看管和医疗；在必要的时候，由政府强制医疗。

（2）完全负刑事责任的精神障碍人。

①精神正常时期的"间歇性精神病人"。根据《刑法》第十八条第二款的规定，间歇

性的精神病人在精神正常的时候犯罪，应当负刑事责任。

②大多数非精神病性精神障碍人。

（3）限制刑事责任的精神障碍人。

根据《刑法》第十八条第三款的规定，尚未完全丧失辨认或者控制自己行为能力的精神病人犯罪的，应当负刑事责任，但是可以从轻或者减轻处罚。

4. 生理功能丧失

我国《刑法》第十九条规定，又聋又哑的人或者盲人犯罪，可以从轻、减轻或者免除处罚。

5. 醉　酒

醉酒的人犯罪，应当负刑事责任。

6. 特殊身份

特殊身份是行为人在身份上有特殊的资格。例如，国家机关工作人员、军人、证人等。这些特殊的身份在某些犯罪中成为该犯罪得以成立的必须构成要件。

特殊身份必须是行为人在开始实施犯罪时就已经具备的身份，而不是在实施犯罪过程中或者犯罪完成以后才具有的身份。该特殊的身份往往是行为人能实施该种犯罪的原因或者条件。

根据《刑法》分则的规定，特殊身份主要包括以下几类：①以特定公职为内容的特定身份，如国家机关工作人员、司法工作人员。②以特定职业为内容的特定身份，如医生、律师等。③以特定法律义务为内容的特定身份，如纳税人、扣缴义务人。④以特定法律地位为内容的特定身份，如证人、翻译人。⑤以持有特定物品为内容的特定身份，如依法配备公务用枪的人员。⑥以参与某种活动为内容的特定身份，如公司发起人。⑦以患有特定疾病为内容的特定身份，如严重性病患者。⑧以居住地和特定组织成员为内容的特定身份，如境外黑社会组织成员。

作为犯罪主体要件的特殊身份只是针对该犯罪的实行犯而言，不包括教唆犯和帮助犯。

（二）单位犯罪主体

单位犯罪主体是指公司、企业、事业单位、机关、团体为本单位谋取非法利益，经单位集体研究或者由负责人决定，由单位直接责任人员具体实施的犯罪。由此可见，单位犯罪是为了单位的利益，由单位的决策机构集体决定的。只有法律明文规定单位可以成为犯罪主体的犯罪，才存在单位犯罪以及单位承担刑事责任的问题。

对于单位犯罪的刑事责任追究，我国刑法以双罚制为主，兼采单罚制。《刑法》第三十一条规定："单位犯罪的，对单位判处罚金，并对其直接负责的主管人员和其他直接责任人员判处刑罚。本法分则和其他法律另有规定的，依照规定。"

## 七、犯罪的主观方面

犯罪的主观方面是指犯罪主体对自己的行为及其危害社会的结果所持的心理态度。它包括罪过（犯罪故意或者过失）、犯罪的目的和动机等因素。其中，行为人的罪过是一切犯罪成立都必须具备的条件，任何的犯罪成立都要求行为人主观上具有故意或者过失，不具有故意或者过失的行为不可能成立犯罪；犯罪的目的和动机只是某些犯罪所要求的主观构成要件。

（一）犯罪故意

1. 犯罪故意的概念

《刑法》第十四条规定："明知自己的行为会发生危害社会的结果，并且希望或者放任这种结果发生，因而构成犯罪的，是故意犯罪。"

（1）犯罪故意的认识因素：明知自己的行为会发生危害社会的结果。

犯罪故意的认识因素要求行为人认识所有的客观构成要件事实，所以任何犯罪故意的认识内容都是特定的。这也是犯罪故意与作为一般心理活动的故意的根本区别。

（2）犯罪故意的意志因素：希望或者放任危害结果发生。

2. 犯罪故意的种类

根据意志因素的不同表现，可以将故意分为直接故意和间接故意。

（1）直接故意。

直接故意是指明知道自己的行为会发生危害社会的结果，并且希望这种结果发生的心理态度。

（2）间接故意。

间接故意是指明知自己的行为会发生危害社会的结果，并且放任这种结果发生的心理态度。间接故意主要发生于下列三种情况：

①行为人为了实现某种非犯罪意图而放任危害结果的发生。例如，猎人甲为了击中猎物而对可能击中他人持放任态度。

②行为人为了实现某种犯罪意图而放任另一危害结果的发生。分为两种情况：一是为了追求某种危害结果而对同一对象可能造成的另一危害结果持放任态度；二是对某一对象实施犯罪行为时，放任对另一对象造成危害结果。

③在瞬间情绪冲动下，不计后果地实施危害行为，放任危害结果发生的情况。

（二）犯罪过失

《刑法》第十五条第一款的规定，犯罪过失是指应当预见自己的行为可能发生危害社会的结果，因疏忽大意而没有预见，或者已经预见而轻信能够避免的心理状态。按照犯罪过失心理态度的不同内容，刑法理论上把犯罪过失区分为过于自信的过失与疏忽大意的过失两种类型。

1. 疏忽大意的过失

疏忽大意的过失是指行为人应当预见自己的行为可能发生危害社会的结果，因为疏忽大意而没有预见，以致发生这种结果的心理态度。

疏忽大意的过失有两个特点：①行为人应当预见自己的行为可能会发生危害社会的结果。"应当预见"是指行为人在行为时负有预见可能发生危害结果的义务。应当预见的前提是行为人能够预见。②行为人因为疏忽大意而没有预见到自己的行为可能发生危害社会的结果。"没有预见"是指行为人在行为的当时没有想到自己的行为可能发生危害社会的结果。这种主观上对可能发生危害结果的无认识状态，是疏忽大意过失心理的基本特征和重要内容。

2. 过于自信的过失

过于自信的过失是指行为人预见到自己的行为可能会发生危害社会的结果，但轻信能够避免，以致发生这种危害结果的心理态度。

过于自信的过失的特征表现为：①在认识因素上，行为人已经预见到自己的行为可能发生危害社会的结果。②在意志因素上，行为人之所以实施犯罪行为，是轻信能够避免危害结果的发生。"轻信能够避免"是指在认识上虽然已经预见到了其行为可能会导致危害结果的发生，但又凭借一定的主客观因素，相信自己能够避免危害结果的发生。事实上，其所凭借的主客观条件并不可靠，并不充分，正是这种"轻信"心理的支配，导致行为人错误地决定实施行为而发生了危害结果。

过于自信的过失与间接故意具有相似之处，二者在认识因素上都预见到行为可能发生危害社会的结果，在意志因素上都不希望危害结果发生。但二者的区别也是很明显的：首先，间接故意的行为人在心理上"明知"，也就是对于危害结果的可能性转化为现实性并未发生错误的认识和估计，因此在可能性转化为现实性即危害结果已现实产生的情况下，行为人的主观认识和客观结果之间并未发生错误，主观和客观是一致的。而过于自信的过失的行为人，虽然已经预见到危害结果发生的可能性，但行为人主观上过高估计了自身能力或不当估计了客观条件对避免危害结果发生的作用，即对可能性转化为现实性的客观事实发生了错误认识，在危害结果发生的情况下，主客观是不一致的。其次，在意识因素上，间接故意对危害结果发生既不反对又不排斥，是一种容忍的态度，而过于自信的过失的行为人是排斥、反对危害结果的发生。

按照《刑法》第十六条的规定，行为虽然在客观上造成了损害结果，但不是出于行为人的故意或过失，而是由于不能预见的原因所引起的，不认为是犯罪，此即为无罪过事件。所谓不能预见的原因，是指行为人对其行为发生损害结果不但没有预见到，而且根据行为人的认识能力和当时的具体条件，行为人也根本不可能预见。也就是说，行为人没有这个预见能力和预见义务，结果的出现对行为人而言是意外的。

意外事件与疏忽大意的过失有相似之处，即都没有预见自己行为的结果，客观上又都发生了结果，但前者是不能、不应当预见，后者是能够预见、应当预见，只是疏忽大意才没有预见。在这个问题上，应当根据判断能否预见的标准，全面、客观、准确地判断行为人能否预见，从而正确区分意外事件与疏忽大意的过失犯罪。

(三) 犯罪目的和犯罪动机

1. 犯罪目的

犯罪目的是指犯罪人希望通过实施犯罪行为，达到某种社会危害结果的心理态度，即以观念形态存在于犯罪人大脑中的犯罪行为所预期达到的效果。直接故意犯罪的主观方面包含着犯罪目的的内容。犯罪目的实际上分为两类：一是指直接故意犯罪中的认识因素，表现为行为人实施某种犯罪行为，并希望通过犯罪行为达到某种危害结果的心理态度，如直接故意杀人，希望他人死亡就是行为人的犯罪目的。二是指在故意犯罪中，行为人通过实现行为的直接危害结果后所进一步追求的某种非法利益或结果，如"以非法占有为目的""以营利为目的"等。

犯罪目的在部分犯罪中具有区分罪与非罪的机能。例如，不以营利为目的的侵犯著作权的行为、不以营利为目的的聚众赌博行为不构成犯罪。犯罪目的还在部分犯罪中具有区分此罪与彼罪的机能。例如，是否具有牟利目的是区分传播淫秽物品牟利罪与传播淫秽物品罪的标志。

目的的内容也会影响量刑。

2. 犯罪动机

犯罪动机，是指刺激、促使犯罪人实施犯罪行为的内心起因或思想活动，它回答犯罪人基于何种心理原因实施犯罪行为。犯罪动机是某些犯罪的构成要件要素，如"徇私"（徇私枉法罪）。

### （四）刑法上的认识错误

认识错误是指行为人对自己的行为在法律上的意义有不正确理解或者对有关客观事实存在不符合真相的认识。刑法上把认识错误分为两类：一是行为人在法律上的认识错误；二是行为人在事实上的认识错误。

1. 法律上的认识错误

法律上的认识错误是指行为人对自己的行为在法律上是否构成犯罪、构成何种犯罪或者应当受何种惩罚的不正确的理解。

法律认识错误包括三种情况：①假想的犯罪，即行为人的行为依照法律的规定并不构成犯罪，行为人误认为构成了犯罪；②假想的不犯罪，即行为人将法律上规定为犯罪的行为误认为不构成犯罪；③行为人对自己行为的罪名和罪行轻重的误解，即行为人认识到自己的行为已经构成犯罪，但对其行为触犯了刑法规定的何种罪名和应当被处以什么样的刑罚，存在不正确的理解。

法律认识错误，一般而言不影响对行为人的行为定性评价，即故意犯罪成立原则上并不以行为的违法性认识为前提。

2. 事实上的认识错误

事实上的认识错误是指行为人所认识、所意欲的事实与实际情况、客观事实不一致。成立犯罪故意，要求行为人认识到客观构成事实。如果行为人的认识内容与客观构成事实不一致，就是事实认识错误，刑法理论需要判断这种情形还能否认定犯罪故意。事实认识错误分为具体的事实认识错误与抽象的事实认识错误。

（1）具体的事实认识错误。

具体的事实认识错误，是指行为人所认识的事实与现实所发生的事实虽然不一致，但没有超出同一犯罪构成的范围，即行为人只是在某一犯罪构成的范围内发生了对事实的认识错误，因而也被称为同一犯罪构成内的错误。

①对象错误。

具体的事实错误中的对象错误，是指行为人误把甲对象当作乙对象加以侵害，而甲对象与乙对象体现相同的法益，行为人的认识内容与客观事实仍然属于同一犯罪构成的情况。

该错误不影响犯罪故意的成立，认定为故意犯罪既遂。例如，甲误把丙当作乙杀害，无论根据具体符合说还是法定符合说，甲都成立故意杀人罪既遂。

②打击错误。

打击错误，也称方法错误，是指由于行为本身的差误，导致行为人所欲攻击的对象与实际受害的对象不一致的情况，但这种不一致仍然没有超出同一犯罪构成。

③因果关系的错误。

所谓因果关系的错误，是指行为人侵害的对象没有错误，但造成侵害的因果关系的发展过程与行为人所预想的发展过程不一致，以及侵害结果推后或者提前发生的情况。

因果关系的错误又可以分为三类：狭义的因果关系错误、事前故意、犯罪构成的提前实现。

（2）抽象的事实认识错误。

抽象的事实认识错误，是指行为人所认识的事实与现实所发生的事实，分别属于不同的犯罪构成，即行为人所认识的事实与所发生的事实跨越了不同的犯罪构成（因而也被称为不同犯罪构成间的错误）。抽象的事实认识错误包括以下两种情形：

①对象错误，是指行为人误把甲对象当作乙对象加以侵害，但甲对象和乙对象体现不同的法益，分属不同的犯罪构成。

②打击错误，是指由于行为人本身的差误，导致行为人所欲攻击的对象与实际受害的对象不一致，而且这种不一致超出了同一的犯罪构成范围。

抽象的事实认识错误的处理原则：在主客观相统一原则基础上，以法定符合说为标准判断故意的成立，即在主观故意与客观事实的法律评价相一致的范围内认定是否成立故意犯罪。

# 第四节　正当防卫

## 一、正当防卫的概念

根据《刑法》第二十条的规定，正当防卫是指为了保护国家、公共利益、本人或他人的人身、财产和其他合法权利免受正在进行的不法侵害，采取对不法侵害人造成损害的方法，制止不法侵害的行为。正当防卫不负刑事责任。

我国《刑法》规定了两种正当防卫：①第二十条第一款规定的一般正当防卫；②第二十条第三款规定的特殊正当防卫。

## 二、正当防卫的条件

（一）一般正当防卫的条件

成立一般正当防卫必须同时具备以下五个条件：

1. 起因条件：存在现实的不法侵害

（1）"不法"：只要求是客观违法的行为，不要求主客观统一。

（2）"侵害"：只有当不法行为威胁法益时，才能对之进行正当防卫。

（3）"现实性"：客观上真实存在不法侵害行为，而非主观臆测。

2. 时机条件：不法侵害必须正在进行（已经发生并且尚未结束）

（1）开始时间：原则上是不法侵害人着手实行不法侵害行为的时间，但有的情形即使没有达到着手阶段，如果存在法益侵犯的急迫性，也可以正当防卫。

（2）结束时间：法益不再处于紧迫、现实的侵害、威胁之中，或者说不法侵害已经不可能（继续）侵害或者威胁法益。具体表现为：

第一，不法侵害人已被制服或者已经丧失了侵害能力。

第二，不法侵害人已经自动中止了不法侵害或者已经逃离现场。

第三，不法侵害行为已经造成了危害结果并且不可能继续造成更严重的危害结果。

（3）防卫装置：设立防卫装置后，遇到了正在进行的不法侵害，该装置针对正在进行的不法侵害发挥作用制止了不法侵害，并且没有超过必要限度时，就应认为是正当防卫。

但是，设立防卫装置的行为所造成的风险应由设立者承担（例如，防卫装置导致无辜者伤亡的，设立者承担相应的法律责任）。如果防卫装置本身危害公共安全，则为法律所禁止。

（4）防卫不适时：不法侵害尚未开始或者已经结束，进行所谓"防卫行为"的情形。

第一，防卫不适时包括事前加害（事前防卫）与事后加害（事后防卫）。

第二，防卫不适时如果成立犯罪，根据情形，可能成立故意犯罪或者过失犯罪（根据案情，也有可能属于意外事件）。

3. 主观条件：防卫意图（主观的正当化因素）

我国刑法理论通说认为，具有防卫意图时，才成立正当防卫。防卫意图包括防卫认识和防卫意志。防卫挑拨和相互斗殴不成立正当防卫。

4. 对象条件：必须针对不法侵害人本人进行防卫

5. 限度条件：必须没有明显超过必要限度造成重大损害

（二）特殊正当防卫的条件

《刑法》第二十条第三款规定："对正在进行行凶、杀人、抢劫、强奸、绑架以及其他严重危及人身安全的暴力犯罪，采取防卫行为，造成不法侵害人伤亡，不属于防卫过当，不负刑事责任。"

1. 特殊正当防卫与一般正当防卫在成立条件上的区别

（1）特殊正当防卫所针对的只能是正在进行行凶、杀人、抢劫、强奸、绑架以及其他严重危及人身安全的暴力犯罪；而一般正当防卫所针对的是需要防卫的任何犯罪与其他一般违法行为（以需要防卫为前提）。因此，只有保护人身安全时，才可能属于特殊正当防卫；保护其他法益时，不得进行特殊正当防卫。

（2）特殊正当防卫没有必要限度，因而不存在防卫过当；一般正当防卫具有必要限度，因而存在防卫过当。

2. 特殊正当防卫的注意事项

（1）特殊正当防卫不适用于非暴力犯罪以及作为一般违法行为的暴力行为。

（2）《刑法》第二十条第三款中的杀人、抢劫、强奸、绑架主要是对暴力犯罪的列举，其中的"杀人"限于故意杀人。

（3）"行凶"：指杀人与重伤界限不清的暴力犯罪。对于暴力造成一般重伤的，不包含在"行凶"之内。

（4）只有当行凶、杀人、抢劫、强奸、绑架等暴力犯罪严重危及人身安全（限于生命与重大的身体安全）时，才适用特殊正当防卫的规定。

（5）其他严重暴力犯罪，如抢劫枪支弹药罪、劫持航空器罪等。

（6）严重危及人身安全的暴力犯罪，是指具备客观构成要件符合性的违法行为，而不要求不法侵害者具备有责性。但是，应当严格限制对缺乏有责性的暴力犯罪的特殊正当防卫。

（7）必须符合正当防卫的其他条件。

### 三、防卫过当及其刑事责任

防卫行为明显超过必要限度造成重大损害的，属于防卫过当。防卫过当不是独立的罪名，而应根据其符合的犯罪构成要件确定罪名。

防卫过当在客观上具有社会危害性，主观上存在罪过，因而是一种非法侵害行为，这是防卫过当区别于正当防卫的本质特征，也是追究防卫过当人刑事责任的基础。防卫过当的罪过形式一般是过失，但也不排除间接故意的可能性。据此，在防卫过当造成他人死亡的情况下，如果行为人主观上仅有过失，则认定为过失致人死亡；如果出于间接故意，则成立故意杀人罪。

对于防卫过当，应当酌情减轻或者免除处罚。之所以会这样规定，是因为防卫人主观上是出于制止不法侵害、保护合法权益的意图，因而主观恶性小；另外，防卫过当是在紧迫情况下造成的，客观上造成的危害比其他犯罪小得多。

# 第五节　紧急避险

### 一、紧急避险的概念

根据《刑法》第二十一条的规定，紧急避险是指为了使国家、公共利益、本人或者他人的人身、财产和其他权利免受正在发生的危险，不得已而对另一较小合法权益造成损害的行为。紧急避险不负刑事责任。

### 二、紧急避险的条件

由于紧急避险是以损害某种合法权益的方法来保护另一合法权益，因此，与正当防卫相比，法律对它的成立条件限制得更加严格。

1. 合法权益面临现实危险

紧急避险要求合法权益处于客观存在的危险的威胁中，即合法权益处于可能遭受具体损害的危险之中。危险的来源有：大自然的自发力量导致的危险，动物的袭击带来的危险，人的生理或疾病的原因，人的危害行为造成的危险。现实危险不包括职务上、业务上负有特定责任的人所面临的对本人的危险，如消防人员在火情下不能避免火灾对自己的危险而采取紧急避险。

**2. 危险正在发生**

危险正在发生是指足以造成合法权益遭受严重损害的危险已经出现而又尚未结束的状态，即危险已经迫在眉睫，对法律所保护的合法权益即将或者已经造成损害。危险一旦结束，紧急避险则失去了其存在的时间条件。此时，损害已经造成，实行避险行为已经不能保全合法权益或恢复权益，不实行避险行为也不会使合法权益再遭受损害。

**3. 出于不得已而损害另一合法权益**

所谓不得已，是指在危险发生的非常之际，已不能用其他方法避免。如果当时尚有采取其他方法可避免危险的机会，如有条件逃避、报警或者直接对抗危险、进行正当防卫时，行为人却不采取，而给无辜的第三者造成了不必要的损害，则其行为非但不能成立紧急避险，构成犯罪的还要追究刑事责任。

**4. 具有避险意识**

避险意识由避险认识与避险意志构成。避险认识是指行为人认识到国家、公共利益、本人或者他人的人身、财产和其他权利面临正在发生的危险，认识到只有损害另一较小合法权益才能保护较大的合法权益，认识到自己的避险行为是保护合法权益的正当合法行为。避险意志是指行为人出于保护国家、公共利益、本人或者他人的人身、财产和其他权利免受正在发生的危险的目的。

**5. 没有超过必要限度而造成不应有的损害**

紧急避险不能超过必要限度造成不应有的损害，这是紧急避险的限度条件。根据紧急避险的性质和目的，紧急避险所损害的利益，必须小于所保护的利益，而不能等于或大于所保护的权益。至于如何权衡权益的大小，则应当具体分析。一般说来，人身权利大于财产权利，人身权利中的生命权又重于其他人身权利，财产权利的大小应以财产价值的多少为标准来衡量，而不是以所有制性质来衡量。

### 三、避险过当及其刑事责任

避险行为超过必要限度造成不应有的损害的，成立避险过当。构成避险过当需要具备两方面要件：一是行为人客观上实施了超过必要限度的避险行为，造成合法权益的不应有的损失；二是行为人主观上对避险过当具有过错，通常是疏忽大意的过失。

根据刑法典的规定，避险过当应当负刑事责任，量刑时应当减轻或者免除处罚。

# 第六节　故意犯罪的形态

## 一、故意犯罪的停止形态

故意犯罪形态，是指故意犯罪在其发展过程中，由于某种原因出现结局所呈现的状态，即犯罪预备、犯罪未遂、犯罪中止与犯罪既遂。相对于既遂犯，犯罪预备、犯罪未遂、犯罪中止称为犯罪未完成形态。

## 二、犯罪预备

### (一)犯罪预备的概念和特征

根据《刑法》第二十二条第一款的规定,犯罪预备是指为了犯罪而准备工具、制造条件,但由于行为人意志以外的原因而未能着手实行犯罪的情形。据此,犯罪预备有以下特征:

(1)主观上为了犯罪。

成立犯罪预备,要求行为人主观上是为了犯罪。行为人进行犯罪预备活动的意图和目的,是为了顺利地着手实施和完成犯罪。犯罪预备行为的发动、进行与完成,都是受此目的支配的。

(2)客观上实施了犯罪预备行为。

所谓的犯罪预备行为,是为了犯罪的实行创造便利条件,以利于危害结果顺利实现的行为。预备行为已经对刑法所保护的社会关系构成了威胁。总的来说,预备行为是为了实行犯罪制造条件的行为,但刑法将预备行为规定为两类,即准备工具和制造条件。

(3)事实上未能着手实行犯罪。

犯罪预备必须在预备阶段停顿下来,事实上未能着手实行犯罪。未能着手实行犯罪包括两种情况:一是预备行为没有完成,因而不能着手实行犯罪;二是预备行为虽已完成,但由于某种原因未能着手实行犯罪。

(4)未能着手犯罪是由于行为人意志以外的原因。

犯罪预备在预备阶段停顿下来,必须是由于行为人意志以外的原因所致。如果行为人自动放弃预备行为或者自动不着手实行犯罪,则不成立犯罪预备,而成立犯罪中止。

### (二)犯罪预备的刑事责任

根据《刑法》第二十二条第二款的规定:"对于预备犯,可以比照既遂犯从轻、减轻或者免除处罚。"

## 三、犯罪未遂

### (一)犯罪未遂的概念和特征

根据《刑法》第二十三条第一款的规定,已经着手实行犯罪,由于犯罪分子意志以外的原因而未得逞的,是犯罪未遂。犯罪未遂具有以下特征:

(1)已经着手实行犯罪。

"着手"不是犯罪行为的起点(犯罪行为的起点是犯罪预备行为),而是犯罪的实行行为的起点。实行行为是《刑法》分则所规定的具体犯罪构成要件的行为,故着手意味着开始实施《刑法》分则所规定的具体犯罪构成要件的行为。

行为人已经着手实行犯罪,是犯罪未遂形态必须具备的特征之一,也是犯罪未遂形态与犯罪预备形态区别的主要标志,因为犯罪未遂和犯罪预备形态都是由于行为人意志以外的原因而被迫停止继续犯罪,因而二者区别的关键就在于着手实行犯罪与否。

（2）犯罪未得逞。

犯罪未得逞是指犯罪行为没有具备《刑法》分则条文规定的某一犯罪构成的全部要件，或者说犯罪行为没有具备具体犯罪构成的全部要件。这是犯罪未遂与犯罪既遂的关键区别所在。

（3）犯罪未得逞是由于犯罪分子意志以外的原因。

犯罪分子意志以外的原因是指始终违背犯罪分子意志的，客观上使犯罪不可能既遂，或者使犯罪人认为不可能既遂因而被迫停止犯罪的原因。犯罪分子意志以外的原因包括三种情况：①抑止犯罪意志的原因，即某种事实使得犯罪分子认为自己客观上已经不可能继续实行犯罪，从而被迫停止犯罪。②抑止犯罪行为的原因，即某种情况使得行为人在客观上不可能继续实行犯罪或者不可能造成犯罪结果。③抑止犯罪结果的原因，即行为人已将其认为应当实行的行为实行终了，但意外情况阻止了结果的发生。

（二）犯罪未遂的类型

刑法理论以不同的标准把犯罪未遂分为两对类型：实行终了未遂与未实行终了未遂；能犯未遂和不能犯未遂。

1. 实行终了未遂与未实行终了未遂

刑法理论上以犯罪实行行为是否实行终了为标准，把犯罪未遂区分为实行终了未遂与未实行终了未遂。实行终了未遂是指犯罪人已将其认为达到既遂所必需的全部行为实行终了，但由于犯罪人意志以外的原因未能得逞。未实行终了未遂是指由于意志以外的原因，使得犯罪分子未能将其认为达到既遂所必需的全部行为实行终了，因而未得逞。

实行终了未遂与未实行终了未遂反映不同的社会危害性。一般来说，前者距离危害结果的发生较近，后者距离危害结果的发生较远，因而前者对刑法所保护的社会关系的侵犯程度重于后者，这是在量刑时应考虑的。

2. 能犯未遂和不能犯未遂

这是以犯罪行为本身能否既遂为标准所做的区分。能犯未遂是指行为人所实施的行为本身可能达到既遂，但由于犯罪人意志以外的原因而未能得逞。不能犯未遂是指犯罪人所实施的行为本身就不可能达到既遂因而未得逞。

不能犯未遂可以进一步分为对象不能犯未遂与手段不能犯未遂。所谓对象不能犯未遂，是指由于行为人的认识错误，使得犯罪行为所指向的犯罪对象在行为时不在犯罪行为的有效作用范围内，或者具有某种属性，而使犯罪不能既遂。手段不能犯未遂是指犯罪人由于认识错误而使用了按其客观性质不能实现行为人犯罪意图、不能构成既遂的犯罪工具或手段，以致犯罪未遂。

（三）未遂犯的处罚原则

《刑法》第二十三条第二款规定："对于未遂犯，可以比照既遂犯从轻或者减轻处罚。"

## 四、犯罪中止

（一）犯罪中止的概念

根据《刑法》第二十四条的规定，在犯罪过程中，自动放弃犯罪或者自动有效地防止犯罪结果的发生，是犯罪中止。犯罪中止存在两种情况：一是在犯罪预备阶段或者在实行行为还没有实行终了的情况下，自动放弃犯罪；二是在实行行为实行终了的情况下，自动有效地防止犯罪结果的发生。

（二）犯罪中止的特征

1. 中止的时间性

中止必须发生在"犯罪过程"中，即在犯罪行为开始实施之后、犯罪呈现结局之前均可中止。"在犯罪过程中"表明犯罪中止既可以发生在犯罪预备阶段，也可以发生在犯罪实行阶段。

2. 中止的自动性

中止的自动性，是指行为人认识到客观上可能继续实施犯罪或者可能既遂，但自愿放弃原来的犯罪意图。这是犯罪中止与犯罪预备、犯罪未遂在主观上的区分标志。即"能达目的而不欲"时是中止，"欲达目的而不能"时是未遂。"能"和"不能"的判断应以行为人的认识为标准（主观说），即只要行为人认为可能既遂而不愿达到既遂，即使客观上不可能既遂的，也是中止；只要行为人认为不可能既遂而放弃，即使客观上可能既遂，也是未遂。

3. 中止的彻底性

中止不仅是一种内心状态的转变，还要求客观上有中止行为。中止的彻底性是指行为人彻底放弃了原来的犯罪。这一特征意味着行为人在主观上彻底打消了原来的犯罪意图，在客观上彻底放弃了自认为本可继续进行的犯罪行为，而且从主客观的统一上行为人也不打算以后继续实施此项犯罪。彻底性表明了行为人自动停止犯罪的决心是坚决、彻底的，而不是暂时的中断。

4. 中止的有效性

不管是哪种中止，都必须没有发生作为既遂标志的犯罪结果。行为人虽然自动放弃犯罪或者自动采取措施防止结果的发生，但如果发生了作为既遂标志的犯罪结果，就不成立犯罪中止。

根据犯罪中止的有效性特征的要求，在已经实施的犯罪行为可能产生既遂的犯罪结果的情况下，行为人要成立犯罪中止，仅以不作为的方式消极地停止犯罪的继续实施是不够的，除此之外，他还必须采取积极的作为方式来预防和阻止既遂的犯罪结果的发生，而且这种防止行为必须奏效，能从实际上阻止即避免既遂结果发生，这样才能成立犯罪中止。

（三）中止犯的刑事责任

根据《刑法》第二十四条第二款的规定："对于中止犯，没有造成损害的，应当免除处罚；造成损害的，应当减轻处罚。"

## 五、共同犯罪

（一）共同犯罪的概念

根据《刑法》第二十五条的规定，共同犯罪是指二人以上共同故意犯罪。共同犯罪不是若干单独犯罪的简单相加，而是具有更大的社会危害性的犯罪。

（二）共同犯罪的成立条件

1. 必须二人以上

共同犯罪的主体必须是"二人以上"，即两个以上达到刑事责任年龄，具有刑事责任能力的人或单位。具体来讲，有三种情形：一是两个以上的自然人构成的共同犯罪；二是两个以上的单位构成的共同犯罪；三是有责任能力的自然人与单位构成的共同犯罪。

2. 必须有共同故意

共同故意包括两个内容：一是各共同犯罪人均有相同的犯罪故意；二是各共同犯罪人之间具有意思联络。首先，共同故意要求各共同犯罪人都明知共同犯罪行为的性质、危害结果，并且希望或者放任危害结果的发生。其次，共同犯罪故意要求各共同犯罪人主观上相互沟通，彼此联络，都认识到他们之间不是在孤立地实施犯罪，而是和其他人一起共同犯罪。

基于上述理解，以下情况不构成共同犯罪：①共同过失犯不成立共同犯罪；②故意犯罪行为与过失犯罪行为不成立共同犯罪；③同时犯不是共同犯罪（同时犯是指没有沟通实行犯罪的意思联络，而在同一时间针对同一目标实行同一犯罪）；④同时实施犯罪而故意内容不同，不构成共同犯罪；⑤超出共同故意以外的犯罪不构成共同犯罪；⑥事前无通谋的窝藏、包庇、窝赃、销赃行为不构成共同犯罪。

3. 必须有共同的行为

共同行为不仅指各犯罪人都实施了属于同一犯罪构成的行为，而且各共同犯罪人的行为在共同故意支配下相互配合、相互协调、相互补充，形成一个整体。共同犯罪行为的表现形式有三种：一是共同作为；二是共同不作为；三是作为与不作为相结合。

（三）共同犯罪的形式

刑法理论中通常按照四个标准，将共同犯罪的形式区分为以下四种：

1. 任意共同犯罪与必要共同犯罪

这是根据共同犯罪是否能够依据法律的规定任意形成而对共同犯罪形式所做出的划分。

任意共同犯罪是指《刑法》分则规定的可以由一个人单独实施的犯罪，当二人以上共同实施时所构成的共同犯罪。其特点是：刑法对犯罪主体的人数没有限制。

必要共同犯罪是指《刑法》分则规定的只能以二人以上的共同行为作为犯罪构成的犯罪。其特点是：犯罪主体必须是二人以上，而且具有共同的犯罪行为，一个人不能单独构成犯罪。在刑法典中，必要共同犯罪有两种：一种是聚合性共同犯罪，如《刑法》第二百九十条规定的聚众扰乱社会秩序罪、聚众冲击国家机关罪等。二是集体性共同犯罪，如

《刑法》第二百九十四条规定的组织、领导、参加黑社会性质组织罪等。

2. 事前通谋的共同犯罪和事前无通谋的共同犯罪

这是根据共同犯罪故意形成的时间而对共同犯罪形式所做出的划分。

事前通谋的共同犯罪是指共同犯罪人的共同故意，在着手实行犯罪前形成。

事前无通谋的共同犯罪是指共同犯罪人的犯罪故意，在着手实行犯罪之时或实行犯罪的过程中形成。

3. 简单共同犯罪和复杂共同犯罪

这是根据共同犯罪人之间是否有具体的分工所划分的共同犯罪形式。

简单共同犯罪是指二人以上共同直接实行《刑法》分则规定的某一具体犯罪的构成要件的行为。即在简单共同犯罪中，只有实行犯，没有教唆犯、组织犯和帮助犯。

复杂共同犯罪是指各共同犯罪人之间存在着犯罪分工的共同犯罪。这种分工具体表现为组织犯、教唆犯、实行犯或帮助犯。

4. 一般共同犯罪和特殊共同犯罪

这是根据共同犯罪有无组织形式而对共同犯罪形式进行的划分。

一般共同犯罪又称非集团性共同犯罪，指没有特殊组织形式的共同犯罪。其特点是：共同犯罪人为实施某种犯罪而临时结合，一旦犯罪完成，这种结合便不复存在。

特殊共同犯罪也称有组织的共同犯罪，通称为犯罪集团，是指三人以上为共同实施犯罪而组成的较为固定的犯罪组织。犯罪集团具有以下特征：①人数在三人以上；②较为固定，具有相对稳定性；③目的在于实施犯罪行为；④犯罪分子之间相互纠合，体现出一定的组织性。

（四）共同犯罪人的分类及其刑事责任

《刑法》将共同犯罪人分为主犯、从犯、胁从犯和教唆犯。

1. 主犯及其刑事责任

根据《刑法》第二十六条第一款的规定，主犯是指组织、领导犯罪集团进行犯罪活动或者在共同犯罪中起主要作用的犯罪分子。主犯包括两类：一是组织、领导犯罪集团进行犯罪活动的犯罪分子，即犯罪集团的首要分子；二是其他在共同犯罪中起主要作用的犯罪分子，即除犯罪集团的首要分子以外的在共同犯罪中对共同犯罪的形成、实施与完成起决定或者重要作用的犯罪分子。

对于组织、领导犯罪集团进行犯罪活动的首要分子，按照集团所犯的全部罪行处罚；对其他主犯，应当按照其所参与的或者组织、指挥的全部犯罪处罚。

2. 从犯及其刑事责任

根据《刑法》第二十七条的规定，从犯是指在共同犯罪中起次要或者辅助作用的犯罪分子。从犯分为两种：一是在共同犯罪中起次要作用的从犯；二是在共同犯罪中起辅导作用的从犯，即帮助犯。

根据《刑法》第二十七条第二款的规定，对于从犯，应当从轻、减轻或者免除处罚。

3. 胁从犯及其刑事责任

按照《刑法》第二十八条的规定，胁从犯是指被胁迫参加共同犯罪的犯罪分子。被胁迫参加犯罪，即在他人的暴力威胁等精神强制下，被迫参加犯罪。

根据《刑法》第二十八条的规定，对于胁从犯，应当按照他的犯罪情节减轻或者免除处罚。

4. 教唆犯及其刑事责任

根据《刑法》第二十九条第一款的规定，教唆犯是指故意唆使他人犯罪的犯罪分子。教唆犯的特点是：本人不亲自实行犯罪，而故意唆使他人产生犯罪意图并实行犯罪。

教唆犯成立需要具备以下条件：①教唆犯所教唆的对象必须是达到刑事责任年龄、具有刑事责任能力的人，否则不成立教唆犯，而成立间接正犯。②必须有教唆行为。教唆行为的实质是引起他人的犯罪故意，教唆的对象是本无犯罪意图的人，或者虽有犯罪意图但犯罪意志尚未坚决的人。教唆行为的形式没有限制，既可以是口头的，也可以是书面的，还可以是示意性的动作。③必须有教唆故意。教唆犯只能由故意构成，过失不可能成立教唆犯。

根据《刑法》第二十九条第一款，处罚教唆犯应当注意以下问题：①对于教唆犯，应当按照他在共同犯罪中所起的作用处罚；②教唆不满 18 周岁的人犯罪的，应当从重处罚；③如果被教唆的人没有犯被教唆的罪，对于教唆犯，可以从轻或者减轻处罚；④教唆不满 14 周岁的人或者精神病人犯罪，对教唆者应当按单独犯论处。

# 第七节　罪　数

## 一、区分罪数的意义和标准

### （一）区分罪数的意义

罪数是指一个人所犯之罪的个数，区分罪数也就是区分一罪与数罪。行为人的行为究竟是构成一罪还是成立数罪，是司法实践中经常遇到的问题，正确区分一罪与数罪具有重要意义：①正确区分罪数有利于准确定罪。②正确区分罪数有利于适当量刑。一罪只能处罚一罪，对数罪应当并罚。

### （二）区分罪数的标准

区分一罪与数罪的标准通常采取犯罪构成说，即行为符合一个犯罪构成的就是一罪，符合数个犯罪构成的就是数罪，行为数次符合同一犯罪构成的也是数罪。这里所说的犯罪构成主要指《刑法》分则条文对各种具体犯罪所规定的具体的犯罪构成。同时，在认定行为是一罪还是数罪时，还要注意刑罚的特殊规定。例如，《刑罚法》第一百九十六条第三款规定，盗窃他人信用卡并使用的，以盗窃罪论处。因此，不能将这种行为认定为盗窃罪与信用卡诈骗罪。

## 二、实质的一罪

### （一）继续犯

继续犯，又称持续犯，是指行为从着手实行到由于某种原因终止以前，一直处于持续状态的犯罪。非法拘禁罪是典型的继续犯。继续犯具有以下特征：

第一，继续犯表现为犯罪行为与不法状态同时继续。

第二，继续犯必须是犯罪行为在一定时间内（成立继续犯所需的时间内）不间断地持续存在。

第三，继续犯必须是一个行为侵犯了同一具体的法益，即犯罪行为自始至终都针对同一对象、侵犯同一法益。

第四，继续犯必须出于一个罪过。一般来说，继续犯是出于一个故意，出于数个故意的行为不可能成立继续犯。

对于继续犯，不论其持续时间长短，均应以一罪论处。此外，根据《刑法》第八十九条的规定，对继续犯的追诉期限从犯罪行为终了之日起算，这也说明对继续犯只能以一罪论处。

（二）想象竞合犯

想象竞合犯，又称想象的数罪、观念的竞合、一行为数法，是指一个行为触犯了数个罪名的情况。如行为人开一枪而致一人死亡、一人重伤，一个开枪行为同时触犯了故意杀人罪和故意伤害罪。

想象竞合犯具有以下两个基本特征：

第一，行为人只实施了一个行为。

第二，一个行为必须触犯数个罪名，即因为该行为具有多重属性或者造成多重结果，在构成要件的评价上符合数罪的构成要件。

对于想象竞合犯，由于行为人只有一个行为，所以从一重罪处断。但刑法另有特别规定的，则应当依照特别规定论处。

（三）结果加重犯

结果加重犯也称加重结果犯，是指法律规定的一个犯罪行为由于发生了严重的结果而加重其法定刑的情况。

结果加重犯具有以下特征：

第一，行为人实施基本犯罪行为，但造成了加重结果。基本犯罪行为与加重结果之间具有因果关系。

第二，行为人对基本犯罪一般持故意，对加重结果至少持过失。

第三，《刑法》就发生的加重结果加重了法定刑，即结果加重犯的法定刑高于基本犯罪的法定刑。

## 三、法定的一罪

（一）结合犯

结合犯，是指数个原本独立的犯罪行为，根据《刑法》的明文规定，结合成为一个独立的新罪的情况。结合犯的特征如下：

第一，结合犯所结合的数罪原本是刑法上数个独立的犯罪。数个独立的犯罪必须是数

## 二、刑罚的目的

### (一) 刑罚目的的概念

刑罚目的是指国家制定、适用、执行刑罚的目的，即国家的刑事立法采用刑罚作为对付犯罪现象的强制措施及其具体适用和执行所预期实现的效果。刑罚的目的体现着掌握政权的统治阶级制定刑罚、适用刑罚和执行刑罚的指导思想，决定着刑罚体系和刑罚种类的确立，也是刑罚制度赖以建立的出发点和归宿。

### (二) 刑罚目的的内容

我国法律规定的刑罚是通过惩罚与教育相结合的方法，改造罪犯，从而达到预防犯罪的最终目的。所谓预防犯罪，包括特殊预防和一般预防两个方面。

1. 特殊预防

特殊预防是指通过刑罚的适用，预防犯罪分子重新犯罪。显然，特殊预防的对象是已经实施了犯罪行为的人。特殊预防是通过两条途径实现的：一是通过对罪行极其严重的犯罪人适用死刑，永远剥夺其重新犯罪的能力。这种方式虽然简单有效，但不是现代社会实现特殊预防的主要途径。二是通过对犯罪人适用刑罚，使犯罪人不愿犯罪、不敢犯罪乃至不能犯罪。

2. 一般预防

一般预防是指通过对犯罪分子适用刑罚，警戒社会上的不稳定分子，防止他们走上犯罪道路。一般预防的对象不是犯罪人，而是犯罪人以外的一般社会成员。主要包括：①危险分子，即具有犯罪危险的人。②不稳定分子，即容易犯罪的人，主要是指法制观念淡薄、自制能力不强、没有固定职业、容易受犯罪诱惑或容易被犯罪人教唆、拉拢的人。③犯罪被害人，即直接或间接被犯罪行为侵犯的人。这些人虽为受害者，但因为往往具有报复倾向，也容易通过犯罪手段达到报复目的，故也是一般预防的对象。

一般预防的途径有三条：①通过制定、适用和执行刑罚，威慑社会上的危险分子和不稳定分子，抑制他们的犯罪意念，使他们不敢以身试法；②通过制定、适用和执行刑罚，表明国家对犯罪的不能容忍，安抚被害人及其家属，以防止报复性犯罪的发生；③通过制定、适用和执行刑罚，提高广大公民的法制观念，鼓励他们积极地同犯罪做斗争。

### (三) 一般预防与特殊预防的关系

特殊预防与一般预防是一个整体，密切相连，不可分割。任何犯罪行为都侵犯了合法权益，都预示着犯罪人再次犯罪的现实可能性；表明我国还存在各种诱发犯罪的原因以及可能实施犯罪行为的人，提前制定、适用和执行刑罚，防止已经犯罪的人再次犯罪，是保护合法权益最实际、最紧迫的任务；通过制定、适用和执行刑罚，警告、教育社会上的其他人不犯罪和抵制他人犯罪，则是防患于未然，保证社会长治久安的战略要求。

制定、适用和执行刑罚，都具有对犯罪人的特殊预防和对社会上其他人的一般预防两方面的目的。特殊预防的实现有利于一般预防的实现；同样，一般预防的实现也有助于特殊预防的实现。

### 三、刑罚体系概述

（一）刑罚体系概念

刑罚体系是指刑事立法者从有利于发挥刑罚的目的和实现刑罚的目的出发，选择一定的惩罚方法作为刑罚方法加以归类、由刑法依照一定的标准对各种刑罚方法进行排列而形成的刑罚序列。

（二）刑罚体系的特点

1. 体系完整，结构严整

我国的刑罚由主刑和附加刑构成一个完整的体系，包括各种属性不同的刑罚方法，有生命刑、自由刑、财产刑、资格刑等，不同的刑种对受刑人所造成的剥夺性痛苦不同，可以适用于不同的犯罪和不同的犯罪人，这就使刑罚体系的构成要素臻于完善。

我国刑罚体系不仅构成体系完整，而且结构严整。首先是主刑和附加刑结构合理，主刑在前，附加刑在后，体现了主刑是对犯人主要适应的刑罚方法，附加刑是对主刑补充适用的刑罚方法的特点，主次关系分明。其次是各个刑种的结构合理。主刑根据各自的严厉程度从轻到重依次排列，即管制、拘役、有期徒刑、无期徒刑、死刑；附加刑也根据各自的严厉程度从轻到重依次排列。

2. 宽严相济，目标统一

构成我国刑罚体系的刑种，无论是主刑还是附加刑，都有轻有重。在我国刑罚体系中，虽然保留了死刑这一严厉的刑罚方法，但对死刑的适用做出了严格限制，对不适用死刑的犯罪分子，根据其罪行严重程度和人身危险性，分别适用管制、拘役、有期徒刑、无期徒刑，对他们实行劳动改造。

3. 内容合理，方法人道

首先，在我国刑罚体系中，没有肉刑和侮辱人格的羞辱刑。其次，刑罚的执行也合理进步了，除死刑立即执行外，其他刑种都强调对人的教育和改造。在执行中，还实行减刑、假释等制度，鼓励犯罪分子弃恶从善，重新做人。

### 四、主 刑

主刑（又称本刑、基本刑罚、单独刑）是指只能独立适用的主要刑罚方法。主刑只能独立适用，不能附加适用；一个罪只能适用一个主刑，不能同时适用两个以上主刑。根据《刑法》第三十三条规定，主刑包括管制、拘役、有期徒刑、无期徒刑与死刑。

（一）管 制

管制是对罪犯不予关押，但限制其一定的人身自由，对判处管制的犯罪分子，应当依法实行社区矫正。管制的特征如下：

第一，对犯罪分子不予关押，即不将其拘押于一定设施或者场所内。

第二，限制罪犯的一定自由。根据《刑法》第三十九条规定，被判处管制的犯罪分子在执行期间应当遵守的规定有：①遵守法律、行政法规，服从监督；②未经执行机关批准，不得行使言论、出版、集会、结社、游行、示威自由的权利；③按照执行机关的规定报告自己的活动情况；④遵守执行机关关于会客的规定；⑤离开所居住的市、县或者迁居，应当报经执行机关批准。

第三，管制是有期限的刑罚方法。根据《刑法》第三十八条的规定，管制的期限为3个月以上2年以下。关于管制的刑期的计算，《刑法》第四十一条规定："管制的刑期，从判决执行之日起计算；判决执行以前先行拘押的，拘押一日折抵刑期两日。"

第四，被判处管制的犯罪分子享有除被限制之外的各项权利。

第五，对判处管制的犯罪分子，应当依法实行社区矫正。法院可以判处禁止令，即禁止犯罪分子在执行期间从事特定活动，进入特定区域、场所，接触特定的人。

（二）拘　役

拘役是短期剥夺犯罪分子的自由，就近执行并实行劳动改造的刑罚方法。拘役的特征如下：

第一，剥夺罪犯的自由。即将罪犯羁押于特定设施或场所之中，剥夺其人身自由。

第二，期限较短。拘役的期限为1个月以上6个月以下。数罪并罚不能超过1年。拘役的刑期，从判决执行之日起算；判决执行以前先行羁押的，羁押一日折抵刑期一日。

第三，《刑法》第四十三条规定，被判处拘役的犯罪分子，由公安机关就近执行。拘役由公安机关在就近的拘役所、看守所或其他监管场所执行；在执行期间，受刑人每月可以回家一至两天；参加劳动的，可以酌量发给报酬。

（三）有期徒刑

有期徒刑是剥夺犯罪分子一定期限的人身自由，并强制其进行劳动并接受教育改造的刑罚方法。

根据《刑法》第四十五至四十七条的规定，有期徒刑具有以下特征：

一是剥夺犯罪分子的自由。即将犯罪分子拘押于特定的设施或者场所之中，包括监狱、未成年犯管教所、看守所等。

二是有一定的期限。根据《刑法》第四十五条、第四十七条与第六十九条的规定，有期徒刑的期限为6个月以上15年以下。但是，有两种情况例外：

第一，根据《刑法》第五十条、《刑法修正案（八）》第四条的规定，判处死刑缓期执行的，在死刑缓期执行期间，如果确有重大立功表现，2年期满以后可减为25年有期徒刑。

第二，根据《刑法》第六十九条、《刑法修正案（八）》第十条的规定，数罪并罚时，有期徒刑总和刑期不满35年的，最高不超过20年；总和刑期在35年以上的，最高不能超过25年。

有期徒刑的刑期，从判决执行之日起计算；判决执行以前先行羁押的，羁押一日折抵刑期一日。

三是有期徒刑的基本内容是对犯罪人实行劳动改造。

（四）无期徒刑

无期徒刑是剥夺犯罪分子的终身自由，强制其参加劳动并接受教育改造的刑罚方法。

无期徒刑的特征如下：

第一，没有刑期限制，罪犯被剥夺终身自由。应当注意的是，尽管从法律规定与理论上说，无期徒刑是剥夺终身自由，但由于法律同时规定了减刑、假释、赦免等制度，事实上被判处无期徒刑的犯罪人很少有终身服刑的。

第二，被判处无期徒刑的罪犯在判决执行以前的羁押时间不存在折抵刑期的问题。

第三，被判处无期徒刑的罪犯除了无劳动能力的以外，都要在监狱或其他执行场所中参加劳动，接受教育改造。

第四，根据《刑法》第五十七条的规定，被判处无期徒刑的犯罪分子，必须剥夺政治权利终身。

（五）死 刑

1. 死刑的概念和适用

死刑也称生命刑，是剥夺犯罪分子生命的刑罚方法。它是对犯罪分子的生命予以剥夺而不是对犯罪分子的自由予以剥夺，是最严厉的刑罚方法，因此也称极刑。

根据《刑法》的有关规定，在适用死刑时应当注意以下几点：

第一，严格遵守罪刑法定原则，只有对《刑法》分则明文规定了死刑的犯罪才能判处死刑。

第二，《刑法》第四十八条明文规定"死刑只适用于罪行极其严重的犯罪分子"。同时规定了死刑缓期执行制度。在适用死刑时，不能只适用死刑立即执行，而应当适当适用死刑缓期执行。

第三，不得对犯罪的时候不满18周岁的人和审判时怀孕的妇女适用死刑。

第四，不得违反法定程序适用死刑。死刑案件只能由中级以上法院进行一审，即基层法院不得判处被告人死刑。死刑除依法由最高人民法院判决的以外，都应当报请最高人民法院核准。

第五，不得任意采用死刑执行方法。根据《刑法》和《刑事诉讼法》的规定，死刑采用枪决或者注射等方法执行。

2. 死刑的执行

《刑法》第四十八条第一款后半段规定："对于应当判处死刑的犯罪分子，如果不是必须立即执行的，可以判处死刑同时宣告死刑缓期两年执行。"这就是死刑缓期执行制度，简称死缓。根据法律的这一规定，可以看出，死刑缓期两年执行和死刑立即执行只是死刑的两种不同的执行方式，并不是各自独立的两个刑种。

死缓的适用需要具备以下条件：①适用的对象必须是应当判处死刑的犯罪分子。②不是必须立即执行。所谓不必立即执行，是指犯罪分子所犯罪行虽然应当适用死刑，但不是立即执行。

根据《刑法》第五十条的规定，判处死刑缓期执行的，对于被判处死缓的犯罪人，有三种处理结果：①在死刑缓期执行期间，如果没有故意犯罪，2年期满以后，减为无期徒刑；②如果确有重大立功表现，2年期满以后，减为25年有期徒刑；③如果故意犯罪，查证属实的，由最高人民法院核准，执行死刑。④对被判处死刑缓期执行的累犯以及因故意杀人、强奸、抢劫、绑架、放火、爆炸、投放危险物质或者有组织的暴力性犯罪被判处死刑缓期执行的犯罪分子，人民法院根据犯罪情节等情况可以同时决定对其限制减刑。

死缓的执行期间从判决确定之日起开始计算；死刑缓期执行减为有期徒刑的刑期，从死刑缓期执行期满之日起计算。

### 五、附加刑

附加刑是指补充主刑适用的刑罚方法。附加刑可以附加主刑适用，也可以独立适用。《刑法》第三十四条规定了罚金、剥夺政治权利与没收财产三种附加刑，第三十五条规定仅适用于外国人犯罪的驱逐出境。

#### （一）罚　金

罚金是人民法院判处犯罪分子向国家缴纳一定数额金钱的刑罚方法。《刑法》分则对罚金的规定方式有四种情况：①选处罚金，即罚金作为一种与有关主刑并列的刑罚，由人民法院根据犯罪的具体情况选择适用。②单处罚金，即只能判处罚金，而不能判处其他刑罚。对单位犯罪只能单处罚金。③并处罚金，即在判处主刑的同时附加适用罚金。《刑法》规定"可以并处"罚金时，人民法院应当根据案件具体情况以及犯罪人的财产状况，决定是否判处罚金。④并处或者单处罚金，即法院既可以在判处主刑的同时附加适用罚金，也可以只适用罚金。

《刑法》第五十二条规定：判处罚金，应当根据犯罪情节确定罚金数额。《刑法》分则对罚金数额分为三种情况：一是没有规定具体数额。在这种情况下，实践中罚金的最低数额不能少于1000元。二是规定了相当确定的数额。三是以违法所得或《刑法》分则涉及的数额为基准，处以一定比例或者倍数的罚金。此外，对未成年人犯罪应当从轻或减轻判处罚金，但罚金的最低数额不能少于500元。

罚金的执行方式主要有五种：一次缴纳、分期缴纳、强制缴纳、随时追缴和减免缴纳。

#### （二）剥夺政治权利

剥夺政治权利是剥夺犯罪分子参与政治活动权利的刑罚方法，属于资格刑。

根据《刑法》第五十四条的规定，剥夺政治权利的内容包括：①选举权和被选举权；②言论、出版、集会、结社、游行、示威自由的权利；③担任国家机关职务的权利；④担任国有公司、企业、事业单位和人民团体领导职务的权利。

根据《刑法》第五十六条、第五十七条的规定，剥夺政治权利的附加适用有三种情况：①危害国家安全的犯罪分子应当附加适用剥夺政治权利；②对于故意杀人、强奸、放火、爆炸、投放危险物质、抢劫等严重破坏社会秩序的犯罪分子，可以附加剥夺政治权利；③被判处死刑、无期徒刑的犯罪分子，应当附加剥夺政治权利终身。

根据《刑法》第五十五条、第五十七条的规定，剥夺政治权利的期限有以下四种情况：①独立适用剥夺政治权利或者主刑是有期徒刑、拘役附加剥夺政治权利的，期限为1年以上5年以下；②判处管制的附加剥夺政治权利的期限与管制的期限相等；③判处死刑、无期徒刑的，应当剥夺政治权利终身；④在死刑缓期执行减为有期徒刑或者无期徒刑减为有期徒刑时，应当把附加剥夺政治权利的期限相应地改为3年以上10年以下。

剥夺政治权利刑期的计算分别有以下几种情况：①判处管制附加剥夺政治权利的，剥夺政治权利的刑期与管制刑期相同，同时起算；②判处拘役附加剥夺政治权利的，剥夺政治权利的刑期从拘役执行完毕之日起算，在拘役执行期间当然不享有政治权利；③判处有期徒刑附加剥夺政治权利的，剥夺政治权利的刑期从有期徒刑执行完毕之日或者从假释之日起计算，在有期徒刑执行期间当然不享有政治权利；④在死刑缓期执行减为有期徒刑或者无期徒刑减为有期徒刑时，附加的剥夺政治权利终身减为 3 年以上 10 年以下，该剥夺政治权利的刑期应从减刑以后的有期徒刑执行完毕之日或者从假释之日起计算，在主刑执行期间当然不享有政治权利。

剥夺政治权利由公安机关进行。

（三）没收财产

没收财产是指将犯罪分子个人所有财产的一部分或全部强制无偿地收归国有的刑罚方法。它是我国附加刑中较重的一种。

《刑法》中规定的没收财产的适用方式有三种：①并处没收财产，即应当附加适用没收财产；②可以并处没收财产，即量刑时可以附加没收财产，也可以不附加没收财产，审判人员应按实际情况做出选择；③并处罚金或没收财产，即没收财产和罚金可以择一判处，而无论选择罚金还是没收财产，都只能附加适用，并且必须适用。

《刑法》第五十九条规定："没收财产是没收犯罪分子个人所有财产的一部分或者全部。没收全部财产的，应当对犯罪分子个人及其所抚养的家属保留必需的生活费用。在判处没收财产的时候，不得没收属于犯罪分子家属所有或者应有的财产。"

根据《刑法》第六十条的规定，没收财产以前犯罪人所负的正当债务，即犯罪人在判决生效前所负他人的合法债务，需要以没收财产偿还的，经债权人请求，应当偿还。

罚金和没收财产的执行机关都是人民法院。

（四）驱逐出境

驱逐出境是强迫犯罪的外国人离开中国国（边）境的刑罚方法。由于驱逐出境仅适用于外国人，故是一种特殊的附加刑。既可以独立适用，也可以附加适用。独立适用时，从判决确定之日起执行；附加适用的，从主刑执行完毕之日起执行。

# 第九节　量　刑

## 一、量刑的概念及特征

量刑即刑罚的裁量，是指人民法院根据行为人所犯罪行及刑事责任的轻重，在定罪并找准法定刑的基础上，依法决定对犯罪分子是否判处刑罚，判处何种刑罚、刑度，或者所判刑罚是否立即执行的刑事审判活动。量刑是定罪之后的一个重要环节，可以说，定罪、量刑是整个审判工作的两个核心内容。

刑罚裁量具有如下四个特征：

第一，量刑的主体是人民法院。量刑是人民法院根据犯罪分子罪行大小和刑事责任轻重，决定对其是否适用刑罚的一种审判活动。刑罚裁量权是刑事审判权的重要组成部分。根据我国现行法律的规定，刑事审判权统一由人民法院行使，从而量刑的决定权只能归属于人民法院，其他任何机关、团体或个人都不能行使刑罚裁量权。

第二，被量刑的对象只能是犯罪分子。犯罪引起刑事责任，刑罚是刑事责任的主要法律后果，刑事责任是连接犯罪与刑罚的桥梁和纽带。行为构成犯罪是行为人承担刑事责任的唯一根据，量刑是对犯罪分子具体落实刑事责任的唯一途径。所以，未经人民法院认定为有罪的行为人，不能对其追究刑事责任，因而无罪的人不是量刑的对象。

第三，定罪是适当量刑的前提。罪行与法定刑具有不可分割的联系，只有正确定罪，才能找准对犯罪人适用的法定刑。所以，定罪不但要确定行为人构成什么性质的犯罪，而且对绝大多数罪名来说还要进一步确定行为人是构成该种犯罪的基本罪，还是构成重罪或者轻罪，所以正确定罪是适当量刑的基本保障。

第四，刑事责任的大小是量刑轻重的唯一根据。罪行的大小决定法定刑的轻重，刑事责任的大小决定宣告刑的轻重。在量刑的过程中，判断刑事责任大小的唯一根据只能是案件确有的各种从重和从宽处罚的量刑情节；量刑就是根据这些处罚宽严的量刑情节，在法定刑范围内或以下，决定适当的刑罚、刑度，或者所判刑罚暂缓执行，或者免除刑罚处罚而适用非刑罚处理方法。

## 二、刑法裁量的原则

所谓量刑原则，是指由《刑法》明文规定的贯穿于全部量刑活动并对量刑工作具有指导意义和制约作用的法律准则。根据《刑法》第六十一条关于"对于犯罪分子决定刑罚的时候，应当根据犯罪的事实、犯罪的性质、情节和对于社会的危害程度，依照本法的有关规定判处"的规定，可以将刑法典中的一般量刑原则概括为"以犯罪事实为根据，以刑事法律为准绳"。这一原则是罪刑相适应原则的具体化。

### （一）以犯罪事实为根据

以犯罪事实为根据是指以犯罪的事实、性质、情节和对于社会的危害程度为根据。要全面贯彻这一原则，就必须做到如下几点：

1. 认真查清犯罪事实

这里的犯罪事实是指符合《刑法》规定的犯罪构成要件的主客观事实。认真查清犯罪事实是正确量刑的第一个关键，是贯彻以犯罪事实为根据原则的前提。

2. 准确认定犯罪性质

这里的犯罪性质是指构成犯罪的主客观事实统一表现的犯罪性质。确定了犯罪性质，也就确定了应当适用的《刑法》条文，从而基本选定了与该犯罪的性质相对应的法定刑。

3. 全面掌握犯罪情节

这里的犯罪情节是指不具有犯罪构成事实的意义，却与犯罪构成事实的主客观方面具有密切联系，反映主客观方面的情况或深度，从而影响犯罪的社会危害程度与行为人的人身危险程度的各种事实情况。

4. 综合评价犯罪的社会危害程度

犯罪的社会危害程度是由犯罪的事实、性质与情节决定的。对犯罪的社会危害程度的综合评价，既要以犯罪的事实、性质与情节为基础，同时也要考虑国家的政治、经济、社会治安等方面的形势，即在一定的社会形势下综合评价犯罪的社会危害程度。

（二）以刑事法律为准绳

第一，必须依照《刑法》总则关于刑罚体系的规定，正确适用各种刑罚方法。

第二，必须依照《刑法》总则和分则关于法定量刑情节的规定，正确决定宣告刑。

第三，必须依照《刑法》总则规定的各种量刑制度，正确适用刑罚。

## 三、量刑情节

（一）量刑情节的概念与特征

量刑情节是指在某种行为已经构成犯罪的前提下，人民法院对犯罪分子裁量刑罚时应当考虑的，据以决定量刑轻重或者免除刑罚处罚的各种情况。

量刑情节具有四个基本特征：

第一，量刑情节是定罪情节以外的表明行为社会危害程度或者行为人人身危险程度的主客观事实情况。

第二，量刑情节不仅包括部分罪中情节，而且还包括罪前情节和罪后情节。

第三，量刑情节只能以所定之罪的法定刑为自己发挥作用的范围或基础。

第四，量刑情节是对犯罪分子落实刑事责任和实现刑罚个别化的根据。

（二）量刑情节的分类

由于量刑情节繁多，可以根据不同的标准从不同的角度对量刑情节进行不同的分类。

1. 以刑法有无明文规定为标准，可以分为法定情节与酌定情节

法定情节是刑法明文规定在量刑时应当予以考虑的情节。酌定情节是《刑法》未做明文规定，根据立法精神与刑事政策，由人民法院从审判经验中总结出来的，在量刑时酌情考虑的情节。常见的酌定情节主要有以下几种：①犯罪的手段；②犯罪的时空及环境条件；③犯罪的对象；④犯罪行为造成的危害结果；⑤犯罪的动机；⑥犯罪后的态度；⑦犯罪人的一贯表现；⑧有无前科。

2. 以情节对量刑产生的轻重性质为标准，可以将量刑情节分为从宽情节与从严情节

前者是指对犯罪人的量刑产生从宽或有利影响的情节，包括从轻处罚的情节、减轻处罚的情节与免除处罚的情节；后者是对犯罪人的量刑产生从严或不利影响的情节，即从重处罚情节。

3. 以情节与犯罪行为在时间上的关系为标准，可以将量刑情节分为案中情节与案外情节

前者是犯罪过程中出现的各种情节，如犯罪手段、犯罪动机等；后者是在犯罪行为之前或之后出现的情节，如犯罪人的一贯表现、犯罪后的态度。一般来说，案中情节都是影响行为本身的社会危害程度的情节，案外情节是影响行为人的人身危险性的情节。

### 四、刑罚裁量的制度

**1. 从重与从轻处罚制度**

从重处罚是指在法定刑的幅度内判处较重的刑罚。从轻处罚是指在法定刑的幅度内判处较轻的刑罚。从重处罚并不是指一律判处法定最高刑，从轻处罚也不是指一律判处法定最低刑。

**2. 减轻处罚**

减轻处罚是指低于法定刑判处刑罚。减轻处罚有两种情况：①具有法定的减轻处罚情节时予以减轻处罚；②犯罪人虽然不具有《刑法》规定的减轻处罚情节，但是根据案件的特殊情况需要减轻处罚时，经最高人民法院核准，也可以减轻处罚。

**3. 免除处罚**

免除处罚也称免除刑罚处罚、免予刑事处分，是指对行为做有罪宣告，但对行为人不判处任何刑罚。免除处罚以行为构成犯罪为前提，所以对于非犯罪行为，不得适用免除处罚。在免除刑罚处罚时，可以根据案件的不同情况，予以训诫或者责令具结悔过、赔礼道歉、赔偿损失，或者由主管部门予以行政处罚或行政处分。

### 五、不同犯罪行为或表现的刑罚裁量

**（一）累　犯**

累犯是指被判处一定刑罚的犯罪人，在刑罚执行完毕或者赦免以后，在法定期限内又犯一定之罪的情况。根据《刑法》第六十五条和第六十六条的规定，累犯可分为一般累犯与特殊累犯。

**1. 一般累犯**

《刑法》第六十五条第一款规定："被判处有期徒刑以上刑罚的犯罪分子，刑罚执行完毕或者赦免以后，在 5 年以内再犯应当判处有期徒刑以上刑罚之罪的，是累犯，应当从重处罚，但是过失犯罪和不满 18 周岁的人犯罪的除外。"这是关于一般累犯的规定。

据此，一般累犯的成立条件是：①前罪与后罪都必须是故意犯罪，如果前后两罪或者其中一罪是过失犯罪，就不成立累犯；②前罪被判处有期徒刑以上刑罚，后罪也应当判处有期徒刑以上刑罚；③后罪发生的时间必须在前罪所判处的刑罚执行完毕或者赦免以后的 5 年之内。④限制性条件：过失犯罪和不满 18 周岁的人犯罪不成立累犯。此外，刑罚执行完毕是指主刑执行完毕，附加刑是否执行完毕不影响累犯的成立。

**2. 特殊累犯**

《刑法》第六十六条规定：危害国家安全犯罪、恐怖活动犯罪、黑社会性质的组织犯罪的犯罪分子，在刑罚执行完毕或者赦免以后，在任何时候再犯上述任一类罪的，都以累犯论处。这是关于特殊累犯的规定。

据此，特殊累犯的成立条件是：①前罪和后罪都必须是危害国家安全犯罪、恐怖活动犯罪、黑社会性质的组织犯罪中的任意一种犯罪。②前罪被判处的刑罚和后罪应判处的刑罚的种类及其轻重不受限制。即使前后两罪或者其中一罪被判处或者应判处管制、拘役或者单处某种附加刑的，也不影响其成立。③前罪的刑罚执行完毕或者赦免以后，任何时候再犯危害国家安全犯罪、恐怖活动犯罪、黑社会性质的组织犯罪的，即构成特别累犯，不

受前后两罪相隔时间长短的限制。

3. 对累犯的处罚

根据《刑法》第六十五条第一款的规定，对累犯应当从重处罚。同时，根据《刑法》第七十四条、第八十一条的规定，累犯不得缓刑，不得假释。

（二）自 首

刑法规定的自首制度适用于一切犯罪，其目的在于鼓励犯罪人自动投案改过自新，不再继续作案；同时也有利于案件的及时侦破与审判。自首可以分为一般自首与特别自首。

1. 一般自首

一般自首是指犯罪以后自动投案，如实供述自己的罪行的行为。

自首的成立条件是：

其一，犯罪以后自动投案。这是自首的前提条件。自动投案一般是指犯罪事实或者犯罪嫌疑人未被司法机关发觉，或者虽被发觉但犯罪嫌疑人尚未受到讯问、未被采取强制措施时，直接向公安机关、人民检察院或者人民法院投案，从而将自己置于司法机关的合法控制下，接受司法机关的审查与裁判的行为。

根据自首制度的立法精神与有关司法解释，下列情形也应视为自动投案：①犯罪嫌疑人向所在单位、城乡基层组织或者其他有关负责人员投案的；②犯罪嫌疑人因伤、病或者为了减轻犯罪后果，委托他人先代为投案的，或者先以信电投案的；③罪行尚未被司法机关发觉，仅因形迹可疑，被有关组织查询或者司法机关盘问、教育后，主动交代自己的罪行的；④犯罪后逃跑，在通缉、追捕的过程中主动投案的；⑤经查实犯罪嫌疑人确已准备投案，或者正在投案途中，被司法机关捕获的；⑥并非出于犯罪嫌疑人主动，而是经亲友规劝、陪同投案的；⑦司法机关通知犯罪嫌疑人的亲友，或者亲友主动报案后，将犯罪嫌疑人送去投案的。但是，下列情形不能视为自动投案：①犯罪嫌疑人先投案交代罪行后又潜逃的；②以不署名或化名的方式将非法所得寄给司法机关或报刊、杂志社的。

其二，如实供述自己的罪行。即犯罪嫌疑人自动投案后，如实交代自己所犯的全部罪行。"如实"的实质是既不缩小也不扩大自己的罪行。

在认定"如实供述自己的罪行"时，应注意以下几点：①犯有数罪的犯罪嫌疑人仅如实供述所犯数罪中部分犯罪的，只对如实供述部分犯罪的行为认定为自首。②在共同犯罪案件中，作为一般共同犯罪成员的犯罪人，如果要如实供述自己的罪行，就必须交代自己所知的同案犯的罪行，否则对"自己的罪行"的供述不可能"如实"，共同犯罪中的主犯，尤其是集团犯罪中的首要分子，如果要如实供述自己的罪行，就必须交代整个共同犯罪的全部罪行，否则其对"自己的罪行"的供述也不可能"如实"。特别要注意的是，有的犯罪人出于掩护其他共同犯罪人的目的，有预谋地投案包揽共同犯罪的全部责任的，不能视为如实供述自己的罪行。③犯罪嫌疑人自动投案如实供述自己的罪行后又翻供的，不能认定为自首；但在一审判决前又能如实供述的，应当认定为自首。④由于客观因素，不能全部交代所有的犯罪事实，但如实供述自己的主要犯罪事实的，也应属于如实供述自己的罪行。如果隐瞒主要犯罪事实，或者以交代轻罪达到掩盖重罪的目的的，就不是如实供述自己的罪行。⑤犯罪人自动投案如实供述自己的罪行后，为自己进行辩护，提出上诉，或者更正、补充某些事实的，应当允许，不能将这些行为视为没有如实供述自己的罪行。

### 2. 特别自首

特别自首也称准自首，是指被采取强制措施的犯罪嫌疑人、被告人和正在服刑的罪犯，如实供述司法机关尚未掌握的本人其他罪行的行为。《刑法》第六十七条明文规定，对这种情况"以自首论"。根据司法解释，其中的"司法机关尚未掌握的本人其他罪行"，是指与司法机关掌握的或者判决确定的罪行属不同种罪行。

### 3. 自首的法律后果

《刑法》第六十七条第一款规定："对于自首的犯罪分子，可以从轻或者减轻处罚，其中犯罪较轻的，可以免除处罚。"因此，对于自首的犯罪人应分清不同情况区别处理：

第一，犯罪以后自首的，无论罪行轻重，均可以从轻或者减轻处罚，其中如果犯罪较轻的，可以免除处罚。

第二，犯罪以后自首的，只是"可以"从轻处罚，不是"应当"从轻处罚。

第三，一人犯数罪时，犯罪人仅对其中部分犯罪自首的，自首的上述法律效果只适用于已自首的犯罪，对于没有自首的犯罪，不得以自首为由从轻处罚。

第四，二人以上共同犯罪时，自首的法律效果只适用于自首的共同犯人，不能适用于没有自首的其他共同犯人。

### 4. 自首与坦白的区别

2011年5月日生效的《刑法修正案（八）》明确规定了坦白的内容：犯罪嫌疑人虽不具有前两款规定的自首情节，但是如实供述自己罪行的，可以从轻处罚；因其如实供述自己罪行，避免特别严重后果发生的，可以减轻处罚。

### （三）立 功

立功是指犯罪分子揭发他人的犯罪行为，查证属实的，或者是提供重要线索，从而得以侦破其他案件等表现。立功可分为一般立功与重大立功。

一般立功主要表现为：①犯罪分子到案后检举、揭发他人犯罪行为，包括共同犯罪案件中的犯罪分子揭发同案犯共同犯罪以外的其他犯罪，经查证属实的；②提供侦破其他案件的重要线索，经查证属实的；③阻止他人犯罪活动的；④协助司法机关抓捕其他犯罪嫌疑人（包括同案犯）的；⑤具有其他有利于国家和社会的突出表现的；等等。

重大立功主要表现为：①犯罪分子检举、揭发他人重大犯罪行为，经查证属实的；②提供侦破其他重大案件的重要线索，经查证属实的；③阻止他人重大犯罪活动的；④协助司法机关抓捕其他重大犯罪嫌疑人（包括同案犯）的；⑤对国家和社会有其他重大贡献表现的；等等。所称"重大犯罪""重大案件""重大犯罪嫌疑人"的标准，一般是指犯罪嫌疑人、被告人可能被判处无期徒刑以上刑罚，或者案件在本省、自治区、直辖市或者全国范围内有较大影响等情形。

《刑法》第六十八条规定，犯罪人有立功表现的，可以从轻或者减轻处罚；有重大立功表现的，可以减轻或者免除处罚。

### （四）数罪并罚

### 1. 数罪并罚的概念

数罪并罚是指一个人在判决宣告以前犯有数罪，或者在判决宣告以后，刑罚执行完毕以前，发现被判刑的犯罪分子在判决宣告前还有其他罪没有判决，或者被判刑的犯罪分子又犯新罪，审判机关依照刑法规定的数罪并罚的原则和方法，对犯罪分子所犯的罪数罪并罚的刑罚裁量制度。

数罪并罚具有以下特征：①必须犯有数罪，这是适用数罪并罚的前提；②所犯数罪必须发生在法定的时间界限内；③必须在对数罪分别定罪量刑的基础上，依照法定的并罚原则、范围和方法，决定并罚后应当执行的刑罚。

2. 数罪并罚的原则

各国刑法所采取的原则主要有以下几种：①吸收原则。这是指将数罪分别定罪量刑，然后选择最重的一种刑罚作为执行的刑罚，其余较轻的刑罚都被最重的刑罚吸收。②并科原则。也即相加原则，其内容是将数罪分别定罪量刑后，然后将各罪所判处的刑罚相加在一起全部执行。③限制加重原则。也称限制并科原则，是指以数罪中的最高刑罚为基础，再加重一定的刑罚作为执行的刑罚，或者在数刑的合并刑期以下，依法酌情决定执行的刑罚。④折中原则。亦称混合原则，即根据不同情况以某一并罚原则为主，兼采其他原则。一般是根据法定的刑罚性质及特点，兼采并科原则、吸收原则或限制加重原则，将其分别适用于不同刑种或刑罚结构的数罪并罚原则。《刑法》对数罪并罚采取的就是混合原则。

具体地说，《刑法》中数罪并罚原则的适用体现为以下几种情况：

第一，对于判处死刑和无期徒刑的，采取吸收原则。其中，数罪中判处几个死刑或者最高刑为死刑时，只执行一个死刑，不执行其他主刑。数罪中判处几个无期徒刑或者最高刑为无期徒刑时，只执行一个无期徒刑，不执行其他主刑。

第二，对于判处有期徒刑、拘役和管制的，采取限制加重原则。即在总和刑期以下，数刑中最高刑期以上，酌情决定应当执行的刑期。

第三，数罪中有判处附加刑的，附加刑仍须执行，即对判处附加刑的，采取附加刑与主刑并科的原则。

3. 适用数罪并罚的不同情况

根据《刑法》第六十九条、第七十条与第七十一条的规定，适用数罪并罚有三种情况：

（1）判决宣告以前一人犯数罪的并罚。

《刑法》第六十九条规定："判决宣告以前一人犯数罪的，除判处死刑和无期徒刑的以外，应当在总合刑期以下、数刑中最高刑期以上，酌情决定执行的刑期；但是管制最高不能超过3年，拘役最高不能超过1年，有期徒刑总和刑期不满35年的，最高不能超过20年，总和刑期在35年以上的，最高不能超过25年。如果数罪中有判处附加刑的，附加刑仍须执行。"

（2）判决宣告以后，刑罚执行完毕以前，发现漏罪的并罚。

《刑法》第七十条、第六十九条规定：判决宣告以后，刑罚执行完毕以前，发现被判刑的犯罪分子在判决宣告以前还有其他罪没有判决的，按《刑法》第六十条、第七十条规定，对新发现的罪做出判决，将前后两个判决所判处的刑罚，数罚并罚，已经执行的刑期，从新判决决定的刑期中减去，即"先并后减"。

（3）刑罚执行完毕以前又犯新罪的并罚。

《刑法》第七十一条、第六十九条规定：判决宣告以后，刑罚执行完毕以前，被判刑的罪犯分子又犯新罪的，应当对新犯的罪做出判决，把前罪未执行的刑罚与后罪所判处的刑罚数罪并罚，决定应当执行的刑期，即"先减后并"。

（五）缓 刑

1. 缓刑的概念

缓刑，也称为暂缓执行刑罚，是刑法上的一种刑罚制度。人民法院在刑事审判中，根据被判处刑罚的罪犯的犯罪情节和悔罪表现，规定一定的考验期，暂缓刑罚的执行。如在考验期内，满足一定的条件，原判刑罚将不再执行的一种制度。因此，简言之，缓刑是有条件地不执行所判决的刑罚。

需要注意的是，缓刑既不同于免予刑事处分，又不同于监外执行或者死缓。

2. 缓刑的适用条件

根据《刑法》第七十二条、第七十四条的规定，适用缓刑有以下条件：

（1）对象条件。

缓刑只适用于被判处拘役或者3年以下有期徒刑的犯罪人。其中不满18周岁的人、怀孕的妇女和已满75周岁的人，符合缓刑条件的，应当宣告缓刑（《刑法修正案（八）》新增内容）。

（2）实质条件。

犯罪情节较轻，有悔罪表现，没有再犯罪的危险，宣告缓刑对所居住社区没有重大不良影响。

（3）限制条件。

对于累犯和犯罪集团的首要分子，不适用缓刑。

注意：①缓刑不同于死刑缓期执行。缓刑也不同于对军人的"战时缓刑"，《刑法》第四百四十九条规定："在战时，对被判处3年以下有期徒刑没有现实危险宣告缓刑的犯罪军人，允许其戴罪立功，确有立功表现时，可以撤销原判刑罚，不以犯罪论处。"

②缓刑的效力不及于附加刑，附加刑仍须执行。

③宣告缓刑，可以根据犯罪情况，同时禁止犯罪分子在缓刑考验期限内从事特定活动，进入特定区域、场所，接触特定的人。

3. 缓刑的考验期限与考察

根据《刑法》第七十三条的规定，拘役的缓刑考验期限为原判刑期以上1年以下，但是不能少于2个月；有期徒刑的缓刑考验期限为原判刑期以上5年以下，但是不能少于1年。可见，缓刑考验期限不得短于原判刑期，可以等于或者长于原判刑期。缓刑的考验期限，从判决确定之日起计算。

根据《刑法》第七十六条的规定，被宣告缓刑的犯罪分子在缓刑考验期内依法实行社区矫正，如果没有本法第七十七条规定的情形，缓刑考验期满，原判的刑罚就不再执行，并公开予以宣告。

根据《刑法》第七十五条的规定，被宣告缓刑的犯罪分子，应当遵守下列规定：①遵守法律、行政法规，服从监督；②按照考察机关的规定报告自己的活动情况；③遵守考察机关关于会客的规定；④离开所居住的市、县或者迁居，应当报经考察机关批准。

4. 缓刑的法律后果

（1）缓刑考验期满，是指对宣告缓刑的犯罪分子，在缓刑考验期限内，依法实行社区矫正，如果没有本法第七十七条规定的情形，缓刑考验期满，原判的刑罚就不再执行，并公开予以宣告。

（2）缓刑的撤销，是指被宣告缓刑的犯罪分子，在缓刑考验期限内，违反法律、行政法规或者国务院有关部门关于缓刑的监督管理规定，或者违反人民法院判决中的禁止令，情节严重的，应当撤销缓刑，执行原判刑罚。缓刑的撤销包括三种情况：

一是被宣告缓刑的犯罪人，在缓刑考验期内犯新罪的，应当撤销缓刑，对新犯的罪做出判决，把前罪和后罪所判处的刑罚，依照《刑法》第六十九条的规定，决定执行的刑罚。如果原判决宣告以前先行羁押的，羁押日期应当折抵刑期。

二是被宣告缓刑的犯罪人，在缓刑考验期内发现判决宣告以前还有其他罪没有判决的，应当撤销缓刑，对新发现的罪做出判决，把前罪和后罪所判处的刑罚，依照《刑法》第六十九条的规定，决定执行的刑罚。如果原判决宣告以前先行羁押的，羁押日期应当折抵刑期。如果缓刑考验期结束之后才发现漏罪的，不得撤销先前的缓刑决定。

三是被宣告缓刑的犯罪人，在缓刑考验期内，违反法律、行政法规或者国务院有关部门有关缓刑的监督管理规定，或者违反人民法院判决中的禁止令，情节严重的，应当撤销缓刑，执行原判刑罚。

5. 适用缓刑时注意事项

（1）缓刑的效力不及于附加刑，附加刑仍须执行。

（2）宣告缓刑，可以根据犯罪情况，同时禁止犯罪分子在缓刑考验期限内从事特定活动，进入特定区域、场所，接触特定的人。

（3）缓刑不同于死刑缓期执行。缓刑也不同于对军人的"战时缓刑"，《刑法》第四百四十九条规定："在战时，对被判处 3 年以下有期徒刑没有现实危险宣告缓刑的犯罪军人，允许其戴罪立功，确有立功表现时，可以撤销原判刑罚，不以犯罪论处。"

# 第十节　刑罚的执行

## 一、刑罚执行的概念和特征

刑罚执行，也称行刑，是指法律规定的刑罚执行机关，依法将发生法律效力的刑事裁判所确定的刑罚内容付诸实施，并解决由此产生的法律问题所进行的各种活动。

刑罚执行具有下列三个基本特征：①刑罚执行是将刑罚付诸执行的一种司法活动；②刑罚执行的前提和基础是人民法院生效的刑事裁判；③刑罚执行的主体是法律规定的刑罚执行机关。

## 二、刑罚执行的原则

刑罚执行的原则是刑罚执行机关在执行刑罚的过程中必须遵循的、保证刑罚目的得以实现的准则，它贯穿于整个行刑活动中，是行刑机关的工作指南。刑罚执行必须遵循以下原则：

1. 合法性原则

执行机关必须是合法的刑罚执行机关；刑罚执行所依据的必须是人民法院具有法律效力的刑事判决与裁定；刑罚执行内容与方式必须严格依据《刑法》与《监狱法》等法律的规定；刑罚执行的程序必须符合《刑事诉讼法》的规定。

2. 惩罚与改造相结合、教育与劳动相结合的原则

刑罚执行既不能只讲惩罚与劳动，也不能只讲改造与教育。惩罚是改造的前提，改造是惩罚的目的；劳动是教育的手段，教育是劳动的目的。监狱应根据罪犯的需要，组织罪犯从事生产劳动，对罪犯进行思想教育、文化教育与技术教育；罪犯必须严格遵守法律、法规与监狱纪律，服从管理，接受教育，参加劳动。

3. 人道主义原则

在刑罚执行过程中，必须尊重犯罪人的人格，关心犯罪人的生活，实行文明监管，禁止使用残酷的、不人道的刑罚执行手段，注重犯罪人的政治思想和文化、技能教育，促使其成为自食其力的新人。

4. 个别化原则

个别化原则即根据犯罪人本人的具体情况，给予不同的处罚，采取不同的教育改造方法。其中所说的本人的具体情况，包括年龄、性别、性格特点、生理状况、犯罪性质与情节、犯罪人的人身危险性大小、受刑种类与刑期等等。

5. 效益性原则

刑罚执行应以较少的实际执行获得较大的执行效果。《刑法》规定的减刑、假释制度，是效益性原则的重要体现。

## 三、刑罚的执行制度

### （一）减　刑

1. 减刑的概念

减刑，是指对于被判处管制、拘役、有期徒刑和无期徒刑的犯罪分子，在刑罚执行期间，由于确有悔改或者立功，而将其原判刑罚予以适当减轻的一种刑罚执行制度。

2. 减刑的条件

根据《刑法》第七十八条的规定，减刑必须具备两个基本条件：

其一，只能对被判处管制、拘役、有期徒刑、无期徒刑的犯罪分子减刑，这是减刑的前提条件。这里只有刑种的限制，没有刑期的限制，也没有犯罪性质的限制。

其二，减刑的实质条件。可以减刑的实质条件是：犯罪人在刑罚执行期间，认真遵守监规，接受教育改造，确有悔改表现，或者有立功表现。

3. 减刑的限度与幅度

具备上述两个条件的，便可以或者应当减刑。但是，减刑得有一定的限度。《刑法》第七十八条第二款规定：减刑以后实际执行的刑期，判处管制、拘役、有期徒刑的，不能少于原判刑期的1/2；判处无期徒刑的，不能少于13年。人民法院依照《刑法》第五十条第二款规定限制减刑的死刑缓期执行的犯罪分子，缓期执行期满后依法减为无期徒刑的，不能少于25年，缓期执行期满后依法减为25年有期徒刑的，不能少于20年。

4. 减刑的程序与减刑后的刑期计算

为了保证减刑的合法性与正当性，避免减刑制度的错用与滥用，维护《刑法》与判决的权威性和严肃性，《刑法》第七十九条特别规定："对于犯罪分子的减刑，由执行机关向中级以上人民法院提出减刑建议书。人民法院应当组成合议庭进行审理，对确有悔改或者立功事实的，裁定予以减刑。"非经法定程序不得减刑。

（二）假 释

1. 假释的概念

假释是指对被判处有期徒刑、无期徒刑的犯罪分子，在执行一定刑罚之后，确有悔改表现，不致再危害社会，附条件地予以提前释放的制度。附条件是指被假释的犯罪人如果遵守一定条件，就认为原判刑罚已经执行完毕；如果没有遵守一定条件，就收监执行原判刑罚乃至数罪并罚。

2. 假释的适用条件

根据《刑法》第八十一条的规定，适用假释的条件如下：

（1）前提条件：假释只适用被判处有期徒刑、无期徒刑的犯罪人。

（2）执行刑期条件：假释只适用于已经执行一部分刑罚的犯罪人。被判处有期徒刑的犯罪人，执行原判刑期1/2以上，被判处无期徒刑的犯罪人，实际执行13年以上，才可以假释。根据《刑法》第八十一条规定，如果有特殊情况，经最高人民法院核准，可以不受上述执行刑期的限制。

（3）实质条件：假释只适用于在刑罚执行期间，认真遵守监规，接受教育改造，确有悔改表现，没有再犯罪的危险的犯罪分子。假释不以立功为条件，根据《监狱法》的有关规定，如有重大立功表现的，应当假释。

（4）消极条件：对累犯以及因故意杀人、强奸、抢劫、绑架、放火、爆炸、投放危险物质或者有组织的暴力性犯罪被判处10年以上有期徒刑、无期徒刑的犯罪分子，不得假释。

（5）对犯罪分子决定假释时，应当考虑其假释后对所居住社区的影响。此外，根据《刑法》第八十二条的规定，对于犯罪分子的假释，由执行机关向中级以上人民法院提出假释建议书，人民法院应当组成合议庭进行审理，对符合假释条件的，裁定予以假释。非经法定程序不得假释。

3. 假释的考验期限与假释的撤销

有期徒刑的假释考验期限为没有执行完毕的刑期；无期徒刑的假释考验期限为10年。被假释的罪犯，除有特殊情形，一般不得减刑，其假释考验期也不能缩短。假释考验期限，从假释之日起计算。

被假释的犯罪人，应当遵守下列规定：①遵守法律、行政法规，服从监督；②按照监督机关的规定报告自己的活动情况：③遵守监督机关关于会客的规定；④离开所居住的市、县或者迁居，应当报经监督机关批准。

被假释的犯罪人，在假释考验期限内，依法实行社区矫正，如果在假释考验期限内，遵守一定条件，没有再犯新罪，没有发现判决宣告以前的漏罪，没有违反法律、行政法规或者国务院公安部门有关假释的监督管理规定，假释考验期满，就认为原判刑罚已经执行完毕，并公开予以宣告。

假释的撤销包括以下三种情况：

（1）被假释的犯罪人，在假释考验期限内犯新罪的，应当撤销假释，按照《刑法》第七十一条规定的"先减后并"的方法实行并罚。

（2）在假释考验期限内，发现被假释的犯罪人在判决宣告以前还有其他罪没有判决的，应当撤销假释，按照《刑法》第七十条规定的"先并后减"的方法实行并罚。

（3）被假释的犯罪人，在假释考验期限内，有违反法律、行政法规或者国务院有关部门有关假释的监督管理规定的行为，尚未构成新的犯罪的，应当依照法定程序撤销假释，收监执行尚未执行完毕的刑罚。

# 第十一节　刑罚的消灭

## 一、刑罚消灭的概念和特征

刑罚消灭是指由于法定的或者事实的原因，致使代表国家的司法机关不能对犯罪人行使具体的刑罚权。

刑罚消灭具有以下特征：①刑罚消灭的前提是对犯罪人应当适用或执行刑罚或者正在执行刑罚。②刑罚消灭意味着代表国家的司法机关丧失其对犯罪人行使具体的刑罚权。③刑罚消灭必须基于一定的原因。引起刑罚消灭的原因可分为两类，一类是法定原因，另一类是事实上的原因。

## 二、刑罚消灭的事由

概括起来，刑罚消灭的主要法定事由有：①超过追诉时效的；②经特赦令免除刑罚的；③告诉才处理的犯罪，没有告诉或者撤回告诉的；④犯罪嫌疑人、被告人死亡的；⑤其他法定事由。

## 三、时　效

### （一）时效的种类

时效分为追诉时效与行刑时效。

1. 追诉时效

追诉时效是《刑法》规定的追究犯罪人刑事责任的有效期限。在此期限内，司法机关有权追究犯罪人的刑事责任；超过了此期限，司法机关就不能再追究刑事责任。因此，超过追诉时效就意味着不能行使求刑权、量刑权与行刑权，因而导致刑罚消灭。

《刑法》规定了追诉时效制度，体现了刑罚目的，体现了惩办与宽大相结合的刑事政策，有利于司法机关集中精力惩治现行犯罪活动，有利于社会秩序的安定，有利于调动一切积极因素、团结一切可以团结的力量。

2. 行刑时效

行刑时效是指《刑法》规定的，对被判处刑罚的人执行刑罚的有效期限。在此期限内，司法机关有权执行刑罚；超过此期限，司法机关就不能执行刑罚。

我国刑法没有规定行刑时效。

（二）追诉时效的期限

根据《刑法》第八十七条的规定，犯罪经过下列期限不再追诉：①法定最高刑为不满5年有期徒刑的，经过5年；②法定最高刑为5年以上不满10年有期徒刑的，经过10年；③法定最高刑为10年以上有期徒刑的，经过15年；④法定最高刑为无期徒刑、死刑的，经过20年。如果20年以后认为必须追诉的，须报请最高人民检察院核准。追诉时效期限以法定最高刑为标准，不是以实际应当判处的刑罚为标准。

（三）追诉期限的计算

根据《刑法》第八十八条、第八十九条的规定，追诉期限的计算有四种情况：

1. 一般犯罪追诉期限的计算

这里所说的一般犯罪，是指没有连续与继续状态的犯罪。这种犯罪的"追诉期限从犯罪之日起计算"，"犯罪之日"是指犯罪成立之日，即行为符合犯罪构成之日。

2. 连续或继续犯罪追诉期限的计算

犯罪行为有连续或者继续状态的，从犯罪行为终了之日起计算。

3. 追诉时效的延长

追诉时效的延长是指在追诉时效的进行期间，因为发生法律规定的事由，而使追诉时效暂时停止执行。我国《刑法》规定了两种追诉时效延长的情况：

第一，《刑法》第八十八条第一款规定："在人民检察院、公安机关、国家安全机关立案侦查或者人民法院受理案件以后，逃避侦查或者审判的，不受追诉期限的限制。"

第二，《刑法》第八十八条第二款规定："被害人在追诉期限内提出控告，人民法院、人民检察院、公安机关应当立案而不予立案的，不受追诉期限的限制。"

4. 追诉时效的中断

追诉时效的中断也称追诉时效的更新，是指在时效进行期间，因发生法律规定的事由而使以前所经过的时效期间归于无效，法律规定的事由终了之时，时效重新开始计算。

《刑法》第八十九条第二款规定："在追诉期限以内又犯罪的，前罪追诉的期限从犯后罪之日起计算。"

## 四、赦 免

（一）赦免的概念和种类

赦免是国家宣告对犯罪人免除其罪、免除其刑的一种法律制度，包括大赦与特赦。

大赦通常是指国家对某一时期内犯有一定罪行的不特定犯罪人免予追诉和免除刑罚执行的制度。大赦的对象既可能是国家某一时期的各种犯罪人，也可能是某一地区的全体犯罪人，还可能是某一类或者某一事件的全体犯罪人；大赦的效果涉及罪与刑两个方面，既赦其罪，也赦其刑，即罪与刑同时免除。

特赦一般是指国家对较为特定的犯罪人免除执行全部或者部分刑罚的制度。特赦的对象是较为特定的犯罪人；特赦的效果只是免除刑罚执行，而不免除有罪宣告。

我国已经取消了大赦制度，《刑法》第六十五条、第六十六条所指的赦免应仅限于特赦。我国现行宪法规定的特赦，由全国人大常委会决定，由国家主席发布特赦令。

### （二）我国特赦制度的特点

新中国成立后，我国共实行过七次特赦。对这七次特赦的特点可概括如下：

第一，特赦的对象基本上只限于战争罪犯。除第一次特赦包括部分反革命罪犯与普通刑事犯外，其他几次特赦的对象都是战争罪犯。

第二，特赦的范围是一类或几类犯罪人，而不是个别犯罪人。

第三，特赦的前提是犯罪人在服刑过程中确实有改恶从善的表现。

第四，对需要特赦的犯罪人，根据其罪行轻重与悔改表现实行区别对待：罪行轻因而所判刑罚轻的，予以释放；罪行重因而所判刑罚重的，只是减轻刑罚。

第五，特赦的效力只及于刑而不及于罪。即特赦的效力只是免除执行剩余刑罚或者减轻原判刑罚，不是免除执行全部刑罚，更不是使宣告刑与有罪宣告无效。所以特赦是成立累犯的前提条件。

# 第十二节 《刑法》分则概述

## 一、《刑法》分则体系的概念和特点

《刑法》分则体系是指《刑法》分则对不同的犯罪进行科学的分类，并且按照一定的次序排列而形成的体系。把握《刑法》分则的体系，是研究各类犯罪和各种具体犯罪的基础。

《刑法》分则将犯罪分为十类，依次是：危害国家安全罪；危害公共安全罪；破坏社会主义市场经济秩序罪；侵犯公民人身权利、民主权利罪；侵犯财产罪；妨害社会管理秩序罪；危害国防利益罪；贪污贿赂罪；渎职罪；军人违反职责罪。

《刑法》分则体系具有以下三个特点：

第一，各类犯罪的排列原则上是按照每类犯罪所侵犯的同类客体为基本标准。

第二，各类犯罪的先后排列顺序原则上是按照每类犯罪各自所侵犯的社会关系在社会生活中的重要程度为基本标准。

第三，在每类犯罪中，各种具体犯罪的先后排列顺序原则上也是按照每种犯罪所侵犯的直接客体在社会生活中的重要程度为基本标准。

## 二、《刑法》分则的条文结构

罪状和法定刑就是《刑法》分则条文的基本结构。

### （一）罪 状

罪状是指《刑法》分则条文对于某种犯罪具体状况的描述。根据《刑法》分则条文对基本罪状的描述方式，罪状可以概括为四种形式，即简单罪状、叙明罪状、引证罪状和空白罪状。

1. 简单罪状

简单罪状是指《刑法》分则条文对某种犯罪的具体状况不做任何描述,只是列出罪名。

2. 叙明罪状

叙明罪状又称说明罪状,是指《刑法》分则条文对某种犯罪的具体状况做了详细的描述,以便说明该种犯罪构成的具体条件。

3. 引证罪状

引证罪状是指《刑法》分则条文对某种犯罪的具体状况不做任何描述,但需要引用《刑法》分则的其他条文说明该种犯罪构成的具体条件,如"单位犯前款罪的"。

4. 空白罪状

空白罪状又称参见罪状,是指《刑法》分则条文只规定了某种犯罪行为,但是具体的犯罪构成条件要参照其他法律、法规的规定才能确定,如第三百四十四条规定"违反《森林法》的规定,非法采伐、毁坏珍贵树木的"。

(二)罪 名

1. 概 念

罪名就是指犯罪的名称。

2. 罪名的分类

(1)类罪名与具体罪名。类罪名是某一类犯罪的总名称。具体罪名是各种具体犯罪的名称。

(2)单一罪名与选择罪名、概括罪名。

①单一罪名,是指所包含的犯罪构成的具体内容单一,只能反映一个犯罪行为,不能分解拆开使用的罪名。

②选择罪名,是指所包含的犯罪构成的具体内容复杂,反映出多种犯罪行为,既可概括使用,也可分解拆开使用的罪名。

③概括罪名,是指其包含的犯罪构成的具体内容复杂,反映出多种犯罪行为,但只能概括使用,不能分解拆开使用的罪名。

(二)法定刑

1. 法定刑的概念

法定刑是指包含有罪刑关系的条文所规定的适用于具体犯罪的刑罚种类和刑罚幅度。简言之,法定刑就是法律明文规定的刑种和刑度。在《刑法》总则中,明确规定了管制、拘役、有期徒刑、无期徒刑和死刑五种主刑和罚金、剥夺政治权利、没收财产、驱逐出境四种附加刑,并且分别规定了上述九种刑罚方法的适用对象。在《刑法》分则条文中,针对每一种犯罪的不同情况,从九种刑罚方法中选择适用于该种犯罪的刑罚种类加以规定,所选择的刑罚方法既可以是一种,也可以是几种。

2. 法定刑的种类

依据《刑法》分则条文中法定刑的刑种、刑度是否确定以及确定的程度为标准,可以将法定刑划分为绝对确定法定刑、绝对不确定的法定刑和相对确定的法定刑三种类型。

（1）绝对确定的法定刑。

绝对确定的法定刑是指《刑法》分则条文规定的法定刑的刑种和刑度只有一个，法官没有任何自由裁量的余地。

（2）绝对不确定的法定刑。

绝对不确定的法定刑是指只规定对某种犯罪予以刑罚处罚，但是却没有规定对该种犯罪应当适用的刑种和刑度。绝对不确定的法定刑的缺陷是非常明显的，与法制要求不相符合。

我国《刑法》中没有绝对不确定的法定刑。

（3）相对确定的法定刑。

相对确定的法定刑是指在《刑法》分则条文中明确规定对该种犯罪适用的刑种和刑度，并对最高刑和最低刑做出限制性的规定。相对确定的法定刑有较大的裁量幅度，便于审判机关根据犯罪人的不同情况适用不同的刑罚，是我国《刑法》分则条文中普遍采用的形式。

### 三、《刑法》分则的法条竞合

#### （一）法条竞合的概念

法条竞合，是指一个行为同时符合了数个法条规定的犯罪构成，但从数个法条之间的逻辑关系来看，只能适用其中一个法条，当然排除适用其他法条的情况。法条竞合情况的发生是由于多种原因造成的，概括地说，包含以下几种原因：①由于行为对象而形成的法条竞合；②由于行为手段而形成的法条竞合；③同时因手段、对象等形成的法条竞合；④由于危害结果而形成的法条竞合；⑤由于行为主体而形成的法条竞合；⑥由于犯罪目的而形成的法条竞合。

#### （二）法条竞合的适用原则

既然法条竞合是一个行为同时符合数个法律条文的犯罪构成，那么在处理这类案件时究竟应当适用哪一个法律条文，就是必须要解决的一个问题。

法条竞合最基本的情形是特别法条与普通法条的竞合。对于特别法条与普通法条的竞合，应采用如下原则处理：

第一，一个行为同时符合相异法律之间的普通刑法与特别刑法规定的犯罪构成时，应严格依照特别法优于普通法的原则论处。

第二，一个行为同时符合同一法律的普通条款与特别条款规定的犯罪构成时，应依具体情况与法律规定，分别适用特别法优于普通法、重法优于轻法的原则。

第三，适用重法优于轻法的原则必须符合以下三个条件：

一是行为触犯的是同一法律的普通条款与特别条款，否则，应严格适用特别法优于普通法的原则。

二是同一法律的特别条款规定的法定刑，明显低于普通条款规定的法定刑，而且，根据案件的情况，适用特别条款明显不符合罪刑相适应原则。

三是《刑法》没有禁止适用普通条款，或者说没有指明必须适用特别条款。否则，必须适用特别条款。即当《刑法》条文规定了"本法另有规定的，依照规定"时，禁止适用普通条款，或者虽然没有这样的规定，但从立法精神来看，明显只能适用特别条款时，禁止适用普通条款。后者如军人犯违反职责罪的行为同时触犯普通条款时，只能适用《刑法》分则第十章的条款，不得适用普通条款。

# 第十三节　《刑法》分则主要罪名

## 一、危害国家安全罪

该罪是指故意危害中华人民共和国的主权、领土完整和安全，分裂国家，颠覆国家政权，推翻社会主义制度的行为。

《刑法》分则第一百零二条至第一百一十三条，共列 12 个罪名。主要罪名有：

（一）背叛国家罪

该罪是指勾结外国或者境外机构、组织、个人，危害中华人民共和国的主权、领土完整和安全的行为。

根据《刑法》第一百零二条、第一百一十三条第一款的规定，犯本罪的，处无期徒刑或者 10 年以上有期徒刑；对国家和人民危害特别严重、情节特别恶劣的；可以判处死刑。依照《刑法》第五十六条、第一百一十三条第二款的规定，犯本罪的，应当附加剥夺政治权利，可以并处没收财产。

（二）分裂国家罪

该罪是指组织、策划、实施分裂国家、破坏国家统一的行为。

根据《刑法》第一百零三条第一款、第一百零六条、第一百一十三条第一款的规定，犯本罪的，对首要分子或者罪行重大者，处无期徒刑或者 10 年以上有期徒刑；对国家和人民危害特别严重、情节特别恶劣的，可以判处死刑。对积极参加者，处 3 年以上 10 年以下有期徒刑；对其他参加者，处 3 年以下有期徒刑、拘役、管制或者剥夺政治权利。与境外机构、组织、个人相勾结实施本罪的，从重处罚。根据《刑法》第五十六条、第一百一十三条第二款的规定，犯本罪的，应当附加剥夺政治权利，可以并处没收财产。

（三）煽动分裂国家罪

该罪是指煽动分裂国家、破坏国家统一的行为。

根据《刑法》第一百零三条第二款、第一百零六条的规定，犯本罪的，处 5 年以下有期徒刑、拘役、管制或者剥夺政治权利；首要分子或者罪行重大的，处 5 年以上有期徒刑。与境外机构、组织、个人相勾结实施本罪的，从重处罚。根据《刑法》第五十六条、第一百一十三条的规定，犯本罪的，应当附加剥夺政治权利，可以并处没收财产。

（四）武装叛乱、暴乱罪

该罪是指组织、策划、实施武装叛乱、武装暴乱或者策动、胁迫、勾引、收买国家机关工作人员、武装部队人员、人民警察、民兵进行武装叛乱、武装暴乱的行为。

根据《刑法》第一百零四条、第一百一十三条的规定，犯本罪的，对首要分子或者罪行重大的，处无期徒刑或者10年以上有期徒刑；对积极参加者，处3年以上10年以下有期徒刑；对其他参加者，处3年以下有期徒刑、拘役、管制或者剥夺政治权利；对国家和人民危害特别严重、情节特别恶劣的，可以判处死刑，并处没收财产。根据《刑法》第五十六条的规定，犯本罪的，除单处剥夺政治权利以外，应当附加剥夺政治权利。

（五）颠覆国家政权罪

该罪是指组织、策划、实施颠覆国家政权、推翻社会主义制度的行为。

根据《刑法》第一百零五条第一款的规定，犯本罪的，对首要分子或者罪行重大的，处无期徒刑或者10年以上有期徒刑；对积极参加的，处3年以上10年以下有期徒刑；对其他参加者，处3年以下有期徒刑、拘役、管制或者剥夺政治权利。根据《刑法》第一百零六条的规定，与境外机构、组织、个人相勾结实施本罪的，从重处罚。根据《刑法》第一百一十三条的规定，犯本罪的，可以并处没收财产。根据《刑法》第五十六条的规定，犯本罪的，除单处剥夺政治权利以外，应当附加剥夺政治权利。

（六）煽动颠覆国家政权罪

该罪是指以造谣、诽谤或者其他方式煽动颠覆国家政权、推翻社会主义制度的行为。

根据《刑法》第一百零五条第二款的规定，犯本罪的，处5年以下有期徒刑、拘役、管制或者剥夺政治权利；首要分子或者罪行重大的，处5年以上有期徒刑。根据《刑法》第一百零六条的规定，与境外机构、组织、个人相勾结，实施本罪的，从重处罚。根据《刑法》第一百一十三条第二款的规定，犯本罪的，可以并处没收财产。根据《刑法》第五十六条的规定，犯本罪的，除单处剥夺政治权利以外，应当附加剥夺政治权利。

（七）资助危害国家安全犯罪活动罪

该罪是指境外的机构、组织、个人资助实施背叛国家罪、分裂国家罪、煽动分裂国家罪、武装叛乱、暴乱罪、颠覆国家政权罪、煽动颠覆国家政权罪的行为。

根据《刑法》第一百零七条的规定，犯本罪的，处5年以下有期徒刑、拘役、管制或者剥夺政治权利；情节严重的，处5年以上有期徒刑。根据《刑法》第一百一十三条第二款的规定，犯本罪的，可以并处没收财产。根据《刑法》第五十六条的规定，犯本罪的，除单处剥夺政治权利以外，应当附加剥夺政治权利。

（八）投敌叛变罪

该罪是指中国公民投靠敌方营垒，进行危害国家安全的活动，或者在被敌人捕获、俘虏后投降敌人，进行危害国家活动的行为。

根据《刑法》第一百零八条的规定，犯本罪的，处3年以上10年以下有期徒刑；情节严重或者带领武装部队人员、人民警察、民兵投敌叛变的，处10年以上有期徒刑或者无期徒刑。根据《刑法》第一百一十三条的规定，犯本罪的，可以并处没收财产。根据《刑法》第五十六条的规定，犯本罪的，应当附加剥夺政治权利。

（九）叛逃罪

该罪是指国家机关工作人员在履行公务期间，擅离岗位，叛逃境外，或者在境外叛逃的行为，以及和掌握国家秘密的国家工作人员叛逃境外或者在境外叛徒的行为。

根据《刑法》第一百零九条的规定，犯本罪的，处 5 年以下有期徒刑、拘役、管制或者剥夺政治权利；情节严重的，处 5 年以上 10 年以下有期徒刑。本罪可以并处没收财产。

（十）间谍罪

间谍罪是指参加间谍组织，或者接受间谍组织及其代理人的任务，或者为敌人指示轰击目标，危害国家安全的行为。

根据《刑法》第一百一十条、第一百一十三条第一款的规定，犯本罪的，处 5 年以上 10 年以下有期徒刑；情节特别严重的，处 10 年以上有期徒刑或者无期徒刑；情节较轻的，处 5 年以下有期徒刑、拘役、管制或者剥夺政治权利；对国家和人民危害特别严重、情节特别恶劣的，可以判处死刑。本罪可以并处没收财产。

（十一）为境外窃取、刺探、收买、非法提供国家秘密、情报罪

该罪是指行为人为境外机构、组织、人员窃取、刺探、收买、非法提供国家秘密或者情报的行为。

根据《刑法》第一百一十一条、第一百一十三条的规定，犯本罪的，处 5 年以上 10 年以下有期徒刑；情节特别严重的，处 10 年以上有期徒刑或者无期徒刑；情节较轻的，处 5 年以下有期徒刑、拘役、管制或者剥夺政治权利；对国家和人民危害特别严重、情节特别恶劣的，可以判处死刑。本罪可以并处没收财产。

（十二）资敌罪

该罪是指在战时供给敌人武器装备、军用物资的行为。

根据《刑法》第一百一十二条、第一百一十三条第一款的规定，犯本罪的，处 10 年以上有期徒刑或者无期徒刑；情节较轻的，处 3 年以上 10 年以下有期徒刑；对国家和人民危害特别严重、情节特别恶劣的，可以判处死刑，并且可以并处没收财产。

## 二、危害公共安全罪

该罪是指故意或者过失地实施危及不特定多人的生命、健康或者重大公私财产安全的行为。所谓"不特定"，是指犯罪行为可能侵犯的对象和可能造成的结果事先无法确定，行为人对此既无法具体预料也难以实际控制，行为的危险或行为造成的危害结果可能随时扩大或增加。所谓"多数人"，则难以用具体数字表述，行为使较多的人（即使是特定的多数人）感受到生命、健康或者财产受到威胁时，应认为危害了公共安全。

《刑法》分则第一百一十四条至第一百三十九条，共列 41 个罪名。主要罪名有：

（一）放火罪

该罪是指故意放火焚烧公私财物，危害公共安全的行为。本罪的犯罪主体是已满 14

周岁，具有辨认和控制自己行为能力的自然人。

根据《刑法》第一百一十四条、第一百一十五条的规定，犯本罪，尚未造成严重后果的，处 3 年以上 10 年以下有期徒刑；致人重伤、死亡或者致使公私财产遭受重大损失的，处 10 年以上有期徒刑、无期徒刑或者死刑。

（二）决水罪

该罪是指故意破坏水利设施，制造水患，危害公共安全的行为。

根据《刑法》第一百一十四条、第一百一十五条的规定，犯本罪，尚未造成严重后果的，处 3 年以上 10 年以下有期徒刑；致人重伤、死亡或者致使公私财产遭受重大损失的，处 10 年以上有期徒刑、无期徒刑或者死刑。

（三）爆炸罪

该罪是指故意使用爆炸的方法危害公共安全的行为。本罪的犯罪主体是已满 14 周岁，具有辨认和控制自己行为能力的自然人。

根据《刑法》第一百一十四条、第一百一十五条的规定，犯本罪，尚未造成严重后果的，处 3 年以上 10 年以下有期徒刑；致人重伤、死亡或者致使公私财产遭受重大损失的，处 10 年以上有期徒刑、无期徒刑或者死刑。

（四）投放危险物质罪

该罪是指故意投放毒害性、放射性、传染病病原体等物质，危害公共安全的行为。本罪的犯罪主体是已满 14 周岁，具有辨认和控制自己行为能力的自然人。

根据《刑法》第一百一十四条、第一百一十五条的规定，犯本罪，尚未造成严重后果的，处 3 年以上 10 年以下有期徒刑；致人重伤、死亡或者致使公私财产遭受重大损失的，处 10 年以上有期徒刑、无期徒刑或者死刑。

（五）以危险方法危害公共安全罪

该罪是指故意使用放火、决水、爆炸、投放危险物质以外的其他危险方法，危害公共安全的行为。

根据《刑法》第一百一十四条、第一百一十五条的规定，犯本罪，尚未造成严重后果的，处 3 年以上 10 年以下有期徒刑；致人重伤、死亡或者致使公私财产遭受重大损失的，处 10 年以上有期徒刑、无期徒刑或者死刑。

（六）失火罪

该罪是指行为人因过失而引起火灾，造成严重后果，危害公共安全的行为。

根据《刑法》第一百一十五条第二款的规定，犯本罪的，处 3 年以上 7 年以下有期徒刑；情节较轻的，处 3 年以下有期徒刑或者拘役。

（七）破坏交通工具罪

该罪是指故意破坏火车、汽车、电车、船只、航空器，已经或者足以使上述交通工具发生倾覆、毁坏危险，危害公共安全的行为。

根据《刑法》第一百一十六条、第一百一十九条的规定，犯本罪，尚未造成严重后果的，处 3 年以上 10 年以下有期徒刑；造成严重后果的，处 10 年以上有期徒刑、无期徒刑或者死刑。

（八）破坏交通设施罪

该罪是指故意破坏轨道、桥梁、隧道、公路、机场、航道、标志或者进行其他破坏活动，已经或者足以使火车、汽车、电车、船只、航空器发生倾覆、毁坏危险，危害公共安全的行为。

根据《刑法》第一百一十七条、第一百一十九条的规定，犯本罪，尚未造成严重后果的，处 3 年以上 10 年以下有期徒刑；造成严重后果的，处 10 年以上有期徒刑、无期徒刑或者死刑。

（九）组织、领导、参加恐怖组织罪

该罪是指组织、领导或者参加恐怖组织，危害公共安全的行为。本罪为选择性罪名。"恐怖活动组织"是指三人以上为长期共同实施杀人、爆炸投毒、绑架等恐怖性犯罪而成立的犯罪组织。

根据《刑法》第一百二十条的规定，组织、领导恐怖活动组织的，处 10 年以上有期徒刑或者无期徒刑；积极参加的，处 3 年以上 10 年以下有期徒刑；其他参加的，处 3 年以下有期徒刑、拘役、管制或者剥夺政治权利。如果行为人不仅组织、领导或者参加恐怖活动组织，还实施了杀人、爆炸、绑架等犯罪的，则要依照数罪并罚的规定处罚。

（十）资助恐怖活动罪

该罪是指以金钱或者其他物质资助恐怖活动组织或者实施恐怖活动的个人的行为。

根据《刑法》第一百二十条之一的规定，犯本罪的，处 5 年以下有期徒刑、拘役、管制或者剥夺政治权利，并处罚金；情节严重的，处 5 年以上有期徒刑，并处罚金或者没收财产。单位犯本罪的，对单位判处罚金，并对其直接负责的主管人员和其他直接责任人员，依照规定处罚。

（十一）劫持航空器罪

该罪是指以暴力、胁迫或者其他方法劫持航空器，危害公共安全的行为。

根据《刑法》第一百二十一条的规定，犯本罪的，处 10 年以上有期徒刑或者无期徒刑；致人重伤、死亡或者致使航空器遭受严重破坏的，处死刑。

（十二）劫持船只、汽车罪

该罪是指以暴力、胁迫或者其他方法劫持船只、汽车，危害公共安全的行为。

根据《刑法》第一百二十二条的规定，犯本罪的，处 5 年以上 10 年以下有期徒刑；造成严重后果的，处 10 年以上有期徒刑或者无期徒刑。

（十三）暴力危及飞行安全罪

该罪是指对飞行中的航空器上的人员使用暴力，危及飞行安全的行为。

根据《刑法》第一百二十三条的规定，犯本罪尚未造成严重后果的，处 5 年以下有期徒刑或者拘役；造成严重后果的，处 5 年以上有期徒刑。

（十四）非法制造、买卖、运输、邮寄、储存枪支、弹药、爆炸物罪

该罪是指违反国家有关枪支、弹药、爆炸物的管理规定，非法制造、买卖、运输、邮寄、储存枪支、弹药、爆炸物，危害公共安全的行为。本罪为选择性罪名。

根据《刑法》第一百二十五条的规定，犯本罪的，处 3 年以上 10 年以下有期徒刑，情节严重的，处 10 年以上有期徒刑、无期徒刑或者死刑。单位犯本罪的，对单位判处罚金，并对其直接负责的主管人员和其他直接责任人员，依照上述规定处罚。

（十五）非法制造、买卖、运输、储存危险物质罪

该罪是指非法制造、买卖、运输、储存毒害性、放射性、传染病病原体等物质，危害公共安全的行为。本罪为选择性罪名。

根据《刑法》第一百二十五条第二款的规定，犯本罪的，处 3 年以上 10 年以下有期徒刑，情节严重的，处 10 年以上有期徒刑、无期徒刑或者死刑。单位犯本罪的，对单位判处罚金，并对其直接负责的主管人员和其他直接责任人员，依照上述规定处罚。

（十六）违规制造、销售枪支罪

该罪是指依法被指定、确定的枪支制造、销售企业，违反国家对枪支的管理规定，非法制造、销售枪支，危害公共安全的行为。

根据《刑法》第一百二十六条的规定，犯本罪的，对单位判处罚金，并对其直接负责的主管人员和直接责任人员处 5 年以下有期徒刑；情节严重的，处 5 年以上 10 年以下有期徒刑；情节特别严重的，处 10 年以上有期徒刑或者无期徒刑。

（十七）盗窃、抢夺枪支、弹药、爆炸物、危险物质罪

该罪是指以非法占有为目的，秘密窃取或者乘人不备公然夺取枪支、弹药、爆炸物或者毒害性、放射性、传染病病原体等物质，危害公共安全的行为。

根据《刑法》第一百二十七条第一款的规定，犯本罪的，处 3 年以上 10 年以下有期徒刑；情节严重或者盗窃、抢夺国家机关、军警人员、民兵的枪支、弹药、爆炸物的，处 10 年以上有期徒刑、无期徒刑或者死刑。

（十八）抢劫枪支、弹药、爆炸物、危险物质罪

该罪是指以非法占有为目的，当场使用暴力、胁迫或者其他方法，强行劫取枪支、弹药、爆炸物或者毒害性、放射性、传染病病原体等物质，危害公共安全的行为。

根据《刑法》第一百二十七条第二款的规定，犯本罪的，处 10 年以上有期徒刑、无期徒刑或者死刑。

（十九）非法持有、私藏枪支、弹药罪

该罪是指违反国家对枪支、弹药的管理规定，私自携带或者隐藏枪支、弹药，危害公共安全的行为。

根据《刑法》第一百二十八条第一款的规定，犯本罪的，处 3 年以下有期徒刑、拘役或者管制；情节严重的，处 3 年以上 7 年以下有期徒刑。

（二十）非法出租、出借枪支罪

该罪是指依法配备公务用枪的人员，违反枪支管理规定，私自出租、出借枪支；或者依法配置枪支的人员，违反枪支管理规定，非法出租、出借枪支，造成严重后果，危害公共安全的行为。

根据《刑法》第一百二十八条的规定，犯本罪的，处 3 年以下有期徒刑、拘役或者管制；情节严重的，处 3 年以上 7 年以下有期徒刑。单位犯本罪的，实行双罚制，即对单位判处罚金，并对其直接负责的主管人员和直接责任人员按照上述规定处罚。

（二十一）丢失枪支不报罪

该罪是指依法配备公务用枪的人员，丢失枪支不及时报告，造成严重后果，危害公共安全的行为。

根据《刑法》第一百二十九条的规定，犯本罪的，处 3 年以下有期徒刑或者拘役。

（二十二）非法携带枪支、弹药、管制刀具、危险物品危及公共安全罪

该罪是指违反国家有关管理规定，非法携带枪支、弹药、管制刀具或者爆炸性、易燃性、放射性、毒害性、腐蚀性物品，进入公共场所或者公共交通工具，情节严重，危及公共安全的行为。

根据《刑法》第一百三十条的规定，犯本罪的，处 3 年以下有期徒刑、拘役或者管制。

（二十三）重大飞行事故罪

该罪是指航空人员违反规章制度，致使发生重大飞行事故，造成严重后果，危害公共安全的行为。

根据《刑法》第一百三十一条的规定，犯本罪的，处 3 年以下有期徒刑或者拘役；造成飞机坠毁或者人员死亡的，处 3 年以上 7 年以下有期徒刑。

（二十四）铁路运营安全事故罪

该罪是指铁路职工违反规章制度，造成铁路运营事故，后果严重，危害公共安全的行为。

根据《刑法》第一百三十二条的规定，犯本罪的，处 3 年以下有期徒刑或者拘役；造成特别严重后果的，处 3 年以上 7 年以下有期徒刑。

### (二十五) 交通肇事罪

该罪是指违反交通管理法规，发生重大交通事故，致人重伤、死亡或者使公私财产遭受重大损失，危害公共安全的行为。

根据《刑法》第一百三十三条的规定，犯本罪的，处3年以下有期徒刑或者拘役；肇事后逃逸或者有其他特别恶劣情节的，处3年以上7年以下有期徒刑；因逃逸致人死亡的，处7年以上有期徒刑。

### (二十六) 危险驾驶罪

该罪是指在道路上驾驶机动车追逐竞驶，或者醉酒驾驶机动车的行为。本罪只限于在陆路的公共交通领域内构成犯罪的规定。

根据《刑法》第一百三十三条之一的规定，犯本罪的，处拘役，并处罚金。同时构成其他犯罪的，依照处罚较重的规定定罪处罚。

### (二十七) 重大责任事故罪

该罪是指在生产、作业中违反有关安全管理的规定，因而发生重大伤亡事故或者造成其他严重后果，危害公共安全的行为。

根据《刑法》第一百三十五条的规定，犯本罪的，处3年以下有期徒刑或者拘役；情节特别恶劣的，处3年以上7年以下有期徒刑。

## 三、破坏社会主义市场经济秩序罪

该罪是指违反国家市场经济秩序管理法规，干扰国家对市场经济的管理活动，破坏社会主义市场经济秩序，使国民经济发展受到严重损害的行为。

《刑法》分则第一百四十条至第二百三十一条，共列99个罪名。主要罪名有：

### (一) 生产、销售伪劣商品罪

该罪是指生产者、销售者以牟取非法利润为目的，违反国家关于工、农业生产资料、生活资料、药品以及其他商品的质量管理法规，在产品中掺杂、掺假，以假充真，以次充好，或者以不合格产品冒充合格产品，危害群众人身和财产安全，侵害国家、单位、他人的合法权益，破坏社会主义经济秩序，情节严重的行为。生产和销售行为只要具备其中之一，就构成犯罪，如果行为人既生产又销售，仍然只构成一罪而不是数罪。

实施生产、销售伪劣商品犯罪，同时构成侵犯知识产权、非法经营等其他犯罪的，依照处罚较重的规定定罪处罚。

生产、销售《刑法》第一百四十一条至第一百四十八条所列产品，不构成各该条规定的犯罪，但是销售金额在5万元以上的，依照第一百四十条的规定即生产、销售伪劣产品罪定罪处罚。生产、销售《刑法》第一百四十一条至第一百四十八条所列产品，构成各该条规定的犯罪，同时又构成第一百四十条规定之罪的，依照处罚较重的规定定罪处罚。

#### 1. 生产、销售伪劣产品罪

该罪是指生产者、销售者违反国家产品质量管理法规，在生产、销售的产品中掺杂、掺假，以假充真，以次充好，或者以不合格产品冒充合格产品，销售金额较大的行为。本罪属选择性罪名。

根据《刑法》第一百四十条和第一百五十条的规定，犯本罪，销售金额5万元以上不满20万元的，处2年以下有期徒刑或者拘役，并处或者单处销售金额50%以上2倍以下罚金；销售金额20万元以上不满50万元的，处2年以上7年以下有期徒刑，并处销售金额50%以上2倍以下罚金；销售金额50万元以上不满200万元的，处7年以上有期徒刑，并处销售金额50%以上2倍以下罚金；销售金额200万元以上的，处15年有期徒刑或者无期徒刑，并处销售金额50%以上2倍以下罚金或者没收财产。单位犯本罪的，对单位判处罚金，并对其直接负责的主管人员和其他直接责任人员依照上述规定处罚。

2. 生产、销售假药罪

该罪是指生产者、销售者违反国家药品管理法规，明知是假药而进行生产、销售的行为。

根据《刑法》第一百四十一条、第一百五十条的规定，犯本罪的，处3年以下有期徒刑或者拘役，并处罚金；对人体健康造成严重危害或有其他严重情节的，处3年以上10年以下有期徒刑，并处罚金；致人死亡或者有其他特别严重情节的，处10年以上有期徒刑、无期徒刑或者死刑，并处罚金或者没收财产。单位犯本罪的，对单位判处罚金，并对其直接负责的主管人员和其他直接责任人员按照上述规定处罚。

3. 生产、销售劣药罪

该罪是指违反国家药品管理法规，明知是劣药而进行生产、销售，对人体健康造成严重危害的行为。

根据《刑法》第一百四十二条第一款、第一百五十条的规定，犯本罪，对人体健康造成严重危害的，处3年以上10年以下有期徒刑，并处销售金额50%以上2倍以下罚金；后果特别严重的，处10年以上有期徒刑或者无期徒刑，并处销售金额50%以上2倍以下罚金或者没收财产。单位犯本罪的，实行双罚制，即对单位判处罚金，并对其直接负责的主管人员和其他直接责任人员按照上述规定处罚。

4. 生产、销售不符合安全标准的食品罪

该罪是指违反国家食品安全管理法规，生产、销售不符合安全标准的食品，足以造成严重食物中毒事故或者其他严重食源性疾患的行为。

根据《刑法》第一百四十三条、第一百五十条的规定，犯本罪，足以造成严重食物中毒事故或者其他严重食源性疾患的，处3年以下有期徒刑或者拘役，并处罚金；对人体健康造成严重危害的，处3年以上7年以下有期徒刑，并处罚金；后果特别严重的，处7年以上有期徒刑或者无期徒刑，并处罚金或者没收财产。单位犯本罪的，对单位判处罚金，并对其直接负责的主管人员和其他直接责任人员按照上述规定处罚。

5. 生产、销售有毒、有害食品罪

该罪是指违反国家食品卫生管理法规，在生产、销售的食品中掺入有毒、有害的非食品原料，或者销售明知掺有有毒、有害的非食品原料的食品的行为。

根据《刑法》第一百四十四条、第一百五十条的规定，犯本罪的，处5年以下有期徒刑或者拘役，并处罚金；对人体健康造成严重危害或者有其他严重情节的，处5年以上10年以下有期徒刑，并处罚金；致人死亡或者有其他特别严重情节的，处10年以上有期徒刑、无期徒刑或者死刑，并处罚金或者没收财产。单位犯本罪的，对单位判处罚金，并对其直接负责的主管人员和其他直接责任人员依照上述规定处罚。

6. 生产、销售不符合标准的医用器材罪

该罪是指违反国家产品质量管理法规，生产不符合保障人体健康的国家标准、行业标准的医疗器械、医用卫生材料，或者销售明知是不符合国家标准、行业标准的医疗器械、医用卫生材料，对人体健康造成严重危害的行为。

根据《刑法》第一百四十五条、第一百五十条的规定，犯本罪，足以危害人体健康的，处 3 年以下有期徒刑，并处销售金额 50% 以上 2 倍以下罚金；对人体健康造成严重危害的，处 3 年以上 10 年以下有期徒刑，并处销售金额 50% 以上 2 倍以下罚金；后果特别严重的，处 10 年以上有期徒刑或者无期徒刑，并处销售金额 50% 以上 2 倍以下罚金或者没收财产。单位犯本罪的，实行双罚制，即对单位判处罚金，并对其直接负责的主管人员和其他直接责任人员按照上述规定处罚。

7. 生产、销售不符合安全标准的产品罪

该罪是指违反国家产品质量法规，生产不符合保障人身、财产安全的国家标准、行业标准的电器、压力容器、易燃易爆产品或者其他不符合保障人身、财产安全的国家标准、行业标准的产品，或者销售明知是以上不符合保障人身、财产安全的国家标准、行业标准的产品，造成严重后果的行为。

根据《刑法》第一百四十六条、第一百五十条的规定，犯本罪，造成严重后果的，处 5 年以下有期徒刑，并处销售金额 50% 以上 2 倍以下罚金；后果特别严重的，处 5 年以上有期徒刑，并处销售金额 50% 以上 2 倍以下罚金。单位犯本罪的，实行双罚制，即对单位判处罚金，并对其直接负责的主管人员和其他责任人员按照上述规定处罚。

8. 生产、销售伪劣农药、兽药、化肥、种子罪

该罪是指违反国家产品质量法规，生产假农药、假兽药、假化肥，销售明知是假的或者失去效能的农药、兽药、化肥、种子，或者生产者、销售者以不合格的农药、兽药、化肥、种子冒充合格的农药、兽药、化肥、种子，使生产遭受较大损失的行为。

根据《刑法》第一百四十七条、第一百五十条的规定，犯本罪，使生产遭受较大损失的，处 3 年以下有期徒刑或者拘役，并处或者单处销售金额 50% 以上 2 倍以下罚金；使生产遭受重大损失的，处 3 年以上 7 年以下有期徒刑，并处销售金额 50% 以上 2 倍以下罚金；使生产遭受特别重大损失的，处 7 年以上有期徒刑或者无期徒刑，并处销售金额 50% 以上 2 倍以下罚金或者没收财产。单位犯本罪的，实行双罚制，即对单位判处罚金，并对其直接负责的主管人员和其他直接责任人员按照上述规定处罚。

9. 生产、销售不符合卫生标准的化妆品罪

该罪是指违反国家产品质量法规，生产不符合卫生标准的化妆品，或者销售明知是不符合卫生标准的化妆品，造成严重后果的行为。

根据《刑法》第一百四十八条、第一百五十条的规定，犯本罪的，处 3 年以下有期徒刑或者拘役，并处或者单处销售金额 50% 以上 2 倍以下罚金。单位犯本罪的，实行双罚制，即对单位判处罚金，并对直接负责的主管人员和其他直接责任人员按照上述规定处罚。

（二）走私罪

该罪是指违反海关法规，逃避海关监管，运输、携带、邮寄国家禁止进出境或者限制进出境的货物、物品以及其他货物、物品进出国（边）境，或者未经海关许可并补缴关税，擅自出售特许进口的保税、减税或免税的货物、物品，或者直接向走私犯非法收购走私物品，或者在内海、领海运输、收购、贩卖国家禁止或限制进出口的货物、物品，情节严重的行为。

根据《刑法》第一百五十七条规定，武装掩护走私的，依照《刑法》第一百五十一条第一款、第四款的规定从重处罚，即以走私武器、弹药罪从重处罚。走私又暴力抗拒缉私的按走私罪与妨碍公务罪数罪并罚。

1. 走私武器、弹药罪

该罪是指违反海关法规，逃避海关监管，非法携带、运输、邮寄武器、弹药进出国（边）境的行为。

根据《刑法》第一百五十一条第一款的规定，犯本罪的，处 7 年以上有期徒刑，并处罚金或者没收财产；情节特别严重的，处无期徒刑或者死刑，并处没收财产；情节较轻的，处 3 年以上 7 年以下有期徒刑，并处罚金。单位犯本罪的，对单位判处罚金，并对其直接负责的主管人员和其他直接责任人员按照上述规定处罚。

2. 走私核材料罪

该罪是指违反海关法规，逃避海关监管，非法携带、运输、邮寄核材料进出国（边）境的行为。

根据《刑法》第一百五十一条第一款的规定，犯本罪的，处 7 年以上有期徒刑，并处罚金或者没收财产；情节特别严重的，处无期徒刑或者死刑，并处没收财产；情节较轻的，处 3 年以上 7 年以下有期徒刑，并处罚金。单位犯本罪的，对单位判处罚金，并对其直接负责的主管人员和其他直接责任人员按照上述规定处罚。

3. 走私假币罪

该罪是指违反海关法规，逃避海关监管，非法携带、运输、邮寄伪造的货币进出国（边）境的行为。

根据《刑法》第一百五十一条第一款的规定，犯本罪的，处 7 年以上有期徒刑，并处罚金或者没收财产；情节特别严重的，处无期徒刑或者死刑，并处没收财产；情节较轻的，处 3 年以上 7 年以下有期徒刑，并处罚金。单位犯本罪的，对单位判处罚金，并对其直接负责的主管人员和其他直接责任人员按照上述规定处罚。

4. 走私文物罪

该罪是指违反海关法规，逃避海关监管，非法携带、运输、邮寄国家禁止出口的文物进出国（边）境的行为。

根据《刑法》第一百五十一条第二款的规定，犯本罪的，处 5 年以上 10 年以下有期徒刑，并处罚金；情节特别严重的，处 10 年以上有期徒刑或者无期徒刑，并处没收财产；情节较轻的，处 5 年以下有期徒刑，并处罚金。单位犯本罪的，实行双罚制，对单位判处罚金，并对其直接负责的主管人员和其他直接责任人员依照上述规定处罚。

5. 走私贵重金属罪

该罪是指违反海关法规，逃避海关监管，非法携带、运输、邮寄国家禁止出口的黄金、白银和其他贵重金属出国（边）境的行为。

根据《刑法》第一百五十一条第二款的规定，犯本罪的，处 5 年以上 10 年以下有期徒刑，并处罚金；情节特别严重的，处 10 年以上有期徒刑或者无期徒刑，并处没收财产；情节较轻的，处 5 年以下有期徒刑，并处罚金。单位犯本罪的，实行双罚制，对单位判处罚金，并对其直接负责的主管人员和其他直接责任人员依照上述规定处罚。

6. 走私珍贵动物、珍贵动物制品罪

该罪是指违反海关法规，逃避海关监管，非法携带、运输、邮寄动物、珍贵动物制品进出国（边）境的行为。

根据《刑法》第一百五十一条第二款的规定，犯本罪的，处 5 年以上 10 年以下有期徒刑，并处罚金；情节特别严重的，处 10 年以上有期徒刑或者无期徒刑，并处没收财产；情节较轻的，处 5 年以下有期徒刑，并处罚金。单位犯本罪的，实行双罚制，对单位判处罚金，并对其直接负责的主管人员和其他直接责任人员依照上述规定处罚。

7. 走私国家禁止进出口的货物、物品罪

该罪是指违反海关法规，逃避海关监管，非法携带、运输、邮寄国家禁止进出口的其他货物、物品进出国（边）境的行为。

根据《刑法》第一百五十一条第三款的规定，犯本罪的，处 5 年以下有期徒刑或者拘役，并处或者单处罚金；情节严重的，处 5 年以上有期徒刑，并处罚金。单位犯本罪的，对单位判处罚金，并对其直接负责的主管人员和其他直接责任人员按照上述规定处罚。

8. 走私淫秽物品罪

该罪是指以牟利或者传播为目的，违反海关法规，逃避海关监管，非法运输、携带、邮寄淫秽的影片、录像带、录音带、图片、书刊或者其他淫秽物品进出国（边）境的行为。

根据《刑法》第一百五十二条的规定，犯本罪的，处 3 年以上 10 年以下有期徒刑，并处罚金；情节严重的，处 10 年以上有期徒刑或者无期徒刑，并处罚金或者没收财产；情节较轻的，处 3 年以下有期徒刑、拘役或者管制，并处罚金。单位犯本罪的，对单位判处罚金，并对其直接负责的主管人员和其他直接责任人员按照上述规定处罚。

9. 走私废物罪

该罪是指违反海关法规，逃避海关监管，将境外固体废物、液态废物和气态废物运输入境，情节严重的行为。

根据《刑法》第一百五十二条第二款的规定，犯本罪的，处 5 年以下有期徒刑，并处或者单处罚金；情节特别严重的，处 5 年以上有期徒刑，并处罚金。单位犯本罪的，对单位判处罚金，并对其直接负责的主管人员和其他直接责任人员按照上述规定处罚。

10. 走私普通货物、物品罪

该罪是指违反海关法规，逃避海关监管，非法运输、携带、邮寄除武器、弹药、核材料、伪造的货币、文物、贵重金属、珍贵动物及其制品、珍稀植物及其制品、淫秽物品以及毒品之外的其他货物、物品进出国（边）境，偷逃应缴关税及工商税数额较大的行为。

根据《刑法》第一百五十三条的规定，犯本罪，走私货物、物品偷逃应缴税额较大或者一年内曾因走私被给予二次行政处罚后又走私的，处 3 年以下有期徒刑或者拘役，并处偷逃应缴税额 1 倍以上 5 倍以下罚金；走私货物、物品偷逃应缴税额巨大或者有其他严重情节的，处 3 年以上 10 年以下有期徒刑，并处偷逃应缴税额 1 倍以上 5 倍以下罚金；走私货物、物品偷逃应缴税额特别巨大或者有其他特别严重情节的，处 10 年以上有期徒刑或者无期徒刑，并处偷逃应缴税额 1 倍以上 5 倍以下罚金或者没收财产。单位犯本罪的，对单位判处罚金，并对其直接负责的主管人员和其他直接责任人员，处 3 年以下有期徒刑或者拘役；情节严重的，处 3 年以上 10 年以下有期徒刑；情节特别严重的，处 10 年以上有期徒刑。

对多次走私未经处理的，按照累计走私货物、物品的偷逃应缴税额处罚。

（三）妨害对公司、企业的管理秩序罪

1. 虚报注册资本罪

该罪是指行为人申请公司登记时，使用虚假证明文件或者采取其他欺诈手段，虚报注册资本，欺骗公司登记主管部门，取得公司登记，虚报注册资本数额巨大、后果严重或者有其他严重情节的行为。

依据《刑法》第一百五十八条的规定，个人犯本罪的，处 3 年以下有期徒刑或者拘役，并处或者单处虚报注册资本金额 1% 以上 5% 以下罚金；单位犯本罪的，实行双罚制，即对单位判处罚金，并对直接负责主管人员或者其他直接责任人员处 3 年以下有期徒刑或者拘役。

2. 虚报出资、抽逃出资罪

该罪是指公司发起人、股东违反公司法的规定，未交付货币、实物或者未转移财产权，虚假出资，或者在公司成立之后又抽逃出资，数额巨大、后果严重或者有其他严重情节的行为。

依据《刑法》第一百五十九条的规定，犯本罪的，处 5 年以下有期徒刑或者拘役，并处或者单处虚假出资金额或者抽逃金额 2% 以上 10% 以下罚金。单位犯本罪的，实行双罚制，即对单位判处罚金，并对直接负责的主管人员和其他直接责任人员处 5 年以下有期徒刑或者拘役。

3. 欺诈发行股票、债券罪

该罪是指在招股说明书、认股书、公司、企业债券募集办法中隐瞒重要事实或者编造重大虚假内容，发行股票或者公司、企业债券，数额巨大、后果严重或者有其他严重情节的行为。

依据《刑法》第一百六十条的规定，犯本罪的，处 5 年以下有期徒刑或者拘役，并处或者单处非法募集资金金额 1% 以上 5% 以下罚金。单位犯本罪的，实行双罚制，即对单位判处罚金，并对直接负责的主管人员和其他直接责任人员处 5 年以下有期徒刑或者拘役。

4. 违规披露、不披露重要信息罪

该罪是指依法富有信息披露义务的公司、企业向股东和社会公众提供虚假或者隐瞒重要事实的财务会计报告，或者对依法应当披露的其他重要信息不按规定披露，严重损害股东或者其他人利益，或者有其他严重情节的行为。

根据《刑法》第一百六十一条的规定，犯本罪的，只对该犯罪单位的直接负责的主管人员和其他直接责任人员，处 3 年以下有期徒刑或者拘役，并处或者单处 2 万元以上 20 万元以下罚金。

5. 妨害清算罪

该罪是指公司、企业进行清算时，隐匿财产，对资本负债表或财产清单做虚假记载或者在未清偿债务前分配公司、企业财产，严重损害债权人或者其他人利益的行为。

根据《刑法》第一百六十二条的规定，犯本罪的，只对该犯罪单位的直接负责的主管人员和其他直接责任人员，处 3 年以下有期徒刑或者拘役，并处或者单处 2 万元以上 20 万元以下罚金。

6. 隐匿、故意销毁会计凭证、会计账簿、财务会计报告罪

该罪是指隐匿或者故意销毁依法应当保存的会计凭证、会计账簿及财务会计报告，情节严重的行为。

根据《刑法》第一百六十二条之一的规定，犯本罪的，处 5 年以下有期徒刑或者拘役，并处或者单处 2 万元以上 20 万元以下罚金。单位犯本罪的，实行双罚制，即对单位判处罚金，并对直接负责的主管人员和其他直接责任人员处 5 年以下有期徒刑或者拘役。

7. 非国家工作人员受贿罪

该罪是指公司、企业或者其他单位的工作人员利用职务上的便利，索取他人财物或者非法收受他人财物，为他人谋取利益，数额较大的行为。公司、企业或者其他单位的工作人员在经济往来中，违反国家规定，收受各种名义的回扣、手续费，归个人所有的，按照本罪处理。

根据《刑法》第一百六十三条的规定，犯本罪，数额较大的，处 5 年以下有期徒刑或者拘役；数额巨大的，处 5 年以上有期徒刑，可以并处没收财产。所谓数额巨大，是指索取或者非法收受财物 10 万元以上。

8. 对非国家工作人员行贿罪

该罪是指为谋取不正当利益，给予公司、企业或者其他单位的工作人员财物，数额较大的行为。

根据《刑法》第一百六十四条的规定，犯本罪，数额较大的，处 3 年以下有期徒刑或者拘役；数额巨大的，处 3 年以上 10 年以下有期徒刑，并处罚金。单位犯本罪的，实行双罚制，即对单位判处罚金，并对直接负责的主管人员和其他直接责任人员，处 3 年以下有期徒刑或者拘役。

9. 非法经营同类营业罪

该罪是指国有公司、企业的董事、经理利用职务便利，自己经营或者为他人经营与其所任职公司、企业同类的营业，获取非法利益，数额巨大的行为。

根据《刑法》第一百六十五条的规定，犯本罪，数额巨大的，处 3 年以下有期徒刑或者拘役，并处或者单处罚金；数额特别巨大，处 3 年以上 7 年以下有期徒刑，并处罚金。

10. 为亲友非法牟利罪

该罪是指国有公司、企业、事业单位的工作人员，利用职务便利，损公肥私，将本单位的赢利业务交由自己的亲友经营的，或者以明显高于市场的价格向自己的亲友经营管理的单位采购商品或者以明显低于市场的价格向自己的亲友经营管理的单位销售商品的，或

者向自己的亲友经营管理的单位采购不合格商品，致使国家利益遭受重大损失的行为。

根据《刑法》第一百六十六条的规定，犯本罪的，处 3 年以下有期徒刑或者拘役，并处或者单处罚金；致使国家利益遭受特别重大损失的，处 3 年以上 7 年以下有期徒刑，并处罚金。

11. 签订、履行合同失职被骗罪

该罪是指国有公司、企业、事业单位的直接负责的主管人员，在签订、履行合同过程中，因严重不负责任被诈骗，致使国家利益遭受重大损失的行为。

根据《刑法》第一百六十七条的规定，犯本罪的，处 3 年以下有期徒刑或者拘役；致使国家利益遭受特别重大损失的，处 3 年以上 7 年以下有期徒刑。

12. 国有公司、企业、事业单位人员失职罪

该罪是指国有公司、企业的工作人员由于严重不负责任，造成国有公司、企业破产或者严重损失，或者国有事业单位工作人员严重不负责任，致使国家利益遭受重大损失的行为。

根据《刑法》第一百六十八条第二款的规定，犯本罪的，处 3 年以下有期徒刑或者拘役；致使国家利益遭受特别重大损失的，处 3 年以上 7 年以下有期徒刑。

13. 国有公司、企业、事业单位人员滥用职权罪

该罪是指国有公司、企业的工作人员滥用职权，造成国有公司、企业破产或者严重损失，或者国有事业单位的工作人员滥用职权，致使国家利益遭受重大损失的行为。

根据《刑法》第一百六十八条第二款的规定，犯本罪的，处 3 年以下有期徒刑或者拘役；致使国家利益遭受特别重大损失的，处 3 年以上 7 年以下有期徒刑。

14. 徇私舞弊低价折股、低价出售国有资产罪

该罪是指国有公司、企业或者其上级主管部门直接负责的主管人员，徇私舞弊，将国有资产低价折股或者低价出售，致使国家利益遭受重大损失的行为。

根据《刑法》第一百六十九条的规定，犯本罪的，处 3 年以下有期徒刑或者拘役；致使国家利益遭受特别重大损失的，处 3 年以上 7 年以下有期徒刑。

（四）破坏金融管理秩序罪

1. 伪造货币罪

该罪是指仿造货币的式样、票面、图案、颜色、质地或者防伪标记等特征，使用描绘、复印、影印、制版印刷和计算机扫描打印等方法，非法制造假货币，冒充真货币的行为。

根据《刑法》第一百七十条的规定，犯本罪的，处 3 年以上 10 年以下有期徒刑，并处 5 万元以上 50 万元以下罚金；对于伪造货币集团的首要分子、伪造货币金额特别巨大或者有其他特别严重情节的，处 10 年以上有期徒刑、无期徒刑或者死刑，并处 5 万元以上 50 万元以下罚金或者没收财产。

2. 出售、购买、运输假币罪

该罪是指出售、购买伪造的货币或明知是伪造的货币予以运输，数额较大的行为。

根据《刑法》第一百七十一条第一款和第三款的规定，犯本罪，数额较大的，处 3 年以下有期徒刑或者拘役，并处 2 万元以上 20 万元以下罚金；数额巨大的，处 3 年以上 10

年以下有期徒刑，并处 5 万元以上 50 万元以下罚金；数额特别巨大的，处 10 年以上有期徒刑、无期徒刑，并处 5 万元以上 50 万元以下罚金或者没收财产。

3. 持有、使用货币罪

该罪是指明知道是伪造的货币而持有、使用，数额较大的行为。

根据《刑法》第一百七十二条的规定，犯本罪，数额较大的，处 3 年以下有期徒刑或者拘役，并处或者单处 1 万元以上 10 万元以下罚金；数额巨大的，处 3 年以上 10 年以下有期徒刑，并处 2 万元以上 20 万元以下罚金；数额特别巨大的，处 10 年以上有期徒刑，并处 5 万元以上 50 万元以下罚金或者没收财产。

4. 高利转贷罪

该罪是指以转贷牟利为目的，套取金融机构信贷资金高利转贷他人，违法所得数额较大的行为。

根据《刑法》第一百七十五条的规定，犯本罪的，处 3 年以下有期徒刑或者拘役，并处违法所得 1 倍以上 5 倍以下罚金；数额巨大的，处 3 年以上 7 年以下有期徒刑，并处违法所得 1 倍以上 5 倍以下罚金。单位犯本罪的，实行双罚制，即对单位判处罚金，并对直接负责的主管人员和其他直接责任人员处 3 年以下有期徒刑或者拘役。

5. 非法吸收公众存款罪

该罪是指违反国家金融管理法规，非法吸收公众存款或者变相吸收公众存款，扰乱金融秩序的行为。

根据《刑法》第一百七十六条的规定，犯本罪的，处 3 年以下有期徒刑或者拘役，并处或者单处 2 万元以上 20 万元以下罚金；数额巨大或者有其他严重情节的，处 3 年以上 10 年以下有期徒刑，并处 5 万元以上 50 万元以下罚金。单位犯本罪的，实行双罚制，即对单位判处罚金，并对直接负责的主管人员和其他直接责任人员依照上述规定处罚。

6. 伪造、变造金融票证罪

该罪是指采取各种方法制造假金融票证或篡改、变动真金融票证的行为。

根据《刑法》第一百七十七条的规定，犯本罪的，处 5 年以下有期徒刑或者拘役，并处或者单处 2 万元以上 20 万元以下罚金；情节严重的，处 5 年以上 10 年以下有期徒刑，并处 5 万元以上 50 万元以下罚金；情节特别严重的，处 10 年以上有期徒刑或者无期徒刑，并处没收财产。

7. 妨害信用卡管理罪

该罪是指以明知为前提，持有、运输伪造的信用卡或者空白信用卡数量较大，非法持有他人信用卡数量较大，使用虚假身份证明骗取信用卡，以及出售、购买、为他人提供伪造的信用卡或者以虚假的身份证明骗领的信用卡的行为。

根据《刑法》第一百七十七条之一的规定，犯本罪的，处 3 年以下有期徒刑或者拘役，并处或者单处 1 万元以上 10 万元以下罚金；数量巨大或者有其他严重情节的，处 3 年以上 10 年以下有期徒刑，并处 2 万元以上 20 万元以下罚金。

8. 伪造、变造国家有价证券罪

该罪是指伪造、变造国库券或者国家发行的其他有价证券，数额较大的行为。

根据《刑法》第一百七十八条第一、三款的规定，数额较大的，处 3 年以下有期徒刑或者拘役，并处或者单处 2 万元以上 20 万元以下罚金；数额巨大的，处 3 年以上 10 年以下有期徒刑，并处 5 万元以上 50 万元以下罚金；数额特别巨大的，处 10 年以上有期徒刑或者无期徒刑，并处 5 万元以上 50 万元以下罚金或者没收财产。单位犯本罪的，实行双罚制，即对单位判处罚金，并对直接负责的主管人员和其他直接责任人员依照上述规定处罚。

9. 内幕交易、泄露内幕信息罪

该罪是指证券、期货交易内幕信息的知情人员或者非法获取证券、期货交易内幕信息的人员，在涉及证券的发行，证券、期货交易或者其他对证券、期货交易价格有重大影响的信息尚未公开之前，买入或者卖出该证券，或者从事与该内幕信息有关的期货交易，或者泄露该信息，或明示、暗示他人从事上述交易活动，情节严重的行为。另外，证券交易所、期货交易所、证券公司、期货经纪公司、基金管理公司、商业银行、保险公司等金融机构的从业人员以及有关监管部门或者行业协会的从业人员，利用因职务便利获取的内幕信息以外的其他未公开的信息，违反规定，从事与该信息相关的证券、期货交易活动，或者明示、暗示他人从事相关交易活动，情节严重的行为，以本罪论处。

根据《刑法》第一百八十条的规定，犯本罪的，处 5 年以下有期徒刑或者拘役，并处或者单处违法所得 1 倍以上 5 倍以下罚金；情节特别严重的，处 5 年以上 10 年以下有期徒刑，并处违法所得 1 倍以上 5 倍以下罚金。单位犯本罪的，实行双罚制，即对单位判处罚金，并对直接负责的主管人员和其他直接责任人员处 5 年以下有期徒刑或者拘役。

10. 操纵证券、期货交易价格罪

该罪是指以牟利或减少损失为目的，操纵证券、期货交易价格，获取不正当利益或者转嫁风险，情节严重的行为。

根据《刑法》第一百八十二条的规定，犯本罪的，处 5 年以下有期徒刑或者拘役，并处或者单处违法所得 1 倍以上 5 倍以下罚金。单位犯本罪的，实行双罚制，即对单位判处罚金，并对直接负责的主管人员和其他直接责任人员，处 5 年以下有期徒刑或者拘役。

11. 逃汇罪

该罪是指公司、企业或者其他单位，违反国家规定，擅自将外汇存放在境外，或者将境内的外汇非法转移到境外，数额较大的行为。

根据《刑法》第一百九十条的规定，对犯本罪的单位，判处逃汇数额 5% 以上 30% 以下罚金，并对其直接负责的主管人员和其他直接责任人员处 5 年以下有期徒刑或者拘役；数额巨大或者有其他严重情节的，判处逃汇数额 5% 以上 30% 以下罚金，并对其直接负责的主管人员和其他直接责任人员处 5 年以上有期徒刑。

12. 洗钱罪

该罪是指明知道是毒品犯罪、黑社会性质的组织犯罪、恐怖活动犯罪、走私犯罪贪污贿赂犯罪、破坏金融管理秩序罪、金融诈骗犯罪的违法所得及其产生的收益，为掩饰、隐瞒其来源和性质，而以提供资金账户、协助将财产转换为现金、金融票据、有价证券等方式使其在市场上合法化的行为。

根据《刑法》第一百九十一条的规定，犯本罪的，除没收实施毒品犯罪、黑社会性质的组织犯罪、恐怖活动犯罪和走私犯罪的违法所得及其产生的收益外，处 5 年以下有期徒刑或者拘役，并处或者单处洗钱数额 5% 以上 20% 以下罚金；情节严重的，处 5 年以上 10 年以下有期徒刑，并处或者单处洗钱数额 5% 以上 20% 以下罚金。单位犯本罪的，实行双罚制,即对单位判处罚金,并对直接负责的主管人员和其他直接责任人员处5年以下有期徒刑或者拘役。

(五)金融诈骗罪

1. 集资诈骗罪

该罪是指以非法占有为目的,使用诈骗方法非法集资,骗取集资款数额较大的行为。

根据《刑法》第一百九十二条、第一百九十九条的规定,犯本罪的,处5年以下有期徒刑或者拘役,并处2万元以上20万元以下罚金;数额巨大或者有其他严重情节的,处5年以上10年以下有期徒刑,并处5万元以上50万元以下罚金;数额特别巨大或者有其他特别严重情节的,处10年以上有期徒刑或者无期徒刑,并处5万元以上50万元以下罚金或者没收财产;数额特别巨大并且给国家和人民利益造成特别重大损失的,处无期徒刑或者死刑,并处没收财产。

根据《刑法》第二百条规定,单位犯本罪的,对单位判处罚金,并对其直接负责的主管人员和其他直接责任人员,处5年以下有期徒刑或者拘役,可以并处罚金;数额巨大或者有其他严重情节的,处5年以上10年以下有期徒刑,并处罚金;数额特别巨大或者有其他特别严重情节的,处10年以上有期徒刑或者无期徒刑,并处罚金。

2. 贷款诈骗罪

该罪是指以非法占有为目的,诈骗银行或者其他金融机构的贷款,数额较大的行为。

根据《刑法》第一百九十三条的规定,犯本罪的,处5年以下有期徒刑或者拘役,并处2万元以上20万元以下罚金;数额巨大或者有其他严重情节的,处5年以上10年以下有期徒刑,并处5万元以上50万元以下罚金;数额特别巨大或者有其他特别严重情节的,处10年以上有期徒刑或者无期徒刑,并处5万元以上50万元以下罚金或者没收财产。

3. 信用卡诈骗罪

该罪是指以非法占有为目的,利用信用卡进行诈骗活动,骗取他人数额较大的财物的行为。

根据《刑法》第一百九十六条的规定,犯本罪的,处5年以下有期徒刑或者拘役,并处2万元以上20万元以下罚金;数额巨大或者有其他严重情节的,处5年以上10年以下有期徒刑,并处5万元以上50万元以下罚金;数额特别巨大或者有其他特别严重情节的,处10年以上有期徒刑或者无期徒刑,并处5万元以上50万元以下罚金或者没收财产。

4. 保险诈骗罪

该罪是指投保人、被保险人或者收益人以非法占有为目的,违反保险法律、法规,采取虚构事实、隐瞒真相的方法骗取保险金数额较大的行为。

投保人、被保险人故意造成财产损失的保险事故,骗取保险金的;投保人、受益人故意造成被保险人死亡、伤残或者疾病,骗取保险金的。同时构成其他犯罪的,依照数罪并罚的规定处罚。

保险事故的鉴定人、证明人、财产评估人故意提供虚假的证明文件,为他人诈骗提供条件的,以保险诈骗的共犯论处。

根据《刑法》第一百九十八条的规定,犯本罪的,处5年以下有期徒刑或者拘役,并处1万元以上10万元以下罚金;数额巨大或者有其他严重情节的,处5年以上10年以下有期徒刑，并处 2 万元以上 20 万元以下罚金；数额特别巨大或者有其他特别严重情节的，处 10 年以上有期徒刑，并处 2 万元以上 20 万元以下罚金或者没收财产。单位犯本罪的，实行双罚制，即对单位判处罚金，并对直接负责的主管人员和其他直接责任人员按照以上规定进行处罚。

（六）危害税收征管罪

1. 逃税罪

该罪是指纳税人采取欺骗、隐瞒手段进行虚假纳税申报或者不申报，逃避缴纳税款数额较大的行为。扣缴义务人如利用相同行为，不缴或者少缴已扣、已收税款，数额较大的行为，依本罪定罪处罚。

根据《刑法》第二百零一条、第二百零四条第二款、第二百一十一条和第二百一十二条的规定，犯本罪的，逃避缴纳税款数额较大并且占应纳税额 10% 以上的，处 3 年以下有期徒刑或者拘役，并处罚金；数额巨大并且占应纳税额 30% 以上的，处 3 年以上 7 年以下有期徒刑，并处罚金。

2. 抗税罪

该罪是指纳税人或扣缴义务人违反税收征收法规，以暴力、威胁方法拒不缴纳税款的行为。

根据《刑法》第二百零二条、第二百一十二条的规定，犯本罪的，处 3 年以下有期徒刑或者拘役，并处抗税数额 1 倍以上 5 倍以下罚金；情节严重的，处 3 年以上 7 年以下有期徒刑，并处偷税数额 1 倍以上 5 倍以下罚金。

3. 骗取出口退税罪

该罪是指以假报出口或者其他欺骗手段，骗取国家出口退税款，数额较大的行为。

根据《刑法》第二百零四条、第二百一十一条和第二百一十二条的规定，犯本罪的，处 5 年以下有期徒刑或者拘役，并处骗取税款 1 倍以上 5 倍以下罚金；数额巨大或者有其他严重情节的，处 5 年以上 10 年以下有期徒刑，并处骗取税款 1 倍以上 5 倍以下罚金；数额特别巨大或者有其他特别严重情节的，处 10 年以上有期徒刑或者无期徒刑，并处骗取税款 1 倍以上 5 倍以下罚金或者没收财产。

4. 虚开增值税专用发票、用于骗取出口退税、抵扣税款发票罪

该罪是指为了牟取非法经济利益，故意违反国家发票管理规定，虚开增值税专用发票或者用于骗取出口退税、抵扣税款的其他发票的行为。

根据《刑法》第二百零五条的规定，犯本罪的，处 3 年以下有期徒刑或者拘役，并处 2 万元以上 20 万元以下罚金；虚开的税款数额较大或者有其他严重情节的，处 3 年以上 10 年以下有期徒刑，并处 5 万元以上 50 万元以下罚金；虚开的税款数额巨大或者有其他特别严重的情节的，处 10 年以上有期徒刑或者无期徒刑，并处 5 万元以上 50 万元以下罚金或者没收财产。

单位犯本罪的，对单位判处罚金，并对直接负责的主管人员和其他直接责任人员按照以上规定进行处罚。

5. 持有伪造的发票罪

该罪是指明知是伪造的发票而持有，数额较大的行为。

根据《刑法》第二百一十条之一的规定，数量较大的，处 2 年以下有期徒刑、拘役或者管制，并处罚金；数量巨大的，处 2 年以上 7 年以下有期徒刑，并处罚金。单位犯本罪的，对单位判处罚金，并对其直接负责的主管人员和其他直接责任人员，依照前款的规定处罚。

### （七）侵犯知识产权罪

#### 1. 假冒注册商标罪

该罪是指违反国家商标管理法规，未经注册商标所有人许可，在同一种商品上使用与其注册商标相同的商标，情节严重的行为。

根据《刑法》第二百一十三条和第二百二十条的规定，犯本罪的，处 3 年以下有期徒刑或者拘役，并处或者单处罚金；情节特别严重的，处 3 年以上 7 年以下有期徒刑，并处罚金。

#### 2. 假冒专利罪

该罪是指违反国家专利法规，假冒他人专利，情节严重的行为。根据《刑法》第二百一十六条和第二百二十条的规定，以及最高人民法院、最高人民检察院《关于办理知识产权案件具体应用法律若干问题的解释》第十五条规定，犯本罪的，处 3 年以下有期徒刑或者拘役，并处或者单处罚金；单位犯本罪的，按个人犯本罪认定标准的 3 倍认定犯罪和判处罚金，并对直接负责的主管人员和其他直接负责的人员按照个人犯本罪的规定处罚。

#### 3. 侵犯著作权罪

该罪是指以营利为目的，未经著作权人或与著作权有关的权益人许可，复制发行其作品，出版他人享有专有出版权的图书，未经录音录像制作者许可复制发行其制作的音像制品，或者制售假冒他人署名的美术作品，违法所得数额较大或者有其他严重情节的行为。

根据《刑法》第二百一十七条和第二百二十条的规定，犯本罪的，处 3 年以下有期徒刑或者拘役，并处或者单处罚金；违法数额特别巨大或者有其他特别严重情节的，处 3 年以上 7 年以下有期徒刑，并处罚金。

#### 4. 侵犯商业秘密罪

该罪是指违反国家商业秘密保护法规，侵犯他人商业秘密，给商业秘密权人造成重大损失的行为。

根据《刑法》第二百一十九条和第二百二十条的规定，犯本罪的，处 3 年以下有期徒刑或者拘役，并处或者单处罚金；造成特别严重后果的，处 3 年以上 7 年以下有期徒刑，并处罚金。

### （八）扰乱市场秩序罪

#### 1. 合同诈骗罪

该罪是指以非法占有为目的，在签订、履行合同过程中，以虚构事实和隐瞒真相的方法骗取对方当事人的财物，数额较大的行为。

根据《刑法》第二百二十四条和第二百三十一条规定，犯本罪的，处 3 年以下有期徒刑或者拘役，并处或者单处罚金；数额巨大或者有其他严重情节的，处 3 年以上 10 年以下有期徒刑，并处罚金；数额特别巨大或者有其他特别严重情节的，处 10 年以上有期徒刑或者无期徒刑，并处罚金或者没收财产。

2. 非法经营罪

该罪是指违反国家规定，从事非法经营活动，扰乱市场秩序，情节严重的行为。

根据《刑法》第二百二十五条、第二百三十一条和全国人大常委会《关于惩治骗购外汇、逃汇和非法买卖外汇犯罪的决定》第四条的规定，犯本罪的，处 5 年以下有期徒刑或者拘役，并处或者单处违法所得 1 倍以上 5 倍以下的罚金；情节特别严重的，处 5 年以上有期徒刑，并处违法所得 1 倍以上 5 倍以下的罚金或者没收财产。

3. 强迫交易罪

该罪是指以暴力、威胁手段强买强卖商品，强迫他人提供服务或者强迫他人接受服务，情节严重的行为。

根据《刑法》第二百二十六条和第二百三十一条的规定，犯本罪的，处 3 年以下有期徒刑或者拘役，并处或者单处罚金。单位犯本罪的，实行双罚制，即对单位判处罚金，并对直接负责的主管人员和其他直接责任人员依照上述规定处罚。

4. 提供虚假证明文件罪

该罪是指资产评估、验资、验证、会计、审计、法律服务等中介组织的人员，故意提供虚假的证明文件，情节严重的行为。

根据《刑法》第二百二十九条第一款、第二款和第二百三十一条的规定，犯本罪的，处 5 年以下有期徒刑或者拘役，并处罚金；索取他人财物或者非法收受他人财物而犯本罪的，处 5 年以上 10 年以下有期徒刑，并处罚金。单位犯本罪的，实行双罚制，即对单位判处罚金，并对直接负责的主管人员和其他直接责任人员依照上述规定处罚。

## 四、侵犯公民人身权利、民主权利罪

该罪是指故意或者过失地侵犯公民的人身权利、民主权利以及与人身有直接关系的其他权利的行为。

《刑法》分则第二百三十二条至第二百六十二条，共列 42 个具体罪名。主要罪名有：

### （一）故意杀人罪

该罪是指故意非法剥夺他人生命的行为。本罪的主体为已满 14 周岁的自然人。

根据《刑法》第二百三十二条的规定，犯本罪的，处死刑、无期徒刑或者 10 年以上有期徒刑；情节较轻的，处 3 年以上 10 年以下有期徒刑。

### （二）过失致人死亡罪

该罪是指因过失致使他人死亡的行为。

根据《刑法》第二百三十三条的规定，犯本罪的，处 3 年以上 7 年以下有期徒刑；情节较轻的，处 3 年以下有期徒刑。

### （三）故意伤害罪

该罪是指故意非法损害他人身体健康的行为。

根据《刑法》第二百三十四条的规定，犯本罪的，处 3 年以下有期徒刑、拘役或者管制；致人重伤的，处 3 年以上 10 年以下有期徒刑；致人死亡或者以特别残忍的手段致人重伤造成严重残疾的，处 10 年以上有期徒刑、无期徒刑或者死刑。

（四）组织出卖人体器官罪

该罪是指在征得被害人同意或者承诺，组织出卖人体器官以获得非法利益的行为。

根据《刑法》第二百三十四条之一的规定，犯本罪的，处 5 年以下有期徒刑，并处罚金；情节严重的，处 5 年以上有期徒刑，并处罚金或者没收财产。

本罪在适用中的两个问题：

第一，对非法摘取、骗取他人器官以故意伤害罪论的情况。《刑法》第二百三十四条第二款规定："未经本人同意摘取其器官，或者摘取不满 18 周岁的人的器官，或者强迫、欺骗他人捐献器官的，依照本法第二百三十四条、第二百三十二条的规定定罪处罚。"

第二，对非法摘取尸体器官的情况，《刑法》第二百三十四条第三款规定："违背本人生前意愿摘取其尸体器官，或者本人生前未表示同意，违反国家规定，违背其近亲属意愿摘取其尸体器官的，依照本法第三百零二条的规定定罪处罚。"即依照盗窃、侮辱尸体罪进行定罪处罚。

（五）过失重伤罪

该罪是指由于过失，致他人重伤的行为。

根据《刑法》第二百三十五条的规定，犯本罪的，处 3 年以下有期徒刑或者拘役。本法另有规定的，依照规定处罚。

（六）强奸罪

该罪是指以暴力、胁迫或者其他手段，违背妇女意志，强行与妇女性交，或者故意与不满 14 周岁的幼女发生性关系的行为。

根据《刑法》第二百三十六条第一款、第三款的规定，犯本罪的，处 3 年以上 10 年以下有期徒刑。奸淫不满 14 周岁的幼女的，以强奸罪论，从重处罚。强奸妇女，有以下情形之一的，处 10 年以上有期徒刑、无期徒刑或者死刑：①强奸妇女、奸淫幼女情节恶劣的；②强奸妇女、奸淫幼女多人的；③在公共场合当众强奸妇女的；④二人以上轮奸的；⑤致使被害人重伤、死亡或者造成其他严重后果的。

（七）非法拘禁罪

该罪是指非法拘禁他人或者以其他方法非法剥夺他人人身自由的行为。

根据《刑法》第二百三十八条的规定，犯本罪的，处 3 年以下有期徒刑、拘役、管制或者剥夺政治权利。具有殴打、侮辱情节的，从重处罚。致人重伤的，处 3 年以上 10 年以下有期徒刑；致人死亡的，处 10 年以上有期徒刑。使用暴力致人伤残、死亡的，依照本法第二百三十四条、第二百三十二条的规定定罪处罚。

为索取债务非法扣押、拘禁他人的，构成非法拘禁罪。

（八）绑架罪

该罪是指以勒索财物为目的绑架他人，或者绑架他人作为人质的行为。

根据《刑法》第二百三十九条的规定，犯本罪的，处 10 年以上有期徒刑或者无期徒刑，并处罚金或者没收财产；情节较轻的，处 5 年以上 10 年以下有期徒刑，并处罚金；致使被绑架人死亡或者杀害被绑架人的，处死刑，并处没收财产。

（九）拐卖妇女、儿童罪

该罪是指以出卖为目的，拐骗、绑架、收买、接送、中转妇女、儿童的行为。

根据《刑法》第二百四十条的规定，犯本罪的，处 5 年以上 10 年以下有期徒刑，并处罚金；有以下情形之一的，处 10 年以上有期徒刑或者无期徒刑，并处罚金或者没收财产；情节特别严重的，处死刑，并处没收财产：①拐卖妇女、儿童集团的首要分子；②拐卖妇女、儿童 3 人以上的；③奸淫被拐卖妇女的；④诱骗、强迫被拐卖的妇女卖淫或者将被拐卖的妇女卖给他人迫使其卖淫的；⑤以出卖为目的，使用暴力、胁迫或者麻醉方法绑架妇女、儿童的；⑥以出卖为目的，偷盗婴幼儿的；⑦造成被拐卖妇女、儿童或者其亲属重伤、死亡或者其他严重后果的；⑧将妇女、儿童卖往境外的。

（十）收买被拐卖妇女、儿童罪

该罪是指不以出卖为目的，收买被拐卖的妇女、儿童的行为。

根据《刑法》第二百四十一条的规定，犯本罪的，处 3 年以下有期徒刑、拘役或者管制。收买被拐卖的妇女，强行与其发生性关系的，或者非法剥夺、限制被拐卖妇女、儿童的人身自由，或者有伤害、侮辱等犯罪行为的，应以本罪和相应的有关犯罪实行数罪并罚。收买被拐卖妇女、儿童后又出卖的，依照《刑法》第二百四十条的规定以拐卖妇女、儿童罪论处。收买被拐卖妇女、儿童，按照妇女的意愿，不阻碍其返回原居住地的，对收买儿童没有虐待行为、不阻碍对其进行解救的，可以不追究刑事责任。

（十一）聚众阻碍解救被收买的妇女、儿童罪

该罪是指纠集众人，阻碍国家机关工作人员解救被收买的妇女、儿童的行为。

根据《刑法》第二百四十二条的规定，犯本罪的，对其首要分子处 5 年以下有期徒刑或者拘役；其他参与者使用暴力、威胁方法的，依照《刑法》第二百七十七条妨害公务罪论处。

（十二）诬告陷害罪

该罪是指捏造犯罪事实诬陷他人，意图使他人受刑事追究，情节严重的行为。

根据《刑法》第二百四十三条的规定，犯本罪的，处 3 年以下有期徒刑、拘役或者管制；造成严重后果的，处 3 年以上 10 年以下有期徒刑。国家机关工作人员犯本罪的，从重处罚。

（十三）侮辱罪

该罪是指以暴力或者其他方法公然贬低他人人格，破坏他人名誉，情节严重的行为。

根据《刑法》第二百四十六条的规定，犯本罪的，处 3 年以下有期徒刑、拘役、管制或者剥夺政治权利。同时，犯本罪的，告诉才处理，但是严重危害社会秩序和国家利益的

除外。

（十四）诽谤罪

该罪是指故意捏造并散布某种事实，损坏他人人格，破坏他人名誉，情节严重。

根据《刑法》第二百四十六条的规定，犯本罪的，处 3 年以下有期徒刑、拘役、管制或者剥夺政治权利。同时，犯本罪的，告诉才处理，但是严重危害社会秩序和国家利益的除外。

（十五）刑讯逼供罪

该罪是指司法工作人员对犯罪嫌疑人、被告人使用肉刑或者变相肉刑，逼取口供的行为。

根据《刑法》第二百四十七条的规定，犯本罪的，处 3 年以下有期徒刑或者拘役。致人伤残、死亡的，依照《刑法》第二百三十四条规定的故意伤害罪、第二百三十二条规定的故意杀人罪定罪，从重处罚。

（十六）暴力取证罪

该罪是指司法工作人员使用暴力逼取证人证言的行为。

根据《刑法》第二百四十七条的规定，犯本罪的，处 3 年以下有期徒刑或者拘役。致人伤残、死亡的，依照《刑法》第二百三十四条规定的故意伤害罪、第二百三十二条规定规定的故意杀人罪定罪，从重处罚。

（十七）重婚罪

该罪是指有配偶而与他人结婚或者明知他人有配偶而与之结婚的行为。

根据《刑法》第二百五十八条的规定，犯本罪的，处 2 年以下有期徒刑。

（十八）虐待罪

该罪是指经常以打骂、冻饿、紧闭、有病不予治疗、强迫过度劳动或限制人身自由、凌辱人格等方法，对共同生活的家庭成员进行肉体上、精神上的摧残和折磨，情节恶劣的行为。

根据《刑法》第二百六十条的规定，犯本罪的，处 2 年以下有期徒刑、拘役或者管制。致使被害人重伤、死亡的，处 2 年以上 7 年以下有期徒刑。

（十九）遗弃罪

该罪是指对于年老、年幼、患病或者其他没有独立生活能力的人，负有扶养义务而拒绝扶养，情节恶劣的行为。

根据《刑法》第二百六十一条的规定，犯本罪的，处 5 年以下有期徒刑、拘役或者管制。

## 五、侵犯财产罪

该罪是指故意非法占有、挪用、毁坏公私财物的行为。

《刑法》分则第二百六十三条至第二百七十六条，共列 13 个罪名。主要罪名有：

（一）抢劫罪

该罪是指以非法占有为目的，以暴力、胁迫或其他令被害人不能抗拒的方法，当场强行劫取公私财物的行为。

根据《刑法》第二百六十三条的规定，犯本罪的，处 3 年以上 10 年以下有期徒刑，并处罚金；具有加重情节的，处 10 年以上有期徒刑、无期徒刑或者死刑，并处罚金或者没收财产。法定的加重情节有：①入户抢劫的；②在公共交通工具上抢劫的；③抢劫银行或者其他金融机构的；④多次抢劫或者抢劫数额巨大的；⑤抢劫致人重伤、死亡的；⑥冒充军警人员抢劫的；⑦持枪抢劫的；⑧抢劫军用物资或者抢险、救灾、救济物资的。

根据《刑法》第二百六十七条第二款的规定，携带凶器抢夺的，构成抢劫罪。

根据《刑法》第二百六十九条规定，犯盗窃、诈骗、抢夺罪，为窝藏赃物、抗拒抓捕或者毁灭罪证而当场使用暴力或者以暴力相威胁的，构成抢劫罪。

（二）盗窃罪

该罪是指以非法占有为目的，秘密窃取公私财物，数额较大，或者多次盗窃公私财物、入户盗窃、携带凶器盗窃、扒窃的行为。

根据《刑法》第二百六十四条的规定，犯本罪的，处 3 年以下有期徒刑、拘役或者管制，并处或者单处罚金；数额巨大或者有其他严重情节的，处 3 年以上 10 年以下有期徒刑，并处罚金；数额特别巨大或者有其他特别严重情节的，处 10 年以上有期徒刑或者无期徒刑，并处罚金或者没收财产。

（三）诈骗罪

该罪是指以非法占有为目的，用虚构事实或者隐瞒真相的方法，骗取公私财物，数额较大的行为。

根据《刑法》第二百六十六条的规定，犯本罪的，处 3 年以下有期徒刑、拘役或者管制，并处或者单处罚金；数额巨大或者有其他严重情节的，处 3 年以上 10 年以下有期徒刑，并处罚金；数额特别巨大或者有其他特别严重情节的，处 10 年以上有期徒刑或者无期徒刑，并处罚金或者没收财产。

（四）抢夺罪

该罪是指以非法占有为目的，不使用暴力、胁迫等强制方法，公然夺取公私财物，数额较大的行为。

根据《刑法》第二百六十七条第一款的规定，犯本罪的，处 3 年以下有期徒刑、拘役或者管制，并处或者单处罚金；数额巨大或者有其他严重情节的，处 3 年以上 10 年以下有期徒刑，并处罚金；数额特别巨大或者有其他特别严重情节的，处 10 年以上有期徒刑或者无期徒刑，并处罚金或者没收财产。

（五）侵占罪

该罪是指以非法占有为目的，将代为保管的他人财物，或者合法持有的他人遗忘物、埋藏物非法据为己有，数额较大，拒不退还的行为。

根据《刑法》第二百七十条的规定，犯本罪的，处 2 年以下有期徒刑、拘役或者罚金；数额巨大或者有其他严重情节的，处 2 年以上 5 年以下有期徒刑，并处罚金。犯本罪的，告诉才处理。

### （六）职务侵占罪

该罪是指公司、企业或者其他单位的人员，利用职务上的便利，将本单位的财物非法占为己有，数额较大的行为。

根据《刑法》第二百七十一条的规定，犯本罪的，处 5 年以下有期徒刑或者拘役；数额巨大的，处 5 年以上有期徒刑，可以并处没收财产。

### （七）挪用资金罪

该罪是指公司、企业或者其他单位的人员，利用职务上的便利，挪用本单位资金归个人使用或者借贷给他人，数额较大，超过 3 个月未还的，或者虽未超过 3 个月，但数额较大、进行营利活动的，或者进行非法活动的行为。

根据《刑法》第二百七十二条的规定，犯本罪的，处 3 年以下有期徒刑或者拘役；挪用本单位资金数额巨大的，或者数额较大不退还的，处 3 年以上 10 年以下有期徒刑。

### （八）敲诈勒索罪

该罪是指以非法占有为目的，以威胁或者要挟的方法强索公私财物，数额较大或多次敲诈勒索的行为。

根据《刑法》第二百七十四条的规定，犯本罪的，处 3 年以下有期徒刑、拘役或者管制，并处或者单处罚金；数额巨大或者有其他严重情节的，处 3 年以上 10 年以下有期徒刑，并处罚金；数额特别巨大或者有其他严重情节的，处 10 年以上有期徒刑，并处罚金。

### （九）拒不支付劳动报酬罪

该罪是指以转移财产、逃逸等方法逃避支付劳动者的劳动报酬或者有能力支付而不支付劳动者的劳动报酬，数额较大，经政府有关部门责令支付仍不支付的行为。

根据《刑法》第二百七十六条之一的规定，犯本罪的，处 3 年以下有期徒刑或者拘役，并处或者单处罚金；造成严重后果的，处 3 年以上 7 年以下有期徒刑，并处罚金。

## 六、妨害社会管理秩序罪

该罪是指妨害国家机关对社会的管理活动，破坏社会秩序，情节严重的行为。

《刑法》分则从第二百七十七条至第三百六十七条，共列 125 个罪名。主要罪名有：

### （一）扰乱公共秩序罪

#### 1. 妨害公务罪

该罪是指以暴力、威胁的方法，阻碍国家机关工作人员、人大代表、红十字会工作人员依法执行职务或履行职责的行为，以及故意阻碍国家安全机关、公安机关依法执行国家安全工作任务，虽未使用暴力、威胁方法，但造成严重后果的行为。

根据《刑法》第二百七十七条的规定，犯本罪的，处 3 年以下有期徒刑、拘役、管制或者罚金。

2. 招摇撞骗罪

该罪是指为了谋取非法利益，假冒国家机关工作人员或者人民警察进行招摇撞骗的行为。

根据《刑法》第二百七十九条的规定，犯本罪的，处 3 年以下有期徒刑、拘役、管制或者剥夺政治权利；情节严重的，处 3 年以上 10 年以下有期徒刑。冒充人民警察招摇撞骗的，从重处罚。

3. 伪造、变造、买卖国家机关公文、证件、印章罪

该罪是指伪造、变造、买卖国家机关公文、证件、印章的行为。

根据《刑法》第二百八十条第一款的规定，犯本罪的，处 3 年以下有期徒刑、拘役、管制或者剥夺政治权利；情节严重的，处 3 年以上 10 年以下有期徒刑。

4. 伪造、变造居民身份证罪

该罪是指违反国家有关居民身份证管理的法规，伪造、变造居民身份证的行为。

根据《刑法》第二百八十条第三款的规定，犯本罪的，处 3 年以下有期徒刑、拘役、管制或者剥夺政治权利；情节严重的，处 3 年以上 7 年以下有期徒刑。

5. 非法获取国家秘密罪

该罪是指以窃取、刺探、收买方法，非法获取国家秘密的行为。

根据《刑法》第二百八十二条第一款的规定，犯本罪的，处 3 年以下有期徒刑、拘役、管制或者剥夺政治权利；情节严重的，处 3 年以上 7 年以下有期徒刑。

6. 非法侵入计算机信息系统罪

该罪是指违反国家规定，侵入国家事务、国防建设、尖端科学技术领域的计算机信息系统的行为。其次，违反国家规定，侵入上述计算机系统以外的计算机信息系统或者采用过其他技术手段，获取该计算机信息系统中存储、处理或者传输的数据，或者归该计算机信息系统实施非法控制，情节严重的行为，按本罪处理；再次，提供专门用于侵入、非法控制计算机信息系统的程序、工具，或者明知他人实施侵入、非法控制计算机信息系统的违法犯罪行为而为其提供程序、工具，情节严重的，仍按照本罪定罪处罚。

根据《刑法》第二百八十五条的规定，犯本罪的，处 3 年以下有期徒刑或者拘役，并处或单处罚金；情节特别严重的，处 3 年以上 7 年以下有期徒刑，并处罚金。

7. 破坏计算机信息系统罪

该罪是指违反国家规定，对计算机信息系统功能进行删除、修改、增加、干扰，造成计算机信息系统不能正常运行，以及对计算机信息系统中存储、处理或者传输的数据和应用程序进行删除、修改、增加的操作，或者故意制作、传播计算机病毒等破坏性程序，影响计算机系统正常运行，后果严重的行为。

根据《刑法》第二百八十六条的规定，犯本罪的，处 5 年以下有期徒刑或者拘役；后果特别严重的，处 5 年以上有期徒刑。

8. 聚众扰乱社会秩序罪

该罪是指聚众扰乱社会秩序，情节严重，致使工作、生产、营业或教学、科研无法进

行，造成严重损失的行为。

根据《刑法》第二百九十条第一款的规定，对犯本罪的首要分子，处3年以上7年以下有期徒刑；对其他积极参加实施本罪行为的，处3年以下有期徒刑、拘役、管制或者剥夺政治权利。

9. 投放虚假危险物质罪

该罪是指投放虚假的爆炸性、毒害性、放射性、传染病病原体等物质，严重扰乱社会秩序的行为。

根据《刑法》第二百九十一条之一的规定，犯本罪的，处5年以下有期徒刑、拘役或者管制；造成严重后果的，处5年以上有期徒刑。

10. 聚众斗殴罪

该罪是指聚集多人进行斗殴的行为。

根据《刑法》第二百九十二条的规定，犯本罪的，处3年以下有期徒刑、拘役或者管制；有下列情形之一的，处3年以上10年以下有期徒刑：①多次聚众斗殴的；②聚众斗殴人数多，规模大，社会影响恶劣的；③在公共场所或者交通要道聚众斗殴，造成社会秩序严重混乱的；④持械聚众斗殴的。聚众斗殴致人重伤、死亡的，分别以故意伤害罪、故意杀人罪论处。

11. 寻衅滋事罪

该罪是指寻衅滋事，破坏社会秩序的行为。

根据《刑法》第二百九十三条的规定，犯本罪的，处5年以下有期徒刑、拘役或者管制；纠集他人多次实施寻衅滋事行为，严重破坏社会秩序的，处5年以上10年以下有期徒刑，可以并处罚金。

12. 组织、领导、参加黑社会性质组织罪

该罪是指组织、领导或者参加以暴力、威胁或者其他手段，有组织地进行违法犯罪活动，称霸一方，为非作恶，欺压、残害群众，严重破坏经济、社会生活秩序的黑社会性质组织的行为。

黑社会性质组织，应当同时具备以下特征：

（1）形成较稳定的犯罪组织，人数较多，有明确的组织者、领导者，骨干成员基本固定。

（2）有组织地通过违法犯罪活动或者其他手段获取经济利益，具有一定的经济实力，以支持该组织的活动。

（3）以暴力、威胁或者其他手段，有组织地多次进行违法犯罪活动，为非作恶，欺压、残害群众。

（4）通过实施违法犯罪活动，或者利用国家工作人员的包庇或者纵容，称霸一方，在一定区域或者行业内，形成非法控制或者重大影响，严重破坏经济、社会生活秩序。

根据《刑法》第二百九十四条第一款、第三款的规定，组织、领导或参加黑社会性质组织的，处7年以上有期徒刑，并处没收财产；积极参加的，处3年以上7年以下有期徒刑，可以并处罚金或者没收财产；其他参加的，处3年以下有期徒刑、拘役、管制或者剥夺政治权利，可以并处罚金。犯本罪又有其他犯罪行为的，依照数罪并罚的规定处罚。

13. 传授犯罪方法罪

该罪是指用语言、文字、动作、图像或者其他方式，将犯罪方法传授给他人的行为。

根据《刑法》第二百九十五条的规定，犯本罪的，处 5 年以下有期徒刑、拘役或者管制；情节严重的，处 5 年以上 10 年以下有期徒刑，情节特别严重的，处 10 年以上有期徒刑或者无期徒刑。

14. 组织和利用会道门、邪教组织或者利用迷信破坏法律实施罪

该罪是指组织和利用会道门、邪教组织或者利用迷信破坏国家法律、行政法规实施的行为。

根据《刑法》第三百条第一款的规定，犯本罪的，处 3 年以上 7 年以下有期徒刑；情节特别严重的，处 7 年以上有期徒刑。

15. 组织和利用会道门、邪教组织或者利用迷信致人死亡罪

该罪是指组织和利用会道门、邪教组织或者利用迷信蒙骗他人，致人死亡的行为。

根据《刑法》第三百条第二款的规定，犯本罪的，处 3 年以上 7 年以下有期徒刑；情节特别严重的，处 7 年以上有期徒刑。

（二）妨害司法罪

1. 伪证罪

该罪是指在刑事诉讼中，证人、鉴定人、记录人、翻译人对与案件有重要关系的情节，故意做虚假证明、鉴定、记录、翻译，意图陷害他人或者隐匿罪证的行为。

根据《刑法》第三百零五条的规定，犯本罪的，处 3 年以下有期徒刑或者拘役；情节严重的，处 3 年以上 7 年以下有期徒刑。

2. 辩护人、诉讼代理人毁灭证据、伪造证据、妨害作证罪

该罪是指在刑事诉讼中，辩护人、诉讼代理人毁灭、伪造证据，帮助当事人毁灭、伪造证据，威胁、引诱证人违背事实改变证言或者作伪证的行为。

根据《刑法》第三百零六条的规定，犯本罪的，处 3 年以下有期徒刑或者拘役；情节严重的，处 3 年以上 7 年以下有期徒刑。

3. 妨害作证罪

该罪是指以暴力、威胁、贿买等方法阻止证人作证或者指使他人作伪证的行为。

根据《刑法》第三百零七条第一款、第三款的规定，犯本罪的，处 3 年以下有期徒刑或者拘役；情节严重的，处 3 年以上 7 年以下有期徒刑。司法工作人员犯本罪的，从重处罚。

4. 窝藏、包庇罪

该罪是指明知是犯罪的人，而为其提供隐藏处所、财物，帮助其逃匿或者做假证明包庇的行为。

根据《刑法》第三百一十条第一款的规定，犯本罪的，处 3 年以下有期徒刑、拘役或者管制；情节严重的，处 3 年以上 10 年以下有期徒刑。

5. 隐瞒、掩饰犯罪所得、犯罪所得收益罪

该罪是指行为人明知是犯罪所得及其产生的收益而予以窝藏、转移、收购、代为销售或者以其他方法掩饰、隐瞒犯罪所得及其产生的收益的行为。

根据《刑法》第三百一十二条的规定，犯本罪的，处 3 年以下有期徒刑、拘役或者管制，并处或单处罚金。单位犯本罪的，对单位判处罚金刑，并对其直接负责的主管人员和其他直接责任人员，依照上述规定处罚。

6. 拒不执行判决、裁定罪

该罪是指对人民法院的判决、裁定有能力执行而拒不执行，情节严重的行为。

根据《刑法》第三百一十三条的规定，犯本罪的，处3年以下有期徒刑、拘役或者罚金。

7. 脱逃罪

该罪是指依法被关押的罪犯、被告人、犯罪嫌疑人从被关押的处所逃逸的行为。

根据《刑法》第三百一十六条第一款的规定，犯本罪的，处5年以下有期徒刑或者拘役。

（三）妨害国（边）境管理罪

1. 组织他人偷越国（边）境罪

该罪是指组织他人偷越国（边）境的行为。

根据《刑法》第三百一十八条的规定，犯本罪的，处2年以上7年以下有期徒刑，并处罚金；有下列情况之一的，处7年以上有期徒刑或者无期徒刑，并处罚金或者没收财产：①组织他人偷越国（边）境的首要分子；②多次组织他人偷越国（边）境或者组织他人偷越国（边）境人数众多的；③造成被组织人重伤、死亡的；④剥夺或者限制被组织人人身自由的；⑤以暴力、威胁方法抗拒检查的；⑥违法所得数额巨大的；⑦有其他特别严重情节的。

行为人在组织他人偷越国（边）境过程中，对被组织人有杀害、伤害、强奸、拐卖等犯罪行为。或者对监察人员有杀害、伤害等犯罪行为的，依法进行数罪并罚。

2. 运送他人偷越国（边）境罪

该罪是指违反国家边境管理规定，运送他人偷越国（边）境的行为。

根据《刑法》第三百二十一条的规定，犯本罪的，处5年以下有期徒刑、拘役或者管制，并处罚金；犯本罪而有下列情形之一的，处5年以上10年以下有期徒刑，并处罚金：①多次实施运送行为或者运送人数众多的；②所使用的船只、车辆等交通工具不具备必要的安全条件，足以造成严重后果的；③违法所得数额巨大的；④有其他特别严重情节的。在运送他人偷越国（边）境中造成被运送人重伤、死亡，或者以暴力、威胁方法抗拒检查的，处7年以上有期徒刑，并处罚金。

行为人在运送他人偷越国（边）境过程中，对被组织人有杀害、伤害、强奸、拐卖等犯罪行为。或者对监察人员有杀害、伤害等犯罪行为的，依法进行数罪并罚。

（四）妨害文物管理罪

该类犯罪包括故意损毁文物罪，故意损毁名胜古迹罪，过失损毁文物罪，非法向外国人出售、赠与文物罪，倒卖文物罪，非法出售、私赠文物藏品罪，盗掘古文化遗址、古墓葬罪，盗据古人类化石、古脊椎动物化石罪，抢夺、窃取国有档案罪，擅自出卖、转让国有档案罪。

这里重点应注意的是盗掘古文化遗址、古墓葬罪。该罪是指违反《文物保护法》，盗掘具有历史、艺术、科学价值的古文化遗址、古墓葬的行为。

根据《刑法》第三百二十八条第一款的规定，犯本罪的，处3年以上10年以下有期徒刑，并处罚金；情节较轻的，处3年以下有期徒刑、拘役或者管制，并处罚金；有下列情形之一的，处 10 年以上有期徒刑或者无期徒刑，并处罚金或者没收财产：①盗掘确定为全国重点文物保护单位和省级文物保护单位的古文化遗址、古墓葬的；②盗掘古文化遗址、古墓葬集团的首要分子；③多次盗掘古文化遗址、古墓葬的；④盗掘古文化遗址、古墓葬，并盗窃珍贵文物或者造成珍贵文物严重破坏的。

（五）危害公共卫生罪

1. 医疗事故罪

该罪是指医务人员在医务工作中由于严重不负责任，造成就诊人死亡或者严重损害就诊人身体健康的行为。

根据《刑法》第三百三十五条的规定，犯本罪的，处 3 年以下有期徒刑或者拘役。

2. 非法行医罪

该罪是指未取得医生执业资格的人非法行医，情节严重的行为。

根据《刑法》第三百三十六条第一款的规定，犯本罪的，处 3 年以下有期徒刑、拘役或者管制，并处或者单处罚金；严重损害就诊人身体健康的，处 3 年以上 10 年以下有期徒刑，并处罚金；造成就诊人死亡的，处 10 年以上有期徒刑，并处罚金。

（六）破坏环境资源保护罪

1. 环境污染罪

该罪是指违反国家规定，排放、倾倒或者处置有放射性的废物、含传染病病原体的废物、有毒物质或者其他有害物质，严重污染环境的行为。

根据《刑法》第三百三十八的规定，犯本罪的，处 3 年以下有期徒刑、拘役，并处或者单处罚金；后果特别严重的，处 3 年以上 7 年以下有期徒刑，并处罚金。

2. 非法采矿罪

该罪是指违反矿产资源法的规定，未取得采矿许可证擅自采矿，擅自进入国家规划矿区，对国民经济具有价值的矿区范围采矿，或者擅自开采国家规定实行保护性开采的特定矿种，情节严重的行为。

根据《刑法》第三百四十三条第一款的规定，犯本罪。情节严重的，处 3 年以下有期徒刑、拘役或者管制，并处或者单处罚金；情节特别严重的，处 3 年以上 7 年以下有期徒刑，并处罚金。

（七）走私、贩卖、运输、制造毒品罪

1. 走私、贩卖、运输、制造毒品罪

该罪是指违反国家毒品管理法规，走私、贩卖、运输、制造毒品的行为。

根据《刑法》第三百四十七条第二款规定，犯本罪而有下列情况之一的，处 15 年以上有期徒刑、无期徒刑或者死刑，并处没收财产：①走私、贩卖、运输、制造鸦片 1 千克以上、海洛因或者甲基苯丙胺 50 克以上或者其他毒品数量大的；②走私、贩卖、运输、制造毒品集体的首要分子；③武装掩护走私、贩卖、运输、制造毒品的；④以暴力抗拒检查、拘留、逮捕，情节严重的；⑤参与有组织的国际贩毒活动的。根据《刑法》第三百四十七条第三款的规定，走私、贩卖、运输、制造鸦片 200 克以上不满 1000 克、海洛因或者甲基苯丙胺 10 克以上不满 50 克或者其他毒品数量大的，处 7 年以上有期徒刑，并处罚金。根据《刑法》第三百四十七条第四款的规定，走私、贩卖、运输、制造鸦片不满 200 克、海洛因或者甲基苯丙胺不满 10 克或者其他少量毒品的，处 3 年以下有期徒刑、拘役或者管制，并处罚金；情节严重的，处 3 年以上 7 年以下有期徒刑，并处罚金。根据《刑法》第三百四十七条第五款的规定，单位犯本罪的，实行双罚制，即对单位判处罚金，并对直接负责的主管人员和其他直接责任人员依照自然人犯本罪的规定处罚。

2. 非法持有毒品罪

该罪是指违反国家毒品管理法规，非法持有毒品且数量较大的行为。

根据《刑法》第三百四十八条的规定，非法持有鸦片 1000 克以上、海洛因或者甲基苯丙胺 50 克以上或者其他毒品数量大的，处 7 年以上有期徒刑或者无期徒刑，并处罚金；非法持有鸦片 200 克以上不满 1000 克、海洛因或者甲基苯丙胺 10 克以上不 50 克或者其他毒品数量较大的，处 3 年以下有期徒刑、拘役或者管制，并处罚金；情节严重的，处 3 年以上 7 年以下有期徒刑，并处罚金。

3. 包庇毒品犯罪分子罪

该罪是指明知是走私、贩卖、运输、制造毒品的犯罪分子而进行包庇的行为。

根据《刑法》第三百四十九条的规定，犯本罪的，处 3 年以下有期徒刑、拘役或者管制；情节严重的，处 3 年以上 10 年以下有期徒刑。缉毒人员或者其他国家机关工作人员掩护、包庇走私、贩卖、运输、制造毒品的犯罪分子的，依照本罪的规定从重处罚；犯本罪事先通谋的，以走私、贩卖、运输、制造毒品罪的共犯论处。

4. 窝藏、转移、隐瞒毒品、毒赃罪

该罪是指明知是毒品或毒赃，而加以窝藏、转移、隐瞒的行为。

根据《刑法》第三百四十九条的规定，犯本罪的，处 3 年以下有期徒刑、拘役或者管制；情节严重的，处 3 年以上 10 年以下有期徒刑。犯本罪事先通谋的，以走私、贩卖、运输、制造毒品罪的共犯论处。

5. 非法提供麻醉药品、精神药品罪

该罪是指依法从事生产、运输、管理、使用国家管制的麻醉药品、精神药品的人员，违反国家规定，向吸食、注射毒品的人提供国家规定管制的能够使人形成瘾癖的麻醉药品、精神药品的行为。

根据《刑法》第三百五十五条的规定，犯本罪的，处 3 年以下有期徒刑或者拘役，并处罚金；情节严重的，处 3 年以上 7 年以下有期徒刑，并处罚金。单位犯本罪的，实行双罚制，即对单位判处罚金，并对直接负责的主管人员和其他直接责任人员依照自然人犯本罪的规定处罚。

（八）组织、强迫、引诱、容留、介绍卖淫罪

1. 组织卖淫罪

该罪是指以招募、雇佣、引诱、容留等方式，组织他人卖淫的行为。

根据《刑法》第三百五十八条第一款的规定，犯本罪的，处 5 年以上 10 年以下有期徒刑，并处罚金；有下列情形之一的，处 10 年以上有期徒刑或者无期徒刑，并处罚金或者没收财产：①组织他人卖淫，情节严重的；②强迫不满 14 周岁的幼女卖淫的；③强迫

多人卖淫或者多次强迫他人卖淫的；④强奸后迫使卖淫的；⑤造成被强迫卖淫的人重伤、死亡或者其他严重后果的。有前述所列情形之一，情节特别严重的，处无期徒刑或者死刑，并处没收财产。

2. 强迫卖淫罪

该罪是指以暴力、胁迫或者其他强制手段，迫使他人卖淫的行为。

根据《刑法》第三百五十八条第一款的规定，犯本罪的，处 5 年以上 10 年以下有期徒刑，并处罚金；有下列情形之一的，处 10 年以上有期徒刑或者无期徒刑，并处罚金或者没收财产：①组织他人卖淫，情节严重的；②强迫不满 14 周岁的幼女卖淫的；③强迫多人卖淫或者多次强迫他人卖淫的；④强奸后迫使卖淫的；⑤造成被强迫卖淫的人重伤、死亡或者其他严重后果的。有前述所列情形之一，情节特别严重的，处无期徒刑或者死刑，并处没收财产。

3. 协助组织卖淫罪

该罪是指为组织卖淫的人招募、运送人员或者有其他协助组织他人卖淫行为的行为。

根据《刑法》第三百五十八条第二款的规定，犯本罪的，处 5 年以下有期徒刑，并处罚金；情节严重的，处 5 年以上 10 年以下有期徒刑，并处罚金。

4. 嫖宿幼女罪

该罪是指嫖宿不满 14 周岁幼女的行为。

根据《刑法》第三百六十条第二款的规定，犯本罪的，处 5 年以上有期徒刑，并处罚金。

（九）制作、贩卖、传播淫秽物品罪

1. 制作、复制、出版、贩卖、传播淫秽物品牟利罪

该罪是指以牟利为目的，利用互联网、移动通信终端制作、复制、出版、贩卖、传播淫秽电子信息、通过声讯台传播语音信息的，根据具体实施的行为，以制作、复制、出版、贩卖、传播淫秽物品牟利罪论处。

根据《刑法》第三百六十三条第一款的规定，犯本罪的，处 3 年以下有期徒刑、拘役或者管制，并处罚金；情节严重的，处 3 年以上 10 年以下有期徒刑，并处罚金。

2. 传播淫秽物品罪

该罪是指传播淫秽书刊、影片、音像、图片或者其他淫秽物品，情节严重的行为。

根据《刑法》第三百六十四条第一款、第四款以及第三百六十六条的规定，犯本罪的，处 2 年以下有期徒刑、拘役或者管制；向不满 18 周岁的未成年人传播淫秽物品的，从重处罚。单位犯本罪的，实行双罚制，即对单位判处罚金，并对直接负责的主管人员和其他直接责任人员依照自然人犯本罪的规定处罚。

## 七、危害国防利益罪

该罪是指违反国防法规，故意或者过失侵害国防利益的行为。

《刑法》从第三百六十八条至第三百八十一条，共列 20 个罪名。主要罪名有：阻碍军人执行职务罪、阻碍军事行动罪、破坏武器装备、军事设施、军事通信罪、故意提供不合格武器装备、军事设施罪、过失提供不合格武器装备、军事设施罪、聚众冲击军事禁区

罪、聚众扰乱军事管理区秩序罪、冒充军人招摇撞骗罪、煽动军人逃离部队罪、接送不合格兵员罪、伪造、变造、买卖武装部队公文、证件、印章罪、盗窃、抢夺武装部队公文、证件、印章罪、非法生产、买卖军用标志罪、战时拒绝、逃避征召、军事训练罪、战时拒绝、逃避服役罪、战时故意提供虚假敌情罪、战时造谣扰乱军心罪、战时窝藏逃离部队军人罪、战时拒绝、故意延误军事订货罪、战时拒绝军事征用罪等。

## 八、贪污贿赂罪

该罪是指国家工作人员利用职务上的便利，非法占有、使用公共财物，收受或者索取贿赂，牟取非法利益以及其他破坏公务活动廉洁性的行为。

《刑法》分则从第三百八十二条至第三百九十六条，共列 12 个罪名。主要罪名有：

### （一）贪污罪

该罪是指国家工作人员和受国家机关、国有公司、企业、事业单位、人民团体委托管理、经营国有财产的人员，利用职务上的便利，侵吞、窃取、骗取或者以其他手段非法占有公共财物的行为。

根据《刑法》第三百九十四条规定，国家工作人员在国内公务活动或者对外交往中接受礼物，依照国家规定应当交公而不交公，数额较大的。

根据《刑法》第三百八十三条的规定，犯本罪，个人贪污数额在 10 万元以上的，处 10 年以上有期徒刑或者无期徒刑，可以并处没收财产；情节特别严重的，处死刑，并处没收财产。个人贪污数额在 5 万元以上不满 10 万元的，处 5 年以上有期徒刑，可以并处没收财产；情节特别严重的，处无期徒刑，并处没收财产。个人贪污数额在 5000 元以上不满 5 万元的，处 1 年以上 7 年以下有期徒刑；情节严重的，处 7 年以上 10 年以下有期徒刑。个人贪污数额在 5000 元以上不满 1 万元，犯罪后有悔改表现，积极退赃的，可以减轻处罚或者免予刑事处罚，由其所在单位或者上级主管机关给予行政处分。个人贪污数额不满 5000 元，情节较重的，处 2 年以下有期徒刑或者拘役；情节较轻的，由其所在单位或者上级主管机关给予行政处分。

对多次贪污未经处理的，按照累计贪污数额处罚。

### （二）挪用公款罪

该罪是指国家工作人员利用职务上的便利，挪用公款归个人使用，进行非法活动，或者挪用公款数额较大的营利活动，或者挪用公款数额较大，超过 3 个月未还的行为。

根据《刑法》第三百八十四条的规定，犯本罪的，处 5 年以下有期徒刑或者拘役；情节严重的，处 5 年以上有期徒刑。

携带挪用的公款潜逃的，按照贪污罪论处。

### （三）受贿罪

该罪是指国家工作人员利用职务上的便利，索取他人财物，或者非法收受他人财物，为他人谋取利益的行为。

根据《刑法》第三百八十五条规定，国家工作人员利用本人职权或者地位形成的便利条件，通过其他国家工作人员职务上的行为，为请托人谋取不正当利益，索取请托人财物或者收受请托人财物的，以受贿论处。

根据《刑法》第三百八十六条、第三百八十三条的规定，具体处罚标准是：个人受贿数额在 10 万元以上的，处 10 年以上有期徒刑或者无期徒刑，可以并处没收财产；情节特别严重的，处死刑，并处没收财产。个人受贿数额在 5 万元以上不满 10 万元的，处 5 年以上有期徒刑，可以并处没收财产；情节特别严重的，处无期徒刑，并处没收财产。个人受贿数额在 5000 元以上不满 5 万元的，处 1 年以上 7 年以卜有期徒刑；情节严重的，处 7 年以上 10 年以下有期徒刑。个人受贿数额在 5000 元以上不满 1 万元，犯罪后有悔改表现，积极退赃的，可以减轻处罚或者免予刑事处罚，由其所在单位或者上级主管机关给予行政处分。个人受贿数额不满 5000 元，情节较重的，处 2 年以下有期徒刑或者拘役；情节较轻的，由其所在单位或者上级主管机关给予行政处分。多次受贿未经处理的，按照累计数额处罚。

### （四）利用影响力受贿罪

该罪是指国家工作人员的近亲属或者其他与该国家工作人员关系密切的人，通过该国家工作人员职务上的行为，或者利用该国家工作人员职权或者地位形成的便利条件，通过其他国家工作人员职务上的行为，为请托人谋取不正当利益，索取请托人财物或者收受请托人财物的行为；以及离职的国家工作人员或者其近亲属以及其他与其关系密切的人，利用该离职的国家工作人员原职权或者地位形成的便利条件为请托人谋取不正当利益，索取请托人财物或者收受请托人财物的行为。

根据《刑法》第三百八十八条之一第一款、第二款的规定，犯本罪的，数额较大或者有其他较重情节的，处 3 年以下有期徒刑或者拘役，并处罚金；数额巨大或者有其他严重情节的，处 3 年以上 7 年以下有期徒刑，并处罚金；数额特别巨大或者有其他特别严重情节的，处 7 年以上有期徒刑，并处罚金或者没收财产。

### （五）行贿罪

该罪是指为谋取不正当利益，给予国家机关工作人员财物的行为。

根据《刑法》第三百九十条的规定，犯本罪的，处 5 年以下有期徒刑或者拘役；因行贿谋取不正当利益，情节严重的，或者使国家利益遭受重大损失的，处 5 年以上 10 年以下有期徒刑；情节特别严重的，处 10 年以上有期徒刑或者无期徒刑，可以并处没收财产。行贿人在被追诉前主动交代行贿行为的，可以减轻或者免除处罚。

### （六）巨额财产来源不明罪

该罪是指国家工作人员的财产、支出明显超过合法收入，差额巨大的，可以责令该国家工作人员说明来源，不能说明的来源合法的行为。

根据《刑法》第三百九十五条第一款的规定，犯本罪的，处 5 年以下有期徒刑或者拘役；差额特别巨大的，处 5 年以上 10 年以下有期徒刑，财产的差额部分予以追缴。

## 九、渎职罪

该罪是指国家机关工作人员在公务活动中滥用职权、玩忽职守或者徇私舞弊，妨害国家机关正常活动，致使公共财产、国家和人民利益遭受重大损失的行为。

《刑法》分则从第三百九十七条至第四百一十九条，共列 36 个罪名。主要罪名有：

（一）滥用职权罪

该罪是指国家机关工作人员超越职权，违法决定、处理其无权决定、处理的事项；或者违反规定处理公务致使公共财产、国家和人民利益遭受重大损失的行为。

根据《刑法》第三百九十七条的规定，犯本罪的，处 3 年以下有期徒刑或者拘役；情节特别严重的，处 3 年以上 7 年以下有期徒刑；国家机关工作人员徇私舞弊犯滥用职权罪的，处 5 年以下有期徒刑或者拘役；国家机关工作人员徇私舞弊犯滥用职权罪，情节特别严重的，处 5 年以上 10 年以下有期徒刑。

（二）玩忽职守罪

该罪是指国家机关工作人员严重不负责任，不履行或者不认真履行职责，致使公共财产、国家和人民利益遭受重大损失的行为。

根据《刑法》第三百九十七条第一款的规定，犯本罪的，处 3 年以下有期徒刑或者拘役；情节特别严重的，处 3 年以上 7 年以下有期徒刑；国家机关工作人员徇私舞弊犯滥用职权罪的，处 5 年以下有期徒刑或者拘役；国家机关工作人员徇私舞弊犯滥用职权罪，情节特别严重的，处 5 年以上 10 年以下有期徒刑。

（三）故意泄露国家秘密罪

该罪是指国家机关工作人员和非国家机关工作人员违反保守国家秘密法的规定，故意泄露国家秘密，情节严重的行为。

根据《刑法》第三百九十八条的规定，犯本罪的，处 3 年以下有期徒刑或者拘役；情节特别严重的，处 3 年以上 7 年以下有期徒刑；对非国家机关工作人员故意泄露国家秘密罪的，依照前述规定酌情处罚。

（四）徇私枉法罪

该罪是指司法工作人员徇私枉法、徇情枉法，对明知是无罪的人而使他受追诉，对明知是有罪的人而故意包庇不使他受追诉，或者在刑事审判活动中故意违背事实和法律做枉法裁判的行为。

根据《刑法》第三百九十九条第一款的规定，犯本罪的，处 5 年以下有期徒刑或者拘役；情节严重的，处 5 年以上 10 年以下有期徒刑；情节特别严重的，处 10 年以上有期徒刑。

（五）私放在押人员罪

该罪是指司法工作人员私放在押的犯罪嫌疑人、被告人或者罪犯的行为。

根据《刑法》第四百条第一款的规定，犯本罪的，处 5 年以下有期徒刑或者拘役；情节严重的，处 5 年以上 10 年以下有期徒刑；情节特别严重的，处 10 年以上有期徒刑。

### 十、军人违反职责罪

该罪是指军人违反职责，危害国家军事利益，依照法律应当受到刑罚处罚的行为。需要特别指出的是，本类罪属于特殊主体，即军人。根据《刑法》第四百五十条的规定，"军人"是指中国人民解放军的现役军官、文职干部、士兵及具有军籍的学员和中国人民武装警察部队的现役警官、文职干部、士兵及具有军籍的学员以及执行军事任务的预备役人员和其他人员。另外，根据《刑法》第四百五十一条的规定，"战时"是指国家宣布进入战争状态、部队受领作战任务或者遭敌突然袭击时。

《刑法》分则从第四百二十条至第四百五十一条，共列31个罪名。主要罪名有：战时违抗命令罪，隐瞒、谎报军情罪，拒传、假传军令罪，投降罪，战时临阵脱逃罪，擅离、玩忽军事职守罪，阻碍执行军事职务罪，指使部属违反职责罪，拒不救援友邻部队罪，军人叛逃罪，故意泄露军事秘密罪，战时自伤罪，逃离部队罪，武器装备肇事罪，非法出卖、转让武器装备罪，遗弃武器装备罪，遗失武器装备罪，虐待部属罪，战时拒不救治伤病军人罪，私放俘虏罪，虐待俘虏罪等。

# 【练习题】

## 一、单项选择题

1. 对未成年犯从宽处罚的刑罚制度，体现了我国《刑法》的（　　）
   A. 罪刑法定原则　　　　　　　　B. 罪责刑相适应原则
   C.《刑法》适用平等原则　　　　　D. 惩罚与教育相结合原则

2. 下列犯罪构成要件中，属于犯罪构成必备要件的是（　　）
   A. 危害结果　　　　　　　　　　B. 行为方法
   C. 行为对象　　　　　　　　　　D. 责任年龄

3. 张某和赵某是好朋友，某日两人在工地发生争执，张某推了赵某一把，赵某倒地后后脑勺正好碰到石头上，导致颅脑损伤，经抢救无效死亡。关于张某的行为，下列哪一选项是正确的？（　　）
   A. 构成故意杀人罪　　　　　　　B. 构成过失致人死亡罪
   C. 构成故意伤害罪　　　　　　　D. 属于意外事件

4. 刑事责任能力，是指（　　）
   A. 辨认自己实施的危害社会行为的能力
   B. 控制自己实施的危害社会行为的能力
   C. 辨认和控制自己实施的危害行为的能力
   D. 意识和意志能力

5. 对正在进行的行凶、杀人等暴力犯罪，采取防卫行为，造成不法侵害人伤亡的（　　）
   A. 属于防卫过当，应当负刑事责任

B. 属于正当防卫，不负刑事责任

C. 属于避险过当，应当负刑事责任

D. 属于紧急避险，不负刑事责任

6. 驾驶员在正常行车途中，发现两个小孩从侧面横过马路，驾驶员刹不住车，急转方向盘，汽车朝路旁的空房撞去，致车和空房损坏严重。驾驶员的行为是（ ）

  A. 紧急避险      B. 交通肇事

  C. 故意毁坏财物     D. 意外事件

7. 某夜，甲、乙两人携带作案工具，准备盗窃某武警部队的枪支、弹药。两人来到武警部队驻地的围墙外，发现里面灯火通明，戒备森严，感到无从下手，于是返回。甲、乙两人的行为属于（ ）

  A. 犯罪预备      B. 犯罪未遂

  C. 犯罪中止      D. 犯意表示

8. 我国《刑法》将共同犯罪分为（ ）

  A. 主犯、胁从犯、预备犯、教唆犯

  B. 首犯、胁从犯、未遂犯、教唆犯

  C. 主犯、实行犯、帮助犯、从犯

  D. 主犯、从犯、胁从犯、教唆犯

9. 以下不属于主刑的种类有（ ）

  A. 管制       B. 拘役

  C. 有期徒刑      D. 罚金

10. 下列哪种情形不成立累犯？（ ）

  A. 张某犯交通肇事罪被判处有期徒刑 3 年，缓刑 3 年，缓刑期满后的第 3 年又犯盗窃罪，被判处有期徒刑 10 年

  B. 李某犯强奸罪被判处有期徒刑 5 年，刑满释放后的第 4 年，又犯妨害公务罪，被判处有期徒刑 6 个月

  C. 王某犯抢夺罪被判处有期徒刑 4 年，执行 3 年后被假释，于假释期满后的第 5 年又犯故意杀人罪被判处无期徒刑

  D. 田某犯叛逃罪被判处管制 2 年，管制期满后 20 年又犯为境外刺探国家秘密罪，被判处拘役 6 个月

11. 下列情形中，属于自首的是（ ）

  A. 甲杀人后其父主动报案并将甲送到派出所，甲当即交代了杀人的全部事实和经过

  B. 甲和乙共同贪污之后，主动到检察机关交代自己的贪污事实，但未提及乙

  C. 甲和乙共同盗窃之后，主动向公安机关反映乙曾经诈骗数千元，经查证属实

  D. 甲给监察局打电话，承认自己收受他人 1 万元贿赂，并交代了事情经过，然后出走，不知所踪

12. 关于追诉期限计算的说法错误的是（ ）

  A. 从犯罪之日起计算

  B. 犯罪行为有连续或者继续状态

C. 在追诉期限以内又犯罪的，前罪追诉的期限从犯后罪之日起计算

D. 在追诉期限以内又犯罪的，前罪追诉的期限仍从犯前罪之日起计算

13. 甲与乙投宿同一旅馆同一房间，甲得知乙是一家大公司的采购员，携带一笔巨款，准备进货。于是晚上甲便请乙喝听装饮料（内掺有安眠药），乙服后很快就昏睡不醒，甲便乘机将乙携带现金的皮包扭开，拿走订货现金 15000 元。甲的行为构成（　　　）

A. 盗窃罪　　　　　　　　　　B. 诈骗罪

C. 抢夺罪　　　　　　　　　　D. 抢劫罪

14. 下列构成危险驾驶罪的是（　　　）

A. 甲驾车闯红灯时撞死两名行人

B. 乙在道路上醉酒驾驶机动车

C. 丙在行车途中发现仇人丁，故意撞丁的车辆，致丁重伤

D. 戊失恋后情绪失控，醉酒驾车在道路上故意冲撞

15. 携带凶器抢夺的，构成（　　　）

A. 抢夺罪　　　　　　　　　　B. 抢劫罪

C. 敲诈勒索罪　　　　　　　　D. 聚众哄抢罪

## 二、多项选择题

1. 关于犯罪的基本特征，下列说法正确的是（　　　）

A. 社会危害性

B. 刑事违法性

C. 应受法律惩罚性

D. 是一种严重危害社会，且触犯刑事法律规范，应当受到刑罚处罚的行为

2. 甲向被害人乙的房间开枪射击，但乙已于 2 小时以前避开，因此未遭杀害。以下表述正确的是（　　　）

A. 构成故意杀人未遂

B. 犯罪的成立只要求甲对犯罪事实有所认识

C. 甲的认识必须与客观事实相一致才能成立故意杀人罪

D. 甲的行为不构成犯罪

3. 下列行为中，不成立正当防卫的有（　　　）

A. 对精神病人的暴力侵害的反击

B. 假想防卫

C. 防卫挑拨

D. 事前防卫

4. 下列行为中属于犯罪预备的有（　　　）

A. 熟悉犯罪地形的行为

B. 购买作案用的工具

C. 向同伙提出犯罪的动机和目的

D. 守候被害人的行为

5. 下列情形中，应当数罪并罚的有（　　）
   A. 拐卖妇女又奸淫被拐卖妇女
   B. 司法工作人员枉法裁判又构成受贿罪
   C. 参加黑社会性质组织又杀人
   D. 组织他人偷越国（边）境又强奸被组织人

## 三、判断题

1. 我国《刑法》的任务就是用刑罚同一切违法行为做斗争。（　　）
2. 甲想杀乙，就故意向乙挑衅，乙被激怒，上前殴打甲时，甲掏出准备好的匕首将乙刺死，甲的行为是故意犯罪。（　　）
3. 犯罪的时间、地点是一切犯罪构成的必要客观要件。（　　）
4. 犯罪对象能决定犯罪性质，而犯罪客体则不能。（　　）
5. 正当防卫的起因条件要求在实施正当防卫行为时，必须有不法侵害存在。这里的不法侵害，是指犯罪行为。（　　）
6. 张某在一僻静处将一妇女抱住，意欲奸淫，突然，附近走出两个男人，张某只得放弃犯罪，张某的行为是犯罪未遂。（　　）
7. 窝藏、收购赃物的行为人事先与盗窃、抢劫机动车辆的犯罪分子通谋的，分别以盗窃罪、抢劫罪的共犯论处。（　　）
8. 主刑的种类分为管制、拘役、有期徒刑、无期徒刑、死刑立即执行和死刑缓期执行五种。（　　）
9. 法定最高刑为死刑的，不受时间限制，都应当追诉。（　　）
10. 行为人明知是不满14周岁的幼女而与其发生性关系，如果该幼女是自愿，则不构成强奸罪。（　　）

## 四、简答题

1. 简述我国关于属地管辖权的规定。

2. 简述犯罪中止成立的条件。

3. 简述我国关于未成年犯的处理原则。

4. 简述正当防卫和紧急避险的区别。

5. 简述一般累犯成立的条件。

## 五、案例分析题

（一）

王某（男，35岁）因与徐某通奸而生离婚另娶之念，要求与其妻杜某离婚，杜坚决不同意。一日，徐某对王说："我已怀孕，你把你老婆离不掉就干掉，我们好结婚。否则，我就告你强奸了我。"王将此事告诉其弟（28岁），王弟同情其兄之处境，设法为王某弄来了一包毒药。某日，王将毒药投入烙饼内叫杜吃，恰逢儿子放学回家，杜认为烙饼好吃些，便将烙饼给儿子吃。王见后对儿子说："你妈妈劳动累了，让她吃烙饼，你吃馒头。"说完就走了。王走后，杜还是让儿子吃烙饼。儿子吃后中毒，经抢救无效死亡。

问：对本案应当如何认定和处罚？为什么？

（二）

汽车司机张某于某日晚9时许，驾驶载货汽车超速行驶，在一拐弯处，将一在非机动车道内骑小三轮车带人的刘某、王某撞倒在地，刘某当场死亡，王某身受重伤。张某立即停车，将已死的刘某弃于路旁，将重伤的王某抱进驾驶室，开车送医院抢救，在驶往医院至途中，遇上醉酒驾驶的李某驾驶一货车迎面撞来，张某避让不及，导致在副驾驶座位的王某死亡。

问：1. 对于张某超速行驶将刘某撞死、王某撞伤的行为，其犯罪主观方面如何认定？

2. 张某是否需要对王某的死亡承担刑事责任？

3. 李某的行为该如何认定？

# 【参考答案】

## 一、单项选择题

1. B　2. D　3. B　4. C　5. B　6. A　7. A　8. D　9. D　10. A　11. A　12. D　13. D　14. B　15. B

## 二、多项选择题

1. ABD　2. AB　3. BCD　4. ABD　5. CD

## 三、判断题

1. ×　2. √　3. ×　4. √　5. ×　6. √　7. √　8. ×　9. ×　10. ×

## 四、简答题

1. 答：（1）发生在我国领域内的犯罪，适用我国刑法。

（2）只要犯罪行为和犯罪结果有一项发生在我国领域内，就应当适用我国刑法。

（3）法律有特别规定的除外。

2. 答：（1）发生在犯罪的过程中。

（2）行为人自动中止犯罪。

（3）有效地避免了危害结果的发生。

3. 答：（1）从宽处理原则。《刑法》第十七条第三款规定："已满 14 周岁不满 18 周岁的人犯罪，应当从轻或者减轻处罚。"

（2）不适用死刑的原则。《刑法》第四十九条规定："犯罪的时候不满 18 周岁的人，不适用死刑。"

（3）不成立累犯的原则。根据《刑法》第六十五条，不满 18 周岁的人犯罪，不构成累犯。

（4）从宽适用缓刑的原则。《刑法》第七十二条规定，在符合缓刑适用条件的情况下，对不满 18 周岁的未成年人，是"应当"宣告缓刑，而不是"可以"。

（5）免除前科报告义务。

4. 答：（1）起因条件。正当防卫的起因条件是他人的不法侵害，而紧急避险的起因条件是一种危险，包括自然灾害等非人为的损害。

（2）限度条件。正当防卫所造成的损害可以大于或等于所要保护的利益，而紧急避险所造成的损害不能等于更不能大于所要保护的利益。

（3）限制条件。紧急避险要求必须是不得已的，没有其他更好的办法而采取的。而正当防卫则无此要求。

（4）对象条件。正当防卫要求打击的对象只能是不法侵害者本人，而紧急避险则可以是无辜的第三者，二者损害的对象是有原则区别的。

5. 答：（1）前罪与后罪都是故意犯罪，此为构成累犯的主观条件。

（2）前罪被判处有期徒刑以上刑罚，后罪应当被判处有期徒刑以上刑罚，这是构成累犯的刑度条件。

（3）后罪发生在前罪的刑罚执行完毕或者赦免以后 5 年之内，这是构成累犯的时间条件。

## 五、案例分析题

（一）答：本案徐某、王某、王弟构成了故意杀人罪，属于共同犯罪。

结合案情，根据共同犯罪的概念、构成条件及共同犯罪人的认定标准，结合本案实际情况加以分析。其中应说明是毒死杜本人还是毒死其儿子并不影响三被告人共同故意杀人罪的成立，因为人的生命是受同等保护的。但也可以指出，本案中实际上属于直接故意杀人未遂，间接故意杀死其子，但由于危害行为只有一个，应当只按一个故意杀人罪定罪判刑。

在本案中，徐为教唆犯，依法应根据其在共同犯罪中实际所起大小作用处罚，按其所起的作用应属从犯，应当从轻、减轻或免除处罚处罚；王为主犯，依法应当从重处罚；王弟为从犯，依法应当从轻、减轻或者免除处罚。

（二）答：1. 过失。

2. 不需要，因为李某的行为阻断了张某的交通肇事行为和王某的死亡结果之间的因果关系。

3. 李某的醉酒驾驶的行为属于想象竞合犯，在危险驾驶罪和交通肇事罪两个罪名中，择一重罪以交通肇事罪处罚。

# 第五章　刑事诉讼法

## 第一节　刑事诉讼法概述

### 一、刑事诉讼的概念和特征

刑事诉讼是指人民法院、人民检察院和公安机关（包括国家安全机关，下同）在当事人以及其他诉讼参与人的参加下，依照法定程序解决被追诉者的刑事责任问题的一系列活动。

刑事诉讼具有以下特征：

第一，刑事诉讼是在专门的国家机关主持下进行的国家司法活动。刑事诉讼的整个过程是在一定的国家司法机关主持下进行的，这些国家机关主要是人民法院、人民检察院和公安机关，这些机关各司其职，分别行使审判权、检察权与侦查权。

第二，刑事诉讼是特定机关代表国家行使刑罚权的活动。刑事诉讼的核心内容是依照法律和法定程序围绕着犯罪、刑事责任和刑罚进行。特定的国家机关在此过程中代表国家行使刑罚权。

第三，刑事诉讼是刑事诉讼当事人和其他诉讼参与人参加的活动。为了实现刑事诉讼的目的，刑事诉讼活动必须在当事人的参与下进行，而其他诉讼参与人的参与则对刑事诉讼的顺利进行起着辅助作用。

第四，刑事诉讼是必须严格依照法定程序进行的活动。刑事诉讼的各种活动与公民的切身利益密切相关，特别是直接关系到公民的生命权、人身权和财产权。因此，基于保护公民合法权益的出发点，刑事诉讼的整个活动过程必须严格依照法定程序进行。

### 二、刑事诉讼的基本理念

1. 惩罚犯罪与尊重和保障人权相结合

依据《刑事诉讼法》第一条的规定，刑事诉讼的目的是惩罚犯罪、尊重和保障人权。这两者是密切相关、不可分割的一个问题的两个方面。通过刑事诉讼程序及时并准确地查明案件事实、适用法律，对犯罪人行使国家刑罚权，即惩罚犯罪；而保障人权则是指在进行刑事诉讼的过程中，切实保障诉讼参与人，尤其是犯罪嫌疑人、被告人的各项诉讼权利，使其不受非法侵害。

应该特别注意，2012年《刑事诉讼法修正案》将"尊重和保障人权"写入了《刑事诉讼法》的任务中，体现了立法者对刑事诉讼中保障人权的高度重视。该尊重和保障人权的精神，体现在刑事诉讼的具体制度和程序中。应着重从这两个方面去加以理解和应用。

惩罚犯罪与保障人权是对立又统一的关系，一般认为，两者应当并重。

2. 程序公正与实体公正并重

公正是任何法律体系所追求的首要价值目标。司法公正又称为诉讼公正，包括实体公正与程序公正两个方面。所谓的程序公正是过程的公正，即在整个诉讼过程中，诉讼各方严格依照法定程序进行诉讼活动，诉讼参与人的各项诉讼权利能得到切实有效的保障，充分参与整个诉讼过程，且当其权利受到侵害时能够得到救济；实体公正则是结果的公正，即基于确实充分的证据，正确适用法律对案件事实加以认定，并得出结论。

3. 提高诉讼效率

诉讼效率是指在诉讼过程中所取得的成果与投入的司法资源（人力、物力、财力等）之间的比例。在犯罪率不断上升和犯罪日益新型化的现代社会，诉讼效率是刑事诉讼所追求的重要价值之一。提高诉讼效率也是实现刑事司法正义的一个重要因素。提高刑事诉讼效率就要降低诉讼成本，提高工作效率，即在一定的司法资源投入下产生尽可能多的诉讼成果。诉讼效率在刑事诉讼中具体体现在羁押期限的限制、不间断审理原则等方面。需注意的是，追求诉讼效率是在保证司法公正的前提下进行的，当效率与公正发生冲突的时候，要首先保证司法公正的实现。

### 三、《刑事诉讼法》的基本原则

刑事诉讼的基本原则是指由《刑事诉讼法》规定的，贯穿于刑事诉讼全过程或主要诉讼阶段的，公安司法机关和所有诉讼参与人都必须遵循的基本行为准则。

1. 侦查权、检察权、审判权由专门机关依法行使原则

《刑事诉讼法》第三条第一款明确规定：对刑事案件的侦查、拘留、执行逮捕、预审，由公安机关负责。检察、批准逮捕、检察机关直接受理的案件的侦查、提起公诉，由人民检察院负责。审判由人民法院负责。除法律特别规定的以外，其他任何机关、团体和个人都无权行使这些权利。该原则的主要内容是：①侦查权、检察权和审判权是具有专属性的国家权力，只能由公安机关、检察机关和人民法院这些特定的国家机关依法行使，除法律另有规定外，其他的任何机关团体和个人都不得行使以上三项权力；②侦查、检察、审判三项权力要由公安机关、人民检察院和人民法院分别行使，不能相互替代。

2. 严格遵守法律程序原则

《刑事诉讼法》第三条明确规定：人民法院、人民检察院和公安机关进行刑事诉讼，必须严格遵守本法和其他法律的有关规定。该条的规定体现的是严格遵守法律程序原则。这一原则的主要内容是：人民法院、人民检察院和公安机关在刑事诉讼活动的整个过程中都必须严格遵循《刑事诉讼法》和其他有关法律（主要是指与刑事诉讼相关的法律，如《刑法》《法官法》《检察官法》等）规定的程序和其他规则，切实尊重和保护刑事诉讼参与人的诉讼权利。如果公安司法机关在刑事诉讼的过程中有违反法律规定的，有关当事人有权获得救济，提出申诉和控告。

3. 人民法院、人民检察院依法独立行使职权原则

《刑事诉讼法》第五条明确规定：人民法院依照法律规定独立行使审判权，人民检察院依照法律规定独立行使检察权，不受行政机关、社会团体和个人的干涉。该条规定的是人民法院、人民检察院依法独立行使职权原则。

该原则的主要内容是：①人民法院、人民检察院依法独立地行使审判权和检察权，不

受行政机关、社会团体和个人的干涉；②人民法院、人民检察院在行使职权的过程中必须严格遵守法律的规定；③人民法院、人民检察院在行使职权的过程中必须接受党的领导，接受同级人民代表大会的监督，向其报告工作。

我国的政治体制决定，由人民法院和人民检察院依法集体独立行使职权，而不是由法官和检察官个人独立行使职权。

4. 分工负责、相互配合、相互制约原则

《刑事诉讼法》第七条明确规定：人民法院、人民检察院和公安机关进行刑事诉讼，应当分工负责，互相配合，相互制约，以保证准确有效地执行法律。该条规定是分工负责、相互配合、相互制约原则的体现，三者之间是密切相关的。所谓分工负责是指公安机关、人民检察院和人民法院在刑事诉讼中应当依法各负其责，各尽其职；互相配合是指人民法院、人民检察院和公安机关在分工负责的基础上应相互合作，互相协调，使刑事诉讼的整个过程顺利进行；互相制约是指人民法院、人民检察院和公安机关在刑事诉讼过程中应相互监督，互相约束，及时纠错，正确执法。

5. 人民检察院依法对刑事诉讼实行法律监督原则

《刑事诉讼法》第八条明确规定：人民检察院依法对刑事诉讼实行法律监督。依照《宪法》和《刑事诉讼法》的有关规定，人民检察院是我国的法律监督机关，在刑事诉讼的全过程中依法行使监督权。在立案、侦查和审查起诉阶段，人民检察院的监督主要是针对公安机关进行的。在审判阶段，人民检察院的监督主要是针对法庭审理活动进行的。此外，人民检察院的监督活动还体现在执行阶段对各有关机关执行活动的监督。

6. 犯罪嫌疑人、被告人有权获得辩护原则

《刑事诉讼法》第十一条明确规定："人民法院审判案件，除本法另有规定的以外，一律公开进行。被告人有权获得辩护，人民法院有义务保证被告人获得辩护。"保障犯罪嫌疑人、被告人和辩护人顺利、有效地行使辩护权是人权保障的重要内容。按照《宪法》和《刑事诉讼法》的有关规定和基本精神，犯罪嫌疑人、被告人在整个刑事诉讼活动过程中都有权为自己进行辩护。为了保证被告人行使辩护权，人民法院有告知被告人有权委托辩护人的义务，在一定的情形下还有义务为被告人指定承担法律援助义务的律师为其担任辩护人。同时，人民检察院和公安机关也都有义务保障被告人获得辩护。

7. 未经人民法院依法判决对任何人不能确定其有罪原则

《刑事诉讼法》第十二条明确规定：未经人民法院依法判决，对任何人都不得确定有罪。这就是说，在刑事诉讼中，审判权只能由人民法院依法行使。经过依法审理，只能是由人民法院确定被告人有罪。其他任何机关都不得进行该项活动。

8. 保障诉讼参与人的诉讼权利原则

《刑事诉讼法》第十四条明确规定：人民法院、人民检察院和公安机关应当保障犯罪嫌疑人、被告人和其他诉讼参与人依法享有的辩护权和其他诉讼权利。公安司法机关应当依法保障诉讼参与人的法定诉讼权利，不得对他们的诉讼权利进行侵害和剥夺。当诉讼参与人的诉讼权利受到侵害时，有权采用法律手段提起申诉和控告，以保护自己的权利，获得救济。同时，诉讼参与人也应当依法承担相应的法律义务。

9. 具有法定情形不予追究刑事责任原则

《刑事诉讼法》第十五条明确规定了具有法定情形不予追究刑事责任的原则。有以下

法定情形之一的，不予追究刑事责任：①情节显著轻微、危害不大，不认为是犯罪的；②犯罪已过追诉时效期限的；③经特赦令免除刑罚的；④告诉才处理的犯罪，没有告诉或者撤回告诉的；⑤犯罪嫌疑人、被告人死亡的；⑥其他法律规定免予追究刑事责任的。

10. 追究外国人刑事责任适用我国《刑事诉讼法》原则

《刑事诉讼法》第十六条明确规定："对于外国人犯罪应当追究刑事责任的，适用本法的规定。对于享有外交特权和豁免权的外国人犯罪应当追究刑事责任的，通过外交途径解决。"

11. 刑事司法协助

《刑事诉讼法》第十七条明确规定："根据中华人民共和国缔结或者参加的国际条约，或者按照互惠原则，我国司法机关和外国司法机关可以互相请求刑事司法协助。"刑事司法协助即我国的司法机关与外国司法机关之间，依据共同参加的国际条约或互相缔结的条约以及互惠原则，互相协助代为进行某些刑事司法行为的活动。

# 第二节　刑事诉讼中的专门机关和诉讼参与人

## 一、刑事诉讼中的专门机关

刑事诉讼中的专门机关即依照法律规定在刑事诉讼活动中行使法定职权的国家机关，包括人民法院、人民检察院、公安机关，以及国家安全机关、军队保卫部门、监狱和海关侦查部门等。

### （一）人民法院

人民法院是国家的审判机关，代表国家独立行使审判权。人民法院的任务是审判刑事、民事和行政案件，并且通过审判活动惩办一切犯罪分子，解决民事、行政纠纷，以保卫人民民主专政制度，维护社会主义全民所有的财产、劳动群众集体所有的财产，保护公民的人身权利、民主权利和其他权利，保障社会主义建设事业的顺利进行，并教育公民忠于社会主义祖国，自觉地遵守宪法和法律。

人民法院是刑事诉讼中唯一有权行使审判权和定罪权的专门国家机关，未经人民法院依法判决，对任何人不得确定有罪。

在刑事诉讼中，人民法院的职权主要包括：第一，对刑事公诉案件、自诉案件、附带民事诉讼案件的审理和判决；第二，刑事强制措施的决定权；第三，必要时，可以进行勘验、检查、扣押、鉴定和查询、冻结；第四，如果有附带民事诉讼，可以采取查封、扣押被告人财产等保全措施；第五，收缴、处理赃款、赃物及孳息；第六，部分刑事判决的执行权；第七，向有关单位提出司法建议的权利。

我国的人民法院体系依照《人民法院组织法》的规定由最高人民法院、地方各级人民法院和专门人民法院组成。地方各级人民法院包括：高级人民法院、中级人民法院和基层人民法院。我国目前的专门人民法院有军事人民法院、铁路运输法院和海事法院（海事法院没有刑事案件的审判权）。

各级人民法院由本级人民代表大会产生，对它负责，受它监督。上下级人民法院之间是监督关系而非领导关系。各人民法院的审判活动相互独立，上级法院不能直接指示下级法院如何办案，其对下级法院的监督只能通过二审程序、死刑复核程序和审判监督程序进行。在人民法院内部，独任法官和合议庭成员有对一般刑事案件的独立判决权，遇复杂、重大疑难案件，如有必要，则由合议庭提交审判委员会决定。

（二）人民检察院

人民检察院是国家的法律监督机关，代表国家行使检察权。

在刑事诉讼活动中，人民检察院的职权主要有：

1. 侦查权

对于法律规定由人民检察院直接受理的贪污贿赂犯罪、国家工作人员渎职犯罪、国家机关工作人员利用职权实施的侵犯公民民主权利、人身权利的犯罪案件有权立案侦查。

2. 公诉权

检察机关代表国家行使公诉案件的公诉权，有权对公安机关侦查终结移送审查起诉的案件和自行侦查终结的案件进行审查，决定提起公诉或不起诉。

3. 监督权

在刑事诉讼中，人民检察院依法有权以对公安机关的立案和侦查活动、对人民法院的审判活动以及对法院生效判决和裁定的执行活动等进行监督。

人民检察院的组织设置是：最高人民检察院、地方各级人民检察院、专门人民检察院。专门检察院包括解放军军事检察院和铁路运输检察院。

各级人民检察院由本级人民代表大会产生对它负责，受它监督。上下级人民检察院之间是领导关系，全国的检察机关是作为一个整体独立地行使检察权。上级检察院有权对下级检察院的办案工作进行指示，下级检察院必须遵守。在人民检察院内部，批准逮捕、提起公诉和抗诉，均由检察长决定，重大疑难案件由检察委员会决定。

（三）公安机关

公安机关是国家的治安保卫机关，担负着保卫国家安全和社会治安的任务，是各级人民政府的组成部门，是武装性质的行政执法机关，担负着保卫国家社会治安、维护社会秩序的重要任务。虽然人民法院和人民检察院在性质上属于司法机关，而公安机关属于行政机关，但在刑事诉讼过程中，公安机关与人民法院、人民检察院一样发挥着重要作用，公安机关具有行政和司法的双重性质。

公安机关实行双重领导体制，公安机关在接受本级人民政府领导的同时，下级公安机关还必须接受上级公安机关的领导。上下级公安机关之间是领导与被领导的关系，上级公安机关可以直接指挥和参与下级公安机关的侦查活动，不同地区、不同类型的公安机关之间实行相互配合、协调作战的原则。

在刑事诉讼中，公安机关的主要职权是：第一，对自己管辖范围内的案件依法决定立案侦查和预审；第二，实施各种侦查行为；第三，采取刑事强制措施；第四，有权提请人民检察院审查批准逮捕犯罪嫌疑人；第五，有权决定撤销案件；第六，有权向人民检察院提出起诉意见；第七，对人民检察院不起诉的决定有不同意见的有权提请复议和复核；第八，对部分刑事判决的执行权。如《刑事诉讼法》第二百五十九条规定的对被判处剥夺政治权利的罪犯，由公安机关执行。

（四）其他专门机关

在刑事诉讼中，享有侦查权的机关除公安机关、人民检察院外，还有国家安全机关、军队保卫部门、监狱以及海关侦查部门。其中，国家安全机关依法办理危害国家安全的刑事案件，行使与公安机关相同的职权。军队保卫部门对军队内部发生的刑事案件行使侦查权。监狱对罪犯在狱内犯罪的案件享有侦查权。海关设立专门机构负责对走私犯罪案件的侦查。

## 二、诉讼参与人

（一）诉讼参与人概述

刑事诉讼中的诉讼参与人是指在刑事诉讼活动中享有一定诉讼权利、承担一定诉讼义务的，除专门国家机关工作人员外的参与刑事诉讼活动的人。根据《刑事诉讼法》第八十二条的规定，诉讼参与人包括当事人、法定代理人、诉讼代理人、辩护人、证人、鉴定人和翻译人员。

诉讼参与人可分为当事人和其他诉讼参与人。凡与案件有直接利害关系，并能对诉讼过程和诉讼结局发挥着较大影响作用的人即为当事人。包括被害人、自诉人、犯罪嫌疑人、被告人、附带民事诉讼的原告人和被告人。凡与案件无直接利害关系，其参加刑事诉讼是为了帮助某一方当事人承担诉讼职能和行使诉讼权利，或者是为诉讼的顺利进行提供服务和帮助的人即为其他诉讼参与人。包括法定代理人、诉讼代理人、辩护人、证人、鉴定人和翻译人员。

（二）被害人

被害人是其人身、财产或者其他合法权益遭受犯罪行为直接侵害的人。在刑事诉讼中，被害人可能担当各种诉讼角色，在公诉案件中，其以个人身份承担部分控诉职能，是具有当事人地位的被害人；在自诉案件中，被害人具有自诉人的身份和地位；在刑事诉讼中被害人如就犯罪行为给其造成的物质损害提起了附带民事诉讼的请求，即成为附带民事诉讼的原告人。通常情况下，如无特别说明，在刑事诉讼中提到被害人时通常仅指公诉案件的被害人，不包括其他情况。

被害人享有以下诉讼权利：①向司法机关报案或者控告；②对公、检、法机关不立案的决定不服，有权申请复议；③委托诉讼代理人；④对人民检察院的不起诉决定不服，有权提出申诉；⑤如有证据证明公安机关、人民检察院对于侵犯其人身权利、财产权利的行为应当追究刑事责任而不予追究的，直接向人民法院起诉；⑥参加法庭调查、辩论；⑦有权请求人民检察院对一审判决提出抗诉；⑧有权对已生效裁判提出申诉。

被害人的诉讼义务主要有：①如实向司法机关陈述案件事实；②接受公安司法机关的传唤，按时出席法庭参加审判；③遵守法庭纪律，回答提问并接受询问和调查。

（三）自诉人

自诉人是指在自诉案件中，以自己的名义直接向人民法院提起诉讼的人。自诉人是自诉案件的原告人，通常是该案件的被害人。被害人死亡或丧失行为能力的，被害人的法定代理人、近亲属有权向人民法院提起诉讼。告诉才处理的案件，被害人因受强制、威吓而无法告诉的，被害人的近亲属也可以为被害人提起自诉。刑事自诉程序由于自诉人的告诉而启动，如果没有自诉人的告诉，就没有刑事自诉案件的审判。

自诉人的主要诉讼权利有：①提起刑事诉讼；②提起附带民事诉讼；③委托诉讼代理人；④在告诉才处理的案件和被害人有证据证明的轻微刑事案件中，请求调解或与被告自行和解；⑤参加法庭调查和法庭辩论；⑥对一审裁判提出上诉；⑦对生效裁判提出申诉。

自诉人的主要诉讼义务是：①对所提主张和请求承担举证责任；②不得伪造、隐匿或毁灭证据；③出席法庭审判；④遵守法庭纪律，听从审判人员的指挥。

### （四）犯罪嫌疑人、被告人

"犯罪嫌疑人"和"被告人"是对涉嫌犯罪而受到刑事追诉的人的两种称谓。公诉案件中，受刑事追诉者在检察机关向法院提起公诉以前，称为"犯罪嫌疑人"，在检察机关正式向法院提起公诉以后，则称为"被告人"。

刑事诉讼活动是一种旨在对犯罪嫌疑人、被告人的刑事责任问题做出权威裁判的活动。没有犯罪嫌疑人、被告人的参与，刑事诉讼就无法进行。犯罪嫌疑人、被告人一旦死亡，刑事诉讼活动即告终止。可以说，犯罪嫌疑人、被告人是刑事诉讼中的核心人物，具有十分重要的诉讼地位。

犯罪嫌疑人、被告人的诉讼权利主要有：使用本民族语言文字进行诉讼；对侦查、检察和审判人员侵犯其诉讼权利和人身侮辱的行为，提出控告；申请侦查、检察、审判人员及其他法定应回避人员回避的权利，对驳回申请回避的决定不服的，有权申请复议；要求解除超过法定期限的强制措施；对人民检察院做出的不起诉决定提出申诉；自行辩护及委托律师为其提供法律帮助及辩护；拒绝回答侦查人员提出的与本案无关的问题；在开庭前10日收到起诉书副本；参加法庭调查，就指控犯罪事实发表陈述，就书面证据发表意见；申请通知新的证人到庭，调取新的物证，申请重新鉴定或者勘验；参加法庭辩论；向法庭做最后陈述；自诉案件的被告人有权对自诉人提出反诉；对一审裁判提出上诉；对生效裁判提出申诉。

犯罪嫌疑人、被告人必须承担的诉讼义务主要有：①在符合法定条件的情况下承受强制措施；②接受侦查人员的讯问、搜查、扣押等侦查行为；③对侦查人员的讯问，应当如实回答；④接受法庭审判；⑤遵守法庭秩序；⑥执行或协助执行生效裁判。

### （五）附带民事诉讼原告人和被告人

附带民事诉讼原告人是因被告人的犯罪行为而遭受物质损失，并在刑事诉讼过程中提出赔偿请求的人。附带民事诉讼原告人通常是被害人，也可以是已死亡的被害人的近亲属、无行为能力或限制行为能力人的被害人的法定代理人、人民检察院、保险人。

附带民事诉讼被告人是对犯罪行为所造成的物质损失负有赔偿责任的人。附带民事诉讼的被告人通常是刑事诉讼被告人，也可以是未被追究刑事责任的共同致害人、未成年刑事被告人的监护人、已被执行死刑的罪犯的遗产继承人、共同犯罪案件中案件审结前已死亡的被告人的继承人、对被告人的犯罪行为依法应当承担民事责任赔偿的个人和单位。

附带民事诉讼原告人和被告人均享有以下诉讼权利：①委托诉讼代理人；②申请回避；③参加附带民事诉讼部分的法庭调查和法庭辩论；④要求人民法院主持调解或者与附带民事诉讼对方当事人自行和解；⑤在法定上诉、抗诉期内对一审判决、裁定中附带民事诉讼部分提出上诉；⑥对已经发生法律效力的判决、裁定的附带民事诉讼部分提出申诉。

附带民事诉讼原告人和被告人均承担以下诉讼义务：①如实陈述案情；②按时出庭，参加审判活动；③遵守法庭纪律，听从审判人员的指挥。④执行已经发生法律效力的判决、裁定的附带民事诉讼部分。

（六）法律对单位犯罪嫌疑人、被告人、单位被害人的特别规定

通常情况，当事人都是自然人，但在特殊情形下，单位也可以成为刑事诉讼的当事人。对于单位作为犯罪嫌疑人、被告人、被害人以及附带民事诉讼原告人或被告人等参与刑事诉讼的情形，法律做了特别的规定。

1. 单位犯罪嫌疑人、被告人

现行《刑法》确立了有关单位犯罪的制度，对于单位犯罪，通常实行"双罚制"，即对单位判处罚金，并对其直接负责的主管人员和其他责任人员判处刑罚。在单位犯罪的情况下，单位可以作为犯罪嫌疑人、被告人，与直接负责的主管人员和其他直接责任人员一起参与刑事诉讼。代表涉嫌单位参加刑事诉讼的诉讼代表人，应当是单位的法定代表人或者主要负责人，法定代表人或者主要负责人被指控为单位犯罪直接负责的主管人员的，应当由单位的其他负责人作为被告单位的诉讼代表人出庭。

单位犯罪嫌疑人、被告人的诉讼权利和诉讼义务，与自然人犯罪嫌疑人、被告人大致相同。最高人民法院特别规定：①单位被告人有权委托辩护人；②诉讼代表人有出庭的义务；③人民法院对诉讼代表人有权进行拘传；④专门机关有权对单位财产采取强制性措施。

2. 单位被害人

单位在侵犯财产等刑事案件中也可能遭受犯罪行为的直接侵害，成为被害人。单位被害人参与刑事诉讼时，应由其法定代表人作为代表参加刑事诉讼，法定代表人也可以委托诉讼代理人参加刑事诉讼。

单位被害人在刑事诉讼中的诉讼权利和诉讼义务，与自然人作为被害人时大体相同。

（七）其他诉讼参与人

其他诉讼参与人在刑事诉讼中并不独立承担诉讼职能，但他们同样依法享有参加诉讼活动所必需的诉讼权利，并承担相应的诉讼义务。

1. 法定代理人

法定代理人是基于与被代理人的亲属关系而由法律确定的一种特定身份的人。根据《刑事诉讼法》的规定："法定代理人是指被代理人的父母、养父母、监护人和负有保护责任的机关、团体的代表。"法定代理人参与诉讼而实施代理行为，不需要被代理人的委托或者司法机关的决定、批准，而是由法律直接规定，其目的是帮助无行为能力和限制行为能力的人参加诉讼，从而维护其合法的诉讼权益。法定代理人享有与被代理人相同的诉讼权利，在行使代理权时具有独立的法律地位，不受被代理人的约束。

## 2. 诉讼代理人

诉讼代理人是受被代理人委托而代表被代理人参与刑事诉讼的人。根据《刑事诉讼法》的规定，公诉案件的被害人及其法定代理人或者近亲属、自诉案件的自诉人及其法定代理人、附带民事诉讼原告人、被告人及其法定代理人均有权委托诉讼代理人。诉讼代理人与法定代理人不同，诉讼代理人参与刑事诉讼是基于被代理人的委托，是依据双方签订的委托协议进行代理，而不是依据法律的规定。所以诉讼代理人只能在被代理人授权的范围内进行诉讼活动，既不得超越代理范围，也不能违背被代理人的意志。诉讼代理人的职责是帮助被其代理的公诉案件被害人及其法定代理人或者近亲属、自诉案件自诉人及其法定代理人、附带民事诉讼案件当事人及其法定代理人等行使诉讼权利。

## 3. 辩护人

辩护人是在刑事诉讼中接受犯罪嫌疑人、被告人及其法定代理人的委托，或者接受人民法院的指定，依法为犯罪嫌疑人、被告人进行辩护，以维护其合法权益的人。辩护人在刑事诉讼中承担的唯一职能就是辩护。辩护人与犯罪嫌疑人、被告人的关系，不同于诉讼代理人和当事人的关系。辩护人有独立的诉讼地位，不是犯罪嫌疑人、被告人的代言人，他们参与诉讼是履行法律规定的职责，而不是基于犯罪嫌疑人、被告人的授权。虽然在委托辩护中，辩护人要在犯罪嫌疑人、被告人委托以后才能取得辩护资格，但是辩护人在接受委托以后，即取得独立的诉讼地位，在诉讼过程中，他是以自己的名义，根据对事实的掌握和对法律的理解独立进行辩护，而不受犯罪嫌疑人、被告人意思表示的约束。

## 4. 证　人

证人是除刑事诉讼当事人外，了解案件情况的人。证人就自己了解的案件情况向司法机关提供的证词对于帮助司法机关查清案件事实具有重要意义。

## 5. 鉴定人

刑事诉讼中的鉴定人是接受公安司法机关的指派或者聘请，运用自己的专门知识或者技能对刑事案件中的专门性问题进行分析判断并提出书面鉴定意见的人。

鉴定人的书面分析判断意见称为"鉴定结论"，是《刑事诉讼法》规定的证据种类之一。

## 6. 翻译人员

翻译人员是在刑事诉讼过程中接受公安司法机关的指派或者聘请，为参与诉讼的外国人、少数民族人员、盲人、聋人、哑人等进行语言、文字或者手势翻译的人员。翻译人员通过在刑事诉讼中承担翻译工作，成为侦查、检察、审判人员和诉讼参与人进行意思沟通的重要桥梁。

# 第三节　管　辖

刑事诉讼中的管辖是指公安机关、检察机关和审判机关等在直接受理刑事案件上的权限划分以及审判机关系统内部在审理第一审刑事案件上的权限划分。依据我国现行《刑事诉讼法》和刑事诉讼理论，一般将管辖划分为立案管辖和审判管辖，审判管辖又分为级别管辖、地区管辖、指定管辖和专门管辖。

### 一、立案管辖

立案管辖又称职能管辖或部门管辖，是指人民法院、人民检察院和公安机关各自直接受理刑事案件的职权范围。立案管辖解决的是哪一类刑事案件是由三机关中的哪一个机关立案受理的问题。

立案管辖主要是根据下列因素划分的：①公安司法机关的性质与诉讼职能。②刑事案件的性质、案情的轻重、复杂程度等。

（一）公安机关直接受理的刑事案件

《刑事诉讼法》第十八条第一款规定：刑事案件的侦查由公安机关进行，法律另有规定的除外。"法律另有规定的"案件是指依法应由人民检察院、国家安全机关、军队保卫部门、监狱侦查的案件及依法应由人民法院直接受理的案件。除法律另有规定的案件以外，其他刑事案件由公安机关负责侦查。公安机关是国家的治安保卫机关，肩负维护社会秩序，保障公民安全的职责，具有同犯罪做斗争的丰富经验和必要的专门侦查手段。因此，法律把绝大多数需要侦查的刑事案件交由公安机关立案侦查，是与公安机关的性质、职能和办案条件相适应的，同时，也是完全符合同犯罪做斗争的需要的。

（二）人民检察院直接受理的刑事案件

《刑事诉讼法》第十八条第二款规定："贪污贿赂犯罪，国家工作人员的渎职犯罪国家机关工作人员利用职权实施的非法拘禁、刑讯逼供、报复陷害、非法搜查的侵犯公民人身权利的犯罪以及侵犯公民民主权利的犯罪，由人民检察院立案侦查。对于国家机关工作人员利用职权实施的其他重大的犯罪案件，需要由人民检察院直接受理的时候，经省级以上人民检察院决定，可以由人民检察院立案侦查。"根据最高人民检察院有关司法解释，人民检察院直接受理的案件包括以下几类：

1. 贪污贿赂犯罪

这类犯罪是指《刑法》分则第八章规定的贪污罪、贿赂罪、挪用公款罪、单位受贿罪、行贿罪、介绍贿赂罪、巨额财产来源不明罪、隐瞒境外存款罪、私分国有资产罪、私分罚没财物罪等，以及其他章节中明确规定按照《刑法》分则第八章贪污贿赂罪的规定定罪处罚的犯罪。

2. 国家工作人员的渎职犯罪

根据《刑法》分则第九章的有关规定，这类犯罪包括国家工作人员滥用职权罪、玩忽职守罪等。另外，《刑法》分则第四章第二百四十八条规定的监管人员殴打、体罚、虐待被监管人罪，由人民检察院管辖。

3. 国家机关工作人员利用职权实施的侵犯公民人身权利和民主权利的犯罪

这类犯罪主要是指国家机关工作人员利用职权实施的非法拘禁案、非法搜查案、刑讯逼供案、暴力取证案、虐待被监管人案、报复陷害案、破坏选举案等。

除上述三类犯罪案件外，对于《刑事诉讼法》第十八条第二款中提到的"国家机关工作人员利用职权实施的其他重大犯罪案件"，这类案件由检察院直接受理，必须符合下列条件：第一，必须是国家机关工作人员利用职权实施的；第二，属于上述三类案件以外的其他重大犯罪案件；第三，需要由检察院直接受理；第四，经省级以上检察院决定。

（三）人民法院直接受理的刑事案件

人民法院直接受理的刑事案件是指刑事案件不需要经过公安机关或者人民检察院立案侦查，不通过人民检察院提起公诉，而由人民法院对原告人提起的刑事诉讼直接立案和审判，这类案件在刑事诉讼中称为自诉案件。所谓自诉案件，是指由被害人本人或者其近亲属向人民法院起诉的案件。《刑事诉讼法》第十八条第三款规定：自诉案件，由人民法院直接受理。

根据《刑事诉讼法》第一百七十条的规定，自诉案件包括下列三类案件：

1. 告诉才处理的案件

所谓告诉才处理的案件，在我国刑事诉讼中是指只有被害人或其法定代理人提出控告和起诉，人民法院才予以受理解决的案件；如果被害人因受到强制、威吓、无法告诉的，人民检察院或者被害人的近亲属也可以告诉。根据《刑法》的规定，告诉才处理的案件共有五种：侮辱案、诽谤案、暴力干涉婚姻自由案、虐待案、侵占案。

2. 被害人有证据证明的轻微刑事案件

这类案件是指人民检察院没有提起公诉，被害人有证据证明的，不需要进行专门调查和采取有关强制性措施即可查清案件事实的案件。这类刑事案件主要包括：①故意伤害案（轻伤）；②重婚案；③遗弃案；④妨害通信自由案；⑤非法侵入他人住宅案；⑥生产、销售伪劣商品案（严重危害社会秩序和国家利益的除外）；⑦侵犯知识产权案（严重危害社会秩序和国家利益的除外）；⑧属于《刑法》分则第四章侵犯公民人身权利、民主权利罪，第五章侵犯财产罪规定的，对被告人可能判处 3 年有期徒刑以下刑罚的其他轻微刑事案件等。

3. 被害人有证据证明对被告人侵犯自己人身、财产权利的行为应当依法追究刑事责任，而公安机关或者人民检察院已做出不予追究的书面决定的案件

这类案件从性质上说原属于公诉案件范围，若成为自诉案件，必须具备三个条件：①被害人有足够证据证明的；②被告人侵犯了自己的人身、财产权利，应当追究被告人刑事责任的；③公安机关或者人民检察院不予追究被告人刑事责任，并已经做出书面决定的。

上述由被害人起诉的案件，由人民法院直接受理，有无证据证明，是否属于轻微刑事案件，应由人民法院根据立案标准予以确认，并可以进行调解。

## 二、审判管辖

刑事诉讼中的审判管辖是指人民法院审判第一审刑事案件的职权范围，包括各级人民法院之间、普通人民法院与专门人民法院之间，以及同级人民法院之间，在审判第一审刑事案件上的权限划分。根据《刑事诉讼法》第一百四十一条的规定，人民检察院决定起诉的案件应当按照审判管辖的规定向人民法院提起公诉。所以，人民检察院提起公诉的案件，应当与各级人民法院管辖审理的案件范围相适应，明确了审判管辖，也就相应地确定了提起公诉的检察机关。审判管辖解决的是：具体的一个刑事案件由哪一种、哪一级、哪一个人民法院进行第一审的问题。

（一）级别管辖

级别管辖是指各级人民法院之间在审判第一审刑事案件上的权限分工。《刑事诉讼法》划分级别管辖的主要依据是：案件的性质；罪行的轻重程度和可能判处的刑罚；案件涉及面和社会影响的大小；各级人民法院在审判体系中的地位、职责和条件等。

《刑事诉讼法》对各级人民法院管辖的第一审刑事案件做了明确的规定：

1. 基层人民法院管辖的第一审刑事案件

《刑事诉讼法》第十九条规定：基层人民法院管辖第一审普通刑事案件，但是依照本法由上级人民法院管辖的除外。可见，基层人民法院是普通刑事案件第一审的基本审级，普通刑事案件的第一审原则上由基层人民法院管辖，基层人民法院分布地区广，数量也最多，最接近犯罪地，也最接近人民群众。因此，把绝大多数的普通刑事案件划归它管辖，既便于法院就地审理案件，便于诉讼参与人就近参加诉讼活动，有利于审判工作的顺利进行和及时、正确地处理案件；又便于群众参加旁听案件的审判，有利于充分发挥审判活动的教育作用。

2. 中级人民法院管辖的第一审刑事案件

《刑事诉讼法》第二十条规定，中级人民法院管辖下列第一审刑事案件：①危害国家安全、恐怖活动案件；②可能判处无期徒刑、死刑的案件；上述刑事案件，属于性质严重，危害极大，案情重大、复杂，或者影响较大的案件，审理难度比较大，这就需要法律、政策水平更高、业务能力更强的司法工作人员，由中级人民法院作为第一审法院有利于保证案件的正确处理。中级人民法院除负责上述二类案件的一审外，还要审判对基层人民法院裁判的上诉、抗诉案件，另外，它还有审判监督的任务。所以，划归中级人民法院管辖的第一审刑事案件仅限于上述二类案件。

3. 高级人民法院管辖的第一审刑事案件

《刑事诉讼法》第二十一条规定：高级人民法院管辖的第一审刑事案件，是全省（自治区、直辖市）性的重大刑事案件。高级人民法院是地方各级人民法院中最高一级的法院，它的主要任务是审判对中级人民法院裁判的上诉、抗诉案件，复核死刑立即执行的案件，核准死刑缓期两年执行的案件，以及监督全省（自治区、直辖市）的下级人民法院的审判工作。所以，高级人民法院管辖的第一审刑事案件不宜过宽。

4. 最高人民法院管辖的第一审刑事案件

《刑事诉讼法》第二十二条规定：最高人民法院管辖的第一审刑事案件，是全国性的重大刑事案件。最高人民法院是全国的最高审判机关，除核准死刑案件外，由最高人民法院进行第一审审判的刑事案件只应是极个别的，即在全国范围内具有重大影响的、性质和情节都特别严重的刑事案件。

（二）地区管辖

地区管辖即同级人民法院在审判第一审刑事案件上的权限划分。

依据《刑事诉讼法》第二十四条的规定：刑事案件由犯罪地的人民法院管辖。如果由被告人居住地的人民法院审判更为适宜的，可以由被告人居住地的人民法院管辖。可见，我国刑事案件第一审的地区管辖是遵循以犯罪地管辖为主，以被告人居住地管辖为补充的原则。

刑事案件原则上应由犯罪地的人民法院管辖。这里所说的犯罪地，包括犯罪预备地、犯罪行为实施地、犯罪结果地以及销赃地等等。以非法占有为目的的财产犯罪，犯罪地包括犯罪行为发生地和犯罪分子实际取得财产的犯罪结果发生地。

刑事案件如果由被告人居住地的人民法院审判更为适宜的，可以由被告人居住地的人民法院管辖。这里所说的被告人居住地，包括被告人的户籍所在地、住所地。

### （三）专门管辖

专门管辖是指专门人民法院和普通人民法院之间，各种专门人民法院之间在审理第一审刑事案件范围的分工。它解决的是哪些刑事案件应当由哪些专门人民法院审判的问题。

1. 军事法院管辖的刑事案件

军事法院管辖的刑事案件，主要是现役军人（含军内在编职工，下同）犯罪的案件，包括现役军人犯军人违反职责罪及其他各种犯罪案件。

现役军人和非军人共同犯罪的，分别由军事法院和地方人民法院或者其他专门法院管辖；涉及国家军事秘密的，全案由军事法院管辖。

以下案件由地方人民法院或者军事法院以外的其他专门法院管辖：①非军人、随军家属在部队营区犯罪的；②军人在办理退役手续后犯罪的；③现役军人入伍前犯罪的（需与服役期内犯罪一并审判的除外）；④退役军人在服役期内犯罪的（犯军人违反职责罪的除外）。

2. 铁路运输法院管辖的刑事案件

铁路运输法院管辖的刑事案件主要是铁路运输系统公安机关负责侦破的刑事案件，以及与铁路运输有关的犯罪案件，如危害和破坏铁路交通与安全设施的案件、列车上发生的犯罪案件、铁路职工违反规章制度、玩忽职守造成严重后果的犯罪等。

## 三、管辖的变通

### （一）优先管辖和移送管辖

《刑事诉讼法》第二十五条规定：几个同级人民法院都有权管辖的案件，由最初受理的人民法院审判。在必要的时候，可以移送主要犯罪地的人民法院审判。对这种案件，法律规定由最初受理的人民法院审判，主要是为了避免人民法院之间因发生管辖争议而拖延案件的审判。同时，最初受理的人民法院对案件往往已进行了一些工作，由它进行审判，有利于及时审结案件。但是，为了适应各种案件的复杂情况，法律又规定，在必要的时候，最初受理的人民法院可以将案件移送主要犯罪地的人民法院审判。至于在什么情况下才能认为是"必要的时候"，一般应从是否更有利于发挥审判活动的教育作用等方面来考虑确定。

### （二）指定管辖

《刑事诉讼法》第二十六条规定：上级人民法院可以指定下级人民法院审判管辖不明的案件，也可以指定下级人民法院将案件移送其他人民法院审判。法律的这一规定表明，有些刑事案件的地区管辖是根据上级人民法院的指定而确定的，这在诉讼理论上称为指定管辖，是相对法定管辖而言的。指定管辖一般适用于地区管辖不明的刑事案件以及由于各种原因，原来有管辖权的法院不适宜或者不能审判的刑事案件。

（三）特殊情况的管辖

刑事案件错综复杂，所以对于不能完全适用上述地区管辖的法律规定的案件，有关司法解释给予了特别规定：

第一，对于我国缔结或者参加的国际条约所规定的罪行，中华人民共和国在所承担条约义务的范围内行使刑事管辖权。①对于我国缔结或者参加的国际条约所规定的犯罪，我国具有刑事管辖权的案件，由被告人被抓获地的中级人民法院管辖；②在中国领域外的中国船舶内的犯罪，由犯罪发生后该船舶最初停泊的中国口岸所在地的人民法院管辖；③在中国领域外的我国航空器内的犯罪，由犯罪发生后该航空器在中国最初降落地的人民法院管辖；④中国公民在驻外的中国使领馆内的犯罪，由该公民主管单位所在地或者他的原户籍所在地的人民法院管辖；⑤在国际列车上发生的刑事案件的管辖，按照中国与相关国家签订的有关管辖协定执行。没有协定的，由犯罪发生后列车最初停靠的中国车站所在地或者目的地的铁路运输法院管辖。

第二，对罪犯在服刑期间发现漏罪或犯新罪的管辖权行使。①发现正在服刑的罪犯在判决宣告前还有其他犯罪没有受到审判的，由原审人民法院管辖，如果罪犯服刑地或者新发现罪的主要犯罪地人民法院管辖更为适宜的，由服刑地的人民法院或新发现罪的主要犯罪地人民法院管辖。②正在服刑的罪犯在服刑期间又犯罪的，由服刑地人民法院管辖。③正在服刑的罪犯在逃脱期间的犯罪，如果是在犯罪地捕获并发现的，由犯罪地人民法院管辖；如果是被缉捕押解回监狱后发现的，由罪犯服刑地的人民法院管辖。④刑事自诉案件的自诉人、被告人一方或者双方是在港、澳、台居住的中国公民或者单位的，由犯罪地的基层人民法院审判。港、澳、台同胞告诉的，应当出示港、澳、台居民身份证、回乡证或者其他能证明本人身份的证件。⑤中国公民在中华人民共和国领域外的犯罪，由该公民离境前的长期（1年以上）居住地或者原户籍所在地人民法院管辖。⑥外国人在中华人民共和国领域外对中华人民共和国国家或者公民犯罪，依照我国《刑法》应受处罚的，由该外国人入境地的中级人民法院管辖。

# 第四节　回　避

## 一、回避的概念和适用人员

刑事诉讼中的回避是指侦查人员、检察人员、审判人员等因与案件或案件的当事人具有某种利害关系或其他特殊关系，可能影响刑事案件的公正处理，而不得参加办理该案的一项诉讼制度。

回避的适用人员是指在法律明确规定的回避情形下应当回避的公安司法人员的范围。只有属于这一范围内的人员才需要回避。根据《刑事诉讼法》第二十八条和第三十一条以及有关司法解释的规定，适用回避的人员范围包括：审判人员、检察人员、侦查人员以及在侦查、检察、审判各阶段中被指派或者聘请参加诉讼的书记员、鉴定人、翻译人员。其中，审判人员不仅包括直接负责审理本案的审判员、助理审判员、人民陪审员，还包括对本案的处理有决定权和参加意见权的院长、副院长、庭长、副庭长、审判委员会成员；检察人员不仅包括直接负责本案的审查批准逮捕和审查决定提起公诉的检察人员，还包括对本案的处理有决定权和参加意见权的检察长、副检察长和检察委员会成员；侦查人员不仅包括直接负责本案侦查工作的公安人员或检察人员，还包括对本案的处理有决定权的公安机关负责人或者检察长、副检察长和检察委员会的成员。

## 二、回避的理由

回避的理由即法律明确规定的实施回避所必备的事实根据。

在法定范围内的回避人员，如果具备以下情形之一，应当实行回避：

### （一）是本案的当事人或者是当事人的近亲属

审判人员、检察人员、侦查人员等如果本身就是本案的犯罪嫌疑人、被告人、被害人或自诉人，或者是当事人的近亲属，很难保证他们在诉讼中能够无所偏私地公正处理案件。因此，具备这种情形的公安司法人员应当回避。至于当事人的近亲属的范围，根据《刑事诉讼法》第八十二条的确定，包括当事人的"夫、妻、父、母、子、女及同胞兄弟姐妹"。就审判人员而言，最高人民法院《关于审判人员严格执行回避制度的若干规定》第一条对此做了进一步的解释，规定与当事人有直系血亲、三代以内旁系血亲以及姻亲关系的审判人员都应当回避。

### （二）本人或者他的近亲属和本案有利害关系

如果侦查、检察或审判人员本人或者他们的近亲属与本案有着某种利害关系，案件的处理结果会直接影响到他们及其近亲属的利益，那么再由他们主持或参与诉讼活动，就可能使案件得不到公正客观的处理。因此，具备这一情形的公安司法人员应当回避。

### （三）担任过本案的证人、鉴定人、辩护人或者诉讼代理人的审判、检察或侦查人员

如果在本案中曾担任过证人、鉴定人，为本案提供过证言或鉴定结论即可能对案件事实或案件的实体结局已产生先入为主的预断，无法再从容、冷静、客观地收集、审查、判断证据，因而易导致误判。因此，公安司法人员遇有这样一种情形，应当回避。

### （四）与本案当事人有其他关系，可能影响案件的公正处理

审判、检察或侦查人员如果与当事人存有上述三种情形以外的其他关系，以至于无法使案件得到公正处理的，也应当回避。"与本案当事人有其他关系"可能包括同学关系、同乡关系、同事关系、朋友关系等等。有这种关系但如果长期没有来往，不会影响公正审判的，不一定要回避。但如果经常来往，关系密切，可能影响公正审判的，就应当回避。

### （五）违反规定会见当事人及其委托人或接受其请客送礼的

《刑事诉讼法》第二十九条还规定"审判人员、检察人员、侦查人员不得接受当事人

及其委托的人的请客送礼，不得违反规定会见当事人及其委托的人。审判人员、检察人员、侦查人员违反前款规定的，当事人及其法定代理人有权要求他们回避。"根据这一规定，公安、司法人员接受当事人及其委托人的"请客送礼"，违反规定会见当事人及其委托人，就构成回避的理由。

（六）其他应予回避的情形

1. 在本诉讼阶段以前曾参与办理本案的人员不得再次参与本案的办理

《刑事诉讼法》第一百九十二条规定：原审人民法院对于发回重新审判的案件，应当另行组成合议庭，依照第一审程序进行审判。第二百零六条规定：人民法院按照审判监督程序重新审判的案件，应当另行组成合议庭进行。根据上述规定，对于第二审法院经过第二审程序裁定发回重审的案件，原审法院负责审理此案的原合议庭组成人员不得再参与对案件的审理；对于人民法院按照审判监督程序重新审判的案件，原负责审判此案的合议庭组成人员也不得再参与对该案的处理。因为参加过本案原审的审判人员对案件事实和案件结局已产生了先入为主的预断，这时他们参与或主持对该案的重审，难以保证审判的公正性。此外，凡参加过本案侦查、起诉的侦查、检察人员，如果调至人民法院工作，不得担任本案的审判人员。参加过本案侦查的侦查人员，如果调至人民检察院工作，不得担任本案的检察人员。

2. 离任审判人员、检察人员的回避

法官、检察官离任后2年内，不得担任辩护人或诉讼代理人；离任2年后，不得担任原任职法院、检察院办理案件的诉讼代理人或辩护人。但是作为当事人的近亲属或者监护人代理诉讼或者进行辩护的除外。人民法院其他工作人员离任2年内，担任诉讼代理人或者辩护人的，人民法院不予准许；离任2年后，担任原任职法院审理案件的诉讼代理人或者辩护人，对方当事人认为可能影响公正审判而提出异议的，人民法院应当支持，不予准许本院离任人员担任诉讼代理人或者辩护人，但作为当事人的近亲属或者监护人代理诉讼或者进行辩护的除外。

3. 审判人员及法院其他工作人员的配偶、子女或父母不能担任其所在法院审理案件的诉讼代理人或者辩护人

就审判人员而言，最高人民法院《关于审判人员严格执行回避制度的若干规定》第一条规定：与本案的诉讼代理人、辩护人有夫妻、父母、子女或者同胞兄弟姐妹关系的审判人员，应当回避。

## 三、回避的种类

根据实施方式的不同，可将回避分为自行回避、申请回避和指令回避三种。

自行回避是指审判人员、检察人员、侦查人员等在诉讼过程中遇有法定回避情形时，主动要求退出刑事诉讼活动。自行回避制度是通过公安司法人员的职业自律和自我约束意识，消除可能导致案件得不到公正处理的人为因素。

申请回避是指案件当事人及其法定代理人、辩护人、诉讼代理人认为审判人员、检察人员、侦查人员等具有法定回避情形，而向他们所在的机关提出申请，要求他们回避。申请回避权是当事人及其法定代理人的一项重要的诉讼权利。公安司法机关有义务保证当事

人及其法定代理人充分有效地行使这一权利。

指令回避是指审判人员、检察人员、侦查人员等遇有法定的回避情形而没有自行回避，当事人及其法定代理人也没有申请其回避，人民法院、检察机关、公安机关等有关组织或行政负责人有权做出决定，令其退出诉讼活动。

## 四、回避的程序

### （一）回避的期间

回避的期间是指回避适用的诉讼阶段范围。根据《刑事诉讼法》的规定，回避适用于侦查、起诉和审判等各个诉讼阶段。《刑事诉讼法》第一百五十四条规定：开庭的时候，审判长应告知当事人有权对合议庭组成人员、书记员、公诉人、鉴定人和翻译人员申请回避。

《刑事诉讼法》对侦查、起诉阶段回避的程序没有做出明确的规定。为确保回避制度在这两个诉讼阶段得到切实的贯彻实施，侦查人员和检察人员在侦查、审查起诉活动开始时，应分别向犯罪嫌疑人、被告人、被害人等当事人告知回避申请权。

### （二）回避的申请、审查与决定

当事人及其法定代理人申请有关人员回避的，可以口头或者书面提出，并说明理由。口头提出申请的，应当记录在案。

审判人员、检察人员、侦查人员的回避，应当分别由院长、检察长、公安机关负责人决定；院长的回避，由本院审判委员会决定；检察长和公安机关负责人的回避，由同级人民检察院检察委员会决定。书记员、翻译人员和鉴定人的回避，应当根据其所处诉讼阶段等具体情况，分别由院长、检察长或公安机关负责人决定。

回避一旦提起，需要回避的人员就应当暂停参与本案，以保证诉讼活动的公正进行。但考虑到刑事侦查工作的紧迫性和特殊性，也为了防止审查回避影响侦查活动的及时进行，我国《刑事诉讼法》第三十条规定："对侦查人员的回避做出决定前，侦查人员不能停止对案件的侦查。"因此，侦查人员在有回避决定权的组织或个人做出回避决定之前，可以照常进行侦查活动，只有在公安机关负责人做出回避决定以后，才能停止对案件的侦查。

### （三）对驳回回避申请的复议

被决定回避的人员对决定有异议的，可以在恢复庭审前申请复议一次；被驳回回避申请的当事人及其法定代理人对决定有异议的，可以当庭申请复议一次。不属于《刑事诉讼法》第二十八条、第二十九条所列情形的回避申请，由法庭当庭驳回，并不得申请复议。人民检察院和公安机关做出驳回申请回避的决定后，应当告知当事人及其法定代理人如不服本决定，有权在收到驳回申请回避的决定书5日内向原决定机关申请复议一次。当事人及其法定代理人对驳回申请回避的决定不服申请复议的，决定机关应当在3日内做出复议决定并书面通知申请人。

# 第五节　刑事辩护

## 一、辩护概述

### (一) 辩护的概念

辩护是指犯罪嫌疑人、被告人及其法定代理人、辩护人根据事实和法律，针对被控诉的一部分或全部内容，提出有利于犯罪嫌疑人、被告人的材料和意见，论证犯罪嫌疑人、被告人无罪、罪轻或者从轻、减轻、免除其刑事责任，以维护犯罪嫌疑人、被告人合法权益的一种诉讼活动。

辩护的指向对象是控诉和刑事追诉活动。辩护和控诉在刑事诉讼中是对立存在的，辩护是相对于控诉而言，没有控诉就没有辩护，只有当犯罪嫌疑人、被告人被指控犯罪后，犯罪嫌疑人、被告人及其辩护人才有权进行辩护。只有把辩护这种活动提升为一种诉讼职能，与刑事诉讼中的控诉职能相对应，审判方居中裁判，这样才能真正实现"控、辩、审"三方相互支撑的稳定的诉讼结构。

### (二) 辩护的种类

我国刑事诉讼中的辩护有三种类型：自行辩护、委托辩护、指定辩护。

1. 自行辩护

自行辩护是犯罪嫌疑人、被告人针对公诉机关或自诉人的控诉和刑事追诉活动，自己进行辩解。

自行辩护是指犯罪嫌疑人、被告人针对指控进行反驳、申辩和辩解，自己为自己所做的辩护。自行辩护是犯罪嫌疑人、被告人行使辩护权的重要方式，根据《刑事诉讼法》第三十二条的规定，犯罪嫌疑人在侦查、起诉和审判阶段都有权自行辩护，在侦查阶段犯罪嫌疑人只能自行辩护。

2. 委托辩护

委托辩护是指犯罪嫌疑人、被告人委托律师或者其他公民协助其进行辩护，维护其合法权益。犯罪嫌疑人、被告人可以自己委托辩护人，也可以由其法定代理人、家属或者所在单位为其委托辩护人。

《刑事诉讼法》第三十三条规定，犯罪嫌疑人自被侦查机关第一次讯问或者采取强制措施之日起，有权委托辩护人；在侦查期间，只能委托律师作为辩护人。被告人有权随时委托辩护人。侦查机关在第一次讯问犯罪嫌疑人或者对犯罪嫌疑人采取强制措施的时候，应当告知犯罪嫌疑人有权委托辩护人。人民检察院自收到移送审查起诉的案件材料之日起三日以内，应当告知犯罪嫌疑人有权委托辩护人。人民法院自受理案件之日起三日以内，应当告知被告人有权委托辩护人。犯罪嫌疑人、被告人在押期间要求委托辩护人的，人民法院、人民检察院和公安机关应当及时转达其要求。犯罪嫌疑人、被告人在押的，也可以由其监护人、近亲属代为委托辩护人。辩护人接受犯罪嫌疑人、被告人委托后，应当及时告知办理案件的机关。

3. 法律援助辩护

法律援助辩护是指犯罪嫌疑人、被告人及其近亲属因经济困难或者其他原因，没有委托辩护人而向法律援助机构申请的，或者具备法定情形时由公检法机关直接通知法律援助机构，由法律援助机构指派承担法律援助义务的律师为其提供辩护的制度。根据《刑事诉讼法》第三十四条的规定，适用法律援助辩护具有以下几个特点。第一，法律援助辩护必须以犯罪嫌疑人、被告人没有委托辩护人为前提。第二，法律援助辩护适用于从侦查、审查、起诉到审判整个刑事诉讼过程。第三，法律援助辩护只能由依法承担法律援助义务的律师担任，其他人不得担任。

根据《刑事诉讼法》第三十四条和第二百六十七条的规定，法律援助辩护分为申请法律援助和通知法律援助两种情形。

第一，申请法律援助，是指犯罪嫌疑人、被告人因经济困难，或者其他原因没有委托辩护人的，本人及其近亲属，可以向法律援助机构提出申请，对于符合法律援助条件的，法律援助机构应当指派律师为其提供辩护。对于在押的犯罪嫌疑人、被告人，办案机关收到其提出的法律援助申请后，应尽快转交所在地的法律援助机构。

第二，通知法律援助，是指在具备法定情形时，由侦查机关、检察机关和人民法院直接通知法律援助机构指派律师提供辩护，通知法律援助具有强制性，一旦具备法定情形，根据案件所处的诉讼阶段，相应的办案机关承担通知法律援助机构的义务，而法律援助机构接到通知后应及时指派律师。

应当通知法律援助辩护的对象：

根据《刑事诉讼法》的规定，犯罪嫌疑人、被告人具有下列情形时应当通知法律援助机构，指派律师担任辩护人：①盲、聋、哑人；②未完全丧失辨认或者控制自己行为能力的精神病人；③可能被判处无期徒刑、死刑的人；④未成年人。此外，人民法院复核死刑案件，被告人没有委托辩护人的，人民法院应当通知法律援助机构指派律师为其提供辩护。

根据最高人民法院《刑事诉讼解释》第四十三条的规定，被告人没有委托辩护人的下列情形，人民法院可以通知法律援助机构指派律师为其提供辩护：①共同犯罪案件中，其他被告人已经委托辩护人；②有重大社会影响的案件；③人民检察院抗诉的案件；④被告人的行为可能不构成犯罪；⑤有必要指派律师提供辩护的其他情形。对于这些情况，人民法院可以根据具体情况裁量决定是否通知法律援助机构指派律师担任辩护人，人民法院决定不通知的，犯罪嫌疑人、被告人仍可申请法律援助。

对于犯罪嫌疑人、被告人获得法律援助辩护的权利，办案机关负有告知义务，根据《刑事诉讼法解释》第三十九条的规定，人民法院自受理案件之日起三日内，被告人因经济困难或者其他原因没有委托辩护人的，应当告知其可以申请法律援助，被告人属于应当提供法律援助情形的，应当告知其将依法通知法律援助机构指派律师为其辩护人。《最高人民检察院规则》第三十六条规定，人民检察院自收到移送审查起诉的案件材料之日起三日内，公诉机关应当告知犯罪嫌疑人，如果经济困难或者其他原因没有聘请辩护人的，可以申请法律援助。对于属于通知法律援助中心的，应当告知犯罪嫌疑人有权获得法律援助，根据《六机关规定》第五条，对于人民法院、人民检察院、公安机关通知法律援助机构指派律师提供辩护或者法律帮助的，法律援助机构应当在接到通知后三日内，指派律师，并将律师的姓名、单位、邮寄方式书面通知人民法院、人民检察院、公安机关。

## 二、辩护人的概念和范围

辩护人指接受犯罪嫌疑人、被告人的委托或人民法院的指定，帮助犯罪嫌疑人、被告人行使辩护权，以维护其合法权益的人。辩护人在刑事诉讼中与犯罪嫌疑人、被告人一起共同承担辩护职能。辩护人应当依据事实和法律，与承担控诉职能的控诉一方积极对抗，并针对指控，提出证明犯罪嫌疑人、被告人无罪、罪轻或减轻、免除其刑事责任的材料和意见，维护犯罪嫌疑人、被告人的诉讼权利和其他合法权益，促使法官兼听则明，在中立的基础上公正裁判。

（一）可以担任辩护人的人

根据《刑事诉讼法》第三十二条的规定，辩护人的范围包括：

1. 律　师

律师是指依照法定程序取得律师资格，并且经过登记注册，为社会提供法律服务的执业人员。律师作为专业的法律工作者，具有丰富的法律知识和办案经验，法律又赋予了律师较其他辩护人更多的权利，因此律师是最有能力帮助犯罪嫌疑人、被告人行使辩护权的人，也是法律规定的辩护人中最主要的组成部分。

2. 人民团体或者犯罪嫌疑人、被告人所在单位推荐的人

鉴于我国当前的律师队伍尚不能完全满足实际需要，为了有效地维护犯罪嫌疑人、被告人的合法权益，工会、妇联、共青团、学联等群众性团体以及犯罪嫌疑人、被告人所在单位，可以推荐公民担任刑事案件辩护人。

3. 犯罪嫌疑人、被告人的监护人和亲友

这些人员也可以接受犯罪嫌疑人、被告人的委托，做他们的辩护人。这对犯罪嫌疑人、被告人能够及时委托到辩护人，解决请律师难的问题和及时有效地维护其合法权益是十分有利的。

《刑事诉讼法》第三十二条规定，犯罪嫌疑人、被告人除自己行使辩护权以外，还可委托一至二人作为辩护人。在共同犯罪案件中，由于犯罪嫌疑人、被告人之间存在着利害关系，所以，一名辩护人不得同时接受两名以上同案犯罪嫌疑人、被告人的委托，作为他们的共同辩护人。

（二）不能担任辩护人的人

以下人员不得担任辩护人：

第一，正在被执行刑罚或者处以缓刑，假释考验期的人。这里应该注意，正在执行的刑罚既包括主刑，也包括附加刑。

第二，依法被剥夺、限制人身自由的人。

第三，无行为能力或者限制行为能力的人。

第四，人民法院、人民检察院、公安机关、国家安全机关、监狱的现职人员。

第五，本院的人民陪审员。

第六，与本案审理结果有利害关系的人。

第七，外国人或者无国籍人。

第八，法官、检察官从人民法院、人民检察院离任后两年内，不得以律师身份担任诉讼代理人或者辩护人。

第九，法官、检察官从人民法院、人民检察院离任后，不得担任原任职法院或检察院办理案件的诉讼代理人或者辩护人。

第十，审判人员和人民法院其他工作人员的配偶、子女或者父母，检察人员的配偶、子女，不得担任其任职法院或检察院所办理案件的辩护人。

但是，对于属于上述不得担任辩护人范围中的第四至七项的人员，如果是犯罪嫌疑人或者被告人的近亲属或者监护人，并且不属于第一至三项情形的，可以由犯罪嫌疑人或者被告人委托担任辩护人。

### 三、辩护人的诉讼地位和责任

辩护人在刑事诉讼中是独立的诉讼参与人，是犯罪嫌疑人、被告人合法权益的专门维护者。辩护人与犯罪嫌疑人、被告人共同承担辩护职能，这一诉讼职能独立于控诉职能和审判职能。辩护人具有独立的诉讼参与人身份，根据自己的意志依法进行辩护，独立履行职务，维护犯罪嫌疑人、被告人的合法权益，既不受公诉人意见的左右，也不受犯罪嫌疑人、被告人意志的左右。辩护人与出庭公诉的检察人员的诉讼地位应当是平等的，他们均服从法庭审判人员的指挥，依法履行各自的诉讼职能，任何机关、团体和个人不得非法干涉。辩护人承担辩护职能时，仅应以事实为根据，以法律为准绳，其法定职责就是忠实于案件事实真相，尊重客观证据，坚持真理，既不能主观想象、猜测，也不能歪曲事实，以有效地维护法律的严肃性。

辩护人的职责主要有三项：①从实体上为犯罪嫌疑人、被告人进行辩护。即根据事实和法律，提出证明犯罪嫌疑人、被告人无罪、罪轻或者减轻、免除其刑事责任的材料和意见，对犯罪嫌疑人、被告人不正确的指控进行反驳，帮助司法机关全面了解案情，正确适用法律，依法公正处理案件。②从程序上为犯罪嫌疑人、被告人进行辩护。帮助犯罪嫌疑人、被告人依法正确行使自己的诉讼权利，并在发现犯罪嫌疑人、被告人的诉讼权利受到侵犯或剥夺时，向公安司法机关提出意见，要求依法制止，或者向有关单位提出控告。③为犯罪嫌疑人、被告人提供其他法律帮助。辩护人应当解答犯罪嫌疑人、被告人提出的有关法律问题，为犯罪嫌疑人、被告人代写有关文书，案件宣判后，应当了解被告人的态度，征求其对判决的意见以及是否提起上诉等。

### 四、辩护人的权利和义务

（一）辩护人的权利

1. 独立辩护权

辩护人根据自己对事实的认定和对法律的理解，独立进行辩护，其他任何机关、团体和个人都无权干涉。

2. 阅卷权及会见通信权

辩护律师可以同在押的犯罪嫌疑人、被告人会见和通信。其他辩护人经人民法院、人民检察院许可，也可以同在押的犯罪嫌疑人、被告人会见和通信。

辩护律师持律师执业证书、律师事务所证明和委托书或者法律援助公函要求会见在押的犯罪嫌疑人、被告人的，看守所应当及时安排会见，至迟不得超过四十八小时。

危害国家安全犯罪、恐怖活动犯罪、特别重大贿赂犯罪案件，在侦查期间辩护律师会见在押的犯罪嫌疑人，应当经侦查机关许可。上述案件，侦查机关应当事先通知看守所。

辩护律师会见在押的犯罪嫌疑人、被告人，可以了解案件有关情况，提供法律咨询等；自案件移送审查起诉之日起，可以向犯罪嫌疑人、被告人核实有关证据。辩护律师会见犯罪嫌疑人、被告人时不被监听。

辩护律师同被监视居住的犯罪嫌疑人、被告人会见、通信，辩护律师可以同被监视居住的犯罪嫌疑人、被告人会见和通信，除涉嫌危害国家安全犯罪案件、恐怖活动犯罪案件和特别重大贿赂犯罪案件外，无须经侦查机关许可，会见同样不被监听。

根据《最高人民检察院规则》第四十五条的规定，有下列情形之一的属于特别重大贿赂犯罪案件，涉嫌贿赂犯罪数额在 50 万元以上犯罪情节恶劣的；有重大社会影响的；涉及国家重大利益的。

3. 调查取证权

《刑事诉讼法》第三十九条规定，辩护人认为在侦查、审查起诉期间公安机关、人民检察院收集的证明犯罪嫌疑人、被告人无罪或者罪轻的证据材料未提交的，有权申请人民检察院、人民法院调取。

《刑事诉讼法》第四十条规定，辩护人收集的有关犯罪嫌疑人不在犯罪现场、未达到刑事责任年龄、属于依法不负刑事责任的精神病人的证据，应当及时告知公安机关、人民检察院。

《刑事诉讼法》第四十一条规定，辩护律师经证人或者其他有关单位和个人同意，可以向他们收集与本案有关的材料，也可以申请人民检察院、人民法院收集、调取证据，或者申请人民法院通知证人出庭作证。辩护律师经人民检察院或者人民法院许可，并且经被害人或者其近亲属、被害人提供的证人同意，可以向他们收集与本案有关的材料。

4. 司法文书获取权

辩护人有权获得案件的起诉书、抗诉书、判决书、裁定书副本。

5. 获得通知的权利

获得通知权是指辩护人在办案机关进行相应诉讼活动时有得到相应通知的权利。

《刑事诉讼法》第一百六十条规定，公安机关侦查终结的案件，应当做到犯罪事实清楚，证据确实、充分，并且写出起诉意见书，连同案卷材料、证据一并移送同级人民检察院审查决定；同时将案件移送情况告知犯罪嫌疑人及其辩护律师。

《刑事诉讼法》第一百八十二条规定，人民法院决定开庭审判后，应当将人民检察院的起诉书副本至迟在开庭十日以前送达被告人及其辩护人。在开庭以前，审判人员可以召集公诉人、当事人和辩护人、诉讼代理人，对回避、出庭证人名单、非法证据排除等与审判相关的问题，了解情况，听取意见。人民法院确定开庭日期后，应当将开庭的时间、地点于三日前通知辩护人。

6. 参加法庭调查和辩论权

在法庭调查阶段，辩护人在公诉人讯问被告人后，经审判长许可，可以向被告人发问；经审判长许可，可以对证人、鉴定人发问；法庭审理中，辩护人有权申请新的证人到庭，调取新的证物，申请重新鉴定或者勘验。法庭辩论阶段，辩护人可以就证据和案件情况发表意见，并且可以和控方展开辩论。

7. 庭上言论豁免权

辩护律师在法庭上发表的辩护言论受到法律保护，不受责任追究，最大限度地保护了律师的权利，从而使律师能够最大限度地维护犯罪嫌疑人、被告人的权利。

8. 有限上诉权

辩护人经被告人同意，有权代其对第一审尚未发生法律效力的判决或裁定提出上诉。

9. 拒绝辩护权

《律师法》第二十九条第二款规定：律师接受委托后，无正当理由的，不得拒绝辩护或者代理，但委托事项违法，委托人利用律师提供的服务从事违法活动或者委托人隐瞒事实的，律师有权拒绝辩护或者代理。

10. 解除强制措施请求权

犯罪嫌疑人、被告人及其他法定代理人、近亲属或者犯罪嫌疑人、被告人委托的律师及其辩护人对于人民法院、人民检察院或者公安机关采取强制措施超过法定期限的，有权要求解除强制措施。人民法院、人民检察院或者公安机关对于采取强制措施超过法定期限的犯罪嫌疑人、被告人应予以释放、解除取保候审、监视居住或者依法变更强制措施。

11. 申诉、控告权

根据《刑事诉讼法》第四十七条的规定，辩护人、诉讼代理人认为公安机关、人民检察院、人民法院及其工作人员阻碍其依法行使诉讼权利的，有权向同级或者上一级人民检察院申诉或者控告。人民检察院对申诉或者控告应当及时进行审查，情况属实的，通知有关机关予以纠正。

12. 人身保障权

根据《刑事诉讼法》第四十二条第二款的规定，辩护人涉嫌犯罪的，应当由办理辩护人所承办案件的侦查机关以外的侦查机关办理。辩护人是律师的，应当及时通知其所在的律师事务所或者所属的律师协会。

13. 保密权

根据《刑事诉讼法》第四十六条的规定，辩护律师对在执业活动中知悉的委托人的有关情况和信息，有权予以保密。但是，辩护律师在执业活动中知悉委托人或者其他人，准备或者正在实施危害国家安全、公共安全以及严重危害他人人身安全的犯罪的，应当及时告知司法机关。

此外，还需特别注意的是，《刑事诉讼法》第三十六条的规定，辩护律师在侦查期间可以为犯罪嫌疑人提供法律帮助；代理申诉、控告；申请变更强制措施；向侦查机关了解犯罪嫌疑人涉嫌的罪名和案件有关情况，提出意见。

（二）辩护人的义务

辩护人的义务主要有：①在接受委托或被指定担任辩护人以后，为犯罪嫌疑人、被告人辩护，维护其合法权益，除有法定情形外，不得拒绝辩护。②不得帮助犯罪嫌疑人、被告人串供、隐匿、毁灭、伪造证据，不得威胁、引诱证人改变证言或者做伪证及进行其他干扰司法机关诉讼活动的行为。③会见犯罪嫌疑人、被告人时遵守看管场所的规定。④准时出席法庭，履行辩护职责。参与法庭审判时遵守法庭规则，服从审判长的指挥。⑤辩护律师不得私自接受委托、收取费用、收受委托人的财物。⑥辩护人不得违反规定会见法官、检察官，不得向法官、检察官及其他有关工作人员请客送礼或行贿，或者指使、诱导委托人及其亲友行贿。⑦辩护律师在执业活动中知悉委托人或者其他人，准备或者正在实施危害国家安全、公共安全以及严重危害他人人身安全的犯罪的，应当及时告知司法机关。

# 第六节　刑事代理

## 一、刑事代理的概念

刑事诉讼代理是指诉讼代理人接受公诉案件的被害人及其法定代理人或者近亲属、附带民事诉讼的当事人及其法定代理人、自诉案件的自诉人及其法定代理人的委托，以被代理人的名义，在被代理人授权的范围内，为维护其合法权益所进行的诉讼活动。

## 二、刑事代理的种类

### （一）公诉案件中的代理

公诉案件中的代理是指诉讼代理人接受公诉案件的被害人及其代理人或者近亲属的委托，代理被害人参加诉讼以维护被害人的合法权益。

根据《刑事诉讼法》第四十条的规定：公诉案件被害人及其法定代理人或近亲属自案件移送审查起诉之日起，有权委托诉讼代理人。同时还规定人民检察院自收到移送审查起诉的案件材料之日起3日内应当告知被害人及其法定代理人或者其近亲属有权委托诉讼代理人。

为保障刑事诉讼的公正性，应当保证在刑事诉讼中被害人的诉讼代理人和公诉人的诉讼地位平等。公诉案件被害人的诉讼代理人应享有辩护人享有的绝大多数诉讼权利，如查阅、摘抄、复制案卷材料等。但是诉讼代理人与辩护人的身份毕竟是不同的，因此辩护人所享有的有些基于被追诉人与辩护人之间的信任关系以及为维护被追诉人利益的特殊需要而产生的权利，如会见犯罪嫌疑人等被害人的诉讼代理人不能享有。

### （二）自诉案件中的代理

自诉案件的代理是指代理人接受自诉人及其法定代理人的委托，参加诉讼以维护自诉人的合法权益。

自诉案件的自诉人可随时委托诉讼代理人。根据《刑事诉讼法》第四十条的规定，法院自受理案件之日起3日内，应当告之自诉人及其法定代理人有权委托诉讼代理人。原则上讲，自诉案件的代理人应当享有与公诉案件被害人的代理人一样的诉讼权利。但是应当注意，自诉人的代理人的权利应当受到自诉人的约束，未经自诉人同意，自诉人的代理人不得撤回起诉，不得与对方和解、接受法院调解等。

（三）附带民事诉讼中的代理

附带民事诉讼中的代理指诉讼代理人接受附带民事诉讼的当事人及其法定代理人的委托，在所受委托的权限范围内，代理参加诉讼以维护当事人及其法定代理人的合法权益。《刑事诉讼法》中规定附带民事诉讼案件的当事人及其法定代理人自案件移送审查起诉之日起，有权委托诉讼代理人，同时还规定检察院自收到案件审查起诉的案件材料之日起3日内应当告知双方当事人及其法定代理人有权委托诉讼代理人。

附带民事诉讼中的代理人应当同附带民事诉讼当事人及其法定代理人签订委托代理合同，并由被代理人填写授权委托书，注明代理权限。由于附带民事诉讼本质上是民事诉讼，所以，双方当事人的诉讼代理人在附带民事诉讼应当行使与其在一般民事诉讼中同样的权利，如收集、调查证据，全面了解案情等。如果经当事人授权，还享有和解权、撤诉权、反诉权等诉讼权利。

# 第七节　刑事证据

## 一、刑事证据的概念和特征

刑事诉讼证据是指以法律规定的形式表现出来的，能够证明案件真实情况的一切事实。《刑事诉讼法》第四十八条规定："可以用于证明案件事实的材料，都是证据。"

刑事证据的基本特征包括：

1. 客观性

客观性是指证据事实必须是伴随着案件的发生、发展的过程而遗留下来的，不以人们的主观意志为转移而存在的事实。作为证据使用的只能是一种事实，不能是一种观点、理论、学说。因此，没有以客观存在为依据的任何一种材料都是不真实的，不能作为定案的依据。

2. 关联性

关联性是指由于作为证据内容的事实与案件的待证事实之间存在着某种客观的联系，才具有对案件事实加以证明的实际能力。证据对案件事实有无证明力，以及证明力之大小，取决于证据于案件事实有无联系，以及联系的紧密、强弱程度。也就是说，证据的证明力取决于证据与案件事实之间的关联性。

3. 合法性

合法性是指证据的取得和应用必须依法进行。具体包括：①证据应当由法定人员依法定程序予以收集。②证据必须具备法定形式、具有合法的来源。不具备法定证据形式的，不得作为证据；凡经查证确实属于采用刑讯逼供或者威胁、引诱、欺骗等非法的方法取得的证人证言、被害人陈述、被告人供述，不能作为指控犯罪的证据或定案的根据。③证据必须经法定程序出示和查证。依照法律，证人证言必须在法庭上经过公诉人、被害人和被告人、辩护人双方的询问、质证；物证必须当庭出示，让当事人辨认；未到庭的证人的证言笔录、鉴定结论、勘验笔录和其他作为证据的文书，应当当庭宣读，听取公诉人、当事人和辩护人、诉讼代理人的意见。未经法庭查证属实的材料，均不得作为定案的根据。

《刑事诉讼法》第五十条规定："审判人员、检察人员、侦查人员必须依照法定程序，收集能够证实犯罪嫌疑人、被告人有罪或者无罪、犯罪情节轻重的各种证据。严禁刑讯逼供和以威胁、引诱、欺骗以及其他非法方法收集证据，不得强迫任何人证实自己有罪。必须保证一切与案件有关或者了解案情的公民，有客观、充分地提供证据的条件，除特殊情况外，可以吸收他们协助调查。"

## 二、刑事证据的种类

根据《刑事诉讼法》第四十八条的规定，刑事诉讼中的证据有以下七种：

### （一）物证和书证

物证是指证明案件真实情况的一切物品和痕迹。物证的特点是以其外部特征、物质属性、存在状况等来发挥证明作用。与其他证据种类相比，物证具有如下特点：其一，物证更直观，更容易把握。其二，客观性强，真实性大。在证明活动中不仅应用广泛，而且有其他证据不能替代的作用。例如，可以提供线索，确定侦查方向，有时借助物证能够破获案件，抓获犯罪嫌疑人；可以借助物证鉴别其他证据的真伪，敦促犯罪嫌疑人、被告人交代罪行等。

书证是指以其记载的内容和反映的思想来证明案件真实情况的书面材料或其他物质材料。书证具有以下特征：①表现形式和形成方式具有多样性；②书证所记载的内容和表达的思想，能够为人们所认识和了解。

区分书证与物证，关键是看其是以何种方式证明案件的。如果是以记载的内容和表达的思想起证明作用的，属于书证。如果是以外部特征、存在场所和物质属性起证明作用的，属于物证。既能够以记载内容证明案件事实，又能以外部形态证明案件事实的物品，既是书证又是物证。

### （二）证人证言

证人证言是指证人就其所了解的案件情况向公安司法机关所做的陈述。证人证言一般是口头陈述，以笔录加以固定；经办案人员同意由证人亲笔书写的书面证词，也是证人证言。证人证言必须在法庭上经过公诉人、被害人和被告人、辩护人双方质证并且查实以后，才能作为定案的根据。法庭查明证人有意作伪证或者隐匿罪证的时候，应当依法处理。

1. 证人资格

《刑事诉讼法》第六十条规定"凡是知道案件情况的人，都有作证的义务"，"生理上、精神上有缺陷或者年幼，不能辨别是非、不能正确表达的人，不能作证人"。所以，证人必须具备一定的条件，应当是除当事人以外了解案情，能够辨别是非并能正确表达的自然人。单位不能做证人。鉴于证人的身份是由其对案件情况的感知在客观上与案件之间形成了相应的证明关系所决定，因此，具有不可替代性，不能由办案人员随意指定和更换。

2. 证人证言的特点

证人证言的特点体现为：①它只是证人对案件有关情况的客观阐述，而不是推测或分析意见；②证人是犯罪嫌疑人、被告人、被害人以外的人，所以，较犯罪嫌疑人、被告人、被害人的证词更客观；③证人证言是证人对感知或传闻情况的反映，所以，可能受到证人的主观因素和客观条件的影响；④证人证言的来源和证明的问题范围十分广泛，是刑事诉讼中最常见的一种证据。

3. 证人证言的意义

证人证言在诉讼中具有重要意义，体现在：①帮助办案人员发现和收集其他证据；②用于鉴别其他证据的真伪；③作为认定案件事实甚至是案件主要事实的根据；④揭露犯罪嫌疑人、被告人的谎言或者被害人的虚假陈述；⑤作为公民同犯罪做斗争的法律武器，通过作证，使犯罪行为和犯罪人得到证实，以利于诉讼的顺利进行。

4. 对证人的保护

人民法院、人民检察院和公安机关应当保障证人及其近亲属的安全；对证人及其近亲属进行威胁、侮辱或者打击报复，构成犯罪的，依法追究刑事责任；尚不够刑事处罚的，依法给予治安管理处罚。

《刑事诉讼法》第六十二条规定，对于危害国家安全犯罪、恐怖活动犯罪、黑社会性质的组织犯罪、毒品犯罪等案件，证人、鉴定人、被害人因在诉讼中作证，本人或者其近亲属的人身安全面临危险的，人民法院、人民检察院和公安机关应当采取以下一项或者多项保护措施：

（1）不公开真实姓名、住址和工作单位等个人信息。

（2）采取不暴露外貌、真实声音等出庭作证措施。

（3）禁止特定的人员接触证人、鉴定人、被害人及其近亲属。

（4）对人身和住宅采取专门性保护措施。

（5）其他必要的保护措施。

证人、鉴定人、被害人认为因在诉讼中作证，本人或者其近亲属的人身安全面临危险的，可以向人民法院、人民检察院、公安机关请求予以保护。

人民法院、人民检察院、公安机关依法采取保护措施，有关单位和个人应当配合。

5. 对证人的补助

《刑事诉讼法》第六十二条规定，证人因履行作证义务而支出的交通、住宿、就餐等费用，应当给予补助。证人作证的补助列入司法机关业务经费，由同级政府财政予以保障。有工作单位的证人作证，所在单位不得克扣或者变相克扣其工资、奖金及其他福利待遇。

（三）被害人陈述

被害人陈述是指刑事被害人就其受害的情况和与犯罪嫌疑人有关的情况向公安司法机关所做的陈述。

被害人陈述主要有两个特点：①具有客观真实性，并且比较具体生动和形象。在刑事诉讼中，由于案件的诉讼过程和诉讼结果与被害人有着直接的利害关系，被害人对被害经过一般能够进行充分陈述，从而揭露有关犯罪事实和犯罪人。②有虚假陈述的可能性。因为被害人与案件有直接利害关系，也有一些被害人可能出于主观原因（如记忆模糊、受到恐吓、报复心理等）而在陈述时夸大或者缩小犯罪事实，因此被害人陈述虚假的可能性是存在的。

（四）犯罪嫌疑人、被告人供述和辩解

犯罪嫌疑人、被告人的供述和辩解是指犯罪嫌疑人、被告人就有关案件的情况向侦查、检察和审判人员所做的陈述，它的内容主要包括：犯罪嫌疑人、被告人承认自己有罪的供述和说明自己无罪、罪轻的辩解。

1. 犯罪嫌疑人、被告人供述和辩解的特点

第一，它可能是最真实、最全面、最具体的证据材料。因为犯罪嫌疑人、被告人对自己是否犯罪和如何犯罪最了解，只要他如实陈述，全面、彻底地讲明自己所涉及的案件事实，就会使办案人员对案件有比较全面具体的了解。

第二，犯罪嫌疑人、被告人的供述和辩解虚假的可能性较大。由于犯罪嫌疑人、被告人与案件的处理结果有直接的切身利害关系，其口供的内容必然受到其诉讼地位和复杂的心理活动的影响，所以供述或辩解虚假的可能性也比较大，从总体上分析，口供往往真假混杂。

2. 对犯罪嫌疑人、被告人供述和辩解的审查判断

《刑事诉讼法》对待犯罪嫌疑人、被告人的供述和辩解的原则是重证据、重调查研究，不轻信口供。在收集口供中要严禁刑讯逼供，禁止以欺骗、引诱等方法套取口供。在定案中必须坚持只有被告人供述，没有其他证据的，不能认定被告人有罪和处以刑罚；没有被告人供述，证据确实充分的，可以认定犯罪嫌疑人、被告人有罪和处以刑罚。对共犯口供的证明力问题，一般认为，共犯口供的性质仍然是口供，共犯不能互为证人，对待共犯口供的原则仍是《刑事诉讼法》第五十三条的规则，否则容易导致违法取得口供和不正确地运用。但是，当确实无法取得其他证据的情况下，如果同时具备下列条件，可以在非常谨慎的前提下以共犯口供作为定案的根据：①各被告人分别关押，能够排除串供的可能性；②各被告人的口供都是在没有任何违法的条件下取得的，能够排除刑讯逼供或引诱、欺骗的因素；③各共犯供述的犯罪事实细节上基本一致；④共犯只有二人时，原则上不能仅凭口供的相互印证定案，共犯为三人以上时，才可慎重行事。

（五）鉴定意见

鉴定意见是指公安司法机关指派或聘请鉴定人，对案件中的专门性问题进行鉴定后所做出的意见。

鉴定意见有如下特点：①具有特定的书面形式；②是鉴定人针对专门性问题从科学、技术角度做出的分析和判断；③仅涉及科学和技术问题，不涉及法律问题；④鉴定人必须与案件事实和当事人没有利害关系。所以，鉴定结论客观性较强。

对于人身伤害的医学鉴定有争议需要重新鉴定或者对精神病的医学鉴定，由省级人民政府指定的医院进行。鉴定意见的形式必须是书面鉴定书，由鉴定人本人签名，单位公章只能用于证明鉴定人身份，不能代替个人签名。

（六）勘验、检查、辨认、侦查实验等笔录

勘验笔录是指办案人员对与犯罪有关的场所、物品、尸体等进行勘查、检验时，用文

字形式记录勘验工作情况、现场状况和检验结果。

检查笔录是指办案人员为确定被害人、犯罪嫌疑人、被告人的某些特征、伤害情况和生理状态，而对他们的人身进行检验和观察后所做的客观记载。

常见的勘验、检查笔录有：现场勘验笔录、物证检验笔录、尸体检验笔录、人身检查笔录和侦查实验笔录。

辨认笔录，是指犯罪嫌疑人、被害人、证人按照法定程序对可能与案件相关的人、物或者场所进行辨认时，由办案人员所做的记录。

侦查实验记录，是指侦查人员按照法定格式制作的，用于描述和证明侦查实验过程中发生的具有法律意义的事实状况的书面记录。

### （七）视听资料、电子数据

视听资料是采用现代化技术手段，将可以重现案件原始声响、形象的录音录像资料和储存于电子计算机的有关资料以及其他科技设备提供的信息，用来作为证明案件真实情况的资料。

视听资料有如下特点：①视听资料的形成、储存和再现，具有高度的准确性和逼真性；②具有各种言词证据都不具备的直观性，可以将与案件有关的形象和音响，甚至案件发生的实际状况直观地再现在人们面前；③视听资料具有客观性强、能动态连续地再现案情、信息量丰富等优点；④容易被伪造，且伪造后凭人的感官难以发觉。

电子数据，是以数字的形式保存在计算机存储器或者外部存储介质中，能够证明案件真实情况的数据或者信息。《最高人民法院刑事诉讼解释》第九十三条将电子数据列举为"电子邮件、电子数据交换、网上聊天记录、博客、微博客、手机短信、电子签名、域名等"内容。

作为视听资料、电子数据的录音录像等，一般产生于诉讼开始之前，犯罪实施过程之中。如果在刑事诉讼启动之后，公安司法机关为了收集、固定和保全证据而制作的录音录像的，不是视听资料、电子数据。例如，在询问证人、被害人、讯问犯罪嫌疑人、被告人过程中进行的录音、录像等，应当分别属于证人证言、被害人陈述、犯罪嫌疑人、被告人的供述；勘验、检查中进行的录像等，应当是勘验、检查笔录的组成部分。但是，该资料用于证明讯问，询问或者勘验，检查程序是否合法这一争议问题时，这属于视听资料、电子数据。

## 三、证据的收集、审查与运用

收集证据的工作贯穿于刑事诉讼的各个阶段，但是大量的工作是在侦查阶段进行的，收集证据是侦查工作的主要任务。在起诉、审判阶段，如果证据不够充分、确实，人民检察院和人民法院也要依法调查收集证据。所以，证据的收集需要做到：①依法进行；②及时进行；③客观全面；④深入细致。

通过对证据的审查与运用，可以辨别证据的真伪以及证明力的大小，为查明事实真相，准确定案奠定基础。对全案的审查判断方法主要有：①从实际出发，具体问题具体分析；②综合对比，排除矛盾；③将全案证据联系起来，互相印证，综合分析，得出对案件事实的结论。

应该特别注意的是：

第一，《刑事诉讼法》第五十二条的规定，人民法院、人民检察院和公安机关有权向有关单位和个人收集、调取证据。有关单位和个人应当如实提供证据。行政机关在行政执法和查办案件过程中收集的物证、书证、视听资料、电子数据等证据材料，在刑事诉讼中可以作为证据使用。第四十一条还规定，辩护律师经证人或者其他有关单位和个人同意，可以向他们收集与本案有关的材料，也可以申请人民检察院、人民法院收集、调取证据，或者申请人民法院通知证人出庭作证。辩护律师经人民检察院或者人民法院许可，并且经被害人或者其近亲属、被害人提供的证人同意，可以向他们收集与本案有关的材料。

第二，《刑事诉讼法》新增第五十四条至第五十八条的规定，即：

第五十四条 采用刑讯逼供等非法方法收集的犯罪嫌疑人、被告人供述和采用暴力、威胁等非法方法收集的证人证言、被害人陈述，应当予以排除。收集物证、书证不符合法定程序，可能严重影响司法公正的，应当予以补正或者作出合理解释；不能补正或者作出合理解释的，对该证据应当予以排除。

在侦查、审查起诉、审判时发现有应当排除的证据的，应当依法予以排除，不得作为起诉意见、起诉决定和判决的依据。

第五十五条 人民检察院接到报案、控告、举报或者发现侦查人员以非法方法收集证据的，应当进行调查核实。对于确有以非法方法收集证据情形的，应当提出纠正意见；构成犯罪的，依法追究刑事责任。

第五十六条 法庭审理过程中，审判人员认为可能存在本法第五十四条规定的以非法方法收集证据情形的，应当对证据收集的合法性进行法庭调查。

当事人及其辩护人、诉讼代理人有权申请人民法院对以非法方法收集的证据依法予以排除。申请排除以非法方法收集的证据的，应当提供相关线索或者材料。

第五十七条 在对证据收集的合法性进行法庭调查的过程中，人民检察院应当对证据收集的合法性加以证明。

现有证据材料不能证明证据收集的合法性的，人民检察院可以提请人民法院通知有关侦查人员或者其他人员出庭说明情况；人民法院可以通知有关侦查人员或者其他人员出庭说明情况。有关侦查人员或者其他人员也可以要求出庭说明情况。经人民法院通知，有关人员应当出庭。

第五十八条 对于经过法庭审理，确认或者不能排除存在本法第五十四条规定的以非法方法收集证据情形的，对有关证据应当予以排除。

## 四、刑事证据的分类

刑事证据的分类是指在理论上按照不同的标准将刑事证据划分为不同的类别。

证据分类与证据种类不同，前者是在理论上所做的划分，不具有法律效力；证据种类则由法律加以规定，具有法律效力，不属于法定证据种类内的证据，属于形式不合法的证据。

（一）言词证据和实物证据

根据证据的表现形式、存在状况、提供方式，可以把证据分为言词证据和实物证据。

言词证据又被称为"人证"，是以记载人的言词之书面材料为材料的证据。

实物证据是广义上的"物证"，是以痕迹、物品为材料的证据，既包括犯罪的工具、赃物等物品和犯罪留下的痕迹，也包括对案情有证明意义的书面文件等。

（二）原始证据和传来证据

按照证据的来源划分，凡是直接来源于案件事实，未经复制、转述的证据是原始证据；凡是间接来源于案件事实，经过复制、转述的证据是传来证据。

一般而言，直接来源于案件事实的原始证据比传来证据可靠。就来自同一来源的证据，距原始证据越近的通常越可靠，转手和复制的次数越多，离证明对象越远，其所含信息发生减损或者扭曲的可能性越大。

传来证据的运用应当遵循以下规则：①没有正确的来源或者来源不明的传说、文字材料，不能作为定案的根据；②只有在原始证据不能取得或者确有困难时，才能用传来证据代替；③应当收集和运用距原始证据最近的传来证据；④如果案内只有传来证据而没有原始证据，则不能认定犯罪嫌疑人、被告人有罪。

（三）有罪证据和无罪证据

根据证据对案件事实的证明作用，可以将证据分为有罪证据和无罪证据。

有罪证据是指能够证明犯罪事实存在，并且犯罪嫌疑人、被告人实施了该犯罪事实的证据。

无罪证据是指能够证明犯罪事实不存在，或者犯罪嫌疑人、被告人没有实施犯罪行为的证据。

应当指出的是，有罪证据和无罪证据的分类是根据证据的内容分的，并不是根据由诉讼当事人的那一方提供证据来划分的。例如，犯罪人自首、被告人供认自己犯罪，经过查证属实属于有罪证据而非无罪证据。

（四）直接证据和间接证据

根据证据与案件的主要事实的证明关系（即能不能独立证明案件的主要事实），可以将证据划分为直接证据和间接证据。

直接证据是指能够独立地证明案件主要事实的证据。凡是直接证明犯罪事实是否存在，以及犯罪嫌疑人、被告人是否有罪的证据，都是直接证据。直接证据是案件主要事实的直接反映，证人证言、被害人陈述、犯罪嫌疑人、被告人供述和辩解，都有可能是直接证据。原则上，一个直接证据经过查证属实后，就可以对案件主要事实做出肯定或者否定的结论。直接证据的运用要注意"孤证不能定案"。

间接证据是指不能单独证明案件的主要事实，而需要与其他证据相结合并经过推理才能证明有关案件事实的证据。间接证据具有互相依赖的特性，任何一个间接证据本身都没有单独的证明作用，因此必须依赖其他证据，并与其他证据结合起来才能发挥证明作用。

需要特别注意的是，直接证据与间接证据的划分同证据是否直接来源于案件事实无关，传来证据可以是直接证据，原始证据也可以是间接证据。前者如口耳相传了多次的目击证言，后者如犯罪现场的凶器。

## 五、刑事诉讼证明

刑事诉讼证明是指侦查、检察、审判人员或当事人及其委托的辩护人、代理人依法收集、审查判断和运用证据，认定犯罪是否发生、谁是犯罪分子、罪责轻重以及其他有关案件事实的活动。

（一）证明对象

证明对象是指需要用证据加以证明的事实。其内容主要有：

1. 实体法事实

第一，有关犯罪构成要件的事实，具体是指：①犯罪事实是否发生；②犯罪是否为犯罪嫌疑人、被告人所为；③犯罪行为的实施过程，包括犯罪的时间、地点、手段、方法等；④犯罪造成的危害后果，包括危害后果与犯罪行为之间有无因果关系；⑤被告人是否达到刑事责任年龄、有无刑事责任能力；⑥被告人犯罪的主观罪过（包括故意和过失），以及犯罪的动机和目的；⑦应否追究刑事责任。

第二，作为从重、从轻、减轻、免除刑事处罚理由的事实。

第三，犯罪嫌疑人、被告人主体方面的情况，包括个人情况（如证明有无刑事责任能力、犯罪构成中须具备的特殊主体等）和犯罪后的表现。

2. 程序法事实

刑事诉讼中需要查明的程序事实主要包括：关于回避的事实；关于耽误诉讼期限是否有不能抗拒的原因和其他正当理由的事实；影响采取某种强制措施的事实；违反法定程序的事实等等。此外，有关诉讼参与人个人情况的事实也需要证明。例如，是否不通晓当地语言；犯罪嫌疑人、被告人是否是未成年人。

（二）证明责任的含义与分担

所谓证明责任，是指由公安司法机关或某些当事人负责，他们必须提供证据证明自己所主张的案件事实。否则，他们将承担其控告、认定或主张不能成立的后果。在诉讼中，不同的主体对证明责任的分担是不一样的，具体为：

1. 公诉案件的证明责任

在公诉案件中，证明责任由公安机关、检察机关承担。《刑事诉讼法》第四十九条规定："公诉案件中被告人有罪的举证责任由人民检察院承担，自诉案件中被告人有罪的举证责任由自诉人承担。"第五十条还规定："审判人员、检察人员、侦查人员必须依照法定程序，收集能够证实犯罪嫌疑人、被告人有罪或者无罪、犯罪情节轻重的各种证据。严禁刑讯逼供和以威胁、引诱、欺骗以及其他非法方法收集证据，不得强迫任何人证实自己有罪。必须保证一切与案件有关或者了解案情的公民，有客观地、充分地提供证据的条件，除特殊情况外，可以吸收他们协助调查。"

人民检察院、公安机关在刑事诉讼中承担着追诉职能，对被追诉人有罪的诉讼主张负有证明责任。因此，检察机关基于公安机关侦查所收集的证据进行审查，决定是否起诉。审查后，如果认为事实不清、证据不足，可以退回公安机关补充侦查，或做出不起诉处理。

2. 自诉案件的证明责任

自诉案件的证明责任由自诉人承担。自诉案件的被告人提出反诉的，对于其反诉主张，被告人又具有自诉人的诉讼角色，负有相应的证明责任。

在自诉案件中，经人民法院审查缺乏罪证的，如果自诉人提不出补充证据，应当说服自诉人撤回起诉或者裁定驳回起诉；自诉人经说服撤回起诉或者被驳回起诉后，又提出了新的足以证明被告人有罪的证据，再次提起自诉的，人民法院应当受理。根据司法解释，人民法院受理自诉案件后，对于当事人因客观原因不能取得并提供有关证据而申请人民法院调取证据，人民法院认为必要的，可以依法调取。

3. 犯罪嫌疑人、被告人不负证明责任

无论在公诉案件还是在自诉案件中，原则上犯罪嫌疑人、被告人都不承担证明责任。尽管如此，法律没有赋予被追诉人沉默权，对于侦查人员的提问，犯罪嫌疑人应当如实回答。

但是，犯罪嫌疑人、被告人不负举证责任的也有例外。首先，在自诉案件中，被告人如果提出了反诉，他就应当就反诉的事实和主张承担证明责任；其次，是"巨额财产来源不明"的案件。对于此类案件，首先承担证明责任的仍是司法机关，当司法机关收集到足够的证据证明某国家工作人员的财产和支出明显超出合法收入且差额巨大时，举证责任转移到犯罪嫌疑人身上，即必须说明差额部分的来源是合法的，如果不能说明，差额部分以非法所得论。

4. 人民法院不负证明责任

人民法院在刑事诉讼中不承担证明责任，原因有二：其一，根据"谁主张，谁举证"的原则，人民法院无主张，自然也就无须举证；其二，人民法院若是承担证明责任，必然是为了证明什么而支持诉讼中的一方，这会与人民法院中立的裁判者地位有所矛盾，从而导致不公正的审判。

（三）证明标准

刑事诉讼证明标准，又称为证明要求，是指司法工作人员以及当事人、辩护人、诉讼代理人在诉讼活动中运用证据证明案件事实需要达到的程度。

我国刑事诉讼中的证明标准是"犯罪事实清楚，证据确实充分"。所谓"犯罪事实清楚"，是指与定罪量刑有关的所有事实、情节都必须查清。"确实"是对证据在质上的要求，它要求每一个作为定案根据的证据都要具有真实性，即如实地反映案件的事实真相。"充分"是对证据在量上的要求，要证明某一事实，往往需要具有一定量的证据，证据的量因案件而异，无法做划一的要求，应根据具体案件的不同情况，以能够证明案件事实情况为标准。

"犯罪事实清楚，证据确实充分"是对刑事案件定案时认定有罪的证明要求。在刑事诉讼的各个阶段，由于诉讼行为的不同，证明的具体要求也有所不同。在刑事案件立案时，只要求"认为有犯罪事实并且需要追究刑事责任"。逮捕犯罪嫌疑人时，要求"有证据证明有犯罪事实，可能判处徒刑以上刑罚，且有逮捕的必要"。侦查终结后，无论是人民检察院提起公诉，还是人民法院做出有罪判决，则都必须达到"犯罪事实清楚，证据确实充分"。

《刑事诉讼法》第五十三条第二款规定，证据确实、充分，应当符合的条件是：定罪量刑的事实都有证据证明；据以定案的证据均经法定程序查证属实；综合全案证据，对所认定事实已排除合理怀疑。

对于达不到证明标准的疑难案件应当如何处理。根据《刑事诉讼法》的规定，在审查起诉阶段，经过两次补充侦查，人民检察院仍然认为证据不足、不符合起诉条件的，可以做出不起诉的决定。在审判阶段，经法庭审理，对证据不足，不能认定被告人有罪的，应当作出证据不足，指控的犯罪不能成立的无罪判决。

# 第八节　刑事强制措施

## 一、刑事强制措施概述

### （一）刑事强制措施的概念、种类和特点

刑事诉讼中的强制措施是指公安机关、人民检察院、人民法院为保证刑事诉讼活动的顺利进行，依法对犯罪嫌疑人、被告人所采取的暂时限制或剥夺其人身自由的各种强制方法。《刑事诉讼法》共规定了五种强制措施，按照强制力度从轻到重的顺序排列依次为：拘传、取保候审、监视居住、拘留和逮捕。

我国刑事诉讼的强制措施具有以下特点：

第一，强制措施的适用主体具有特定性。有权适用刑事强制措施的主体只能是公安机关（包括国家安全机关、军队保卫机关、监狱）、人民检察院和人民法院，其他任何国家机关、团体或个人都无权采取强制措施。

第二，强制措施的适用对象具有唯一性。刑事强制措施的适用对象是犯罪嫌疑人、被告人，对于其他诉讼参与人和案外人不得采取强制措施。

第三，强制措施内容的限定性。刑事强制措施只是限制或者剥夺犯罪嫌疑人、被告人的人身自由，并不包括对物的强制处分。

第四，强制措施的性质是预防性措施而非惩戒性措施。适用强制措施的目的是为了防止犯罪嫌疑人、被告人继续犯罪、妨碍诉讼或者逃避诉讼，从而保证刑事诉讼的顺利进行，其没有任何惩罚意图。这一特征使刑事强制措施与刑罚和行政处罚有着本质区别。

第五，强制措施的适用具有法定性。刑事强制措施是一种法定措施，我国《刑事诉讼法》对五种刑事强制措施的适用机关、适用条件和适用程序都进行了严格的规定，其目的是为了严格控制刑事强制措施的使用，防止出现因为滥用强制措施而产生的侵犯人权等问题。

第六，强制措施在适用时间上具有临时性。刑事强制措施是一种临时性措施，随着刑事诉讼的推进，当适用强制措施的必要性减弱或者消除时，公安司法机关应当及时变更或者解除刑事强制措施。

（二）刑事强制措施与其他相关措施的区别

1. 刑事强制措施与刑罚的区别

刑事强制措施与刑罚在一定程度上都会对公民的人身自由施加一定的限制或剥夺，在这一方面二者具有相似之处，而且被采取拘留、逮捕等强制措施的人，在被判处刑罚以后，先行羁押的期间应当折抵刑期，这就表明两者之间有一定的联系。

刑事强制措施与刑罚也存在本质上的区别，主要体现在以下几个方面：①性质不同。刑事强制措施是一种诉讼保障措施，其目的是最大限度地保障刑事诉讼的顺利进行，它并不是一种处罚方式；而刑罚则是对行为人实施的违反刑事法律行为进行的处罚，其目的是对罪犯进行惩处和改造。②适用对象不同。刑事强制措施是针对犯罪嫌疑人、被告人采用的；而刑罚则是适用于被法院确定为有罪的罪犯。③法律根据不同。刑事强制措施是根据《刑事诉讼法》规定的条件和程序适用的；刑罚则是根据《刑法》规定的犯罪构成和刑事责任适用的。④适用机关不同。刑事强制措施的适用机关是公安机关、人民检察院、人民法院；刑罚则只有人民法院才有权做出判处。⑤适用的时间不同。刑事强制措施是在刑事诉讼过程中适用；刑罚只有在人民法院做出审判后才能适用。⑥稳定程度不同。刑事强制措施只是一种临时性的措施，可经根据实际情况随时变更或撤销；而刑罚则较为稳定，判决一经生效，非经法定程序不得变更。⑦法律后果不同。刑事强制措施并不是刑事处罚，因此被采取过强制措施的人，如果最终被宣告为无罪，则不应被视为有前科；刑罚则会产生前科效力，并且在一定条件下能够成为今后犯罪从重处罚的法定情节。

2. 刑事诉讼强制措施与行政处罚的区别

行政处罚是国家行政管理机关对实施行政违法行为的公民、法人或其他组织的行政制裁。主要的处罚形式有警告、罚款、没收违法所得、没收非法财物、责令停产停业、暂扣或者吊销许可证、暂扣或者吊销执照、行政拘留等。

行政处罚的某些措施（拘留）与刑事强制措施在强制力上有相似之处，但两者也有着重大的区别，主要有：①性质不同。刑事强制措施是为保障刑事诉讼顺利进行而适用，并无惩罚性质；行政处罚则对行政违法行为人的行政制裁。②对象不同。刑事强制措施的适用对象是犯罪嫌疑人、被告人，且只能是自然人；行政处罚的适用对象则是一切违反行政法律法规的主体，包括自然人，也包括法人或其他组织。③法律依据不同。刑事强制措施是根据《刑事诉讼法》的规定来适用的；行政处罚则是根据《行政处罚法》或其他行政法律、法规适用的。④适用机关不同。刑事强制措施是由公安司法机关来适用的；而行政处罚则是由行政机关来适用。⑤持续时间不同。刑事强制措施作为一种诉讼保障措施，在一定情况下应随着诉讼的进行予以变更或者撤销，并不稳定；而作为一种制裁措施，行政处罚和刑罚一样具有稳定性。

3. 刑事强制措施与民事诉讼、行政诉讼中的强制措施的区别

根据诉讼法的有关规定和司法实践，三大诉讼中都会出现强制措施的适用。其区别在于：①性质不同。刑事强制措施只具有预防性和保障性，它的适用只是为了防止犯罪嫌疑人、被告人逃避侦查、起诉和审判，保证诉讼顺利进行；而民事诉讼和行政诉讼中的强制措施不仅具有预防性，还具有对妨害诉讼顺利进行者的制裁功能。②适用对象不同。刑事强制措施仅仅适用于犯罪嫌疑人、被告人；民事诉讼和行政诉讼中的强制措施适用于所有实

施了妨害诉讼行为的人，包括当事人、其他诉讼参与人甚至案外人员，适用范围很宽。③适用条件不同。刑事诉讼中只要犯罪嫌疑人、被告人可能会实施妨害诉讼的行为即可适用强制措施；而民事诉讼和行政诉讼中的强制措施则必须是行为人已经实施了妨害诉讼的行为。④适用机关不同。刑事强制措施由公安司法机关适用；而民事诉讼和行政诉讼中的强制措施只能由人民法院行使。⑤适用阶段不同。刑事强制措施适用于刑事案件的立案、侦查、审查起诉和审判阶段，不适用于执行阶段；民事诉讼和行政诉讼中的强制措施则既可以适用于案件的审判阶段，又可以适用于执行阶段。⑥种类不同。刑事强制措施有拘传、取保候审、监视居住、拘留和逮捕；民事诉讼强制措施有拘传、训诫、责令退出法庭、罚款和拘留；行政诉讼强制措施只有训诫、责令具结悔过、罚款和拘留。此外，从对人身的强制力度来看，刑事强制措施的力度最大且刑事强制措施只针对适用对象的人身权利，而民事诉讼强制措施和行政诉讼强制措施不仅可以限制和剥夺公民的人身权利，也可以限制或剥夺公民的财产权利。

### （三）公民扭送

扭送是指公民将有法定紧急情形的违法犯罪嫌疑人押送公安司法机关处理的活动。《刑事诉讼法》规定：对于有下列情况的人，任何公民都可以立即扭送公安机关、人民检察院或者人民法院处理：①正在实行犯罪或者在犯罪后即时被发觉的；②通缉在案的；③越狱逃跑的；④正在被追捕的。公民把具有法定情形的人抓住后，应当立即送交公安司法机关处理，不得拖延不交擅自拘禁或者非法审讯。在刑事诉讼中，扭送不是强制措施而是法律赋予公民与犯罪做斗争的一种手段和权利。

## 二、拘 传

### （一）拘传的概念和特点

拘传是指公安机关、人民检察院和人民法院对未被羁押的犯罪嫌疑人、被告人，依法强制其到案接受讯问的一种强制方法，它是我国刑事诉讼强制措施体系中最轻的一种。拘传具有以下特点：①拘传的对象是没有被逮捕、拘留的犯罪嫌疑人、被告人。②拘传的目的是强制其到案接受讯问。③拘传的时间短暂，强制性较弱，仅在拘传期间发生效力。拘传没有羁押的效力，在讯问后，应当立即把被拘传人放回。

需要特别注意的是：《刑事诉讼法》第一百一十七条的规定："对不需要逮捕、拘留的犯罪嫌疑人，可以传唤到犯罪嫌疑人所在市、县内的指定地点或者到他的住处进行讯问，但是应当出示人民检察院或者公安机关的证明文件。对在现场发现的犯罪嫌疑人，经出示工作证件，可以口头传唤，但应当在讯问笔录中注明。传唤、拘传持续的时间不得超过十二小时；案情特别重大、复杂，需要采取拘留、逮捕措施的，传唤、拘传持续的时间不得超过二十四小时。不得以连续传唤、拘传的形式变相拘禁犯罪嫌疑人。传唤、拘传犯罪嫌疑人，应当保证犯罪嫌疑人的饮食和必要的休息时间。"

### （二）拘传的适用程序

拘传应当按照以下程序进行：

第一，案件经办人提出申请，填写《呈请拘传报告书》，经本部门负责人审核后，由公安机关负责人、人民检察院检察长、人民法院院长批准，签发《拘传证》。

第二，拘传应当在被拘传人所在的市、县内的地点进行。公安机关、人民检察院或人民法院在本辖区以外拘传犯罪嫌疑人、被告人的，应当通知当地的公安机关、人民检察院或人民法院，当地的公安司法机关应当予以协助。

第三，拘传时，应当向被拘传人表明执法人员的身份，并出示《拘传证》。执行拘传的公安人员或司法工作人员不得少于2人。对于抗拒拘传的，可以使用械具。

第四，被拘传人到案后，应当立即进行讯问。

第五，一次拘传的时间不得超过12个小时，案情特别重大、复杂，需要采取拘留、逮捕措施的，传唤、拘传持续的时间不得超过二十四小时。不得以连续拘传的方式变相拘禁被拘传人。

## 三、取保候审

### （一）取保候审的概念和适用条件

刑事诉讼中的取保候审是指公安机关、人民检察院、人民法院责令犯罪嫌疑人、被告人提供保证人或者交纳保证金，保证犯罪嫌疑人、被告人不逃避或妨碍侦查、起诉和审判，并能够随传随到的一种强制措施。

《刑事诉讼法》第六十五条规定，人民法院、人民检察院和公安机关对有下列情形之一的犯罪嫌疑人、被告人，可以取保候审：①可能判处管制、拘役或者独立适用附加刑的；②可能判处有期徒刑以上刑罚，采取取保候审不致发生社会危险性的；③患有严重疾病、生活不能自理，怀孕或者正在哺乳自己婴儿的妇女，采取取保候审不致发生社会危险性的；④羁押期限届满，案件尚未办结，需要采取取保候审的。取保候审由公安机关执行。

对累犯、犯罪集团的主犯，以自伤、自残办法逃避侦查的犯罪嫌疑人，危害国家安全的犯罪、暴力犯罪，以及其他严重犯罪的犯罪嫌疑人，不得取保候审。对于严重危害社会治安的犯罪嫌疑人，以及其他犯罪性质恶劣、情节严重的犯罪嫌疑人不得取保候审。

### （二）取保候审的方式

《刑事诉讼法》第六十六条规定：对犯罪嫌疑人、被告人取保候审，应当责令犯罪嫌疑人、被告人提出保证人或者交纳保证金。据此，取保候审有两种方式，即保证人保证和保证金保证。对同一犯罪嫌疑人、被告人决定取保候审的，不能同时适用保证人保证和保证金保证。

1. 保证人保证

保证人保证又称为人保，是指公安机关、人民检察院、人民法院责令犯罪嫌疑人、被告人提出保证人并出具保证书，保证被保证人在取保候审期间不逃避和妨碍侦查、起诉和审判，并随传随到的保证方式。其特点是以保证人的信誉等来保证，不涉及金钱。对于符合取保候审条件且具有下列情形之一的犯罪嫌疑人、被告人，公安司法机关决定取保候审时，可以采用保证人保证：①无力交纳保证金的；②未成年人或者具有其他不宜收取取保证金的情形。

根据《刑事诉讼法》第六十七条的规定，保证人必须同时具备四个条件：①与本案无牵连；②有能力履行保证义务；③享有政治权利，人身自由未受到限制；④有固定的住所、收入。根据《刑事诉讼法》第六十八条的规定，保证人的义务一共有两项，一是监督的义务，二是报告的义务。如果保证人没有尽到义务，可对其处以罚款，构成犯罪的，依法追究刑事责任。

2. 保证金保证

关于保证金，主要包括如下内容：①保证金应当以人民币现金交纳；②保证金起点数额为1000元；③保证金由县级以上公安机关统一收取和管理；④没收或者退还保证金的决定，都应当由县级以上公安机关作出。

（三）被取保候审人的义务

《刑事诉讼法》第六十九条的规定，被取保候审的犯罪嫌疑人、被告人应当遵守以下规定：①未经执行机关批准不得离开所居住的市、县；②住址、工作单位和联系方式发生变动的，在二十四小时以内向执行机关报告；③在传讯的时候及时到案；④不得以任何形式干扰证人作证；⑤不得毁灭、伪造证据或者串供。

人民法院、人民检察院和公安机关可以根据案件情况，责令被取保候审的犯罪嫌疑人、被告人遵守以下一项或者多项规定：①不得进入特定的场所；②不得与特定的人员会见或者通信；③不得从事特定的活动；④将护照等出入境证件、驾驶证件交执行机关保存。

被取保候审的犯罪嫌疑人、被告人违反前两款规定，已交纳保证金的，没收部分或者全部保证金，并且区别情形，责令犯罪嫌疑人、被告人具结悔过、重新交纳保证金、提出保证人，或者监视居住、予以逮捕。对违反取保候审规定，需要予以逮捕的，可以对犯罪嫌疑人、被告人先行拘留。

还应该注意第七十条和第七十一条的规定，即取保候审的决定机关应当综合考虑保证诉讼活动正常进行的需要，被取保候审人的社会危险性，案件的性质、情节，可能判处刑罚的轻重，被取保候审人的经济状况等情况，确定保证金的数额。提供保证金的人应当将保证金存入执行机关指定银行的专门账户。犯罪嫌疑人、被告人在取保候审期间未违反本法第六十九条规定的，取保候审结束的时候，凭解除取保候审的通知或者有关法律文书到银行领取退还的保证金。

取保候审的期限最长不得超过12个月。

## 四、监视居住

监视居住是指公安机关、人民检察院和人民法院责令犯罪嫌疑人、被告人在诉讼过程中，未经批准不得离开住处或指定的居所，并对其行动加以监视和控制的一种强制措施。监视居住与取保候审的适用条件相同，通常是在犯罪嫌疑人、被告人不能提供保证人，也不能交纳保证金时适用。

应该特别注意《刑事诉讼法》的如下规定。

第七十二条　人民法院、人民检察院和公安机关对符合逮捕条件，有下列情形之一的犯罪嫌疑人、被告人，可以监视居住：1. 患有严重疾病、生活不能自理的；2. 怀孕或者正在哺乳自己婴儿的妇女；3. 系生活不能自理的人的唯一扶养人；4. 因为案件的特殊情况或者办理案件的需要，采取监视居住措施更为适宜的；5. 羁押期限届满，案件尚未办结，需要采取监视居住措施的。对符合取保候审条件，但犯罪嫌疑人、被告人不能提出保证人，也不交纳保证金的，可以监视居住。监视居住由公安机关执行。

第七十三条　监视居住应当在犯罪嫌疑人、被告人的住处执行；无固定住处的，可以在指定的居所执行。对于涉嫌危害国家安全犯罪、恐怖活动犯罪、特别重大贿赂犯罪，在住处执行可能有碍侦查的，经上一级人民检察院或者公安机关批准，也可以在指定的居所执行。但是，不得在羁押场所、专门的办案场所执行。指定居所监视居住的，除无法通知的以外，应当在执行监视居住后二十四小时以内，通知被监视居住人的家属。被监视居住的犯罪嫌疑人、被告人委托辩护人，适用本法第三十三条的规定。人民检察院对指定居所监视居住的决定和执行是否合法实行监督。

第七十四条　指定居所监视居住的期限应当折抵刑期。被判处管制的，监视居住一日折抵刑期一日；被判处拘役、有期徒刑的，监视居住二日折抵刑期一日。

根据《刑事诉讼法》第五十七条的规定，被监视居住人在被监视居住期间应遵守六项规定：①未经执行机关批准不得离开执行监视居住的处所；②未经执行机关批准不得会见他人或者通信；③在传讯的时候及时到案；④不得以任何形式干扰证人作证；⑤不得毁灭、伪造证据或者串供；⑥将护照等出入境证件、身份证件、驾驶证件交执行机关保存。被监视居住的犯罪嫌疑人、被告人违反前款规定，情节严重的，可以予以逮捕；需要予以逮捕的，可以对犯罪嫌疑人、被告人先行拘留。

《刑事诉讼法》第七十六条还新增规定，执行机关对被监视居住的犯罪嫌疑人、被告人，可以采取电子监控、不定期检查等监视方法对其遵守监视居住规定的情况进行监督；在侦查期间，可以对被监视居住的犯罪嫌疑人的通信进行监控。

监视居住的期限最长不得超过6个月。

## 五、拘　留

拘留又称刑事拘留，是指公安机关和人民检察院在办理直接受理的案件中，对于现行犯或者重大嫌疑分子，在法定的紧急情况下，暂时剥夺其人身自由、予以羁押的一种强制措施。

拘留的适用机关为公安机关和人民检察院。根据《刑事诉讼法》第六十一条的规定，公安机关对于现行犯或重大嫌疑分子，如果有下列情形之一的，可先行拘留：①正在预备犯罪、实行犯罪或在实行犯罪后即时被发现的；②被害人或者在场亲眼看见的人指认他犯罪的；③在其身边或住处发现有犯罪证据的；④犯罪后企图自杀、逃跑或在逃的；⑤有毁灭、伪造证据或串供可能的；⑥不讲真实姓名、住址，身份不明的；⑦有流窜、多次作案、结伙作案重大嫌疑的。

和公安机关不同，人民检察院仅对上述情形中的④、⑤种情形有权拘留，且人民检察院的拘留对象是犯罪嫌疑人。

拘留按以下程序执行：

第一，不论公安机关、人民检察院决定的拘留都要由县级以上公安机关负责人签发拘留证，并派员负责执行。执行时侦查人员不得少于两人，应向被拘留人表明身份并出示拘留证，被拘留人应在拘留证上签名，如果拒绝签名的，执行人员应当注明。

第二，拘留后，应当立即将被拘留人送看守所羁押，至迟不得超过二十四小时。除无法通知或者涉嫌危害国家安全犯罪、恐怖活动犯罪通知可能有碍侦查的情形以外，应当在拘留后二十四小时以内，通知被拘留人的家属。有碍侦查的情形消失以后，应当立即通知被拘留人的家属。公安机关对被拘留的人，应当在拘留后的二十四小时以内进行讯问。在发现不应当拘留的时候，必须立即释放，发给释放证明。

第三，拘留的期限。

（1）公安机关立案侦查的案件。

对于公安机关依法决定和执行的刑事拘留，拘留的期限是公安机关提请人民检察院批准逮捕期限和人民检察院审查批准逮捕期限的总和。

①公安机关对被拘留的人认为需要逮捕的，应当在拘留后的三日以内提请人民检察院审查批准，在特殊情况下，提请审查批准的时间可以延长一日至四日，人民检察院应当自接到公安机关提请批准逮捕书后的七日以内，做出批准逮捕或者不批准逮捕的决定，在这种情况下，拘留后的最长羁押期限至十四日。

②对于流窜作案、多次作案、结伙作案的重大嫌疑分子，提请审查批准的时间可以延长至30日，人民检察院应当自接到公安机关提请批准逮捕书后的七日以内，做出批准逮捕或者不批准逮捕的决定。在这种情况下，拘留后的最长羁押期限至37日。

（2）人民检察院直接受理的案件。

《刑事诉讼法》第一百六十五条规定，人民检察院对直接受理的案件中被拘留的人，认为需要逮捕的，应当在十四日以内做出决定。在特殊情况下，决定逮捕的时间可以延长一日至三日。对不需要逮捕的，应当立即释放；对需要继续侦查，并且符合取保候审、监视居住条件的，依法取保候审或者监视居住。

需注意的是，根据我国法律的规定，拘留共有三种：作为刑事强制措施的拘留即刑事拘留；作为行政处罚手段的拘留即治安拘留，也叫作行政拘留；作为人民法院对于违反法律规定妨害法院审判活动的人的拘留，叫作司法拘留。这三种拘留在性质、期限、适用条件、对象上都是不一样的。

## 六、逮 捕

### （一）逮捕的概念及适用条件

逮捕是指公安机关、人民检察院和人民法院为防止犯罪嫌疑人、被告人逃避侦查、起诉和审判，防止其发生社会危险，依法在一定期限内剥夺其人身自由并予以羁押的一种强制措施。

依据《刑事诉讼法》第七十九条的规定，逮捕必须同时具备三个条件：

第一，有证据证明有犯罪事实，即指同时具备下列情形：①有证据证明发生了犯罪事实；②有证据证明犯罪事实是犯罪嫌疑人实施的；③用于证明犯罪嫌疑人实施犯罪行为的证据已经查证属实。

第二，可能判处徒刑以上刑罚，即其涉嫌的犯罪行为严重，根据《刑法》的有关规定可能被判处有期徒刑、无期徒刑或者死刑。

第三，采取取保候审尚不足以防止发生下列社会危险的，应当予以逮捕：①可能实施新的犯罪的；②有危害国家安全、公共安全或者社会秩序的现实危险的；③可能毁灭、伪造证据，干扰证人作证或者串供的；④可能对被害人、举报人、控告人实施打击报复的；⑤企图自杀或者逃跑的。

对有证据证明有犯罪事实，可能判处10年有期徒刑以上刑罚的，或者有证据证明有犯罪事实，可能判处徒刑以上刑罚，曾经故意犯罪或者身份不明的，应当予以逮捕。

被取保候审、监视居住的犯罪嫌疑人、被告人违反取保候审、监视居住规定，情节严重的，可以予以逮捕。

### （二）逮捕的权限

逮捕的权限分为三个部分，即逮捕的批准权、逮捕的决定权、逮捕的执行权。

逮捕的批准权由人民检察院行使，行使的条件是除人民检察院以外的其他侦查机关在侦查过程当中如果需要逮捕犯罪嫌疑人，都要提请人民检察院审查批准。可见，逮捕批准权从程序上分为提请批准和审查批准两个部分。公安机关认为犯罪嫌疑人具备逮捕条件时，可以提请人民检察院批准逮捕，从程序上讲，要遵守四个要求：①提请时必须向人民检察院提交提请审查批准逮捕书，也就是书面提请。②应当附上卷宗和证据材料。③应当向同级检察院提请。④必须遵守拘留期限，一般拘留应当在拘留后7日内提请逮捕，特殊情况下，应当在拘留后30日内提请逮捕。检察机关接到提请审查批准逮捕书，首先，要在法定期限内进行审查，如公安机关已进行拘留，检察院应在7日内做出决定，如没有拘留，检察院的审查期间可以在15到20日之间。其次，检察机关的审查由检察人员进行，由检察长做出决定。重大案件还须由检察委员会讨论决定。再次，检察机关在逮捕问题上只能做出两种决定，一种是批准逮捕，一种是不批准逮捕，没有其他决定。最后，检察机关在不批准逮捕决定中可以附上补充侦查的要求。

应该特别注意的是，《刑事诉讼法》第八十六条、第九十一条和第九十三条的规定。

第八十六条 人民检察院审查批准逮捕，可以讯问犯罪嫌疑人；有下列情形之一的，应当讯问犯罪嫌疑人：（1）对是否符合逮捕条件有疑问的；（2）犯罪嫌疑人要求向检察人员当面陈述的；（3）侦查活动可能有重大违法行为的。人民检察院审查批准逮捕，可以询问证人等诉讼参与人，听取辩护律师的意见；辩护律师提出要求的，应当听取辩护律师的意见。

第九十一条 公安机关逮捕人的时候，必须出示逮捕证。逮捕后，应当立即将被逮捕人送看守所羁押。除无法通知的以外，应当在逮捕后二十四小时以内，通知被逮捕人的家属。

第九十三条　犯罪嫌疑人、被告人被逮捕后，人民检察院仍应当对羁押的必要性进行审查。对不需要继续羁押的，应当建议予以释放或者变更强制措施。有关机关应当在十日以内将处理情况通知人民检察院。

人民检察院、人民法院拥有独立的逮捕决定权。检察机关的逮捕决定权适用于两种情况：①检察机关在自己侦查的案件中，认为犯罪嫌疑人具备逮捕条件时就直接做出逮捕决定。②在审查起诉阶段，认为前面没有逮捕的犯罪嫌疑人现在具备逮捕条件应当逮捕的，也可直接做出逮捕决定。人民法院的逮捕决定权也适用于两种情况：①人民法院受理的自诉案件，被告人符合逮捕条件的，人民法院直接做出逮捕的决定。②公诉案件在审判过程中原来没有逮捕的被告人，现具备逮捕条件的，由人民法院直接做出逮捕的决定，予以逮捕。

逮捕的执行权由公安机关行使。

逮捕是一种与犯罪嫌疑人、被告人人身权利关系最为密切的强制措施，法律将逮捕的批准权、决定权和执行权分由不同机关负责行使，在司法实践中表现为三机关的两两配合与监督，这是为了保证逮捕适用的正确性与合法性，更体现了法律对适用逮捕的审慎。

逮捕的程序与逮捕的权限密切相关，也分为三个部分，一是逮捕的批捕程序，它由两个部分组成，即提请程序和审查决定程序；二是逮捕的决定程序，逮捕的决定权掌握在检察长、法院院长手中，重大案件由检委会或审委会讨论决定，办案人员不具有决定权；三是逮捕的执行程序和拘留的执行程序没有区别，都由公安机关负责执行。

## 七、适用强制措施的注意事项

第一，《刑事诉讼法》第九十五条规定犯罪嫌疑人、被告人及其法定代理人、近亲属或者辩护人有权申请变更强制措施。人民法院、人民检察院和公安机关收到申请后，应当在三日以内做出决定；不同意变更强制措施的，应当告知申请人，并说明不同意的理由。

第二，《刑事诉讼法》第九十六条规定犯罪嫌疑人、被告人被羁押的案件，不能在本法规定的侦查羁押、审查起诉、一审、二审期限内办结的，对犯罪嫌疑人、被告人应当予以释放；需要继续查证、审理的，对犯罪嫌疑人、被告人可以取保候审或者监视居住。

第三，《刑事诉讼法》第九十七条规定人民法院、人民检察院或者公安机关对被采取强制措施法定期限届满的犯罪嫌疑人、被告人，应当予以释放、解除取保候审、监视居住或者依法变更强制措施。犯罪嫌疑人、被告人及其法定代理人、近亲属或者辩护人对于人民法院、人民检察院或者公安机关采取强制措施法定期限届满的，有权要求解除强制措施。

第四，《刑事诉讼法》第一百一十五条规定当事人和辩护人、诉讼代理人、利害关系人对于司法机关及其工作人员有下列行为之一的，有权向该机关申诉或者控告：①采取强制措施法定期限届满，不予以释放、解除或者变更的；②应当退还取保候审保证金不退还的；③对与案件无关的财物采取查封、扣押、冻结措施的；④应当解除查封、扣押、冻结不解除的；⑤贪污、挪用、私分、调换、违反规定使用查封、扣押、冻结的财物的。

受理申诉或者控告的机关应当及时处理。对处理不服的，可以向同级人民检察院申诉；人民检察院直接受理的案件，可以向上一级人民检察院申诉。人民检察院对申诉应当及时进行审查,情况属实的,通知有关机关予以纠正。

第五,《刑事诉讼法》第一百一十六条第二款规定犯罪嫌疑人被送交看守所羁押以后,侦查人员对其进行讯问,应当在看守所内进行。

# 第九节　刑事附带民事诉讼

## 一、刑事附带民事诉讼的概念和赔偿范围

刑事附带民事诉讼是指司法机关在刑事诉讼过程中,在解决被告人刑事责任的同时,附带解决因被告人的犯罪行为所造成的物质损失的赔偿问题而进行的诉讼活动。根据《刑事诉讼法》第九十九条规定,被害人由于被告人的犯罪行为而遭受物质损失的,在刑事诉讼过程中,有权提起附带民事诉讼。被害人死亡或者丧失行为能力的,被害人的法定代理人、近亲属有权提起附带民事诉讼。如果是国家财产、集体财产遭受损失的,人民检察院在提起公诉的时候,可以提起附带民事诉讼。第一百条又规定,人民法院在必要的时候,可以采取保全措施,查封、扣押或者冻结被告人的财产。附带民事诉讼原告人或者人民检察院可以申请人民法院采取保全措施。人民法院采取保全措施,适用《民事诉讼法》的有关规定。

应该特别注意的是,《刑事诉讼法》第一百零一条规定,人民法院审理附带民事诉讼案件,可以进行调解,或者根据物质损失情况做出判决、裁定。

## 二、刑事附带民事诉讼的成立条件

### (一) 以刑事诉讼的成立为前提条件

刑事附带民事诉讼是由刑事诉讼而派生的,它是在追究行为人的刑事责任的同时,附带追究行为人的损害赔偿责任。因此,附带民事诉讼必须以刑事诉讼的成立为前提,如果刑事诉讼不成立,附带民事诉讼就失去了存在的基础,被害人就应当提起独立的民事诉讼,而不能提起刑事附带民事诉讼。此外,如果刑事诉讼程序尚未启动,或者刑事诉讼程序已经结束,被害人也只能提起独立的民事诉讼,而不能提起刑事附带民事诉讼。

### (二) 原告必须符合提起附带民事诉讼的法定条件

依据民事诉讼的一般理论,刑事附带民事诉讼的原告应当具备诉讼权利能力。有权提起附带民事诉讼的原告的情况比较复杂,具体有以下几种情况:①因为犯罪行为而遭受物质损失的公民。任何公民由于被告人的犯罪行为而遭受物质损失的,在刑事诉讼过程中,都有权提起附带民事诉讼。②被犯罪分子侵害造成物质损失的企业、事业单位、机关、团体等。③无行为能力人或限制行为能力人的被害人的法定代理人或监护人。④已死亡的被害人的近亲属。⑤如果是国家财产、集体财产遭受损失的,被害单位没有提起附带民事诉讼的,人民检察院在提起公诉时,可以提起附带民事诉讼。此种情况下,检察机关既是公诉机关,又是附带民事诉讼原告人,享有民事原告人的诉讼权利,但无权同被告人就经济赔偿通过调解达成协议或自行和解。

（三）必须有明确的被告和具体的诉讼请求

刑事附带民事诉讼中依法负有赔偿责任的人包括：①刑事被告人以及没有被追究刑事责任的其他共同致害人。②未成年刑事被告人的监护人。③已被执行死刑的罪犯的遗产继承人。④共同犯罪案件中，案件审结前已死亡的被告人的遗产继承人。⑤其他对刑事被告人的犯罪行为依法应当承担民事赔偿责任的单位和个人。

（四）必须是被害人因被告人的犯罪行为而遭受的物质损失

根据《刑事诉讼法》的规定，被害人只能就自己因犯罪行为而遭受的物质损失提起附带民事诉讼，最高人民法院在2000年12月4日通过的《关于刑事附带民事诉讼范围问题的规定》第一条第一款也明确规定：因人身权利受到犯罪侵犯而遭受物质损失或者财物被犯罪分子毁坏而遭受物质损失的，可以提起附带民事诉讼。对于被害人因犯罪行为遭受的精神损失而提起的附带民事诉讼，人民法院不予受理。因此，附带民事诉讼的赔偿范围仅限于因被告人犯罪行为造成的物质损失。被害人的物质损失既包括犯罪行为给被害人已经造成的物质损失，也包括被告人的犯罪行为使被害人将来必然要遭受的物质损失，对这些损失被害人均可提起附带民事诉讼。

（五）被害人的物质损失是由被告人的犯罪行为造成的

被害人所遭受的物质损失与被告人的犯罪行为之间必须存在因果关系。不是犯罪行为直接造成的损失，被害人不能提起附带民事诉讼。另外，只要被告人的犯罪行为被公安司法机关进行刑事追诉，即使该行为最终没有被人民法院以生效的裁判确定为实体意义上的犯罪行为，也不影响附带民事诉讼的提起和进行。

## 三、刑事附带民事诉讼的提起

刑事附带民事诉讼应当在刑事案件立案以后第一审判决宣告之前提起，在此之后被害人不得再提起附带民事诉讼，但可以在刑事判决生效后另行提起民事诉讼。此外，在侦查、审查起诉阶段，有权提起附带民事诉讼的人向公安机关、人民检察院提起赔偿要求，已经公安机关、人民检察院记录在案的，刑事案件起诉后，人民法院应当按附带民事诉讼案件受理；经公安机关、人民检察院调解，当事人双方达成协议并已给付，被害人又坚持向人民法院提起附带民事诉讼的，人民法院也可以受理。

提起附带民事诉讼一般应当提交附带民事诉状，书写诉状确实有困难的，可以口头起诉。审判人员应当对原告人的口头诉讼请求详细询问，并制作笔录，然后向原告人宣读；原告人确认准确无误后，应当签名或者盖章。人民检察院提起附带民事诉讼时必须在起诉书上写明，不能用口头的方式提起附带民事诉讼。在诉讼过程中，被害人应当提起附带民事诉讼而没有提起时，公安机关、人民检察院、人民法院可以告知其有权提起附带民事诉讼，如果他们放弃这一权利，应当许可，并记录在案。

### 四、刑事附带民事诉讼的审判

（一）附带民事诉讼审判的一般原则

刑事附带民事诉讼应当同刑事案件一并审判，只有为了防止刑事案件审判的过分迟延，才可以在刑事案件审判后，由同一审判组织继续审理附带民事诉讼。

对刑事部分和民事部分分开审判时要注意：①只能先审刑事部分，后审附带民事部分，而不能先审附带民事部分，再审刑事部分；②必须由审理刑事案件的同一审判组织继续审理附带民事部分，不得另行组成合议庭；③附带民事部分的判决对案件事实的认定不得同刑事判决相抵触；④附带民事诉讼部分的延期审理，一般不影响刑事判决的生效。

（二）附带民事诉讼的具体审理程序

在审理刑事附带民事案件过程中，还应当遵守以下一些特殊规定：

第一，人民法院收到附带民事诉讼诉状后，应当进行审查，并在 7 日以内决定是否立案。符合《刑事诉讼法》规定的附带民事诉讼起诉条件的，应当受理；不符合起诉条件的，应当裁定驳回起诉。

第二，人民法院受理附带民事诉讼后，应当在 5 日内向附带民事诉讼的被告人送达附带民事诉讼起诉状副本，或者将口头起诉的内容及时通知其法定代理人。人民法院在送达附带民事诉讼起诉状副本时，应当根据刑事案件审理的期限，确定被告人或者其法定代理人提交民事答辩状的时间。

第三，附带民事诉讼原告人有权提出先予执行的申请。对于先予执行的申请，人民法院应当依照《民事诉讼法》的有关规定，裁定先予执行或者驳回申请。

第四，人民法院审理附带民事诉讼案件，在必要的时候，可以决定查封或者扣押被告人的财产。

第五，附带民事诉讼的原告人经人民法院传票传唤，无正当理由拒不到庭，或者未经法庭许可中途退庭的，应当按自行撤诉处理。

第六，附带民事诉讼案件的当事人对自己提出的主张，有责任提供证据。

第七，审理附带民事诉讼案件，除人民检察院提起的以外，可以调解。

第八，对于被害人遭受的物质损失或者被告人的赔偿能力一时难以确定，以及附带民事诉讼当事人因故不能到庭等案件，为了防止刑事案件审判的过分迟延，附带民事诉讼可以在刑事案件审判后，由同一审判组织继续审理。如果同一审判组织的成员确实无法继续参加审判的，可以更换审判组织成员。

第九，人民法院认定公诉案件被告人的行为不构成犯罪的，对已经提起的附带民事诉讼，经调解不能达成协议的，应当一并做出刑事附带民事判决。

第十，犯罪分子非法占有、处置被害人财产而使其遭受物质损失的，人民法院应当依法予以追缴或者责令退赔。被追缴退赔的情况，人民法院可以作为量刑情节予以考虑。

第十一，人民法院审理刑事附带民事诉讼案件，不收取诉讼费。

# 第十节　期　间

## 一、期间与期日

刑事诉讼的期间是指公安机关、人民法院、人民检察院进行刑事诉讼以及诉讼当事人及其他诉讼参与人参加刑事诉讼必须遵守的时间界限。刑事诉讼期间一般由法律明确规定，称作法定期间；个别情况下由公安司法机关指定，称作指定期间。

期间与期日大致有如下区别：①期间是一个时间段，期日是一个时间点；②期间是对特定诉讼主体进行诉讼的要求，期日是对多方主体共同进行诉讼的要求；③期间一般由法律明确规定，期日由公安司法机关根据案件情况指定；④期间规定始期和终期，期日只有起点。

## 二、期间的计算单位和方法

《刑事诉讼法》第七十九条规定"期间以时、日、月计算"。所以，期间的计算单位为公制的时、日、月三种。

期间的计算方法如下：①以时为计算单位的期间，从期间开始的下一时起计算，期间开始时不计算在期间内；②以日为单位的期间，从期间开始的次日起计算，期间开始的日不计算在期间内；③以月为单位的期间，从本月某日至下月某日为一个月；半月一律按15日计算。

特殊情况的期间计算：①期间的最后一日为节假日的，以节假日后的第一日为期间的届满日期。但犯罪嫌疑人、被告人或者罪犯在押期间，应当至期满之日为止，不得因节假日而延长。节假日包括公休日（周六、周日）和法定节假日（元旦、春节、五一节、国庆节）。②上诉状或者其他文件在期间届满前已经交邮的，不算过期。③法定期间不包括在路途上的时间。④在侦查阶段，发现犯罪嫌疑人有重要罪行的，自发现之日起依照《刑事诉讼法》第一百二十四条的规定重新计算侦查羁押期限；犯罪嫌疑人不讲真实姓名、住址和身份不明的，侦查羁押期限自查清身份之日起计算，但是不得停止对犯罪行为的侦查取证。⑤对于补充侦查的案件补充侦查完毕移送到人民检察院后，人民检察院重新计算审查起诉的期限。⑥人民检察院审查起诉的案件，改变管辖的，从改变后的人民检察院收到案件之日起计算审查起诉期限。⑦人民法院改变管辖的案件，从改变后的人民法院收到案件之日起计算审理期限。⑧人民法院审判案件过程中，人民检察院补充侦查的案件补充侦查完毕移送人民法院后，人民法院重新计算审理期限。⑨对犯罪嫌疑人做精神病鉴定的期间不计入办案期限。

## 三、期间的重新计算

期间的重新计算，是指由于出现某种法定情形，使已经进行的期间归于无效，不再计入期间以内，而应当从法定情形出现之时起重新计算期间。例如：在侦查期间，发现犯罪嫌疑人另有重要罪行的，自发现之日起重新计算羁押期限。人民检察院审查起诉中退回公安机关补充侦查的案件，补充侦查完毕移送人民检察院后，重新计算审查起诉期限。人民检察院审查起诉时或者人民法院受理起诉时改变管辖的，从改变后的人民检察院、人民法院从收到案件之日起重新计算期限，等等。

### 四、期间的恢复

期间的恢复，是指诉讼当事人因某种特殊的原因未能在法定期间内进行某一诉讼活动，经当事人申请和人民法院许可，可以继续进行这种诉讼活动。一般来说，期间的恢复只能发生在审判阶段。

期间恢复的条件是：①只有当事人才有权申请恢复期间；②期间耽误是由于不能抗拒的原因或者其他正当理由；③应当在妨碍事由消除后5日内提出申请；④必须经人民法院裁定准许。

# 第十一节 送达与立案

### 一、送达的概念与特点

刑事诉讼中的送达是指人民法院、人民检察院和公安机关依照法定程序和方式，将诉讼文件送交诉讼参与人、有关机关和单位的诉讼活动。其特点有：①送达是公、检、法机关进行的诉讼活动。诉讼参与人提交文件、文书等，不属于法定送达；②送达必须依照法定程序和方式进行；③送达的内容是各种诉讼文件。包括起诉书、裁定书、判决书、通知书、传票等。

### 二、送达的方式

第一，直接送达。该方式又称为交付送达，是指公安司法机关指派专人将诉讼文书直接送交收件人本人亲自签收的行为。

第二，间接送达。即收件人本人不在时由其成年家属或者所在单位的负责人代为签收，视为已经送达收件人本人的送达方式。

第三，留置送达。即在收件人本人或者代收人拒绝签收向其送达的诉讼文书时，公安司法机关的送达人依法将文件留在收件人住处的送达方式。

第四，委托送达。它指的是公安司法机关直接送达诉讼文书有困难，委托收件人所在地的公安司法机关代为交给收件人的送达方式。

第五，邮寄送达。它是指公安司法机关在直接送达有困难的情况下，通过邮寄将诉讼文书、送达回证用挂号邮寄给收件人的送达方式。

第六，转交送达。它是指公安司法机关将诉讼文书交收件人所在机关、单位代收后在转给收件人的送达方式。这种送达多用于军人、正在服刑的人。

### 三、立案的概念、特征和意义

立案是刑事诉讼程序的开始阶段。立案即立案程序，是指公安机关、人民检察院发现犯罪事实或犯罪嫌疑人，或者公安机关、人民检察院和人民法院对于报案、控告、举报和自首的材料，以及自诉人的自诉材料，按照各自的管辖范围进行审查后，判明有犯罪事实和应追究刑事责任，并决定作为刑事案件进行侦查或审理的一种诉讼活动。

立案具有以下特点：①立案是刑事诉讼的开始和必经程序。只有经过立案阶段，其他诉讼阶段才能依次进行。②立案是一个完整的诉讼程序。立案包括对立案材料的接受，审查和做出立案与否的决定三个基本步骤，这三个步骤构成了我国刑事诉讼的立案程序体系。③立案是不隶属于任何诉讼阶段而独立存在的阶段，是法定机关的专门活动。

立案的意义在于：有利于迅速发现犯罪，并予以及时的惩罚；有利于保障公民的合法权益不受侵犯；立案为侦查、审判活动的顺利进行提供合法、合理的依据；正确及时立案，有利于综合治理社会治安秩序，防范、打击和制止各种犯罪。

## 四、立案的材料来源

立案材料是指公安机关、人民检察院发现的或者有关单位、组织或个人向司法机关提交的有关犯罪事实和犯罪嫌疑人情况的材料。这些材料是公安司法机关决定是否立案的根据。司法实践中，常见的立案材料主要来源于以下四种：

1. 公安机关或者人民检察院直接发现的犯罪事实或者犯罪嫌疑人

公安司法机关在侦查、起诉、审判或复核案件工作中发现新的犯罪事实或线索，如公安机关在日常值勤和执行任务过程中，检察机关在开展各种检察业务活动中，审判机关在审理案件的过程中发现的与本案无关的其他犯罪等均为司法实践中常见的立案材料来源。

2. 单位、个人的报案和举报

单位、个人的报案和举报，是公安司法机关决定是否立案的最主要、最普遍的材料来源。报案是指单位或个人以及被害人发现有犯罪事实发生，但尚不知犯罪嫌疑人为何人时，向司法机关提供犯罪事实或犯罪嫌疑人的告发行为。举报一般是指与案件无直接关系的知悉犯罪嫌疑人或犯罪事实的人为维护公共利益，基于国家主人翁的责任感而向司法机关进行揭发的行为。向公安司法机关报案或举报，既是任何单位和个人依法享有的权利，也是其依法应当履行的义务。

3. 被害人的报案或者控告

《刑事诉讼法》规定：被害人对侵犯其人身、财产权利的犯罪事实或者犯罪嫌疑人，有权向公安机关、人民检察院或者人民法院报案或控告。这里所说的控告，是指受犯罪行为侵害的被害人或其法定代理人为维护自己的权益而向司法机关告发犯罪嫌疑人及其犯罪事实，并要求依法追究其刑事责任的行为。

4. 犯罪嫌疑人的自首

自首是指犯罪嫌疑人作案后，自动投案，如实供述自己的罪行的行为。犯罪分子的自首，也是立案的材料来源之一。

## 五、立案的条件

《刑事诉讼法》第八十六条规定："人民法院、人民检察院或者公安机关对于报案、控告、举报和自首的材料，应当按照管辖范围，迅速进行审查，认为有犯罪事实需要追究刑事责任的时候，应当立案；认为没有犯罪事实，或者犯罪事实显著轻微，不需要追究刑事责任的时候，不予立案。"这一规定说明，立案必须具备两个条件：①事实条件，即有犯罪事实或犯罪嫌疑人；②法律条件，即需要追究刑事责任。只有具备这两个条件，人民法院、人民检察院或者公安机关才能做出立案的决定。

## 六、立案程序

立案的程序是立案阶段各种诉讼活动的程式、次序和形式。立案程序主要包括对立案材料的接受、对材料的审查和审查后的处理。

### (一) 对立案材料的接受

对立案材料的接受是指公安机关、人民检察院或者人民法院对报案、控告、举报和自首人员或材料的接待和收留的处理活动。它是立案程序的开始。根据《刑事诉讼法》的有关规定，对立案材料的接受应当注意以下几点：

人民法院、人民检察院或者公安机关对于报案、控告、举报和自首的材料，都应当接受。对于不属于自己管辖的，应当移送主管机关处理，并且通知报案人、控告人、举报人，对于不属于自己管辖而又必须采取紧急措施的，应当先采取紧急措施，再移送主管机关。

### (二) 对立案材料的审查

人民法院、人民检察院或者公安机关对于报案、控告、举报和自首的材料，应当按照管辖范围，迅速进行审查。对立案材料的审查，一般采取下列步骤和方法来进行：

第一，对材料所反映的事实进行审查。所谓审查事实，首先要审查有无案件发生，然后审查已经发生的案件是否属于犯罪案件。如果属于犯罪案件，还要审查对行为人是否需要追究刑事责任。

第二，对材料所反映的犯罪事实有无确实证据或证据线索进行审查。通常的方法有：向报案人、控告人、举报人或自首人进行询问或讯问；向有关的单位或组织调阅与犯罪事实及犯罪嫌疑人有关的证据材料；委托有关单位或组织对某些问题代为调查，对重大、复杂案件或线索，根据需要和可能，还可以商请派员协助调查；对特殊案件在紧急情况下可以采取必要的专门调查措施；对自诉案件，人民法院的告诉申诉庭应当认真进行审查，认为证据不充分的，告知自诉人提出补充证据，在立案前法院一般不再进行调查。

### (三) 对立案材料的处理

《刑事诉讼法》第八十六条规定：人民法院、人民检察院、公安机关对立案材料审查后，认为有犯罪事实需要追究刑事责任的时候，应当立案；认为没有犯罪事实，或者犯罪事实显著轻微，不需要追究刑事责任的时候，不予立案。

1. 决定立案并办理相应的法律手续

对于需要立案的案件，先由承办人员填写《立案报告表》，然后制作《立案请示报告》，经本机关或部门负责人审批后，制作《立案决定书》，最后，由负责审批人签名或盖章。属于人民检察院直接受理的案件，还要报请上级人民检察院备案。上级人民检察院认为不应当立案的，以书面形式通知下级人民检察院撤销案件。

人民法院受理的自诉案件，经审查认为具备立案条件的，应当在收到自诉状或口头告诉的第二日起 15 日以内立案，并书面通知自诉人。

2. 决定不立案并办理相应的法律手续

对于决定不立案的，由工作人员制作《不立案通知书》，有关负责人同意后，将不立案的原因通知控告人，并告知控告人如果不服，可以申请复议。主管机关应当认真复议，并将复议结果通知报案、控告、举报的单位或者个人。

自诉案件不符合立案条件的，人民法院应当在 15 日以内做出不立案决定，书面通知自诉人并说明不予立案的理由。对于那些虽然不具备立案条件，但是，需要其他部门给予一定处分的，应当将报案、控告或举报材料移送主管部门处理，并通知控告人。

### 七、立案监督

立案监督是指有监督权的机关和公民依法对立案活动进行监视、督促或者审核的诉讼活动。立案监督主要有以下两种形式：

1. 控告人对不立案的监督

人民法院、人民检察院或者公安机关决定不立案的，应当将不立案的原因通知控告人。如果控告人对不立案不服，可以申请原决定机关复议。原决定机关接到申请后应当对案件进行复查和评议，以接受控告人的监督。

2. 人民检察院对不立案的监督

人民检察院认为公安机关对应当立案侦查的案件不立案侦查的，或者被害人认为公安机关对应当立案侦查的案件不立案侦查，向人民检察院提出的，人民检察院应当要求公安机关说明不立案的理由。人民检察院认为公安机关不立案理由不能成立的，应当通知公安机关立案，公安机关接到通知后应当立案。公安机关在收到人民检察院《要求说明不立案理由通知书》后 7 日内应当将说明情况书面答复人民检察院。人民检察院认为公安机关不立案理由不能成立，发出《通知立案书》时，应当将有关证明应该立案的材料同时移送公安机关。公安机关在收到《通知立案书》后，应当在 15 日内决定立案，并将立案决定书送达人民检察院。

# 第十二节　侦　查

### 一、侦查的概念、任务和意义

侦查是指公安机关、人民检察院在办理案件过程中，依照法律进行的专门调查工作和采取的有关强制性措施。侦查权是依法搜集证据，揭露和证实犯罪，查获犯罪嫌疑人，并采取必要的强制性措施的权力，也是公安机关、检察机关在刑事诉讼中享有的行使专门调查工作和有关强制性措施的权力。按照我国法律的规定，公安机关和有关侦查机关是法定的侦查机关，享有侦查权。

侦查的任务包括：①依法通过专门的侦查工作和有关的强制性措施，收集、调取与案件有关的各种证据，证实犯罪，查获犯罪嫌疑人，为起诉和审判程序做好准备。②通过侦查活动查明情况，依法保护公民的合法权益不受侵犯。③通过侦查活动，开展法制宣传教育，增强公民的法律意识。④通过侦查活动，对情节严重的犯罪分子，可以教育他们认罪伏法；对情节轻微的或未成年犯罪分子，可以起到教育感化的作用，以减少犯罪，实现社会治安综合治理。

侦查作为公诉案件的必需程序，在刑事诉讼中具有十分重要的意义：①侦查是与犯罪行为做斗争的重要手段；②侦查是提起公诉和正确审判的基础和前提条件；③侦查对社会治安综合治理有十分重要的意义。

## 二、侦查活动的内容

侦查活动的内容是侦查机关为了完成侦查任务，而依法进行的专门调查工作和采取的有关强制性措施。这些专门调查工作包括：讯问犯罪嫌疑人，询问证人、被害人，勘验、检查，鉴定，辨认。采取的有关强制性措施包括：五种强制措施和搜查、扣押、查询、冻结、通缉等带有强制性的侦查措施。

## 三、讯问犯罪嫌疑人

### （一）讯问犯罪嫌疑人的概念

讯问犯罪嫌疑人是指侦查人员为了查清犯罪事实，依照法定程序以言词方式向犯罪嫌疑人查问案件事实和其他与案件有关问题的一种侦查活动。

### （二）讯问犯罪嫌疑人的程序

根据《刑事诉讼法》的规定，讯问犯罪嫌疑人应当严格遵守下列程序：

第一，讯问犯罪嫌疑人，必须由人民检察院或者公安机关的侦查人员负责，法律规定以外的其他任何机关、人员都无权行使这项专有职权，讯问的时候，侦查人员不得少于2人。

第二，《刑事诉讼法》第一百一十七条规定，对不需要逮捕、拘留的犯罪嫌疑人，可以传唤到犯罪嫌疑人所在市、县内的指定地点或者到他的住处进行讯问，但是应当出示人民检察院或者公安机关的证明文件。对在现场发现的犯罪嫌疑人，经出示工作证件，可以口头传唤，但应当在讯问笔录中注明。传唤、拘传持续的时间不得超过十二小时；案情特别重大、复杂，需要采取拘留、逮捕措施的，传唤、拘传持续的时间不得超过二十四小时。不得以连续传唤、拘传的形式变相拘禁犯罪嫌疑人。传唤、拘传犯罪嫌疑人，应当保证犯罪嫌疑人的饮食和必要的休息时间。

第三，侦查人员在讯问犯罪嫌疑人的时候，应当首先讯问犯罪嫌疑人是否有犯罪行为，让他陈述有罪的情节或者无罪的辩解，然后向他提出问题。犯罪嫌疑人对侦查人员的提问，应当如实回答。但是对与本案无关的问题，有拒绝回答的权利。侦查人员在讯问犯罪嫌疑人的时候，应当告知犯罪嫌疑人如实供述自己罪行可以从宽处理的法律规定。

第四，犯罪嫌疑人对侦查人员的讯问，应当如实回答。但是，犯罪嫌疑人对与本案无关的问题，依法有拒绝回答的权利。

第五，讯问未成年的犯罪嫌疑人时可以通知他的法定代理人到场；讯问聋哑的犯罪嫌疑人，应当有通晓聋、哑手势的人参加，并且将这种情况记明笔录。

第六，讯问不通晓当地通用语言文字的人、外国人，应当配备翻译人员。

第七，讯问犯罪嫌疑人时，严禁使用刑讯逼供、威胁、引诱和欺骗的方法。讯问应当制作笔录并交犯罪嫌疑人核对，如果犯罪嫌疑人没有阅读能力，应当向他宣读。犯罪嫌疑人如果认为记载有遗漏或者有错误，应当允许他补充或更正，并在更正的地方签名或者盖章。犯罪嫌疑人认为无误后，应当签名或者盖章。讯问的侦查人员、记录人员和翻译人员也应在笔录上签名。讯问重大案件的犯罪嫌疑人，在文字记录的同时可以录音。犯罪嫌疑人请求自行书写供述的，应当允许。

第八，《刑事诉讼法》第一百一十六条规定，讯问犯罪嫌疑人必须由人民检察院或者公安机关的侦查人员负责进行。讯问的时候，侦查人员不得少于二人。犯罪嫌疑人被送交看守所羁押以后，侦查人员对其进行讯问，应当在看守所内进行。

第九，《刑事诉讼法》第一百二十一条规定，侦查人员在讯问犯罪嫌疑人的时候，可以对讯问过程进行录音或者录像；对于可能判处无期徒刑、死刑的案件或者其他重大犯罪案件，应当对讯问过程进行录音或者录像。录音或者录像应当全程进行，保持完整性。

### （三）犯罪嫌疑人聘请律师

《刑事诉讼法》第三十三条规定，犯罪嫌疑人自被侦查机关第一次讯问或者采取强制措施之日起，有权委托辩护人；在侦查期间，只能委托律师作为辩护人。被告人有权随时委托辩护人。侦查机关在第一次讯问犯罪嫌疑人或者对犯罪嫌疑人采取强制措施的时候，应当告知犯罪嫌疑人有权委托辩护人。人民检察院自收到移送审查起诉的案件材料之日起三日以内，应当告知犯罪嫌疑人有权委托辩护人。人民法院自受理案件之日起三日以内，应当告知被告人有权委托辩护人。犯罪嫌疑人、被告人在押期间要求委托辩护人的，人民法院、人民检察院和公安机关应当及时转达其要求。犯罪嫌疑人、被告人在押的，也可以由其监护人、近亲属代为委托辩护人。辩护人接受犯罪嫌疑人、被告人委托后，应当及时告知办理案件的机关。

## 四、询问证人、被害人

### （一）询问证人的概念、意义和程序

询问证人是指侦查人员依照法定程序，以言词方式向了解案件真实情况的人进行调查的一种侦查行为。询问证人是一种重要的侦查方法，是侦查机关及时查明案件事实，准确地揭露和证实犯罪不可缺少的手段之一。

根据《刑事诉讼法》的规定，询问证人应当遵守下列程序：

第一，询问证人只能由侦查人员进行，其他人员询问时，证人有权拒绝回答。《刑事诉讼法》第一百二十二条第一款规定，侦查人员询问证人，可以在现场进行，也可以到证人所在单位、住处或者证人提出的地点进行，在必要的时候，可以通知证人到人民检察院或者公安机关提供证言。在现场询问证人，应当出示工作证件，到证人所在单位、住处或者证人提出的地点询问证人，应当出示人民检察院或者公安机关的证明文件。

第二，若有多名证人，为保证证言的真实、可靠，侦查人员询问证人时，应当分别进行。

第三，询问证人时，侦查人员应当告知他必须如实地提供证据、证言和有意做伪证或者隐匿罪证要负的法律责任，从而有利于证人如实提供证据和证言。同时，侦查人员也应

当告知证人依法享有的各种诉讼权利，保障证人及其近亲属的安全。

第四，询问证人，一般应先让证人就他所知道的案件情况做详细的叙述，然后对其陈述不清或矛盾的地方再进一步询问。询问证人时，侦查人员不得用提示性的发问来暗示证人应如何作答，更不得以暴力、胁迫、引诱、欺骗等非法方法逼取证人证言。询问未成年的证人，可以通知其法定代理人到场，必要时询问的地点也可以选择未成年证人所熟悉和习惯的场所，以消除其紧张的心理。询问聋、哑证人，应当有通晓聋、哑手势的人做翻译，并将这种情况记入笔录。询问不通晓当地语言文字的人、外国人，应当为其聘请翻译人员。

第五，询问证人应当制作笔录，询问结束后，笔录应交证人核对或者向他宣读。如果记载有遗漏或差错，证人可以申请补充或者纠正。证人确认笔录无误后，证人和侦查人员都应当在笔录上签名或盖章。

### （二）询问被害人的概念和程序

询问被害人是指侦查人员依照法定程序，以言词方式向直接遭受犯罪行为侵害的人进行调查了解的一种侦查活动。

被害人与犯罪分子和犯罪活动有直接的接触和联系，及时正确地询问被害人，对全面收集证据，迅速查明案情都有重要的意义。

询问被害人适用询问证人的程序。但是，由于被害人有其特殊的诉讼地位和利益，因此，在询问被害人时，要注意把握以下两点：第一，由于被害人直接遭受犯罪行为的侵害，因此，通过询问被害人，能够获取更多的犯罪事实和犯罪嫌疑人的有关情况；第二，被害人是犯罪的直接受害人，对被害人的陈述，要注意分析是否合乎情理，有无夸大情节。

## 五、勘验、检查

### （一）勘验、检查的概念和意义

勘验、检查是指侦查人员对与犯罪有关的场所、物品、尸体、人身等进行勘查和检验，以发现和收集犯罪活动所遗留下来的各种痕迹和物品的一种侦查行为。勘验与检查二者性质是相同的，只是对象有所区别，勘验的对象是现场、物品和尸体，而检查的对象则是活人的身体。

侦查人员通过勘验和检查，可以及时发现、收集犯罪的痕迹和证物，从而了解案件性质、作案手段和犯罪动机、目的，为确定侦查范围和方向，进一步查清案情，揭露证实犯罪分子以及发现新的破案线索提供可靠的依据。

### （二）勘验、检查的种类

根据《刑事诉讼法》的规定，勘验、检查的种类包括：现场勘验、物证检验、尸体检验、人身检查和侦查实验。

#### 1. 现场勘验

现场勘验是侦查人员对犯罪现场，与犯罪有关的场所、物品和痕迹进行勘验和检查的一种侦查活动。犯罪现场是犯罪分子实施犯罪的地点，是犯罪行为的客观记录，犯罪证据较为集中，是获取破案线索和犯罪证据的重要场所。《刑事诉讼法》第一百零二条规定："任何单位和个人，都有义务保护犯罪现场，并且立即通知公安机关派员勘验。"执行勘验的侦查人员应当迅速赶到案发现场，侦查人员进行现场勘验时，必须持有公安机关或人民检察院的证明文件，如公安机关的《刑事犯罪现场勘查证》，根据《刑事诉讼法》第一百零一条的规定，在必要的时候，可以指派或聘请具有专门知识的人协助，在侦查人员的主持下进行勘验。为了保证勘验的客观公正性，还应邀请两名与案件无关的见证人在场。

侦查人员在现场勘验时，还应当及时向现场周围的群众、目睹人等一切知情人员进行调查询问，以便了解案发时现场的状况，对勘验过程中所发现和收集的同案件有关的各种证据，应及时采取各种措施和技术手段予以固定和保全。

对现场勘验情况应制成笔录，并由侦查人员、参加勘验的其他人员和见证人在笔录上签名或盖章。勘查现场，应当按照现场勘查规则的要求拍摄现场照片，制作《现场勘查笔录》和现场图。对重大案件、特别重大案件的现场，应当录像。对计算机犯罪案件进行现场勘查时，应当立即停止使用，保护计算机及相关设备，并复制电子数据。

2. 物证检验

物证检验是指在侦查过程中，对收集到的与案件有关的物品和痕迹进行检查、验证与研究，以确定该物证与案件事实之间关系的一种侦查活动。

在侦查过程中，侦查人员应当及时地收集对查明案件真实情况有意义的物品和物质痕迹，防止物证消失或被毁灭。侦查人员对收集到的物证进行检验，应当注意这些物品与周围环境及犯罪活动的关系，对涉及专门技术性问题的，应当指派或聘请具备专门技术的鉴定人进行鉴定。

物证检验应当制作笔录，详细记载检验的过程，物品的特征、形状、材料、尺寸、大小、性质等事项，参加检验的侦查人员、鉴定人和见证人均应签名或者盖章。

3. 尸体检验

尸体检验是通过尸表检验和尸体解剖的检验，以确定或判断死亡的时间和原因，致死的工具和手段、方法等，为侦查破案提供线索和为查明案情提供根据的诉讼活动。在勘验中遇到有死因不明的尸体，必须由侦查人员指派、聘请法医或医师对其进行尸体检验。

检验尸体必须及时，以防止尸体上的痕迹因尸体腐化而丧失证据意义。对于死因不明的尸体，为了确定死因，经县级以上公安机关负责人批准，可以解剖尸体或者开棺检验，并且通知死者家属到场，让其在《解剖尸体通知书》上签名或者盖章。死者家属无正当理由拒不到场或者拒绝签名、盖章的，不影响解剖或开棺检验，但是应当在《解剖尸体通知书》上注明。对于身份不明的尸体，无法通知死者家属的，应当在笔录中注明。对于已经查明死因，没有继续保存必要的尸体，应当通知家属领回处理，对无法通知或者通知后其家属拒绝领回的，经县级以上公安机关负责人批准，可以及时处理。

尸体检验的情况，应当制作笔录，并由侦查人员、法医或医师签名或者盖章。

4. 人身检查

人身检查是指侦查人员为了确定被害人、犯罪嫌疑人的某些特征、伤害情况或者生理状态，依法对其人身进行检查的一种侦查活动。人身检查是对活人人身进行的一种特殊检验，通过检查可以确定犯罪嫌疑人是否犯罪，犯罪的手段、情节、危害后果和判断犯罪工具，从而有利于查明案件性质、查获犯罪嫌疑人。

根据《刑事诉讼法》的规定，对被害人、犯罪嫌疑人进行人身检查，必须由侦查人员进行，必要时也可以聘请法医或医师依法进行，不得有侮辱人格或其他合法权益的行为。对犯罪嫌疑人进行人身检查，必要时可以强制进行。但对于被害人的人身检查，应征得本人同意，不得强制进行。检查妇女的身体，应当由女工作人员或者医师进行。人身检查的情况应当制作笔录，详细记载检查情况和结果，并由侦查人员和进行检查的法医、医师签名或盖章。

《刑事诉讼法》第一百三十条规定，为了确定被害人、犯罪嫌疑人的某些特征、伤害情况或者生理状态，可以对人身进行检查，可以提取指纹信息，采集血液、尿液等生物样本。

犯罪嫌疑人如果拒绝检查，侦查人员认为必要的时候，可以强制检查。检查妇女的身体，应当由女工作人员或者医师进行。

5. 侦查实验

侦查实验是指侦查人员为了确定和判明与案件有关的某一事实或现象在某种情况下能否发生或怎样发生，而模拟案件原有条件，将该事实或现象实验性地重新加以演示的一种侦查活动。

《刑事诉讼法》第一百三十三条规定，为了查明案情，在必要的时候，经公安机关负责人批准，可以进行侦查实验。侦查实验的情况应当写成笔录，由参加实验的人签名或者盖章。侦查实验，禁止一切足以造成危险、侮辱人格或者有伤风化的行为。

侦查实验的主要目的是：①确定在一定条件下能否听到或者看到；②确定在一定时间内能否完成某一行为；③确定在什么条件下能够发生某种现象；④确定在某种条件下某种行为和某种痕迹是否一致，即某种行为能否导致某种唯一的痕迹的产生；⑤确定在某种条件下能否留下某种痕迹；⑥确定某种痕迹发生变异的条件如何；⑦确定某种事件是怎样发生的。

侦查实验应当由侦查人员进行，并应当邀请两名以上见证人在场。在涉及专门问题时，可以聘请具有专门知识的人参加。对侦查实验的经过和结果应当制作侦查实验笔录，由参加侦查实验的侦查人员和见证人签名或者盖章。

## 六、搜 查

（一）搜查的概念和意义

搜查是指为了收集犯罪证据，查获犯罪嫌疑人，侦查人员依法对于犯罪嫌疑人以及可能隐藏犯罪嫌疑人或者犯罪证据的人的身体、物品、住处和其他有关地方进行搜寻、检查的一种侦查行为。

搜查可以对一切可能隐藏犯罪嫌疑人和犯罪证据的人、物品或有关处所进行，搜查对一切拒绝合法搜查的人，都可以依法强制进行。搜查对于侦查机关及时收集证据，查获犯罪嫌疑人，防止其逃跑、毁灭、转移证据等，具有十分重要地意义。

（二）搜查的程序

《刑事诉讼法》明确规定了搜查应当遵守的法律程序：

第一，搜查只能由公安机关、人民检察院等侦查机关的侦查人员依法进行。

第二，搜查时，必须有两名以上侦查人员，并持有县级以上侦查机关的主要负责人签发的搜查证。搜查时必须向被搜查人出示搜查证，否则被搜查人有权拒绝搜查。但是，侦查人员在执行逮捕、拘留的时候，遇有紧急情况，不另用搜查证也可以进行搜查。紧急情况是指下列情形之一：①可能随身携带凶器的；②可能隐藏爆炸、剧毒等危险物品的；③可能隐匿、毁弃、转移犯罪证据的；④可能隐匿其他犯罪嫌疑人的；⑤其他突然发生的紧急情况。

第三，任何单位和个人都有义务按照公安机关和人民检察院的要求，交出可以证明犯罪嫌疑人有罪或者无罪的物证、书证、视听资料。否则，侦查机关可依法强制提取。

第四，搜查时，应当有被搜查人或者他的家属、邻居或者其他见证人在场。搜查到的与案件有关的物品，需要扣押的应当按照扣押程序进行。

第五，搜查妇女的身体应当由女工作人员进行。

第六，搜查的情况应当写成笔录，由侦查人员和被搜查人员或者他的家属、邻居或者其他见证人签名或盖章。如果被搜查人在逃或者他的家属拒绝签名、盖章的，应当记明于笔录。

## 七、查封、扣押物证、书证

### (一) 查封、扣押物证、书证的概念和意义

查封、扣押物证、书证是指侦查机关依法强行提取和扣押与案件有关的物品、文件的一种侦查行为。《刑事诉讼法》第一百三十五条规定，任何单位和个人，有义务按照人民检察院和公安机关的要求，交出可以证明犯罪嫌疑人有罪或者无罪的物证、书证、视听资料等证据。

查封、扣押物证、书证的目的在于取得和保全证据，防止其被毁损或隐匿，从而保证侦查人员能够及时揭露、证实犯罪，保障无罪公民不受刑事追诉。

### (二) 查封、扣押物证、书证的程序

根据《刑事诉讼法》的规定，侦查人员查封、扣押物证、书证应当遵守下列程序：

第一，查封、扣押物证、书证只能由侦查人员进行；侦查人员可以在勘验、检查和搜查中进行，也可以单独进行，但应持有侦查机关的证明文件。

第二，查封、扣押的物证、书证范围仅限于可用以证明犯罪嫌疑人有罪或者无罪的各种物品和文件，对与案件无关的物品、文件不得查封、扣押。

第三，根据《刑事诉讼法》第一百四十条规定，对查封、扣押的财物、文件，应当会同在场见证人和被查封、扣押财物、文件持有人查点清楚，当场开列清单，一式二份，由侦查人员、见证人和持有人签名或者盖章，一份交给持有人，另一份附卷备查。

第四，根据《刑事诉讼法》第一百三十九条规定，在侦查活动中发现的可用以证明犯罪嫌疑人有罪或者无罪的各种财物、文件，应当查封、扣押；与案件无关的财物、文件，不得查封、扣押。对查封、扣押的财物、文件，要妥善保管或者封存，不得使用、调换或者损毁。

第五，侦查人员认为需要扣押犯罪嫌疑人的邮件、电报时，经公安机关或人民检察院的批准，即可通知邮电机关将有关的邮件、电报查封、扣押。不需要继续查封、扣押时，应当立即通知邮电机关。

第六，根据《刑事诉讼法》第一百四十二条规定，人民检察院、公安机关根据侦查犯罪的需要，可以依照规定查询、冻结犯罪嫌疑人的存款、汇款、债券、股票、基金份额等财产。有关单位和个人应当配合。犯罪嫌疑人的存款、汇款、债券、股票、基金份额等财产已被冻结的，不得重复冻结。

第七，根据《刑事诉讼法》第一百四十三条规定，对查封、扣押的财物、文件、邮件、电报或者冻结的存款、汇款、债券、股票、基金份额等财产，经查明确实与案件无关的，应当在三日以内解除查封、扣押、冻结，并予以退还。

## 八、鉴　定

### （一）鉴定的概念和意义

鉴定是指为了查明案情，解决案件中的某些专门性问题，由侦查机关指派或聘请具有专门知识的人，就案件中的专门性问题进行科学鉴别和判断的一种侦查行为。

在侦查实践中，鉴定的适用范围极其广泛，准确的鉴定，对于缩小侦查范围、提供侦查方向、审查判断案内其他证据的真伪、查明案件事实真相、查获犯罪嫌疑人具有重要作用。

在侦查中经常采用的鉴定主要有：刑事科学技术鉴定、法医鉴定、司法精神病鉴定、化学鉴定、物价鉴定、文物鉴定、司法会计鉴定等。

### （二）鉴定的程序

根据《刑事诉讼法》的规定，鉴定应当遵守下列程序：

第一，侦查机关指派或者聘请的鉴定人，必须具备与案件中所要求解决的专门性问题相适应的专门知识和技能，并且鉴定人应与本案或本案当事人没有利害关系或其他可能影响客观、公正的鉴定结论做出的情况。如果当事人认为侦查机关指定或者聘请的鉴定人同案件或者一方当事人有利害关系，可以申请其回避，也可以要求对已进行鉴定的专门性问题重新鉴定。

第二，侦查机关应当为鉴定人提供必要的有关原始材料和鉴定需要了解的有关案件情况，并且明确提出要求鉴定解决的问题，但是不得暗示或者强迫鉴定人做出某种鉴定意见。

第三，鉴定人应当按照鉴定规则，运用科学方法进行鉴定。鉴定后应当出具鉴定意见，并由鉴定人签名。如果是多名鉴定人共同进行鉴定的，可以互相讨论，达成一致后提出共同的鉴定意见，每一位鉴定人都应当签名；如果意见不一致，则可以分别提出自己的意见，并各自签名。鉴定只能涉及案件中的专门性事实问题，无权对案件的法律问题做出评判。

第四，侦查机关应当将用作证据的鉴定意见告知犯罪嫌疑人、被害人，如果犯罪嫌疑人、被害人申请补充鉴定或重新鉴定，可以补充。

第五，鉴定人故意做虚假鉴定，情节严重构成犯罪的，应当依法追究其做伪证的刑事责任；尚不构成刑罚处罚的，则依法予以行政处分。

## 九、辨　认

辨认是指侦查人员为了查明案情，在必要时让犯罪嫌疑人、被告人、被害人、证人对犯罪嫌疑人和与犯罪有关的物品、尸体、场所进行辨认的一种侦查行为。

辨认应当遵守下列程序：

第一，公安机关、人民检察院在侦查各自管辖的案件的过程中，需要辨认犯罪嫌疑人时，应当分别经公安机关负责人或者检察长批准。

第二，辨认应当在侦查人员主持下进行。在公安机关侦查的案件中，主持辨认的侦查人员不得少于2人。在辨认前，应当向辨认人详细询问被辨认对象的具体特征，避免辨认人见到被辨认对象，并应当告知辨认人有意做假辨认应当承担的法律责任。

第三，几名辨认人对同一辨认对象进行辨认时，应当由每名辨认人单独进行。必要时，可以有见证人在场。

第四，辨认时，应当将辨认对象混杂在其他人员或物品中，不得给辨认人任何暗示。公安机关侦查的案件，辨认犯罪嫌疑人时，被辨认的人数不得少于7人；对犯罪嫌疑人的照片进行辨认的，不得少于10人的照片。人民检察院自侦案件侦查过程中辨认犯罪嫌疑人时，受辨认的人数不得少于5人，照片不得少于5张。辨认物品时，同类物品不得少于5件，照片不得少于5张。

第五，公安机关侦查的案件，对犯罪嫌疑人的辨认，辨认人不愿意公开进行时，可以在不暴露辨认人的情况下进行，侦查人员应当为其保守秘密。

第六，辨认的经过和结果等情况应当制作笔录，由主持和参加辨认的侦查人员、辨认人、见证人签名或盖章。

第七，人民检察院主持进行辨认，可以商请公安机关参加或者协助。

## 十、通　缉

通缉是指公安机关或人民检察院通令缉拿应当逮捕而在逃的犯罪嫌疑人归案的一种侦查行为。《刑事诉讼法》第一百二十三条规定："应当逮捕的犯罪嫌疑人如果在逃，公安机关可以发布通缉令，采取有效措施，追捕归案。"通缉充分地发挥了公安机关系统内部通力合作、协同作战的威力，对于及时制止和打击犯罪，保障侦查和审判活动的顺利进行具有重要意义。

通缉应当遵守下列程序：

第一，只有县级以上的公安机关有权发布通缉令，其他任何机关、团体、单位、组织和个人都无权发布。人民检察院在办理自侦案件过程中，需要追捕在逃的犯罪嫌疑人时，经检察长批准，做出通缉决定后，仍需由公安机关发布通缉令。

第二，各级公安机关发布通缉令时有范围的限制，在自己管辖的地区以内可以直接发布通缉令，如果超出自己管辖的地区，应当报请有权决定的上级机关发布。

第三，被通缉的对象是依法应当逮捕而在逃的犯罪嫌疑人，包括依法应当逮捕而在逃的和已被逮捕但在羁押期间逃跑的犯罪嫌疑人。另外，通缉也适用于越狱逃跑的犯罪嫌疑人、被告人罪犯。

第四，通缉令中应写明被通缉人的姓名、性别、年龄、民族、籍贯、出生地、户籍所在地、居住地、职业、衣着和体貌特征并附被通缉人近期照片。除了必须保密的事项以外，应当写明发案的时间、地点和简要案情。

第五，通缉令发出后，如果发现新的重要情况，可以补发通报，通报必须注明原通缉令的编号和日期。

第六，有关公安机关接到通缉令以后，应当及时部署，积极查缉。对于通缉在案的犯罪嫌疑人，任何公民都有权扭送公安机关、人民检察院或人民法院处理。

第七，被通缉的人已经缉拿归案、死亡，或者通缉原因已经消失而无通缉必要的，发布通缉令的机关应当在原发布范围内立即发出撤销通缉令的通知。

## 十一、技术侦查措施

技术侦查措施，是指国家安全机关和公安机关为了侦查犯罪采取的特殊侦查措施，包括电子监听、电话侦听、电子监控、秘密拍照或录像、秘密获取某些物证、邮件等秘密的专门技术手段。

### （一）适用范围和批准手续

公安机关在立案后，对于危害国家安全犯罪、恐怖活动犯罪、黑社会性质的组织犯罪、重大毒品犯罪或者其他严重危害社会的犯罪案件，根据侦查犯罪的需要，通过严格的批准手续，可以采取技术侦查措施。这里的"其他严重危害社会的犯罪案件"，一般是指故意杀人、故意伤害致人重伤或者死亡，强奸、抢劫、绑架、放火、爆炸、投放危险物质等严重暴力犯罪案件；集团性、系列性、跨区域性重大犯罪案件；利用电信、计算机网络、寄递渠道等实施的重大犯罪案件，以及针对计算机网络实施的重大犯罪案件；其他严重危害社会的犯罪案件，依法可能判处 7 年以上有期徒刑的。

人民检察院在立案后，对于涉案数额在 10 万元以上，采取其他方法难以收集证据的重大贪污、贿赂犯罪案件以及利用职权实施的严重侵犯公民人身权利的重大犯罪案件，经过严格的批准程序，可以采取技术侦查措施，交有关机关执行。这里的"贪污、贿赂犯罪"，包括《刑法》分则第八章规定的贪污罪、受贿罪、单位受贿罪、行贿罪、对单位行贿罪、介绍贿赂罪、单位行贿罪、利用影响力受贿罪。这里的"利用职权实施的严重侵犯公民人身权利的重大犯罪案件"，包括有重大社会影响的、造成严重后果的或者情节特别严重的非法拘禁、非法搜查、刑讯逼供、暴力取证、虐待被监管人、报复陷害的案件。

追捕被通缉或者被批准、决定逮捕的在逃的犯罪嫌疑人、被告人，经过批准，可以采取追捕所必需的技术侦查措施。

人民检察院办理直接受理立案侦查的案件，需要追捕被通缉或者批准、决定逮捕的在逃的犯罪嫌疑人、被告人的，经过批准，可以采取追捕所必需的技术侦查措施，不受上诉的案件范围的限制。

### （二）决定和执行机关

公安机关（含国家安全机关），检察院享有技术侦查的决定权，公安机关（含国家安全机关）享有技术侦查的执行权。

（三）决定程序

批准决定应当根据侦查犯罪的需要，确定采取技术侦查措施的种类和适用对象。

批准决定自签发之日起 3 个月内有效，对于不需要继续采取技术侦查措施的，应当及时解除；对于复杂、疑难案件，期限届满仍有必要继续采取技术侦查措施的，经过批准，有效期可以延长，每次不得超过 3 个月。

（四）执行程序

采取技术侦查措施，必须严格按照批准的措施种类、对象和期限执行。

侦查人员对其采取技术侦查措施过程中知悉的国家秘密、商业秘密和个人隐私，应当保密；对于采取技术侦查措施获取的议案件无关的材料，应当及时销毁。

采取技术侦查措施获取的材料，只能用于对犯罪的侦查、起诉和审判，不得用于其他用途。

公安机关依法采取技术侦查措施，有关单位和个人应当配合，并对有关情况予以保密。

（五）秘密侦查措施的适用

为了查明案情，在必要的时候，经县级以上公安机关负责人决定，可以由特定人员隐匿真实身份实施侦查，但是不得诱使他人犯罪，不得采用可能危害公共安全或者发生重大人身危险的方法对涉及给付毒品等违禁品或者财物的犯罪活动，为查明参与该项犯罪的人员和犯罪事实，根据侦查需要，经县级以上公安机关负责人决定，可以实施控制下交付。

（六）证据的应用程序

依照《刑事诉讼法》中"技术侦查"专节规定采取侦查措施所收集的材料，在刑事诉讼中，可以作为证据使用。采取技术侦查措施收集的材料作为证据使用的，批准采取技术侦查措施的法律文书应当附卷，辩护律师可以依法查阅、摘抄、复制，在审判过程中可以向法庭出示。

如果使用该证据可能危及特定人员的人身安全，或者可能产生其他严重后果的，应当采取不暴露特定人员真实身份等保护措施，必要的时候可以由审判人员在庭外对证据进行核实。

## 十二、侦查终结

（一）侦查终结的概念和意义

侦查终结是指侦查机关对于自己立案侦查的案件，经过一系列的侦查活动，根据已经查明的事实和证据，依照法律规定，足以对案件做出起诉、不起诉或者撤销案件的结论，并对犯罪嫌疑人做出处理的一种诉讼活动。

侦查终结是侦查阶段的最后一道程序，是侦查任务完成的标志。

《刑事诉讼法》第一百五十九条的规定，在案件侦查终结前，辩护律师提出要求的，侦查机关应当听取辩护律师的意见，并记录在案。辩护律师提出书面意见的，应当附卷。

（二）侦查终结的条件

根据《刑事诉讼法》第一百六十条的规定，无论是公安机关负责侦查的案件还是人民检察院自行侦查的案件，侦查终结都必须同时具备下列三个条件：

第一，案件事实已经查清。它是侦查终结的首要条件。案件事实一般是指对于犯罪嫌疑人的犯罪时间、地点、动机、目的、情节、手段和危害结果以及有没有遗漏罪行或者其他应当追究刑事责任的同案人等与案件有关的事实和情节。

第二，证据确实、充分。它是指证明犯罪事实情节的每一个证据来源可靠，经核实无误，证据与案件之间联系清楚，证据之间能够相互印证，证明链条环环相扣，足以确认犯罪嫌疑人有罪或者无罪、罪重或者罪轻。

第三，法律手续完备。法律手续完备，同样是侦查终结必不可少的条件。它是依法办案的依据，是保证侦查质量的前提。如果发现有遗漏或不符合法律规定之处，应当及时采取有效的措施予以补充或改正。

（三）侦查终结的处理

侦查终结的案件应当根据案件的不同情况，分别做出移送审查起诉或者撤销案件的处理决定。

公安机关侦查的案件侦查终结后，对于犯罪事实清楚，证据确实、充分，依法应当追究犯罪嫌疑人刑事责任的案件，应当制作《起诉意见书》，连同案卷材料、证据，一并移送同级人民检察院审查决定。同时将案件移送情况告知犯罪嫌疑人及其辩护律师。对于犯罪情节轻微，依法不需要判处刑罚或者免除刑罚的案件，公安机关应制作《不起诉意见书》，移送人民检察院审查。

在侦查过程中，发现不应对犯罪嫌疑人追究刑事责任的，应当撤销案件；犯罪嫌疑人已被逮捕的，应当立即释放，发给释放证明，并且通知原批准逮捕的人民检察院。其中"不应对犯罪嫌疑人追究刑事责任的"，是指查明本案不存在犯罪事实或者犯罪嫌疑人的行为符合《刑事诉讼法》第十五条的规定。侦查机关经过侦查，发现不应对犯罪嫌疑人追究刑事责任时，也应当及时终结侦查，做出撤销案件的决定，并制作《撤销案件决定书》。犯罪嫌疑人已被逮捕的，应当立即释放，并发给释放证明，同时通知原批准的人民检察院。

## 十三、侦查中的羁押期限

侦查中的羁押期限是指犯罪嫌疑人在侦查中被逮捕以后到侦查终结的期限。侦查中的羁押期限可以分为一般羁押期限、特殊羁押期限和重新计算的羁押期限三种。

1. 一般羁押期限

《刑事诉讼法》规定"对犯罪嫌疑人逮捕后的侦查羁押期限不得超过两个月"。如果犯罪嫌疑人在逮捕以前已被拘留的，拘留的期限不包括在侦查羁押期限之内。

2. 特殊羁押期限

特殊羁押期限指侦查羁押期限的延长，但必须符合法定条件并履行相应的审批手续和程序。主要情况有：

第一，根据《刑事诉讼法》第一百二十四条的规定，案情复杂、期限届满不能终结的案件，可以经上一级人民检察院批准延长 1 个月。

第二，根据《刑事诉讼法》第一百二十五条的规定，因为特殊原因，在较长时间内不宜交付审判的特别重大复杂的案件，由最高人民检察院报请全国人民代表大会常务委员会批准延期审理。

第三，根据《刑事诉讼法》第一百二十六条的规定，下列案件在《刑事诉讼法》第一百二十四条规定的期限届满仍不能侦查终结的，经省、自治区、直辖市人民检察院批准或者决定，可以延长 2 个月：①交通十分不便的边远地区的重大复杂案件；②重大的犯罪集团案件；③流窜作案的重大复杂案件；④犯罪涉及面广，取证困难的重大复杂案件。

第四，根据《刑事诉讼法》第一百二十七条的规定，对犯罪嫌疑人可能判处 10 年有期徒刑以上刑罚，依照本法第一百二十六条规定延长期限届满，仍不能侦查终结的，经省、自治区、直辖市人民检察院批准或者决定，可以再延长 2 个月。

3. 重新计算羁押期限

遇有下列情况的，不计入原有侦查羁押期限，即重新计算羁押期限：

第一，在侦查期间，发现犯罪嫌疑人另有重要罪行的，自发现之日起依照本法第一百五十四条的规定重新计算侦查羁押期限。

第二，犯罪嫌疑人不讲真实姓名、住址，身份不明的，应当对其身份进行调查，侦查羁押期限自查清其身份之日起计算，但是不得停止对其犯罪行为的侦查取证。对于犯罪事实清楚，证据确实、充分，确实无法查明其身份的，也可以按其自报的姓名起诉、审判。

第三，对被羁押的犯罪嫌疑人做精神病鉴定的时间，不计入侦查羁押期限。其他鉴定时间则应当计入羁押期限。

## 十四、人民检察院对直接受理案件的侦查

（一）人民检察院的侦查权限

人民检察院在自侦案件侦查过程中，如果发现案件符合《刑事诉讼法》规定的情形，需要逮捕、拘留犯罪嫌疑人的，人民检察院有权做出决定，由公安机关执行。

人民检察院对直接受理案件中被拘留的人，应当在拘留后的 24 小时以内进行讯问。在发现不应当拘留的时候，必须立即释放，发给释放证明。

为了提高侦查工作的效率，防止以拘代侦等违反法律规定的情形出现，《刑事诉讼法》第一百六十五条明确规定，人民检察院对直接受理的案件中被拘留的人，认为需要逮捕的，应当在十四日以内做出决定。在特殊情况下，决定逮捕的时间可以延长一日至三日。对不需要逮捕的，应当立即释放；对需要继续侦查，并且符合取保候审、监视居住条件的，依法取保候审或者监视居住。

（二）侦查终结后的处理

《刑事诉讼法》第一百三十五条规定：人民检察院侦查终结的案件，应当做出提起公

诉、不起诉或者撤销案件的决定。可见，人民检察院对侦查终结的案件分别有三种不同的处理方式：提起公诉、不起诉和撤销案件。

人民检察院侦查终结案件后，对于符合提起公诉或不起诉条件的案件，由侦查部门制作《起诉意见书》或《不起诉意见书》，连同其他案卷材料一并移送审查起诉部门，由审查起诉部门进行审查，再根据审查起诉的程序，做出提起公诉或不起诉的决定；如果侦查终结，应当撤销案件的，侦查部门应当制作《撤销案件意见书》，报经检察长或检察委员会讨论决定后撤销案件。人民检察院撤销案件的决定，应当分别送达犯罪嫌疑人所在单位和犯罪嫌疑人。犯罪嫌疑人死亡的，应当送达犯罪嫌疑人原所在单位。如果犯罪嫌疑人在押，应当制作决定释放通知书，通知公安机关依法释放。公安机关应当立即释放，并发给释放证明。

## 十五、补充侦查

### （一）补充侦查的概念和意义

补充侦查是指公安机关或者人民检察院依照法定程序，在原有侦查工作的基础上，对案件中的部分事实情况做进一步调查、补充证据的一种诉讼活动。

补充侦查并不是每一个刑事案件都必须经过的诉讼程序，它只是在原有的侦查工作没有达到侦查目的和要求，侦查任务还未完成的情况下，由侦查机关就部分事实情节进行侦查。因此，正确、及时地进行补充侦查，对于公、检、法三机关查清全部案件事实、客观公正地处理案件，防止和纠正在诉讼过程中发生的错误等，具有十分重要的意义。

### （二）补充侦查的种类和形式

#### 1. 审查起诉阶段的补充侦查

《刑事诉讼法》第一百七十一条规定，人民检察院审查案件，可以要求公安机关提供法庭审判所必需的证据材料；认为可能存在本法第五十四条规定的以非法方法收集证据情形的，可以要求其对证据收集的合法性做出说明。人民检察院审查案件，对于需要补充侦查的，可以退回公安机关补充侦查，也可以自行侦查。对于补充侦查的案件，应当在一个月以内补充侦查完毕。补充侦查以二次为限。补充侦查完毕移送人民检察院后，人民检察院重新计算审查起诉期限。对于二次补充侦查的案件，人民检察院仍然认为证据不足，不符合起诉条件的，应当做出不起诉的决定。

第一，补充侦查的情况有两种。即如果是由公安机关侦查终结，人民检察院审查之后，需要补充侦查时，既可以决定将案件退回公安机关补充侦查，也可以决定自行侦查，必要时可以要求公安机关协助。但是，如果是人民检察院自行侦查终结的案件需要补充侦查的，则不能退由公安机关补充侦查。

第二，对于退回公安机关补充侦查的案件，应当在一个月以内补充侦查完毕；人民检察院审查起诉的期限从案件补充侦查完毕移送起诉之日起重新计算。人民检察院审查起诉中决定自行侦查的，应当在审查起诉期限内侦查完毕。

第三，经过补充侦查的案件，人民检察院仍然认为证据不足，不符合起诉条件的，可以做出不起诉的决定。

2. 法庭审理阶段的补充侦查

在法庭审理过程中，检察人员发现提起公诉的案件需要补充侦查，并提出补充侦查建议的，人民法院可以延期审理，补充侦查应当在 1 个月以内完毕。人民法院不能主动将案件退回人民检察院补充侦查。对于人民检察院提起公诉的案件，只要符合法律规定，人民法院就必须开庭审判。至于补充侦查的方式，一般由人民检察院自行补充侦查，必要时可以要求公安机关协助。补充侦查的期限不能超过 1 个月。

### 十六、侦查监督

（一）侦查监督的概念和意义

侦查监督是指人民检察院依法对侦查机关的侦查活动是否合法进行的监督。根据《刑事诉讼法》的规定，此处的侦查机关应包括公安机关外，同样在某种情况下行使侦查权的国家安全机关、监狱、军队保卫部门以及人民检察院的侦查部门。

侦查监督是人民检察院《刑事诉讼法》监督职能的重要体现，它在刑事诉讼中具有十分重要的意义：①侦查监督有利于保证国家刑事法律的统一、正确实施；②侦查监督有利于保障公民的合法权益；③监督有利于提高侦查人员的执法水平，维护社会主义法制的权威性。

（二）侦查监督的途径和措施

人民检察院主要通过采取以下途径和措施，履行其法定的侦查监督职能：

第一，人民检察院通过审查批准逮捕、审查起诉，发现公安机关的侦查活动存在违法情况的，应当提出意见，通知公安机关纠正。构成犯罪的，移送有关部门依法追究刑事责任。人民检察院发现侦查中违反法律规定的羁押和办案期限的，也应当依法提出纠正意见。

第二，人民检察院根据案件需要，通过派员参加公安机关对于重大案件的讨论和其他侦查活动，若发现公安机关在侦查活动中的违法行为，应当及时通知公安机关予以纠正。

第三，人民检察院通过接受诉讼参与人对侦查机关或侦查人员侵犯诉讼权利和人身权利的行为提出的控告，行使侦查监督权。

第四，人民检察院通过审查公安机关执行人民检察院批准或不批准逮捕决定的情况，以及释放被逮捕的犯罪嫌疑人或者变更逮捕措施的情况，履行侦查监督职能。人民检察院发现公安机关或者公安人员在侦查或者决定、执行、变更、撤销强制措施等活动中有违法行为的，应当及时提出纠正意见。

# 第十三节 起 诉

## 一、起诉的概念及分类

起诉是指享有控诉权的国家机关和公民依法向人民法院提起诉讼，请求人民法院对被告人被指控的内容进行审判，以确认其刑事责任并依法予以刑事处罚的诉讼活动。刑事起诉有公诉和自诉两种。

公诉是指行使国家公诉权的检察机关，对公安机关侦查终结移送审查的案件，以及对于自行侦查终结的案件，经过全面审查，认为犯罪事实清楚，证据确实、充分，已涉嫌构成犯罪，依法应当追究被告人的刑事责任，从而提请人民法院进行审判的诉讼活动。

自诉是指被害人及其法定代理人、近亲属等向法院提起控告要求追究被告人刑事责任的诉讼活动。

## 二、审查起诉

### (一) 审查起诉的概念

审查起诉是指检察机关在公诉阶段，为了正确确定经侦查终结的刑事案件是否应当提起公诉，而对侦察机关确认的犯罪事实和证据进行全面审查核实，并做出处理决定的一项具有诉讼意义的活动。

《刑事诉讼法》第一百三十六条规定：凡需要提起公诉的案件，一律由人民检察院审查决定。由此可以看出，提起公诉的决定权在人民检察院。

审查起诉的基本任务有：①审查侦查活动的过程和结果，纠正侦查活动中的违法行为，对侦查活动中的偏差和遗漏问题予以补救；②通过审查案件的事实问题和法律适用问题，合理斟酌影响案件处理的各种因素，做出正确的起诉或不起诉的决定；③掌握案件的全面情况，为支持公诉做好准备。

### (二) 移送审查起诉案件的受理

第一，检察院对于公安机关移送审查起诉的案件，应当在 7 日内进行审查。检察院对公安机关移送审查起诉的案件进行审查的期限，计入检察院审查起诉的期限。

第二，检察院在收到起诉意见书后，应当指定检察人员审查以下内容：①案件是否属于本院管辖；②起诉意见书以及案卷材料是否齐备，案卷装订、移送是否符合有关要求和规定，诉讼文书、技术性鉴定材料是否单独装订成卷等；③对作为证据使用的实物是否随案移送，移送的实物与物品清单是否相符；④犯罪嫌疑人是否在案以及采取强制措施的情况。

第三，审查后，对具备受理条件的，填写受理审查起诉案件登记表。对起诉意见书、案卷材料不齐备的，对作为证据使用的实物未移送的，或者移送的实物与物品清单不相符的，应当要求公安机关在 3 日内补送。对于案卷装订不符合要求的，应当要求公安机关重新分类装订后移送审查起诉。对于犯罪嫌疑人在逃的，应当要求公安机关在采取必要措施保证犯罪嫌疑人到案后移送审查起诉。共同犯罪的部分犯罪嫌疑人在逃的，应当要求公安机关在采取必要措施保证在逃的犯罪嫌疑人到案后另案移送审查起诉，对在案的犯罪嫌疑人的审查起诉应当照常进行。检察院审查起诉部门受理本院侦查部门移送审查起诉的案件，按照上述要求办理。

第四，各级检察院提起公诉的案件，应当与人民法院的审判管辖相适应。

检察院受理同级公安机关移送审查起诉的案件，经审查认为属于上级人民法院管辖的第一审案件时，应当写出审查报告，连同案卷材料报送上一级检察院，同时通知移送审查起诉的公安机关；认为属于同级其他人民法院管辖的第一审案件时，应当写出审查报告，连同案卷材料移送有管辖权的检察院或者报送共同的上级检察院指定管辖，同时通知移送审查起诉的公安机关。

上级检察院受理同级公安机关移送审查起诉的案件，认为属于下级人民法院管辖时，可以直接交下级检察院审查，由下级检察院向同级人民法院提起公诉，同时通知移送审查起诉的公安机关。

一人犯数罪、共同犯罪和其他需要并案审理的案件，审查起诉适用"就高不就低"原则。

### （三）审查起诉的内容

检察院审查案件的时候，必须查明：①犯罪事实、情节是否清楚，证据是否确实、充分，犯罪性质和罪名的认定是否正确；②有无遗漏罪行和其他应当追究刑事责任的人；③是否属于不应追究刑事责任的；④有无附带民事诉讼；⑤侦查活动是否合法。

除了规定要查明上述五项内容以外，还要查明以下内容：①犯罪嫌疑人身份状况是否清楚。②有无法定的从重、从轻、减轻或者免除处罚的情节；共同犯罪案件的犯罪嫌疑人在犯罪活动中的责任的认定是否恰当。③证据材料是否随案移送，不宜移送的证据的清单、复制件、照片或者其他证明文件是否随案移送。④对于国家财产、集体财产遭受损失的，是否需要由检察院提起附带民事诉讼。⑤采取的强制措施是否恰当。⑥与犯罪有关的财物及其孳息是否扣押、冻结并妥善保管；对被害人合法财产的返还和对违禁品或者不宜长期保存的物品的处理是否妥当，移送的证明文件是否完备。

### （四）审查起诉的步骤和方法

第一，检察院审查案件应当阅卷审查，制作阅卷笔录。由案件承办人负责审查案件的管辖、审查随案移送的文书和证据材料，并做出适当处理。

第二，人民检察院审查案件，应当讯问犯罪嫌疑人，听取辩护人、被害人及其诉讼代理人的意见，并记录在案。辩护人、被害人及其诉讼代理人提出书面意见的，应当附卷。

第三，检察院对证人证言笔录存在疑问或者认为对证人的询问不具体或者有遗漏的，可以对证人进行询问并制作笔录。讯问犯罪嫌疑人或者询问被害人、证人时，应当分别告知其在审查起诉阶段所享有的诉讼权利。

第四，检察院审查案件，可以要求公安机关提供法庭审判所必需的证据材料。检察院审查案件的时候，对公安机关的勘验、检查，认为需要复验、复查时，可以要求公安机关复验、复查，并且可以派检察人员参加。复验、复查可以退回公安机关进行，也可以由检察院自己进行。检察院对鉴定结论有疑问的，可以进行补充鉴定或者重新鉴定。

第五，补充侦查。检察院认为存在犯罪事实不清、证据不足或者遗漏罪行、遗漏同案犯罪嫌疑人等情形，认为需要补充侦查的，应当提出具体的书面意见，连同案卷材料一并退回公安机关补充侦查；检察院也可以自行侦查，必要时可以要求公安机关提供协助。检察院的自侦案件只能退回自侦部门补充侦查。

第六，审查后的处理。检察院办案人员对案件进行审查后，应当制作案件审查意见书，提出起诉或者不起诉以及是否需要提起附带民事诉讼的意见，经审查起诉部门负责人审核，报请检察长或者检察委员会决定提起公诉或不起诉。

对于公安机关移送审查起诉的案件，发现犯罪嫌疑人没有违法犯罪行为的，应当书面说明理由，将案卷退回公安机关处理；发现犯罪事实并非犯罪嫌疑人所为的，应当书面说明理由，将案卷退回公安机关并建议公安机关重新侦查。如果犯罪嫌疑人已经被逮捕，应当撤销逮捕决定，通知公安机关立即释放。对于自侦部门移送审查起诉的案件，发现具有上述情形之一的，应当退回本院自侦部门建议做出撤销案件的处理。

### （五）审查起诉的期限

检察院对公安机关移送起诉的案件，应当在 1 个月以内做出决定，重大、复杂的案件，可以延长半个月。

检察院审查起诉的案件，改变管辖的，从改变后的检察院收到案件之日起重新计算审查起诉期限。

补充侦查的案件，补充侦查完毕移送检察院后，检察院重新计算审查起诉期限。

在审查起诉过程中，犯罪嫌疑人潜逃或者患有精神病及其他严重疾病不能接受讯问，丧失诉讼行为能力的，检察院可以中止审查。

共同犯罪中的部分犯罪嫌疑人潜逃的，对潜逃的犯罪嫌疑人可以中止审查，对其他犯罪嫌疑人的审查起诉应照常进行。

## 三、提起公诉

提起公诉是指人民检察院对公安机关侦查终结、移送起诉的案件进行全面审查，对应当追究刑事责任的犯罪嫌疑人提交人民法院进行审判的一项诉讼活动。提起公诉是人民检察院的一项专门权力，其他任何机关、团体和个人都不得行使。

### （一）提起公诉的条件

根据《刑事诉讼法》的规定，提起公诉需要具备实质条件和形式要件两个方面。《刑事诉讼法》第一百七十二条规定，人民检察院认为犯罪嫌疑人的犯罪事实已经查清，证据确实、充分，依法应当追究刑事责任的，应当做出起诉决定，按照审判管辖的规定，向人民法院提起公诉，并将案卷材料、证据移送人民法院。

1. 提起公诉的实质条件

第一，犯罪嫌疑人的犯罪事实已经查清。"犯罪事实"是指影响定罪量刑的犯罪事实。在我国刑事诉讼中，应查清的犯罪事实主要包括：①确定犯罪嫌疑人实施的行为是犯罪，不是一般的违法的事实；②确定嫌疑人负有刑事责任；③确定嫌疑人实施的行为是某一种或某几种性质的犯罪的事实；④确定对嫌疑人应当从轻、减轻或者从重、加重处罚的事实。

第二，证据确实、充分。

第三，依法应当追究犯罪嫌疑人的刑事责任。

以上三个条件，必须同时具备。

检察院在办理公安机关移送起诉的案件中，发现遗漏依法应当移送审查起诉同案犯罪嫌疑人的，应当建议公安机关补充移送审查起诉；对于犯罪事实清楚，证据确实、充分的，检察院也可以直接提起公诉。

2. 提起公诉的程序条件

程序条件是形式要件，有如下几项：①提起公诉必须是书面的，也就是说检察机关必须制作起诉书。②要按照审判管辖的规定向人民法院提起公诉，即人民检察院必须把案件向有管辖权的人民法院提起公诉。③人民检察院只能向同一个地区的同级法院提起公诉，如果向同级法院提起公诉和必须按照审判管辖规定提起公诉这两者之间有矛盾，必须在检察院系统内部做出必要的调整。④提起公诉时需附上证人名单、证据目录、主要证据复印件和照片，如果在提起公诉的同时建议人民法院适用简易程序的，则要将本案全部案卷和证据移送人民法院。

（二）起诉书的制作和移送

起诉书是检察院代表国家控诉犯罪嫌疑人并将其交付审判的标志，也是根据事实说明追究刑事被告人刑事责任的理由和根据的一种结论性的请求书。对起诉书制作的主要要求可以表述为"有明确的指控犯罪事实。"这是为了法院明确审判对象并限制法院的审判范围，也是为了使被告及其辩护人能够有针对性地进行防御。

起诉书通常应包含以下内容：①被告人的基本情况。如姓名、性别、年龄、职业、住所及原籍等。被告人为法人时，须记载其单位及代表人或管理人的姓名和住址。被告人已被逮捕或采取其他强制措施的，也应记明。②案由和案件来源。③案件事实，包括犯罪的时间、地点、经过、手段、动机、目的、危害后果等与定罪量刑有关的事实要素。被告人被控有多项犯罪事实的，应当逐一列明，对于犯罪手段相同的同一性质犯罪可以概括叙写。④起诉的根据和理由。包括被告人触犯的刑法条款，犯罪的性质，法定从轻、减轻或者从重处罚的情节，共同犯罪各被告人应负的罪责等。

检察院决定提起公诉的案件，应当向人民法院移送起诉书、证据目录、证人名单和主要证据复印件或者照片，并且应当按照审判管辖的规定，向同级人民法院提起公诉。

起诉书应当一式八份，每增加一名被告人增加起诉书五份。

（三）适用简易程序案件的移送

依法可能判处3年以下有期徒刑、拘役、管制、单处罚金的公诉案件，事实清楚、证据充分，人民检察院有权建议或者同意人民法院适用简易程序。

根据《人民检察院刑事诉讼规则》的规定，对下列案件，人民检察院应当不建议或不同意人民法院适用简易程序：①依法可能判处3年以上有期徒刑的；②对案件事实证据存在较大争议的；③比较复杂的共同犯罪案件；④对被告人是否犯罪、犯有何种罪存在争议的；⑤被告人要求适用普通程序的；⑥被告人是盲、聋、哑人的；⑦辩护人做无罪辩护的；⑧其他不宜使用简易程序的。

## 四、不起诉

（一）不起诉的概念和种类

不起诉是指检察机关对公安机关侦查终结移送起诉的刑事案件或者自行侦查终结的案

件进行审查后，认为犯罪嫌疑人具有《刑事诉讼法》第十五条规定的不追究刑事责任的情形，或者犯罪嫌疑人犯罪情节轻微依法不需要判处刑罚或免除刑罚，或者经过两次补充侦查尚未达到起诉条件或不适宜提起公诉，所做出的不将案件移送法院进行审判而终止诉讼的决定。

根据《刑事诉讼法》第一百四十条第四款、第一百四十二条的规定，不起诉分为法定不起诉、酌定不起诉和存疑不起诉三类。

1. 法定不起诉

法定不起诉是起诉机关对案件没有诉权或者丧失诉权，因此不提起公诉。凡具有《刑事诉讼法》第十五条规定的情形的，检察机关都应依法做出不起诉决定，而无自由裁量的余地。这些情形包括：①情节显著轻微、危害不大，不认为是犯罪的；②犯罪已过追诉时效期限的；③经特赦令免除刑罚的；④依照刑法告诉才处理的案件，没有告诉或者撤回告诉的；⑤犯罪嫌疑人、被告人死亡的；⑥其他法律规定免予追究刑事责任的。

2. 酌定不起诉

酌定不起诉是指人民检察院认为犯罪嫌疑人的犯罪情节轻微，依照刑法规定不需要判处刑罚或者可以免除刑罚的案件，可以做出的不起诉决定。酌定是指人民检察院对于起诉与否有自由裁量的余地，对于符合条件的，既可以起诉，也可以不起诉。按照《刑事诉讼法》的规定，酌定不起诉的适用须具备两个条件：①犯罪嫌疑人实施的行为触犯了《刑法》规定，已经构成犯罪；②该犯罪行为情节轻微，依照《刑法》规定不需要判处刑罚或者可以免除刑罚。

犯罪情节轻微，既属于不需要判处刑罚的条件，同时也是免除刑罚条件的几种情形包括：①嫌疑人在中国领域外犯罪，根据《刑法》应负刑事责任，但在外国已受过刑事处罚；②嫌疑人又聋又哑，或是盲人犯罪；③嫌疑人因防卫过当或紧急避险超过必要限度并造成不应有危害而犯罪；④为犯罪准备工具，制造条件；⑤在犯罪过程中自动中止或自动有效地防止犯罪结果发生；⑥在共同犯罪中，起次要的或者辅助作用的人员；⑦被胁迫、被诱骗参加犯罪；⑧犯罪嫌疑人自首或者在自首后有立功表现。

3. 存疑不起诉

检察机关在确认案件事实不清、证据不足，没有胜诉可能时，做出不起诉决定。在这类案件中，认定嫌疑人构成犯罪有一定根据，但证据不充分，不能在法律上证实。将这类案件起诉到法院，难以达到公诉的目的。根据无罪推定的精神，对这类案件应当不起诉。但可能时，在做出不起诉决定之前应当进行补充侦查。只有确认在法定期限内无证实可能，才能决定不起诉。

需要注意的是，对于经过两次补充侦查的案件，人民检察院仍然认为证据不足、事实不清，不符合起诉条件的，应当做出不起诉的决定。具有下列情形之一，不能确定犯罪嫌疑人构成犯罪和需要追究刑事责任的，属于证据不足，不符合起诉条件：①据以定罪的证据存在疑问，无法查证属实的；②犯罪构成要件事实缺乏必要的证据予以证明的；③据以定罪的证据之间的矛盾不能合理排除的；④根据证据得出的结论具有其他可能性而无法排除的。

（二）不起诉的程序

1. 制作不起诉决定书

检察院决定不起诉的案件，应当制作不起诉决定书。不起诉决定书的主要内容包括：①被不起诉人的基本情况；②案由和案件来源；③案件事实，包括否定或者指控被不起诉人构成犯罪的事实以及作为不起诉决定根据的事实；④不起诉的根据和理由，写明做出不起诉决定适用的法律条款；⑤有关告知事项。检察院对直接立案侦查的案件决定不起诉后，审查起诉部门应当将不起诉决定书副本以及案件审查报告报送上一级检察院备案。

2. 宣读和送达不起诉决定书

检察院应当公开宣布不起诉决定书。不起诉决定书一经宣布，立即产生法律效力，并应分别送达下列机关和人员：①被不起诉人及被不起诉人的所在单位。如果被不起诉人在押的，应当立即释放。②如果是公安机关移送起诉的案件，应当将不起诉决定书送达公安机关。③对于有被害人的案件，应当将不起诉决定书送达被害人或其近亲属及其诉讼代理人，并告知如果对不起诉决定不服，可以向人民检察院申诉或向人民法院起诉。

3. 对被害人、被不起诉人的申诉进行复查

被害人对检察院做出的不起诉决定不服的，可以自收到决定书后7日以内向做出不起诉决定的检察院的上一级检察院申诉，上一级检察院控告申诉部门应当立案复查。

上一级检察院复查后，应当在3个月内做出复查决定，案情复杂的，最长不得超过6个月。复查决定书应当送达被害人和做出不起诉决定的检察院。对检察院维持不起诉决定的，被害人可以向人民法院起诉，被害人也可以不经申诉，直接向人民法院起诉。检察院收到人民法院受理被害人对被不起诉人起诉的通知后，应当终止复查，并将做出不起诉决定所依据的有关案件材料移送人民法院。

4. 对公安机关的意见进行复议、复核

公安机关认为不起诉的决定有错误的时候，可以要求复议，如果意见不被接受，可以向上一级检察院提请复核。公安机关要求复议的，检察院应在收到要求复议意见书后的30日内做出复议决定，并通知公安机关。公安机关提请复核的，上一级检察院应在收到提请复核意见书后的30日内做出复核决定，通知下级检察院和公安机关。对下级检察院的决定做出改变的，应当撤销下级检察院的不起诉决定，交由下级检察院执行。

5. 做出其他附带处分或者移送主管机关处理

检察院决定不起诉的案件，可以根据案件的不同情况，对不起诉人予以训诫或者责令具结悔过、赔礼道歉、赔偿损失。对不起诉人需要给予行政处罚、行政处分或者需要没收其违法所得的，检察院应当提出检察意见，连同不起诉决定书一并移送有关主管机关处理，有关主管机关应当将处理结果及时通知检察院。

6. 解除扣押、冻结

检察院决定不起诉的案件，应当同时对侦查中扣押、冻结的财物解除扣押、冻结。

另外，检察院如果发现不起诉决定确有错误，符合起诉条件的，应当撤销不起诉决定，提起公诉。最高人民检察院对地方各级检察院的起诉、不起诉决定，上级检察院对下级检察院的起诉、不起诉决定，如果发现确有错误的，应当予以撤销或者指令下级检察院纠正。

# 第十四节 刑事审判

## 一、刑事审判的概念和意义

刑事诉讼中的审判是指人民法院对控诉机关、自诉人提请审理的刑事案件做出法律评价并依法决定实质处理结果的一种国家职权活动。具体而言，是指人民法院在控辩双方和其他诉讼参与人的参加下，依照法定的权限和程序，对于被提交审判的刑事案件进行审理并做出裁判的活动。

刑事审判是刑事诉讼的三大基本职能之一，处于刑事诉讼过程的中心地位，其意义主要在于：

第一，刑事诉讼其他阶段的活动都围绕审判展开，受审判制约。立案、侦查、起诉都是为了让人民法院依法对犯罪者确定有罪并宣告对犯罪者的刑罚，为此目的，诉讼活动都要受到刑事审判的制约。

第二，刑事审判体现了刑事诉讼的民主性、公开性和公正性。当事人在审判阶段享有较为广泛的诉讼权利，而且审判公开原则使审判活动置于公众和社会的监督之下，使得当事人的诉讼权利和程序的公正性得到较有力的保障。

第三，审判阶段充分实现了控诉、辩护、审判三种职能的互动关系。控诉职能、辩护职能、审判职能三者之间的良性互动关系，保证了刑事诉讼的民主性和公正性。

## 二、刑事审判的原则

审判原则是指贯穿于整个审判过程中，对审判机关开展诉讼活动起指导作用的行为准则。

### （一）公开审判原则

公开审判原则是指人民法院审理案件和宣告判决都公开进行，允许公民到法庭旁听，允许新闻记者采访和报道，即把法庭审理的全部过程（除合议庭评议案件外），都公之于众。根据《宪法》和《刑事诉讼法》的规定，人民法院审理案件，除法律另有规定的以外，一律公开进行。

公开审判是诉讼民主的重要表现，是诉讼公正的重要保证。公开审判原则的意义主要表现在：①审判公开将审判活动置于社会和当事人的监督之下，有利于保证刑事审判的质量，保障审判的公正性；②有利于增强刑事司法的公信力和司法的权威性；③审判公开有利于加强法制宣传，增强民众的民主法制意识。

下列案件不公开审理：①有关国家秘密或者个人隐私的案件，不公开审理；②涉及商业秘密的案件，当事人申请不公开审理的，可以不公开审理；③未成年人犯罪的案件，一律不公开审理。对于不公开审理的案件，应当当庭宣布不公开审理的理由。不公开审理的案件，宣告判决一律公开进行。

### （二）直接言词原则

直接言词原则是直接原则和言词原则的并称。这一原则的基本含义是，法官必须在法庭上亲自听取被告人、证人及其他诉讼参与人的陈述，案件事实和证据必须以口头方式向法庭提出，调查证据以口头辩论、质证、辨认方式进行。

除此之外，辩论原则、集中审理原则也都是刑事审判中普遍遵循的基本原则。

### 三、两审终审制

人民法院审判案件实行两审终审制。两审终审制是指一个案件至多经过两级法院审判即告终结的制度，对于第二审人民法院做出的终审判决、裁定，当事人等不得再提出上诉，人民检察院不得按照上诉程序提出抗诉。

根据两审终审制的要求，地方各级人民法院按照第一审程序对案件审理后所做的判决、裁定，只有在法定上诉期限内，有上诉权的人没有上诉，同级人民检察院也没有抗诉，才发生法律效力。在法定期限内，如果有上诉权的人提出上诉，或者同级人民检察院提出了抗诉，上一级人民法院应依照第二审程序对该案件进行审判。上一级人民法院审理第二审案件做出的判决、裁定，是终审的判决、裁定，立即发生法律效力。

两审终审制有以下三种例外：①最高人民法院审理的第一审案件为一审终审，其判决、裁定一经做出，立即发生法律效力，不存在提起二审程序的问题；②判处死刑的案件，必须依法经过死刑复核程序核准后，判处死刑的裁判才能发生法律效力、交付执行；③地方各级人民法院根据《刑法》第六十三条第二款规定在法定刑以下判处刑罚的案件，必须经最高人民法院的核准，其判决、裁定才能发生法律效力并交付执行。

### 四、审判组织

审判组织是指人民法院审理具体案件的法庭组织形式。根据《刑事诉讼法》和《人民法院组织法》的规定，人民法院审判案件的法庭组织形式分为独任庭、合议庭和审判委员会。

（一）独任制

独任制是指由审判员一人独任审判的制度，其审判组织形式称为独任庭。根据《刑事诉讼法》第一百四十七条和第一百七十四条的规定，独任制的适用范围是：①就法院级别而言，只限于基层人民法院，中级以上（包括中级）人民法院不能适用独任制；②就案件类别而言，只限于适用简易程序的案件。

独任制审判只能由审判员进行，人民陪审员不能进行独任审判。审判员依法独任审判时，行使与合议庭的审判长同样的职权。

（二）合议制

合议制是指案件的审判由审判人员数人组成合议庭进行的制度。合议庭是人民法院审判案件的基本组织形式。除基层人民法院适用简易程序审判案件可以采用独任制外，人民法院审判刑事案件均须采取合议庭的组织形式。

合议庭的组成方式如下：①基层人民法院和中级人民法院审判第一审案件，应当由审判员3人或审判员和人民陪审员共3人组成合议庭进行；②高级人民法院、最高人民法院审判第一审案件，应当由审判员3~7人或者由审判员和人民陪审员共3~7人组成合议庭进行；③人民法院审判上诉、抗诉案件，由审判员 3～5 人组成合议庭进行；④高级人民法院和最高人民法院复核死刑案件、高级人民法院复核死刑缓期执行的案件，应当由审判员 3 人组成合议庭进行。

合议庭的工作原则如下：①合议庭的成员人数应当是单数。②合议庭的组成人员只能由经过合法任命的本院的审判员和在本院执行职务的人民陪审员担任。③合议庭由院长或者庭长指定审判员 1 人担任审判长；院长或者庭长参加审判案件的时候，自己担任审判长。人民陪审员参加合议庭审判案件时，不能担任审判长。④合议庭成员地位平等，按少数服从多数原则决定案件的处理。合议庭成员在评议案件的时候，如果意见有分歧，应按多数人的意见做出决定，但少数人的意见应当写入笔录。⑤合议庭开庭审理并且评议后应当做出判决，对于疑难、复杂、重大的案件合议庭认为难以做出决定的，由合议庭提请院长决定提交审判委员会讨论决定。

（三）审判委员会

审判委员会是人民法院内部设立的对审判工作实行集体领导的组织，不直接审理案件。根据《人民法院组织法》的规定，各级人民法院均设立审判委员会。审判委员会由院长、副院长、庭长、副庭长和资深审判员组成。各级人民法院的审判委员会的委员，由院长提请本级人民代表大会常务委员会任免。

根据《刑事诉讼法》第一百四十九条的规定，对于疑难、复杂、重大的案件，合议庭认为难以做出决定的，由合议庭提请院长决定提交审判委员会讨论决定。审判委员会在对案件的实质处理上的职权，表明它具有审判组织的性质。

合议庭应当提请院长决定提交审判委员会讨论决定的案件有：①拟判处死刑的；②疑难、复杂、重大或者新类型的案件，合议庭认为有必要提交审判委员会讨论决定的；③合议庭在适用法律方面有重大意见分歧的；④合议庭认为需要提请审判委员会讨论决定的其他案件，或者本院审判委员会确定的应当由审判委员会讨论决定的案件。

审判委员会会议由院长主持，审判委员会讨论案件和其他问题，实行民主集中制，各委员权利平等。审判委员会对案件的决定，合议庭应当执行。如果有不同意见，可以建议院长提交审判委员会复议。复议后做出的决定，合议庭必须执行。

## 五、陪审制度

我国的刑事审判中采取陪审制。《刑事诉讼法》第十三条规定：人民法院审判案件，依照本法实行人民陪审员陪审的制度。

人民陪审，是吸收人民群众参加国家管理的一种形式。公民担任人民陪审员，通常应当具备下列条件：①拥护《中华人民共和国宪法》；②年满二十三周岁；③品行良好、公道正派；④身体健康。担任人民陪审员，一般应当具有大学专科以上文化程度，人民代表大会常务委员会的组成人员，人民法院、人民检察院、公安机关、国家安全机关、司法行政机关的工作人员和职业律师等人员，不得担任人民陪审员。因犯罪受过刑事处罚的人员和被开除公职的人员，不得担任人民陪审员。

符合担任人民陪审员条件的公民，可以由其所在单位或者户籍所在地的基层组织向基层人民法院推荐，或者本人提出申请，由基层人民法院会同同级人民政府司法行政机关进行审查，并由基层人民法院院长提出人民陪审员人选，提请同级人民代表大会常务委员会任命。人民陪审员的任期为5年。

人民法院审判第一审案件，可由审判员和人民陪审员组成合议庭进行，人民陪审员和审判员组成合议庭审判案件时，合议庭中人民陪审员所占人数比例应当不少于1/3。

人民陪审员依法参加人民法院的审判活动，除不得担任审判长外，与法官有同等权利。人民陪审员参加合议庭审判案件，对事实认定、法律适用独立行使表决权。

# 第十五节　第一审程序

第一审程序是指人民法院对第一审案件进行审判应当采取的方式、方法和应当遵循的顺序等。它包括公诉案件的第一审程序和自诉案件的第一审程序。

第一审程序是一切应由人民法院审判的案件的必经程序，同时也是人民法院审判案件的基本程序。

## 一、公诉案件的第一审程序

### （一）第一审程序诉讼环节

公诉案件的第一审程序是指人民法院对人民检察院提起公诉的案件进行初次审判时应遵循的步骤、方法和方式，包括庭前审查、庭前准备、法庭审判等诉讼环节。

1. 庭前审查

（1）公诉案件庭前审查的概念、任务与法律性质。

对公诉案件的庭前审查是指人民法院对人民检察院提起公诉的案件进行审查，并决定是否将刑事被告人交付审判的诉讼活动。庭前审查的任务是解决是否将被告人交付法庭审判，案件是否符合开庭审判的条件，其本质属于程序性措施，绝不能把审查同审判混为一谈。

对公诉案件的审查可分为两种：实体审查和程序审查。现行《刑事诉讼法》规定就属于程序性审查，即起诉机关移送和法院审查的内容，紧紧围绕是否将被告人交付法庭审判，是否符合开庭审判的条件，实体上所要解决的案件定性处理即事实是否清楚，证据是否充分，定罪是否恰当等问题，待庭审调查和辩论加以解决。

（2）审查的内容。

对公诉案件进行审查的内容主要是围绕是否具备开庭条件，其具体内容是：①案件是否属于本院管辖；②起诉书是否有明确的指控犯罪事实，包括犯罪事实是否已经发生、指控的罪名是什么、犯罪实施的过程和结果如何、起诉的主要理由和根据是什么。③证据目录和证人名单是否齐全；④被害人的情况是否列名；⑤已委托辩护人、诉讼代理人的，是否附有基本情况；⑥有无扣押、冻结在案被告人的财物及存放何处；⑦侦查、起诉的法律手续和诉讼文书是否完备；⑧是否已提起附带民事诉讼，有无材料；⑨有无法定不应追究刑事责任的情形；⑩被告人是否在案。

（3）审查后的处理。

①决定开庭审判。根据《刑事诉讼法》第一百八十一条的规定，人民法院对提起公诉

的案件进行审查后，对于起诉书中有明确的指控犯罪事实的，应当决定开庭审判。

②退回人民检察院。属于告诉才处理的案件，应当退回人民检察院，并告知被害人有权提起自诉；不属于本院管辖或者被告人不在案的，应当退回人民检察院；人民法院裁定准许人民检察院撤诉的案件，没有新的事实、证据，人民检察院重新起诉的，人民法院应当退回人民检察院。

③要求检察院补送材料。需要补充材料的，应当通知人民检察院在三日内补送，但是，法院不得以材料不足为由而不开庭审判。

④根据《刑事诉讼法》第一百九十五条第（三）项的规定，宣告被告人无罪的，人民检察院依据新的事实，证据材料重新起诉的，人民法院应当依法受理；对于被告人真实身份不明，但符合《刑事诉讼法》第一百五十八条第二款规定的，人民法院应当依法受理。

⑤终止审理或者退回人民检察院。符合《刑事诉讼法》第十五条第（二）项至第（六）项规定情形的，应当裁定终止审理或者退回人民检察院。人民法院对于按照普通程序审理的公诉案件，决定是否受理，应当在 7 日内审查完毕；对于人民检察院建议按简易程序审理的公诉案件，决定是否受理，应当在 3 日内审查完毕。人民法院对提起公诉的案件进行审查的期限，计入人民法院的审理期限，对于经审查符合开庭条件的，应当决定开庭审判。

2. 庭前准备

《刑事诉讼法》第一百八十二条规定，人民法院决定开庭审判后，应当确定合议庭的组成人员，将人民检察院的起诉书副本至迟在开庭十日以前送达被告人及其辩护人。在开庭以前，审判人员可以召集公诉人、当事人和辩护人、诉讼代理人，对回避、出庭证人名单、非法证据排除等与审判相关的问题，了解情况，听取意见。人民法院确定开庭日期后，应当将开庭的时间、地点通知人民检察院，传唤当事人，通知辩护人、诉讼代理人、证人、鉴定人和翻译人员，传票和通知书至迟在开庭三日以前送达。公开审判的案件，应当在开庭三日以前先期公布案由、被告人姓名、开庭时间和地点。上述活动情形应当写入笔录，由审判人员和书记员签名。

3. 法庭审判

法庭审判大体分为宣布开庭、法庭调查、法庭辩论、被告人最后陈述、评议和宣判五个阶段。

（1）宣布开庭。

宣布开庭阶段又可分为五个步骤：

第一，宣告开庭之前，书记员应先查对公诉人、当事人、证人及其他诉讼参与人是否到庭，宣读法庭规则，请审判长、审判员入席，并向审判长报告开庭前的准备工作已经就绪。

第二，由审判长宣布开庭，传唤当事人到庭，查明当事人的姓名、年龄、民族、籍贯、出生地、文化程度、职业、住址等，收到人民检察院起诉书副本的日期以及收到附带民事诉讼的日期等。

第三，审判长公布案件来源、起诉案由以及是否公开审理，对不公开审理的案件宣布不公开审理的理由。

第四，审判长宣布合议庭组成人员、书记员、公诉人、辩护人、诉讼代理人、鉴定人和翻译人员名单，告知当事人、法定代理人在法庭审理过程中依法享有的诉讼权利，包括：①有权对合议庭组成人员、书记员、公诉人、鉴定人和翻译人员申请回避。②可以提出证据，申请通知新的证人到庭，调取新的物证，申请重新鉴定或者勘验；经审判长许可，当事人和辩护人、诉讼代理人可以对案件事实和有关证据发表意见，并向对方互相辩论。③被告人有权自行辩护和依法委托他人辩护。④被告人在法庭辩论终结后有最后陈述的权利等。

第五，审判长应分别询问当事人、法定代理人是否申请回避，如果当事人、法定代理人申请审判人员、出庭支持公诉的检察人员回避，合议庭认为符合法定情形的，应当依照《刑事诉讼法》有关回避的规定处理；认为不符合法定情形的，应当当庭驳回，继续法庭审理。如果申请回避人当庭申请复议，合议庭应当宣布休庭，待做出复议决定后，决定是否继续法庭审理。同意或者驳回回避申请的决定及复议决定，由审判长宣布，并说明理由。必要时，也可以由院长到庭宣布。

（2）法庭调查。

法庭调查是法庭在开庭阶段结束后，通过公诉人举证、辩护人质证、辩护人提出证据和公诉人进行质询等方式、方法，当庭全面审查证据和查明案件事实情节的活动。法庭调查阶段是法庭审判的中心环节，其任务是查明案件事实，核实证据。

法庭调查的内容一般包括：

第一，宣读起诉书。由公诉人宣读起诉书，对被告人提出指控、要求法院依法追究被告人的刑事责任。如果是附带民事诉讼的案件，还要由附带民事诉讼的原告人或者他的诉讼代理人宣读附带民事诉讼的诉状。

第二，讯问被告人。在被告人、被害人就起诉书的内容陈述后，公诉人可以讯问被告人，对于共同犯罪案件中多个被告人的讯问，要分别进行单独讯问，以免互相串供。被害人、附带民事诉讼的原告人以及辩护人、诉讼代理人，经审判长允许，也可以向被告人发问。审判人员当然有权讯问被告人。

第三，询问证人。证人出庭作证是证人应尽的义务。因此，除有正当理由，出庭确有困难的以外，证人均应按法院的通知准时到庭，提供证言接受询问。

《刑事诉讼法》第一百八十七条规定，公诉人、当事人或者辩护人、诉讼代理人对证人证言有异议，且该证人证言对案件定罪量刑有重大影响，人民法院认为证人有必要出庭作证的，证人应当出庭作证。人民警察就其执行职务时目击的犯罪情况作为证人出庭作证，适用前款规定。公诉人、当事人或者辩护人、诉讼代理人对鉴定意见有异议，人民法院认为鉴定人有必要出庭的，鉴定人应当出庭作证。经人民法院通知，鉴定人拒不出庭作证的，鉴定意见不得作为定案的根据。

《刑事诉讼法》第一百八十八条规定，经人民法院通知，证人没有正当理由不出庭作证的，人民法院可以强制其到庭，但是被告人的配偶、父母、子女除外。证人没有正当理由拒绝出庭或者出庭后拒绝作证的，予以训诫，情节严重的，经院长批准，处以十日以下的拘留。被处罚人对拘留决定不服的，可以向上一级人民法院申请复议。复议期间不停止执行。

对出庭作证的证人，审判人员应当查明其身份，并告知要如实提供证言，告知有意作伪证或隐匿证据要负的法律责任。如果有几名证人到庭作证，应当分别出庭作证。符合下列条件，经人民法院准许的，证人可以不出庭作证：①未成年人；②庭审期间身患严重疾病或行动极为不便的；③其证言对案件审判不起直接决定作用的；④有其他原因的。公诉人经审判长许可，可以对证人发问。当事人、辩护人、诉讼代理人经审判长许可，也可以对证人发问。审判人员有权亲自询问证人。

对于被告人及其辩护人提出的证人，法庭同意到庭后，应先由被告人、辩护人进行询问，然后，经审判长许可再由公诉人询问。被害人及其诉讼代理人经审判长许可也可以发问。

对于控辩双方提出的证人在出庭作证和接受询问过程中，审判人员根据查明事实的需要，可以随时提问，不受控辩双方询问的限制，控辩双方对证人询问或发问的内容如与案件事实无关或者询问、发问方式不当的，审判人员应当加以制止。证人不得旁听对案件的审理。

第四，询问鉴定人。鉴定人同样有义务出席法庭，接受公诉人、辩护人等的询问。对于鉴定人的询问，可参照对证人的询问进行。鉴定人不得旁听对本案的审理。

《刑事诉讼法》第一百九十二条规定："法庭审理过程中，当事人和辩护人、诉讼代理人有权申请通知新的证人到庭，调取新的物证，申请重新鉴定或者勘验。公诉人、当事人和辩护人、诉讼代理人可以申请法庭通知有专门知识的人出庭，就鉴定人作出的鉴定意见提出意见。法庭对于上述申请，应当作出是否同意的决定。第二款规定的有专门知识的人出庭，适用鉴定人的有关规定。"

第五，出示物证。一切被用作证明案件事实的物证，都要当庭出示，让当事人辨认。审判人员应当听取公诉人、当事人和辩护人、诉讼代理人对出示的物证的意见。

第六，宣读作为证据的文书。此类文书包括未到庭的证人的证言笔录、鉴定人的鉴定结论，以及勘验笔录和其他作为证据的文书。对当庭宣读的作为证据的文书，审判人员也应当听取公诉人、当事人和辩护人、诉讼代理人的意见。

在法庭审理过程中，合议庭如果对证据有疑问，当庭又不能解决的，可以宣布休庭，对证据进行调查核实。

当事人和辩护人、诉讼代理人在法庭审理过程中，有权申请通知新的证人到庭，调取新的物证，申请重新鉴定或者勘验。对于当事人等的这种申请，法庭应当作出是否同意的决定，并当庭宣布。

人民法院可以向人民检察院调取需要调查核实的证据材料，也可以根据辩护人、被告人的申请向人民检察院调取在侦查、审查起诉中收集的有关被告人无罪或罪轻的证据材料。人民检察院应自收到人民法院要求调取证据材料决定书后3日内移交。

人民检察院在法庭上出示、宣读、播放的证据材料，应当当庭移交人民法院，确实无法移交的，应在休庭后3日内移交。庭审过程中，公诉人发现案件需要补充侦查，提出延期审理的建议的，合议庭应当同意，但是建议延期审理的次数不得超过两次。法庭宣布延期审理后，人民检察院在补充侦查的期限内没有提请人民法院恢复法庭审理的，人民法院应当决定按人民检察院撤诉处理。

（3）法庭辩论。

法庭辩论是在审判长的主持下，由控、辩双方就证据和案件情况，当庭发表意见，并可以互相进行辩论和反驳的活动。控辩双方发言的目的，都在于说服审判人员采纳自己的意见，做到兼听则明，公正裁判。

《刑事诉讼法》第一百九十三条规定，法庭审理过程中，对与定罪、量刑有关的事实、证据都应当进行调查、辩论。经审判长许可，公诉人、当事人和辩护人、诉讼代理人可以对证据和案件情况发表意见并且可以互相辩论。审判长在宣布辩论终结后，被告人有最后陈述的权利。

法庭辩论应当先由公诉人、被害人及其诉讼代理人发言，然后再由被告人、辩护人发言、辩护，并且可以互相进行辩论。

公诉人的发言又称发表公诉词，它是公诉人代表人民检察院，为揭露犯罪，在总结法庭调查的事实、证据和适用法律的基础上，集中阐明人民检察院对追究被告人刑事责任的意见。辩护人的辩护发言又称发表辩护词，它以法庭调查的情况为基础，从维护被告人的合法权益出发，提出综合性辩护意见，它是实现辩护职能的重要手段。

对于附带民事诉讼的案件，附带民事诉讼部分的辩论应在刑事部分的辩论结束后进行。先由附带民事诉讼的原告人和他的诉讼代理人发言，然后由附带民事诉讼的被告人和他的诉讼代理人答辩。

（4）被告人最后陈述。

被告人最后陈述是法庭审判的必经程序，也是被告人的一项重要权利。审判长在宣布法庭辩论结束后，立即宣布由被告人做最后陈述。对于被告人的最后陈述，审判人员应当认真听取，不得随意打断其发言，也不应限制其发言时间。被告人在最后陈述中提出了新的事实、证据，合议庭认为可能影响正确裁判的，应当恢复法庭调查；如果被告人提出的辩解理由，合议庭认为确有必要的，可以恢复法庭辩论。被告人最后陈述完毕后，由审判长宣布休庭。

（5）评议和宣判。

评议是合议庭的组成人员对法庭审理情况进行讨论，根据法庭审理查明的事实、证据和有关法律规定，解决被告人有罪还是无罪等实体问题，并对案件做出判决的诉讼活动。合议庭在评议时应当全面分析案情，重视各种证据和意见，既要重视控诉一方提出的证据和意见，也要重视被告人及其辩护人提出的证据和意见。合议庭的评议为秘密进行。如果合议庭成员的意见不一致，应当按照少数服从多数的原则表决。少数人的意见也应记入评议笔录。

合议庭经过评议，应当根据已查明的事实、证据和有关法律规定，分别做出以下判决：①对于案件事实清楚，证据确实、充分，依据法律认定被告人有罪的，应当做出有罪判决；②依据法律认定被告人无罪的，应当做出无罪判决；③对于证据不足，不能认定被告人有罪的，做出证据不足、指控的犯罪不能成立的无罪判决。

判决书应由合议庭组成人员和书记员署名，加盖法院公章，写明判决日期、上诉期限和上诉的法院。

宣判即宣告判决，是人民法院将判决的内容公开宣布告知当事人及其他诉讼参与人等的诉讼活动。宣判可以分为当庭宣判和定期宣判。当庭宣告判决的，应当在五日以内将判决书送达当事人和提起公诉的人民检察院；定期宣告判决的，应当在宣告后立即将判决书送达当事人和提起公诉的人民检察院。判决书应当同时送达辩护人、诉讼代理人。

地方各级人民法院在宣告一审裁判时，应当明确告知当事人及其法定代理人，如果不服本裁判，有权在法定期限内，向上一级人民法院提出上诉。判决书应当由审判人员和书记员署名，并且写明上诉的期限和上诉的法院。

（二）法庭审判笔录

开庭审理的全部活动应当由书记员制作成笔录，经审判长审阅后分别由审判长和书记员签名。

法庭笔录中的出庭证人的证言部分应当在庭审后交由证人阅读或者向其宣读，证人确认无误后，应当签名或者盖章。法庭笔录还应当在庭审后交由当事人阅读或者向其宣读。当事人认为记录有遗漏或者有差错的，可以请求补充或改正。当事人确认无误后，应当签名或者盖章。

法庭审判笔录不仅对于分析案情，审核审判活动的进行情况具有重要意义，而且也是以后复查案件以及法院系统内部检查办案质量的依据，同时还是第二审程序、死刑复核程序和审判监督程序不可缺少的书面材料。因此，必须重视法庭审判笔录的制作工作。

（三）延期审理、中止审理和终止审理

1. 延期审理

延期审理是指在法庭审判过程中，遇到影响审判进行的情形时，决定休庭，顺延时间继续审理。延期审理后的开庭时间，在影响进行审判的情形消失后确定，但不能超过法定的办案期限。

根据《刑事诉讼法》第一百九十八条的规定，可以延期审理的情况有：①需要通知新的证人到庭，调取新的物证，重新鉴定或者勘验的；②检察人员发现提起公诉的案件需要补充侦查，提出建议的；③由于申请回避而不能进行审判的。

在实践中，法庭可以决定延期审理的情况有：①在法庭审理过程中，辩护人当庭拒绝为被告人进行辩护或者被告人拒绝辩护人为其辩护，要求另行委托辩护人或者要求人民法院另行指定辩护律师，经合议庭准许的；②受审对象的精神或体力方面无法承受审判的；③法庭审理受到意外干扰无法进行的。

延期审理的开庭日期可以当庭确定，也可以另行确定。

2. 中止审理

中止审理是人民法院在审判过程中，因出现使案件在较长时间内无法继续审理的某些情形，由合议庭决定停止诉讼活动，待该原因消失后恢复审理。

可以引起案件中止审理的情形有：①被告人患有严重疾病，无法出庭的；②被告人脱逃的；③自诉人患有严重疾病，无法出庭，未委托诉讼代理人出庭的；④由于不能抗拒的原因。

中止审理的原因消失后，应当恢复审理。中止审理的期间不计入审理期限。

中止审理与延期审理不同，二者的主要区别是：①时间不同。延期审理仅适用于法庭审理过程中，而中止审理适用于人民法院受理案件后至做出判决前。②原因不同。导致延期审理的原因是诉讼自身出现了障碍，其消失依赖于某种诉讼活动的完成，因此，延期审理不能停止法庭审理以外的诉讼活动，而导致中止审理的原因是出现了不能抗拒的情况，其消除与诉讼本身无关，因此，中止审理将暂停一切诉讼活动。③再行开庭的可预见性不同。延期审理的案件，再行开庭的时间是可以预见的，甚至当庭即可决定的，但中止审理的案件再行开庭的时间往往无法预见。

3. 终止审理

终止审理是指人民法院在审判案件的过程中，遇有法律规定的情形致使审判不应当或者不需要继续进行而终结案件的诉讼活动。终止审理的法定情形是指《刑事诉讼法》第十五条第二至六项所规定的内容。

终止审理与中止审理不同，二者的主要区别是：①原因不同。终止审理缘于审理中出现不应当或者不需要继续进行的情况，而中止审理则是因为出现了使案件无法继续审理的不可抗拒的情况。②法律后果不同。终止审理后，诉讼即告终结，不再恢复，而中止审理只是暂停诉讼活动，一旦终止原因消失，即应恢复审理。

（四）第一审程序的期限

《刑事诉讼法》第二百零二条对一审的办案期限做了明确规定，即：

第二百零二条 人民法院审理公诉案件，应当在受理后二个月以内宣判，至迟不得超过3个月。对于可能判处死刑的案件或者附带民事诉讼的案件，以及有本法第一百五十六条规定情形之一的，经上一级人民法院批准，可以延长3个月；因特殊情况还需要延长的，报请最高人民法院批准。

人民法院改变管辖的案件，从改变后的人民法院收到案件之日起计算审理期限。

人民检察院补充侦查的案件，补充侦查完毕移送人民法院后，人民法院重新计算审理期限。

（五）人民检察院对审判活动的监督

人民检察院发现人民法院审理案件违反法律规定的诉讼程序，有权向人民法院提出纠正意见。对于人民检察院提出的纠正意见，人民法院应认真研究，凡是正确的，都应当采纳。

## 二、自诉案件的第一审程序

（一）提起自诉的条件

自诉是指由被害人或者其法定代理人直接向法院提起诉讼的控诉形式。由于自诉是由被害人或者其法定代理人提起，而自诉的目的是追究被告人的刑事责任，为了维护被告人的合法权益，避免滥用控诉权而达到私人目的，法律规定提起自诉需要满足一定的条件，这就是自诉的条件。

具体而言，自诉的条件包括以下几个方面：①提起自诉的主体须是被害人或者其法定代理人、近亲属；②必须有明确的被告人；③属于人民法院直接受理的范围，受诉的人民法院对该案有管辖权；④有具体的诉讼请求，有足够证据证明被告人犯罪的事实。自诉人只有同时具备这几个条件时，才可向人民法院提起诉讼。

（二）提起自诉的程序

1. 自诉案件的受理

被害人或其法定代理人、近亲属以及他们的诉讼代理人在法定的起诉时效期限内提起自诉，自诉一般采用书面的形式，即应当制作并向法院呈递刑事自诉状，附带民事诉讼的，应当提交刑事附带民事诉状。自诉人书写自诉状确有困难的，可以口头告诉，由人民法院工作人员做出告诉笔录，向自诉人宣读，自诉人确认无误后，应当签名或盖章。

人民法院应当在收到自诉状或口头告诉第二日起15日内做出是否立案的决定，并书面通知自诉人或代为告诉的人。对于已经立案的，经审查缺乏罪证的自诉案件，如果自诉人提不出补充证据，应当说服自诉人撤诉或裁定驳回起诉。自诉人认为理由不充分，可以坚持告诉。如果人民法院裁定驳回起诉，自诉人可以上诉。撤诉或者被驳回起诉后，如果自诉人又提出新的足以证明被告有罪的证据而再次起诉时，人民法院应当受理。

2. 自诉案件的审判

人民法院对自诉人提起诉讼的案件，必须根据立案的条件进行审查，审查后根据不同情况分别处理：对于符合立案条件的案件，应当开庭审判；对缺乏罪证的，如自诉人提供不出补充证据，应当说服自诉人撤回自诉，或者裁定驳回。自诉人明知有其他共同侵害人，但只对部分侵害人提起自诉的，人民法院应当受理，并视为自诉人对其他侵害人放弃告诉权利。判决宣告后自诉人又对其他共同侵害人就同一事实提起自诉的，人民法院不再受理。共同被害人中只有部分被害人告诉的，人民法院应当通知其他被害人参加诉讼。被通知人接到通知后表示不参加诉讼或者不出庭的，即视为放弃告诉权利。第一审宣判后，被通知人就同一事实又提起自诉的，人民法院不予受理，但当事人另行提起民事诉讼的，不受限制。

自诉案件的一审程序，与公诉案件基本相同。但由于自诉案件主要是直接侵害公民个人合法权益的轻微刑事案件，对这类案件的审判程序做了一些特殊规定：①对告诉才处理的案件，被害人起诉的有证据证明的轻微刑事案件，可以适用简易程序，由审判员一人独任审判。②对告诉才处理的案件，被害人起诉的有证据证明的轻微刑事案件，人民法院可以进行调解，调解达成协议后应制作调解书，调解书送达双方当事人后即发生法律效力。③自诉案件在审理过程中，宣告判决前，自诉人可以向被告人自行和解或者撤回自诉，对当事人自行和解的应记录在案，对自诉人申请撤诉的一般应予准许。但自诉人撤诉后除有正当理由外，不得就同一案件再行起诉。④开庭时，自诉人经两次合法传唤，无正当理由拒不到庭的，或者未经法庭许可中途退庭的，应按撤诉处理。⑤自诉案件的被告人在诉讼过程中可以对自诉人提起反诉，反诉适用自诉的规定，提起反诉必须具备下列条件：提起反诉的是本案被告或其法定代理人；反诉提起的时间是在法院对自诉案件宣告判决前；反诉的对象是本案的自诉人，反诉的内容同自诉人起诉的事实有关。反诉案件应当与自诉一并审理，自诉人撤诉的，不影响反诉案件的继续审理，如果对双方当事人都必须判处刑罚，应根据各自应负的罪责分别判处，不能互相抵消刑罚。

应特别注意《刑事诉讼法》第二百零六条的规定，即："人民法院对自诉案件，可以进行调解；自诉人在宣告判决前，可以同被告人自行和解或者撤回自诉。本法第二百零四条第三项规定的案件不适用调解。人民法院审理自诉案件的期限，被告人被羁押的，适用本法第二百零二条第一款、第二款的规定；未被羁押的，应当在受理后六个月以内宣判。”

### 三、简易程序

（一）简易程序的概念及特点

简易程序是基层人民法院对某些事实清楚、情节简单、犯罪轻微的刑事案件依法适用较普通审判程序简易的一种刑事审判程序。

简易程序的特点如下：①简易程序只适用于第一审程序。②简易程序只适用于案情简单、事实清楚、证据充分的轻微刑事案件。③简易程序只适用于基层人民法院。④审判程序简化，可以实现迅速审判的目的。

（二）简易程序的适用范围

基层人民法院对下列案件可以适用简易程序：①案件事实清楚、证据充分的；②被告人承认自己所犯罪行，对指控的犯罪事实没有异议的；③被告人对适用简易程序没有异议的。人民检察院在提起公诉的时候，可以建议人民法院适用简易程序。

人民法院审理具有以下情形之一的案件，不能适用简易程序：①被告人是盲、聋、哑人，或者是尚未完全丧失辨认或者控制自己行为能力的精神病人的；②有重大社会影响的；③共同犯罪案件中部分被告人不认罪或者对适用简易程序有异议的；④其他不宜适用简易程序审理的。

（三）简易程序的提起

人民检察院建议适用简易程序的，应当制作《适用简易程序建议书》，在提起公诉时，连同全案卷宗、证据材料、起诉书一并移交人民法院。人民法院在征得被告人、辩护人同意后决定适用简易程序的，应制作《适用简易程序决定书》，开庭前送达检察院、被告人、辩护人。人民法院认为不适用的，应书面通知人民检察院，并将全案卷宗、证据材料、起诉书一并退回人民检察院。

人民检察院没有建议适用简易程序的，人民法院经审查认为可以适用的，应当征求人民检察院、被告人及辩护人的意见，人民检察院同意并移送全案卷宗、证据材料后，适用简易程序审理。

（四）简易程序法庭审判的特点

适用简易程序的法庭审判同普通程序之法庭审判相比，具有以下特点：

第一，适用简易程序审理案件，对可能判处3年有期徒刑以下刑罚的，可以组成合议庭进行审判，也可以由审判员一人独任审判；对可能判处的有期徒刑超过3年的，应当组成合议庭进行审判。适用简易程序审理案件，审判人员应当询问被告人对指控的犯罪事实的意见，告知被告人适用简易程序审理的法律规定，确认被告人是否同意适用简易程序审理。

第二，适用简易程序审理公诉案件，人民检察院应当派员出席法庭。

第三，法庭调查、法庭辩论程序简化。《刑事诉讼法》第二百一十二条规定："适用简易程序审理案件，经审判人员许可，被告人及其辩护人可以同公诉人、自诉人及其诉讼代理人互相辩论。"第二百一十三条规定，适用简易程序审理案件，不受本章第一节关于送达期限、讯问被告人、询问证人、鉴定人、出示证据、法庭辩论程序规定的限制。

第四，被告人最后陈述的权利不能省略。

第五，简易程序可以变更为第一审普通程序。人民法院在审理的过程中，发现有下列情形之一的，应当将简易程序转为普通程序重新审理：①被告人的行为不构成犯罪；②被告人应当判处 3 年以上有期徒刑刑罚；③被告人当庭对起诉指控的犯罪事实予以否认；④事实不清或者证据不足；⑤其他不宜适用简易程序审理的情形。

（五）适用简易程序的办案期限

根据《刑事诉讼法》的规定，适用简易程序审理案件，人民法院应当在受理后二十日以内审结；对可能判处的有期徒刑超过 3 年的，可以延长至一个半月。

### 四、判决、裁定和决定

判决、裁定和决定是人民法院在审理案件的过程中或者审理结束后，根据事实和法律，解决案件实体问题和诉讼程序问题，对当事人及其他诉讼参与人所做的具有拘束力的处理决定。

（一）判 决

判决是人民法院在诉讼终结时直接针对案件的实体问题所做的决定。刑事判决是人民法院对刑事案件经过法庭审理，根据已查明的事实和证据，依照法律的有关规定，就被告人的行为是否构成犯罪、犯了什么罪、应否处以刑罚、处以何种刑罚及附带民事赔偿等实体问题所做的结论。刑事判决根据其法律适用的结果，可以分为有罪判决和无罪判决；根据审判程序不同，可以分为一审判决、二审判决（终审判决）。

刑事判决从程序方面讲，标志着案件审理的结束；从内容方面讲，它最后解决了案件的实体问题。判决是人民法院代表国家行使审判权的具体结果，是国家意志在具体案件中的体现，具有一定的稳定性，非依法定程序不能改变。刑事判决必须以书面的形式做出。

（二）裁 定

裁定是指人民法院在案件审理或者判决执行过程中，就某些重大程序问题和部分实体问题所做的一种决定。

裁定与判决在使用上有很大的区别：①适用的范围有所不同。判决直接针对起诉主张的内容，裁定则不直接针对起诉主张内容本身，主要用于解决程序问题或只直接针对诉讼行为，包括起诉、上诉、抗诉、申诉行为本身而作。②判决只能在案件审理终结时做出，裁定则可以在诉讼的任何阶段做出。③表现形式不同。判决必须以书面形式做出，裁定则既可以用书面形式也可以用口头形式做出。④使用的次数不同。一个案件中发生法律效力的判决只有一个，而一个案件中则可以有多个生效裁定。⑤判决和裁定的上诉、抗诉期限也不相同。不服一审裁定的上诉、抗诉期限为 5 日，而不服一审判决的上诉、抗诉期限是

10 日。

裁定按其性质可以分为程序性裁定和实体性裁定。下列裁定是程序性裁定：对自诉案件驳回起诉的裁定，撤销原判决发回重审的裁定和有关是否恢复诉讼期限的裁定。下列裁定是实体性裁定：驳回上诉、抗诉和申诉的裁定，决定减刑、假释的裁定和核准死刑的裁定。

### （三）决　定

决定是人民法院在办理案件过程中对某些程序性问题进行处理的一种形式，决定的对象都是法庭审理中的程序性问题或人民法院自己行使权力的问题，前者需要及时处理，后者并不直接与诉讼参与人的权利相联系。因此，决定做出后，除对驳回回避申请的决定，当事人及其法定代理人可以申请复议一次外，其余的决定均立即生效，不允许上诉或抗诉。

决定既可以是口头的，也可以是书面的，口头决定应当记录在案，以供核查。

# 第十六节　第二审程序

## 一、第二审程序的概念、功能和意义

第二审程序又称为上诉程序，是指第二审法院受理不服第一审法院判决或裁定提起上诉的案件，或者人民检察院认为第一审法院判决或裁定确有错误提出抗诉的案件时所应当遵循的程序。

第二审程序对刑事诉讼中保障司法的公正，实现刑事诉讼的任务具有重要的意义：①有利于上级人民法院通过第二审程序，纠正第一审裁判中的错误，即第二审程序具有对一审判决、裁定进行审查救济的功能。②有利于保护刑事诉讼当事人的合法权益。③有利于维护法制的统一。④有利于上级人民法院监督和检查下级人民法院的审判工作，保证人民法院正确行使行政审判权。上级人民法院通过对上诉、抗诉案件的审理，可以发现和纠正下级人民法院在认定事实、适用法律法规和审判作风中存在的问题，从而提高审判工作水平和办案质量。

## 二、上诉与抗诉

### （一）上诉和抗诉的概念

上诉是指享有上诉权的主体不服地方各级人民法院第一审尚未生效的裁判，在法定期限内提出上诉状，请求上一级人民法院对该案进行审理和裁判的一种诉讼活动。上诉权人在法定期限内依法提起上诉，即引起二审程序。

抗诉是指人民检察院对人民法院做出的判决、裁定，认为确有错误时，依法向人民法院提出重新审理要求的诉讼活动。在我国，抗诉是法律授予人民检察院代表国家行使的一项法律监督权。抗诉也必然引起二审程序。

（二）上诉和抗诉的主体

上诉的主体称为上诉权人，是指不服地方各级人民法院未生效的第一审判决、裁定，请求上一级人民法院重新审理的当事人。依据《刑事诉讼法》的规定：被告人、自诉人及其法定代理人，不服地方各级人民法院第一审的判决、裁定，有权用书状或者口头向上一级人民法院上诉。被告人的辩护人和近亲属，经被告人同意，可以提出上诉。附带民事诉讼的当事人及其法定代理人，可以对地方各级人民法院第一审的判决、裁定中的附带民事诉讼部分，提出上诉。

诉讼当事人的地位不同，他们的上诉权限也不同。具体体现为：

1. 被告人、自诉人和他们的法定代理人享有独立的上诉权

被告人、自诉人的独立的上诉权是法律赋予的。《刑事诉讼法》第一百八十条第三款规定：对被告人的上诉权，不得以任何借口加以剥夺。法定代理人作为未成年人、无行为能力人或者限制行为能力人的合法权益维护者，法律也赋予了独立的上诉权。

2. 被告人的辩护人和近亲属经被告人同意方可上诉

被告人的辩护人和近亲属没有独立的上诉权，只有经被告人同意，他们才能提出上诉。

3. 附带民事诉讼的当事人和他们的法定代理人可以对地方各级人民法院第一审的判决、裁定中的附带民事诉讼部分提出上诉

附带民事诉讼的当事人和他们的法定代理人的上诉权是受法律限制的，上诉的内容只能是地方各级人民法院第一审的判决、裁定中的附带民事诉讼部分。

4. 被害人及其法定代理人对一审刑事判决不服只能请求人民检察院抗诉而不能上诉

《刑事诉讼法》规定：被害人及其法定代理人不服地方各级人民法院第一审判决的，自收到判决书后 5 日以内，有权请求人民检察院提出抗诉。人民检察院自收到被害人及其法定代理人的请求后 5 日以内，应当做出是否抗诉的决定并且答复请求人。需要注意的是被害人及其法定代理人只对一审判决有请求抗诉权。

二审抗诉的主体是地方各级人民检察院。《刑事诉讼法》第一百八十一条规定：地方各级人民检察院认为本级人民法院第一审的判决、裁定确有错误的时候，应当向上一级人民法院提出抗诉。抗诉分为两种：一是按上诉程序提出的抗诉，即地方各级人民检察院认为同级人民法院的一审刑事判决、裁定确有错误时，在法定抗诉期限内向上一级人民法院提出的抗诉。二是按审判监督程序提出的抗诉，即最高人民检察院对各级人民法院已经发生法律效力的判决、裁定，上级人民检察院对下级人民法院已经发生法律效力的判决、裁定，如发现确有错误，按审判监督程序提出抗诉。这种抗诉不受时间限制，对于人民检察院抗诉的案件，接受抗诉的人民法院应当组成合议庭重新审理。

（三）上诉、抗诉的理由和期限

上诉的理由《刑事诉讼法》未做规定，上诉主体只要不服第一审的判决、裁定，在法定期限内依法提起上诉，人民法院都应当受理，从而引起二审程序。

《刑事诉讼法》规定：地方各级人民检察院认为本级人民法院第一审的判决、裁定确有错误的时候，应当向上一级人民法院提出抗诉。可见，具体的抗诉理由是：①原裁判认

定事实不清、证据不足的；②有确实、充分的证据证明有罪而判无罪，或者无罪判有罪；③原裁判量刑畸轻畸重，适用刑罚明显不当；④认定的罪名不准确，一罪判数罪、数罪判一罪，影响量刑或者造成严重的社会影响；⑤审判中有严重违反诉讼程序或徇私舞弊枉法裁判的行为，可能影响到判决、裁定的公正性。

不服判决的上诉和抗诉的期限为 10 日，不服裁定的上诉和抗诉的期限为 5 日，从接到判决书、裁定书的第二日起算。最高人民法院的司法解释规定：附带民事判决或者裁定的上诉、抗诉期限，应当按照刑事部分上诉、抗诉期限确定。如果原审附带民事部分是另行审判的，上诉期限应当按照《民事诉讼法》规定的期限执行。

（四）上诉、抗诉的方式和程序

上诉一般应提交上诉状，也可以口头上诉，上诉可向原审法院提出，也可直接向原审法院的上一级法院即第二审法院提出。《刑事诉讼法》规定：被告人、自诉人、附带民事诉讼的原告人和被告人通过原审人民法院提出上诉的，原审人民法院应当在 3 日以内将上诉状连同案卷、证据移送上一级人民法院，同时将上诉状副本送交同级人民检察院和对方当事人。被告人、自诉人、附带民事诉讼的原告人和被告人直接向第二审人民法院提出上诉的，第二审人民法院应当在 3 日内将上诉状交原审人民法院，原审人民法院送交同级人民检察院和对方当事人。

上诉人在上诉期限内要求撤回上诉的，人民法院应当准许；上诉人在上诉期满后要求撤回上诉的，应当由第二审人民法院进行审查。如果认为原判决认定事实和适用法律正确，量刑适当，应当裁定准许被告人撤回上诉；如果认为原判决事实不清，证据不足或者将无罪判为有罪、轻罪重判等，应当不准撤回上诉，并按照上诉程序进行审理。

检察院抗诉应当使用抗诉书，并且必须通过原审法院提出。地方各级检察队对同级法院一审判决、裁定提出抗诉时，不仅应当通过原审人民法院提出抗诉书，还应将抗诉书抄送上一级检察院，以便上级检察院审查抗诉后决定抗诉或撤回抗诉。原审人民法院收到抗诉书后应当将抗诉书连同案卷、证据移送上一级人民法院，并且将抗诉书副本送交当事人。上级人民检察院如果认为抗诉不当，可以向同级人民法院撤回抗诉，并且通知下级人民检察院。

## 三、第二审程序的审判

（一）第二审程序的审判原则

1. 全面审查原则

《刑事诉讼法》规定：第二审人民法院应当就第一审判决认定的事实和适用法律进行全面审查，不受上诉或者抗诉范围的限制。共同犯罪的案件只有部分被告人上诉的，应当对全案进行审查，一并处理。

全面审查原则的内容为：①既要对原审认定的事实是否正确进行审查，又要对其适用法律是否正确进行审查。②既要对上诉或抗诉的部分进行审查，又要对未上诉或抗诉的部分进行审查。③在共同犯罪中，只有部分被告人上诉的或者人民检察院只就第一审人民法院对部分被告人的判决提出抗诉的，第二审人民法院应当对全案进行审查。共同犯罪案件，如果提出上诉的被告人死亡，其他被告人没有上诉，第二审人民法院仍应当对全案进行审查。死亡的被告人不构成犯罪的，应当宣告无罪；审查后认为构成犯罪的，应当宣布终止审理。对其他同案被告人仍应当做出判决或者裁定。④对于附带民事诉讼的上诉案件，应当对全案进行审查。如果第一审判决的刑事部分并无不当，第二审人民法院只需就附带民事诉讼提出上诉的部分做出处理。如果第一审判决附带民事部分事实清楚，适用法律正确的，应当以刑事附带民事裁定维持原判，驳回上诉、抗诉。附带民事诉讼案件，只有附带民事诉讼的当事人和他们的法定代理人提出上诉的，第一审刑事部分的判决在上诉期满后即发生法律效力。应当送监执行的第一审刑事被告人是第二审附带民事诉讼被告人的，在第二审附带民事诉讼案件未审结之前，可以暂缓送监执行。

2. 上诉不加刑原则

《刑事诉讼法》规定：第二审人民法院审判被告人或者他的法定代理人、辩护人、近亲属上诉的案件，不得加重被告人的刑罚。这是我国关于上诉不加刑原则的法律规定，旨在保护被告人的上诉权，防止被告人因上诉而被加重刑罚的不利后果。上诉不加刑原则只适用被告人和他的法定代理人、辩护人、近亲属提起的上诉案件。《刑事诉讼法》规定：人民检察院提出抗诉或者自诉人提出上诉的，不受前款规定的限制。

第二审人民法院审理被告人或者他的法定代理人、辩护人、近亲属上诉的案件，不得加重被告人的刑罚。第二审人民法院发回原审人民法院重新审判的案件，除有新的犯罪事实，人民检察院补充起诉的以外，原审人民法院也不得加重被告人的刑罚。并应当遵守下列具体规定：①共同犯罪案件，只有部分被告人上诉的，既不能加重提出上诉的被告人的刑罚，也不能加重其他同案被告人的刑罚；②对原判认定事实清楚、证据充分，只是认定的罪名不当的，在不加重原判刑罚的情况下，可以改变罪名；③对被告人实行数罪并罚的，不得加重决定执行的刑罚，也不能在维持原判决决定执行的刑罚不变的情况下，加重数罪中某罪的刑罚；④对被告人判处拘役或者有期徒刑宣告缓刑的，不得撤销原判决宣告的缓刑或者延长缓刑考验期；⑤对事实清楚、证据充分，但判处的刑罚畸轻，或者应当适用附加刑而没有适用的案件，不得撤销第一审判决，直接加重被告人的刑罚或者适用附加刑，也不得以事实不清或者证据不足发回原审人民法院重新审理。必须依法改判的，应当在第二审判决、裁定生效后，按照审判监督程序重新审理。

人民检察院提出抗诉或者自诉人提出上诉的案件，不受前款规定的限制。但是人民检察院抗诉，经第二审人民法院审查后，改判被告人死刑立即执行的，应当报请最高人民法院核准。

(二) 第二审程序的审理

《刑事诉讼法》第二百二十三条规定：第二审人民法院对于下列案件，应当组成合议庭，开庭审理：①被告人、自诉人及其法定代理人对第一审认定的事实、证据提出异议，可能影响定罪量刑的上诉案件；②被告人被判处死刑的上诉案件；③人民检察院抗诉的案件；④其他应当开庭审理的案件。第二审人民法院决定不开庭审理的，应当讯问被告人，听取其他当事人、辩护人、诉讼代理人的意见。第二审人民法院开庭审理上诉、抗诉案件，可以到案件发生地或者原审人民法院所在地进行。

第二审程序的审理分为两种方式：即开庭审理和阅卷与调查相结合的不开庭审理

方式。

人民检察院提出抗诉的案件或者第二审人民法院开庭审理的公诉案件，同级人民检察院都应当派员出席法庭。第二审人民法院应当在决定开庭审理后及时通知人民检察院查阅案卷。人民检察院应当在一个月以内查阅完毕。人民检察院查阅案卷的时间不计入审理期限。

（三）对上诉、抗诉案件审理后的处理

根据《刑事诉讼法》第二百二十五条、第二百二十七条的规定，第二审人民法院对不服第一审判决的上诉、抗诉案件，经审理后应当分别做如下处理：

1. 裁定驳回上诉或者抗诉，维持原判

第二审人民法院对上诉、抗诉案件审理后，认为原判决认定事实和适用法律正确、量刑适当的，应当裁定驳回上诉或者抗诉，维持原判。

2. 改 判

改判是指第二审人民法院对上诉、抗诉案件审理后直接做出判决，改变一审判决的内容。原判决认定事实没有错误，但适用法律有错误，或者量刑不当的，应当改判。

3. 裁定撤销原判，发回重审

原判决事实不清楚或者证据不足的，可以在查清事实后改判；也可以裁定撤销原判，发回原审人民法院重新审判。原审人民法院对于依照"原判决事实不清楚或者证据不足的，可以在查清事实后改判；也可以裁定撤销原判，发回原审人民法院重新审判"的规定发回重新审判的案件做出判决后，被告人提出上诉或者人民检察院提出抗诉的，第二审人民法院应当依法做出判决或者裁定，不得再发回原审人民法院重新审判。

第二审人民法院发现第一审人民法院的审理有下列违反法律规定的诉讼程序的情形之一的，应当裁定撤销原判，发回原审人民法院重新审判：①违反本法有关公开审判的规定的；②违反回避制度的；③剥夺或者限制了当事人的法定诉讼权利，可能影响公正审判的；④审判组织的组成不合法的；⑤其他违反法律规定的诉讼程序，可能影响公正审判的。

原审人民法院对于发回重新审判的案件，应当另行组成合议庭，依照第一审程序进行审判。对于重新审判后的判决可以上诉、抗诉。第二审人民法院发回原审人民法院重新审判的案件，原审人民法院从收到发回的案件之日起，重新计算审理期限。

第二审人民法院对不服第一审裁定的上诉或者抗诉，经过审查后，应当参照本法的规定，分别情形裁定驳回上诉、抗诉，或者撤销、变更原裁定。第二审的判决、裁定（死刑案件以及在法定刑以下判处刑罚的，必须报经最高人民法院核准的除外）和最高人民法院的判决、裁定，都是终审的判决、裁定。

（四）对附带民事诉讼案件的处理和对自诉案件的处理

第一，第二审人民法院审理附带民事上诉、抗诉案件，如果发现刑事和附带民事部分均有错误需依法改判的，应当一并改判。

第二，第二审人民法院审理对刑事部分提出上诉、抗诉，附带民事诉讼部分已经发生法律效力的案件，如果发现第一审判决或者裁定中的民事部分确有错误，应当对民事部分按照审判监督程序予以纠正。

第三，第二审人民法院审理对附带民事部分提出上诉、抗诉，刑事部分已经发生法律效力的案件，如果发现第一审判决或者裁定中的刑事部分确有错误，应当对刑事部分按照审判监督程序进行再审，并将附带民事诉讼部分与刑事案件一并审理。

第四，对第二审自诉案件，必要时可以进行调解，当事人也可以自行和解。对于调解结案或者当事人自行和解的自诉案件，被告人被采取强制措施的，应当立即予以解除。

第五，在第二审程序中，自诉案件的当事人提出反诉的，第二审人民法院应当告知其另行起诉。在第二审附带民事部分审理中，第一审民事原告人增加独立的诉讼请求或者第一审民事被告人提出反诉的，第二审人民法院可以根据当事人自愿的原则就新增加的诉讼请求或者反诉进行调解，调解不成的，告知当事人另行起诉。

（五）第二审程序的审理期限

第二审人民法院受理上诉、抗诉案件，应当在二个月以内审结。对于可能判处死刑的案件或者附带民事诉讼的案件，以及有本法第一百五十六条规定情形之一的，经省、自治区、直辖市高级人民法院批准或者决定，可以延长二个月；因特殊情况还需要延长的，报请最高人民法院批准。最高人民法院受理上诉、抗诉案件的审理期限，由最高人民法院决定。

### 四、对扣押、冻结在案财物的处理

第一，公安机关、人民检察院和人民法院对查封、扣押、冻结的犯罪嫌疑人、被告人的财物及其孳息，应当妥善保管，以供核查，并制作清单，随案移送。任何单位和个人不得挪用或者自行处理。对被害人的合法财产，应当及时返还。对违禁品或者不宜长期保存的物品，应当依照国家有关规定处理。

第二，对作为证据使用的实物，包括作为物证的货币、有价证券等，应当随案移送，并办理证据交接手续。不宜移送的实物，应将原物照片、清单或者其他证明文件随案移送。

第三，人民法院做出的判决，应当对查封、扣押、冻结的财物及其孳息做出处理。

第四，司法工作人员贪污、挪用或者私自处理查封、扣押、冻结的财物及其孳息的，依法追究刑事责任；不构成犯罪的，给予处分。

# 第十七节 死刑复核程序

### 一、死刑复核程序的概念、特点和意义

死刑复核程序是指对被告人判处死刑的案件，由有权的人民法院进行复核，以决定是否核准死刑判决并执行死刑所应当遵循的程序。

死刑复核程序是我国刑事诉讼中的一项特别程序，其特点可归纳如下：①死刑复核程序仅适用于被判处死刑立即执行和死刑缓期两年执行的案件。②死刑复核程序是死刑案件的终审程序，即对此类案件不实行两审终审制，即使经过了第二审程序，其做出的裁判也

不立即生效，而必须经过死刑复核程序之后裁判才发生法律效力（最高人民法院做出的裁判除外）。③死刑复核程序的启动完全是自动的，不需要当事人的推动，也不需要人民检察院的抗诉。④死刑复核权的主体特定，即只有最高人民法院和高级人民法院有复核权。

死刑复核程序是一项特别而又十分重要的审判程序，它对于保证办案质量、正确适用死刑，坚持少杀，防止错杀，切实保障公民的人身权利、财产权和其他合法权益，保障社会的安定都具有十分重要的意义。

## 二、判处死刑立即执行案件的核准权

### （一）判处死刑立即执行案件的核准权限

死刑立即执行案件的核准权由最高人民法院行使，除死刑缓期两年执行的案件由高级人民法院复核外，死刑立即执行案件的复核权可做如下介绍。

最高人民法院核准的判处死刑立即执行案件的报请复核程序为：

第一，中级人民法院判处死刑的第一审案件，被告人不上诉、人民检察院不抗诉的，上诉、抗诉期满后 3 日以内报请高级人民法院复核。高级人民法院同意判处死刑的，依法做出裁定后，再报请最高人民法院核准。不同意判处死刑的，应当提审或者发回重新审判。高级人民法院提审后做出的改判为终审裁判，其中改判为死刑缓期两年执行的判决不需经过复核程序。

第二，中级人民法院判处死刑的第一审案件，被告人上诉或者人民检察院抗诉，高级人民法院终审裁定维持死刑判决的，报请最高人民法院核准；高级人民法院经第二审不同意判处死刑的，应依不同情形直接改判或者发回重审，高级人民法院所做的死刑缓期两年执行的判决即为终审判决，不需再经复核程序。

第三，高级人民法院判处死刑的第一审案件，被告人不上诉、人民检察院不抗诉的，上诉、抗诉期满后 3 日以内报请最高人民法院核准。

被告人被判处死刑的数罪中，如果有应当由最高人民法院核准的，或者共同犯罪案件部分被告人被判处死刑的罪中有应当由最高人民法院核准的，都必须将全案报请最高人民法院核准。

中级人民法院或高级人民法院报请复核死刑案件，应当一案一报。报送的材料应当包括：报请复核报告，死刑案件综合报告和判决书各 15 份以及全部诉讼案卷和证据；共同犯罪的案件应当报送全部诉讼案卷和证据。

最高人民法院复核死刑案件，应当由审判员 3 人组成合议庭进行：提审被告人，审查核实案卷材料，制作复核审理报告。最高人民法院复核死刑案件，应当做出核准或者不核准死刑的裁定。对于不核准死刑的，最高人民法院可以发回重新审判或者予以改判。最高人民法院复核死刑案件，应当讯问被告人，辩护律师提出要求的，应当听取辩护律师的意见。

最高人民法院对判处死刑的案件进行复核以后，根据案件情形分别做出以下裁判：①原审判决认定事实和适用法律正确、量刑适当的，予以核准；②原审判决认定事实错误或者证据不足的，裁定撤销原判，发回重新审判；③原审判决认定事实正确，但适用法律错误或者量刑不当，不同意判处死刑的，应当改判；④发现第一审人民法院或者第二审人民法院违反法律规定的诉讼程序，可能影响正确判决的，应当裁定撤销原判，发回第一审或者第二审人民法院重新审判。

此外，高级人民法院核准死刑的裁定和改判的判决均为终审裁判，立即生效。但发回重新审判的案件，重新审判后所做的判决、裁定，被告人可以提出上诉，人民检察院可以提出抗诉。还要注意，共同犯罪案件中，部分被告人被判处死刑的，最高人民法院复核、核准时，应当对全案进行审查，但不影响对其他被告人已经发生法律效力的判决、裁定的执行；发现其他被告人已生效的裁判确有错误时，可以指令原审人民法院再审。

（二）判处死刑立即执行案件复核后的处理

最高人民法院复核死刑立即执行案件，应当做出核准的裁定、判决，或者做出不予核准的裁定。

第一，原判认定事实和适用法律正确、量刑适当、诉讼程序合法的，裁定予以核准。原判判处被告人死刑并无不当，但具体认定的某一事实或者引用的法律条款等不完全准确、规范的，可以在纠正后做出核准死刑的判决或者裁定。但属于下列三种情况之一的，最高人民法院复核后应当裁定不予核准，并撤销原判，发回重新审判：①原判认定事实不清、证据不足的；②原判认定事实正确，但依法不应当判处死刑的；③原审人民法院违反法定诉讼程序，可能影响公正审判的。

第二，数罪并罚案件，一人有两罪以上被判处死刑，最高人民法院复核后，认为其中部分犯罪的死刑裁判认定事实不清、证据不足的，对全案裁定不予核准，并撤销原判，发回重新审判；认为其中部分犯罪的死刑裁判认定事实正确，但依法不应当判处死刑的，可以改判并对其他应当判处死刑的犯罪做出核准死刑的判决。

一案中两名以上被告人被判处死刑，最高人民法院复核后，认为其中部分被告人的死刑裁判认定事实不清、证据不足的，对全案裁定不予核准，并撤销原判，发回重新审判；认为其中部分被告人的死刑裁判认定事实正确，但依法不应当判处死刑的，可以改判并对其他应当判处死刑的被告人做出核准死刑的判决。

第三，最高人民法院裁定不予核准死刑的，根据案件具体情形可以发回第二审人民法院或者第一审人民法院重新审判。高级人民法院依照复核程序审理后报请最高人民法院核准死刑的案件，最高人民法院裁定不予核准死刑，发回高级人民法院重新审判的，高级人民法院可以提审或者发回第一审人民法院重新审判。

第四，发回第二审人民法院重新审判的案件，第二审人民法院可以直接改判；必须通过开庭审理查清事实、核实证据的，或者必须通过开庭审理纠正原审程序违法的，应当开庭审理。

发回第一审人民法院重新审判的案件，第一审人民法院应当开庭审理。

根据最高人民法院的规定，除因原判认定事实正确，但依法不应当判处死刑被发回重新审判的案件外，对最高人民法院发回重新审判的案件，原审人民法院都应当另行组成合议庭进行审理。

## 三、判处死刑缓期两年执行案件的复核程序

（一）判处死刑缓期 2 年执行案件的核准权限

《刑事诉讼法》第二百零一条规定：中级人民法院判处死刑缓期两年执行的案件，由

高级人民法院核准。根据这一条的规定，死刑缓期两年执行案件的核准权由高级人民法院统一行使。

高级人民法院核准死刑缓期两年执行的案件，应当由审判员3人组成合议庭，合议庭在审查时应当提审被告人。根据《刑事诉讼法》及有关规定，高级人民法院核准死刑缓期两年执行案件，应当按照下列情形分别办理：

第一，由中级人民法院判处的死刑缓期2年执行的案件，不论有否上诉或者抗诉，均应报请高级人民法院核准。

第二，由高级人民法院判处的死刑缓期2年执行的案件，如果没有上诉、抗诉的，也应由高级人民法院核准。

第三，由高级人民法院判处的死刑缓期2年执行的案件，如果有上诉、抗诉时，则应由最高人民法院进行二审和核准。

（二）死刑缓期2年执行案件复核后的处理

（1）对于认定事实清楚，证据确实充分，适用法律正确，判处死缓期适当的，应当裁定予以核准。

（2）对于认定事实不清，或者证据不确实、不充分的，应当裁定发回重审。

（3）对于认定事实清楚，证据确实充分，但适用法律有错误，或者量刑畸重，应当依法改判。

# 第十八节 审判监督程序

## 一、审判监督程序的概念和特点

审判监督程序又称为再审程序，是指人民法院、人民检察院对于已经发生法律效力的判决和裁定，发现在认定事实或者适用法律上确有错误，依法提出对案件重新审判的诉讼程序。审判监督程序是一种特殊程序，是专为纠正已经发生法律效力的错误判决、裁定而设置的。

审判监督程序和二审程序都是为了纠正错误的判决和裁定，但是，审判监督程序是特殊程序，二审程序是普通程序。审判监督程序的特点是：①审判监督程序审理的对象是已经发生法律效力的判决和裁定。②审判监督程序的提起主体为最高人民法院、上级人民法院、各级人民法院院长（须提交审判委员会决定）以及上级人民检察院、最高人民检察院检察长，提起申诉的当事人及其法定代理人、近亲属不构成提起主体。③审判监督程序必须是经过有权的人民法院或者人民检察院认真审查，有较充分的根据和理由认定生效的判决、裁定确有错误才能提起。法律对提起审判监督的理由，有严格的限制。④提起审判监督程序一般没有法定期限限制，只要发现生效的判决和裁定确有错误，根据实事求是，有错必纠的精神，任何时候都可以提起。需要注意的是如果原判错将有罪判为无罪而需要提起审判监督程序时，应受《刑法》规定的追诉时效期限的限制。⑤有权依照审判监督程序审理案件的法院，既可以是原审的第一审法院或第二审法院，又可以是提审的任何上级法院。

## 二、审判监督程序的提起

### (一) 我国提起审判监督程序的材料来源

根据《刑事诉讼法》的规定和司法实践，提起审判监督程序的材料来源主要有下列几方面：

第一，当事人及其法定代理人、近亲属的申诉。

《刑事诉讼法》第二百四十二条规定，当事人及其法定代理人、近亲属的申诉符合下列情形之一的，人民法院应当重新审判：①有新的证据证明原判决、裁定认定的事实确有错误，可能影响定罪量刑的；②据以定罪量刑的证据不确实、不充分、依法应当予以排除，或者证明案件事实的主要证据之间存在矛盾的；③原判决、裁定适用法律确有错误的；④违反法律规定的诉讼程序，可能影响公正审判的；⑤审判人员在审理该案件的时候，有贪污受贿、徇私舞弊、枉法裁判行为的。

第二，人民法院、人民检察院在办案过程中和检查工作时发现的错误裁判。

第三，各级人民代表大会代表提出的纠正错案的议案。

第四，机关、团体、企事业单位、新闻媒介、人民群众等对生效判决、裁定提出的置疑、意见和情况反映等。

### (二) 提起审判监督程序的理由

根据《刑事诉讼法》的规定，只有对各种再审材料进行认真审查后，发现已经发生法律效力的判决、裁定在认定事实上或者适用法律上确有错误，才能提起审判监督程序。

在司法实践中，已经发生法律效力的判决、裁定"确有错误"，主要指以下几种情况：

第一，在认定事实上确有错误。在认定事实上确有错误主要是指原判决、裁定认定的案件主要事实或重大情节，包括定罪和量刑的事实或重大情节不清，或者与客观实际不符；案内据以定罪量刑的证据不确实、不充分，不足以证明主要犯罪事实或重大情节，或者证明案件事实的主要证据之间存在矛盾；发现新的事实或证据，足以证明原判决、裁定认定的事实确有错误。

第二，在适用法律上确有错误。在适用法律上确有错误包括适用实体法上的错误和适用程序法上的错误。适用实体法上的错误，主要是指应当适用法律条款而没有适用或不正确适用，不应当适用的法律条款却适用了，从而导致定性上的罪与非罪、此罪与彼罪、一罪与数罪相混淆，或者量刑上的轻罪重判或者重罪轻判的错误。

第三，严重违反法律规定的诉讼程序。如应当回避而没有回避，审判人员在审理案件过程中贪污受贿、徇私枉法等。某些严重违反法定诉讼程序的情形极易影响判决、裁定的正确性，因此也属于原判决、裁定在适用法律方面确有错误的表现形式。

### (三) 提起审判监督程序的方式

由于提起审判监督程序的案件是判决、裁定已经发生法律效力且已交付执行或执行完毕的案件，为了保证人民法院裁判的稳定性和严肃性，并使确有错误的裁判能够实事求是地得以纠正，我国法律对有权提起审判监督程序的主体及其权限做了严格限制。根据《刑事诉讼法》第二百零五条的规定，有权提起审判监督程序的机关、人员及其权限如下：

1. 决定再审

各级人民法院院长对本院已经发生法律效力的判决和裁定，如果发现在认定事实上或者在适用法律上确有错误，必须提交本院审判委员会处理。各级人民法院发现本院已经发生法律效力的判决、裁定确有错误，需要提起再审程序时，应当由院长提交本院审判委员会讨论决定。审判委员会讨论后，如果认为原判决、裁定确定有错误，应当做出另行组成合议庭再审的决定。

人民法院决定再审的案件，需要对被告人采取强制措施的，由人民法院依法决定；人民检察院提出抗诉的再审案件，需要对被告人采取强制措施的，由人民检察院依法决定。人民法院按照审判监督程序审判的案件，可以决定中止原判决、裁定的执行。

2. 指令再审和决定提审

《刑事诉讼法》第二百四十四条规定，上级人民法院指令下级人民法院再审的，应当指令原审人民法院以外的下级人民法院审理；由原审人民法院审理更为适宜的，也可以指令原审人民法院审理。

最高人民法院对各级人民法院已经发生法律效力的判决和裁定，上级人民法院对下级人民法院已经发生法律效力的判决和裁定，如果发现确有错误，有权提审或指令下级人民法院再审。决定提审即提高管辖审级，最高人民法院对各级法院、原审人民法院的上级人民法院在认为该案由原审人民法院审判不适宜时直接调取原案卷材料，将该案提调自行审判的一种诉讼活动；而指令下级人民法院再审，一般是指由原审人民法院重新审判。决定提审和指令再审，是最高人民法院对各级人民法院、上级人民法院对其辖区内的下级人民法院已经生效的错误判决行使审判监督权，依法提起再审程序的两种重要方式。在审判实践中，对于需要重新审判的案件，为便于就地调查核实事实和证据，便于诉讼参与人参加诉讼，通常是指令原审人民法院再审。对于原判决、裁定认定事实正确，但是在适用法律上有错误，或者案情疑难、复杂、重大的，或者有其他不宜由原审人民法院审理的情况的案件，也可以由最高人民法院或者上级人民法院提审。

3. 提出抗诉

最高人民检察院对各级人民法院已经发生法律效力的判决和裁定，上级人民检察院对下级人民法院已经发生法律效力的判决和裁定，如果发现确有错误，有权按照审判监督程序向同级人民法院提出抗诉。地方各级人民检察院发现同级人民法院或者上级人民法院已经发生法律效力的判决、裁定确有错误的，无权依照审判监督程序提出抗诉，只能报请上级人民检察院决定是否抗诉。

最高人民检察院发现各级人民法院、上级人民检察院发现下级人民法院已经发生法律效力的判决或者裁定确有错误，需要提出抗诉的，由控告申诉部门报请检察长提交检察委员会讨论决定。人民检察院决定抗诉后，审查起诉部门既可以直接向同级人民法院提出抗诉，也可以指令做出生效判决、裁定人民法院的上一级人民检察院向同级人民法院提出抗诉。人民检察院按审判监督程序向人民法院提出抗诉的，应当将抗诉书副本报送上一级人民检察院。人民检察院抗诉的案件，接受抗诉的人民法院应当组成合议庭重新审理，对于原判决事实不清楚或者证据不足的，可以指令下级人民法院再审。

人民检察院按照审判监督程序提出抗诉的案件，经人民法院审理并做出判决、裁定后，人民检察院认为仍然确有错误的，如果案件是依照第一审程序审判的，同级人民检察院应当向上一级人民法院提出抗诉；如果案件是依照第二审程序审判的，上级人民检察院应当按照审判监督程序向同级人民法院提出抗诉。

### 三、重新审判的程序

#### （一）重新审判的方式和程序

人民法院依照审判监督程序对已经发生法律效力的判决、裁定的重新审判有再审和提审两种情形。

再审是指做出生效判决、裁定的人民法院，根据再审决定或指令对案件重新审判的程序。提审是指最高人民法院对各级法院、原审人民法院的上级人民法院，在认为该案由原审人民法院审判不适宜时，直接调取原案卷材料，并组成合议庭对案件进行审判的程序。根据《刑事诉讼法》，依照审判监督程序重新审判的程序，应当根据原来的审级和进行重新审理的法院来确定：如果原来是第一审案件，应当依照第一审程序进行，所做的判决、裁定可以上诉、抗诉；如果原来是第二审案件，或者是上级人民法院提审的案件，应当依照第二审程序进行，所做的判决、裁定是终审的判决、裁定。

《刑事诉讼法》规定，无论采取何种审级的审判程序，重新审判均应遵循如下程序：①人民法院决定按照审判监督程序重新审判的案件，除人民检察院提起抗诉的外，应当制作再审决定书。对于人民检察院按照审判监督程序向同级人民法院提出抗诉的案件，接受抗诉的人民法院因原判决事实不清或者证据不足而指令下级人民法院再审的，应将指令再审的决定书抄送抗诉的人民检察院。②再审期间不停止原判决、裁定的执行，但死刑立即执行者除外。③人民法院依照审判监督程序重新审判案件时，必须另行组成合议庭。④人民法院按照审判监督程序审理的案件，无论是否是人民检察院提出抗诉的，人民检察院都必须派员出席法庭，支持抗诉或发表意见，并对人民法院的审判活动进行监督。⑤人民法院审判重新审理的案件，应当对原判决、裁定认定的事实、证据和适用法律进行全面审查，即不受提起审判监督程序理由的限制，对事实是否正确、证据是否确实充分和适用法律是否正确，诉讼进程是否合法，处刑是否恰当等方面进行全面审查。⑥按照审判监督程序进行再审的刑事自诉案件，应当依法做出判决、裁定，附带民事诉讼部分可以调解结案。

1. 重新审判的方式

重新审判的方式有两种：开庭审理和不开庭审理。

《最高人民法院关于刑事再审案件开庭审理程序的具体规定》指出，人民法院审理下列再审案件应当依法开庭审理：①依照第一审程序审理的；②依照第二审程序需要对事实或者证据进行审理的；③人民检察院按照审判监督程序提出抗诉的；④可能对原审被告人（原审上诉人）加重刑罚的；⑤有其他应当开庭审理情形的。

下列再审案件可以不开庭审理：①原判决、裁定认定事实清楚，证据确实、充分，但适用法律错误，量刑畸重的；②1979 年《刑事诉讼法》施行以前裁判的；③原审被告人（原审上诉人）、原审自诉人已经死亡或者丧失刑事责任能力的；④原审被告人（原审上诉人）在交通十分不便的边远地区监狱服刑，提押到庭确有困难，但人民检察院提出抗诉的，人民法院应征得人民检察院的同意；⑤人民法院按照审判监督程序决定再审，按本规定第九条第（五）项规定（将开庭的时间、地点在开庭 7 日以前通知人民检察院），经两次通知，人民检察院不派员出庭的。

人民法院审理共同犯罪再审案件，如果人民法院再审决定书或者人民检察院抗诉书只对部分同案原审被告人（同案原审上诉人）提起再审，其他未涉及的同案原审被告人（同案原审上诉人）不出庭不影响案件审理的，可以不出庭参与诉讼；部分同案原审被告人（同案原审上诉人）具有本规定第六条第（三）、（四）项规定情形不能出庭的，不影响案件的开庭审理。

除人民检察院抗诉的以外，再审一般不得加重原审被告人（原审上诉人）的刑罚。根据本规定第六条第（二）、（三）、（四）、（五）项及第七条的规定，不具备开庭条件可以不开庭审理的，或者可以不出庭参加诉讼的，不得加重未出庭原审被告人（原审上诉人）、同案原审被告人（同案原审上诉人）的刑罚。

2. 重新审判的程序

与一审开庭审判程序一样，人民法院按照审判监督程序开庭审判案件也是经历开庭、法庭调查、法庭辩论、（原审被告人）最后陈述、评议和宣判等几个阶段。与一审程序不同的是，再审案件的法庭调查首先由合议庭成员宣读原审判决书或者裁定书。人民检察院提起抗诉的再审案件，由检察员宣读抗诉书。原审被告人提出申诉，人民法院决定再审的案件，由审判长宣布原审被告人的申诉理由，也可以由原审被告人陈述申诉理由。在法庭辩论中，人民检察院提起抗诉的，由检察员发言，被害人发言，然后由原审被告人陈述和辩护，辩护人进行辩护，并且可以互相辩论。原审被告人提出申诉的，由原审被告人首先陈述和辩护，辩护人进行辩护，然后由检察员发言，被害人发言，并且可以互相辩论。

（二）重新审判后的处理

依审判监督程序在对案件进行全面审查的基础上重新审判后，应分别情况做如下处理：

第一，原判决、裁定认定事实和适用法律正确，量刑适当的，应当裁定驳回申诉或者抗诉，维持原判。

第二，原判决、裁定认定事实没有错误，但适用法律有错误或者量刑不当的，应当改判。按照第二审程序审理的案件，认为必须判处被告人死刑立即执行的，直接改判后，应当报请最高人民法院核准。

第三，应当对被告人实行数罪并罚的案件，原判决、裁定没有分别定罪量刑的，应当撤销原判决、裁定，重新定罪量刑，并决定执行的刑罚。

第四，按照第二审程序审理的案件，原判决、裁定认定事实不清或者证据不足的，可以在查清事实后改判，也可以裁定撤销原判，发回原审人民法院重新审判。

第五，原判决、裁定认定事实不清，证据不足，经再审查清事实的，应当依法做出判决；经再审仍无法查清，证据不足，不能认定原审被告人有罪的，应当做出证据不足，指控犯罪不成立的无罪判决。

（三）重新审判的期限

依照《刑事诉讼法》以及司法解释的有关规定，人民法院按照审判监督程序重新审判的案件，应当在做出提审、再审决定之日起 3 个月内审结，需要延长期限的，不得超过 6 个月。接受抗诉的人民法院按照审判监督程序审理抗诉案件，审理期限和人民法院按照审判监督程序重新审判的案件的审理期限相同；对需要指令下级人民法院再审的，应当自接受抗诉之日起 1 个月以内做出决定，下级人民法院审理这类案件的期限适用上述规定。

# 第十九节 执 行

## 一、执行概述

### （一）执行的概念和意义

执行是指把人民法院已经发生法律效力的判决、裁定付诸实施的活动。执行程序是指将已经确定的内容付诸实施，以及在此过程中处理与之有关的刑罚执行变更问题时应遵循的方法和步骤。

执行是刑事诉讼中立案、侦查、起诉、审判和执行五个诉讼阶段中的最后一个阶段，包括交付执行和变更执行两个方面。交付执行是人民法院将已发生法律效力的判决、裁定交付执行机关的活动或者自己实施生效判决、裁定的内容的一系列活动。变更执行则是指在执行过程中出现刑罚变更等问题的程序。

### （二）执行的依据

执行的依据是已经发生法律效力的判决、裁定，具体包括：①已过法定期限没有上诉、抗诉的地方各级人民法院一审判决、裁定；②终审的判决和裁定；③高级人民法院核准的死刑缓期两年执行的判决、裁定；④最高人民法院核准死刑的以及核准在法定刑以下的判决和裁定。

### （三）执行的机关

执行的机关是指依法享有执行权的机关。根据《刑事诉讼法》的规定，人民法院是交付执行机关，人民法院在判决、裁定发生法律效力后，根据案件的性质和刑罚交付不同的执行机关执行。我国的执行机关包括人民法院、监狱和公安机关。①人民法院负责无罪判决、免除刑罚判决、罚金判决和没收财产判决的执行；②监狱、未成年管教所是有期徒刑、无期徒刑、死刑缓期两年执行判决的执行机关；③对于在交付执行前，剩余刑期在 1 年以下的罪犯，由看守所代为执行；④拘役判决执行由拘役所执行；⑤公安机关是负责有期徒刑、拘役缓刑、管制、剥夺政治权利、假释等判决、裁定和暂停监外执行决定的执行机关。

## 二、死刑立即执行判决的执行

最高人民法院判处和核准的死刑立即执行的判决，应由最高人民法院院长签发执行死刑的命令。如果是依法由高级人民法院核准的死刑立即执行的判决，应当由高级人民法院院长签发执行死刑的命令。

最高人民法院和高级人民法院的执行命令，均由高级人民法院交付原审人民法院执行。原审人民法院接到执行死刑的命令后，应当在 7 日以内交付执行。

死刑采用枪决或者注射等方法执行。死刑可以在刑场或者指定的羁押场所内执行。

执行死刑的程序包括：①在交付执行死刑 3 日前通知同级人民检察院派员临场监督；②对罪犯验明正身，讯问有无遗言、信札；③执行人员执行死刑；④执行死刑完毕，由法医验明罪犯确实死亡后，在场书记员制作笔录。执行法院将执行死刑的情况逐级上报最高人民法院并通知罪犯家属。

### 三、死刑缓期两年执行、无期徒刑、有期徒刑和拘役判决的执行

对被判处死刑缓期 2 年执行、无期徒刑、有期徒刑的罪犯，由公安机关依法将该罪犯送交监狱执行刑罚。对被判处有期徒刑的罪犯，在被交付执行刑罚前，剩余刑期在 3 个月以下的，由看守所代为执行。对被判处拘役的罪犯，由公安机关执行。对未成年犯应当在未成年犯管教所执行刑罚。未成年犯年满 18 周岁，剩余刑期不超过 2 年的，仍可以留在未成年犯管教所代为执行刑罚。判处有期徒刑、拘役的罪犯，执行期满，应当由执行机关发给释放证明。

### 四、有期徒刑缓刑、拘役缓刑判决的执行

有期徒刑缓刑、拘役缓刑的执行机关是公安机关。宣告缓刑的判决发生法律效力之后，人民法院应将判决书、执行通知书送交罪犯所在地的公安机关，由公安机关将罪犯交由所在单位或基层组织予以考察。

罪犯在缓刑期间表现良好，不再犯罪，可以在缓刑期满后不再执行原判或者缩短缓刑考验期；罪犯在缓刑期内又犯新罪或者被发现判决宣告以前还有其他罪没有判决，应当撤销缓刑，对新犯的罪或者新发现的罪做出判决，把前罪和后罪所判处的刑罚依数罪并罚原则，决定执行的刑罚。

被宣告缓刑的犯罪分子，在缓刑考验期限内违反法律、行政法规或者国务院公安部门有关缓刑的监督管理规定，情节严重的，应当依法撤销缓刑，执行原判刑罚。被宣告缓刑的犯罪分子，在缓刑考验期限内，如果没有上述情形，缓刑考验期满，原判的刑罚就不再执行，并公开予以宣告。

### 五、管制和剥夺政治权利判决的执行

管制和剥夺政治权利判决的执行机关是公安机关。在司法实践中，负责执行的公安机关可以指派所属的公安派出所或者公安特派员以及有关单位的保卫组织，依靠治安保卫委员会执行。

执行机关应当依照人民法院的判决，向罪犯所在单位或者居住地的群众宣布罪犯的犯罪事实，被管制或者剥夺政治权利的期限，以及罪犯在刑罚执行期间必须遵守的规定。执行机关应当对其严格监督管理，基层组织或者罪犯的原所在单位协助进行监督。被管制、剥夺政治权利刑期届满，执行机关应当向本人及有关单位和居住地的群众宣布对其解除管制或者恢复政治权利。

### 六、罚金、没收财产判决的执行

罚金和没收财产刑的执行机关都是人民法院。执行没收财产刑时，可会同公安机关执行。

人民法院执行罚金刑时可根据罪犯的财产状况和申请，决定一次缴纳还是分期缴纳罚金。期满无故不缴纳的，人民法院应当强制缴纳。经强制缴纳仍不能全部缴纳的，人民法院在任何时候，包括判处的主刑执行完毕后，发现被执行人有可以执行的财产的，应当追缴。如果遭遇不能抗拒的灾祸缴纳罚金确实有困难的，犯罪分子可以向人民法院申请减少或者免除。人民法院查证属实后，可以裁定对原判决确定的金额予以减少或者免除。行政机关对被告人就同一事实已经处以罚款的，人民法院判处罚金时应当予以折抵。

没收全部财产的，应当对犯罪分子个人及其扶养的家属保留必需的生活费用。没收财产以前犯罪分子所负的正当债务，需要以没收的财产偿还的，经债权人请求，应当偿还。

### 七、无罪判决和免除刑罚判决的执行

无罪判决和免除刑罚的判决由人民法院执行。无罪判决和免除刑罚判决生效后，人民法院应立即向被裁判人及其有关单位宣布，并撤销对被裁判人采取的一切强制措施，对被羁押的被告人，发给释放证明。

### 八、死刑执行的变更

《刑事诉讼法》规定，下级人民法院在接到最高人民法院执行死刑的命令后，如发现有下列情形之一的，应当停止执行，并且立即报告最高人民法院，由最高人民法院做出裁定：①在执行前发现裁判可能有错误的；②在执行前罪犯揭发重大犯罪事实或者有其他重大立功表现，可能需要改判的；③罪犯正在怀孕的。对于罪犯正在怀孕的，应当报请核准死刑的人民法院改判为无期徒刑以下刑罚。凡经查明判决并无错误，或罪犯并无重大立功表现的，则仍须执行死刑，但须由核准死刑的人民法院院长重新签发死刑执行命令才能执行。最高人民法院的批复规定：对核准死刑的判决、裁定生效之后，执行死刑前发现有《刑事诉讼法》规定的情形，需要改判的案件，应当由有死刑核准权的人民法院适用审判监督程序改判或者指令下级人民法院再审。

### 九、死缓执行的变更

判处死刑缓期两年执行的罪犯，如果在缓刑执行期间故意犯罪，应依法定程序移送检察机关处理，并经人民法院查证属实，由高级人民法院报请最高人民法院核准死刑。最高人民法院核准后，由院长签发执行死刑命令，交付执行。

判处死刑缓期两年执行的罪犯，如果在缓刑考验期内没有故意犯罪，死缓执行期满，应当由其所在监狱及时提出减刑建议，报请当地高级人民法院裁定。死缓的减刑，一般减为无期徒刑。对于没有故意犯罪并有悔改、立功表现的罪犯，可以减为15年以上20年以下有期徒刑，附加剥夺政治权利的刑期也应减为3年以上10年以下。被判处死刑缓期两年执行的罪犯，如果死刑缓期两年执行期满后尚未裁定减刑前又犯新罪的，应当依法减刑后，对其所犯新罪另行审判。

## 十、暂予监外执行

暂予监外执行是指对被判处有期徒刑或者拘役的罪犯由于某种特殊原因，已不适宜在监狱或者拘役所等场所内执行，而需要改变执行时间或地点的变更程序。

根据《刑事诉讼法》第二百五十四条的规定，暂予监外执行的适用条件是：①有严重疾病需要保外就医的；②怀孕或者正在哺乳自己婴儿的妇女；③生活不能自理，适用暂予监外执行不致危害社会的。

对被判处无期徒刑的罪犯，有前款第二项规定情形的，可以暂予监外执行。

对适用保外就医可能有社会危险性的罪犯，或者自伤自残的罪犯，不得保外就医。

对罪犯确有严重疾病，必须保外就医的，由省级人民政府指定的医院诊断并开具证明文件。

在交付执行前，暂予监外执行由交付执行的人民法院决定；在交付执行后，暂予监外执行由监狱或者看守所提出书面意见，报省级以上监狱管理机关或者设区的市一级以上公安机关批准。

此外，应注意下列《刑事诉讼法》的规定：

第二百五十五条 监狱、看守所提出暂予监外执行的书面意见的，应当将书面意见的副本抄送人民检察院。人民检察院可以向决定或者批准机关提出书面意见。

第二百五十六条 决定或者批准暂予监外执行的机关应当将暂予监外执行决定抄送人民检察院。人民检察院认为暂予监外执行不当的，应当自接到通知之日起一个月以内将书面意见送交决定或者批准暂予监外执行的机关，决定或者批准暂予监外执行的机关接到人民检察院的书面意见后，应当立即对该决定进行重新核查。

第二百五十七条 对暂予监外执行的罪犯，有下列情形之一的，应当及时收监：

（一）发现不符合暂予监外执行条件的；

（二）严重违反有关暂予监外执行监督管理规定的；

（三）暂予监外执行的情形消失后，罪犯刑期未满的。

对于人民法院决定暂予监外执行的罪犯应当予以收监的，由人民法院作出决定，将有关的法律文书送达公安机关、监狱或者其他执行机关。

不符合暂予监外执行条件的罪犯通过贿赂等非法手段被暂予监外执行的，在监外执行的期间不计入执行刑期。罪犯在暂予监外执行期间脱逃的，脱逃的期间不计入执行刑期。

罪犯在暂予监外执行期间死亡的，执行机关应当及时通知监狱或者看守所。

第二百五十八条 对被判处管制、宣告缓刑、假释或者暂予监外执行的罪犯，依法实行社区矫正，由社区矫正机构负责执行。

## 十一、减刑和假释

### (一) 减 刑

减刑是指对被判处管制、拘役、有期徒刑或者无期徒刑的罪犯，在执行期间确有悔改或立功表现，由人民法院依法适当减轻其原判刑罚的制度。根据《刑法》第七十八条的规定：被判处管制、拘役、有期徒刑、无期徒刑的犯罪分子，在执行期间，如果认真遵守监规，接受教育改造，确有悔改表现的，或者有立功表现的，可以减刑；有重大立功表现的，应当减刑。减刑的幅度一般不超过原刑期的1/2。对于经过一次或几次减刑后实际执行的刑期，判处有期徒刑、拘役、管制的不能少于原判刑期的1/2；判处无期徒刑的不能少于10年；判处拘役缓刑的考验期不能少于1个月；判处有期徒刑缓刑的考验期不能少于1年。

对被判处管制、拘役、有期徒刑或者无期徒刑的罪犯，应当依法予以减刑时，由执行机关提出建议书，报请服刑地高级人民法院或中级人民法院审核裁定。

### (二) 假 释

假释是指对于被判处有期徒刑、无期徒刑的犯罪分子经过一定的服刑改造，确有悔改表现，释放后不致再危害社会的，附条件地将其提前释放的制度。《刑法》第八十一条规定：被判处有期徒刑的犯罪分子，执行原判刑期的1/2以上，被判无期徒刑的犯罪分子，实际执行10年以上，如果认真遵守监规，接受教育改造，确有悔改表现，假释后，不致再危害社会的，可以假释。

假释的对象是被判处有期徒刑、无期徒刑的犯罪分子，但累犯以及因杀人、爆炸、抢劫、强奸、绑架等暴力性犯罪被判处10年以上有期徒刑、无期徒刑的犯罪分子除外。

假释的程序依照减刑程序进行。被假释的罪犯，在假释考验期间，如果没有再犯新罪，就认为原判刑罚已经执行完毕；如果有违反法律、行政法规或国务院公安部门有关假释的监督管理规定的行为，尚未构成犯罪的，撤销假释，收监执行未执行完毕的刑罚；如果再犯新罪，撤消假释，把前罪没有执行的刑罚和后罪所判处的刑罚按数罪并罚原则予以执行。

## 十二、对新罪、漏罪的处理

罪犯在服刑期间又犯罪的，或者发现了判决的时候所没有发现的罪行，由执行机关移送人民检察院处理。其中，罪犯在服刑期间又犯罪的案件，由监狱进行侦查。对于漏罪和又犯的新罪，应当按数罪并罚的原则追究刑事责任。

## 十三、发现错判和对申诉的处理

监狱和其他执行机关在刑罚执行中，如果认为判决有错误或者罪犯提出申诉，应当转请人民检察院或原判人民法院处理。

人民检察院或人民法院对执行机关转送的有关材料，应进行认真审查，发现原判决确有错误的，应当按照审判监督程序对原案件进行重审。对于罪犯的申诉，也应及时审查。

但申诉期间，原判决不得停止执行。人民检察院或人民法院应当自收到监狱和其他执行机关提请处理意见书之日起6个月内将处理结果通知要求审查的监狱和其他执行机关。

### 十四、人民检察院对执行的监督

（一）人民检察院对执行死刑的监督

人民法院交付执行死刑，应当在3日以前通知同级人民检察院派员监督。人民检察院接到通知后，要查明同级人民法院是否收到最高人民法院或者经授权的高级人民法院核准死刑的判决或裁定执行死刑的命令，派检察人员担任临场监督，并配备书记员记录。

临场监督执行死刑的检察人员应当依法监督执行死刑的活动是否合法，在执行死刑之前，发现有下列情形之一的，应当建议人民法院停止执行：①被执行人并非应执行死刑的罪犯；②罪犯犯罪时不满18周岁的；③判决可能有错误的；④执行前罪犯揭发重大犯罪事实或有其他重大立功表现，可能需要改判的；⑤罪犯正在怀孕的；⑥执行死刑的场地和现场秩序足以造成他人伤亡的。在执行死刑过程中，人民检察院临场监督人员根据需要进行拍照、摄像；⑦执行死刑后，临场监督员应检查罪犯是否死亡，并填写临场监督笔录，签字后归档。

（二）人民检察院对执行机关执行刑罚活动的监督

人民检察院对执行机关执行刑罚的活动是否合法实行监督，如果发现有违法的情况，应当通知执行机关纠正。

（三）人民检察院对暂予监外执行的监督

批准暂予监外执行的机关应当将批准的决定抄送人民检察院。人民检察院认为暂予监外执行不当的，应当自接到通知之日起1个月内将书面意见送交批准暂予监外执行的机关，批准暂予监外执行的机关接到书面意见后，应当立即对该决定进行重新审核。人民检察院认为重新核查的结果不符合法律规定的，应当依法提出纠正意见。对于暂予监外执行的罪犯，人民检察院发现暂予监外执行的情形消失，应当通知执行机关收监执行。

（四）人民检察院对减刑、假释的监督

人民检察院认为人民法院减刑、假释的裁定不当，在收到裁定书副本后20日以内向人民法院提出书面意见。人民法院应当在收到纠正意见后1个月以内重新组成合议庭进行审理，做出最终裁定。

## 第二十节　未成年人刑事案件诉讼程序

### 一、未成年人刑事案件诉讼程序的概念、法律依据和意义

未成年人刑事案件诉讼程序是指专门使用未成年人刑事案件的侦查、起诉、审判、执行等程序的一种特殊的刑事诉讼程序。未成年人是指已满14周岁不满18周岁的人。

我国对未成年犯罪刑事诉讼程序没有专门立法，而是分散于《刑事诉讼法》《未成年人保护法》《最高人民法院关于审理未成年人刑事案件的若干规定》《人民检察院办理未成年人刑事案件的规定》《公安机关办理未成年人违法犯罪案件的规定》等有关法律和司法解释部门规章中。但是，新《刑事诉讼法》第五编特别程序进行了专章规定。

未成年人犯罪与成年人犯罪有着明显的区别，因此在办理这两类案件时，不仅在定罪量刑方面要有所区别，而且在诉讼程序上也要适应未成年人的特点。未成年人刑事案件诉讼程序在司法实践中有着如下重大的意义：①未成年人刑事案件诉讼程序的适用有助于教育、挽救违法犯罪的未成年人；②有利于预防和抑制未成年人刑事案件的上升趋势；③有利于发展和完善我国的刑事诉讼制度；④未成年人刑事案件诉讼程序的立法符合国际未成年人立法的发展趋势。

## 二、未成年人刑事案件诉讼程序的特有原则

办理未成年人刑事案件时，应当贯彻如下原则：

（一）教育、感化、挽救的原则

《刑事诉讼法》第二百六十六条第一款规定，对犯罪的未成年人实行教育、感化、挽救的方针，坚持教育为主、惩罚为辅的原则。《未成年人保护法》第三十八条和《预防未成年人犯罪法》第四十四条规定：对违法犯罪的未成年人，实行教育、感化、挽救的方针，坚持教育为主、惩罚为辅的原则。这就从法律上明确了司法机关在办理刑事案件时所应遵循的基本原则。教育、感化、挽救原则要求司法人员在办理未成人案件时，既要注意查清事实，又要及时对未成人进行教育和感化，坚持教育为主、惩罚为辅。对未成年人的教育和感化要注意未成年人的身心特点，尊重其人格，保障他们的合法权益。教育他们认识到自己行为的危害性，唤起其良知和悔罪意识，认罪伏法，重新做人。

（二）分案处理的原则

分案处理原则是未成年人刑事案件诉讼程序的重要原则之一。分案处理是指对未成年人刑事案件应当在时间和地点上都与成年人犯罪的刑事案件分开进行，即实现诉讼程序分离、分别关押、分别执行。

《刑事诉讼法》第二百六十九条第二款规定，对被拘留、逮捕和执行刑罚的未成年人与成年人应当分别关押、分别管理、分别教育。

公安机关、人民检察院、人民法院对审前羁押的未成年人，应当与羁押的成年人分别看管。对经人民法院判决服刑的未成年人，应当与服刑的成年人分别关押、管理。诉讼程序分离是指未成人与成年人共同犯罪或有牵连的案件，只要不妨碍诉讼，要分案处理。分别关押是指对未成年适用拘留、逮捕等强制措施时，要将未成年人和成年人分别关押看管。分别执行是指对未成年人已生效的判决、裁定的执行，要同成年人分开，不能放在同一场所，以防止成年罪犯对未成年罪犯产生不良影响和保护未成年罪犯的安全。

（三）不公开审理的原则

《刑事诉讼法》第二百七十四条规定，审判的时候被告人不满18周岁的案件，不公开

审理。但是，经未成年被告人及其法定代理人同意，未成年被告人所在学校和未成年人保护组织可以派代表到场。对未成年人案件不公开审理有利于缓解未成年人的紧张情绪，防止公开审判可能导致的给未成人造成精神创伤、增加改造的难度等不利于其回归社会的消极后果，有助于他们接受教育、挽救和改造。

（四）及时原则与和缓原则

及时原则是指在办理未成年案件中，在诉讼的各个阶段，司法机关和司法工作人员都要尽可能地及时对案件进行处理，提高效率不延误案件的审理。和缓原则要求根据未成年人案件的特点，要注意未成年犯罪嫌疑人、被告人的身心特点，尽量不采用激烈、严厉的诉讼方式。特别是对逮捕等可能给未成年造成过大精神压力的强制措施，在可能的条件下，要不用或少用。采用适当的传唤和讯问方式。在未成年人案件的侦查中，当需要传唤未成年人时，要注意未成年人的心理特点，避免引起过度的紧张。在讯问时，根据案件情况，邀请其亲友、老师等参加，也应通知其父母、监护人到场。在对未成年进行讯问时，坚持教育、挽救的方针，要注意讯问的方式，减缓其心理压力，使讯问能够在宽松的气氛中进行。在诉讼中采用少年法庭的形式，审判人员要恰当运用审判语言，以调节气氛，缓和未成年人的紧张情绪，保证诉讼的顺利进行等等。

（五）社会调查原则

《刑事诉讼法》第二百六十八条规定了未成年刑事案件中的社会调查制度。具体而言，公安机关人民检察院人民法院办理未成年人刑事案件，根据情况可以对未成年人犯罪嫌疑人被告人的成长经历犯罪原因肩负教育等情况进行调查。

### 三、未成年人刑事案件诉讼程序的特点

未成年人刑事案件诉讼程序作为一种特别程序，与普通程序相比，具有以下特点：

（一）必须查明犯罪嫌疑人、被告人的准确出生日期

年龄因素决定了犯罪嫌疑人、被告人是否应当追究刑事责任，因此对于未成年人刑事案件，在立案、侦查、起诉及审判活动阶段，都必须重点查明犯罪嫌疑人、被告人的准确出生时间。人民检察院审查批准逮捕未成年犯罪嫌疑人，应当把是否已满十四、16周岁的临界年龄作为重要事实予以查清。对难以判断未成年犯罪嫌疑人实际年龄，影响案件认定的，应当做出不批准逮捕的决定，退回公安机关补充侦查。未成年人案件法庭调查时，审判人员应当核实未成年被告人在实施被控的行为时的年龄，以准确认定是否应对其追究刑事责任。

（二）由专门机构或专职人员承办

公安机关、人民检察院、人民法院办理未成年人犯罪的案件，应当照顾未成年人的身心特点，并可以根据需要设立专门机构或者指定专人办理。公安机关应当设置专门机构或者专职人员承办未成年人违法犯罪案件。承办未成年人案件的人员应当具备心理学、犯罪学、教育学等专业知识和一定的办案经验。《刑事诉讼法》第二百六十六条第二款规定，

人民法院、人民检察院和公安机关办理未成年人刑事案件，应当保障未成年人行使其诉讼权利，保障未成年人得到法律帮助，并由熟悉未成年人身心特点的审判人员、检察人员、侦查人员承办。

### （三）保证诉讼工作的全面性和细致性

未成年人刑事案件，在必须完成与成年人案件一样的查明案情、收集证据和确认犯罪人等之外，在诉讼过程中还应当注意诉讼工作的全面性和细致性。公安机关在办理未成年人犯罪案件时，对违法犯罪未成年人的讯问应当采取不同于成年人的方式。讯问前，除掌握案件情况和证据材料外，还应当了解其生活、学习环境、成长经历、性格特点、心理状态及社会交往等情况，有针对性地制作讯问提纲。人民检察院审查起诉未成年人刑事案件，自受理之日起 3 日内，应当告知该未成年犯罪嫌疑人及其法定代理人有权委托辩护人，并讲明法律意义。对本人或者其法定代理人提出聘请律师意向，但因经济困难或者其他原因没有委托辩护人的，应当帮助其申请法律援助。审查起诉未成年犯罪嫌疑人，应当听取其父母或者其他法定代理人、辩护人、未成年被害人及其法定代理人的意见。可以结合社会调查，通过学校、家庭等有关组织和人员，了解未成年犯罪嫌疑人的成长经历、家庭环境、个性特点、社会活动等情况，为办案提供参考。未成年人案件开庭审理前，控辩双方可以分别就未成年被告人的性格特点、家庭情况、社会交往、成长经历以及实施被指控的犯罪前后的表现等情况进行调查，并制作书面材料提交合议庭。必要时，人民法院也可以委托有关社会团体组织就上述情况进行调查或者自行进行调查。此外，在制作诉讼文书时应详细和全面。

### （四）未成年犯罪嫌疑人、被告人享有特别的诉讼权利和制度

未成年人在刑事诉讼过程中，除享有《刑事诉讼法》规定的普通犯罪嫌疑人、被告人所享有的诉讼权利以外，还享有的一些特别诉讼权利。

1. 法定代理人、合适成年人在场的权利

《刑事诉讼法》第二百七十条规定，对于未成年人刑事案件，在讯问和审判的时候，应当通知未成年犯罪嫌疑人、被告人的法定代理人到场。无法通知、法定代理人不能到场或者法定代理人是共犯的，也可以通知未成年犯罪嫌疑人、被告人的其他成年亲属，所在学校、单位、居住地基层组织或者未成年人保护组织的代表到场，并将有关情况记录在案。到场的法定代理人可以代为行使未成年犯罪嫌疑人、被告人的诉讼权利。到场的法定代理人或者其他人员认为办案人员在讯问、审判中侵犯未成年人合法权益的，可以提出意见。讯问笔录、法庭笔录应当交给到场的法定代理人或者其他人员阅读或者向他宣读。讯问女性未成年犯罪嫌疑人，应当有女工作人员在场。审判未成年人刑事案件，未成年被告人最后陈述后，其法定代理人可以进行补充陈述。

2. 不公开审理的权利

《刑事诉讼法》第二百七十四条规定，审判的时候被告人不满 18 周岁的案件，不公开审理。但是，经未成年被告人及其法定代理人同意，未成年被告人所在学校和未成年人保护组织可以派代表到场。

3. 法律援助辩护制度

《刑事诉讼法》第二百六十七条规定，未成年犯罪嫌疑人、被告人没有委托辩护人的，人民法院、人民检察院、公安机关应当通知法律援助机构指派律师为其提供辩护。

4. 心理疏导和测评

《刑事诉讼解释》第二百七十七条规定，对未成年人刑事案件，人民法院根据情况，可以对未成年被告人进行心理疏导，经未成年被告人及其法定代理人同意，也可以对未成年被告人进行心理测评。

5. 犯罪记录的封存

《刑事诉讼法》第二百七十五条规定，犯罪的时候不满18周岁，被判处5年有期徒刑以下刑罚的，应当对相关犯罪记录予以封存。犯罪记录被封存的，不得向任何单位和个人提供，但司法机关为办案需要或者有关单位根据国家规定进行查询的除外。依法进行查询的单位，应当对被封存的犯罪记录的情况予以保密。

（五）严格限制强制措施的适用

在刑事诉讼中，对未成年犯罪嫌疑人应当慎重适用强制措施。对于可捕可不捕的，一般不要逮捕。公安机关办理未成年人违法犯罪案件，应当严格限制和尽量减少使用强制措施。

《刑事诉讼法》第二百六十九条规定，对未成年犯罪嫌疑人、被告人应当严格限制适用逮捕措施。人民检察院审查批准逮捕和人民法院决定逮捕，应当讯问未成年犯罪嫌疑人、被告人，听取辩护律师的意见。对被拘留、逮捕和执行刑罚的未成年人与成年人应当分别关押、分别管理、分别教育。

（六）区别对待的起诉制度

为了充分体现宽严相济、区别对待的刑事政策，刑事诉讼法还确立了附条件不起诉制度。

附条件不起诉，是指检察机关对一些应当负刑事责任的未成年犯罪嫌疑人，规定一定的期限，设定一定条件进行考察，期限届满，对符合条件的犯罪嫌疑人依法决定不起诉的诉讼制度。2012年《刑事诉讼法修正案》在"未成年人犯罪案件诉讼程序"专章中确立了"附件不起诉"制度。

1. 适用范围和条件

《刑事诉讼法》第二百七十一条规定，对于未成年人涉嫌《刑法》分则第四章、第五章、第六章规定的犯罪，可能判处1年有期徒刑以下刑罚，符合起诉条件，但有悔罪表现的，人民检察院可以做出附条件不起诉的决定。

2. 适用程序

《最高检察院规则》第四百九十二条第二款规定，人民检察院在做出附条件不起诉决定之前，应当听取公安机关被害人，未成年犯罪嫌疑人的法定代理人辩护人的意见，并制作笔录附卷。

3. 监督考察

人民检察院做出附条件不起诉决定的，应当确定考验期，考验期为六个月以上一年以下，从人民检察院做出附条件不起诉的决定之日起计算。在附条件不起诉的考验期内，由人民检察院对被附条件不起诉的未成年犯罪嫌疑人进行监督考察，未成年犯罪嫌疑人的监护人，应当对犯罪嫌疑人加强管教，配合人民检察院做好监督考察工作。

人民检察院可以会同未成年犯罪嫌疑人的监护人、所在学校、单位、居住地的村民委员会、居民委员会、未成年人保护组织等的有关人员，定期对未成年犯罪嫌疑人进行考察、教育，实施跟踪帮教。

根据《刑事诉讼法》第二百七十二条第三款规定，被附条件不起诉的未成年犯罪嫌疑人，应当遵守下列规定：

（1）遵守法律法规，服从监督。

（2）按照考察机关的规定报告自己的活动情况。

（3）离开所居住的市、县或者迁居，应当报经考察机关批准。

（4）按照考察机关的要求接受矫治和教育。

4. 处理结果

《刑事诉讼法》第二百七十三条规定，被附条件不起诉的未成年犯罪嫌疑人，在考验期内有下列情形之一的，人民检察院应当撤销附条件不起诉的决定，提起公诉：

（1）实施新的犯罪或者发现决定附条件不起诉以前还有其他犯罪需要追诉的。

（2）违反治安管理规定或者考察机关有关附条件不起诉的监督管理规定，情节严重的。

被附条件不起诉的未成年犯罪嫌疑人，在考验期内没有上述情形，考验期满的，人民检察院应当做出不起诉的决定。

5. 救济程序

对于公安机关移送起诉的案件，人民检察院决定附条件不起诉的，应当将不起诉决定书送达公安机关，公安机关认为不起诉的决定有错误的时候，可以要求复议，如果意见不被接受，可以向上一级人民检察院提请复核。

对附条件不起诉的决定，被害人如果不服，可以自收到决定书后七日以内向上一级人民检察院申诉，请求提起公诉。人民检察院应当将复查决定告知被害人。对人民检察院维持不起诉决定的，被害人可以向人民法院起诉，被害人也可以不经申诉，直接向人民法院起诉。

上述复议、复核、申诉的审查由公诉部门或者未成年人犯罪检察工作机构负责。

（七）相对缓和的办案方式

未成年人刑事案件中，除法律规定了严格限制强制措施的适用，还规定了使用相对缓和的侦查、审查起诉和审判方式。

《刑事诉讼法》第二百七十条第三款规定，讯问女性未成年犯罪嫌疑人，应当有女工作人员在场。注意，询问未成年被害人、证人，也适用这一规定。

# 第二十一节　当事人和解的公诉案件诉讼程序

刑事和解的概念有广义和狭义之分。广义的刑事和解既包括刑事公诉案件的和解，也包括刑事自诉案件以及附带民事诉讼案件的和解。狭义的刑事和解仅指刑事公诉案件的和解，即在刑事公诉案件中，被害人和加害人以认罪、赔偿、道歉等方式达成谅解以后，国家专门机关不再追究加害人刑事责任或者对其从宽处罚的一种案件处理方式。新《刑事诉讼法修正案》单独设立了"当事人和解的公诉案件诉讼程序"，规定了刑事公诉案件的和解程序，随后颁布的司法解释和规定进一步完善了当事人和解的公诉案件诉讼程序。

## 一、适用的条件

（一）肯定条件

依据《刑事诉讼法》第二百七十七条的规定，犯罪嫌疑人、被告人真诚悔罪，通过向被害人赔偿损失、赔礼道歉等方式获得被害人谅解，被害人自愿和解的，双方当事人可以和解。由此可见，适用刑事和解的公诉案件条件包括：

（1）犯罪嫌疑人、被告人真诚悔罪。所谓真诚悔罪，是指犯罪嫌疑人、被告人已经充分认识到自己的犯罪行为给被害人和相关人员及组织带来的损害，并且进行了积极赔偿，赔礼道歉等行为。

（2）获得被害人的谅解。被害人谅解是达成刑事和解的决定性条件。刑事和解以当事人双方特别是被害人的和解意愿为前提，而被害人谅解是被害人表达和解意愿的行为方式。

（3）被害人自愿和解。被害人自愿和解是指被害人做出谅解并且达成和解协议是出于其自由意志而非受到外来压力的影响而做出的。

（4）根据《刑事诉讼法》第二百七十七条第一款规定可知，当事人和解的公诉案件诉讼程序还必须具备下列条件：

①因民间纠纷引起，涉嫌《刑法》分则第四章、第五章规定的犯罪案件，可能判处3年有期徒刑以下刑罚的；

②除渎职犯罪以外的可能判处7年有期徒刑以下刑罚的过失犯罪案件。

（二）否定条件

《刑事诉讼法》第二百七十七条第二款规定，犯罪嫌疑人、被告人在5年以内曾经故意犯罪的，不适用《刑事诉讼法》规定的当事人和解的公诉案件诉讼程序。

## 二、自愿性、合法性的审查

《刑事诉讼法》第二百七十八条的规定，双方当事人和解的，公安机关、人民检察院、人民法院应当听取当事人和其他有关人员的意见，对和解的自愿性、合法性进行审查，并主持制作和解协议书。

## 三、制作和解协议书

公安机关、人民检察院和人民法院通过审阅相关书面材料，听取当事人和其他有关人员的意见等方式进行审查，认为和解是自愿的、合法的，应当主持制作和解协议书。和解协议书一式三份，双方当事人各持一份，另一份交公安机关、人民检察院或者人民法院附卷备查。

### 四、和解案件的处理

根据《刑事诉讼法》第二百七十九条的规定，对于达成和解协议的案件，公安机关可以向人民检察院提出从宽处理的建议。人民检察院可以向人民法院提出从宽处罚的建议；对于犯罪情节轻微，不需要判处刑罚的，可以做出不起诉的决定。人民法院可以依法对被告人从宽处罚。

# 第二十二节　犯罪嫌疑人、被告人逃匿、死亡案件违法所得的没收程序

犯罪嫌疑人、被告人逃匿、死亡案件违法所得的没收程序，是指当某些案件中犯罪嫌疑人、被告人逃匿或者死亡时，追缴其违法所得及其他涉案财产所特有的方式方法和步骤。2012 年《刑事诉讼法修正案》在第五编第三章增设"犯罪嫌疑人、被告人逃匿、死亡案件违法所得的没收程序"。

### 一、法律性质

该程序并不是针对被追诉人刑事责任的审判程序，而是针对违法所得和涉案财产设置的专门的处置程序。因此，对违法所得以及其他涉案财产的没收，不必以被追诉人已经被生效判决确定有罪为前提，即使在被追诉人死亡、潜逃的情形下，也可以单独裁定是否予以没收。

### 二、适用条件

根据《刑事诉讼法》第二百八十条第一款关于"对于贪污贿赂犯罪、恐怖活动犯罪等重大犯罪案件，犯罪嫌疑人、被告人逃匿，在通缉一年后不能到案，或者犯罪嫌疑人、被告人死亡，依照刑法规定应当追缴其违法所得及其他涉案财产的，人民检察院可以向人民法院提出没收违法所得的申请"的规定可知，适用违法所得没收程序应当同时具备以下三个条件：

第一，该程序必须适用属于贪污贿赂犯罪、恐怖活动犯罪等重大犯罪案件。

第二，犯罪嫌疑人、被告人逃匿，在通缉一年后不能到案，或者犯罪嫌疑人、被告人死亡。

第三，依照刑法规定应当追缴其违法所得及其他涉案财产。

### 三、没收意见的申请

对符合《刑事诉讼法》第二百八十条规定情形的，人民检察院可以向人民法院提出没收违法所得的申请，公安机关认为应当没收违法所得的，应当写出没收违法所得意见书，移送人民检察院。没收违法所得的申请应当提供与犯罪事实、违法所得相关的证据材料，并列明财产的种类、数量、所在地及查封、扣押、冻结的情况。

### 四、法院被没收违法所得的处理

《刑事诉讼法》第二百八十条第四款规定，人民法院在必要的时候，可以查封、扣押、冻结申请没收的财产。

第二百八十一条规定，没收违法所得的申请，由犯罪地或者犯罪嫌疑人、被告人居住地的中级人民法院组成合议庭进行审理。人民法院受理没收违法所得的申请后，应当发出公告。公告期间为六个月。犯罪嫌疑人、被告人的近亲属和其他利害关系人有权申请参加诉讼，也可以委托诉讼代理人参加诉讼。人民法院在公告期满后对没收违法所得的申请进行审理。利害关系人参加诉讼的，人民法院应当开庭审理。

第二百八十二条规定，人民法院经审理，对经查证属于违法所得及其他涉案财产，除依法返还被害人的以外，应当裁定予以没收；对不属于应当追缴的财产的，应当裁定驳回申请，解除查封、扣押、冻结措施。对于人民法院依照前款规定做出的裁定，犯罪嫌疑人、被告人的近亲属和其他利害关系人或者人民检察院可以提出上诉、抗诉。

第二百八十三条规定，在审理过程中，在逃的犯罪嫌疑人、被告人自动投案或者被抓获的，人民法院应当终止审理。没收犯罪嫌疑人、被告人财产确有错误的，应当予以返还、赔偿。

# 第二十三节　依法不负刑事责任的精神病人的强制医疗程序

### 一、概　念

强制医疗，是指出于避免社会危害和保障精神疾病患者的健康利益的目的而采取的一项对于精神疾病患者的人身自由予以一定限制并对其所患精神病进行治疗的特殊保安处分措施。

### 二、适用条件

《刑事诉讼法》第二百八十四条规定，实施暴力行为，危害公共安全或者严重危害公民人身安全，经法定程序鉴定依法不负刑事责任的精神病人，有继续危害社会可能的，可以予以强制医疗。

### 三、启动和决定程序

《刑事诉讼法》第二百八十五条规定，根据本章规定对精神病人强制医疗的，由人民法院决定。公安机关发现精神病人符合强制医疗条件的，应当写出强制医疗意见书，移送人民检察院。对于公安机关移送的或者在审查起诉过程中发现的精神病人符合强制医疗条件的，人民检察院应当向人民法院提出强制医疗的申请。人民法院在审理案件过程中发现被告人符合强制医疗条件的，可以做出强制医疗的决定。实施暴力行为的精神病人，在人民法院决定强制医疗前，公安机关可以采取临时的保护性约束措施。

第二百八十六条规定，人民法院受理强制医疗的申请后，应当组成合议庭进行审理。

人民法院审理强制医疗案件，应当通知被申请人或者被告人的法定代理人到场。被申请人或者被告人没有委托诉讼代理人的，人民法院应当通知法律援助机构指派律师为其提供法律帮助。

第二百八十七条第一款规定，人民法院经审理，对于被申请人或者被告人符合强制医疗条件的，应当在一个月以内做出强制医疗的决定。

### 四、救济程序

《刑事诉讼法》第二百八十七条第二款规定，被决定强制医疗的人、被害人及其法定代理人、近亲属对强制医疗决定不服的，可以向上一级人民法院申请复议。

### 五、强制医疗的解除程序

《刑事诉讼法》第二百八十八条规定，强制医疗机构应当定期对被强制医疗的人进行诊断评估。对于已不具有人身危险，不需要继续强制医疗的，应当及时提出解除意见，报决定强制医疗的人民法院批准。被强制医疗的人及其近亲属有权申请解除强制医疗。

### 六、强制医疗案件的检察监督

《刑事诉讼法》第二百八十九条规定，人民检察院对强制医疗的决定和执行实行监督。

# 【练习题】

## 一、单项选择题

1. 下列案件中，属于告诉才处理的案件是（ ）
   A. 侮辱、诽谤罪　　　　　　　　B. 重婚罪
   C. 故意伤害罪　　　　　　　　　D. 遗弃罪

2. 第一审人民法院审判刑事案件，开庭审判的过程，依照法定程序，依次为（ ）
   A. 开庭、法庭辩论、法庭调查、被告人的最后陈述、评议和宣判五个阶段
   B. 开庭、法庭调查、法庭辩论、被告人的最后陈述、评议和宣判五个阶段
   C. 开庭、法庭调查、被告人的最后陈述、法庭辩论、评议和宣判五个阶段
   D. 开庭、法庭辩论、被告人的最后陈述、法庭调查、评议和宣判五个阶段

3. 刑事诉讼中，如果当事人对有关人员提出了回避申请，依照法律，不得停止进行的程序是（ ）
   A. 侦查程序　　　　　　　　　　B. 起诉程序
   C. 审判程序　　　　　　　　　　D. 执行程序

4. 郭某，男，1988 年 1 月 17 日出生，2003 年 5 月 6 日因与同学李某发生口角，便将李某杀害，此案应当（ ）
   A. 公开审理

B. 应当不公开审理

C. 一般不公开审理

D. 经被害人家属同意可公开审理

5. 周某因故意伤害罪一审被县人民法院判处有期徒刑 5 年。2005 年 9 月 21 日，周某收到判决书。那么周某的上诉期限的最后一日是（　　）

    A. 2005 年 9 月 26 日　　　　　　　B. 2005 年 9 月 30 日

    C. 2005 年 10 月 1 日　　　　　　　D. 2005 年 10 月 8 日

6. 某区人民法院在审理一起抢劫案件中，被告人范某某认为公诉人张某与本案被害人有亲属关系，从而提出要求张某回避。有权对被告人范某某提出的回避申请做出决定的是（　　）

    A. 审判长　　　　　　　　　　　B. 本院院长

    C. 县人民检察院检察长　　　　　D. 县人民检察院检察委员会

7. 可以由人民陪审员参加合议庭审理刑事案件适用的审判程序是（　　）

    A. 第一审普通程序　　　　　　　B. 简易程序

    C. 第二审程序　　　　　　　　　D. 死刑复核程序

8. 对驳回申请回避的决定，当事人及其法定代理人可以（　　）

    A. 申请复议一次　　　　　　　　B. 申请复核一次

    C. 提起上诉　　　　　　　　　　D. 申诉

9. 被判处有期徒刑、拘役、管制的罪犯的减刑，由（　　）

    A. 第一审人民法院管辖

    B. 第二审人民法院管辖

    C. 罪犯服刑地的中级人民法院管辖

    D. 罪犯服刑地的高级人民法院管辖

10. 在刑事诉讼中，有权决定公安机关负责人回避的是（　　）

    A. 上级公安机关

    B. 同级人民检察院检察委员会

    C. 同级人民法院院长

    D. 同级人民法院审判委员会

11. 下列证据中，既属于间接证据又属于原始证据的是（　　）

    A. 被告人认罪的供述

    B. 证人听到被害人哭泣的证言

    C. 赃物的复制品

    D. 鉴定结论的抄件

12. 在被害人死亡的案件中，可以提起附带民事诉讼的是（　　）

    A. 公安机关　　　　　　　　　　B. 检察机关

    C. 被害人的近亲属　　　　　　　D. 被害人的朋友

13. 在我国刑事诉讼中，简易程序的最长审理期限为（　　）

    A. 15 日　　　　　　　　　　　　B. 20 日

    C. 30 日　　　　　　　　　　　　D. 45 日

14. 公安机关认为不予批准逮捕的决定有错误时，有权受理其复核申请的机关为（　　）
    A. 同级人民法院
    B. 同级人民检察院
    C. 上级人民检察院
    D. 上级公安机关

15. 人民检察院直接受理的刑事案件有（　　）
    A. 交通肇事案件　　　　　　　　　B. 抢劫案件
    C. 刑讯逼供案件　　　　　　　　　D. 走私案件

16. 王华，因涉嫌挪用资金罪被公安机关立案侦查，侦查终结后移送人民检察院审查起诉。人民检察院经审查后，认为犯罪嫌疑人王华没有犯罪行为，经检察委员会讨论，做出不起诉的决定。下列哪一表述是正确的？（　　）
    A. 本案应由人民检察院立案侦查
    B. 人民检察院应做出撤销案件的决定
    C. 人民检察院做出不起诉的决定是正确的，但不应由检察委员会讨论决定
    D. 人民检察院应当写出书面理由，将案卷退回公安机关处理

17. 王某因涉嫌贪污而被检察机关决定逮捕，按照法律规定，下列哪个机关应当将王某被逮捕的事情通知其家属？（　　）
    A. 负责羁押的部门
    B. 决定逮捕的人民检察院
    C. 执行逮捕的公安机关
    D. 人民检察院或公安机关

18. 下列对附带民事诉讼成立的必备条件的描述中，正确的是（　　）
    A. 必须是被害人因被告人的非法行为而遭受的物质损失
    B. 必须是被害人因被告人的犯罪行为而遭受的物质损失
    C. 必须是被害人因被告人的犯罪行为而遭受的精神损失
    D. 必须是被害人因被告人的犯罪行为而遭受的一切损失

19. 下列罪犯中，如有法定情形时，可予监外执行的是（　　）
    A. 因贪污被判死缓的罪犯
    B. 因杀人被判无期徒刑的罪犯
    C. 因伤害被判有期徒刑的罪犯
    D. 因诽谤被判管制的罪犯

20. 下列情形中不能导致审判监督程序提起的是（　　）
    A. 证明案件事实的主要证据之间存在矛盾
    B. 对共同犯罪的被告人未分清其所起的作用
    C. 原判决、裁定在认定事实上可能有错误
    D. 审判人员审理该案时有徇私舞弊的行为

## 二、多项选择题

1. 根据有关司法解释，经查证属实确属使用刑讯逼供或者威胁、引诱、欺骗等非法方法取得的证据，不能作为定案的根据，下列证据中属于此类的有（　　）
   A. 证人证言　　　　　　　　　B. 被害人陈述
   C. 被告人供述　　　　　　　　D. 书证

2. 被告人郎某盗窃某电脑公司笔记本电脑 1 台，价值人民币 14000 元，抢劫杀人一次。此案应当如何审判？（　　）
   A. 盗窃罪由基层人民法院审判
   B. 盗窃罪由中级人民法院审判
   C. 抢劫罪由基层人民法院审判
   D. 抢劫罪由中级人民法院审判

3. 李律师接受在押犯罪嫌疑人钱某的委托，在侦查阶段为其提供法律帮助。那么在这个阶段中，他可以进行下列哪些工作？（　　）
   A. 会见犯罪嫌疑人
   B. 向侦查机关了解犯罪嫌疑人涉嫌的罪名
   C. 进行调查取证工作
   D. 为犯罪嫌疑人向侦查机关提出取保候审的申请

4. 张某（25 岁）和刘某（36 岁）是邻居，因为生活中的小事引起纠纷，张某将刘某打成轻伤。刘某向法院提起刑事自诉，并同时提起附带民事诉讼，要求张某赔偿损失。那么，下列哪些人员可以委托诉讼代理人？（　　）
   A. 张某　　　　　　　　　　　B. 张某的父亲
   C. 刘某　　　　　　　　　　　D. 刘某的父亲

5. 我国刑事诉讼中的审判程序与第二审程序是不同的，表现之一是提起主体的不同。下列各项中，既有权提起审判监督程序又有权提起第二审程序的有（　　）
   A. 最高人民检察院　　　　　　B. 省、自治区、直辖市人民检察院
   C. 地市人民检察院　　　　　　D. 区、县人民检察院

6. 在下述四个选中，可以暂予监外执行的犯罪有（　　）
   A. 被判无期徒刑的妇女甲，服刑时怀有身孕的
   B. 被判处拘役的盗窃犯乙，为表示悔改而自断手指，致使生活不能自理的
   C. 被判处有期徒刑的罪犯丙经省级政府指定的医院可证明患有严重疾病需要保外就医的
   D. 妇女丁被判处 5 年有期徒刑，服刑之时有一刚满月的婴儿

7. 下列情形，人民法院应当重新审判的是（　　）
   A. 王某犯盗窃罪，但却被判为抢劫罪
   B. 证明张某故意杀人罪的证据不充分
   C. 发现原审法官吴某在审判该案时，有受贿行为
   D. 被害人田某认为原判过轻，但又无新的证据

8. 根据《刑事诉讼法》的规定，发生法律效力的判决和裁定包括（　　）

    A. 已过法定期限没有上诉、抗诉的判决和裁定

    B. 第二审判决和裁定

    C. 最高人民法院的判决和裁定

    D. 最高人民法院核准的死刑的判决

9. 下列关于法定代理人和诉讼代理人的比较，说法正确的有（　　）

    A. 前者的代理权基于法律的规定产生，后者的代理权主要基于委托或指定产生

    B. 前者只有在被代理人是无行为能力或者限制行为能力时才会出现，后者则没有这种限制

    C. 在代理同一当事人时，前者的权利范围比后者广

    D. 在刑事案件的刑事部分，前者既可以是被告人代理人也可以是被害人的代理人，而后者只能做被害人的代理人

10. 根据我国《刑事诉讼法》的规定和有关的司法解释，下列哪个说法是不正确的？（　　）

    A. 上级人民法院不能审判下级人民法院管辖的第一审刑事案件

    B. 上级人民法院不能指定下级人民法院审判应由上级人民法院管辖的第一审刑事案件

    C. 上级人民法院不能指定下级人民法院审判管辖不明的案件

    D. 上级人民法院不能指定下级人民法院审判管辖明确的案件

## 三、判断题

1. 高某放火案，表明大火系因电器短路引起的监控录像，属于直接证据。（　　）

2. 人民法院做出的取保候审决定，应由该法院的法警依法执行。（　　）

3. 对于通缉在案的人，任何公民都可以立即将其扭送公安机关、人民检察院或人民法院。（　　）

4. 犯罪嫌疑人在被侦查机关第一次讯问后或者采取强制措施之日起，可以聘请律师为其辩护。（　　）

5. 黄某与刘某是夫妇，两人共同目睹了犯罪嫌疑人抢夺的全过程，公安机关可以向两人进行共同询问。（　　）

6. 人民检察院对于需要补充侦查的案件，可以退回公安机关补充侦查，也可以自行侦查。（　　）

7. 庭审中，审判长宣布辩论终结后，被告人有最后陈述的权利。（　　）

8. 地方各级人民检察院认为本级人民法院第一审判决有错误时，应当向该本级人民法院提出抗诉。（　　）

9. 第二审人民法院审理被告人李某上诉的案件时，认为一审法院判处李某有期徒刑3年，属于量刑过轻，直接改判李某有期徒刑5年。（　　）

10. 有权提起附带民事诉讼的人在第一审判决宣告以前没有提起的，不得再提起附带民事诉讼。（　　）

11. 涉及商业秘密的案件，人民法院应当不公开审理。（　　）

12. 辩护人做无罪辩护的案件不能适用简易程序审理。　　　　　( 　 )

13. 对于人民检察院抗诉的案件，第二审人民法院可以不开庭审理。　( 　 )

14. 参与过第一审、第二审审判的合议庭组成人员可以参加该案的再审程序。( 　 )

15. 第二审人民法院审理被告人提出上诉的案件，既不能加重被告人的刑罚，也不能改变被告人的罪名。　　　　　　　　　　　　　　　　( 　 )

16. 在我国刑事案件的审理过程中，证人必须出庭作证。　　　　　( 　 )

17. 退役军人在服役期内犯盗窃罪的，应当由相关军事法院审理。　( 　 )

18. 正在服刑的罪犯在服刑期间又犯罪，由服刑地的人民法院管辖。( 　 )

19. 上级人民法院在必要时，可以将下级人民法院管辖的案件指定其他下级人民法院管辖。　　　　　　　　　　　　　　　　　　　　( 　 )

20. 人民法院依照审判监督程序审理案件一律适用第二审程序审理。( 　 )

21. 判决做出后，剩余刑期在一年以下的，由看守所执行。　　　　( 　 )

22. 第一审的判决和裁定不是终审的判决和裁定，因此不发生法律效力。( 　 )

23. 无论哪级法院做出的死刑判决，一律应由最高人民法院院长签发死刑令。( 　 )

24. 人民检察院对于犯罪已过追诉时效期限的案件，应当经检察委员会决定，做出不起诉的决定。　　　　　　　　　　　　　　　　( 　 )

25. 人民检察院对于公安机关移送审查起诉的案件，应当在 10 日内审查结束。

　　　　　　　　　　　　　　　　　　　　　　　　　　　　( 　 )

## 四、简答题

1. 如何理解未经人民法院依法判决，不得确定有罪原则？

2. 自诉案件包括哪些？

3. 适用逮捕应具备哪些条件？

4. 我国刑事诉讼证据有哪些种类？刑事案件的证明责任如何承担？

5. 我国刑事诉讼程序有哪些阶段?

## 五、案例分析题

1. 某县公安机关接到举报,某国有公司总经理王某有贪污行为。公安机关接到举报后,因本案不属公安机关管辖,将举报信移送到了县人民检察院。县检察院经过调查取证,未能查实王某的贪污行为,但是,在调查过程中,发现王某的个人生活支出明显高于其收入,于是,县检察院以"巨额财产来源不明罪"对王某提起公诉。

问:(1) 本案中县检察院是否承担证明责任? 具体说明分析理由。

(2) 刑事诉讼中证明责任承担的一般原则是如何规定的?

2. 李某与做药材生意的外地商人王某相识,获知王某带来了一笔现款,欲购买一些贵重药材。李某表示愿意帮忙,两人便有了交往。几天后,王某在一家旅社被杀,财物被洗劫一空。案发后,当地公安机关通过调查取证等一系列侦查活动。根据现场勘验提取的手印、足迹、血迹等物证、经过鉴定得出的结论及证人证言,均证实了其犯罪行为是李某所实施。公安机关拘捕了犯罪嫌疑人李某,经讯问李某始终不承认犯罪。但人民法院最终依然对李某定罪判处了刑罚。

问:本案在李某拒不认罪,未获取被告人供述的情况下,能否追究其刑事责任?

3. 王某单独或与他人合伙多次盗窃本村供销社、砖厂、机房等,王某单独作案23次,价值1.9万元。一审法院认定被告人王某犯盗窃罪,且数额较大,判处其有期徒刑5年。宣判后,王某以量刑太重为由提起上诉。第二审人民法院受理此案后,对王某的盗窃案进行了认真的查对,发现一审法院漏算了三起盗窃的物品,实际王某盗窃物品的价值应为2万余元,属于数额巨大。二审法院本着事实求是的精神,依法改判王平有期徒8年。

问：该案中，二审法院的改判对不对？为什么？

# 【参考答案】

## 一、单项选择题

1. A　2. B　3. A　4. B　5. C　6. C　7. A　8. A　9. C　10. B　11. B　12. C　13. B　14. C　15. C　16. D　17. B　18. B　19. C　20. B

## 二、多项选择题

1. ABC　2. BD　3. ABD　4. AC　5. BC　6. CD　7. ABC　8. ABCD　9. ACD　10. ACD

## 三、判断题

1. √　2. ×　3. √　4. ×　5. ×　6. √　7. √　8. ×　9. ×　10. √　11. ×　12. √　13. ×　14. ×　15. ×　16. ×　17. ×　18. √　19. √　20. ×　21. √　22. ×　23. √　24. ×　25. ×

## 四、简答题

1. 答：确定被告人有罪的权力由人民法院统一行使，其他任何机关、团体和个人都无权行使。这是世界各国的立法通例，也是行使审判权应有之意。人民法院判决被告人有罪，必须严格依照法定程序，组成合格的独立的法庭进行公正、公开的审理，并必须予以被告人一切辩护上所需的保障。未经人民法院依法判决，对任何人都不得确定有罪。这是吸收无罪推定原则的内核，但不同于西方国家的无罪推定。该原则在我国《刑事诉讼法》中体现如下：

（1）被追诉者在刑事诉讼过程中一律称为犯罪嫌疑人、被告人，而不能成为犯人或人犯。

（2）不存在免予起诉的决定，人民检察院只能做出提起公诉的决定或者不起诉的决定，而不能做出免予起诉的决定。

（3）在刑事诉讼中，证明责任一般要由公诉人或自诉人承担，被告人没有证明自己无罪的义务。

（4）法院开庭审理案件，不以被告人的行为构成犯罪为前提条件。

（5）对于证据不足、指控罪名不能成立的案件，人民法院应当做出证据不足、指控犯罪不能成立的无罪判决。

2. 答：自诉案件包括下列案件：（1）告诉才处理的案件。（2）被害人有证据证明的轻微刑事案件。（3）被害人有证据证明对被告人侵犯自己人身，财产权利的行为应当依法追究刑事责任，而公安机关或者人民检察院不予追究被告人刑事责任的案件。

3. 答：对有证据证明有犯罪事实，可能判处徒刑以上刑罚的犯罪嫌疑人、被告人，采取取保候审尚不足以防止发生下列社会危险性的，应当予以逮捕（一般条件）：（1）可能实施新的犯罪的。（2）有危害国家安全、公共安全或者社会秩序的现实危险的。（3）可能毁灭、伪造证据，干扰证人作证或者串供的。（4）可能对被害人、举报人、控告人实施打击报复的。（5）企图自杀或者逃跑的。

对有证据证明有犯罪事实，可能判处十年有期徒刑以上刑罚的，或者有证据证明有犯罪事实，可能判处徒刑以上刑罚，曾经故意犯罪或者身份不明的，应当予以逮捕（特殊条件）。

被取保候审、监视居住的犯罪嫌疑人、被告人违反取保候审、监视居住规定，情节严重的，可以予以逮捕（转捕条件）。

4. 答：证据种类包括：（1）物证；（2）书证；（3）证人证言；（4）被害人陈述；（5）犯罪嫌疑人、被告人供述和辩解；（6）鉴定意见；（7）勘验、检查、辨认、侦查实验等笔录；（8）视听资料、电子数据。

公诉案件中被告人有罪的举证责任由人民检察院承担，自诉案件中被告人有罪的举证责任由自诉人承担。

5. 答：根据我国《刑事诉讼法》，刑事诉讼程序分为立案、侦查、起诉、审判和执行五个阶段。

## 五、案例分析题

1. 答：（1）在本案中，首先应当承担证明责任的仍然是控诉方，即县检察院；涉及"巨额财产来源不明罪"的案件，控诉方应首先收集到足够的证据证明国家工作人员的财产或者支出明显超过合法收入且差额巨大，之后证明责任才转移到犯罪嫌疑人或者被告人即王某身上，若王某不能说明或证明，差额部分即以非法所得论。

（2）在刑事公诉案件中，刑事诉讼的证明责任由检察机关承担，公安机关也对有关的程序法事实承担一定的证明责任；自诉案件中，由自诉人承担证明责任；人民法院不负有证明责任；犯罪嫌疑人、被告人一般不承担证明责任。

2. 答：我国《刑事诉讼法》规定了人民法院、人民检察院和公安机关进行刑事诉讼，必须以事实为根据，以法律为准绳的基本原则。所谓以事实为根据，就是指公安司法机关办理刑事案件必须重证据、重调查研究，以案件的客观事实为根据。本案的犯罪人李某，虽然在整个刑事诉讼过程中拒不承认自己的犯罪事实，但是大量的证据都证实了其故意杀人的犯罪事实。《刑事诉讼法》规定：没有被告人供述，证据充分、确实的，可以认定被告人有罪和处以刑罚。根据本案证据证实的客观事实，证明了李某故意杀人行为的存在，依法追究其刑事责任。充分表明了公安司法机关是以客观事实办理刑事案件，也是"以事实为根据、以法律为准绳"这一基本原则在实际案件中的具体体现。

3. 答：二审法院的加刑改判是不对的。按照《刑事诉讼法》的规定，第二审人民法院审判被告人上诉的案件，不得加重被告人的刑罚，这是上诉不加刑的原则。按照这一原则的要求，不论是被告人还是他的法定代理人、辩护人等提起上诉的案件，不论有什么样的理由，都不能加重被告人的刑罚。

# 第六章　民法总论

## 第一节　民法概述

### 一、民法的概念和调整的对象

民法是调整平等主体的公民之间、法人之间、公民与法人之间的财产关系和人身关系的法律规范的总称。

根据这一定义，民法调整的对象是：

（1）平等主体之间的财产关系。所谓财产关系，是指人们在产品的生产、分配、交换和消费过程中形成的具有经济内容的关系。包括财产所有关系和财产流转关系，民法在本质上是调整商品交换关系的最一般的行为规则。我们现在的民法是从古代的罗马法发展而来的，罗马法是奴隶制简单商品交换的最一般的行为规则；到了资产阶级革命时期，随着资本主义萌芽的诞生，罗马法复兴了，成为了资本主义商品交换的最一般的行为规则，所以《法国民法典》《德国民法典》是资本主义商品交换的最一般的行为规则；1917 年 10月社会主义革命后，在苏联新经济政策的历史背景之下，在列宁同志的亲自主持制定之下，1922 年颁布了《苏俄民法典》，它是社会主义时期商品交换的最一般的行为规则。我国现阶段的《中华人民共和国民法通则》以及即将颁布的《中华人民共和国民法典》，是我国在社会主义商品经济条件之下的商品交换的最一般的行为规则。

（2）平等主体的人身关系。所谓人身关系，是指没有财产内容但有人身属性的社会关系。人身关系是基于一定的人格和身份产生的，体现的是人们精神上的利益，包括人格关系和身份关系。

### 二、民法的基本原则

民法的基本原则是贯穿于整个民事立法，对各项民事法律制度和全部民法规范起统率作用的基本准则。

1. 平等原则

当事人在民事活动中的地位平等。即使国家参与某一民事关系，其与对方当事人在民法上的地位也是平等的。

2. 自愿原则

自愿原则也就是传统民法上的"意思自治"原则，是指民事主体从事民事活动时，可以基于自己的自由意志设立、变更或终止民事法律关系。但是，民事主体的意志自由不是绝对的，其不得违背法律规定，不得损害国家利益和社会公共利益。

3. 公平原则

公平原则是指民事主体应本着公平观念行使权利、履行义务，兼顾他人利益和社会公共利益。

4. 诚实信用原则

诚实信用原则是指民事主体在民事活动中应当诚实守信地行使自己的权利，履行自己的义务，实现双方当事人之间的利益平衡以及双方当事人与社会之间的利益平衡。

5. 公序良俗原则

公序良俗是公共秩序和善良风俗的合称，包括两层含义：一是从国家的角度定义的公共秩序；二是从社会的角度定义的善良风俗。

6. 禁止权利滥用原则

禁止权利滥用原则是指民事主体在民事活动中必须正确行使民事权利，如果行使权利损害了同样受到保护的他人利益和社会公共利益时，即构成权利滥用。民事活动首先必须遵守法律，法律没有规定的，应当遵守国家政策及习惯，行使权利应当尊重社会公德，不得损害社会公共利益和扰乱社会经济秩序。

## 三、民法的渊源

民法的渊源，是指民事法律规范的表现形式，其主要表现在各国国家机关根据权限范围所制定的各种规范性文件之中。在现代大陆法系各国，主要存在两种民法渊源体制：一元制，即只承认制定法为民法的渊源的主张；多元制，是指民法的渊源除制定法外，还包括习惯、判例、法理等。

### （一）成文法

成文法指以文字形式表述并于生效前公布的法律。以文字形式表述使其具有确定性，于生效之前公布使其对于当事人具有可预见性。成文法的特点和优点在于，它是由执法者与守法者所共知的法律，守法者在作为执法客体之同时，是监督执法者的主体。因此，成文法的形式即意味着执法者在人民的监督下司法，防止司法者的任性和专横，最利于保障人民权利的安全。

成文民法在我国有如下形式：

1. 民法典和民事单行法

民法典是成文民法的最高形式。所谓民法典，指将绝大部分民法规范集中在一部立法文件中加以规定的立法方式，以条文众多、体系完备、逻辑严密、便于当事人了解法、寻法为特征，但目前（我国）还没有制定出民法典。单行民事法律主要有《民法通则》《合同法》《物权法》等。

2. 有关的民事立法文件

民法典为形式意义上的民法，同时还存在着实质意义上的民法，这是包括在民法典之外的立法文件中的民法规范。它们主要有：

（1）宪法中的民法规范。如《宪法》第四十一条的规定："由于国家机关和国家工作人员侵犯公民权利而受到损失的人，有依照法律规定取得赔偿的权利。"即属于民法中的侵权行为法规范。

（2）民事特别法。这是对不便在民法典中加以规定的问题，由全国人大常委会制定的民事立法，以增强法律的灵活性，因为其制定和修改的程序都较简单，如《担保法》《婚姻法》《收养法》《著作权法》《商标法》《专利法》等。

（3）行政法规中的民法规范。国务院颁布的一些行政法规中包括了部分民法规范，如《城市私有房屋管理条例》，其中第十条规定：房屋所有人出卖共有房屋，在同等条件下，共有人有优先购买权。这属于民法中的物权法规范。

（4）其他规范性文件。国务院所属各部、委员会以及地方政府，可颁布各种涉及民法内容的规范性文件。如商务部 1984 年发布的《纺织品、针织品、服装购销合同实施办法》、上海市的《技术有偿转让管理暂行办法》，都含有民法的合同法规范。

（5）最高人民法院就民事问题所作的意见和批复。最高人民法院有权就审判工作具体运用民事法律、法令的问题作出具有法律效力的解释，通常以"意见""批复"的形式发布。如最高人民法院发布的《关于贯彻执行〈民法通则〉若干问题的意见（试行）》，这些司法文件为我国民法的重要渊源。

（6）其他有权机关的解释。我国除最高人民法院外，还有其他国家机关有权就法律的应用做出解释，它们在职权范围内对民事法律所做的解释，同样具有法律效力。如财政部《关于集体所有制企业和事业单位的职工死亡后遗留无人继承的财物应归集体所有的批复》，即为这种情况。

（二）习 惯

习惯是独立于国家制定法之外，发生于某种社会权威和社会组织，具有一定的强制力的行为规范。习惯是制定法之外的另一类法律渊源，它并非由国家立法机关制定，而是在社会全体或某一社会领域内以约定俗成的方式形成，由一定的强制力加以保障的法律渊源。构成习惯法须符合两个条件：其一，经长期反复适用；其二，为一般国民法律意识所接受，信其为法律而受其约束。

（三）国际条约和国际惯例

《民法通则》第一百四十二条规定了在涉外民事关系中，我国缔结或参加的国际条约可作为法律渊源；国际条约没有规定的，可适用国际惯例，由此确立了国际条约和国际惯例在涉外民事关系中的法律渊源地位。

（四）法 理

法理是广义的法学家（包括法律学者和法官等）就民法问题所陈述的观点。包括学说和判例两种形式。前者为学者法，后者为法官法。

学说和判例作为民法的补充渊源，其适用均须具备一定条件。

## 四、民事法律关系

（一）民事法律关系的概念

民事法律关系，就是民事法律规范所调整的社会关系，即为民法所确认和保护的，符合民事法律规范的，以权利、义务为内容的社会关系。民事法律关系是法律关系的一种，属于私法关系。

　　民事法律关系是人与人之间的关系，民事法律关系本质上是权利和义务关系。任何以法律权利和义务为内容的社会关系是法律关系，反之，不具有法律上权利和义务内容的关系则不是法律关系，而是其他关系，如道德关系。另外，关于婚约的问题，一直以来认为是道德关系。但是最高人民法院《关于适用〈中华人民共和国婚姻法〉若干问题的解释（二）》第十条规定："当事人请求返还按照习俗给付的彩礼的，如果查明属于以下情形，人民法院应当予以支持：（一）双方未办理结婚登记手续的；（二）双方办理结婚登记手续但确未共同生活的；（三）婚前给付并导致给付人生活困难的。适用前款第（二）、（三）项的规定，应当以双方离婚为条件。"

　　（二）民事法律关系的要素

　　民事法律关系的要素是指构成民事法律关系的必要因素。缺少任何一个都不能成立民事法律关系，其中任何一个发生变化，民事法律关系也就发生变化，具体包括主体、客体和内容。

　　1. 民事法律关系的主体

　　它是指在民事法律关系中享受民事权利或承担民事义务的当事人。民事法律关系的主体主要是公民、法人。此外，没有法人资格的组织如果符合一定的条件，如合伙企业、创作作品的非法人单位以及特殊情况下的国家，也可成为民事主体。

　　2. 民事法律关系的内容

　　民事法律关系的内容就是民事权利和民事义务。

　　3. 民事法律关系的客体

　　它是指民事权利、义务所指向的对象。可以作为民事法律关系客体的有物、行为、智力成果、特定的人身利益以及特定的权利。

# 第二节　自然人

## 一、自然人的概念

　　自然人即生物学意义上的人，是基于出生而取得民事主体资格的人，包括本国人、外国人、无国籍人。

　　凡具有我国国籍的人都是中华人民共和国公民。可见公民是自然人，但自然人未必能够成为公民。公民属于政治学或公法上的概念，具有某一特定国家国籍的自然人叫作公民。所有的公民都是自然人，但并不是所有的自然人都是某一特定国家的公民。

## 二、自然人的民事权利能力和民事行为能力

　　（一）自然人的民事权利能力

　　民事权利能力是指享受民事权利、承担民事义务的资格。自然人的民事权利能力是法律所赋予的。公民（自然人的）民事权利能力的特征有：

　　第一，公民的民事权利一律平等。所有的人都有平等的民事权利，有平等的民事

义务。

第二，公民的民事权利内容十分广泛。即任何人都要参加民事法律关系，不论其是否愿意，都要受到民事法律关系的调整。

民事权利能力的开始和终止：始于出生，终于死亡。民事权利能力的开始决定民事主体的产生，决定民事法律关系的形成。确定出生时间的顺序为：①户籍证明；②医院出具的出生证明；③其他有关证明。

（二）自然人的民事行为能力

民事行为能力是指民事主体通过自己的行为取得民事权利、承担民事义务的资格。它既包括进行合法行为从而取得民事权利义务的资格，也包括进行违法行为而承担相应的民事责任的资格。民事行为能力的享有，以民事权利能力的享有为前提。

并非所有的民事主体都有民事行为能力，《民法通则》根据不同年龄段和精神状况，将自然人的民事行为能力的类型分为三种：

1. 完全民事行为能力

18 周岁以上的自然人是成年人，具有完全民事行为能力，可以独立进行民事活动，是完全民事行为能力人。16 周岁以上不满 18 周岁的公民，以自己的劳动收入为主要生活来源的，视为完全民事行为能力人。

2. 限制民事行为能力

（1）十周岁以上未满 18 周岁的未成年人是限制民事行为能力人，可以进行与他的年龄、智力相适应的民事活动。十周岁以上的未成年人进行的民事活动是否与其年龄、智力状况相适应，可以从行为与本人生活相关联的程度、本人的智力能否理解其行为，并预见相应的行为后果，以及行为标的数额等方面认定。

（2）不能完全辨认自己行为的精神病人是限制民事行为能力人，可以进行与他的精神健康状况相适应的民事活动；其他民事活动由他的法定代理人代理，或征得他的法定代理人同意才具民法上的法律效力。

限制民事行为能力人的法定代理人由其监护人担任。

3. 无民事行为能力

（1）不满十周岁的未成年人是无民事行为能力人，由他的法定代理人代理其进行民事活动。

（2）完全不能辨认自己行为的精神病人是无民事行为能力人，由他的法定代理人代理其进行民事活动。无民事行为能力人的法定代理人由其监护人担任。

## 三、自然人的住所

公民的住所是指公民生活和进行民事活动的主要场所。公民的住所是确定诉讼法上地域管辖的一个重要依据。公民的住所通常以他的户籍所在地的居住地为住所，经常居住地与住所不一致的，经常居住地视为住所。经常居住地是指公民离开住所地之后连续居住 1 年以上的地方，但住医院治病的除外。

## 四、监　护

监护是为无民事行为能力或限制民事行为能力的未成年人、精神病人的人身、财产及其他合法权益进行监督和保护的一种民事法律制度。监护分为法定监护、委托监护、指定监护。

监护人的职责具体包括：保护被监护人的身体健康，照顾被监护人的生活；管理和保护被监护人的财产；代理被监护人进行民事活动；对被监护人进行管理和教育；在被监护人的合法权益受到侵害或与他人发生争议时，代理其进行诉讼。监护人可以将监护职责部分或全部委托给他人。因被监护人的侵权行为需要承担民事责任的，应当由监护人承担，但另有约定的除外；被委托人确有过错的，其与监护人共同承担连带责任。

监护人不履行监护职责或侵害被监护人的合法权益的，应当承担责任；给被监护人造成财产损失的，应赔偿损失。人民法院可以根据有关人员或有关单位的申请，剥夺监护人的资格。有权向人民法院起诉，要求监护人承担民事责任或变更监护关系的，是其他有监护资格的人或单位。

## 五、宣告失踪和宣告死亡

（一）宣告失踪

宣告失踪是指公民下落不明满2年，经利害关系人申请，人民法院宣告其失踪并对其财产实行代管的制度。

1. 宣告失踪的要件

（1）被宣告人失踪。

（2）失踪达到法定期间（宣告失踪的法定期限为2年，从失踪人消失的次日起算，如果公民在战争期间不落不明的，应当从战争结束之日的次日起算）。

（3）经利害关系人申请。

（4）由法院宣告。

2. 宣告失踪的法律后果

（1）财产代管人的指定。

失踪人的财产由他的配偶、父母、成年子女或关系密切的其他亲属、朋友代管。代管有争议的，没有以上规定的人或以上规定的人无能力代管的，由人民法院指定的人代管。无民事行为能力、限制民事行为能力人失踪的，其监护人即为财产代管人。

（2）财产代管人的职责。

失踪人所欠的税款、债务、赡养费、扶养费、抚育费和因代管财产所需的管理费等必要费用，由代管人从失踪人的财产中支付。

在涉及失踪人财产的诉讼中，代管人作为原告或被告。

失踪人的财产代管人不履行代管职责或侵犯失踪人的财产权益的，失踪人的利害关系人可以向人民法院请求财产代管人承担民事责任。

（3）失踪宣告的撤销。

被宣告失踪的人重新出现或确知他的下落，经本人或利害关系人的申请，人民法院应撤销对他的失踪宣告。

（二）宣告死亡

宣告死亡是人民法院依照法律规定的条件和程序，宣告下落不明的公民死亡的一种法律制度。

1. 宣告死亡的条件

（1）受宣告人失踪。

（2）失踪达到法定期间。宣告死亡的一般法定期限为 4 年，从失踪人消失的次日起算。特殊情况为 2 年，这种情况指空难等灾害事故。因意外事故下落不明，经有关机关证明不可能生存的，无期间限制，可直接申请宣告死亡。

（3）经利害关系人申请。

（4）由法院宣告。

2. 宣告死亡的法律后果

被宣告死亡的人，判决宣告之日为其死亡的日期，发生死亡的法律后果，即被宣告死亡人丧失了民事权利能力，遗产被依法继承，婚姻关系消灭。

3. 宣告死亡的撤销

被宣告死亡的人重新出现或确知他没有死亡，经本人或利害关系人申请，人民法院应撤销对他的死亡宣告。利害关系人申请的撤销死亡宣告不受顺序限制。

## 六、个体工商户

公民在法律允许的范围内，依法经核准登记，从事工商业经营的，为个体工商户。个体工商户可以起字号，并因而享有对字号的名称权。个体工商户在民事诉讼中，以业主为诉讼当事人。起字号的个体工商户，应以营业执照登记的户主（业主）为诉讼当事人，在诉讼文书中注明系某字号的户主。

个体工商户的债务，个人经营的，以个人财产承担；家庭经营的，以家庭财产承担。

## 七、农村承包经营户

农村集体经济组织的成员，在法律允许的范围内，按照承包合同规定从事商品经营的，为农村承包经营户。

农村承包经营户的债务，个人经营的，以个人财产承担；家庭经营的，以家庭财产承担。

## 八、个人合伙

（一）个人合伙的财产关系

个人合伙是指两个以上的公民按照协议，各自提供资金、实物、技术等，合伙经营、共同劳动、共享收益、共担风险的盈利性组织。

合伙财产的构成：合伙人的出资，包括资金、实物以及技术等。法律未明确规定合伙投入的财产（即其出资）的归属，但规定合伙人投入的财产由合伙人统一管理和使用。合伙经营积累的财产，这类财产归合伙人共有，按照共有规则处理。

合伙人内部对合伙债务按约定的债务承担比例或者出资比例分担，如不存在上述约定，则按照盈余分配比例承担，但造成合伙经营亏损的有过错的合伙人，应多承担责任。

（二）入 伙

经全体合伙人同意，第三人可以加入合伙组织成为合伙人，第三人入伙后，对入伙前的合伙债务承担连带责任。

（三）退 伙

合伙人退伙时，可以请求分割原合伙财产，并应按照约定分担合伙债务；退伙后，退伙人即使已经分担了合伙债务，但对其参加合伙期间的全部合伙债务仍负全部清偿责任。

（四）个人合伙的债务承担

每个合伙人仅以自己的个人财产对合伙债务承担清偿责任；每个合伙人都有义务清偿全部合伙债务，不管合伙人内部是如何约定债务承担的；合伙债务的债权人可以向部分或者全部合伙人主张其部分或全部的债权。偿还合伙债务超过自己应当承担数额的合伙人，有权向其他合伙人追偿。

（五）个人合伙的终止

个人合伙的终止，就是指合伙关系消灭，各合伙人之间的合伙权利义务的结束。个人合伙终止的原因主要有：
（1）个人合伙的存续期间届满。
（2）合伙人全体一致同意终止合伙协议。
（3）个人合伙事业已经完成或者已确定无法完成。
（4）个人合伙因违反法律而被撤销。

# 第三节 法 人

## 一、法人的概念、特征和设立条件

法人是具有民事权利能力和民事行为能力，依法独立享有民事权利和承担民事义务的组织。其特征有：①法人是依法成立的社会组织；②法人拥有独立的财产和经费；③法人享有民事权利和承担民事义务；④法人独立的承担民事责任；⑤法人能够以自己的名义参加民事活动。

设立法人必须合法，其设立的目的和宗旨要符合国家利益和社会公共利益的要求。设立法人应具备下列条件：①依法成立；②有必要的财产和经费；③有自己的名称、组织机构和场所；④能够独立承担民事责任。

## 二、法人的分类

第一，我国《民法通则》对法人的分类为企业法人、机关法人、事业单位法人和社会团体法人；
第二，学理上对法人的分类为公法人和私法人。

公法人是指以公共利益为目的，由国家依法设立的形式或分担国家权力或政府职能的法人。

私法人以法人产生的基础为标准又可以分为社团法人和财团法人。社团法人是以一定成员为基础，由两个以上成员集合而成立的法人；财团法人是以提供一定的财产为基础，实现一定公益目的而取得法律上的人格的法人。社团法人又可以分为营利法人、公益法人和中间法人。营利法人如公司、企业等；公益法人如学校、医院等；中间法人如社交俱乐部、校友会等。

## 三、法人的民事权利能力和行为能力

### （一）法人的民事权利能力

法人的民事权利能力是指法人得以自己的名义独立享受民事权利和承担民事义务的资格。法人的民事权利能力从法人成立时产生。需要有关机关登记的法人，经核准登记之日为法人的成立之日。法人的民事权利能力到法人终止时消灭。需要有关机关登记的法人的终止，是指法人注销登记之日。

由于法人是自然人为了各种目的而设立的，因此，法人的民事权利能力范围与自然人不同，即使各类法人之间也是各不相同的。

法人的民事权利能力有以下三方面的限制：①性质上的限制；②法律上的限制；③目的上的限制。

### （二）法人的民事行为能力

法人的民事行为能力是指法人以自己的意思独立进行民事活动的能力，亦即法人通过自己的行为取得民事权利、承担民事义务的资格。

法人民事行为能力开始和消灭的时间，与民事权利能力相同，即从法人成立时产生，到法人终止时消灭。法人民事行为能力的范围各不相同，其大小决定于民事权利能力。

## 四、法人机关

法人机关是指根据章程或法律规定，对内形成法人意思、对外代表法人为民事法律行为的个人或集体。法人的组织机关按其职能一般划分为权力机关、执行机关和监督机关。其中权力机关是法人意思的形成机关，它们有权决定法人生产经营活动的重大问题；执行机关，这是执行法人权力机关的决定、法人章程、捐助人意思等事项的机关；监督机关，这是根据法人章程和意思机关的决议对法人执行机关、代表机关实施监督的机关。

## 五、法人分支机构

法人分支机构是以法人财产设立的，具有相对独立活动能力，是法人的组成部分。在某些情况下，为了便于拓展业务，法人可以设立分支机构，独立活动的法人分支机构也需要进行登记，如企业法人分支机构要进行营业登记。但法人分支机构仍属于法人的组成部分，主要表现在其目的事业需在法人范围之内，其行为的效果仍由法人承担，不具有独立责任能力，与有独立责任能力的母公司之子公司不同。

法人的分支机构与法人的机关也不同，法人机关对内形成法人意思、对外代表法人为民事法律行为，而法人分支机构在参与民事活动时能不能形成自己的独立意思，需有法人机关的授权。

### 六、法人的变更和终止

#### （一）法人的变更

企业法人的变更指的是企业法人在其存续期间因各种原因而发生的组织上的变更或活动宗旨、经营范围等事项的变化。此时，企业应当向登记机关办理变更登记并公告。

组织上的变更指的是企业法人的分立、合并。

分立是指一个企业法人分成两个或两个以上的企业法人。分立的方式有两种，一种是创设式分立，即一个企业法人分成两个以上的企业法人，随着新企业法人资格的确立，原企业法人资格消灭。另一种是存续式分立，即当一个企业法人分出一个或几个企业法人后，新企业取得法人资格，但原企业法人资格仍继续存在。

合并是指两个或两个以上的企业法人合并为一个企业法人。合并的方式亦有两种，一种是新设合并，即两个或两个以上的企业法人合并为一个新企业法人，原企业法人资格随即消灭，新企业法人资格随即确立。另一种是吸收合并，即一个或多个企业法人归并到一个现存的企业法人中去，被合并的企业法人的主体资格消灭，存续企业法人的主体资格仍然存在。

企业法人分立、合并以后，原企业法人的权利和义务由变更后的企业法人享有和承担。

#### （二）法人的终止

法人的终止指的是法人资格的消灭。法人终止后，其民事主体资格消灭，不再享有民事权利能力和行为能力。

法人终止的原因主要有以下几种：①依法被撤销；②解散；③依法宣告破产；④其他原因。

法人终止时由清算组织依据职权清理并消灭法人的全部财产关系，此为法人的清算。

企业法人自行决定解散的，清算组织由该企业法人根据法律的规定自主成立。企业法人被撤销或被宣告破产的，则应当由主管机关组织有关机关和人员组成清算组织；或者由人民法院根据法律关于破产程序的规定成立清算组织。

法人的清算属于非经营性活动，在清算阶段，法人仅具有基于清算必要范围内的民事行为能力，只能进行以清算为目的的行为。清算结束后，清算组织应按有关规定报告清算情况，向登记机关办理注销登记，并应在指定媒体上予以公告。

## 第四节 民事法律关系的客体

民事法律关系的客体，是民事权利和民事义务所共同指向的对象，包括人格、身份、物、行为和智力成果。一般物权法律关系的客体是物；人格权法律关系的客体是人格利益

（生命、健康、姓名、肖像等）；身份权法律关系的客体是身份利益（同居、扶养、赡养等）；知识产权法律关系的客体是智力成果；债权法律关系的客体是给付行为。

## 一、人格和身份，是人身权的客体

传统理论认为，民事法律关系的客体是物质对象，这种观点受到了现实的挑战。我们可以把物分为普通财产、身体财产、人格和身份利益。

## 二、物

### （一）物的概念

物是能满足人的需要，具有合法性，能为人所支配、控制的物质对象。民法上的物，就是财产。物具有如下特征：①物能满足人的需要。②物必须具有合法性，即法律不禁止其进入民事流转。③物必须能为人支配和控制。

### （二）物的分类

1. 动产与不动产

动产是能够移动并且不因移动而损害价值的物；不动产是不能够移动或虽可移动但却会因移动损害价值的物。物就数量而言，大多数属于动产，为了简约法律用语，法律一般以列举的方法界定不动产，而不动产以外的物则解释为动产。

2. 流通物与限制流通物

流通物亦称融通物，是指法律允许在自然人或法人之间自由让与的物；限制流通物是法律对流通的范围有所限制的物。流通物因能自由流通，无法律限制，故能成为任何民事主体之间的民事法律关系的客体。对限制流通物作何种限制，是由行政法规定的，由于行政法规强制性规范，其对限制流通物的规定，民事主体必须遵循，否则，交易行为无效并承担相应的民事责任，情节严重的，还导致行政或刑事责任。

3. 特定物与种类物

特定物是独具特征，被特定化并且无从替代的物。特定物既包括独一无二物，也包括经当事人指定后被特定化的种类物，特定物因其不可替代性，也称不可替代物。种类物是以品种、规格、质量或度量衡确认的一类具有共同特征的物。种类物在交易时，具有可替代替性，故也称可替代物。种类物如经当事人指定后，也可成为特定物。

4. 可分物与不可分物

可分物是指可以分割并且不因分割而损害其价值或性能的物；不可分物是分割后会改变性能和价值的物。不可分物有两种：一是自然性质上不可分；二是依权利人的意思不可分。

5. 主物与从物

这是根据两个独立存在的物在法律效力中的主从关系所做的划分。只有属于同一个所有人的两个独立存在的、要相互结合才能发挥效用的物，才构成主物与从物的关系，如果是不同所有人的物，就不产生主物与从物的关系。区分主物与从物的法律意义在于，如果法律或者合同没有相反约定时，从物的所有权随主物的所有权一并转移。

### 三、货币和有价证券

#### （一）货　币

货币是充当一般等价物的特殊商品，属于民法上的种类物。在我国，货币有人民币和外币之分。

由于货币是一般等价物，有不同于其他物的特殊效力：①在物权法上，货币所有权的客体，其占有权与所有权合二为一，货币的占有人视为货币所有人；货币所有权的转移以交付为要件，因此货币不能发生返还请求权之诉，仅能基于合同关系、不当得利或侵权行为提出相应的请求。②在债权法上，货币具有特殊的法律效力。货币之债是一种特殊的种类债，货币的使用价值寓于它的交换价值，作为一般等价物能交换其他物品、劳务和货币。所以，它较之其他实物具有更大的流通性。在其他类型的债发生履行不能时，都可以转变为货币之债来履行，而货币之债本身原则上只发生履行迟延，不发生履行不能，债务人不得以履行不能而免除付款义务。

#### （二）有价证券

有价证券是指设定并证明持券人有权获得的一定财产权利的书面凭证，有价证券所代表的一定权利与记载该权利的书面凭证合二为一，权利人行使权利原则上不得离开证券进行。

有价证券的特征有：①代表财产权利；②证券上的权利行使离不开证券；③有价证券的债务人是特定的，即证券的权利人只能请求证券上记载的债务人履行债务，有价证券的持有人转让证券，不影响债务人对债务的履行；④有价证券的债务人的支付是单方义务，即债务人在履行债券义务时，除收回证券外，不得要求权利人支付相应对价，必须"无条件给付"。

### 四、行　为

行为指权利人行使权利的活动以及义务人履行义务的活动。行为主要是债的关系的客体。在所有以行为为客体的民事法律关系中，行为大都以物为作用对象，但物不是法律关系的客体，而是法律关系的标的所指向的对象。

### 五、智力成果

智力成果为人类运用脑力劳动创造的精神财富。智力成果的几种主要类型：作品；发明；实用新型；外观设计；科学发现；商标等。

## 第五节　民事权利和民事义务

### 一、民事权利

民事权利是指民事主体依法享有并受法律保护的利益范围，或者为实现某种利益而为某种行为或不为某种行为的可能性。

民事权利主要有以下分类：

1. 根据权利内容的性质，可分为财产权和人身权

这是根据民事权利内容的不同所做的划分。

财产权是指以通常可以以金钱衡量其价值的利益为内容的民事权利，主要是物权、债权、知识产权。人身权是指与权利主体的人身不可分离的以人身利益为内容的民事权利。

2. 根据权利的作用可分为支配权、请求权、形成权、抗辩权

支配权是指权利人可以直接支配权利客体、排除他人干涉的权利。物权是典型的支配权。此外还有知识产权、人格权及身份权等。

请求权是指权利人可以要求他人为特定行为（包括作为、不作为）的权利。债权的主要内容为请求权。

形成权是指权利人通过单方的意思表示就能使权利发生、变更、消灭的权利。形成权的主要作用是使权利人依其单方意思表示（构成单方法律行为），就可以使民事法律关系发生、变更、消灭。

抗辩权是指权利人在对方行使请求权时依法对抗、拒绝履行的权利。抗辩权人并不能否定对方请求权的存在或消灭对方的请求权，但是可以根据抗辩权对抗对方的请求权，拒绝履行义务。

3. 根据义务主体是否特定以及权利的特点，分为绝对权和相对权

这是依民事权利的效力所及相对人的范围为标准而划分的民事权利。

绝对权是权利效力所及相对人为不特定第三人的权利。绝对权的义务人是权利人之外的一切人，故又称"对世权"。物权、人身权等均属绝对权。

相对权是权利效力所及相对人为特定人的权利。相对权的效力仅仅及于特定的义务人，故又称"对人权"。债权就是典型的相对权。

4. 根据权利标的属性，可分为主权利和从权利

主权利是不依赖其他权利为条件而能够独立存在的权利；从权利则是以主权利的存在为前提而存在的权利。

在基础权利受到侵害时，援助基础权利的权利称为救济权，而基础权利则谓之原权。

5. 根据权利是否已经取得，可分为既得权和期待权

既得权是指已经取得并能享受其利益的权利；期待权是指因法律要件未充分具备而尚未取得的权利。

## 二、民事义务

民事义务，是指义务主体为满足权利人的利益需要，在权利限定的范围内必须为一定行为或不为一定行为的约束。

民事义务主要有以下分类：

1. 法定义务与约定义务

依产生的原因，义务可分为法定义务和约定义务。法定义务是直接由民法规范规定的义务；约定义务是按当事人意思确定的义务，约定义务以不违反法律的强制性规定为界限，否则法律不予承认。

2. 积极义务与消极义务

以行为方式为标准，义务可分为积极义务与消极义务。以作为的方式履行的义务为积极义务，以不作为的方式实施的义务为消极义务。

3. 基本义务与附随义务

基本义务是指又称为给付义务，是指合同关系所固有的、必备的，并用以决定合同类型的基本义务，例如买卖合同中卖方交付标的物，并转让其所有权的义务，买方支付价款的义务，均是给付义务。

在合同中，基于诚实信用原则还有所谓的附随义务，这是依债的发展情形所发生的义务，如照顾义务、通知义务、协助义务等。

### 三、法律事实

民事法律事实是指能够引起民事法律关系发生、变更或消灭的客观情况。民事法律事实可以分为事件与行为。事件是指与民事法律关系当事人的主观意志无关的法律事实；行为是指行为人有意识地进行的确立、变更、消灭民事权利义务关系的行为。

根据是否与当事人的意志有关，民事法律事实分为行为和事件两大类。

1. 行 为

行为指经当事人的意志支配的、能够引起民事法律关系发生、变更和消灭的人的活动，可分为：①表意行为，是行为人通过意思表示，旨在设立、变更、消灭民事法律关系的行为；②非表意行为，是行为人主观上没有产生民事法律关系的目的，但依据法律的规定，客观上引起了某种法律效果之发生的行为，包括事实行为（如发现埋藏物）和非法行为（如侵权行为）。

2. 事 件

事件指与当事人的意志无关、能够引起民事法律关系发生、变更和消灭的客观现象。在学理上又分为自然事件和社会事件。

# 第六节 民事法律行为

## 一、民事法律行为的概念和分类

民事法律行为是公民或者法人设立、变更、终止民事权利和义务的合法行为。

民事法律行为的分类如下：

1. 单方行为、双方行为与共同行为

单方法律行为是指基于当事人一方的意思表示就可以发生法律效力的民事法律行力。

双方法律行为是指基于双方当事人的意思表示一致才能够发生法律效力的民事法律行为。

共同行为也称多方行为，通常认为共同民事法律行为是多数当事人平行的意思表示一致而成立的法律行为。

2. 要式法律行为与不要式法律行为

要式法律行为是指法律规定应当采用某种特定形式的民事法律行为。

不要式法律行为是指法律没有规定必须采用某种特定形式，采用任何一种形式都可以成立的民事法律行为。

3. 身份行为与财产行为

民事法律行为依发生的效果是身份关系抑或财产关系，区分为身份行为与财产行为。

身份行为是发生身份变动效果的民事法律行为，其中有单方行为，也有双方行为；财产行为是发生财产变动效果的民事法律行为，有物权行为，也有债权行为。

财产行为与身份行为的区别是：①适用法律不同。身份行为适用身份法的规范，财产行为适用财产法的规范。②法律限制不同。身份行为涉及伦理关系，法律有较多的限制，而财产行为自由度相对高些，只要有民事行为能力即可为之。

4. 有偿行为与无偿行为

根据当事人是否因给付而取得对价，可以分为有偿的民事法律行为和无偿的民事法律行为。只有双方民事法律行为才存在有偿与无偿的问题，单方民事法律行为不存在有偿或无偿的问题。

有偿民事法律行为是双方当事人各因给付而取得对待利益的行为，即约定各方当事人均需履行义务，并获得有对价利益的权利。所谓对价或对待利益，是按市场法则判断当事人在交易中各得其所，而不是按观念判断的绝对均等。

无偿民事法律行为是当事人约定一方当事人履行义务，对方当事人不给予对价利益的行为。这种行为的特点是，双方不形成对应报偿关系。赠予、使用借贷等都是无偿行为。

5. 诺成性行为与实践性行为

诺成性民事法律行为是当事人双方意思表示一致即可成立的行为，它不以标的物的交付为要件。

实践性民事法律行为是除当事人意思表示一致之外，还需要交付标的物才能成立的民事法律行为，实践性民事法律行为因为有交付标的物这个特点，又被称为要物行为。

6. 有因行为与无因行为

有因行为是以原因为条件的民事法律行为，即该民事法律行为的发生受原因行为的制约。

无因行为是不以原因为条件的民事法律行为，即不论原因是否欠缺、违法等，该行为自完成时起发生效力，不受原因行为的制约。

## 二、意思表示

（一）意思表示的概念

意思表示是民事法律行为的核心，是指行为能力适格者将其期望发生某种法律效果的内心意思以一定方式表现于外部的行为。民事法律行为的效果由当事人意思表示决定，如果虽有表示意思的行为，但法律效果不由该表示的意思内容决定表示之意思的，仍不能成立意思表示。

（二）意思表示的类型

1. 明示意思表示和默示意思表示

明示意思表示是使用直接语汇实施表示行为。明示意思表示分为两类：①口头形式，即口头语言形式。②书面形式，即书面语言形式，主要指文字（文件、信函、电报）、图表、照片、技术工程用图、电子数据等形式。书面形式又分一般书面形式和公证、登记等特别书面形式。公证形式即以公证书对民事法律行为加以证明的形式。

2. 有相对人的意思表示与无相对人的意思表示

向相对当事人做的意思表示称为有相对人的意思表示。意思表示有相对人时，如果意思表示达到相对人有传递在途时间，则该意思表示以到达相对人时生效。

### 三、民事行为的生效

所谓民事行为的生效，是指已经成立的民事行为产生当事人预期的法律效力。根据《民法通则》第五十五条的规定，任何民事行为欲生效，应符合一般有效要件：

（一）行为人要具有相应的行为能力

行为人要具有相应的行为能力是对自然人的要求，法人和其他组织不存在不具备行为能力的问题。无民事行为能力人和限制行为能力人为纯粹获得法律上利益的民事行为，如接受奖励、无负担的赠予、报酬等，民事行为的效力不受其年龄与精神状况的影响，其作出的行为是有效行为。

（二）行为人的意思表示要真实

意思表示真实，是指行为人内心意思与外部表示行为相一致，同时不违背行为人的意志自由。

意思表示不真实有以下几种情况：

（1）欺诈。所谓欺诈，是故意欺骗他人，使之陷于错误的行为。

（2）胁迫。胁迫是因他人的威胁或者强迫，陷于恐惧而做出的不真实的意思表示。

（3）乘人之危。因危难处境被他人不正当利用，不得已而做出对自己严重不利的意思表示，是乘人之危而实施的行为。

（4）重大误解。重大误解行为是基于重大错误认识而实施的意思表示。行为人因对行为的性质，对方当事人，标的物的品种、质量、规格和数量等认识错误，使得行为的后果与自己的意思相悖，并造成较大损失的，可以认定为重大误解。

（三）不违反法律或行政法规

### 四、附条件的民事法律行为

这是指在民事行为中，把某种将来在客观上发生与否不确定的事实指明为条件，将条件的成就作为民事法律行为的效力发生或终止的原因。

（一）附条件的民事法律行为的特征

第一，所附条件所指明的必须是尚未发生，并且将来发生与否在客观上是不确定的事实。

第二，附条件是当事人对民事法律行为所加的限制。

第三，所附条件不得违反强制性法律规范，不得违反社会公共利益和社会公德。

第四，所附条件是用来限制民事法律行为之效力的。

（二）附条件的民事法律行为的类型

1. 延缓条件和解除条件

延缓条件是指如果该条件成就，则民事法律行为的效力发生。附延缓条件的民事法律行为虽已成立，但并不立即发生效力，其效力处于停止状态，条件成就后才生效，所以延缓条件也称停止条件。

解除条件是指民事法律行为已发生效力，但如果该条件成就，则其效力消灭。

2. 肯定条件和否定条件

肯定条件又称积极条件，是指以指明事实的发生作为条件的成就。

否定条件又称消极条件，是指以指明事实的不发生作为条件的成就。

（三）条件对当事人的约束力

第一，附延缓条件的民事法律行为，在条件成就时，就会使当事人一方取得权利，而他方则负担义务；在附解除条件的民事法律行为的条件成就时，就会使当事人一方丧失权利，他方则解除义务或者回复权利。

第二，条件拟制效力。当事人负有必须顺应条件的自然发展而不是加以不正当地干预的义务，亦即不作为义务。如果当事人违背此项义务，恶意促成或者阻止作为条件的事实发生，法律就要加以干预，拟制条件成就或不成就的效力。《合同法》第四十五条第三款规定，当事人为自己的利益不正当地阻止条件成就的，视为条件已成就；不正当地促成条件成就的，视为条件不成就。

## 五、附期限的民事法律行为

附期限的民事法律行为是指在民事法律行为中，把某种将来在客观确定要发生的事实指明为期限，待期限到来时，民事法律行为的效力发生或终止。

附期限的民事法律行为的特征如下：

（1）期限所指明的事实虽然尚未发生，但是将来确定要发生的。

（2）期限是当事人对民事法律行为的效力所加的限制。

（3）期限是用来限制民事法律行为的法律效力。

期限到来后，附始期的民事法律行为发生效力，附终期的民事法律行为的效力丧失。

## 六、无效的民事行为

无效民事行为是指因欠缺民事法律行为的有效要件，不发生法律效力的民事行为。民事行为的无效包含以下含义：民事行为自始不发生效力；民事行为当然不发生效力。民事行为部分无效，不影响其他部分的效力的，其他部分仍然有效。

无效民事行为的类型包括：

（1）无民事行为能力人实施的。

（2）限制民事行为能力的人依法不能够独立实施的。

（3）一方以欺诈、胁迫的手段或者乘人之危，使对方在违背真实意思的情况下所为的民事行为。

（4）恶意串通，损害国家、集体和第三人利益的民事行为。

（5）违反法律或社会公共利益的民事行为。

（6）以合法形式掩盖非法目的的民事行为。

## 七、可变更、可撤销的民事行为

### （一）可变更、可撤销的民事行为的概念和类型

可变更、可撤销的民事行为是指民事行为不完全具备民事法律行为的有效要件，但仍然暂时基于意思表示的内容发生法律效力，同时赋予一方当事人变更、撤销权，如果当事人行使此权利，则民事行为将变更其效力或归于无效。如果当事人不行使此项权利，则民事行为原来的效力不变。

可变更、可撤销的民事行为的类型包括：

（1）行为人对行为有重大误解的。

（2）显失公平的民事行为。

（3）因欺诈、胁迫或者乘人之危而订立的合同，不损害国家利益的合同。

（4）乘人之危订立的合同。

### （二）可变更、可撤销的民事行为的效果

可变更、可撤销的民事行为成立时，根据意思表示的内容发生法律效力，对民事行为当事人有法律约束力。但是，法律又赋予一方当事人撤销权，当事人如果行使这种权利，就可以变更民事行为的内容并使之继续有效，或撤销该民事行为而使之溯及地归于无效。经撤销后，其效力与无效民事行为相同。

撤销权是当事人撤销民事行为或变更其内容的民事权利。它在民事行为成立后发生，但并非民事行为的任意一方当事人都享有撤销权。

撤销权的行使必须在诉讼或仲裁之中向人民法院或仲裁机构提出，由人民法院或仲裁机构在裁判中确定。对于重大误解或显失公平的民事行为，当事人请求变更的，人民法院应予以变更；当事人请求撤销的，人民法院可以酌情予以撤销或变更。

可变更或可撤销的民事行为，自行为成立时起超过 1 年，当事人才请求变更或撤销的，人民法院不予保护。

### （三）民事行为无效或被撤销，会发生下列法律后果

（1）返还财产，即当事人因为无效的或被撤销的民事行为所取得的财产，应当返还给受害方。

（2）赔偿损失，即有过错的当事人应当赔偿对方的损失，如果双方都有过错，按过错的程度分担损失。

（3）追缴财产，即双方恶意串通，实施民事行为损害国家、集体或第三人的利益的，应追缴双方取得的财产（包括双方当事人已经取得和约定取得的财产），收归国家、集体

或返还第三人。

## 八、效力待定的民事行为

(一) 效力待定的民事行为的概念和种类

效力待定的民事行为是指民事法律行为之效力有待于第三人意思表示，在第三人意思表示前，效力处于不确定状态的民事行为。

效力待定的民事行为有以下几种：

1. 无权处分行为

无权处分行为是指无处分权人以自己名义对他人权利标的所为之处分行为，该行为若经有权利人同意，效力溯自处分之时起有效；若有权利人不同意，则效力确定为无效。

2. 欠缺代理权的代理行为

无代理权人所为之"代理行为"对本人是没有效力的，但若本人事后追认，就成为名正言顺的"代理行为"，对本人发生效力；若本人否认，则该行为对本人不发生法律效力。在本人承认与否认前，该行为的效力处于不确定状态。

3. 债权人同意之前的债务承担行为

债务承担是债的效力不变而由第三人承受债务的民事法律行为。由于债务承担的效果是更换债务人，而新债务人的清偿能力影响到债权人利益，故债务承担须经债权人同意始对债权人生效，在债权人同意之前，债务承担行为处于效力不确定状态。

4. 限制行为能力人待追认的行为

这是指限制民事行为能力人超越其民事行为能力范围的行为。这类行为若获得法定代理人的追认，即成为有效法律行为，反之，则是无效民事行为。

(二) 效力未定的民事行为的效果

1. 追　认

追认是追认权人实施的使他人效力未定行为发生效力的补救行为。追认属于单方民事法律行为，于意思表示完成时生效，其作用在于补救效力未定行为所欠缺的法律要件。

追认权主体为谁，因行为的类型不同而不同：对于无权处分，追认权属于处分权人；对于无权代理，追认权属于本人（即被代理人）；对于债务承担，追认权属于债权人；对于限制民事行为能力人实施的待追认行为，追认权属于法定代理人。

2. 催告权

这是指相对人告知事实并催促追认权人在给定的期间内实施追认的权利。《合同法》第四十七条第二款规定：相对人可以催告法定代理人在一个月内予以追认。法定代理人未做表示的，视为拒绝追认。在合同被追认之前，善意相对人有撤销的权利。撤销应当以通知的方式做出。《合同法》第四十八条第二款规定：相对人可以催告代理人在一个月内予以追认。被代理人未做表示的，视为拒绝追认。合同被追认之前，善意相对人有撤销的权利。撤销应当以通知的方式做出。根据规定，相对人催促追认权人行使追认权时，可以给予一个月的追认期间，若在此期间不追认的，视为拒绝追认。

3. 撤销权

这是指效力待定行为的相对人撤销其意思表示的权利。撤销权与催告权都是相对人的权利，两者的差别主要在于对效力待定行为的期待不同。相对人行使催告权，表示期待追认权人追认该行为，使其生效；相对人行使撤销权，则表明相对人不希望该行为生效。

# 第七节　代　理

## 一、代理的概念、特征和类型

### （一）代理的概念

代理指代理人在代理权限范围内，以被代理人的名义为民事法律行为，所产生的法律后果直接归属于被代理人。

### （二）代理的特征

其特征有：

（1）代理人以被代理人的名义进行代理行为。

（2）代理人在代理权限范围内独立进行代理行为。

（3）代理人进行的民事法律行为的法律后果归属于被代理人。

### （三）代理的类型

代理的类型包括以下几种：

1. 法定代理、委托代理与指定代理

法定代理是指根据法律的直接规定发生的代理。法定代理是为了保护未成年人和精神病人的利益而设定的代理方式。法定代理人的产生以及有争议时的确定，都应当依照监护的有关规定。法定代理的权限十分广泛，凡是为保护被监护人的人身、财产及其他合法权益有必要的民事法律行为，都可以进行代理，并且可以因为被监护人利益而授权他人作为被监护人的委托代理人。

委托代理是代理人的代理权根据被代理人的委托授权行为而产生。因委托代理中，被代理人是以意思表示的方法将代理权授予代理人的，故又称"意定代理"或"任意代理"。

指定代理是指根据人民法院或有关机关的指定而发生的代理。指定代理人的代理权限要根据法律规定和指定机关的指定来确定。

2. 本代理与复代理

根据选任代理人的不同，可将代理划分为本代理和复代理。

本代理是指直接由被代理人授予代理权而以被代理人名义进行的代理行为，又称初代理。

复代理是指代理人为处理代理事务，为被代理人选任其他人而进行代理。复代理所基于的代理，即由代理人进行的代理，称为复代理。

委托代理人为被代理人的利益需要转托他人代理的，应当事先取得被代理人的同意。事先没有取得被代理人同意的，应在事后及时告诉被代理人；如果被代理人不同意，由代理人对自己所转托的人的行为承担民事责任。但是，在紧急情况下，为了保护被代理人的利益而转托他人代理的，转委托有效，被代理人对于复代理人的代理行为承担法律后果。

转托中授权不明，给第三人造成损失的，第三人可以直接要求被代理人赔偿损失。被代理人承担民事责任后，可以要求代理人追偿损失。复代理人有过错的，应当负连带责任。

3. 一般代理与特别代理

根据代理权限的范围划分，在委托代理中，对代理权限无特别限制的代理称为一般代理，对代理权范围有特别限制的代理称为特别代理。

## 二、代理权

代理权是能够据之进行代理行为并使行为的效力直接归属于被代理人的权利。

### （一）代理权的发生

1. 法定代理权的取得

法定代理权因具备法律规定的法律事实而取得。这种事实既可以是《民法通则》规定的亲属或其他具备资格的自然人、社会组织，也可以是在有该资格的人发生争议时，由指定权机关选定，或由法院判决指定。

2. 委托代理权的取得

委托代理权的取得根据是被代理人的授权行为。重大事务的授权，以采用书面形式为妥。用书面形式授权即签署授权委托书，授权委托书应当记载代理人的姓名或者名称、代理事项、代理权限及期限。

民事法律行为的委托代理，可以用书面形式，也可以用口头形式。法律规定用书面形式的，应当用书面形式。书面委托代理的授权委托书应当载明代理人的姓名或者名称、代理事项、权限和期间，并由委托人签名或者盖章。委托书授权不明的，被代理人应当向第三人承担民事责任，代理人负连带责任。

### （二）滥用代理权

滥用代理权是指违背代理权的设定宗旨和代理行为的基本准则，损害被代理人利益的行使代理权行为。

滥用代理权的行为包括以下两种：自己代理和双方代理。

自己代理是指代理人与自己实施民事行为。代理人以被代理人名义与自己实施民事行为给被代理人造成损害的，应承担赔偿责任。

双方代理是指代理人以被代理人的名义与自己同时代理的其他被代理人实施民事行为的代理。在这种情况下，代理人处于双方当事人的特别地位，故其给任何一方造成损害的，都应承担赔偿责任。

《民法通则》第六十六条第三款规定："代理人和第三人串通，损害被代理人的利益的，由代理人和第三人负连带责任。"

### 三、代理权的终止

（一）委托代理的终止

委托代理终止的情形具体包括：①代理期间届满或代理事务完成；②被代理人取消委托和代理人辞去委托；③代理人死亡；④代理人丧失民事行为能力；⑤作为被代理人或代理人的法人终止。

被代理人死亡后，委托关系原则上也终止，但如有下列情况之一，委托代理人实施的代理行为有效：代理人不知道代理人死亡的；被代理人的继承人均予以承认的；被代理人与代理人约定的代理事项完成时代理权终止的；在被代理人死亡前已经进行，而在被代理人死亡后，为了被代理人的继承人的利益继续完成的。

（二）法定代理和指定代理的终止

法定代理和指定代理终止的情形具体包括：
（1）被代理人取得或恢复民事行为能力。
（2）被代理人或代理人死亡。
（3）代理人丧失民事行为能力。
（4）指定代理的人民法院或指定单位取消代理指定。
（5）由其他原因引起的被代理人和代理人之间的监护关系消灭。

### 四、无权代理与表见代理

无权代理就是没有代理权的当事人所实施的代理行为。无权代理并不是代理的一种形式，而是具备代理行为的表象但欠缺代理权的行为。

表见代理是指无权代理人的代理行为客观上存在使相对人相信其有代理权的情况，且相对人主观上为善意且无过失，因而可以向被代理人主张代理的效力。《合同法》第四十九条规定："行为人没有代理权、超越代理权或者代理权终止后以被代理人名义订立合同，相对人有理由相信行为人有代理权的，该代理行为有效。"

# 第八节 诉讼时效与期限

## 一、诉讼时效

（一）诉讼时效的概念

诉讼时效，又称消灭时效，是指权利人在法定期间内不行使权利即发生权利功效减损法律效果的制度。诉讼时效期间经过，在法律上发生的效力是，权利人的胜诉权消灭，即丧失了请求人民法院保护的权利。如果起诉，虽然人民法院会受理，但已经查明诉讼时效期间已经经过，将判决驳回诉讼请求，但权利人的实体权利并没有消灭。超过诉讼时效期间，当事人自愿履行的，不受诉讼时效限制。但如实体权利本身已消灭，则义务人可以不当得利为由请求返还。在诉讼中，人民法院不可依职权查明诉讼时效是否经过，并主动适用，而应由当事人提出是否过诉讼时效主张。

（二）诉讼时效期间的种类

1. 普通诉讼时效

向人民法院请求保护民事权利的诉讼时效期间为 2 年，法律另有规定的除外。

2. 特别诉讼时效期间

（1）下列的诉讼时效期间为 1 年：①身体受到伤害要求赔偿的；②出售质量不合格的商品未声明的；③延付或拒付租金的；④寄存财物被丢失或损毁的。

（2）环境污染侵权为 3 年。

3. 最长诉讼时效期间

从权利被侵害之日起超过 20 年的，人民法院不予保护。

《海商法》第二百六十五条规定的 6 年最长诉讼时效，从事故发生之日起算。产品侵权适用 10 年的最长诉讼时效，自产品交付之日起算，质保期比 10 年长的，从质保期。

诉讼时效期间的起算，普通诉讼时效和特别诉讼时效的期间从知道或应当知道权利被侵害时计算。

（三）诉讼时效期间的中止、中断和延长

在诉讼时效期间的最后 6 个月内，因不可抗力或其他障碍不能行使请求权的，诉讼时效中止。从中止时效的原因消除之日起，诉讼时效期间继续计算。在诉讼时效期间的最后 6 个月内，权利受侵犯的无民事行为能力人、限制民事行为能力人没有法定代理人，或法定代理人死亡、丧失代理权、法定代理人本人丧失行为能力的，可以认定因其他障碍不能行使请求权。

诉讼时效因提起诉讼，当事人一方提出要求或同意履行义务时中断。从中断时起，诉讼时效期间重新计算。诉讼时效中断可以数次发生，但要受到 20 年最长诉讼时效的限制。

诉讼时效期间的延长是指在诉讼时效期间届满以后，权利人因有正当理由，向人民法院提出请求的，人民法院可以把法定时效期间予以延长。普通诉讼时效、特别诉讼时效和 20 年的最长诉讼时效都适用关于延长的规定。

## 二、期 限

（一）期限的含义和效力

期限是指民事权利义务关系发生、变更、消灭的时间。

期限的效力包括：①决定民事主体的法律地位，即民事主体的法律地位由期限决定；②决定民事权利的取得、丧失及变更，即民事权利的取得、丧失或变更由期限决定；③决定民事义务的存在与否，即民事义务的承担由期限决定。

（二）期限的性质、类型及计算方法

期限在性质上属于事件而不属于行为，这一事件属于法律事实范畴。

依民事主体对期限有无选择权，期限的类型分为：约定期限、法定期限、指定期限。

依据《民法通则》及相关的司法解释，我国期限的计算方法如下：期限的起点，按小时计算的，期限从"规定时开始计算"；按日、月或年计算的，期限从"下一天开始计算，开始的当天不计算入内"，即次日为期限的起点。期限的终点，"期限的最后一天的截止时间为24点。有业务时间的，到停止业务活动的时间截止"。如果期限的最后一天是星期日或者其他法定休假日的，以休假日结束后的次日为期限的最后一天。

# 【练习题】

## 一、单项选择题

1. 宣告失踪的法律后果是（　　　　）
   A. 失踪人丧失民事主体资格
   B. 为失踪人设立财产代管人
   C. 代理失踪人进行民事活动
   D. 失踪人与其配偶的婚姻关系自然解除

2. 下列有关法人民事权利能力说法中，错误的是（　　　　）
   A. 法人在清算阶段仍然具有清理所必需的权利能力
   B. 不同类型的法人，其民事权利能力的大小，范围各不相同，即使同一类型的法人其权利能力也有差异
   C. 法人和自然人的民事权利能力范围不同
   D. 法人权利能力的范围均由法律直接规定

3. 在我国，诉讼时效届满的法律后果是（　　　　）
   A. 消灭起诉权
   B. 消灭胜诉权
   C. 消灭实体权利
   D. 消灭民事法律关系

4. 王某是甲公司的法定代表人，以甲公司名义向乙公司发出书面要约，愿以10万元价格出售甲公司的一块清代翡翠。王某在函件发出后2小时意外死亡，乙公司回函表示愿意以该价格购买。甲公司新任法定代表人以王某死亡，且未经董事会同意为由拒绝。关于该要约，下列哪一表述是正确的？（　　　　）
   A. 无效                    B. 效力待定
   C. 可撤销                  D. 有效

5. 甲公司向银行贷款1000万元，乙公司和丙公司向银行分别出具担保函："在甲公司不按时偿还1000万元本息时，本公司承担保证责任。"关于乙公司和丙公司对银行的保证债务，下列哪一表述是正确的？（　　　　）
   A. 属于选择之债
   B. 属于连带之债

C. 属于按份之债

D. 属于多数人之债

6. 潘某的一头牛走失，被刘某发现，刘某将牛牵回家关进自己家的牛棚，准备第二天再寻找失主。但当晚牛棚倒塌，将牛压死，刘某将牛肉出售，得款 200 元。在此情况下，下列说法中哪些是正确的？（　　）

　　A. 潘某有权要求刘某赔偿损失

　　B. 潘某有权要求刘某偿还卖牛肉款 200 元

　　C. 潘某有义务偿付刘某支出的必要费用

　　D. 潘某有权要求刘某返还

7. 下列行为中，不违反禁止权利滥用原则的有（　　）

　　A. 甲将自己废弃不用的汽车置于马路中央的行为

　　B. 乙拒绝接受丁遗赠给其一台电脑的行为

　　C. 丙于下午在自己的房间里唱卡拉 OK 直到凌晨影响邻居休息的行为

　　D. 丁在自己承包的耕地上建坟的行为

8. 下列不属于形成权的是（　　）

　　A. 撤销权　　　　　　　　　　B. 解除权

　　C. 债权请求权　　　　　　　　D. 追认权

9. 下列行为中，行为人所采取的行为属于自力救济且不负责任的是（　　）

　　A. 甲为保护自己的桃园免受小偷侵扰，在桃园的四周架设高压电网，致使小偷被电死

　　B. 甲为看家护院养有狼狗五条，小偷乙入院中被狼狗咬成重伤

　　C. 甲因情势急迫将盗贼放在屋前的汽车轮胎扎破

　　D. 甲见小偷乙在屋中寻找钱物，乘其不备将其左臂砍下

10. 甲为一精神病人。在甲患病期间，甲妻因要外出工作，将甲关在家中，以防甲外出惹事，甲从窗户跳出，并将行人乙打伤，乙花去医药费 1000 元。对乙花去的医药费 1000 元，应如何承担？（　　）

　　A. 完全甲妻承担，因为监护责任为无过错责任

　　B. 由受害人乙承担，因为甲妻已经尽到了监护义务

　　C. 主要由甲妻承担

　　D. 主要由乙自担，甲妻应给予相应补偿

## 二、多项选择题

1. 以下关于民事行为能力的表述中正确的是（　　）

　　A. 民事行为能力的确定不取决于自然人的主观意愿

　　B. 享有民事行为能力的自然人必然享有民事权利能力

　　C. 并非所有的民事主体都具有民事行为能力

　　D. 无民事行为能力人不能从事任何民事活动

2. 以下选项中属于民事法律关系的是（　　）

　　A. 甲与乙约好，周末到王府井买衣服

B. 三位同学甲、乙、丙凑钱到丁餐馆吃了一顿饭

C. 甲网络公司将用户乙的个人信息提供给其他企业使用

D. 甲男与乙女约好今晚8点学校南门见，迟到者应向对方支付违约金10元

3. 甲公司从乙公司采购10袋菊花茶，约定："在乙公司交付菊花茶后，甲公司应付货款10万元。"丙公司提供担保函："若甲公司不依约付款，则由丙公司代为支付。"乙公司交付的菊花茶中有2袋经过硫磺熏蒸，无法饮用，价值2万元。乙公司要求甲公司付款未果，便要求丙公司付款10万元。下列哪些表述是正确的?（　　）

A. 如丙公司知情并向乙公司付款10万元，则丙公司只能向甲公司追偿8万元

B. 如丙公司不知情并向乙公司付款10万元，则乙公司会构成不当得利

C. 如甲公司付款债务诉讼时效已过，丙公司仍向乙公司付款8万元，则丙公司不得向甲公司追偿

D. 如丙公司放弃对乙公司享有的先诉抗辩权，仍向乙公司付款8万元，则丙公司不得向甲公司追偿

4. 2000年5月4日，易某将自家的耕牛租与刘某使用2个星期，5月10日，刘某提出要买下此耕牛，易某表示同意。双方商定价格为1000元，并约定1个月后交付款项。但5月12日该耕牛被雷劈死。关于此案，以下选项正确的有（　　）

A. 该买卖合同的生效时间是5月10日

B. 该买卖合同中耕牛的交付时间是5月10日

C. 该耕牛意外灭失的风险由易某承担

D. 该耕牛意外灭失的风险由刘某承担

5. 甲公司与某希望小学乙签订赠予合同，决定捐赠给该小学价值2万元的钢琴两台，后甲公司的法定代表人更换，不愿履行赠予合同。下列说法错误的是（　　）

A. 赠予合同属于单务法律行为，故甲公司可以反悔，且不承担违约责任

B. 甲公司尚未交付设备，故可撤销赠予

C. 乙小学有权要求甲交付钢琴

D. 若甲公司以书面形式通知乙小学不予赠予，则甲公司不再承担责任

## 三、判断题

1. 自然人被宣告死亡后，即使其仍然活着，其所从事的民事行为也均为无效的民事行为。　　　　　　　　　　　　　　　　　　　　　　　　（　　）

2. 可撤销的民事行为被撤销后，自撤销之日起，失去法律效力。　　（　　）

3. 企业法人依法被撤销，解散，宣告破产，或其他原因而进行清算时，企业法人主体资格不消灭，但不能进行清算范围以外的活动。　　　　　（　　）

4. 诉讼时效中断后，从中断时起，诉讼时效期间重新计算。　　　　（　　）

5. 承诺的法律效力表现为受要约人的迟延承诺为有效承诺。　　　　（　　）

## 四、简答题

1. 简述《民法》中欺诈的含义、构成要件和效力。

2. 试述债权的概念和特征。

3. 试述民事法律行为及构成要件。

4. 简述表见代理。

5. 简述形成权与抗辩权。

### 五、案例分析题

1. 9 岁小学生甲将其父价值 15000 元的"劳力士"金表卖给成年人乙，得款 2000 元，并将其中 300 元送给同学丙。甲在回家途中捡到一台笔记本电脑，送还给失主丁。丁为表感谢，送给酬金 500 元。丁后又反悔，以甲为未成年人为由要求甲返还酬金。

请问：

（1）甲属于何种类型的民事行为能力人？

（2）甲将"劳力士"金表卖给乙的行为效力如何？为什么？

（3）甲将 300 元钱送给丙的行为效力如何？为什么？

（4）丁能否以甲为未成年人为由要求返还酬金？

2. 甲今年 40 周岁，乙今年 15 周岁，二人系叔侄关系。甲因多年经商，积累了一笔财产。2000 年 3 月，甲告诉乙说，如果乙能够在今年考上重点高中，就赠送给乙一台价值 2 万元的电脑。在当年的中考中，乙如愿考上一重点高中。甲按照先前的约定送给乙一台电脑，后又听律师说乙为限制行为能力人，不能从事超出其年龄、智力发育程度的民事活动，因此乙无权接受这台电脑。于是甲以乙为限制民事行为能力人为由要求乙返还电脑，乙的父母表示拒绝，双方遂发生纠纷，诉至法院。

请问：

（1）甲告诉乙说，如果乙能够在今年考上重点高中，就赠送给乙一台电脑。这一民事法律行为是附条件的民事法律行为还是附期限的民事法律行为？为什么？

（2）如果这一民事法律行为是附条件的民事法律行为，所附条件有何特点？如果是附期限的民事法律行为，所附期限有何特点？

（3）这一民事法律行为的效力是否因乙是限制民事行为能力人而受到影响？

（4）甲是否有权要求乙返还电脑？

3. 1995 年 6 月，A 市某食品公司经理刘某委托去 B 市办事的某个体商行负责人张某将该公司的营业执照副本和盖有该公司合同专用章的空白合同书交给公司驻 B 市办事处的王某。张某到 B 市后，因事务缠身一直未将营业执照副本和空白合同书交到王某手中。同年 7 月 2 日，张某从朋友处得知 B 市某粮油加工厂欲购买玉米，便持食品公司营业执照副本和空白合同书与加工厂签订了供应 300 吨玉米的合同。7 月 4 日，加工厂按合同约定将 30 万元定金汇入 A 市工商银行张某指定的账户。后因种种原因，张某组织货源不成，致合同无法履行。加工厂便找到刘某，要求食品公司承担违约责任。刘某以该合同不是本公司人员所签，且定金未汇入本公司账户为由，拒绝承担责任。双方争执不下，加工厂诉至法院。

请问：

（1）本案涉及哪些民事法律关系？试做简要分析。

（2）食品公司是否应对张某的签约行为承担责任？为什么？

（3）本案应如何处理？

4.甲、乙签订了一份借款合同，甲为借款人，乙为出借人，借款数额为500万元，借款期限为两年。丙、丁为该借款合同进行保证担保，担保条款约定，如甲不能如期还款，丙、丁承担保证责任。戊对甲、乙的借款合同进行了抵押担保，担保物为一批布匹（价值300万元），未约定担保范围。请回答下列问题：

（1）设甲、乙均为生产性企业，借款合同的效力如何？为什么？

（2）设甲、乙均为生产性企业，甲到期无力还款，丙、丁应否承担责任？为什么？

（3）设甲、乙之间的合同有效，甲与乙决定推迟还款期限1年，并将推迟还款协议内容通知了丙、丁、戊，丙、丁、戊未予回复。丙、丁、戊是否承担担保责任？为什么？

（4）设甲、乙决定放弃戊的抵押担保，且签订了协议，但未取得丙、丁的同意。则丙、丁是否承担保证责任？为什么？

（5）设甲到期不能还款，乙申请法院对戊的布匹进行拍卖，拍卖价款为550万元，扣除费用后得款520万元，足以偿还乙的本金、利息和费用。乙能否以拍卖所得清偿自己的全部债务？为什么？

（6）设戊的布匹因不可抗力灭失；丙被宣告失踪，其财产已由庚代管。现甲不能偿还到期债务，丁偿还了乙的全部债权，丁的追偿权可向谁行使？为什么？

# 【参考答案】

## 一、单项选择题

1. B　2. D　3. C　4. D　5. B　6. B　7. B　8. C　9. C　10. A

## 二、多项选择题

1. AC　2. CD　3. ABD　4. ABD　5. ABD

## 三、判断题

1. ×　2. ×　3. √　4. √　5. ×

## 四、简答题

1. 答：（1）欺诈的含义：欺诈是故意欺骗他人，使之陷于错误的行为。

（2）欺诈的构成要件是：第一，须有欺诈的故意。第二，须有欺诈行为。第三，须被欺诈人因受欺诈而陷于错误判断。第四，须被欺诈人基于错误判断而为意思表示。

（3）欺诈的效力是：第一，欺诈人为当事人之一方，表意人得撤销其意思表示。第二，欺诈人非当事人一方，在无相对人之意思表示，表意人得撤销其意思表示；如有相对人之意思表示，或仅以相对人明知或应知其受欺诈为限，表意人得撤销其意思表示。第三，因欺诈而撤销意思表示，不得对抗善意第三人。

2. 答：（1）概念：债权是债权人享有的请求债务人为特定行为的权利。

（2）答：第一，债权是请求权。债权人有权请求债务人为一定行为，但无权直接支配属于债务人所有的财产。

第二，债权是相对权。原则上债权只能向特定的当事人请求给付，债务人也只能对特定的债权人负给付责任。

第三，债权具有任意性。当事人在不违反强行性法规定的情况下可以任意设定债的关系，法律并不加以限制；即使是法定之债，当事人也可以通过协商确定债的内容。

第四，债权具有平等性和相容性。在同一标的物上可以成立数个内容相同的债权，各债权之间相互排斥，可以相容，且各个债权具有同等的效力，不因发生的先后而有所区别。

第五，债权具有期限性。债权只在一定的期限内存在，期限届满，债权即归于消灭。

3. 答：民事法律行为是指公民或法人以设立、变更、终止民事权利和民事义务为目的的具有法律约束力的合法民事行为。

民事法律行为构成要件为：（1）行为人具有相应的民事行为能力。（2）行为人意思表示真实。（3）不违反法律和社会公共利益。

4. 答：（1）须代理人无代理权。

（2）须该无权代理人有被授予代理权的外表或假象。

（3）须相对人有正当理由信赖该无权代理人有代理权；第四，相对人基于此信赖而与该无权代理人成立法律行为。

5. 答：形成权指权利人通过其单方的行为就可以使一定的民事法律关系发生变动的权利。形成权的主要作用是使权利人可以依其单方意思表示（构成单方法律行为），就可以使民事法律关系发生、变更、消灭。民法上的形成权主要包括撤销权、追认权、抵消权、解除权。而催告权本身不是形成权。抗辩权是指否认请求权、阻止请求权效力的权利。

## 五、案例分析题

1. 答：（1）甲属于无行为能力人。
（2）属于无效民事行为，因为甲不具有相应的民事行为能力。
（3）属于无效民事行为，因为甲不具有相应的民事行为能力。
（4）不能。

2. 答：（1）是附条件的民事法律行为，因为该行为以未来不确定的事件作为约束行为生效的付款。
（2）是肯定的延缓条件。
（3）不受影响。
（4）无权要求乙返还电脑。

3. 答：（1）A 公司与张某之间的委托关系，A 公司与加工厂之间的买卖合同，张某与 A 公司、加工厂之间的表见代理关系。
（2）应当承担责任，因为张某的行为已经构成表见代理，A 公司应当对张某的行为承担法律责任。
（3）张某代理 A 公司与加工厂之间订立的合同有效，A 公司应当向加工厂承担违约责任。

4. 答：（1）无效。借款合同属于违法资金拆借行为，合同无效。
（2）不承担保证责任，但应承担过错赔偿责任。该过错赔偿责任为不能还款数额的三分之一。主合同无效，担保合同无效。但债务人、担保人、债权人有过错的，应当根据各自相应的过错承担责任。
（3）保证人丙、丁不承担保证责任，但抵押人戊仍应承担担保责任。保证合同未约定保证期限的，为主债务履行届满之日起六个月，现甲、乙推迟还款期限一年，未取得保证人的书面同意，保证人只在原保证期限内承担保证责任。因超出了六个月的保证期限，故保证人不承担保证责任。而抵押权消灭的期间为主债务诉讼时效届满之日起两年。虽然甲、乙推迟还款期限一年，仍未超出抵押权的消灭期间，故戊应承担抵押担保责任。
（4）保证人丙、丁仍应承担 200 万元的保证责任。因为债权人放弃物保的，保证人在放弃物保的范围内免除保证责任。

（5）可以。同一债权既有第三人提供的保证，又有第三人提供的抵押且未约定担保范围的，债权人可向任一担保人请求全部清偿。

（6）可向债务人甲和财产代管人庚追偿。保证人承担保证责任后就取得了对债务人的追偿权。保证人承担保证责任后，就取得对其他担保人的应承担份额的追偿权。戊作为抵押担保人，其抵押物灭失，抵押权消灭。故其丧失抵押担保人的身份，丁不能向戊追偿。丙已失踪，其财产由庚代管，财产代管人在诉讼中可为诉讼当事人。故可向庚追偿。

# 第七章　物权法

## 第一节　物权概述

### 一、物权的概念和特征

根据《物权法》第二条的规定："本法所称物权，是指权利人依法对特定的物享有直接支配和排他的权利，包括所有权、用益物权和担保物权。"

物权具有如下特征：①物权是直接支配物的财产权；②物权是绝对权；③物权是排他性的权利。

物权法是调整物的归属关系及主体因对物的占有、利用所发生的财产关系的法律规范。

### 二、《物权法》的基本原则

#### （一）物权法定原则

物权法定原则指物权的种类和内容由法律统一确定，不允许当事人依意思予以自由创设，即除民法与其他法律予以明文规定的物权外，当事人不得任意创设物权。之所以要采取法定主义原则，是因为物权具有绝对性、直接支配性和排他性，其直接涉及国家利益、社会利益和他人的利益。法律从维护这些利益出发，将物权的种类和内容加以明文规定，仅允许当事人在法定的物权范围内进行选择，不允许当事人自由创设物权。

#### （二）公示公信原则

公示公信原则也是物权法的基本原则。按其内容是两个原则，即物权的公示原则和物权的公信原则。所谓物权公示原则，是指在物权变动时，必须将物权变动的事实通过一定的公示方法向社会公开，使第三人知道物权变动的情况，以避免第三人遭受损害并保护交易安全的原则。物权公示的方法，必须依照法律规定的形式，即不动产物权变动必须经过登记，动产物权变动须交付。应当明确的是，除法律另有规定以外，不动产物权的设立、变更、转移和消灭应当登记，不登记不发生物权变动的效力；动产物权的变动，除法律另有规定或者当事人另有约定的以外，自交付时发生效力。

公信原则，是指物权变动按照法定方法公示以后，即使依公示方法表现出来的物权不存在或存在瑕疵，但对于信赖该物权的存在并已从事了物权交易的人，法律仍然承认其行为具有与真实的物权存在相同的法律效果，以保证交易安全。

### 三、物权的分类

1. 自物权与他物权

自物权是权利人对于自己的财产所享有的权利，也就是所有权。他物权是指在他人所有的物上设定的物权。

2. 动产物权、不动产物权与权利物权

这是以物权的标的物为标准所做的区分。以动产为标的物的物权，为动产物权；以不动产为标的物的物权，为不动产物权；以权利为标的物的物权，为权利物权，包括权利质权与权利抵押权。

3. 主物权与从物权

这是以物权是否具有独立性为标准进行的划分。主物权指不以主体享有的其他民事权利为前提，能够独立存在的物权。从物权，指从属于其他权利而存在的物权。

4. 用益物权与担保物权

用益物权是以物的使用、收益为内容的物权。担保物权是为了担保债的履行而设定的物权。

# 第二节　物权的变动

## 一、物权变动概述

物权变动，就物权自身而言，指物权的发生、变更与消灭的运动状态；就物权主体而言，则为物权的取得、丧失和变更。

（一）物权的发生

物权的发生，指物权与特定主体相结合。从物权主体方面看，为物权的取得，物权的取得包括原始取得与继受取得。

原始取得，又称固有取得或权利的绝对发生，指非依他人既存的权利而取得物权。

继受取得，又称传来取得，是指通过某种法律行为从原所有人那里取得对某项财产的所有权。这种方式是以原所有人对该项财产的所有权作为取得的前提条件的。

（二）物权的变更

广义的物权变更，包括主体变更、客体变更和内容变更。主体的变更实际是物权的取得与丧失问题。因此，物权法中所谓的物权变更，指狭义的物权变更，包括物权的客体与内容的变更。而物权客体的变更，指标的物在量上有所增减；内容变更，指物权的内容有所变更。

（三）物权的消灭

物权的消灭，指物权与其主体分离，就物权人方面言，为物权的丧失，可分为绝对丧失和相对丧失。物权的绝对丧失，指物权本身的消灭；相对丧失，指物权离去其原主体，

包；②个别土地承包经营权人之间承包地的调整；③土地补偿费等费用的使用、分配办法；④集体出资的企业的所有权变动等事项；⑤法律规定的其他事项。

对于集体所有的土地和森林、山岭、草原、荒地、滩涂等，依照下列规定行使所有权：①属于村农民集体所有的，由村集体经济组织或者村民委员会代表集体行使所有权；②分别属于村内两个以上农民集体所有的，由村内各该集体经济组织或者村民小组代表集体行使所有权；③属于乡镇农民集体所有的，由乡镇集体经济组织代表集体行使所有权。

城镇集体所有的不动产和动产，依照法律、行政法规的规定由本集体享有占有、使用、收益和处分的权利。

（三）私人所有权

根据《物权法》第六十四条、第六十五条的规定，私人对其合法的收入、房屋、生活用品、生产工具、原材料等不动产和动产享有所有权。私人合法的储蓄、投资及其收益受法律保护。国家依照法律规定保护私人的继承权及其他合法权益。

## 三、不动产所有权

不动产所有权的客体包括土地及其附着物，着重介绍建筑物区分所有权。

《物权法》第七十条对业主的建筑物区分所有权这样定义："业主对建筑物内的住宅、经营性用房等专有部分享有所有权，对专有部分以外的共有部分享有共有和共同管理的权利。"

可见，业主的建筑物区分所有权是一个集合权，包括对专有部分享有的所有权、对建筑区划内的共有部分享有的共有权和共同管理的权利，这三种权利具有不可分离性。

在这三种权利中，业主对专有部分的所有权占主导地位，是业主对专有部分以外的共有部分享有共有权以及对共有部分享有共同管理权的前提与基础。

1. 专有部分所有权

业主对专有部分享有的所有权属于不动产物权范畴，所以，不动产物权的变动适用于专有部分的变动。而且，业主对专有部分享有占有、使用、收益和处分的权利。就此，《物权法》第七十条规定：业主对建筑物内的住宅、经营性用房等专有部分享有所有权。第七十一条规定：业主对其建筑物专有部分享有占有、使用、收益和处分的权利。业主行使权利不得危及建筑物的安全，不得损害其他业主的合法权益。

2. 业主对专有部分以外的共有部分的权利义务

《物权法》第七十二条规定："业主对建筑物专有部分以外的共有部分，享有权利，承担义务；不得以放弃权利不履行义务。业主转让建筑物内的住宅、经营性用房，其对共有部分享有的共有和共同管理的权利一并转让。"

3. 车位、车库的规定

《物权法》第七十四条规定："建筑区划内，规划用于停放汽车的车位、车库应当首先满足业主的需要。建筑区划内，规划用于停放汽车的车位、车库的归属，由当事人通过出售、附赠或者出租等方式约定。占用业主共有的道路或者其他场地用于停放汽车的车位，属于业主共有。"

4. 业主大会、业主委员会

根据《物权法》第七十五条、第七十六条的规定，业主可以设立业主大会；选举业主委员会。地方人民政府有关部门应当对设立业主大会和选举业主委员会给予指导和协助。下列事项由业主共同决定：①制定和修改业主大会议事规则；②制定和修改建筑物及其附属设施的管理规约；③选举业主委员会或者更换业主委员会成员；④选聘和解聘物业服务企业或者其他管理人；⑤筹集和使用建筑物及其附属设施的维修资金；⑥改建、重建建筑物及其附属设施；⑦有关共有和共同管理权利的其他重大事项。决定前款第五项和第六项规定的事项，应当经专有部分占建筑物总面积 2/3 以上的业主且占总人数 2/3 以上的业主同意。决定前款其他事项，应当经专有部分占建筑物总面积过半数的业主且占总人数过半数的业主同意。

## 四、相邻关系

相邻关系，又称不动产相邻关系，是两个或两个以上相互毗邻的不动产的所有人或使用人，在行使不动产的所有权或使用权时，因相邻各方应当给予便利和接受限制而发生的权利义务关系。

在法律上，相邻关系具有以下特点：第一，相邻关系的主体必须是两个或两个以上的人。第二，相邻关系是因为主体所有或使用的不动产相邻而发生的。第三，在内容上，相邻关系因种类不同而具有不同的内容。但基本上是相邻一方有权要求他方提供必要的便利，他方应给予必要的方便。第四，相邻关系的客体主要是行使不动产权利所体现的利益。

相邻关系的性质是对不动产所有权或使用权内容的当然扩展或限制，不是一种单独的物权。

处理相邻关系原则，《物权法》第八十四条规定："不动产的相邻权利人应当按照有利生产、方便生活、团结互助、公平合理的原则，正确处理相邻关系。"

## 五、共　有

共有指两个或两个以上的权利主体就同一财产共同享有所有权的法律制度。

根据《物权法》第九十三条、第九十四条、第九十五条的规定："不动产或者动产可以由两个以上单位、个人共有。共有包括按份共有和共同共有。按份共有人对共有的不动产或者动产按照其份额享有所有权。共同共有人对共有的不动产或者动产共同享有所有权。"同时《物权法》第一百零三条规定："共有人对共有的不动产或者动产没有约定为按份共有或者共同共有，或者约定不明确的，除共有人具有家庭关系等外，视为按份共有。"《物权法》第一百零四条规定："按份共有人对共有的不动产或者动产享有的份额，没有约定或者约定不明确的，按照出资额确定；不能确定出资额的，视为等额享有。"

（一）共有物的管理

1. 一般规定

共有人按照约定管理共有的不动产或者动产；没有约定或者约定不明确的，各共有人都有管理的权利和义务。

2. 共有物处分或者重大修缮

处分共有的不动产或者动产以及对共有的不动产或者动产做重大修缮的，应当经占份额 2/3 以上的按份共有人或者全体共同共有人同意，但共有人之间另有约定的除外。

3. 共有物管理费用的负担

对共有物的管理费用以及其他负担，有约定的，按照约定；没有约定或者约定不明确的，按份共有人按照其份额负担，共同共有人共同负担。

（二）共有财产的分割

共有人约定不得分割共有的不动产或者动产，以维持共有关系的，应当按照约定，但共有人有重大理由需要分割的，可以请求分割；没有约定或者约定不明确的，按份共有人可以随时请求分割，共同共有人在共有的基础丧失或者有重大理由需要分割时可以请求分割。因分割对其他共有人造成损害的，应当给予赔偿。

共有人可以协商确定分割方式。达不成协议，共有不动产或者动产可以分割并且不会因分割减损价值的，应当对实物予以分割；难以分割或者因分割会减损价值的，应当对折价或者拍卖、变卖取得的价款予以分割。共有人分割所得的不动产或者动产有瑕疵的，其他共有人应当分担损失。

按份共有人的优先购买权：按份共有人可以转让其享有的共有的不动产或者动产份额。其他共有人在同等条件下享有优先购买的权利。

因共有财产产生的债权债务关系的对外以及对内效力。因共有的不动产或者动产产生的债权债务，在对外关系上，共有人享有连带债权、承担连带债务，但法律另有规定或者第三人知道共有人不具有连带债权债务关系的除外；在共有人内部关系上，除共有人另有约定外，按份共有人按照份额享有债权、承担债务，共同共有人共同享有债权、承担债务。偿还债务超过自己应当承担份额的按份共有人，有权向其他共有人追偿。

# 第四节　用益物权

## 一、用益物权概念与特征

根据《物权法》第一百一十七条的规定，用益物权是对他人所有的不动产或者动产依法享有占有、使用和收益的权利。

用益物权特征为：

1. 用益物权为一种限定物权

物权以其对于标的物的支配范围为标准，可以分为完全物权与限定物权两种，前者所有权属之，后者则包括用益物权与担保物权。用益物权既然为限定物权的一种，则用益物权人就只能在一定范围内，对标的物加以占有、使用和收益。

2. 用益物权是以使用、收益为目的的限定物权

用益物权人是权利人对标的物的使用价值为单方面的利用的物权。简言之，用益物权人所支配者，为标的物的使用价值，与担保物权所支配者为标的物的交换价值，恰成对照。

3. 用益物权的享有和行使以对物存在占有为前提

只有用益物权人对标的物加以实际占有，才有对标的物加以使用、收益的可能，故用益物权同时包括占有、使用、收益三项权能。

4. 用益物权一般以不动产为客体

用益物权多以不动产尤其是土地为使用收益的对象。由于不动产特别是土地的稀缺性、不可替代性且价值较高，以及土地所有权的依法不可移转性，使在土地等不动产上设立用益物权成为经济、社会发展的必然要求。而动产的特性决定了通常可以采用购买、租用等方式获得其所有权和使用权。

5. 用益物权为独立的物权

独立物权是指不以主体享有的其他民事权利为前提而能够独立存在的物权。用益物权人对权利的享有不以享有其他财产权为前提，故属于独立物权。

## 二、我国用益物权体系

我国《物权法》规定了四种用益物权：土地承包经营权、建设用地使用权、宅基地使用权和地役权。此外，也确认了海域使用权（第一百二十二条）、探矿权、取水权、养殖权和捕捞权（第一百二十三条）的用益物权性质。这些用益物权，均适用特别法如《海域使用管理法》等的规定。特别法未规定时，适用《物权法》。另外，它们均设立在土地以外的其他自然资源上，是民事主体依法定程序，经有关行政主管机关许可后而享有的对自然资源进行占有、使用、收益及一定处分的权利。

由于这些权利必经行政特许方能设立，故又称"特许物权"。此处仅介绍土地承包经营权、建设用地使用权、宅基地使用权和地役权。

### （一）土地承包经营权

1. 概　述

《物权法》第一百二十四条规定："农村集体经济组织实行家庭承包经营为基础、统分结合的双层经营体制。农民集体所有和国家所有由农民集体使用的耕地、林地、草地以及其他用于农业的土地，依法实行土地承包经营制度。"

家庭承包方式是指，以农村集体经济组织的每一个农户家庭全体成员为一个生产经营单位，作为承包人与发包人建立承包关系，承包耕地、林地、草地等用于农业的土地。

2. 土地承包经营权人享有的基本权利

《物权法》第一百二十五条规定："土地承包经营权人依法对其承包经营的耕地、林地、草地等享有占有、使用和收益的权利，有权从事种植业林业、畜牧业等农业生产。"

3. 土地承包期

《物权法》第一百二十六条规定："耕地的承包期为30年。草地的承包期为30年至50年。林地的承包期为30年至70年；特殊林木的林地承包期，经国务院林业行政主管部门批准可以延长。前款规定的承包期届满，由土地承包经营权人按照国家有关规定继续承包。"

《物权法》第一百三十条规定："承包期内发包人不得调整承包地。因自然灾害严重毁损承包地等特殊情形，需要适当调整承包的耕地和草地的，应当依照农村土地承包法等法律规定办理。"

4. 家庭承包的土地承包经营权的流转

《物权法》第一百二十八条规定："土地承包经营权人依照农村土地承包法的规定，有权将土地承包经营权采取转包、互换、转让等方式流转。流转的期限不得超过承包期的剩余期限。未经依法批准，不得将承包地用于非农建设。"

《物权法》第一百二十九条规定："土地承包经营权人将土地承包经营权互换、转让，当事人要求登记的，应当向县级以上地方人民政府申请土地承包经营权变更登记；未经登记，不得对抗善意第三人。"

（二）建设用地使用权

根据《物权法》第一百三十五条的规定，建设用地使用权是指依法对国家所有的土地享有占有、使用和收益的权利，有权利用该土地建造建筑物、构筑物及其附属设施。同时，根据《物权法》第一百三十六条的规定，建设用地使用权可以在土地的地表、地上或者地下分别设立。新设立的建设用地使用权，不得损害已设立的用益物权。

1. 建设用地使用权的出让方式

根据《物权法》第一百三十七条的规定，设立建设用地使用权，可以采取出让或者划拨等方式。工业、商业、旅游、娱乐和商品住宅等经营性用地以及同一土地有两个以上意向用地者的，应当采取招标、拍卖等公开竞价的方式出让。严格限制以划拨方式设立建设用地使用权。采取划拨方式的，应当遵守法律、行政法规关于土地用途的规定。

建设用地使用权出让合同应当采取书面形式订立。

2. 建设用地使用权登记

建设用地使用权登记指县级以上人民政府将土地权属、用途、面积等基本情况登记在登记簿上，并向建设用地使用权人颁发使用权证书。根据《物权法》第一百三十九条的规定，设立建设用地使用权的，应当向登记机构申请建设用地使用权登记。建设用地使用权自登记时设立。登记机构应当向建设用地使用权人发放建设用地使用权证书。《物权法》第一百四十条规定建设用地使用权人应当合理利用土地，不得改变土地用途；需要改变土地用途的，应当依法经有关行政主管部门批准。

3. 建设用地使用权人建造的建筑物、构筑物及其附属设施归属

根据《物权法》第一百四十二条的规定，建设用地使用权人建造的建筑物、构筑物及其附属设施的所有权属于建设用地使用权人，但有相反证据证明的除外。根据《物权法》第三十条的规定，合法建造房屋的，自事实行为成就时取得建筑物的所有权。

（三）宅基地使用权

根据《物权法》第一百五十二条的规定，宅基地使用权是依法对集体所有的土地享有占有和使用的权利，有权依法利用该土地建造住宅及其附属设施。它和土地承包经营权一样，由作为集体成员的农民无偿取得，无偿使用。宅基地使用权是农民基于集体成员身份而享有的福利保障。宅基地因自然灾害等原因灭失的，宅基地使用权消灭。对失去宅基地的村民，应当重新分配宅基地。

（四）地役权

地役权是一种从属的物权，在性质上属于用益物权的范围，是按照合同约定利用他人的不动产，以提高自己不动产效益的权利。需要利用他人土地才能发挥效用的土地，称需役地（即地役权人的土地）；提供给他人使用的土地，称供役地。地役权的"役"，即"使用"的意思。《物权法》第一百五十六条规定："地役权人有权按照合同约定，利用他人的不动产，以提高自己的不动产的效益。"设立地役权，当事人应当采取书面形式订立地役权合同。可见，地役权具有以下法律特点：地役权是利用他人的不动产；地役权是为了提高自己不动产的效益；地役权是按照合同设立的。

《物权法》第一百五十八条规定："地役权自地役权合同生效时设立。当事人要求登记的，可以向登记机构申请地役权登记；未经登记，不得对抗善意第三人。"《物权法》第一百六十一条规定："地役权的期限由当事人约定，但不得超过土地承包经营权、建设用地使用权等用益物权的剩余期限。"

# 第五节　担保物权

## 一、担保物权概述

《物权法》第一百七十条规定："担保物权人在债务人不履行到期债务或者发生当事人约定的实现担保物权的情形，依法享有就担保财产优先受偿的权利，但法律另有规定的除外。"可见，担保物权指以担保债务的清偿为目的，而以债务人或第三人的特定物或权利设定的限定物权。

（一）担保物权的特征

第一，担保物权是以担保债务的清偿为目的的物权。担保物权以担保债务的清偿为目的，故学者称为价值权。这一特征使担保物权区别于土地承包经营权、建设用地使用权、宅基地使用权和地役权等以支配标的物的使用价值为内容的用益物权。

第二，担保物权是在债务人或者第三人的物或权利上设定的权利。根据《物权法》的有关规定，可以用于担保的财产范围比较广，既包括现在的财产，也包括将来的财产；既包括不动产，也包括动产，在特定情形下还可用权利进行担保，如本法规定的权利质权。

第三，担保物权具有优先受偿的效力。优先受偿性是担保物权的最主要效力。优先受偿是指在债务人到期不清偿债务或者出现当事人约定的实现担保物权的情形时，债权人可以对担保财产进行折价或者拍卖、变卖担保财产，以所得的价款优先实现自己的债权。

第四，担保物权具有物上代位性。《物权法》第一百七十四条明确规定："担保期间，担保财产毁损、灭失或者被征收等，担保物权人可以就获得的保险金、赔偿金或者补偿金等优先受偿。被担保债权的履行期未届满的，也可以提存该保险金、赔偿金或者补偿金等。"

（二）反担保

《物权法》第一百七十一条第二款还规定："第三人为债务人向债权人提供担保的，

可以要求债务人提供反担保。反担保适用本法和其他法律的规定。"但是根据《物权法》第一百七十五条的规定，第三人提供担保，未经其书面同意，债权人允许债务人转移全部或者部分债务的，担保人不再承担相应的担保责任。

反担保是指替债务人提供担保的第三人，为了保证自己的追偿权得到实现，可以要求债务人为追偿权的实现提供担保。反担保是第三人保护自己合法权益的必要手段，是担保活动中普遍使用的方法。

（三）担保物权的担保范围

《物权法》第一百七十三条规定："担保物权的担保范围包括主债权及其利息、违约金、损害赔偿金、保管担保财产和实现担保物权的费用。当事人另有约定的，按照约定。"

## 二、抵押权

抵押权是指为担保债务的履行，债务人或者第三人不转移财产的占有，将该财产抵押给债权人，债务人不履行到期债务或者发生当事人约定的实现抵押权的情形，债权人有权就该财产优先受偿的权利。

（一）抵押权概述

1. 抵押权的概念

《物权法》第一百七十九条规定："为担保债务的履行，债务人或者第三人不转移财产的占有，将该财产抵押给债权人的，债务人不履行到期债务或者发生当事人约定的实现抵押权的情形，债权人有权就该财产优先受偿。债务人或者第三人为抵押人，债权人为抵押权人。提供担保的财产为抵押财产。"

2. 抵押权的特征

（1）抵押权是担保物权。抵押权是以抵押财产作为债权的担保，抵押权人对抵押财产有控制、支配的权利。

（2）抵押权是债务人或者第三人以其所有的或者有权处分的特定的财产设定的物权。

（3）抵押权是不转移标的物占有的物权。

（4）抵押权人有权就抵押财产卖得价金优先受偿。

（二）抵押财产的范围

债务人或者第三人有权处分的下列财产可以抵押：建筑物和其他土地附着物；建设用地使用权；以招标、拍卖、公开协商等方式取得的荒地等土地承包经营权；生产设备、原材料、半成品、产品；正在建造的建筑物、船舶、航空器；交通运输工具；法律、行政法规未禁止抵押的其他财产。抵押人可以将前款所列财产一并抵押。但《物权法》第二百条规定："建设用地使用权抵押后，该土地上新增的建筑物不属于抵押财产。该建设用地使用权实现抵押权时，应当将该土地上新增的建筑物与建设用地使用权一并处分，但新增建筑物所得的价款，抵押权人无权优先受偿。"

根据《物权法》第一百八十四条的规定，下列财产不得抵押：

（1）土地所有权。土地所有权包括国家和集体所有。目前，我国法律没有规定国有土地所有权可以抵押。集体所有土地分为农用地和建设用地，农用地除四荒地的建设经营权外，一般不允许抵押，建设用地大量要依法转为国家所有。

（2）耕地、宅基地、自留地、自留山等集体所有的土地使用权。宅基地是农民生活的必需和赖以生存的所在。自留地、自留山是农民作为生活保障的基本生产资料，带有社会保障性质，从保护广大农民根本利益出发，禁止以宅基地、自留地、自留山的使用权抵押。

（3）学校、幼儿园、医院等以公益为目的的事业单位、社会团体的教育设施、医疗卫生设施和其他社会公益设施。

（4）所有权、使用权不明或者有争议的财产。

（5）依法被查封、扣押、监管的财产。

（6）法律、行政法规规定不得抵押的其他财产。

（三）抵押的登记

1. 不动产登记生效主义

《物权法》对不动产物权变动采登记生效主义，即不动产物权的设立、变更、转让和消灭应当办理登记，不办理登记，不发生物权效力。物权法区分了抵押合同效力和物权变动效力。物权法将担保法规定的"抵押合同自登记之日起生效"，修改为"抵押权自登记时设立"。

以下列财产抵押的，应当办理抵押登记，抵押权自登记时设立：建筑物和其他土地附着物；建设用地使用权；以招标、拍卖、公开协商等方式取得的荒地等土地承包经营权；正在建造的建筑物。

2. 动产抵押的登记

《物权法》对于动产物权变动采登记对抗主义，即动产物权的设立、变更、转让和消灭不登记不得对抗善意第三人。

当事人以生产设备、原材料、半成品、产品、交通工具、正在建造的船舶、航空器抵押的，可以办理抵押登记，也可以不办理抵押登记，抵押权不以登记为生效条件，而是自抵押合同生效时设立。但是，办理与不办理抵押登记的法律后果是不同的，未办理抵押登记的，不得对抗善意第三人。

（四）抵押权的实现

债务人不履行到期债务或者发生当事人约定的实现抵押权的情形，抵押权人可以与抵押人协议以抵押财产折价或者以拍卖、变卖该抵押财产所得的价款优先受偿。协议损害其他债权人利益的，其他债权人可以在知道或者应当知道撤销事由之日起一年内请求人民法院撤销该协议。抵押权人与抵押人未就抵押权实现方式达成协议的，抵押权人可以请求人民法院拍卖、变卖抵押财产。抵押财产折价或者变卖的，应当参照市场价格。抵押财产折价或者拍卖、变卖后，其价款超过债权数额的部分归抵押人所有，不足部分由债务人清偿。

数个抵押权的清偿。同一财产向两个以上债权人抵押的，拍卖、变卖抵押财产所得的价款依照下列规定清偿：抵押权已登记的，按照登记的先后顺序清偿；顺序相同的，按照债权比例清偿；抵押权已登记的先于未登记的受偿；抵押权未登记的，按照债权比例清偿。

抵押权存续期间。抵押权人应当在主债权诉讼时效期间行使抵押权；未行使的，人民法院不予保护。

## 三、质 权

质权，是指债权人在债务人不清偿其债务时，可以就债务人或第三人移转占有而供作担保的动产或权利所卖的价金优先受偿的权利。

### （一）动产质权

我国《物权法》第二百零八条规定：为担保债务的履行，债务人或者第三人将其动产出质给债权人占有的，债务人不履行到期债务或者发生当事人约定的实现质权的情形，债权人有权就该动产优先受偿。债务人或者第三人将其动产交给债权人占有并实际控制的行为被称之为质押，质权人因质押而取得的权利为质权。

设立质权，当事人应当采取书面形式订立质权合同。质权人在债务履行期届满前，不得与出质人约定债务人不履行到期债务时质押财产归债权人所有。

质权人在质权存续期间，未经出质人同意，擅自使用、处分质押财产，给出质人造成损害的，应当承担赔偿责任。

质权人负有妥善保管质押财产的义务，因保管不善致使质押财产毁损、灭失的，应当承担赔偿责任。质权人的行为可能使质押财产毁损。灭失的，出质人可以要求质权人将质押财产提存，或者要求提前清偿债务并返还质押财产。

质权的实现：债务履行期届满，将产生两种情况：一是质权因其所担保的债权受清偿或者其他原因的发生而消灭；一是债务未受清偿。根据这两种不同情况《物权法》规定了两种不同的法律后果，即质物返还或者实现质权。质押担保的目的在于确保债权的清偿，当债务人不履行债务或者违约时，质权人有权将占有的质物以折价、拍卖、变卖等方式变价后优先受偿。债务人履行债务或者出质人提前清偿所担保的债权的，质权人应当返还质押财产。

出质人可以请求质权人在债务履行期届满后及时行使质权；质权人不行使的，出质人可以请求人民法院拍卖、变卖质押财产。出质人请求质权人及时行使质权，因质权人怠于行使权利造成损害的，由质权人承担赔偿责任。

### （二）权利质权

权利质权是指以出质人提供的财产权利为标的而设定的质权。权利质权具有与动产质权相同的一些特征，都是以担保债务履行和债权实现为目的，性质都是价值权、担保权。

《物权法》第二百二十三条规定：债务人或者第三人有权处分的下列权利可以出质：汇票、支票、本票；债券、存款单；仓单、提单；可以转让的基金份额、股权；可以转让的注册商标专用权、专利权、著作权等知识产权中的财产权；应收账款；法律、行政法规规定可以出质的其他财产权利。

## 四、留置权

留置权是指在债务人不履行到期债务时，债权人有权依照法律规定留置已经合法占有的债务人的动产，并就该动产优先受偿的权利。这时，债权人便为留置权人，占有的动产便为留置财产。

《物权法》第二百三十条规定："债务人不履行到期债务，债权人可以留置已经合法占有的债务人的动产，并有权就该动产优先受偿。债权人为留置权人，占有的动产为留置财产。"

### （一）留置权的特征

物权法规定的留置权具有以下几项特征：

1. 从属性

留置权因担保债权的目的而存在，因此留置权为从属于所担保债权的从权利，具有从属性。留置权依主债权的存在而存在，依主债权的转移而转移，并因主债权的消灭而消灭。

2. 法定性

留置权为法定担保物权，具有法定性。留置权只能直接依据法律的规定发生，不能由当事人自由设定。只要债务人不履行到期债务，债权人即可以依照法律规定留置已经合法占有的债务人的动产，并在满足法律规定的条件的情况下，折价或者拍卖、变卖留置财产以受偿。法律规定或者当事人约定不得留置的动产，不得留置。

3. 不可分性

留置权的不可分性表现为：一是留置权所担保的是债权的全部，而不是部分；二是留置权的效力及债权人所留置的全部留置财产，留置权人可以对留置财产的全部行使留置权，而不是部分。只要债权未受全部清偿，留置权人就可以对全部留置财产行使权利，不受债权分割或者部分清偿以及留置财产分割的影响。当然，为了公平起见，依据《物权法》第二百三十四条的规定，留置财产为可分物的，债权人留置的财产的价值应当相当于债务的金额，而不应留置其占有的债务人的全部动产。

### （二）留置权的构成要件

成立留置权，必须具备以下几个要件：

一是债权人已经合法占有债务人的动产。债权人要行使留置权，必须已经合法占有债务人的动产。这个要件包含三层意思：第一，必须是动产。留置权的标的物只能是动产，债权人占有的不动产上不能成立留置权。第二，必须债权人占有动产。债权人的这种占有可以是直接占有，也可以是间接占有。但单纯的持有不能成立留置权，如占有辅助人虽持有动产，却并非占有人，因此不得享有留置权。第三，必须合法占有动产。债权人必须基于合法原因而占有债务人动产，如基于承揽、运输、保管合同的约定而取得动产的占有。如果不是合法占有的债务人的动产，不得留置。

二是债权人占有的动产，应当与债权属于同一法律关系，但企业之间留置的除外。除了企业之间留置的以外，留置财产必须与债权的发生处于同一法律关系中。

三是债务人不履行到期债务。债权人对已经合法占有的动产，并不能当然成立留置权。留置权的成立还须以债权已届清偿期而债务人未全部履行为要件。

### （三）留置权人的保管义务

留置权人负有妥善保管留置财产的义务；因保管不善致使留置财产毁损、灭失的，应当承担赔偿责任。

### （四）留置权的实现

留置权人与债务人应当约定留置财产后的债务履行期间；没有约定或者约定不明确的，留置权人应当给债务人两个月以上履行债务的期间，但鲜活易腐等不易保管的动产除外。债务人逾期未履行的，留置权人可以与债务人协议以留置财产折价，也可以就拍卖、变卖留置财产所得的价款优先受偿。留置财产折价或者变卖的，应当参照市场价格。

留置权人实现留置权必须具备两个条件：①留置权人须给予债务人以履行债务的宽限期。债权已届清偿期债务人仍不履行债务，留置权人并不能立即实现留置权，而必须经过一定的期间后才能实现留置权。这个一定的期间，称为宽限期。②债务人于宽限期内仍不履行义务。债务人在宽限期内履行了义务，留置权归于消灭，留置权人当然不能再实现留置权。如果债务人仍不履行义务，留置权人便可以按法律规定的方法实现留置权。

留置权实现的方法有三种：折价、拍卖和变卖。

# 第六节　占　有

## 一、占有的概念和种类

占有是人对物在事实上的占领和控制。占有要求对物的支配必须是现实的、确定的，对物的支配须具有一定的外观，能为外人所认识。

占有的种类包括以下几类：

1. 自主占有和他主占有

自主占有是指以所有人的意思对物的占有，不论是否为真的所有人，关键是要将占有物视为自己所有。他主占有是非以所有人的意思对物进行的占有。

2. 直接占有和间接占有

直接占有是指不以他人的占有为媒介，直接对物进行管理的占有，即在事实上对物的占有。

间接占有是指基于一定法律关系，对于事实上占有物的人有返还请求权，因而间接对物管领的占有。

3. 有权占有和无权占有

有权占有是指基于法律行为或法律的直接规定等合法原因而取得的占有。无权占有是指非依合法原因而取得的占有。

4. 善意占有和恶意占有

善意占有是指占有人不知道，又不可能知道自己的占有为无权占有，从而误认为有权占有的占有。恶意占有是指占有人知道或可能知道其占有为无权占有的占有。

## 二、占有的效力和保护

占有的法律效力主要表现为权利推定、即时取得、占有物的使用收益、占有人对返还原物请求人的权利义务以及占有人的物上请求权等五个方面。

### （一）占有的推定

占有的权利推定效力是指占有人于占有物上行使的权利。推定为占有人依法享有的权利。

权利推定的适用范围应从以下几方面考量：①从占有方面看，权利推定适用于一切占有，包括善意占有与恶意占有、无瑕疵的占有与有瑕疵的占有等等；②从权利方面看，推定可适用于一切由占有表现的权利，包括所有权与具有占有权能的他物权、债权；③从占有阶段方面看，推定既适用于现在的占有，也适用于过去的占有；④从财产方面看，推定只适用于动产。

### （二）占有人与返还请求权人的关系

无权原占有人如不能依即时取得制度取得物之本权，即负有向物之本权人返还原物的基本义务，并由此而产生一系列权利、义务。

善意占有人只对能归责于自己的事由负责。恶意占有人赔偿责任的大小，不以返还原物请求人所受损失为标准。

### （三）占有的保护

占有保护的方式主要包括占有人的自力救济和占有人的物上请求权。

占有人的自力救济权是指占有人对于侵夺或妨害其占有的行为，可以依靠自己的力量抗拒、排除。占有人的物上请求权是在占有人被侵害的占有状态依靠自力救济无法恢复，而赋予占有人的意在恢复原状、维护现有社会秩序的占有保护方法。它可以分为三种：占有物返还请求权、占有妨害排除请求权、占有妨害防止请求权。

## 三、占有的取得和消灭

### （一）占有的取得

#### 1. 占有的原始取得

占有的原始取得是指非基于他人既存之占有而取得之占有。占有的原始取得为事实行为而非法律行为，故无行为能力人也可依其行为直接取得对物的占有，但占有的取得须有占有的一般意思，即要求行为人具有行使管领力的意思能力。至于占有的方法并不一定是要求对物直接施加自己的力量，一般认为只要将物置于自己的控制范围内，即可认为取得了对物的占有。占有原始取得的标的物包括动产与不动产，已登记的不动产也包括在内，且无论标的物是否有人占有，或占有之取得是否合法。

2. 占有的继受取得

占有的继受取得是指基于他人既存的占有而取得之占有，对直接占有与间接占有均可适用。

（二）占有的消灭

就直接占有而言，其消灭事由为占有人丧失对物之事实上之管领力。管领力丧失的情形有二：其一，基于占有人意思的管领力丧失。此种意思非属法律行为上的意思表示，不以具有行为能力为必要。其二，非基于占有人意思的管领力丧失，如物被窃或遗失。凡此种种，皆得为占有消灭的原因。但仅因一时而不能行使管领力，不能视为占有管领力丧失，从而也就不能成为占有消灭的原因。

就间接占有而言，因其成立主要依赖于其与直接占有的关系，所以其消灭的主要原因大致关联于直接占有，主要包括三种情形：直接占有人丧失占有、直接占有人拒绝承认间接占有及返还请求权的消灭。

# 【练习题】

## 一、单项选择题

1. 1992 年，甲、乙签订了一份转让该房屋协议，甲将自己三间破旧私房作价 3 万元转让给乙。乙居住一年，于 1993 年又将该房屋以 3.5 万元的价格卖给丙，未办过户手续。1995 年，由于该市房地段划为开发区，致使该房价格涨至 15 万元。因前述转让均未办理过户手续，甲、乙、丙三人为房屋所有权发生争议，现问该房应归谁所有？（　　　）
   A. 应归甲所有　　　　　　　　　B. 应归乙所有
   C. 应归丙所有　　　　　　　　　D. 应归丁所有

2. 关于共有关系的下列叙述中错误的是（　　　）
   A. 夫妻共有是共同共有
   B. 共有是一个物上存在两个或两个以上所有权
   C. 共同共有的财产不分份额
   D. 按份共有人有权分出或转让其份额

3. 甲将发生故障的电视机放在乙处修理，修理好后，甲到期未来取电视机，乙取得对甲电视机的占有是基于（　　　）
   A. 留置权　　　　　　　　　　　B. 抵押权
   C. 质权　　　　　　　　　　　　D. 债权

4. 根据我国《担保法》规定，担保物权包括（　　　）
   A. 抵押权、质权和典权
   B. 抵押权、质权和留置权
   C. 抵押权、质权、典权和留置权

D. 抵押权、典权和留置权

5. 以动产设定的质权，自（　　　）有效。

　　A. 质押合同成立时

　　B. 质押合同登记时

　　C. 质物被质权人占有时

　　D. 以上都不对

6. 张某所有的奶牛病了，张某带奶牛到兽医李某处医牛，医疗费200元，张某觉得太贵，不愿意支付，李某遂将奶牛扣下，告诉张某如果10天内不交200元钱，就把奶牛卖了抵债，张某不同意，但是没有办法，只好先回家了。下列说法正确的是（　　　）

　　A. 李某有权直接变卖奶牛抵偿自己的医疗费

　　B. 如张某未在10日内支付医疗费，则李某可以变卖奶牛抵偿自己的医疗费

　　C. 张某应在李某给予的2个月以上的期间支付医疗费，否则李某可以变卖奶牛抵偿自己的医疗费

　　D. 张某应在2个月以内的期间支付医疗费，否则李某可以变卖奶牛抵偿自己的医疗费

7. 村民张某和王某是邻居，房屋屋顶相连，但两家交恶多年。张某翻修自己的房屋，必须要在王某的房屋屋顶上经过，王某提出张某要么不能经过自己的房屋，要么向自己支付500元钱，张某表示绝对不会毁坏王某的屋顶，但是王某坚持张某如要经过自己的房屋，不管是否损坏房屋，都要支付500元钱。下列说法错误的是（　　　）

　　A. 王某应当提供必要的便利，不能拒绝张某经过

　　B. 只有张某利用王某的不动产给王某造成损害的，王某才能要求张某赔偿

　　C. 王某无权要求张某支付利用自己不动产的报酬

　　D. 王某的主张合法

8. 甲有祖传珍贵玉器一件，乙、丙均欲购买之。甲先与乙达成协议，以5万元价格出售之，双方约定，次日交货付款。丙知晓后，当晚即携款至甲处，欲以6万元价格购买之。甲欣然应允，并即交货付款。对此，下列表述中，正确的是（　　　）

　　A. 甲与丙之买卖合同无效

　　B. 甲与乙之买卖合同无效

　　C. 乙得请求丙交付该玉器

　　D. 乙得请求甲承担违约责任

9. 1996年，甲将自己的三间私房作价2万元转让给乙，乙略加修缮，居住一年后以4万元的价格转让给丙，丙居住一年后以5万元的价格转让给丁。以上几次转让均未办理私房过户手续。在丁居住期间，房屋所在地被该城市规划为对外经济开发区，该房屋价格涨至20万元，甲、乙、丙、丁就房屋所有权发生争议。该房屋所有权应属于（　　　）

　　A. 甲　　　　　　　B. 乙　　　　　　　C. 丙　　　　　　　D. 丁

10. 甲在处理家中旧物时，将一件旧棉袄当作垃圾扔掉，没发现妻子藏在口袋中的 3000 元国库券。乙发现后，欲据为己有。甲妻发现后，与甲一同找到乙索要国库券，乙拒不归还。对此案的分析，下列各项中正确的是（　　　）
A. 甲的抛弃行为使其对国库券的所有权消灭
B. 乙基于所有的意思占有该国库券，根据先占原则应取得国库券的所有权
C. 此国库券为埋藏物，乙为发现人，应取得所有权
D. 甲能证明其对此宗国库券的所有权，故乙应将国库券返还给甲

## 二、多项选择题

1. 王某向张某借款，以自己所有的一台笔记本电脑作为质押。张某又将该电脑出质给李某，李某以为电脑归张某所有，后张某到期不能履行债务，下列说法正确的是（　　　）
A. 张某到期不能履行债务，李某无权行使质权
B. 李某是善意第三人，取得质权
C. 王某的损失由张某承担
D. 王某可以向李某请求返还电脑

2. 下列为原始取得的财产是（　　　）
A. 继承的财产　　　　　　　　　B. 银行利息
C. 树上的果实　　　　　　　　　D. 开采的矿石

3. 下列各项物权中，属于用益物权的有（　　　）
A. 土地承包经营权　　　　　　　B. 地役权
C. 国有土地使用权　　　　　　　D. 宅基地使用权

4. 下列各项中，可以设定质押的有（　　　）
A. 房屋　　　　　　　　　　　　B. 存款单
C. 专利权　　　　　　　　　　　D. 股票

5. 张某的手机丢失，被王某捡到卖给了陈某，下列说法正确的是（　　　）
A. 陈某基于善意取得制度对手机享有所有权，张某无权索要
B. 张某有权自知道或者应当知道受让人陈某之日起 2 年内要求陈某返还手机
C. 如果陈某从信托商店购得该手机，其有权要求张某支付自己购买手机时所支付的费用
D. 张某有权向王某要求损害赔偿

## 三、判断题

1. 物权是支配权，债权是请求权。（　　　）
2. 以物的使用、收益为目的而设立的物权是用益物权，如地上权、典权、抵押权等。（　　　）
3. 同一物的所有权人可以是两人或两人以上，因此，在同一物上可以并存两个或者两个以上的所有权。（　　　）
4. 占有权、使用权、收益权和处分权可以根据法律的规定和所有人的意志与所有权

相分离。 （　　）
5. 善意占有就是合法占有。 （　　）

## 四、简答题

1. 简述物权法定的内容。

2. 简述所有权的特征。

3. 简述用益物权的种类。

4. 简述担保物权的特征。

5. 简述质权和抵押权的区别。

## 五、案例分析题

1. 甲、乙、丙于 2007 年 8 月 8 日各出资 1 万元买得一幅名画。约定由甲保管。同年 10 月，甲遇丁，丁愿购此画。甲即将画作价 4.5 万元卖给丁。事后，甲告知乙、丙，乙、丙要求分得卖画款项，甲即分别给乙、丙各 1.5 万元。丁购该画后，于同年 12 月又将画以 5 万元卖给戊。两人约定：买卖合同签订后即将画交付戊，但因丁欲参与个人收藏品展，故与戊约定，若该画交付后半年内该收藏品展览未举行，则该画的所有权即转移戊。依此约定，丁将画交付戊，戊亦先期支付价款 4 万元。戊友己亦爱该画。2008 年 3 月，己以 6 万元价格自戊处买此画。己嫌该画装裱不够精美，遂将该画送庚装裱店装裱。因己未按期付庚装裱店费用，该画被庚装裱店留置。庚装裱店通知己应在 30 日内付其付费用，但己仍未能按期支付。庚装裱店遂将画折价受偿，扣除费用，将差额被偿给己。己不同意庚装裱店这一做法。又，丁于 2007 年 12 月与戊签订合同，因经营借款需要又于 2008 年 2 月将该画抵押给辛，辛以前即知丁有该画，后辛在庚装裱店见此画，方知丁在抵押该画之前已将该其卖给戊。戊于 2000 年 4 月死亡，其财产已由其妻壬与其子癸继承。辛找丁评理，丁找己，要求己返还该画或支付戊尚未支付的 1 万元价款。

问：（1）本案主要涉及哪些民事法律关系？

（2）甲是否有权出卖该画？甲与丁之间的买卖行为是否有效？

（3）丁与戊之间的买卖合同是否成立？该画的所有权何时转移？

（4）戊是否有权出卖该画？己能否取得该画的所有权？

（5）庚装裱店的做法是否合法？

（6）丁能否以该画做抵押向辛借款？辛的权益能否得到保护？

（7）丁对戊的债权，应由谁清偿？

2. 冯某系养鸡专业户，为改建鸡舍和引进良种鸡需资金 20 万元。冯某向陈某借款 10 万元，以自己的一套价值 10 万元的音响设备抵押，双方立有抵押字据，但未办理抵押登记。冯某又向朱某借款 10 万元，以该音响设备质押，双方立有质押字据，并将音响设备交付朱某占有。冯某得款后，改造了鸡舍，且与良种站签订了良种鸡引进合同。合同约定良种鸡款共计 2 万元，冯某预付定金 4000 元，违约金按合同总额的 10% 计算，冯某以销售肉鸡的款项偿还良种站的货款，合同没有明确约定合同的履行地点。后县良种站将良种鸡送交冯某，要求支付运费，冯某拒绝。因发生不可抗力事件，冯某预计的收入落空，冯某因不能及时偿还借款和支付货款而与陈某、朱某及县良种站发生纠纷。诉至法院后，法院查证上述事实后，又查明朱某在占有该设备期间，不慎将该设备损坏，送蒋某修理，朱某无力交付蒋某的修理费 1 万元，该设备现已被蒋某留置。

问：（1）冯某与陈某之间的抵押关系是否有效？为什么？

（2）冯某与朱某之间的质押关系是否有效？为什么？

（3）朱某与蒋某之间存在什么法律关系？

（4）陈某要求对该音响设备行使抵押权，朱某要求行使质押权，蒋某要求行事留置权，应由谁优先行使其权利？为什么？

3. 甲发现一头走失的牛，遂牵回家中饲养，并向四邻打听丢牛人。后牛生病，甲请兽医来看，确诊患上传染病，须尽快屠宰，花去诊疗费 20 元。甲将牛送至屠宰厂，花去屠宰费 50 元，得牛皮核算款 200 元。屠宰工人在屠宰过程中发现牛黄 50 克，交给厂里。后牛主乙寻至，要求甲返还牛皮款，要求屠宰厂返还牛黄。甲饲养牛共花费 20 元。

问：（1）甲与乙之间存在何种法律关系？

（2）乙与屠宰厂之间存在何种法律关系？

（3）甲应返还给乙多少钱？

4．王某向李某借款 50 万元，以自己所有的房屋作为抵押，李某与王某签订了书面形式的抵押合同，但是未办理抵押权登记。王某受张某欺诈，将房屋低价卖给张某，并办理了房屋过户手续。张某很快将房屋又卖给了陈某，办理了房屋过户手续。王某向法院申请撤销与张某之间的买卖合同，要求陈某归还房屋。

（1）李某是否享有抵押权？

（2）李某是否有权根据抵押合同要求王某承担违约责任？

（3）王某是否有权要求陈某归还房屋？

## 【参考答案】

### 一、单项选择题

1. A　2. B　3. A　4. B　5. C　6. C　7. D　8. D　9. A　10. D

### 二、多项选择题

1. BC　2. BCD　3. ABCD　4. BCD　5. BCD

### 三、判断题

1. √  2. ×  3. ×  4. √ 5. ×

### 四、简答题

1. 答：（1）物权必须由法律创设，而不能由当事人随意创设。我国现行立法规定的物权为所有权、土地使用权、宅基地使用权、土地承包经营权、国有自然资源使用经营权、全民所有制企业经营权、采矿权、取水权、捕捞权、抵押权、质权、留置权和船舶优先权。

（2）物权的内容只能由法律规定，而不能由当事人以协议确定。无论是所有权还是他物权的具体内容由法律做出规定。例如，我国《民法通则》第七十一条规定："财产所有权是指所有人依法对自己的财产享有占有、使用、收益和处分的权利。"

（3）物权的效力只能由法律规定，而不能由当事人确定。物权是对世权，具有对抗第三人的效力。

（4）物权的公示方法也必须由法律规定。我国法律明确规定，不动产物权的变动以登记为公示，一般动产移转所有权以交付为公示。

2. 答：（1）所有权是自物权；（2）所有权为独占权；（3）所有权为原始物权；（4）所有权为完全物权；（5）所有权具有弹力性和永久性。

3. 答：（1）建设用地使用权；（2）土地承包经营权；（3）宅基地使用权；（4）地役权。

4. 答：（1）变价受偿性。担保物权是为主债权的实现而设立的，应为变价受偿。

（2）从属性。主债权无效，担保物权也无效，主债权消灭，担保物权消灭。担保物权不能单独转让。

（3）不可分性。在担保物权一部分消灭时，其余部分仍担保物权的全部。

（4）物上代位性。担保物权是债务人或第三人的特定财产上设定的权利。

5. 答：（1）成立要件和保持要件不同。抵押权的成立和保持不以抵押物的交付与占有为要件，而质权的设立与保持须以质物的交付和占有为条件。

（2）标的物有所不同。抵押权的标的物为不动产、动产和权利；而质权的标的物为动产和权利。

### 五、案例分析题

1. 答：（1）本案法律关系有：甲、乙、丙的共有关系；甲、乙、丙与丁的买卖关系；丁与戊的买卖关系；戊与己的买卖关系；己与庚装裱店间的加工承揽关系和留置关系；丁与辛间的抵押关系、借款关系；戊死亡之后的财产继承关系，丁与壬、癸的价款清偿关系。

（2）甲无权单独决定出卖该画。效力待定，因乙、丙的追认而确定。

（3）丁与戊之间的买卖行为意思表示一致，故成立，该行为不存在无效、可撤销或效力未定事由，故该行为有效。丁与戊在合同中约定了所有权转移的条件，故丁虽交付该画但所有权并未转移，只有在所附条件成立时，才能转移所有权。

（4）戊将该画卖给己属无权处分，因其当时还未取得该画的所有权。己主观上善意，并支付价款，属善意第三人，依善意取得而取得该画的所有权。

（5）庚装裱店对该画有留置权，但留置权行使不当。见《物权法》第二百三十六条。

（6）丁可将该画抵押给辛以借款，因为此时丁仍为该画的所有人，辛的抵押权虽成立在戊与己买卖之前，但这种未登记的动产抵押不能对抗善意第三人，故辛不能对善意取得人己主张抵押权的优先受偿权。

（7）丁对戊的债权，只能依《继承法》的规定，由戊的财产继承人壬、癸在所继承的遗产内清偿。

2. 答：（1）抵押有效。该财产属于动产，并不需要登记，故两者之间的抵押有效。

（2）质押有效。自交付动产时质押。

（3）加工承揽，留置关系。

（4）优先行使蒋某的权利。理由：法定物权优于意定物权。

3. 答：（1）甲将乙的牛牵回家饲养，构成不当得利，甲、乙之间存在不当得利之债。乙有权请求甲将牛返还。甲无法定或约定的义务而请兽医为乙的牛看病，构成无因管理，甲、乙之间存在无因管理之债。

（2）牛黄是牛所产生的孳息，依法应由原物（牛）的所有权人收取，故牛黄的所有权应属于乙，屠宰占有牛黄构成不当得利，其与乙之间存在不当得利之债。

（3）甲应扣除对牛支付的必要费用（饲养、诊疗费）以及屠宰厂的承揽费之后，将由牛所得收益返还给乙，共计 $200 - 20 - 20 - 50 = 110$ 元

4. 答：（1）根据《物权法》第一百八十七条规定，以房屋抵押的，应当办理抵押权登记，抵押权自登记时设立。李某虽然与王某签订了书面形式的抵押合同，但是未办理抵押权登记，所以李某不享有抵押权。

（2）根据《物权法》第十五条规定，当事人之间有关设立不动产物权的合同，除法律另有规定或合同另有约定外，自合同成立时生效，未办理物权登记的，不影响合同效力。李某虽然与王某未办理房屋抵押权登记，但是不影响抵押合同的效力，因此李某与王某之间的抵押合同有效，李某有权根据抵押合同要求王某承担违约责任。

（3）《物权法》第十五条确立了物权变动与其原因行为的分离原则，即物权变动的效力与其原因行为的效力相分离。王某受张某欺诈，根据《合同法》的规定有权向人民法院申请撤销房屋买卖合同，但是王某与张某已经办理了房屋过户手续，陈某信赖登记公示状况与张某进行交易，并且办理了房屋过户手续，根据分离原则，王某与张某之间的房屋买卖合同与房屋所有权变动的效力相分离，王某无权以原因行为的效力瑕疵主张物权变动无效，因此王某无权要求陈某归还房屋。

# 第八章 债与合同法

## 第一节 债的概述

### 一、债的概念和特征

根据《民法通则》第八十四条的规定：债是按照合同的约定或者依照法律规定，在当事人之间产生的特定的权利义务关系。债是特定当事人之间的民事法律关系，权利主体和义务主体是特定的。债权是请求权，只能通过特定的义务主体为一定行为或不为一定行为才能实现。

债的关系和其他财产关系相比较，具有如下特征：①债反映财产流转关系；②债的主体是特定的；③债以债务人的特定行为为客体；④债的发生具有任意性、多样性；⑤债具有平等性和相容性。

### 二、债的要素

债的要素是指构成债的要件或成分，包括主体、内容与客体三要素。

债的主体即债的当事人，包括债权人与债务人。债权人是指在债的关系中享有权利的一方当事人；债务人是指在债务关系中承担义务的一方当事人。

债的内容是指债权和债务。债权是债权人享有的请求债务人为特定行为的权利，债务是指债务人依约定或法定应为给付的义务。

债的客体是指债权债务共同指向的对象。没有客体，债权债务就会落空，也就不能构成债。

客体必须合法、确定。以违法行为作给付，在当事人之间不发生债；给付不确定将使债权债务无法实现，债的关系不成立。

### 三、债的发生原因

债的发生原因又称债的发生根据，也就是引起债的关系产生的法律事实。

债的发生原因根据其是否依当事人自己的意思而发生，分为法律行为和法律规定。基于法律行为发生的债通常称为意定之债，基于法律规定而发生的债通常称为法定之债。可发生债的法律事实主要有合同、不当得利、无因管理、侵权行为及其他。

（一）合 同

合同是平等主体的自然人、法人、其他组织之间设立、变更、终止民事权利义务关系的协议。

合同依法成立后，即在当事人间产生债权债务关系，因此合同是债的发生根据。基于合同所产生的债即为合同之债。合同之债是当事人在平等基础上自愿设定的，它是民事主体主动参与民事活动，积极开展各种经济交往的法律表现。合同是最常见、最主要的债的发生原因。

### （二）无因管理

无因管理是指没有法定的或约定的义务，为避免他人利益受损失而对他人的事务进行管理或者服务的行为。

无因管理行为虽然违反禁止干预他人事务的原则，但却是一种有利于本人、有利于社会的互助行为，所以法律为鼓励这一行为而赋予其阻却违法性。无因管理一经成立，管理人与本人间也就发生债权债务关系，管理人有权请求本人偿还管理所支出的必要费用，本人有义务偿还。无因管理为法律规定的债的发生原因。因无因管理所产生的债称为无因管理之债。（详细内容，参见本章后第十节）

### （三）不当得利

不当得利是指没有合法根据而获得利益，使他人利益受到损害的事实。

因为不当得利是社会经济生活中出现的一种不正常现象，在社会生活中，任何人都不得无合法根据地取得利益而致他人损害。因此，依法律规定，取得不当利益的一方当事人应将其所取得的利益返还给受损失的一方，受损失一方当事人有权请求取得利益的一方当事人返还其不当得到的利益。因此，不当得利为债的发生原因，基于不当得利而产生的债称为不当得利之债。（详细内容，参见本章后第十节）

### （四）侵权行为

侵权行为是指不法地侵害他人的合法权益应负民事责任的行为。

在民事活动中民事主体的合法权益受法律的保护，任何人都负有不得非法侵害的义务。行为人不法侵害他人的财产权利或人身权利的，应依法承担民事责任。受侵害的当事人一方有权请求侵害人赔偿损失，侵害人则负有赔偿损失的义务。因此，因侵权行为的实施在受害人与侵害人之间形成债权债务关系，侵权行为也是债的发生原因。因侵权行为而发生的债称为侵权行为之债，亦即损害赔偿之债。

### （五）其他原因

其他的法律事实也会引起债的发生。例如，拾得遗失物，会在拾得人与遗失物的所有人之间产生债权债务关系；因防止、制止他人合法权益受侵害而实施救助行为，会在因实施行为受损害的受损人与受益人之间产生债权债务关系；因遗赠，会在受赠人与遗嘱执行人之间产生债权债务关系；因缔约过失，会在缔约当事人间产生债权债务关系。

## 四、债的分类

### （一）单一之债与多数人之债

根据债的主题上的特征，可分为单一之债和多数人之债。

单一之债是指债权主体一方和债务主体一方都仅为一人的债。

多数人之债是指债权主体和债务主体至少有一方为二人以上的债。

在单一之债中，只有两个当事人；在多数人之债中，则至少有三个当事人。

（二）按份之债与连带之债

对于多数人之债，根据多数人一方当事人相互之间的权利、义务关系，可分为按份之债和连带之债。

按份之债是指债的一方当事人为多数，且多数人一方的当事人各自按照确定的份额分享权利或者分担义务的债。

连带之债是指债的当事人一方为多数，且多数人一方的当事人都有权请求对方履行全部债务或者都负有向对方履行全部债务的义务，全部债权债务关系因债务的一次性的全部履行而消灭的债。因此，连带之债的多数人一方相互间有连带关系。

（三）特定之债与种类之债

根据债的标的物的性质，可分为特定之债与种类之债。

特定之债有广义与狭义之分。广义的特定之债是指各种特定给付的债，既包括给付特定的物，也包括给付特定的劳务、权利等。狭义的特定之债仅指债务人应给付特定的物的债，即以特定物为标的物的债。我们这里所说的特定之债是指狭义的特定之债。特定之债的根本特征在于，债的标的物于债成立之时即已特定，具有不可替代性。

种类之债也有广义与狭义之分。广义的种类之债是指各种种类给付的债，如给付转类种类物，提供某类劳务，转移某类权利等。狭义的种类之债仅指以种类物为标的物的债。我们这里所说的种类之债即指狭义的种类之债。种类之债的根本特征在于：其标的物为种类物，于债成立之时当事人仅以一定的数量和质量确定标的物。

## 五、债的履行原则

债的履行原则是当事人在债的履行过程中所应遵循的基本准则。在这些基本准则中，有的是民法的基本原则，如诚信原则、平等原则等；有的是专属于债的履行的原则，如适当履行原则、全面履行原则、协作履行原则、经济合理原则等。

（一）适当履行原则

适当履行原则，指当事人按照债规定的标的及其质量、数量，由适当的主体在适当的履行期限、履行地点，以适当的方式全面完成债务。由此可见，适当履行原则的基本要求是履行主体适当、履行标的适当、履行期限适当、履行地点适当、履行方式适当。

（二）全面履行原则

全面履行原则，指债务人除经债权人同意外，必须在债的标的及其数量、质量、规格、期限、地点、价格、方法等各方面严格按照债的内容，全面履行自己的义务，不允许单方变更债的内容和条件。

### （三）协作履行原则

协作履行原则，指不仅要求债务人适当履行自己的债务，而且基于诚实信用原则要求债权人协助其履行债务的履行原则。《合同法》第六十条第二款规定，当事人应当遵循诚实信用的原则，根据合同的性质、目的和交易习惯履行通知、协助、保密等义务，便体现了协作履行原则。协作履行是诚实信用原则在债的履行方面的具体体现。

### （四）经济合理原则

经济合理原则，要求履行债务时，讲求经济效益，付出最小的成本，取得最佳的效益。法律确立经济合理原则，是基于当事人的根本利益是一致的和相互之间是互相信赖、互相协作的基础之上的，其目的是为了保护对方当事人和国家整体的利益。

## 六、债的履行的分类

债的履行从债务人履行的情况上，可分为以下几种情况：

### （一）完全正确的履行

完全正确的履行，指债务人按照合同的约定或者法律的规定全面地履行了自己的义务。完全履行，亦即全面履行，是指债务人履行了其全部义务；所谓正确履行，是指债务人的履行符合合同的约定或者法律的规定。

### （二）不适当履行

不适当履行，指债务人虽然实施了给付行为，但其履行不符合当事人的约定或法律的规定，包括迟延履行和瑕疵履行，前者是给付在时间上有瑕疵，而后者则包括除迟延履行外一切不适当履行的行为。

1. 迟延履行

迟延履行包括给付迟延（债务人的迟延）和受领迟延（债权人的迟延）两种。

（1）给付迟延。

给付迟延是指债务人在履行期限到来时，能够履行而没有按期履行债务。其构成要件为：①须有合法债务存在；②履行须为可能；③须债务履行期已届满；④须因可归责于债务人的事由而未履行；⑤须无法律上的正当理由。

给付迟延的法律后果为：①债权人可诉请强制执行。②债务人赔偿因迟延而给债权人造成的损失。③在给付迟延后，如遇有不可抗力致使合同标的物毁损，债务人须承担履行不能的责任，不得以不可抗力为由主张免责。但如果债务人能证明虽然没有给付迟延，损失仍将发生的，则可免责。④当事人一方迟延履行其主要债务，经催告后在合理期限内仍未履行，或当事人一方迟延履行债务致使不能实现合同目的的，当事人可以解除合同并请求赔偿损失。

（2）受领迟延。

受领迟延是指债权人对于债务人的履行应当受领而不为受领。其构成要件为：①须有债权存在；②须债务人的履行需要债权人的协助；③债务已届履行期且债务人已履行或提出履行；④须债权人未受领给付，且迟延受领无正当理由。

在受领迟延的情况下，债权人应依法支付违约金，如因此给债务人造成损害，则应负损害赔偿责任。债务人得依法自行消灭其债务，如以提存的方式消灭债务。

2. 瑕疵履行

瑕疵履行是指债务人虽然履行，但其履行有瑕疵，即履行不符合规定或约定的条件，致减少或丧失履行的价值或效用的情形。瑕疵履行是债务人有积极的履行行为，只是由于债务人履行有瑕疵，使债权人的利益遭受损害，故又称为积极的债务违反。

瑕疵履行的法律后果为：①瑕疵能补正的，债权人有权拒绝受领，要求补正，并不负受领迟延责任。因标的物的补正而构成债务人迟延的，债务人应当承担迟延给付的责任。标的物虽能补正但对债权人已无利益的，债权人得解除合同。经债权人催告而债务人不为补正的，债权人得诉请法院强制执行。②瑕疵不能补正的，债权人得拒绝受领，请求全部不履行的损害赔偿，并可解除合同。债权人如仍然愿意受领，则可请求部分不履行的损害赔偿。

（三）债的不履行

债的不履行是指债务人根本未实施任何旨在清偿债务的给付行为，包括履行不能和拒绝履行。

1. 履行不能

履行不能是指债务人由于某种原因，事实上已不可能履行债务。履行不能使债的目的客观上无法实现，因而导致债务消灭或转化为损害赔偿之债，债权人无法请求继续履行。

履行不能的原因多种多样，如特定标的物灭失、债务人失去劳动能力等。凡社会观念认为债务事实上已无法强制执行，属于履行不能。即使尚有履行的可能，但如果履行将付出不适当的代价，或需冒生命危险，或因此违反更重大的义务，依照诚实信用原则，也应认为属于履行不能。履行不能不包括下列情形：①履行困难；②债务人缺乏资历；③选择之债中尚有可选择的给付；④货币之债和利息之债。

履行不能在法律上的后果，因其是否可归责于债务人而有所不同：

第一，在因可归责于债务人的事由而致履行不能时，债务人免除履行原债务的义务；债务人应承担违反债务的违约金或损害赔偿责任；债权因合同而生，债权人可解除合同并请求损害赔偿；如征得债权人同意，债务人也可以其他标的物代替原标的物履行，即代物清偿。

第二，在不可归责于债务人的事由而致履行不能时，债务人免除履行债务的义务，且不承担债务违反的责任；在双务合同中，债权人免除对待给付的义务，对待给付已经履行的，可根据不当得利请求返还；履行不能由第三人造成或标的物已加入保险的，债务人虽可免除履行原债务的义务，但债权人得请求其让与对第三人或保险人的损害赔偿请求权或交付其取得的赔偿金。

2. 拒绝履行

拒绝履行是指债务人能够履行债务而故意不履行。构成此种不履行形态的条件为：①须有合法的债务存在；②债务人向债权人做出拒绝履行的意思表示，这种拒绝可以是明示的，也可以是默示的；③拒绝履行须于履行期到来之后做出；④拒绝履行无正当理由；

⑤债务人应有履行能力。

拒绝履行的法律后果为：①债权人可解除合同，并请求支付违约金或赔偿损失；或债权人得诉请法院强制执行，并请求支付违约金或赔偿损失。②在双务合同中，债务人丧失同时履行抗辩权；债权人有先为履行义务的，得拒绝自己的履行。③在有担保的债务中，债权人得请求保证人履行保证义务；在物的担保中，债权人可依法行使担保物权。

## 七、债的适当履行

### （一）债的履行主体适当

债的履行主体包括履行债务的主体和接受债务履行的主体，是指履行债务和接受债务履行的人。因债是特定当事人间的权利义务关系，所以，在一般情况下，债是由当事人实施特定行为来履行的，也就是债务人履行债务，由债权人接受债务人的履行。但在某些情况下也可以由第三人代替债务人履行，或由第三人代替债权人履行。但依法律规定或者当事人的约定，或者依照债的关系的性质，须由当事人亲自履行的债，不得由第三人代替履行，否则就为不适当履行。

### （二）债的履行标的适当

履行标的即给付标的，是指债务人应给付给债权人的对象，如货物、劳务等。债务人应当按照债的标的履行，不得随意以其他的标的代替，这是实际履行的基本要求。当然如果债权人同意债务人以某种其他标的来代替债的标的履行，则债务人以其他标的履行也为适当履行。

### （三）债的履行期限适当

履行期限，是债务人履行债务和债权人接受履行的时间。债的当事人应在合同约定的或法律规定的期限内履行。履行期限不明确的，债务人可以随时向债权人履行义务，债权人也可以随时要求债务人履行义务，但应当给对方必要的准备时间。债务人在必要的准备时间内履行的，债的履行期限即为适当。双方互有对待给付义务的债，除另有规定外，双方应当同时履行。在分期履行的债中，债务人应当在每一期的履行期限内履行。

### （四）债的履行地点适当

履行地点是债务人履行债务和债权人接受履行的地点。履行地点关系到履行费用的负担，当事人应按照约定的或者规定的地点履行。履行地点不明确的，给付货币的，应在接受给付的一方所在地履行；交付不动产的，在不动产所在地履行；其他标的则在履行义务一方所在地履行。

### （五）债的履行方式适当

履行方式是指债务人履行义务的方法。它是由法律规定或者合同约定的，或者是由债的关系的性质决定的。凡要求一次性履行的债务，债务人不得分批履行；反之，凡要求分期分批履行的债，债务人也不得一次性履行。履行方式没有明确规定或者约定的，应依诚实信用原则确定，按照有利于实现债的目的的方式履行。

## 八、债的保全

债的保全是指法律为防止因债务人财产不当减少给债权人的债权带来危害，允许债权人代债务人之位向第三人行使债务人的权利，或请求法院撤销债务人与第三人的民事行为的法律制度。

（一）债权人代位权

债权人的代位权是指在债务人享有对第三人的权利而又不积极行使，致使其财产应增加而未增加，危害债权实现时，债权人有权向法院请求以自己名义代位行使属于债务人权利的一种权利。

1. 债权人代位权成立的条件

第一，债务人享有对第三人的权利。但对专属于债务人本人的权利不得为债权人代位行使，如基于抚养关系、继承关系产生的给付请求权和劳动报酬、退休金、养老金、抚恤金、人寿保险、人身伤害赔偿请求权等权利。

第二，债务人怠于行使其权利。这是指应行使并且能够行使而不行使其权利。

第三，债务清偿期届满而未清偿。

第四，确实有债权不能实现的危险。

2. 债权人行使代位权的要求

第一，债权人应以自己的名义行使代位权，并且须尽到善良管理人的注意义务。

第二，债权人的代位权必须通过诉讼程序行使。

第三，债权人的代位权行使的界限以保全债权人的债权为必要限度。

3. 债权人代位权行使的效力

第一，对于债务人的效力。债权人的代位权行使的效果直接归于债权人。

第二，对于第三人的效力。凡第三人可对抗债务人的一切抗辩，均可用以对抗债权人；但第三人对债权人的抗辩，则不得在债权人行使代位权时对抗债权人。

第三，对于债权人的效力。对于债权人代位受领的财产利益，债权人没有优先受偿权，也不得自行抵消自己与债务人的债务。

第四，债权人的代位权诉讼经法院认定成立的，由次债务人向债权人履行清偿义务，权人与债务人、债务人与次债务人之间相应的债权债务关系即告消灭。

（二）债权人撤销权

债权人的撤销权是指因债务人的行为害及债权，债权人有权依诉讼程序，申请法院予以撤销的一种权利。

1. 债权人撤销权的成立条件

（1）客观要件。

客观要件包括：①须有债务人的行为，没有行为就谈不上请求撤销的问题；②债务人的行为危害债权；③债务人的行为必须以财产为标的。

（2）主观要件。

在有偿行为中，债务人的恶意是债权人撤销的成立要件，受益人的恶意是债权人撤销权的行使要件。而在无偿行为中，如放弃、赠予则不问主观要件。

2. 债权人撤销权的行使

债权人要以自己的名义在诉讼中行使撤销权。撤销之诉以债务人为被告，法院可以追加受益人或者受让人为第三人。

3. 债权人撤销权行使的效力

首先是对于债务人和受益人的效力。债务人的行为一旦被撤销即自始失去法律约束力，要恢复行为前的状态。

其次是对于撤销权人的效力。行使撤销权的债权人有权请求受益人向自己返还所受利益，并有义务将取得的利益加入债务人的一般财产，作为全体一般债权人的共同担保，而无优先受偿之权。

最后是对于其他债权人的效力。因债务人的行为被撤销而增加的财产，归属于全体一般债权人，债权人按债权额比例分别受偿。

# 第二节　债的担保、移转与消灭

## 一、债的担保

债的担保可分为人的担保与物的担保，保证属于人的担保，抵押、质押、留置、定金属于物的担保。债的担保还可分为物权形式的担保和债权形式的担保，属于物权形式的担保有抵押、质押和留置；属于债权形式的担保有保证和定金。

（一）保　证

保证是指保证人和债权人约定，当债务人不履行其债务时，由保证人按照约定履行债务或者承担责任的担保方式。

1. 保证的种类

当事人对保证方式没有约定或者约定不明确的，按照连带责任保证承担保证责任。

同一债务有两个以上保证人的，保证人应当按照保证合同约定的保证份额，承担保证责任。没有约定保证份额的，保证人承担连带责任。

无期保证是指保证合同中未规定保证期限，债权人有权自主债务履行期届满之日起 6 个月内请求保证人承担保证责任的保证。

2. 保证的效力

保证合同无效的主要事由及其法律后果分别如下：

第一，企业法人的分支机构未经法人书面授权或者超出授权范围与债权人订立保证合同的，保证合同无效或者超出授权范围的部分无效。

第二，企业法人的职能部门提供保证的，保证合同无效。

第三，国家机关和以公益为目的的事业单位、社会团体违反法律规定提供保证的，保证合同无效。

第四，董事、经理违反《公司法》第六十条的规定，以公司名义为本公司的股东或者其他个人债务提供保证的，保证合同无效。

第五，违反有关法规对外提供保证担保的，保证合同无效，但法律、法规另有规定的除外。

第六，保证合同因主合同无效而无效。保证合同为从合同，主合同无效，保证合同也归于无效。

保证人因无效保证合同向债权人承担赔偿责任后，可以向债务人追偿，或者在承担赔偿责任的范围内要求有过错的反担保人承担赔偿责任。

### （二）定　金

定金是指当事人一方在合同未履行之前，在应给付数额内预先支付给另一方一定数额金钱的担保形式。

定金作为从属于主债的从债，其成立不仅应有当事人的合意，而且应有定金的实际交付。仅有当事人协议并无定金的实际交付的，不能产生定金之债。

《担保法》第九十一条规定："定金的数额由当事人约定，但不得超过主合同标的额的百分之二十。"定金作为一种债的担保方式，在债务人履行债务后，定金应当抵作价款或者收回，给付定金的一方不履行债务的，无权要求返还定金；接受定金的一方不履行债务的，应当双倍返还定金。

## 二、债的移转与消灭

### （一）债的移转

债的移转是指不变更债的内容，而将债由原主体移转给其他主体的一种法律行为。换言之，变更债的主体的行为就叫作债的移转。

1. 债权让与

债权人以订立合同的方式将债权让与他人的，就叫做债权让与。其中原债权人称为让与人，接受让与的人称为受让人。让与合同一经成立，受让人即取代了原债权人的地位而变为债权人。当然，债权的让与并不是一定要订立合同才可发生，法院判决、行政行为等都可产生债权的让与。但是具有人身性质的债权不得让与；当事人有特别约定的不得转让；法律有直接规定不得让与的债权不得转让。

债权人转让债权，应通知债务人，但不必取得债务人的同意。

2. 债务承担

第三人为承担债务人既存的债务而与债务人或债权人达成协议，就叫债务承担。债务承担又叫债务的移转。其中愿意接受债务的人称承担人。可见，债务承担实际上可以通过承担人与债权人或承担人与债务人所订立的合同来实现。

3. 概括承受

债的概括承受是指债的一方将其债权债务一并转移给第三人，包括合同承受和企业合并，在合同承受的情况下，应经对方当事人同意，其合同的权利义务才能发生转移，因为它不仅涉及权利的转移，还涉及义务的转移。在企业合并的情况下，主要是发生"混同"

的问题。

### （二）债的消灭

任何债权债务关系都是有时间性的。债无论存续多长时间，它终将要归于消灭。因一定法律事实的出现而使既存的债权债务关系客观上不复存在，这就是债的消灭，又称债的终止。

较为常见的导致债消灭的原因有清偿、抵消、提存、混同、免除等。

1. 债因清偿而消灭

所谓清偿，指的就是履行债务。债的清偿意味着债权人的权利已经实现，设立债的目的已经达到；当事人设立债的目的既已达到，债的关系也就自然消灭了。在实践中，清偿是债消灭的最为主要的原因。

2. 债因抵消而消灭

抵消可分为法定抵消和约定抵消。

法定抵消是指当事人互负到期债务，该债务的标的物种类、品质相同的，任何一方可以将自己的债务同对方的债务抵消，但依照法律规定或者按照合同性质不得抵消的除外。当事人主张抵消的，应当通知对方。通知自到达对方时生效，抵消不得附条件或附期限。

约定抵消是指当事人互负债务，标的物种类、品质不相同的，经双方协商一致而抵消。约定抵消不要求双方互负债务已届清偿期。

3. 债因提存而消灭

提存，是指债权人无正当理由拒绝接受履行或其下落不明，或数人就同一债权主张权利，债权人一时无法确定，致使债务人难以履行债务，经公证机关证明或法院裁决，债务人可将履行的标的物提交有关部门保存。简言之，提存是指债务人以消灭债权为目的而将履行的标的提存于提存场所。

4. 债因混同而消灭

混同，是指某一具体之债的债权人和债务人合为一体。由于原债务人和债权人合为一体，就不存在谁向谁履行义务的问题。在这种情况下，原来所设立的债的关系也就自行消灭。

5. 债因免除而消灭

免除，就是债权人放弃债权，从而解除债务人所承担的义务。债务人的债务一经债权人免除，债的关系即行消灭。经放弃后的债权不得再收回，所以，免除也是消灭债的一种原因。

# 第三节　合同概述

## 一、合同的概念与特征

合同是平等主体的自然人、法人、其他组织之间设立、变更、终止民事权利义务关系的协议。根据该规定，这里所指的合同仅限于民法意义上的合同，而不包括《劳动法》上的合同、《行政法》上的合同等。

合同的特征如下：①合同是一种民事法律行为；②合同是一种双方或多方或共同的民事法律行为；③合同以在当事人之间设立、变更、终止财产性的民事权利义务为目的；④合同依法成立，即具有法律约束力。

## 二、合同的分类

虽然法律并没有对合同分类做出明确规定，但按照比较通行的说法，合同可以分为以下几类：

### （一）双务合同与单务合同

根据当事人双方权利义务的分担方式，可把合同分为双务合同与单务合同。双务合同是指当事人双方相互享有权利、承担义务的合同。在双务合同中，当事人双方均承担合同义务，并且双方的义务具有对应关系，一方的义务就是对方的权利，反之亦然。双务合同是合同的主要形态。

单务合同也称为单边合同或片面义务契约，是指一方当事人只享有权利而不尽义务，另一方当事人只负义务而不享有权利的合同（如赠予合同、归还原物的借用合同和无偿保管合同），与双务合同相对应。

### （二）有偿合同与无偿合同

根据当事人取得权利是否以偿付为代价，可以将合同分为有偿合同与无偿合同。有偿合同是指当事人一方享有合同规定的权益，须向对方当事人偿付相应代价的合同。有偿合同是商品交换最典型的法律形式。无偿合同是指当事人一方只享有合同权利而不偿付任何代价的合同。无偿合同不是典型的交易形式。

### （三）诺成合同与实践合同

根据合同的成立是否以交付标的物为要件，可将合同分为诺成合同与实践合同。诺成合同又叫不要物合同，是指当事人意思表示一致即可成立的合同。实践合同又称要物合同，是指除当事人意思表示一致外，还须交付标的物方能成立的合同。在实践中，大多数合同均为诺成合同，实践合同仅限于法律规定的少数合同，如保管合同。

### （四）要式合同与不要式合同

根据合同的成立是否需要特定的形式，可将合同分为要式合同与不要式合同。要式合同是指法律要求必须具备一定的形式和手续的合同。不要式合同是指法律不要求必须具备一定形式和手续的合同。根据合同自由原则，当事人有权选择合同的形式，但对于法律有强行要求的，则要遵循法律的规定，否则会影响合同的效力，甚至会导致合同无效。

### （五）主合同与从合同

根据合同间是否有主从关系，可将合同分为主合同与从合同。主合同是指不依赖其他合同而能够独立存在的合同，从合同是指须以其他合同的存在为前提而存在的合同。例如，借款合同与保证合同之间，前者为主合同，后者为从合同。

# 第四节　合同的订立

## 一、合同订立的一般程序

### （一）要　约

1. 要约的概念和要件

要约是希望和他人订立合同的意思表示。该意思表示应该符合下列规定：

①要约是由具有订约能力的特定人做出的意思表示。

②要约必须具有订立合同的意图。

③要约必须向要约人希望与其缔结合同的受要约人发出。

④要约的内容应当具体、确定。

具备上述要件，才能构成一个有效要约。根据《合同法》第十三条的规定，要约是订立合同的必经阶段，不经过要约的阶段，合同是不可能成立的，要约作为一种订约的意思表示，它能够对要约人和受要约人产生约束力。

2. 要约邀请

要约邀请是希望他人向自己发出要约的意思表示。要约邀请是订立合同的预备行为，是一种事实行为，不产生任何法律效果。要约是以订立合同为目的具有法律意义的意思表示行为，一经发出就产生一定的法律效果。而要约邀请的目的是让对方对自己发出要约，是订立合同的一种预备行为，在性质上是一种事实行为，并不产生任何法律效果。

寄送价目表、拍卖公告、招标公告、招股说明书、商业广告等都为要约邀请。但是，商业广告的内容符合要约规定的，视为要约。如悬赏广告是不同于一般广告的一种特殊广告形式。它是广告人以广告的形式声明对完成悬赏广告中规定的行为的任何人，给予广告中约定的报酬的意思表示行为。只要有人完成了悬赏广告所约定的行为，合同即告成立，广告人应依广告支付报酬。

要约和要约邀请的区别：首先，要约的目的是与他人订立合同，要约邀请的目的是要对方想跟自己订立合同。其次，要约一发出，要约人即受法律约束，要约邀请发出后，对于要约邀请人来说是没有法律上的意义的。

3. 要约的法律效力

要约的法律效力是指要约生效后发生的法律后果。要约的法律效力分为对要约人的效力和对受要约人的效力两个方面。

（1）对受要约人的效力。

要约生效后，受要约人取得依其承诺而使合同成立的法律资格。它实际上是法律赋予受要约人承诺的权利。但是，受要约人没有承诺的义务。受要约人不为承诺的，只是使合同不能成立，并不负任何责任。除法律有特别规定或者双方事先另有约定外，受要约人不为承诺时也不负通知的义务；即使要约人单方在要约中表明不为通知即为承诺，该声明对受要约人也没有拘束力。

（2）对要约人的效力。

要约是一种法律行为，要约人发出要约，一般应当在要约中指明要约答复的期限。这个期限又称为要约的有效期限。在要约有效期内，要约人要受要约的约束。

（3）要约效力的存续期间。

口头要约规定了承诺期限的，于承诺期限内有效；未规定期限的，受要约人如果没有立即承诺，要约即失效。书面形式的要约，有承诺期限的，在承诺期内有效；未定期限的，在依通常情形能够收到承诺所需的一段合理的期间内，要约有效。

4. 要约的撤回和撤销

《合同法》第十七条规定，要约可以撤回。要约撤回是指在要约生效前，要约人使其不发生法律效力的意思表示。要约一旦送达受要约人或被受要约人了解，即发生法律效力。所以，撤回要约的通知应当在要约到达受要约人之前或者与要约同时到达受要约人。因此，要约的撤回只发生在书面形式的要约，而且，撤回通知一般应采取比要约更迅速的通知方式。

要约的撤销是指在要约生效后，要约人使其丧失法律效力的意思表示。撤销包括全部内容的撤销，也包括部分内容的变更。《合同法》第十八条规定，要约可以撤销。撤销要约的通知应当在受要约人发出承诺通知之前到达受要约人。但有下列情形之一的，要约不得撤销：①要约人确定了承诺期限或者以其他形式明示要约不可撤销；②受要约人有理由认为要约是不可撤销的，并已经为履行合同做了准备工作。

（二）承　诺

1. 承诺的概念和要件

《合同法》第二十一条规定，承诺是受要约人同意要约的意思表示。承诺一经做出，并送达要约人，合同即告成立。要约人有义务接受受要约人的承诺，不得拒绝。性质上，承诺是一种意思表示而非法律行为，故需适用意思表示的有关规则。

根据合同法的规定及理论通说，一项承诺必须具备一定的条件，才能产生合同成立的法律后果。承诺应当具备下列条件：

（1）承诺必须由受要约人做出。

这需要说明三点：其一，承诺必须是受要约人的意思表示。如果要约是向特定人发出的，承诺须由该特定人做出；如果是向不特定人发出的，不特定人均具有承诺资格。其二，承诺可由受要约人本人做出，也可由其代理人做出。其三，承诺之所以必须由受要约人做出，是由于要约对象的特定性决定的。

（2）承诺必须在合理期限内向要约人做出。

承诺应当在要约确定的期限内到达要约人。要约没有确定承诺期限的，如果要约以对话方式做出的，应当及时做出承诺的意思表示，但当事人另有约定的除外；如果要约以非对话方式做出的，承诺应当在合理期限内到达要约人。《合同法》第十四条规定，要约以信件或者电报作出的，承诺期限自信件载明的日期或者电报交发之日开始计算。如果信件未载明日期，自投寄该信件的邮戳日期开始计算。受约人以电话、传真等快速通信方式作出的，承诺期限自要约到达受要约人时开始计算。

（3）承诺的内容应当和要约的内容一致。

《合同法》第三十条规定，承诺的内容应当与要约的内容一致。内容一致具体表现在，承诺是无条件的同意，不得限制、扩张或者变更要约的内容，否则不构成承诺，而应视为一项新要约或反要约。受要约人对要约的内容做出实质变更的，为一项新要约。有关合同标的、数量、质量、报酬、履行期限或地点等内容的变更是对要约内容的实质性变更。但《合同法》第三十条规定，承诺对要约的内容做出非实质性变更的，除要约人及时表示反对外或者要约表明承诺不得对要约的内容做出任何变更的以外，该承诺有效，合同的内容以承诺的内容为准。

2. 承诺的效力

承诺的效力即承诺所产生的法律效果。简言之，承诺的效力表现为：承诺生效时，合同成立，当事人之间产生合同权利和义务。因此，承诺的生效时间至关重要。《合同法》第二十六条规定，承诺通知到达要约人时生效。承诺不需要通知的，根据交易习惯或者要约的要求做出承诺的行为时生效。采用数据电文形式订立合同，收件人指定特定系统接收数据电文的，该数据电文进入该特定系统的时间，视为承诺到达时间；未指定特定系统的，该数据电文进入收件人的任何系统的首次时间，视为承诺到达时间。

3. 承诺的撤回和迟延

撤回承诺是阻止承诺发生法律效力的一种意思表示，是指受要约人在其做出的承诺生效之前将其撤回的行为。《合同法》第二十七条规定，承诺可以撤回。由于承诺通知一经收到，合同即告成立，因此，撤回承诺的通知应当在承诺通知到达要约人之前或者与承诺同时到达要约人。承诺一经撤回，即不发生承诺的效力，也就阻止了合同的成立。

承诺如果没能在有效期内送达，便使承诺成为迟延承诺或逾期承诺。迟延承诺有两种情况，其法律约束力不同，对其处理应区别对待：一种情况是，一般迟延承诺。这种承诺不能视为有效承诺，而是一项新要约；另一种情况是，受要约人在承诺期限内发出承诺，按照通常情形能够及时到达要约人，但因其他原因如自然灾害、意外事故等，承诺到达要约人时超过承诺期限的，除要约人及时通知受要约人因承诺超过期限不接受该承诺的以外，该承诺有效。

## 二、合同订立的特殊方式

### （一）悬赏广告

悬赏广告是指广告人以广告形式声明对完成广告中规定的特定行为的任何人给付广告中标明的报酬的广告行为。在法律上对悬赏广告的性质怎样确定，有不同的看法。第一种意见认为，悬赏广告的性质是契约，即合同性质。第二种意见认为，悬赏广告的性质是单独行为或者叫作单方法律行为，而不是合同。第三种意见认为，对悬赏广告的性质专门认定为合同性质，或者专门认定为单独法律行为，均有不足。目前我国学界更加倾向将悬赏广告界定为一种单方法律行为。

### （二）招标投标

招标投标是指由招标人向数人或公众发出招标通知或公告，在诸多投标人中选择自己认为最优的投标人并与之订立合同的方式。由此可见，招标投标的目的在于选择中标人，并与之签订合同。因此，招标是签订合同的具体行为，是要约与承诺的特殊表现形式。招标投标中主要的具体法律行为有招标行为、投标行为和确定中标人行为。

1. 招标行为的法律性质是要约邀请

依据合同订立的一般原理，招标人发布招标通告或投标邀请书的直接目的在于邀请投标人投标，投标人投标之后并不当然订立合同，因此，招标行为仅仅是要约邀请，一般没有法律约束力。招标人可以修改招标公告和招标文件。实际上，各国政府采购规则都允许对招标文件进行澄清和修改。但是，由于招标行为的特殊性，采购机构为了实现采购的效率及公平性等原则，在对招标文件进行修改时也往往要遵循一些基本原则，比如各国政府采购规则都规定，修改应在投标有效期内进行，应向所有的投标商提供相同的修改信息，并不得在此过程中对投标商造成歧视。

2. 投标行为的法律性质是要约行为

投标文件中包含有将来订立合同的具体条款，只要投标人承诺（宣布中标）就可签订合同。作为要约的投标行为具有法律约束力，表现在投标是一次性的，同一投标人不能就同一投标进行一次以上的投标；各个投标人对自己的报价负责；在投标文件发出后的投标有效期内，投标人不得随意修改投标文件的内容和撤回投标文件。

3. 确定中标人行为的法律性质是承诺行为

采购机构一旦宣布确定中标人，就是对中标人的承诺。采购机构和中标人各自都有权利要求对方签订合同，也有义务与对方签订合同。另外，在确定中标结果和签订合同前，双方不能就合同的内容进行谈判。

（三）拍 卖

拍卖是指以公开竞价的形式，将特定物品或者财产权利转让给最高应价者的买卖方式。在传统拍卖中，委托人和拍卖人之间是委托合同关系，作为受托人的拍卖人是以自己的名义而不是以委托人的名义从事拍卖活动，委托人和竞买人之间不直接发生关系；在拍卖活动中，拍卖人与竞买人之间处于缔约关系，拍卖人在缔约过程中和竞买人形成拍卖服务合同关系；拍卖成交后，拍卖人按照约定向委托人交付拍卖标的价款，并按照约定将拍卖标的移交给买受人，在此过程中，拍卖人与买受人之间成立买卖合同关系而拍卖人按照约定向委托人交付拍卖标的价款的行为标志着委托合同的完成。即一个完整的拍卖合同应该由委托拍卖合同、拍卖服务合同和买卖合同三部分组成。

## 三、合同成立的时间和地点

（一）合同成立的时间

1. 一般规定

《合同法》第二十五条规定，承诺生效时合同成立。合同成立的时间因合同的种类不同而有所区别。不要式合同以受要约人表示的承诺生效的时间为合同成立时间；要式合同须双方依法定形式办理特定手续，合同才告成立。

2. 书面合同成立的时间

书面合同成立的时间有两种情况：①法律或者当事人对合同成立的程序无特别规定或约定的，当事人采用合同书形式订立合同的，自双方当事人签字或者盖章时合同成立。当事人采用信件、数据电文等形式订立合同的，可以在合同成立之前要求签订确认书。签订确认书时合同成立。在此种情况下，签订确认书具有最终承诺的意义。②法律或者当事人对合同成立的程序有特别规定或者约定的，完成规定或者约定的时间就是合同成立的时间。

3. 合同的实际成立

《合同法》第三十六条规定，法律、行政法规规定或者当事人约定采用书面形式订立合同，当事人未采用书面形式，但一方已经履行主要义务，对方接受的，该合同成立。由此可从实际履行合同义务的行为中推定当事人已经形成了合意和合同关系，当事人一方不得以未采取书面形式或未签字盖章为由，否认合同关系的实际存在。

（二）合同成立的地点

1. 一般规定

合同成立的地点是指完成合同订立程序的地点。合同成立的时间关系到当事人的权利、义务和责任的发生，合同成立的地点关系到案件的管辖（当事人可以约定由合同签订地人民法院管辖）。《合同法》第三十四条规定，承诺生效的地点为合同成立的地点。采用数据电文形式订立合同的，收件人的主营业地为合同成立的地点；没有主营业地的，其经常居住地为合同成立的地点。当事人另有约定的，按照其约定。

2. 书面合同成立的地点

《合同法》第三十五条规定，当事人采用合同形式订立合同的，双方当事人签字或者盖章的地点为合同成立的地点。

## 四、缔约过失责任

（一）缔约过失责任的概念和构成条件

缔约过失责任是指在合同订立过程中，合同一方因违背其依据诚实信用原则所应负的义务，致使另一方的利益受损而应承担的民事责任。缔约过失责任与违约责任的根本区别在于，缔约过失责任发生在缔约过程中而不是发生在合同成立以后。只有在合同尚未成立或合同虽已成立但因不符合法定生效要件而被确认为无效或被撤销时，缔约人才可能承担缔约过失责任，简言之，缔约过失责任所违背的义务是一种"先合同义务"，而非合同义务。

（二）缔约过失责任的适用

《合同法》第四十二条规定了缔约过失责任的三种情形：①假借订立合同，恶意进行磋商；②故意隐瞒与订立合同有关的重要事实或者提供虚假情况；③有其他违背诚实信用原则的行为。

# 第五节　合同的内容和格式条款

## 一、合同的内容

合同的内容即合同的当事人各方的权利、义务，具体体现为合同的各项条款。《合同法》第十一条规定，合同的内容由当事人约定，一般应包括以下条款：

（一）当事人的名称或者姓名和住所

当事人是合同权利义务的承受者，没有当事人，合同的权利义务就失去存在的意义，因此订立合同必须有当事人这一条款。

（二）标　的

标的即合同的客体，是合同权利义务指向的对象。合同不规定标的，就会失去意义，因此标的条款是所有合同都必须具备的条款。

（三）数量、质量

标的数量、质量是确定合同的具体条件，应当规定得具体而详细。数量的规定应符合标准的计量单位，质量的规定应当符合国家标准。

（四）价款或酬金

价款是取得标的物所支付的代价，酬金是获得服务的代价。

（五）履行期限、地点和方式

合同的履行期限是合同权利义务的完成时间，关系到当事人的期限利益，也是确定是否违约的判断标准之一。

（六）违约责任

违约责任是当事人在合同中约定的，一方或双方当事人不履行或不适当履行合同义务时应承担的责任，是保证合同能如期履行，以实现各方当事人订立合同的目的的重要条款，对各方当事人均有约束力。

（七）解决争议的方法

解决争议的方法，是指有关解决争议适用何种程序、哪国的法律，以及由哪一地的法院解决争议等。

合同生效后，当事人就质量、价款或者报酬、履行地点等内容没有约定或者约定不明确的，可以协议补充；不能达成补充协议的，按照合同有关条款或者交易习惯确定。

当事人就有关合同内容约定不明确，依照前述规定仍不能确定的，适用下列法律规定：

第一，质量要求不明确的，按照国家标准、行业标准履行；没有国家标准、行业标准的，按照通常标准或者符合合同目的的特定标准履行。

第二，价款或者报酬不明确的，按照订立合同时履行地的市场价格履行；依法应当执行政府定价或者政府指导价的，按照规定履行。

第三，履行地点不明确，给付货币的，在接受货币一方所在地履行；交付不动产的，在不动产所在地履行；其他标的，在履行义务一方所在地履行。

第四，履行期限不明确的，债务人可以随时履行，债权人也可以随时要求履行，但应当给对方必要的准备时间。

第五，履行方式不明确的，按照有利于实现合同目的的方式履行。

第六，履行费用的负担不明确的，由履行义务一方负担。

事实上，每个合同应具备哪些条款依合同情形不同而各不相同。《合同法》第十一条的规定仅具有提示性意义，并无任何强制效力。

## 二、格式条款

### （一）格式条款的概念

《合同法》第三十九条第二款规定：格式条款是当事人为了重复使用而预先拟定，并在订立合同时未与对方协商的条款。这一规定描述了格式条款的法律特征在于：①格式合同的要约具有广泛性、持久性和细节性；②格式合同乃单方事先拟定，实践中多为提供商品或者服务的一方制定并提出，对方当事人不直接参与合同的制定；③格式合同具有不变性，所有的合同条款构成密不可分的统一整体，并已定型，他人只有完全同意才能成为缔约的一方当事人，不能就合同条款讨价还价加以改变；④格式合同以书面明示为原则；⑤格式合同的一方在经济方面具有绝对优势地位，便于其将拟定的条款强加于对方，表现出格式合同在法律上或事实上的垄断。

### （二）格式条款的订立规则

《合同法》第三十九条第一款规定：采用格式条款订立合同的，提供格式条款的一方应当遵循公平原则确定当事人之间的权利和义务，并采取合理的方式提请对方注意免除或者限制其责任的条款，按照对方的要求，对该条款予以说明。该条款规定了格式条款合同提供方的一般义务，并规定了提供方对免责条款的法定"提请注意"和"说明"义务。

格式条款订入合同必须经过一定的程序，而不能自动纳入合同。格式条款订入合同的程序实际上就是《合同法》第三十九条第一款所规定的提供条款的一方应当采取合理的方法提请对方注意，既有义务以明示或者其他合理、适当的方式提醒相对人注意其欲以格式条款订立合同的事实。此种提醒应达到合理的程度，具体可从文件的外形、提起注意的方法、清晰明白的程度、提起注意的时间等方面综合判断。

### （三）格式条款的无效

《合同法》规定，采用格式条款订立合同的，提供格式条款的一方应当遵循公平原则确定当事人之间的权利和义务，并采取合理的方式提请对方注意免除或限制其责任的条款，按照对方的要求，对该条款予以说明。违反提请注意义务的，该格式条款不生效。具有下列情形之一的格式条款无效：

①提供格式条款一方免除其责任、加重对方责任、排除对方主要权利的，该条款无效。

②造成对方人身伤害的或因故意或者重大过失造成对方财产损失的免责条款无效。

③违反法律、行政法规的强制性规定。

#### （四）格式条款的解释

对格式条款的理解发生争议的，应当按照通常理解予以解释。对格式条款有两种以上解释的，应当做出不利于提供格式条款一方的解释。格式条款和非格式条款不一致的，应当采用非格式条款。本条规定了格式条款的解释规则，包含三个层次的内容：

第一，通常理解规则。对格式条款的解释应以一般人的、惯常的理解为准，这种理解应基于长久以来形成的民间通俗惯例，而不应仅以条款制作人的理解为依据。

第二，不利解释规则。当格式条款双方对合同做出不同解释时，应做出不利于合同制定方的解释。该规则古已有之，现代各国民法均予以采纳。

第三，非格式条款优先规则。非格式条款即个别商议条款，其效力应优先于格式条款，这样即尊重了当事人的意志，也有利于保护广大消费者。

# 第六节 双务合同履行中的抗辩权

## 一、同时履行抗辩权

### （一）同时履行抗辩权的概念

《合同法》第六十条规定："当事人互负债务，没有先后履行顺序的，应当同时履行，一方在对方未履行之前有权拒绝其履行要求。一方在对方履行债务不符合约定时，有权拒绝其相应的履行要求。"

同时履行抗辩权，是指双务合同的当事人一方，在对方未为对待给付前，有拒绝自己给付的权利。同时履行抗辩权在法律上的根据，在于双务合同之债权债务在成立上的关联性，一方债权债务不成立或不生效，他方债权债务亦不成立或不生效。成立的关联性决定了履行的关联性，双方当事人应同时履行自己所负的债务，在一方未履行或未提出履行前，他方有权拒绝履行自己的义务。

### （二）同时履行抗辩权的成立条件

行使同时履行抗辩权必须同时具备如下条件：因同一双务合同互负债务，债务均已届清偿期，须对方未履行债务或履行债务不符合约定，且履行是可能的。

1. 在同一双务合同中互负对待给付义务

同时履行抗辩权之适用，以"因同一双务合同互负债务"为要件，该要件应具备的因素有：双务合同，基于该双务合同产生的债权、债务，存在对待给付关系。

双务合同是指当事人一方负有给付义务，另一方负担对待给付义务的合同。同时履行抗辩权只能发生在双务合同中，单务合同中不能行使此项权利，因为同时履行抗辩权产生的法律基础在于给付与对待给付之间的不可分离关系，学理上称为双务合同的牵连性。

能够主张同时履行抗辩者，必须是基于同一双务合同而产生的债务。如果双方当事人之间的债务不是基于同一双务合同，即使事实上有密切关系，也不能行使同时履行抗辩权。

互负债务是指双方所负债务之间具有对价或牵连关系。当事人之间的履行和同等履行必须具备各方当事人所认同的同等价值。从各国立法和司法实践来看，对双务合同的对价性，仅强调履行与对待履行之间互为条件、互为牵连关系，并不考虑履行性质及实际经济价值，但要求当事人遵循公平、等价原则。

2. 双方互负的债务均已届清偿期

鉴于同时履行抗辩权制度的目的在于使合同双方的债务同时履行，双方享有的债权同时实现，因此只有在双方的债务同时届期时，才能行使同时履行抗辩权。这就要求双方当事人互负的债务必须是存在的、有效的。如果原告向被告请求支付价金，而被告主张买卖合同无效或已被撤销，或债务已被抵消或免除，从而表明债务实际上不存在，原告不享有请求权，被告在此情况下已不是主张同时履行抗辩权，而是主张自己无履行的义务。所以，债务的存在是主张同时履行抗辩权的前提，另外，尽管双方所负的债务是存在的，但如果双方债务未同时到期，也不发生同时履行抗辩权问题。

3. 对方未为对待给付或给付不符合约定

双务合同一方当事人行使同时履行抗辩权，须以他方当事人未为对待给付为要件。如果他方当事人已经完成实际给付，则当然不能再行使同时履行抗辩权。这一点在理论上和实践中都已被认同，而问题在于行使时权利人的举证责任。这一问题取决于此抗辩权的性质。通说认为权利人仅需要证明对方没有履行，而不需要证明自己已经履行，就可以行使同时履行抗辩权。

4. 对方的对待履行是可能履行的

同时履行抗辩权的机能在于一方拒绝履行可迫使他方履行合同，但是，同时履行是以能够履行为前提的。如果一方已经履行，而另一方因过错不能履行其所负的债务，则只能适用债不履行的规定请求救济，而不发生同时履行抗辩权问题。如果因不可抗力发生履行不能，则双方当事人将被免责，在此情况下，如一方提出了履行要求，对方可提出否认对方请求权存在的主张和解除合同，而不是主张同时履行抗辩权。

## 二、不安抗辩权

### （一）不安抗辩权的概念和成立条件

不安抗辩权又称为先履行抗辩权或保证履行抗辩权，是指双务合同的先履行方当事人有证据证明后履行方不能履行合同义务；或者有不能履行合同义务的可能时，在对方未履行或提供担保前享有的中止合同履行的权利。不安抗辩权设立的目的在于公平合理地保护先履行方的合法权益，并通过赋予先履行方中止履行的自我救济手段，促进另一方当事人的履行。根据《合同法》第六十八条、第六十九条的规定，不安抗辩权成立应符合以下条件：

（1）须双方债务因同一双务合同而发生。不安抗辩权与同时履行抗辩权、后履行抗辩权同属于双务合同的履行抗辩权，只有在当事人互为对待给付、一方不履行是导致对方履行利益无法实现的情形下，才有必要产生另一方的履行抗辩权。

（2）须合同的履行有先后顺序。不安抗辩权是合同的先履行方在其预期利益有不能实现的危险时享有的履行抗辩权，其发生的前提是权利人负有先履行义务，因此，不安抗辩权不发生于同时履行合同的情形，也不发生于先履行方不履行之时。

（3）须合同成立后，后履行方有不能履行或可能不能履行的情形。即合同成立后，后履行方的当事人发生变化，并且这种变化导致其不能履行合同义务或可能不能履行合同义务。

（4）须先履行方掌握了后履行方不能履行或可能不能履行合同义务的确切证据。即行使不安抗辩权的举证责任在先履行方，其应有证据证明对方不能履行合同或有不能履行合同的可能性。没有确切证据即中止履行的，应当承担违约责任，

（5）当事人中止履行的合同义务必须是基于同一法律关系产生的与债务人的债务有关的义务。

（二）不安抗辩权的行使和效力

1. 不安抗辩权的行使

由于不安抗辩权的行使关系到合同能否如期履行，也关系到后履行方的利益，因此，为了防止一方当事人滥用不安抗辩权，逃避合同债务的履行，法律也规定了权利人行使不安抗辩权的附随义务，包括：①举证义务，即权利人在行使中止履行权时，须有对方不履行或不能履行的确切证据，否则即应负违约责任。②通知义务，即权利人在行使中止履行权时，应及时通知对方，以避免对方遭受利益损失，并使对方得以及时提供履行的担保。

令先给付义务人负上述举证义务，可防止其滥用不安抗辩权，不允许其借口后给付义务人丧失或可能丧失履行能力而随意拒绝履行自己的债务。如果先给付义务人没有确切证据而中止履行，应当承担违约责任。

2. 不安抗辩权的效力

先履行方可中止履行合同，但应及时通知对方，并给对方一定的合理期限，使其恢复履行能力或提供适当担保。中止履行既是行使权利的行为，又是合法的行为，当先履行方于履行期满不履行债务或迟延履行，并不构成违约，中止履行乃是暂停履行或延期履行的含义，因此它不同于解除合同，其目的不在于使已有合同关系归于消灭，而是维持合同关系。如果先履行方解除合同，则其行为构成违约，后履行方可要求其承担违约责任。

在合理期限内，后履行方与未提供适当担保或未恢复履行能力，而要求先履行方履行的，先履行方可以拒绝；在合理期限内，后履行方提供担保或恢复履约能力，先履行方应当继续履行合同。后履行方提供担保或恢复履约能力后，先履行方不获对待给付的危险消失，因此应当恢复合同的履行。

如果合理期限届满，后履行方未提供适当担保且未恢复履行能力，则发生第二次效力，即先履行方可以解除合同并要求后履行方承担违约责任；但后履行方有异议时，可以请求人民法院或仲裁机构确认合同解除效力。合同法明确赋予先履行方解约权，这是对大

陆法系各国不安抗辩权制度的重大发展，从而使得该制度能够为先履行方提供更加充分的法律保护。

### 三、先履行抗辩权

（一）先履行抗辩权的概念和成立条件

先履行抗辩权是指在双务合同中，有先后履行顺序的，先履行方未履行之前，后履行方有权拒绝其履行请求，先履行方履行债务不符合债的主旨的，后履行方有权拒绝其相应的履行请求。

按照《合同法》第六十七条的规定，先履行抗辩权的成立需要具备以下条件：①须当事人双方基于同一合同互负债务；②双方所负债务有履行先后顺序；③债务先到期的一方未履行其债务或其履行不符合债的主旨，而要求债务后到期的一方履行；④债务后到期的一方享有先履行抗辩权或同时履行抗辩权，债务先到期的一方不享有先履行抗辩权。

（二）先履行抗辩权的效力

先履行抗辩权的效力在于：先履行一方当事人未履行或未适当履行其债务时，抗辩权人有权拒绝履行自己的债务，由此导致的合同迟延履行，责任由有先履行义务的一方承担；在先履行一方采取了补救措施、变违约为适当履行的情况下，先履行抗辩权消失，后履行一方须履行其债务。可见，先履行抗辩权亦属一时的抗辩权。先履行抗辩权的行使不影响后履行一方主张违约责任。

# 第七节 合同的变更和解除

## 一、合同的变更

广义的合同变更包括合同内容的变更与合同主体的变更。合同内容的变更是指当事人不变，合同的内容予以改变的现象。合同主体的变更是指合同的内容不变，仅变更债权人或债务人的情形。合同主体的变更，不论是变更债权人还是债务人，都发生合同权利义务的移转，分为合同权利的转让、合同义务的转让、合同权利义务的概括转让。对此种变更，理论上将其作为合同转让的研究对象。因此，狭义的合同变更仅指合同内容的变更。

（一）合同变更的要件

第一，原已存在有效的合同关系。合同的变更是改变原合同关系，无原合同关系便无变更的对象，所以，合同变更以原已存在合同关系为前提。同时，原合同关系若非合法有效，如合同无效、合同被撤销、追认权人拒绝追认效力未定的合同，也无合同变更的可能。

第二，合同内容发生变化。合同内容的变化包括：标的物数量的增减；标的物品质的改变；价款的增减；履行期限的变更；违约金的变化；履行方式或履行地点的变化等等。

第三，经当事人协商一致，或依法律规定及法院裁决，有时依形成权人的意思表示。

居于法律直接规定而变更合同，法律效果可直接产生，不以裁判机关的裁判或当事人的协议为必经程序。

合同的变更须经裁判机关的裁判程序的情况：一是意思表示不真实，如重大误解订立的合同；二是适用情事变更原则。除此以外的合同变更，一律由当事人协商一致，达不成协议便不发生合同变更的法律效力。

#### （二）合同变更的效力

合同变更的实质在于使变更后的合同代替原合同，因此，合同变更后，当事人应根据变更后的合同履行。

合同的变更以原合同的存在为前提，变更部分不超出原合同关系之外，原合同关系有对价关系的仍保有同时履行抗辩；原合同所有的利益与瑕疵仍继续存在，只是在增加债务人负担的情况下，非经保证人或物上保证人同意，保证不生效力；物的担保不及于扩张的债权价值额。

合同变更原则上只对将来发生效力，未变更的合同内容依然有效，已经履行的债务不因合同的变更而失去合法性。

合同的变更不影响当事人要求赔偿的权利。原则上，提出变更的一方当事人对对方当事人因合同变更所受损失应负赔偿责任。

### 二、合同的解除

#### （一）合同解除的概念和特征

合同解除是指合同有效成立以后，当具备合同解除条件时，因当事人一方或双方的意思表示而使合同关系即当事人之间的权利义务关系归于消灭的法律行为。

合同解除有以下法律特征：

第一，合同解除以当事人之间存在有效合同为前提。合同解除以有效成立的合同为标的，其目的在于解决有效成立的合同提前归于消灭的问题。这是合同解除与合同无效、合同撤销及要约或承诺撤回的不同之处。

第二，合同解除须具备一定条件。合同依法成立后，即具有法律约束力。但是，在具备了一定条件的情况下，法律也允许当事人解除合同，以满足自己的利益需要，合同解除的条件既可以是法律规定的法定解除条件，也可以是当事人约定的协议解除条件。合同解除的条件，一方面是合同解除制度存在的依据，另一方面也构成了对当事人解除权滥用的限制，有利于保护交易的安全和对方当事人的利益。

第三，合同的解除是一种消灭合同关系的法律行为，当事人必须通过解除行为实现。在具备合同解除条件的情况下，当事人可以解除合同。但当事人解除合同必须实施一定的行为，即解除行为。解除行为是由有解除权的人实施的，解除权是一种形成权，享有解除权的人依其单方面意思表示解除合同，因此解除行为是单方法律行为。

第四，合同解除的效果是使合同关系消灭。

（二）合同解除的条件

1. 合同法定解除的条件

根据《合同法》的规定，有下列情形之一的，当事人可以解除合同：

第一，因不可抗力致使不能实现合同目的；不可抗力致使合同目的不能实现，该合同失去意义，应归于消灭。

第二，在履行期届满之前，当事人一方明确表示或者以自己的行为表明不履行主要债务，另一方当事人可以立即解除合同。

第三，当事人一方迟延履行主要债务，经催告后在合理期限内仍未履行，债权人有权解除合同；合同规定了履行期限，履行期限届满而债务人未履行，债权人可以不必催告，直接解除合同。但是，如果根据合同的性质和当事人的意思表示，履行期限在合同的内容中不是特别重要或者未履行债务不是主要债务，而是一些从义务，在此情况下，原则上不允许当事人立即解除合同，而应由债权人向债务人发出履行催告，给予一定的履行宽限期。债务人在该履行宽限期届满时仍未履行的，债权人有权解除合同。

第四，当事人一方迟延履行债务或者有其他违约行为致使不能实现合同目的，另一方当事人可以解除合同。对某些合同而言，履行期限极为重要，如债务人不按期履行，合同目的即不能实现，于此情形，债权人有权解除合同。

第五，法律规定的其他情形。法律针对某些具体合同规定了特别法定解除条件的，从其规定，这体现了法律的强制性。

2. 合同协议解除的条件

约定解除权是根据合同双方当事人的约定而发生的解除权。约定解除权既可约定由一方享有，也可约定由双方享有；既可在订立合同时约定，也可以另外订立一个合同约定。只有当约定的解除条件成熟时，解除权人才能行使解除权，但约定的解除合同的条件发生并不导致合同的自动解除，合同必须由解除权人行使解除权才能解除。解除权人不做出解除合同的意思表示，即使发生了约定解除合同的条件，合同的权利义务也不得终止，合同继续有效。当解除条件成熟，一旦解除权人做出解除合同的意思表示，合同的权利义务即告终止，无须获得对方同意。

（三）合同解除的程序

第一，解除权的行使应该符合法律规定的程序，即遵守合同解除的条件。只有在出现了法律规定的情况下，一方才有权向对方通知解除合同，而不必征得对方同意。

第二，当事人一方依照《合同法》的有关规定主张解除合同的，应当通知对方。合同自通知到达对方时解除。对方有异议的，可以请求人民法院或者仲裁机构确认解除合同的效力。

第三，法律、行政法规规定解除合同应当办理批准、登记等手续的，依照其规定。

（四）合同解除的效力

《合同法》第九十七条规定，合同解除后，尚未履行的，终止履行；已经履行的，根据履行情况和合同性质，当事人可以要求恢复原状，采取其他补救措施，并有权要求赔偿损失。该条规定确立了合同解除的两方面效力：一是对将来发生效力，即终止履行；二是合同解除可以产生溯及力（即引起恢复原状的法律后果）。

合同终止并不影响合同中原有结算和清理条款的效力。合同解除时，除法律另有规定或者当事人另有约定的除外，债权人请求损害赔偿的范围，不仅包括债务人不履行的损害赔偿，而且还包括因合同解除而产生的损害赔偿；因合同解除而产生的所应赔偿的损害一般包括：债权人订立合同所支出的必要费用；债权人因失去同他人订立合同的机会所造成的损失；债权人已经履行合同义务时，债务人因拒不履行返还给付物的义务给债权人造成的损失；债权人已经受领债务人的给付物时，因返还该物而支出的必要费用。

# 第八节　违约责任

## 一、违约责任的概念

违约责任是指当事人一方不履行合同债务或其履行不符合合同约定时，对另一方当事人所应承担的继续履行、采取补救措施或者赔偿损失等民事责任。

违约责任具有以下特征：违约责任是当事人一方不履行合同债务或其履行不符合合同约定或法律规定时所产生的民事责任；违约责任是财产责任。

## 二、违约责任的构成要件

### （一）有违约行为

违约行为是指违反合同约定的行为，亦称为合同债务不履行。这里的合同债务既包括当事人在合同中约定的义务，又包括法律直接规定的义务，还包括根据法律原则和精神的要求，当事人所必遵守的义务。这一定义表明，违约行为的主体是合同当事人，而不包括第三人；违约行为仅指违反合同债务这一客观事实，不包括当事人及有关第三人的主观过错；违约行为侵害的客体是合同对方的债权。

### （二）免责事由

违约行为被称为违约责任的积极要件，负责事由被称为违约责任的消极要件。

免责事由也称免责条件，即法律明文规定的当事人不履行合同义务的行为，但却不承担违约责任的条件。《合同法》上的免责事由可分为两大类，即法定免责事由和约定免责事由。

法定免责事由是指法律直接规定、不需要当事人约定即可援用的免责事由，主要是指不可抗力；约定免责事由是指当事人约定的免责条款。

## 三、违约责任的形式

违约责任的形式即承担违约责任的具体方式。具体包括以下形式：

### （一）继续履行

继续履行又称强制履行，是指在违约方不履行合同时，由法院强制违约方继续履行合同债务的违约责任方式。

根据《合同法》的规定，下列情形排除继续履行的适用：①法律上或者事实上不能履行（履行不能）；②债务的标的不适用强制履行或者履行费用过高；③债权人在合理期限内未请求履行。

### （二）采取补救措施

采取补救措施作为一种独立的违约责任形式，是指矫正合同不适当履行，使履行缺陷得以消除的具体措施。

### （三）赔偿损失

赔偿损失在《合同法》上也称为违约损害赔偿，即债务人不履行合同债务时以支付金钱的方式为主要方式依法赔偿债权人所受损失的责任。《合同法》上的赔偿损失是指金钱赔偿，即使包括实物赔偿，也限于以合同标的物以外的物品予以赔偿。

### （四）定金责任和违约金责任

定金，是指合同当事人为了确保合同的履行，依照法律和合同的规定，由一方按照合同标的额的一定比例预先给付对方的金钱或其他替代物。《合同法》第一百一十五条规定："当事人可以依照《担保法》约定一方向对方给付定金作为债权的担保。债务人履行债务后，定金应当抵作价款或者收回。给付定金的一方不履行约定的债务的，无权要求返还定金；收受定金的一方不履行约定的债务的，应当双倍返还定金。"

违约金是对损害赔偿额的预先约定，既可能高于实际损失，也可能低于实际损失，为此，《合同法》规定，约定违约金"低于造成的损失"或"过分高于造成的损失"，经当事人请求，由法院或仲裁机构裁量，"予以增加"或"予以适当减少"。

《合同法》第一百一十六条规定："当事人既约定违约金，又约定定金的，一方违约时，对方可以选择适用违约金或者定金条款。"这条规定否定了违约金与定金的并罚。

# 第九节　《合同法》分则之几类有名合同

## 一、买卖合同

### （一）买卖合同的概念、特征和种类

买卖合同是出卖人转移标的物的所有权于买受人，买受人支付价款的合同。买卖合同的当事人是出卖人和买受人。在买卖合同中，按照合同的约定交付自己的财产并转移所有权的人称为出卖人，出卖人又称卖主、卖方；按照合同约定取得财产并支付价款的人称为买主，买受人又称为买主、买方。通俗地讲，买卖合同即是出卖人与买受人通过约定实现财产与价款的对价交换的合同。

买卖合同的特征如下：①买卖合同是转移财产所有权的合同；②买卖合同是双务、有偿合同；③买卖合同是诺成合同；④买卖合同是不要式合同。

买卖合同的形式由双方当事人自行决定，既可以采用口头形式，也可以采用书面形式。如法律、行政法规规定采用书面形式的，应当采用书面形式。

（二）买卖合同当事人的权利和义务

1. 出卖人的义务

（1）向买受人交付标的物并转移标的物的所有权。

出卖人应当按照合同约定的数量、期限、地点、包装方式向买受人交付标的物或者交付提取标的物的单证，并转移标的物所有权，同时还应按照约定或者交易习惯交付其他有关单证和资料，如产品合格证、质量保证书、使用说明书、产品检验书和产品进出口检疫证书等。出卖人不交付标的物或者交付不符合约定的，要承担违约责任。

（2）物的瑕疵担保责任。

物的瑕疵担保责任是指物的出卖人就物本身的瑕疵所担负的担保责任。出卖人对物的瑕疵担保包括价值瑕疵担保、效用瑕疵担保和所保证的品质担保三种情况。出卖人应当按照约定的质量要求交付标的物。出卖人提供有关标的物质量说明的，交付的标的物应当符合该说明的质量要求。合同中没有约定质量标准或者约定不明确的，当事人可以协商决定。如果协商不成的，出卖人应当按照国家标准或者行业标准交付标的物。没有国家标准和行业标准的，应当按照通常标准或者符合合同目的的特定标准履行。

（3）权利瑕疵担保责任。

权利瑕疵担保责任是指出卖人就标的物负有的保证第三人不得向买受人主张权利的责任。权利瑕疵主要表现为：标的物的所有权为第三人所有或与第三人共有；标的物上设定了限定物权；第三人对标的物的出卖享有撤销权。

2. 买受人的义务

（1）支付价款的义务。

买受人应当按照约定的数额、时间和地点支付价款，这是买受人的主要义务。买受人应按照约定的数额支付价款。对价款没有约定或者约定不明确的，双方应当协商解决。协商不成的，应当按照订立合同时履行地的市场价格履行；依法应当执行政府定价或者政府指导价的，按照规定履行。买受人逾期付款的，要承担违约责任，执行政府定价或者政府指导价的，遇价格上涨时，按照新价格执行；遇价格下降时，按照原价格执行。

（2）检验和接受标的物的义务。

买受人收到标的物时应当在约定的检验期间内检验。没有约定检验期间的，应当及时检验。当事人约定检验期间的，买受人应当在检验期间内将标的物的数量或者质量不符合约定的情形通知出卖人。买受人怠于通知的，视为标的物数量或者质量符合约定。

（三）标的物所有权的转移与风险责任的负担

1. 标的物所有权的转移

标的物所有权何时转移是买卖合同的一个核心问题，它关系到风险责任的承担、保险利益的归属以及买卖双方能够采取何种救济措施。《合同法》规定，标的物的所有权自标的物交付时起转移，但法律另有规定或者当事人另有约定的除外。交付就是由出卖人将标的物交给买受人占有，交付包括现实交付和拟制交付。标的物的所有权自标的物交付时起转移。

2. 风险责任的负担

风险责任的负担是指买卖合同订立后，发生不是由于当事人双方的故意或过失而造成的标的物毁损、灭失由谁承担的问题，这是买卖合同在履行过程中可能产生的需要解决的问题。

依照《合同法》的规定，买卖合同的风险责任负担有以下几种情况：①标的物毁损、灭失的风险，在标的物交付之前由出卖人承担，交付之后由买受人承担，但法律另有规定或者当事人另有约定的除外。②因买受人的原因致使标的物不能按照约定的期限交付的，买受人应当自违反约定之日起承担标的物毁损、灭失的风险。③出卖人出卖交由承运人运输的在途标的物，除当事人另有约定的以外，毁损、灭失的风险自合同成立时起由买受人承担。④当事人没有约定交付地点或者约定不明确，标的物需要运输的，出卖人将标的物交付给第一承运人后，标的物毁损、灭失的风险由买受人承担。⑤出卖人按照约定将标的物置于交付地点，或者依照《合同法》的有关规定，在标的物不需要运输，出卖人和买受人订立合同时知道标的物在某一地点的，出卖人应当在该地点交付标的物；不知道标的物在某一地点的，应当在出卖人订立合同时的营业地交付标的物。买受人违反约定没有收取的，标的物毁损、灭失的风险自违反约定之日起由买受人承担。⑥出卖人按照约定未交付有关标的物的单证和资料的，不影响标的物毁损、灭失风险的转移。⑦因标的物质量不符合质量要求，致使不能实现合同目的的，买受人可以拒绝接受标的物或者解除合同。买受人拒绝接受标的物或者解除合同的，标的物毁损、灭失的风险由出卖人承担。⑧标的物毁损、灭失的风险由买受人承担的，不影响因出卖人履行债务不符合约定，买受人要求其承担违约责任的权利。

## 二、供用电、水、气、热力合同

供用电、水、气、热力合同，包括供用电合同、供用水合同、供用气合同、供用热力合同。《合同法》第一百八十四条规定，供用水、供用气、供用热力合同，参照供用电合同的有关规定。因此，这里只介绍供用电合同。

（一）供用电合同的概念、特征

供用电合同是指电力供应企业按照电力分配计划和电力使用者的需要，与电力使用者就供电的方式、质量、时间、用电容量、性质以及计量方式、电价电费的结算方式等事项达成的确定双方权利和义务关系的协议。

供用电合同的特征如下：①供用电合同是一种有严格计划性的合同；②主体的特殊性；③供用电合同在本质上属于一种特殊类型的买卖合同。

（二）双方当事人的权利和义务

1. 供电人的权利和义务

（1）安全供电。供电人应当按照国家规定的供电质量标准和约定，安全供电；未按照国家规定的供电质量标准和约定安全供电，造成用电人损失的，应当承担损害赔偿责任。

（2）需要中断供电时应通知用电人。供电人因供电设施计划检修、临时检修、依法限电或者用电人违法用电等原因需要中断供电时，应当按国家有关规定事先通知用电人。未事先通知电人用中断供电，造成用电人损失的，应当承担损害赔偿责任。

（3）及时抢修。因自然灾害等原因断电，供电人应当按照国家有关规定及时抢修；未及时抢修，造成用电人损失的，应当承担损害赔偿责任。

2.用电人的权利和义务

（1）用电人应当按照国家有关规定和当事人的约定及时交付电费；用电人逾期不交付电费的，应当按照约定支付违约金。经催告用电人在合理期限内仍不交付电费和违约金的，供电人可以按照国家规定的程序中止供电。

（2）安全用电。用电人应当按照国家有关规定和当事人的约定安全用电。用电人未按照国家有关规定安全用电，造成供电人损失的，应当承担损害赔偿责任。

### 三、赠予合同

#### （一）赠予合同的概念、特征

赠予合同是赠予人将自己的财产无偿地给予受赠人，受赠人表示接受赠予的合同。在赠予合同中，将自己的财产无偿转让给他人所有的当事人称为赠予人，受领财产所有权的当事人称为受赠人。赠予合同作为财产所有人依法处分自己财产的一种法律形式，属于转让财产所有权合同的一种。

赠予合同的法律特征如下：

（1）赠予是一种合意，是双方法律行为。须有双方当事人意思表示一致才能成立。

（2）赠予合同是转移财产所有权的合同。赠予的结果是发生财产所有权的转移.这是赠予合同与买卖合同、互易合同的相同之处，也是其与借款合同、租赁合同的区别所在。

（3）赠予合同为单务、无偿合同。

（4）赠予合同为实践合同。

#### （二）赠予合同当事人的权利和义务

1.赠予人的权利和义务

（1）给付赠予财产的义务。

（2）撤销赠予的权利。根据《合同法》的规定，赠予合同的撤销可分为任意撤销和法定撤销两种。关于任意撤销，赠予人在赠予财产的权利转移之前可以撤销赠予。但具有救灾、扶贫等社会公益、道德义务性质的赠予合同或者经过公证的赠予合同，不适用上述规定，关于法定撤销，赠予人在下列情形下可以撤销赠予：受赠人严重侵害赠予人或者赠予人的近亲属；受赠人对赠予人有扶养义务而不履行；受赠人不履行赠予合同约定的义务。赠予人的撤销权，自知道或者应当知道撤销原因之日起1年内行使；另外，因受赠人的违法行为致使赠予人死亡或者丧失民事行为能力的，赠予人的继承人或者法定代理人可以撤销赠予。赠予人的继承人或者法定代理人的撤销权，自知道或者应当知道撤销原因之日起6个月内行使。撤销权人撤销赠予的，可以向受赠人要求返还赠予的财产。

（3）损害赔偿责任。因赠予人的故意或者重大过失致使赠予的财产毁损、灭失的，赠予人应当承担损害赔偿责任。

（4）瑕疵担保责任。一般的赠予合同，当赠予的财产有瑕疵的，赠予人不承担责任，这是由赠予合同的单务性所决定的。而附义务的赠予，赠予的财产有瑕疵的，赠予人在附义务的限度内承担与出卖人相同的责任。如赠予人故意不告知瑕疵或保证无瑕疵，造成受赠人损失的，应当承担损害赔偿责任。

（5）履行赠予义务的免除。由于赠予合同是无偿的财产转让合同，赠予人不能得到对价，所以在赠予的财产交付之前，赠予人的经济状况显著恶化，严重影响其生产经营或者家庭的，可以不再履行赠予义务。这是赠予人赠予义务的法定免除，不同于赠予的撤销。

2. 受赠人的权利和义务

（1）接受赠予财产的权利。对于动产，于交付时其权利转移给受赠人所有。如赠予的财产依法需要办理登记等手续的，应当办理有关手续才能生效。

（2）请求赠予人履行赠予合同的权利。《合同法》规定，具有救灾、扶贫等社会公益、道德义务性质的赠予合同或者经公证的赠予合同，赠予人不交付赠予的财产，受赠人可以要求交付。可见，赠予合同的受赠人请求赠予人交付赠予财产的权利只适用于上述规定的特定赠予合同，其他的赠予合同则不适用。

（3）履行赠予所附负担的义务。赠予合同可以附义务，这种义务不是赠予财产的对价，而是可以履行且可以请求履行的法律义务。受赠人接受赠予财产后，应当按照约定履行义务。受赠人不履行赠予合同约定的义务，赠予人可以撤销赠予。

（4）请求损害赔偿的权利。因赠予人故意或者重大过失致使赠予财产毁损、灭失的，赠予人应当承担损害赔偿责任，受赠人享有与此相适应的权利。这种权利限于受赠人可以请求交付赠予财产的赠予合同类型，即具有救灾、扶贫等社会公益、道德义务性质的赠予合同或者经过公证的赠予合同。

## 四、借款合同

（一）借款合同的概念、特征

借款合同又称为贷款合同、信贷合同，是指双方当事人在合同中约定，由一方当事人将货币借贷给另外一方，在应当归还期限到来之际，返还借款并支付利息的合同。其中，向他方借得货币的当事人被称为借贷人，借出货币的一方当事人被称作贷款人。

借款合同的法律特征如下：①借款合同是转让货币所有权的合同；②借款合同的标的物是货币；③借款合同原则上为有偿合同，也可以为无偿合同；④借款合同既可以是诺成合同，也可以是实践合同。

（二）借款合同当事人的权利和义务

1. 贷款人的权利和义务

（1）收取利息的权利。

（2）收回借款的权利。

（3）监督借款使用的权利。

（4）提供贷款的义务。贷款人应当按照约定的日期、数额提供借款。未按照约定的日期、数额提供借款，造成借款人损失的，应当赔偿损失。

2. 借款人的权利和义务

（1）接受借款的权利。

（2）提前还款的权利。

（3）接受监督的义务。订立借款合同，借款人应当按照贷款人的要求，提供与借款有关的业务活动和财务状况的真实情况。在使用借款期间，借款人应当按照约定向贷款人定期提供有关财务会计报表等资料。

（4）按约定使用借款的义务，借款人应当按照约定的日期、数额收取借款，按照约定的借款用途使用借款。借款人未按照约定的日期、数额收取借款的，应当按照约定的日期、数额支付利息。未按约定的借款用途使用借款的，贷款人可以停止发放贷款、提前收回借款或者解除合同。

（5）支付利息的义务。借款人应当按照约定的期限支付利息。对支付利息的期限没有约定或者约定不明确的，双方可以补充协议，协议不成的，借款期间不满 1 年的，应当在返还借款时一并支付；借款时间达 1 年以上的，应当在每届满 1 年时支付，剩余期间不满 1 年的，应当在返还借款时一并支付。

（6）返还借款的义务。借款人应当按照约定的期限返还借款，未按照约定的期限返还借款的，应当按照约定或者国家的有关规定支付逾期利息。

## 五、租赁合同

（一）租赁合同的概念、特征

租赁合同是出租人将租赁物交付承租人使用、收益，承租人支付租金的合同。也就是说，租赁合同是当事人一方将标的物交给他人使用，他方为此支付租金并于使用完毕后返还原物的协议。在租赁合同中，被交付使用的标的物为租赁物，租金则是使用租赁物的对价。

收取租金，提供租赁物的一方为出租人；支付租金，使用租赁物的一方为承租人。租赁合同的法律特征如下：①租赁合同是转移财产使用权的合同；②租赁合同是双务、有偿、诺成合同；③租赁合同的标的物为有体物、非消耗物和特定物；④租赁合同具有期限性。

租赁合同必须规定一定的期限，当事人不能订立无期限的租赁合同，这一特征是与其为转移使用权的合同分不开的。

（二）租赁合同当事人的权利和义务

1. 出租人的权利和义务

（1）收取租金的权利。

（2）处分租赁物的权利。

（3）将租赁物移交承租人使用、收益。出租人应当按照约定将租赁物交付承租人，并在租赁期间保持租赁物符合约定的用途。

（4）维修义务。出租人应当履行租赁物的维修义务，但当事人另有约定的除外。承租人在租赁物需要维修时，可以要求出租人在合理期限内维修。出租人未履行义务的，承租人可以自行维修，维修费用由出租人负担。因维修租赁物影响承租人使用的，应当相应减少租金或者延长租期。

2. 承租人的权利和义务

（1）享有对租赁物的占有、使用和收益的权利。

（2）支付租金的义务，承租人应当按照约定的期限支付租金。对支付期限没有约定或者约定不明确的，可以协议补充，仍不能确定的，租赁期间不满 1 年的，应当在租赁期间届满时支付；租赁期间达 1 年以上的，应当在每届满 1 年时支付，剩余期间不满 1 年的，应当在租赁期间届满时支付。承租人无正当理由未支付或者迟延支付的，出租人可以要求承租人在合理期限内支付。承租人逾期不支付的，出租人可以解除合同。

（3）按约定使用租赁物的义务。承租人应当按照约定的方法使用租赁物。

（4）保管租赁物义务，承租人应当妥善保管租赁物，因保管不善造成租赁物毁损、灭失的，应当承担损害赔偿责任。

（5）对租赁物不得擅自改变或转租。

（6）返还租赁物的义务、租赁期间届满，承租人应当返还租赁物。返还的租赁物应当符合按照约定或者租赁物的性质使用后的状态。

## 六、融资租赁合同

（一）融资租赁合同的概念和特征

融资租赁合同是出租人根据承租人对出卖人、租赁物的选择，向出卖人购买租赁物，提供给承租人使用，承租人支付租金的合同。融资租赁合同涉及两个合同：买卖合同和租赁合同，既融资又融物。涉及三方当事人：出租人（买受人）、承租人、供货商（出卖人）。它既不同于买卖合同，也不同于传统的租赁合同，是一种独立的合同形式。

融资租赁合同的法律特征如下：

（1）出租人须根据承租人对出卖人和租赁物的选择出资购买租赁物，这是融资租赁合同不同于租赁合同的一个重要特点。

（2）出租人须将购买的租赁物交付承租人使用、收益，这是融资租赁合同中出租人的买卖行为不同于一般买卖合同之处。

（3）承租人须向出租人支付约定的租金，但租金并不是使用租赁物的代价，实际上是承租人分期对出租人购买租赁物的价金的本息和出租应获取的利润等费用的偿还，是融资的代价。

（4）融资租赁合同主体具有特殊性。其中出租人只能是专营融资租赁业务的租赁公司，而不能是其他自然人和法人；承租人一般应为法人，而不能是自然人。

（5）瑕疵担保责任特殊。在融资租贷合同中，由于出租人是按照承租人的选择购买租赁物，并且租赁物直接由承租人验收。因此，出租人一般不对标的物的瑕疵承担担保责任，除非承租人是依赖出租人的技能确定租赁物或者出租人干预选择租赁物。

（6）合同期满后租赁物的归属具有特殊性。承租人可以选择返还或者留购或者续租方式之一。

（7）融资租赁合同为诺成、双务、有偿和要式的合同。

（二）融资租赁合同的订立和内容

《合同法》规定，融资租赁合同应当采用书面形式。融资租赁合同的内容包括租赁物的名称、数量、规格、技术性能、检验方法、租赁期限、租金构成及其支付期限和方式、币种、租赁期间届满租赁物的归属等条款。

（三）融资租赁合同当事人的权利和义务

1. 出租人的权利和义务

（1）收取租金。融资租赁合同的租金，除当事人另有约定的以外，应当根据购买租货物的大部分或者全部成本以及出租人的合理利润确定。

（2）购买租赁物。出租人根据承租人对出卖人、租赁物的选择订立的买卖合同，未经承租人同意，出租人不得变更与承租人有关的合同内容。

（3）交付租赁物的义务。出租人根据承租人对出卖人、租赁物的选择订立的买卖合同，出卖人应当按照约定向承租人交付标的物，承租人享有与受领标的物有关的买受人的权利。以上规定说明，在融资租赁合同中，出租人对租赁物的交付一般只是观念上的交付，只要承租人自出卖人取得租赁物，出租人的交付义务即履行完毕。

（4）协助索赔义务。出卖人、出租人、承租人可以约定，出卖人不履行买卖合同义务的，由承租人行使索赔的权利。承租人行使索赔权利的，出租人应当协助。

2. 承租人的权利和义务

（1）选择出卖人和租赁物的权利。

（2）请求交付租赁物的权利。

（3）索赔的权利。《合同法》规定，租赁物不符合使用目的的，出租人不承担责任，承租人依赖出租人的技能确定租赁物或者出租人干预选择租赁物的除外。

（4）在租赁期间对租赁物的独占使用收益权。

（5）在租赁期届满时对租赁物归属的选择权。《合同法》规定，出租人和承租人可以约定租赁期间届满租赁物的归属。对租赁物的归属没有约定或者约定不明确的，可以补充协议，不能达成补充协议，按照合同有关条款也不能确定的，租赁物的所有权归出租人。

（6）妥善保管、使用和维修租赁物的义务。《合同法》规定承租人应当妥善保管、使用租赁物。出租人应当履行占有租赁物期间的维修义务。承租人占有租赁物期间，租赁物造成第三人的人身伤害或者财产损害的，出租人不承担责任。

（7）返还租赁物的义务。

（8）支付租金的义务。承租人应当按照约定支付租金。承租人经催告后在合理期限内仍不支付租金的，出租人既可以要求支付全部租金，也可以解除合同，收回租赁物。当事人约定租赁期间届满租赁物归承租人所有，承租人已经支付大部分租金，但无力支付剩余租金，出租人因此解除合同收回租赁物的，收回的租赁物的价值超过承租人欠付的租金以及其他费用的，承租人可以要求部分返还。

## 七、承揽合同

### (一) 承揽合同的概念、特征

承揽合同是承揽人按照定做人的要求完成工作，交付工作成果，定做人给付报酬的合同。承揽人是完成工作交付工作成果的人，定做人是接受承揽人的工作成果并支付报酬的人。承揽合同的内容包括承揽的标的、数量、质量、报酬、承揽方式、材料的提供、履行期限、验收标准和方法等条款。

承揽合同的法律特征包括：①承揽合同是以完成一定的工作为目的；②承揽合同的标的物具有特殊性；③承揽合同的承揽人应自己承担风险，独立完成工作；④承揽合同为双务、有偿、诺成和不要式合同。

### (二) 承揽合同当事人的权利和义务

1. 承揽人的权利和义务

(1) 获得报酬的权利。

(2) 留置权利。定做人未向承揽人支付报酬或者材料费等价款的，承揽人对完成的工作成果享有留置权，但当事人另有约定的除外。

(3) 亲自完成工作的义务。承揽人应当以自己的设备、技术和劳力，完成主要工作。

(4) 交付工作成果的义务。承揽人完成工作时，应当向定做人交付工作成果，并提交必要的技术资料和有关质量证明。定做人应当验收该工作成果。

(5) 瑕疵担保义务。承揽人交付的工作成果不符合质量要求的，定做人可以要求承揽人承担修理、重作、减少报酬、赔偿损失等违约责任。

(6) 接受定做人监督、检验的义务。承揽人在工作期间，应当接受定做人必要的监督检验。定做人不得因监督检验妨碍承揽人的正常工作。

(7) 保管义务。承揽人应当妥善保管定做人提供的材料以及完成的工作成果，因保管不善造成毁损、灭失的，应当承担损害赔偿责任。

2. 定做人的权利和义务

(1) 交付报酬和材料费的义务。

(2) 按约定提供材料、图纸和技术。定做人提供材料的，应当按照约定提供材料。定做人提供的图纸或者技术不合理的，承揽人应当及时通知定做人，因定做人怠于答复等原因造成承揽人损失的，应当赔偿损失。定做人中途变更承揽工作的要求，造成承揽人损失的，应当赔偿损失。

(3) 协助的义务。承揽工作需要定做人协助的，定做人有协助的义务。

(4) 监督、检验承揽人工作的权利。

(5) 请求交付工作成果的权利。

(6) 解除合同的权利。在承揽合同中，定做人不仅可以在一定条件下解除合同，也可以随时解除合同。但造成承揽人损失的，应当赔偿损失；定做人所享有的这种随时解除合同的权利，是由承揽合同的特定性所决定的。

## 八、建设工程合同

（一）建设工程合同的概念、特征

建设工程合同是承包人进行勘察、设计、施工等工程建设，发包人支付价款的合同。承包人是指在建设工程合同中负责工程的勘察、设计、施工任务的一方当事人；发包人是指在建设工程合同中委托承包人进行工程的勘察、设计、施工任务的建设单位。

建设工程合同原为承揽合同的一种，因此，具有承揽合同所包含的法律特征，建设工程合同没有规定的内容，则适用承揽合同的有关规定。完成建设工程项目的承揽关系和传统的承揽合同有着重要的区别，建设工程合同具有以下法律特征：

（1）合同主体的限制性。发包人只能是经过批准建设工程的法人，承包人只能是具有从事勘察、设计、施工任务资格的法人。

（2）合同标的特殊性。合同标的仅限于基本建设工程。

（3）合同的订立具有严格的程序和遵循一定的计划。

（4）建设工程合同为要式合同。《合同法》规定，建设工程合同应当采用书面形式。

（二）建设工程合同的订立和主要条款

《合同法》规定，建设工程的招标、投标活动，应当依照有关法律的规定公开、公平、公正地进行，国家重大建设工程合同，应当按照国家规定的程序和国家批准的投资计划、可行性研究报告等文件订立。建设工程实行监督的，发包人应当与监理人采用书面形式订立委托监理合同。发包人与监理人的权利和义务以及法律责任，应当依照委托合同以及其他有关法律、行政法规的规定。

《合同法》规定：发包人可以与总承包人订立建设工程合同，也可以分别与勘察人、设计人、施工人订立勘察、设计、施工承包合同。发包人不得将应当由一个承包人完成的建设工程肢解成若干部分发包给几个承包人。总承包人或者勘察、设计，施工承包人经发包人同意，可以将自己承包的部分工作交由第三人完成。第三人就其完成的工作成果与总承包人或者勘察、设计、施工承包人向发包人承担连带责任。承包人不得将其承包的全部建设工程转包给第三人或者将其承包的全部建设工程肢解以后以分包的名义分别转包给第三人。禁止承包人将工程分包给不具备相应资质条件的单位。禁止分包单位将其承包的工程再分包。建设工程主体结构的施工必须由承包人自行完成。

根据《合同法》的规定，勘察、设计合同的内容包括提交有关基础资料和文件（包括预算）的期限、质量要求、费用以及其他协作条件等条款。施工合同的内容包括工程范围、建设工期、中间交工工程的开工和竣工时间、工程质量、工程造价、技术资料交付时间、材料和设备供应责任、拨款和结算、竣工验收、质量保修范围和质量保证期、双方相互协作等条款。

（三）勘察设计合同当事人的权利和义务

1. 发包人的权利和义务

（1）发包人对其提供的技术要求和资料应负瑕疵担保责任。

（2）为承包人提供必要的协助条件。

（3）向承包人支付勘察费、设计费。

（4）维护勘察设计成果。

2. 承包人的权利和义务

（1）按照合同约定按期完成勘察、设计工作，并向发包人提交工作成果。

（2）对勘察、设计成果承担瑕疵担保责任。因勘察、设计的质量不符合要求或者未按照期限提交勘察、设计文件拖延工期，造成发包人损失的，勘察人、设计人应当继续完善勘察、设计，减收或者免收勘察、设计费并赔偿损失。

（四）施工合同当事人的权利和义务

1. 发包人的权利和义务

（1）做好施工前的准备工作。

（2）按约定向承包人提供各种材料和设备。

（3）及时处置施工中的有关问题，组织工程竣工验收。在建设工程竣工后，发包人应当根据施工图纸及说明书、国家颁发的施工验收规范和质量检验标准及时进行验收。建设工程竣工经验收合格后，方可交付使用；未经验收或者验收不合格的，不得交付使用。

（4）接受合格工程并支付工程价款。发包人在工程建设完成后，对竣工验收合格的，应当按照约定支付价款并接收建设工程。

2. 承包人的权利和义务

（1）做好施工前准备工作，按时开工，确保工程质量。

（2）接受发包方对作业进度和质量的检查和监督。

（3）如期按质完工，交付工程。

（4）对建设工程承担瑕疵担保责任。因施工人的原因致使建设工程质量不符合约定的，发包人有权要求施工人在合理期限内无偿修理或者返工、改建。经过修理或者返工、改建后，造成逾期交付的，施工人应当承担违约责任。

（5）损害赔偿责任。因承包人的原因致使建设工程在合理使用期限内造成人身和财产损害的，承包人应当承担损害赔偿责任。

## 九、运输合同

（一）运输合同的概念、特征

运输合同是承运人将旅客或者货物从起运地点运输到约定地点，旅客、托运人或者收货人支付票款或者运输费用的合同。在运输合同中，将物品或旅客运送到约定地点的人称为承运人；从承运人处接收物品的人称为收货人。

运输合同的特征如下：①运输合同的标的是承运人的运送行为，而不是货物或旅客。②运输合同是双务、有偿合同。③运输合同一般为标准合同，即一般以客票、货运单、提单的形式出现。④运输合同多为强制性合同。从事公共运输的承运人不得拒绝旅客、托运人正常合理的运输要求。

（二）客运合同当事人的权利和义务

客运合同自承运人向旅客交付客票时成立，但当事人另有约定或者另有交易习惯的除外。

1. 旅客的权利和义务

（1）支付票款的义务。

（2）退票的权利。

（3）携带行李要符合规定。

旅客在运输中应当按照约定的限量携带行李。超过限量携带行李的，应当办理托运手续。旅客不得随身携带或者在行李中夹带易燃、易爆、有毒、有腐蚀性、有放射性以及有可能危及运输工具上人身和财产安全的危险物品或者其他违禁物品。旅客违反以上规定的，承运人可以将违禁物品卸下、销毁或者送交有关部门。旅客坚持携带或者夹带违禁物品的，承运人应当拒绝运输。

2. 承运人的权利和义务

（1）完成运送任务。承运人应当按照客票载明的时间和班次运输旅客，承运人迟延运输的，应当根据旅客的要求安排改乘其他班次或者退票。承运人擅自变更运输工具而降低服务标准的，应当根据旅客的要求退票或者减收票款；提高服务标准的，不应当加收票款。

（2）告知义务。承运人应当向旅客及时告知有关不能正常运输的重要事由和安全运输应当注意的事项。

（3）安全运送和救助义务。承运人在运输过程中，应当尽力救助患有急病、分娩、遇险的旅客。承运人应当对运输过程中旅客的伤亡承担损害赔偿责任，但伤亡是旅客自身健康原因造成的或者承运人证明伤亡是旅客故意、重大过失造成的除外。

上述规定适用于按照规定免票、持优待票或者经承运人许可搭乘的无票乘客。在运输过程中旅客自带的物品毁损、灭失，承运人有过错的，应当承担损害赔偿责任。旅客托运的行李毁损、灭失的，适用货物运输的有关规定。

（三）货运合同当事人的权利和义务

1. 托运人的权利和义务

（1）如实报告托运货物的情况。托运人办理货物运输，应当向承运人准确表明收货人的名称或者姓名或者指示的收货人，货物的名称、性质、重量、数量、收货地点等有关货物运输的必要情况。因托运人申报不实或者遗漏重要情况，造成承运人损失的，托运人应当承担损害赔偿责任。

（2）保证托运货物安全的义务。托运人托运易燃、易爆、有毒、有腐蚀性、有放射性等危险物品的，应当按照国家有关危险物品运输的规定对危险物品妥善包装，做出危险物标志和标签，并将有关危险物品的名称、性质和防范措施的书面材料提交承运人。托运人违反以上规定的，承运人不仅可以拒绝运输，还可以采取相应措施以避免损失的发生，因此产生的费用由托运人承担。

（3）及时提货并检验的义务。货物运输到达后，承运人知道收货人的，应当及时通知收货人，收货人应当及时提货。收货人逾期提货的，应当向承运人支付保管费用。

（4）支付运费的义务。托运人应当支付运费，托运人不支付运费、保管费以及其他运输费用的，承运人对相应的运输货物享有留置权，但当事人另有约定的除外。

2. 承运人的权利和义务

（1）完成运送货物的义务。

（2）通知收货人收货的义务。

（3）货物毁损、灭失赔偿责任。承运人对运输过程中货物的毁损、灭失承担损害赔偿责任，但承运人证明货物的毁损、灭失是因不可抗力、货物本身的自然性质或者合理损耗以及托运人、收货人的过错造成的，不承担损害赔偿责任。货物的毁损、灭失的赔偿额，当事人有约定的，按照其约定；没有约定或者约定不明确的，可以协议补充；协议不成的，按照合同有关条款或习惯确定；仍不能确定的，按照交付或者应当交付时货物到达地的市场价格计算。法律、行政法规对赔偿额的计算方法和赔偿限额另有规定的，依照其规定。

（4）同一运输方式联运的责任。两个以上承运人以同一运输方式联运的，与托运人订立合同的承运人应当对全程运输承担责任；损失发生在某一运输区段的，与托运人订立合同的承运人和该区段的承运人承担连带责任。

3. 收货人的权利和义务

（1）及时提货。

（2）支付运费及其他运输费用。

（3）索赔的权利。

## 十、保管合同

（一）保管合同的概念和特征

保管合同是保管人保管寄存人交付的保管物，并返还该物的合同。在保管合同中，保管物品并负有返还义务的一方是保管人，也称寄受人；交付物品求保管的一方是寄存人，也称寄托人；保管的物品称为寄托物。

（二）保管合同当事人的权利和义务

1. 保管人的权利和义务

（1）妥善保管义务。保管人应当妥善保管保管物。当事人可以约定保管场所或者方法；除紧急情况或者为了维护寄存利益的以外，不得擅自改变保管场所或者方法；在保管期间，因保管人保管不善造成保管毁损、灭失的，保管人应当承担损害赔偿责任，但保管是无偿的且保管人证明自己没有重大过失的，不承担损害赔偿责任。

（2）不得使用保管物的义务。保管人不得使用或者许可第三人使用保管物，但当事人另有约定的除外。

（3）第三人主张权利时的通知义务。第三人对保管物主张权利的，除依法对保管物采取保全或者执行的以外，保管人应当履行向寄存人返还保管物的义务。第三人对保管人提起诉讼或者对保管物申请扣押的保管人应当及时通知寄存人。

（4）返还义务。

2. 寄存人的权利和义务

（1）损害赔偿的义务。寄存人交付的保管物有瑕疵或者按照保管物的性质需要采取特殊保管措施的，寄存人应当将有关情况告知保管人。寄存人未告知，致使保管物受损失的，保管人不承担损害赔偿责任；保管人因此受损失的，除保管人知道或者应当知道并且未采取补救措施的以外，寄存人应当承担损害赔偿责任。

（2）领取保管物的权利。寄存人可以随时领取保管物。当事人对保管期间没有约定或者约定不明确的，保管人无特别事由，不得要求寄存人提前领取保管物。

（3）支付保管费的义务。寄存人应当按照约定向保管人支付保管费。

## 十一、仓储合同

（一）仓储合同的概念和特征

仓储合同是保管人储存存货人交付的仓储物、存货人支付仓储费的合同。在仓储合同中，保管人是以收受报酬为目的而为他人储存与保管物品的营业人，也称仓管人、仓库营业人。将仓储物交付保管人储存的一方当事人为存货人。存货人交由保管人储存的物品称为仓储物。

仓储合同是一种特殊的保管合同。因此，除了对仓储合同有特殊的要求以外，适用保管合同的有关规定。仓储合同的法律特征如下：

（1）保管人必须是具有仓库营业资质的人，这是仓储合同在主体上的重要特征。

（2）标的物仅为动产。

（3）仓储合同为诺成合同、非要式合同、有偿合同。

（4）在仓储合同中，存货人主张仓储物已交付或提取仓储物均须以仓单为凭证。

（二）仓储合同当事人的权利和义务

1. 保管人的权利和义务

（1）验收的义务。保管人应当按照约定对入库仓储物进行验收；保管人经验收发现入库仓储物与约定不符合的，应当及时通知存货人。保管人经验收后，发生仓储物的品种、数设、质量不符合约定的，保管人应当承担损害赔偿责任。

（2）允许检查及抽样的义务。保管人根据存货人或者仓单持有人的要求，应当同意其检查仓储物或者提取样品。

（3）给付仓单的义务。存货人交付仓储物的，保管人应当给付仓单。

（4）仓储物损坏的通知义务。保管人对入库仓储物发现有变质或者其他损坏的，应当及时通知存货人或者仓单持有人。

（5）损害赔偿的责任。储存期间，因保管人保管不善造成仓储物毁损、灭失的，保管人应当承担损害赔偿责任，因仓储物的性质、包装不符合约定或者超过有效储存期造成仓储物变质、损坏的，保管人不承担损害赔偿责任。

2. 存货人的权利和义务

（1）危险物品的声明义务。储存易燃、易爆、有毒、有腐蚀性、有放射性等危险物品或者易变质物品的，存货人应当说明该物品的性质，提供有关材料。

（2）提取仓储物的权利。

（3）支付仓储费。储存期间届满，存货人或者仓单持有人应当凭仓单提取仓储物。存货人或者仓单持有人逾期提取的，应当加收仓储费；提前提取的，不减收取仓储费。

## 十二、委托合同

（一）委托合同的概念、特征

委托合同是委托人和受托人约定，由受托人处理委托人事务的合同。委托合同又称委任合同，在委托合同关系中，委托他人为自己处理事务的人称为委托人，接受委托的人称为受托人。

委托合同的特征如下：①委托合同的标的是劳务；②委托合同是诺成、非要式和双务合同；③委托合同既可以是有偿的，也可以是无偿的；④委托合同建立在委托人与受托人相互信任的基础上，以由受托人处理委托人事务为目的，属于典型的提供劳务的合同。与其他提供劳务的合同如雇佣合同、承揽合同相比，委托合同特色较少，因而包容性更强。

（二）委托合同当事人的权利和义务

1. 受托人的权利和义务

（1）处理委托事务的权利。

（2）请求支付费用的权利。

（3）请求支付报酬的权利。

（4）请求赔偿损失的权利。受托人处理委托事务时，因不可归责于自己的事由受到损失的，可以向委托人要求赔偿损失。委托人经受托人同意，可以在受托人之外委托第三人处理委托事务，因此给受托人造成损失的，受托人可以向委托人要求赔偿损失。

（5）处理委托事务的义务。受托人应当按照委托人的指示处理委托事务。需要变更委托人指示的，应当经委托人同意；因情况紧急，难以和委托人取得联系的，受托人应当妥善处理委托事务，但事后应当将该情况及时报告委托人，受托人应当亲自处理委托事务。经委托人同意，受托人可以转委托。转委托经同意的，委托人可以就委托事务直接指示转委托的第三人，受托人仅就第三人的选任及其对第三人的指示承担责任。转委托未经同意的，受托人应当对转委托的第三人的行为承担责任，但在紧急情况下受托人为维护委托人的利益需要转委托的除外。

（6）报告和转移财产的义务。受托人应当按照委托人的要求，报告委托事务的处理情况。委托合同终止时，受托人应当报告委托事务的结果。受托人处理委托事务取得的财产，应当转交给委托人。

2. 委托人的权利和义务

（1）预付费用的义务。委托人应当预付处理委托事务的费用。受托人为处理委托事务垫付的必要费用，委托人应当偿还该费用及其利息。

（2）支付报酬的义务，受托人完成委托事务的，委托人应当向其支付报酬。因不可归责于受托人的事由，委托合同解除或者委托事务不能完成的，委托人应当向受托人支付相应的报酬。当事人另有约的，按照其约定。

（3）要求赔偿损失的权利。有偿的委托合同，因受托人的过错给委托人造成损失的，委托人可以要求赔偿损失，无偿的委托合同，因受托人的故意或者重大过失给委托人造成损失的，委托人可以要求赔偿损失。受托人超越权限给委托人造成损失的，应当赔偿损失。

## 十三、行纪合同

（一）行纪合同的概念

行纪合同是行纪人以自己的名义为委托人从事贸易活动，委托人支付报酬的合同。其中，委托人是委托他人从事贸易活动的人；行纪人是接受委托从事贸易活动的人。行纪合同也称为信托合同。

行纪合同为有偿、双务、诺成和不要式合同，其标的为从事贸易活动。

（二）行纪合同与委托合同的区别

行纪合同与委托合同的主要区别是：
（1）行纪人一般以行纪为业。
（2）委托事务范围不同，行纪人受托从事的事项为贸易活动。
（3）行纪人只能以自己的名义进行活动，因而其与第三人订立的合同不能对委托方直接发生效力。
（4）行纪合同只能是有偿合同。
（5）费用负担不同。除了当事人另有约定外，行纪人处理委托事务支出的费用由行纪人负担。

（三）行纪合同当事人的权利和义务

1. 行纪人的权利和义务
（1）请求支付报酬权和留置权。行纪人完成或者部分完成委托事务的，委托人应当向其支付相应的报酬。委托人逾期不支付报酬的，行纪人对委托物享有留置权，但当事人另有约定的除外。
（2）介入权。行纪人卖出或者买入具有市场定价的商品，除委托人有相反意思表示的以外，行纪人自己可以作为买受人或者出卖人。行纪人有上述情形的，仍然可以要求委托人支付报酬。
（3）处分权。委托物交付给行纪人时有瑕疵或者容易腐烂、变质的，经委托人同意，行纪人可以处分该物；和委托人不能及时取得联系的，行纪人可以合理处分。
（4）处理委托事务的义务。行纪人低于委托人指定的价格卖出或者高于委托人指定的价格买入的，应当经委托人同意。未经委托人同意，行纪人补偿其差额的，该买卖对委托人发生效力；行纪人高于委托人指定的价格卖出或者低于委托人指定的价格买入的，可以按照约定增加报酬、没有约定或者约定不明确，依照《合同法》的有关规定仍不能确定的，该利益属于委托人。

（5）行纪人处理委托事务支出的费用由行纪人负担，但当事人另有约定的除外。

2. 委托人的权利和义务

（1）及时受领买人的委托物。

（2）不能卖出或撤回出卖的，要取回委托物。

（3）支付报酬的义务。

## 十四、居间合同

（一）居间合同的概念、特征

居间合同是居间人向委托人报告订立合同的机会或者提供订立合同的媒介服务，委托人支付报酬的合同；在居间合同中，接受委托报告订立合同机会或者提供交易媒介的一方为居间人，给付报酬的一方为委托人。

居间合同的特征如下：

（1）居间合同是双务、有偿、诺成和非要式合同。

（2）居间合同是以促使合同成立为目的的合同。

（3）居间人的权利实现具有不确定性。

（4）居间人不以他人名义或以自己名义代为订约，此与委托合同中的受托人、行纪合同中的行纪人均有所不同，但应允许居间人兼为代理人。

（二）居间合同当事人的权利和义务

1. 居间人的权利和义务

（1）请求支付报酬的权利。

（2）请求支付费用的权利。居间人未促成合同成立的，不得请求支付报酬，但可以要求委托人支付从事居间活动支出的必要费用。

（3）应如实报告的义务。居间人应当就有关订立合同的事项向委托人如实报告。

（4）保密义务。

2. 委托人的权利和义务

委托人主要有支付报酬的义务。居间人促成合同成立的，委托人应当按照约定支付报酬。

## 十五、技术合同

（一）技术合同的概念和特征

技术合同是当事人就技术开发、转让、咨询或者服务订立的确立相互之间权利和义务的合同；技术合同包括技术开发合同、技术转让合同、技术咨询和技术服务合同。

技术合同具有以下特征：①技术合同的标的是技术成果。②技术合同是双务、有偿合同。③技术合同的履行具有特殊性。

（二）关于职务技术成果和非职务技术成果中财产权利的归属，以及技术成果精神权利的归属

职务技术成果是指执行法人或者其他组织的工作任务，或者主要是利用法人或者其他组织的物质技术条件所完成的技术成果。职务技术成果的使用权、转让权属于法人或者其他组织的，法人或者其他组织可以就该项职务技术成果订立技术合同。法人或者其他组织应当从使用和转移该项职务技术成果所取得的收益中提取一定比例，对完成该项职务技术成果的个人给予奖励或者报酬。法人或者其他组织订立技术转让职务技术成果时，职务技术成果的完成人享有同等条件优先受让的权利。

非职务技术成果的使用权、转让权属于完成技术成果的个人，完成技术成果的个人可以就该项非职务技术成果订立技术合同。

完成技术成果的个人有在有关技术成果文件上写明自己是技术成果完成者的权利和取得荣誉证书、奖励的权利。

（三）技术开发合同

技术开发合同是指当事人之间就新技术、新产品、新工艺或者新材料及其系统的研究开发所订立的合同。技术开发合同应当采用书面形式。

技术开发合同包括委托开发合同和合作开发合同。委托开发合同的委托人应当按照约定支付研究开发经费和报酬，提供技术资料、原始数据，完成协作事项，接受研究开发成果。委托开发合同的研究开发人应当按照约定制定和实施研究开发计划，合理使用研究开发经费，按期完成研究开发工作，交付研究开发成果，提供有关的技术资料和必要的技术指导，帮助委托人掌握研究开发成果。合作开发合同的当事人应当按照约定进行投资，包括以技术进行投资，分工参与研究开发工作，协作配合研究开发工作。

（四）技术转让合同

技术转让合同包括专利权转让、专利申请权转让、技术秘密转让和专利实施许可合同。技术转让合同应当采用书面形式。技术转让合同可以约定让与人和受让人实施专利或者使用技术秘密的范围，但不得限制技术竞争印技术发展。让与人应当保证自己是所提供的技术的合法拥有者，并保证所提供的技术完整、无误、有效，能够达到约定的目标。受让人应当按照约定的范围和期限，对尚未公开的秘密部分承担保密义务。

专利实施许可合同的让与人应当按照约定许可受让人实施专利，交付实施专利有关的技术资料，提供必要的技术指导。受让人应当按照约定实施专利，不得许可约定以外的第三人实施该专利，并按照约定支付使用费。

技术秘密转让合同的让与人应当按照约定提供技术资料，进行技术指导，保证技术的实用性、可靠性，并承担保密义务。受让人应当按照约定使用技术，支付使用费，承担保密义务。

（五）技术咨询合同和技术服务合同

技术咨询合同包括就特定技术项目提供可行性论证、技术预测、专题技术调查、分析

评价等合同。技术咨询合同的委托人应当按照约定阐明咨询的问题，提供技术背景材料及有关技术资料、数据，接受受托人的工作成果，支付报酬。受托人应当按照约定的期限完成咨询报告或者解答问题，提出的咨询报告应当达到约定的要求。技术服务合同是指当事人一方以技术知识为另一方解决特定技术问题所订立的合同，不包括建设工程合同和承揽合同。技术服务合同的委托人应当按照约定提供工作条件，完成配合事项，接受工作成果并支付报酬。受托人应当按照约定完成服务项目，解决技术问题，保证工作质量，并传授解决技术问题的知识。关于技术中介合同、技术培训合同，法律、行政法规另有规定的，依照其规定。

# 第十节　无因管理和不当得利

## 一、无因管理

### （一）无因管理的概念

无因管理，是指没有法定的或约定的义务，为避免他人利益受损失，自愿管理他人事务或为他人提供服务的行为。无因管理是一种事实行为。行为人即管理他人事务或提供服务的一方叫管理人，其事务受管理的一方叫本人。无因管理一经发生，就会在相关的人之间产生相应的债权债务关系，即管理人是债权人，有权请求偿还因管理事务所支出的必要费用；本人是债务人，负有偿还该项费用的义务。

管理人与本人之间，原来并不存在权利义务关系，只是因为发生无因管理事实行为，才在两者之间产生了债权债务关系。可见，无因管理也是债的发生根据之一。

### （二）无因管理的构成要件

#### 1. 客观要件

（1）管理他人的事务。管理他人事务，就是为他人进行管理或服务。这是无因管理成立的首要条件。凡是管理人将自己的事务误认为他人事务而加以管理，或是管理人对其与他人共有事务的管理，或者是管理自己事务的同时为他人带来了利益，但没有为他人管理事务的意思的，都不可能产生无因管理之债权债务的关系。对于中性事务，如购买某种物品等，由于从外部难以确定是为自己还是为他人，因而这时须结合管理人的意思来加以确定。管理人为谁管理的意思应由管理人负举证责任。一般说来，无因管理中的事务不包括下列事项：①违法事项，如替他人看管、匿藏赃物；②不能发生债的关系的纯粹道德上、宗教上或者其他一般生活事务，如为患病者祈祷、为朋友待客等；③单纯的不作为；④依法必须由本人亲自办理的事项，如结婚登记；⑤依法必须经本人授权才能办理的事项，如放弃继承权。

（2）没有法定或约定义务。无因管理中所谓的"无因"，指的是没有法律上的原因，即"没有法定的或者约定的义务"。没有法定或约定义务是无因管理之债的重要条件。如果管理人是在有法定或约定义务的情况下实施管理，则这种管理不能成立无因管理之债。管理人虽有义务，如超过其义务的范围而处理事务时，就其超过部分，仍属于无义务，可构成无因管理。

衡量管理人是否有法定或约定义务，首先应以管理事务开始时为基准来确定。如果最初虽有义务，而中途该义务消灭的，自此时起可构成无因管理；反之，最初无义务开始管理，嗣后因合同订立等原因而发生义务时，自此时起管理事务即不再属于无因管理。其次，应以客观标准确定，而不以管理人的主观认识为标准。如果负有义务而管理人误认为没有义务，其管理事务不构成无因管理；如果本无义务而管理人认为有义务，其管理事务也可构成无因管理。

2. 主观要件

管理人在管理他人事务时，须有为他人利益管理的意思。这是构成无因管理的主观要件，也是无因管理与侵权行为等的区别所在。判断管理人是否具有为他人利益管理的意思，应当从动机和后果两个方面考察：从动机上看，管理人须是出于为他人利益的目的而进行管理或服务，这是无因管理得以阻却违法性的关键；从后果上看，无因管理或服务行为所取的利益最终归本人享有，而不是为管理人享有。

（三）无因管理的管理人的权利和义务

1. 管理人的权利

（1）必要费用偿还请求权。管理人为本人管理事务所支出的必要费用，有权请求偿还。所支出的费用是否必要，应以支出时的客观情况决定。除法律另有特别规定外，管理人除费用偿还请求权外，无报酬请求权，无权请求本人偿付报酬。

（2）损害赔偿请求权。管理人因管理本人事务而受到损失（必要费用之外的损失），应由本人负责赔偿。除非管理人处于紧迫危险状态之下，管理人对该损失的造成有过失时，应适当减轻本人的责任。

（3）负债清偿请求权。管理人在管理事务过程中，以自己的名义为本人负担债务，根据我国民法通则和相关司法解释，该债务可视为管理人所受损失的一部分，由损害赔偿请求权解决。

2. 管理人的义务

（1）适当管理的义务。即以适当的方法管理，管理人采取什么方式管理，大多是取决于其意志，但其应依照本人即其事务被管理者显而易见或可推定而知的意愿，即利于本人的方法进行。

注意程度，是指管理人在管理过程中，为避免给本人造成损失所应注意的程度。多数国家法律规定，管理人的管理义务，原则上应与一般债人负同等的注意义务。

（2）通知及返还的义务。管理人的通知，以能通知为限。如果管理人不知本人为谁，或不知本人的住址或其他原因无法通知的，则不负通知义务。如果本人已知管理开始的事实，则没有通知的必要。管理人履行其通知义务后，应当听候本人处置，一旦本人有回应，并要求移交其事务的，应及时移交所管理事务。一时难以移交的，应积极创造条件，以便尽快移交。如果等候本人的指示，会使本人利益受损失的，不应坐等指示，管理人应直接管理。在无因管理结束时，管理人应向本人报告管理情况，提供有关单据和证明。管理人处理事务所收取的金钱、财物及孳息等，均应返还本人。管理人以自己的名义为事务被管理者所取得的权利，亦应返还。

## 二、不当得利

### (一) 不当得利的概念

不当得利，是指法律上没有根据，使他人受损而自己获得利益。因不当得利而产生的不当得利返还的权利义务关系就属于不当得利之债。其中，因不当得利事实发生而使财产受损的一方是债权人，他有权请求返还其利益；因不当得利事实而获得财产利益的一方是债务人，负有返还他人利益的义务。

### (二) 不当得利的构成要件

**1. 一方获得利益**

一方获得利益，这是不当得利的必要条件，也是它与侵权之债的明显区别所在。受益，是指一方因一定事实的结果而增加其财产的总额。根据增加的情况不同，法理上又将其分为积极增加和消极增加两种形式。前者是指当事人财产总额的直接增加，即其财产权利的增强或财产义务的消灭；后者是指当事人财产本应减少而没有减少所产生的利益。积极增加和消极增加尽管表现形式不同，但本质上并无区别，得利人事实上都获得了利益。

**2. 他方受有损失**

他方受有损失，这是不当得利的另一必要条件。如果一方受益，他方并不因此而受到任何损害，那么，不构成不当得利。受损，是指一方因一定事实的发生使其财产总额的减少。根据减少的情况，法理上也分为积极减少和消极减少两种形式。积极减少，是指受损害者财产的直接减少；消极减少，是指受损害者的财产本应增加而未增加。他方受损，有一个问题尚须提及，即应得增加的利益是指在正常情况下可以得到的利益，并非指必须得到的利益。因此，只要某人有可能得到的利益因他人受益而未得到，即属于受有损失。

**3. 获得利益和受有损失之间有因果关系**

不当得利之债是由于一方受益的同时使他方受损而产生的。所以，受益和受损之间的因果关系是这种债成立的要件之一。因果关系，是两个现象之间的一种客观联系。受益与受损之间有因果关系，就是受害一方的损害事实与受益一方所获利益两者之间有着必然的联系。换言之，双方的"得"与"失"，应该基于同一原因事实。但是，如果两个现象并非同出一个原因事实，尽管一方有所得，另一方有所失，甚至表面上还有一定的联系，由于得与失之间不具因果关系，因而也成立不了不当得利之债。

**4. 没有合法根据**

这是不当得利之债成立的一个至关重要的条件。如果一方受益，他方受损有着合法的原因，那么，这种"损""益"结果，理应受法律保护，不存在不当得利问题。受益无合法根据，是指一方受益缺乏合法的原因，其表现形式有两种：①自始欠缺原因，即不当得利的发生，一开始就没有法律根据。②嗣后丧失原因，即一方受益时有法律根据，过后，由于情况发生了变化而丧失了法律根据。

（三）不当得利的类型

1. 因给付而发生的不当得利

（1）自始欠缺给付目的。自始欠缺给付目的，是指当事人给付之时即不具有给付的原因。自始欠缺给付目的的不当得利主要有两种：一是非债清偿，二是作为给付的原因行为未成立、无效或撤销。

（2）给付目的嗣后不存在。是指给付时虽有法律上的原因，但其后该原因已不存在时，因一方当事人的给付而发生的不当得利。此种不当得利的主要情形有：①附解除条件或终期的法律行为，其条件成就或期限届至；②依双务合同交付财产后，因不可归责于对方的事由而致不能实行对待给付；③婚生子女的否认，比如父母子女之间有抚养被抚养的法定义务，但是后来经鉴定，孩子不是父亲所生，判决生效后，父亲对孩子给付抚养费的目的不再存在。

（3）给付目的未达到。是指为实现将来某种目的而为给付，但因种种障碍，日后不能达到目的时，因一方当事人的给付而发生的不当得利。此种不当得利的主要情形有：①附停止条件的法律行为，其条件未能成就；②以受清偿为目的而交付收据，而债务并未清偿等。但是以下情形不能作为不当得利请求返还：给付系基于履行道德上的义务；清偿期前的给付；明知无债务而为清偿；基于不法原因的给付。

2. 基于给付行为以外的事实而发生的不当得利

（1）因行为产生的不当得利。此种不当得利的主要情形有：①基于受益人的行为产生的不当得利，如受益人擅自消费或出卖他人之物而取得的利益；②基于受害人的行为而产生的不当得利，如将他人的土地误认为自己的土地而耕种；③基于第三人的行为而产生的不当得利，如甲擅自将乙的肥料施于丙的土地，此时丙所获得的利益即为不当得利。

（2）因自然事件产生的不当得利，如甲喂养的鱼因天降暴雨而被冲入乙的鱼塘；因自然原因发生动产与动产的附合而取得所有权；家畜吃掉他人的饲料等，均可发生不当得利。

（3）因法律的规定产生的不当得利。

（四）不当得利之债的权利、义务的主体

不当得利事实一经发生，即在当事人之间产生相应的债权债务关系。这是一种一方只享有权利而无义务，另一方则只负有义务而无权利的债权债务关系。不当得利之债的权利主体只能是"没有合法根据"而使之"受损失的人"。不当得利之债的义务主体，可能是"取得不当利益"之本人，也可能是其继承人，还可能是第三人。

（五）不当得利应返还的客体

返还原物。不当利益获取人在履行返还义务时，以返还原物为原则。

偿还价额。如受益人所受领的利益，在施行返还时，原物返还已不可能时，则应偿还其价额。

返还利益，不仅指返还原物或原物价额，还应包括返还由原物所生孳息。

### （六）不当得利返还的范围

不当得利的返还范围，应视获利者在获利时是否知道"没有合法根据"而区别对待。

（1）获利时不知"没有合法根据"即善意受益。对此，其返还利益的范围以利益的尚存部分为限；如果返还时其利益已不复存在，无论出于什么原因，获利人都不负返还的义务。所谓"其利益已不复存在"，并非仅指所获利益的原形已不存在而言。原形虽不存在，而实际上获利人所获财产总额增加，而且所增加的财产尚在，就不能说"其利益已不复存在"。

（2）获利时明知没有合法根据，即恶意受益。其返还原则是，不管其所获利益在返还时存在与否，也不管利益不存在出于何种原因，都应将获利时所得利益全部返还。

（3）获利时不知，而后才知没有合法根据。其返还原则是：以知道的时间为界，以前及此后分别按上述两种情况决定其返还利益的范围。

## 第十一节　侵权行为及相关概念

### 一、侵权行为

#### （一）侵权行为的概念

侵权行为，是指行为人侵害他人财产和其他合法权益，依法应承担民事责任的行为；行为人虽无过错，但法律特别规定应对受害人承担民事责任的其他致害行为，也属侵权行为。

#### （二）侵权行为的特征

侵权行为具有以下特征：①侵权行为是一种单方实施的事实行为；②侵权行为是一种民事违法行为；③侵权行为是侵害他人的合法民事权益的行为；④侵权行为是应承担侵权责任的根据；⑤侵权行为的责任是法定责任。

#### （三）侵权行为的分类

侵权行为可以做如下分类：①一般侵权行为与特殊侵权行为；②侵害财产权行为和侵害人身权行为；③单独侵权行为和共同侵权行为；④积极侵权行为和消极侵权行为。

### 二、侵权责任

#### （一）侵权责任的概念

侵权责任，是指侵权行为人侵害他人合法权益时，依法应承担的民事法律后果。

#### （二）侵权责任的特点

侵权责任具备以下特点：①侵权责任是违反法定义务的法律后果；②侵权责任是以侵

权行为为事实根据所产生的责任；③侵权责任的形式不限于财产责任，还包括非财产责任；④侵权责任具有法定性。

（三）承担侵权责任的方式

侵权责任的承担方式有停止侵害、排除妨碍、消除危险、返还财产、恢复原状、赔偿损失、赔礼道歉、消除影响、恢复名誉。以上承担侵权责任的方式，可以单独适用，也可以合并适用。

## 三、侵权责任与违约责任的区别

侵权责任与违约责任是两种不同的民事责任，其区别主要如下：责任归责原则不同；举证责任不同；违反义务不同；诉讼时效不同；构成要件和免责事由不同；责任方式不同；责任范围不同；第三人的责任不同；诉讼管辖不同。

## 四、侵权损害赔偿

1. 人身损害赔偿

侵害他人造成人身损害的，应当赔偿医疗费、护理费、交通费等为治疗和康复支出的合理费用，以及因误工减少的收入。造成残疾的，还应当赔偿残疾生活辅助具费和残疾赔偿金。造成死亡的，还应当赔偿丧葬费和死亡赔偿金。因同一侵权行为造成多人死亡的，可以以相同数额确定死亡赔偿金。

2. 财产损害赔偿

侵害他人财产的，财产损失按照损失发生时的市场价格或者其他方式计算。侵害他人人身权益造成财产损失的，按照被侵权人因此受到的损失赔偿；被侵权人的损失难以确定，侵权人因此获得利益的，按照其获得的利益赔偿；侵权人因此获得的利益难以确定，被侵权人和侵权人就赔偿数额协商不一致，向人民法院提起诉讼的，由人民法院根据实际情况确定赔偿数额。

3. 精神损害赔偿

侵害他人人身权益，造成他人严重精神损害的，被侵权人可以请求精神损害赔偿。

## 五、侵权责任的归责原则与责任构成要件

（一）侵权责任的归责原则

侵权责任的归责原则，是指法律确定行为人承担侵权责任的根据或标准。过错责任原则、过错推定原则和无过错责任原则是侵权法的三大归类原则。

1. 过错责任原则

过错责任原则是以行为人主观上的过错为承担民事责任的基本条件的认定责任的准则。按过错责任原则，行为人仅在有过错的情况下，才承担民事责任。没有过错，就不承担民事责任。

在实践中，适用过错责任原则应掌握下列规则：

（1）适用范围。

过错责任原则适用于一般侵权行为。而过错推定原则和过错责任原则都适用于特殊侵权作为。

（2）责任构成要件。

适用过错责任原则确定赔偿责任，构成要件是四个，即违法行为、损害事实、违法行为与损害事实之间的因果关系和主观过错。这四个要件缺一不可。

（3）证明责任。

适用过错责任原则，按照"谁主张，谁举证"的民事诉讼原则，侵权责任构成的四个要件的举证责任全部由提出损害赔偿主张的受害人承担，加害人不承担举证责任，加害人只有在自己提出积极主张对抗受害人的侵权主张时才承担举证责任。

（4）侵权责任形态。

一般侵权行为责任是为自己的行为负责的责任，不是为他人的行为负责或为自己管领的物件所致损害负责的责任，因而行为人只对自己行为造成的损害负责。因此适用过错责任原则的一般侵权责任，其侵权责任形态是自己责任，而不是替代责任。

2. 过错推定原则

过错推定原则指在法律有特别规定的场合，从损害事实的本身推定加害人有过错，并据此确定造成他人损害的行为人赔偿责任的归责原则。《侵权责任法》第六条第二款规定："根据法律规定推定行为人有过错，行为人不能证明自己没有过错的，应当承担侵权责任。"

在实践中，适用过错推定原则应掌握下列规则：

（1）适用范围。

过错推定原则的适用范围是一部分特殊侵权行为。按照《侵权责任法》的规定，下述情况适用过错推定原则：第一，在关于责任主体的特殊规定中，监护人的责任、用人者责任、违反安全保障义务责任、无民事行为能力人在教育机构受到损害的责任，适用过错推定原则；第二，在机动车交通事故责任中，机动车造成非机动车驾驶人或者行人人身损害的，适用过错推定原则；第三，在医疗损害责任中，医疗损害责任适用过错推定原则；第四，在饲养动物损害责任中，动物园的动物造成损害的适用过错推定原则；第五，在物件损害责任中，建筑物及建筑物上的搁置物悬挂物致人损害、建筑物等倒塌损害责任、堆放物致人损害、林木致人损害、障碍通行物损害责任以及地下工作物损害责任等，都适用过错推定原则。其他侵权责任适用过错推定原则。

（2）责任构成要件。

适用过错推定原则确定侵权责任时，其侵权责任的构成要件与适用过错责任原则没有原则上的变化，仍须具备违法行为、损害事实、违法行为与损害事实之间的因果关系和主观过错四个要件。

（3）证明责任。

在过错推定原则适用的场合，举证责任有特殊规则：首先，原告起诉应当举证证明三个要件，即违法行为、损害事实和因果关系，承担这三个要件的证明责任。其次，这三个要件的举证责任完成之后，法官直接推定被告有过错，不要求原告去寻求行为人在主观上存在过错的证明，而是从损害事实的客观要件以及它与违法行为之间的因果关系中，推定行为人主观上有过错。再次，实行举证责任倒置，如果被告认为自己在主观上没有过错，则须自己举证，证明自己没有过错；证明不成立的，推定过错成立，行为人应当承担侵权责任。

（4）侵权责任形态。

在适用过错推定原则的侵权行为中，行为人承担的责任形态基本上是替代责任，包括对人的替代责任和对物的替代责任，一般不适用自己责任的侵权责任形态。

3. 无过错责任原则

无过错责任原则，是指在法律有特别规定的情况下，以已经发生的损害结果为价值判断标准，不问与该损害结果有因果关系的行为人有无过错，都应当承担侵权赔偿责任的归责原则。《侵权责任法》第七条规定："行为人损害他人民事权益，不论行为人有无过错，法律规定应当承担侵权责任的，依照其规定。"

在实践中，适用无过错责任原则应掌握下列规则：

（1）适用范围。

无过错责任原则适用于一部分特殊侵权行为。按照《侵权责任法》的规定，下述情况适用无过错责任原则：第一，产品责任；第二，高度危险责任；第三，环境污染责任；第四，动物损害责任中的部分责任；第五，在司法实践中，对于工伤事故责任也适用无过错责任原则。

（2）责任构成要件。

适用无过错责任原则的侵权责任构成要件为三个，即违法行为、损害事实和因果关系。

（3）证明责任。

适用无过错责任原则的具体规则：首先，被侵权人即原告起诉应当举证证明三个要件，即违法行为、损害事实和因果关系，承担这三个要件的证明责任。其次，在被侵权人完成上述证明责任以后，如果侵权人主张不构成侵权责任或者免责，自己应当承担举证责任，实行举证责任倒置。被告所要证明的不是自己无过错，而是被侵权人的故意是导致损害的原因，这也是无过错责任原则与推定过错原则的一个重要区别。再次，被告能够证明损害是由被侵权人的故意所引起的，即免除赔偿责任。最后，侵权人对上述举证责任举证不足或者举证不能，侵权责任即告成立，被告应承担侵权责任。

（4）侵权责任形态。

适用无过错责任原则的侵权行为，其责任形态一般是替代责任，包括对人的替代责任和对物的替代责任。

4. 公平责任原则

公平责任原则是指致害人和受害人，都没有过错，在损害事实已经发生的情况下，以公平考虑作为价值判断标准，根据实际情况和可能，由双方当事人公平分担损失的原则，《民法通则》第一百三十二条，确认了这一原则。

公平责任也称衡平责任，是指侵权人和被侵权人，都没有过错，在损害事实已经发生的情况下，以公平考虑作为标准，根据实际情况和可能，由双方当事人，公平地分担损失的侵权责任形态。《侵权责任法》第二十四条规定，受害人和行为人，对损害的发生都没有过错的，可以根据实际情况，由双方分担损失。

公平责任负担是基于人与人之间的共同生活规则的需要，在适用过错责任原则、无过错责任原则、过错推定责任原则之外，由法官根据公平的要求，斟酌双方的财产状况和其他情况，确定合情合理的责任分担，因此，公平责任，弥补了侵权过错责任的缺陷，是侵权行为立法的发展，有重要的社会意义。

（二）一般侵权责任的构成要件

构成一般侵权责任的条件共有四项：

1. 民事违法行为的存在

行为的违法性是构成侵权责任的必要条件之一。民事违法行为有两种表现形式，一种是作为的违法行为；另一种是不作为的违法行为。凡法律所禁止的行为，如果违反法律而作为时，称为作为的违法行为。民事法律要求行为人在某种情况下，有做出某种行为的义务，行为人必须履行这种义务，如果负有这种义务的人不履行其义务，便是不作为的违法行为。

2. 损害事实的存在

只有在民事违法行为引起了损害后果的情况下，行为人才负侵权责任。可见，损害事实是构成侵权责任的条件之一。如果仅有违法行为，而无损害的结果，就构不成侵权责任。

3. 违法行为与损害事实之间存在因果联系

侵权责任是民事违法行为人对自己的不法行为后果应承担的责任，行为人只对自己的行为后果负责，而对于自己行为以外的后果一般是不负责任的。因此，只有违法行为和损害事实之间有因果关系，行为人才能对该损害承担责任。

4. 行为人主观上须有过错

过错是指违法行为人对自己的行为及其后果的一种心理状态，它分故意和过失两种状态。故意是指行为人明知自己行为的不良后果，而希望或者放任其发生的心理。过失是指行为人应当预见自己的行为可能发生不良后果而没有预见，或者已经预见而轻信不会发生或自信可以避免的心理。故意和过失的区分，在刑法上对于定罪量刑有重要意义，但在民法中，确定行为人的民事责任，一般不因行为人的故意或过失而不同。但是在某种特定的情况下，行为人的过错大小，又是确定民事责任的重要依据。这些特定情况包括：混合过错；共同过错；受害人有故意或重大过失。

## 六、共同侵权

（一）共同侵权的概念

共同侵权，是指二人以上共同实施侵权行为造成他人损害所应承担的侵权责任。包括主观的共同侵权（共同故意或过失致人损害）和拟制的共同侵权（教唆、帮助致人损害）两类。

（二）共同侵权的构成要件

（1）共同侵权主体为二人以上。

（2）共同侵权责任的主体之间在主观上具有共同过错。

（3）共同侵权责任的主体均实施了一定的行为。

（4）共同侵权责任的损害后果是同一的。

（三）共同侵权的责任承担

二人以上共同实施侵权行为，造成他人损害的，应当承担连带责任。

（四）共同侵权的类型

1. 教唆、帮助他人实施侵权行为

教唆、帮助他人实施侵权行为的，应当与行为人承担连带责任。教唆、帮助无民事行为能力人、限制民事行为能力人实施侵权行为的，应当承担侵权责任；该无民事行为能力人、限制民事行为能力人的监护人未尽到监护责任的，应当承担相应的责任。

2. 共同危险行为

二人以上实施危及他人人身、财产安全的行为，其中一人或者数人的行为造成他人损害，能够确定具体侵权人的，由侵权人承担责任；不能确定具体侵权人的，行为人承担连带责任。

3. 叠加的共同侵权行为

二人以上分别实施侵权行为造成同一损害，每个人的侵权行为都足以造成全部损害的，行为人承担连带责任。

4. 过失的共同侵权行为

过失的共同侵权行为又称为客观的共同侵权行为，是指多个共同侵权人的行为，由于损害结果之间具有共同的因果关系，并且，损害结果属于不可侵害的共同侵权行为。即侵权行为共有行为、共同结果、共同的因果关系，但没有共同的主观故意。

## 七、免责事由

（一）免责事由的概念

免责事由，是指被告针对原告的诉讼请求而提出的证明原告的诉讼请求不成立或不完全成立的事实。在侵权责任法中，免责事由是针对承担民事责任的请求而提出来的，所以又称为免责或减轻责任事由，也叫做抗辩事由。

（二）侵权责任免责事由的分类

侵权责任免责事由可分为：①一般免责事由和特别免责事由；②法定免责事由和非法定免责事由。

（三）法定免责事由的具体情形

1. 过错相抵

被侵权人对损害的发生也有过错的，可以减轻侵权人的责任。

2. 受害人故意

损害是因受害人故意造成的，行为人不承担责任。

3. 第三人的过错

损害是因第三人造成的，第三人应当承担侵权责任。

4. 不可抗力

因不可抗力造成他人损害的，不承担责任。法律另有规定的，依照其规定。

5. 正当防卫

因正当防卫造成损害的，不承担责任。正当防卫超过必要的限度，造成不应有的损害的，正当防卫人应当承担适当的责任。

6. 紧急避险

因紧急避险造成损害的，由引起险情发生的人承担责任。如果危险是由自然原因引起的，紧急避险人不承担责任或者给予适当补偿。紧急避险采取措施不当或者超过必要的限度，造成不应有的损害的，紧急避险人应当承担适当的责任。

（四）非法定免责事由的具体情形

非法定的免责事由主要如下：职务授权行为、受害人承诺、自助行为、意外事件和自甘风险。

## 八、关于责任主体的特殊规定

（一）监护人的责任

1. 监护人责任的概念和特征

（1）监护人责任的概念。

监护人责任，是指无民事行为能力人或者限制民事行为能力人因自己的行为致人损害，由行为人的父母或者其他监护人承担赔偿责任的特殊侵权责任。

（2）监护人责任的特征。

监护人责任具有以下特征：①监护人责任是对人的替代责任；②监护人责任是过错推定责任；③监护人责任的确定受行为人财产状况的制约；④监护人责任以公平分担损失责任为补充。

2. 监护人责任的归责原则

监护人责任以过错推定为原则，以公平分担损失责任为补充。

3. 监护人责任的构成要件

监护人责任适用过错推定原则，责任构成须具备损害事实、违法行为、因果关系和主观过错四个要件。

4. 监护人责任的承担

无民事行为能力人、限制民事行为能力人造成他人损害的，由监护人承担侵权责任。监护人尽到监护责任的，可以减轻其侵权责任。

有财产的无民事行为能力人、限制民事行为能力人造成他人损害的，从本人财产中支付赔偿费用。不足部分，由监护人赔偿。

（二）暂时丧失心智损害责任

1. 暂时丧失心智损害责任的概念

暂时丧失心智损害责任，也叫作暂时丧失意思能力的致害责任，是指完全民事行为能力人对于因过错引起的暂时心智丧失，或者因醉酒或滥用麻醉、精神药品暂时丧失心智，造成他人损害所应承担的特殊侵权责任。

2. 暂时丧失心智损害责任的构成要件

（1）侵权人是完全民事行为能力人。

（2）被侵权人须受到实际损害。

（3）侵权人造成他人损害时暂时丧失心智。

（4）侵权人暂时丧失心智是因为自己的过错所致。

3. 暂时丧失心智损害责任的法律适用

完全民事行为能力人对自己的行为暂时没有意识或者失去控制造成他人损害有过错的，应当承担侵权责任；没有过错的，根据行为人的经济状况对受害人适当补偿。

完全民事行为能力人因醉酒、滥用麻醉药品或者精神药品对自己的行为暂时没有意识或者失去控制造成他人损害的，应当承担侵权责任。

（三）用人者责任

1. 用人者责任的概念和特征

（1）用人者责任的概念。

用人者责任是一种特殊侵权责任类型，也叫作用工责任，是指用人单位的工作人员或者劳务派遣人员以及个人劳务关系中的提供劳务一方在工作过程中或者在提供劳务过程中造成他人损害，用人单位或者劳务派遣单位以及接受劳务一方应当承担赔偿责任的特殊侵权责任。

（2）用人者责任的特征。

用人者责任是侵权替代责任，有以下法律特征：①因执行工作任务或者因劳务而致人损害；②行为人与责任人相脱离；③行为人造成损害的行为与责任人监督、管理不力的行为相区别；④责任人的过错与行为人的过错作用不同。

2. 用人单位责任

用人单位责任，是指用人单位的工作人员在工作过程中造成他人损害，由用人单位作为赔偿责任主体，为其工作人员致害的行为承担损害赔偿责任的特殊侵权责任。

3. 劳务派遣责任

劳务派遣责任，是指在劳务派遣期间，被派遣的工作人员在工作过程中造成他人损害的，由接受劳务派遣的用工单位承担责任；劳务派遣单位有过错的，承担相应的补充责任的特殊侵权责任。

4. 个人劳务责任

个人劳务责任，是指在个人之间形成的劳务关系中，提供劳务一方在执行劳务过程中，由于执行劳务活动造成他人损害，接受劳务一方应当承担替代赔偿责任的特殊侵权责任。提供劳务一方因劳务自己受到损害的，根据双方各自的过错承担相应的责任。

（四）网络侵权责任

1. 网络侵权责任的法律特征

网络侵权，是指发生在互联网上的侵犯他人民事权益的行为。这种侵权行为具有如下特征：①侵权发生在互联网上，导致侵权的证据无法完全物化，需要特殊的举证模式。②侵权的对象是非物质形态的民事权益。③损害后果因为范围的不确定而无法完全确定。④责任的承担者是实际加害人和网络服务者。⑤管辖权难以确定。

2. 网络用户的侵权责任

网络用户的侵权责任，是指作为直接加害人的网络用户利用网络实施侵权行为而应承担的侵权责任。

3. 网络服务提供者的侵权责任

网络用户利用网络服务实施侵权行为的，被侵权人有权通知网络服务提供者采取删除、屏蔽、断开链接等必要措施。网络服务提供者接到通知后未及时采取必要措施的，对损害的扩大部分与该网络用户承担连带责任。

网络服务提供者知道网络用户利用其网络服务侵害他人民事权益，未采取必要措施的，与该网络用户承担连带责任。

（五）违反安全保障义务的侵权责任

1. 违反安全保障义务的侵权行为的概念

违反安全保障义务的侵权行为，是指依照法律规定或者约定对他人负有安全保障义务的人，违反该义务，因而直接或者间接地造成他人人身或者财产权益损害，应当承担损害赔偿责任的侵权行为。

2. 违反安全保障义务的侵权责任的归责原则和构成要件

（1）归责原则。

对违反安全保障义务侵权责任的过错认定，应当采用过错推定原则。

（2）构成要件。

构成违反安全保障义务的侵权责任，须具备以下要件：须有违反安全保障义务的行为；相对人受到损害；损害事实与违反安全保障义务行为之间具有因果关系；违反安全保障义务的行为人具有过错。

3. 违反安全保障义务侵权责任类型

违反安全保障义务侵权责任有以下几种类型：

（1）设施、设备违反安全保障义务。

（2）服务管理违反安全保障义务。

（3）对儿童违反安全保障义务。

（4）防范制止侵权行为违反安全保障义务。

4. 违反安全保障义务侵权责任的责任形态

（1）自己责任。

违法行为人对自己实施的行为造成的他人人身损害和财产损害的后果由自己承担责任。

（2）替代责任。

适用于公共场所的管理人或者群众性活动的组织者是法人或者是雇主的情形。

（3）补充责任。

因第三人的行为造成他人损害的，由第三人承担侵权责任；管理人或者组织者未尽到安全保障义务的，承担相应的补充责任。

### （六）未成年人受伤害侵权责任

1. 未成年人受伤害侵权责任的概念

未成年人受伤害侵权责任，是指无民事行为能力或者限制民事行为能力的学生在幼儿园、学校或者其他教育机构学习、生活期间，受到人身损害，应当由幼儿园、学校或者其他教育机构承担赔偿责任的特殊侵权责任。

2. 未成年人受伤害侵权责任的归责原则和构成要件

（1）未成年人受伤害侵权责任的归责原则。

无民事行为能力人在幼儿园、学校或者其他教育机构学习、生活期间受到人身损害的，适用过错推定原则。

限制民事行为能力人在学校或者其他教育机构学习、生活期间受到人身损害，适用过错责任原则。

因为第三人的行为造成学生损害的，适用过错责任原则。

（2）未成年人受伤害侵权责任的构成要件。

构成未成年人受伤害侵权责任，须符合以下要件：①具有未成年人遭受人身损害的客观事实；②学校等教育机构在未成年人受伤害中存在违法行为；③学校的违法行为与损害的发生有因果关系；④学校存在过错。

3. 未成年人受伤害侵权责任的承担

（1）无民事行为能力人在幼儿园、学校或者其他教育机构学习、生活期间受到人身损害的，幼儿园、学校或者其他教育机构应当承担责任。

（2）限制民事行为能力人在学校或者其他教育机构学习、生活期间受到人身损害，学校或者其他教育机构未尽到教育、管理职责的，应当承担责任。

（3）无民事行为能力人或者限制民事行为能力人在幼儿园、学校或者其他教育机构学习、生活期间，受到幼儿园、学校或者其他教育机构以外的人员人身损害的，由侵权人承担侵权责任；幼儿园、学校或者其他教育机构未尽到管理职责的，承担相应的补充责任。

## 九、特殊侵权责任

### （一）产品责任

1. 产品责任的概念和归责原则

产品责任又称产品侵权损害赔偿责任，是指产品存在可能危及人身、财产安全的不合理危险，造成消费者人身或者除缺陷产品以外的其他财产损失后，缺陷产品的生产者、销售者应当承担的特殊的侵权法律责任。

2. 产品责任的构成要件

构成产品责任，须具备以下要件：①生产或销售了不符合产品质量要求的产品；②不合格产品造成了他人财产、人身损害；③产品缺陷与受害人的损害事实间存在因果关系。

3. 产品责任的承担

因产品存在缺陷造成损害的，被侵权人可以向产品的生产者请求赔偿，也可以向产品的销售者请求赔偿。

产品缺陷由生产者造成的，销售者赔偿后，有权向生产者追偿。

因销售者的过错使产品存在缺陷的，生产者赔偿后，有权向销售者追偿。

### （二）机动车交通事故责任

1. 机动车交通事故责任的概念

机动车交通事故责任，是指机动车发生交通事故造成人身伤亡、财产损失的，除由保险公司在机动车第三者责任强制保险责任限额范围内予以赔偿外，机动车一方依法应承担的赔偿责任。

2. 机动车交通事故赔偿责任的承担

（1）机动车之间发生交通事故的赔偿责任。

机动车之间发生交通事故的，由有过错的一方承担赔偿责任；双方都有过错的，按照各自过错的比例分担责任。这一规定表明，机动车之间发生交通事故的，适用过错责任原则。即机动车之间发生交通事故造成损害的，由有过错的机动车一方承担责任，没有过错的，不承担赔偿责任。由于机动车之间没有强弱之分，发生交通事故的，应当适用侵权责任的一般归责原则，由有过错的一方承担赔偿责任；如果双方都有过错的，应当按照各自过错的比例分担责任。

（2）机动车与非机动车驾驶人、行人之间发生交通事故的赔偿责任。

①归责原则。

《道路交通安全法》第七十六条第一款第二项规定，机动车与非机动车驾驶人、行人之间发生交通事故，非机动车驾驶人、行人没有过错的，由机动车一方承担赔偿责任；有证据证明非机动车驾驶人、行人有过错的，根据过错程度适当减轻机动车一方的赔偿责任；机动车一方没有过错的，承担不超过百分之十的赔偿责任。这一规定表明，机动车与非机动车驾驶人、行人之间发生交通事故，主要适用过错推定原则，同时，机动车一方还要承担一部分无过错责任。

②机动车一方不承担责任的情形。

《道路交通安全法》第七十六条第二款规定，交通事故的损失是由非机动车驾驶人、行人故意碰撞机动车造成的，机动车一方不承担赔偿责任。这是关于机动车一方免责事由的规定。机动车与非机动车驾驶人、行人之间发生交通事故，如果交通事故的损失是因非机动车驾驶人、行人自杀、自伤、有意冲撞（碰瓷）等行为故意造成的，机动车一方不承担赔偿责任。

### （三）医疗损害责任

1. 医疗损害责任的概念和归责原则

医疗损害责任，是指医疗机构在医疗活动中造成患者人身损害所应承担的赔偿责任。

医疗损害责任采取过错责任原则。① 《侵权责任法》第五十四条规定，患者在诊疗活动中受到损害，医疗机构及其医务人员有过错的，由医疗机构承担赔偿责任。

2. 医疗损害责任的构成要件

构成医疗损害责任，须具备以下要件：①须为法定医疗机构及其医务人员的诊疗行为；②患者有损害结果；③诊疗行为与损害结果之间有因果关系；④医疗机构及其医务人员有过错。

3. 医疗机构的免责事由

（1）患者或者其近亲属不配合医疗机构进行符合诊疗规范的诊疗；医疗机构及其医务人员也有过错的，应当承担相应的赔偿责任。

（2）医务人员在抢救生命垂危的患者等紧急情况下已经尽到合理诊疗义务。

（3）限于当时的医疗水平难以诊疗。

（四）环境污染责任

1. 环境污染责任的概念和归责原则

环境污染责任，是指因污染环境造成他人财产、人身损害时，污染者应当承担的赔偿责任。《侵权责任法》第六十五条规定，因污染环境造成损害的，污染者应当承担侵权责任。

环境污染责任实行无过错责任原则。

2. 环境污染责任的构成要件

构成环境污染责任，须具备以下要件：须有污染环境的行为；须有污染环境的损害后果；污染环境行为与损害后果之间须有因果关系。

《侵权责任法》第六十六条规定，因污染环境发生纠纷，污染者应当就法律规定的不承担责任或者减轻责任的情形及其行为与损害之间不存在因果关系承担举证责任。

3. 环境污染责任的承担

坚持"谁污染，谁治理"的原则，因污染环境造成损害的，污染者应当承担侵权责任。《侵权责任法》第六十七条规定，两个以上污染者污染环境，污染者承担责任的大小，根据污染物的种类、排放量等因素确定。

4. 环境污染责任的免责事由

环境污染责任的免责事由有以下几种情形：①不可抗拒的自然灾害；②受害者自身的责任；③第三人的故意或者过失。

（五）高度危险责任

1. 高度危险责任的概念和归责原则

高度危险责任是指因从事对周围环境具有高度危险的作业造成他人损害，作业人所应承担的赔偿责任。

高度危险作业致人损害的应当承担无过错责任。

---

① 须注意的是，《侵权责任法》第五十八条规定："患者有损害，因下列情形之一的，推定医疗机构有过错：（一）违反法律、行政法规、规章以及其他有关诊疗规范的规定；（二）隐匿或者拒绝提供与纠纷有关的病历资料；（三）伪造、篡改或者销毁病历资料。"在此处，适用过错推定原则。

2. 高度危险责任的构成要件

构成高度危险责任，须具备以下要件：①作业人须从事高度危险作业；②须发生损害后果；③高度危险作业行为与损害后果之间有因果关系。

3. 高度危险责任的免责事由

高度危险责任的免责事由主要有不可抗力、受害人故意、战争等情形。具体规定如下：

（1）民用核设施发生核事故造成他人损害的，民用核设施的经营者应当承担侵权责任，但能够证明损害是因战争等情形或者受害人故意造成的，不承担责任。

（2）民用航空器造成他人损害的，民用航空器的经营者应当承担侵权责任，但能够证明损害是因受害人故意造成的，不承担责任。

（3）占有或者使用易燃、易爆、剧毒、放射性等高度危险物造成他人损害的，占有人或者使用人应当承担侵权责任，但能够证明损害是因受害人故意或者不可抗力造成的，不承担责任。被侵权人对损害的发生有重大过失的，可以减轻占有人或者使用人的责任。

（4）从事高空、高压、地下挖掘活动或者使用高速轨道运输工具造成他人损害的，经营者应当承担侵权责任，但能够证明损害是因受害人故意或者不可抗力造成的，不承担责任。被侵权人对损害的发生有过失的，可以减轻经营者的责任。

（5）未经许可进入高度危险活动区域或者高度危险物存放区域受到损害，管理人已经采取安全措施并尽到警示义务的，可以减轻或者不承担责任。

（六）饲养动物损害责任

1. 饲养动物损害责任的概念和归责原则

饲养动物损害责任，是指饲养的动物造成他人损害时，动物的饲养人或者管理人所应承担的侵权责任。

《侵权责任法》第七十八条规定，饲养的动物造成他人损害的，动物饲养人或者管理人应当承担侵权责任，但能够证明损害是因被侵权人故意或者重大过失造成的，可以不承担或者减轻责任。从本条规定来看，我国动物侵权责任的归责原则是无过错责任原则。

《侵权责任法》第八十一条规定，动物园的动物造成他人损害的，动物园应当承担侵权责任，但能够证明尽到管理职责的，不承担责任。本条归责原则采取的是过错推定原则。

2. 饲养动物损害责任的构成条件

构成饲养动物损害责任，须具备以下要件：①须为饲养的动物；②须有动物的加害行为；③须有造成他人损害的事实；④须有动物加害行为与损害后果之间的因果关系。

3. 承担责任的主体

饲养的动物造成他人损害的，动物饲养人或者管理人应当承担侵权责任；动物园的动物造成他人损害的，动物园应当承担侵权责任；遗弃、逃逸的动物在遗弃、逃逸期间造成他人损害的，由原动物饲养人或者管理人承担侵权责任。

（七）物件损害责任

1. 建筑物、构筑物或者其他设施及其搁置物、悬挂物损害责任

建筑物、构筑物或者其他设施及其搁置物、悬挂物发生脱落、坠落造成他人损害，所

有人、管理人或者使用人不能证明自己没有过错的，应当承担侵权责任。所有人、管理人或者使用人赔偿后，有其他责任人的，有权向其他责任人追偿。

2. 建筑物、构筑物或者其他设施倒塌损害责任

建筑物、构筑物或者其他设施倒塌造成他人损害的，由建设单位与施工单位承担连带责任。

3. 抛掷物、坠落物损害责任

从建筑物中抛掷物品或者从建筑物上坠落的物品造成他人损害，难以确定具体侵权人的，除能够证明自己不是侵权人的外，由可能加害的建筑物使用人给予补偿。

4. 堆放物损害责任

堆放物倒塌造成他人损害，堆放人不能证明自己没有过错的，应当承担侵权责任。

5. 障碍通行物损害责任

在公共道路上堆放、倾倒、遗撒妨碍通行的物品造成他人损害的，有关单位或者个人应当承担侵权责任。

6. 林木损害责任

因林木折断造成他人损害，林木的所有人或者管理人不能证明自己没有过错的，应当承担侵权责任。

7. 地下工作物损害责任

在公共场所或者道路上挖坑、修缮、安装地下设施等，没有设置明显标志和采取安全措施造成他人损害的，施工人应当承担侵权责任。窨井等地下设施造成他人损害，管理人不能证明尽到管理职责的，应当承担侵权责任。

# 【练习题】

## 一、单项选择题

1. 甲公司拟用招标方式采购一成套设备，向包括乙在内的十余家厂商发出其制作的包含设备性能、规格，品质、交货日期等内容的招标书。乙公司在接到招标书后制作了投标书，甲公司在接到乙公司及其他公司的投标书后，通过决标，最后确定乙公司中标，并向乙公司发出了中标通知书，上述各行为中属于合同要约的是（　　）

   A. 甲对所有投标书竞标 　　　 B. 甲向乙发出招标书
   C. 乙向甲发出投标书 　　　 D. 甲向乙发出中标通知书

2. 乙公司向甲公司发出要约，旋又发出一份"要约作废"的函件，甲公司的董事长助理收到乙公司"要约作废"的函件后，忘记交给董事长，第三天甲公司董事长发函给乙公司，提出只要将交货日期推迟两个星期，其他条件都可以接受，后甲、乙公司未能缔约。双方缔约不成功的原因是（　　）

   A. 要约已被撤回
   D. 要约已被撤销

C. 甲公司的承诺超过了有效期间

D. 甲公司对要约做了实质性变更

3. 甲中学因教学要求需要幻灯设备三套，遂向乙厂发函，称："我校愿购贵厂幻灯设备三套，单价 8500 元/套，货到付款。"乙厂收到此函后第二天即向甲中学发出货物。下列说法正确的是（　　）

A. 甲中学发函的行为是要约邀请

B. 乙厂发货的行为构成承诺，货物到达甲中学时承诺生效

C. 乙厂发货的行为构成承诺，货物发出承诺生效

D. 乙厂发货的行为不构成承诺，因为承诺必须以通知的方式发出

4. 甲公司对乙公司享有 10 万元债权，乙公司对丙公司享有 20 万元债权。甲公司将其债权转让给丁公司并通知了乙公司，丙公司未经乙公司同意，将其债务转移给戊公司。如丁公司对戊公司提起代位权诉讼，戊公司下列哪一抗辩理由能够成立？

A. 甲公司转让债权未获乙公司同意

B. 丙公司转移债务未经乙公司同意

C. 乙公司已经要求戊公司偿还债务

D. 乙公司、丙公司之间的债务纠纷有仲裁条款约束

5. 当一物之上同时存在抵押权、质权和留置权时，权利的行使顺序是（　　）

A. 抵押权、质权、留置权

B. 留置权、抵押权、质权

C. 质权、留置权、抵押权

D. 留置权、质权、抵押权

6. 下列协议中，适用《合同法》的是（　　）

A. 甲与本集体经济组织签订的联产承包协议

B. 乙与丙签订的监护责任协议

C. 甲与乙签订的遗赠扶养协议

D. 丁与戊签订的企业承包协议

7. 甲与乙订立了一份合同，约定甲供给乙狐皮围脖 300 条，总价 8 万元，但合同未规定狐皮围脖的质量标准和等级，也未封存样品。甲如期发货，乙验收后支付了货款。后乙因有 30 条围脖未能销出，便以产品质量不合格为由，向法院起诉，诉讼代理人在审理过程中又主张合同无效。本案中，下列说法正确的是（　　）

A. 合同不具备质量条款，合同无效

B. 合同不具备质量条款，合同未成立

C. 合同有效，但甲应承担违约责任

D. 合同有效，甲不应承担违约责任

8. 根据我国合同法的规定，标的物在订立合同之前已为买受人占有的，标的物的交付时间是（　　）

A. 合同成立之时　　　　　　　B. 买受人支付价款之时

C. 合同生效之时　　　　　　　D. 占有标的物之时

9. 甲与乙订立合同，约定甲应于 2003 年 10 月 15 日交货，乙应于同年 10 月 30 日付款。同年 9 月底，甲有确切证据发现乙的财产状况恶化，无支付货款能力，遂提出中止履行，但乙未允。基于上述因素，甲于同年 10 月 15 日未按约定交货。根据我国《合同法》的规定，有关本案的正确表述是（　　）

   A. 甲有权不按合同约定交货，除非乙提供了相应的担保

   B. 甲无权不按合同约定交货，但可以要求乙提供相应的担保

   C. 甲必须按合同约定交货，如乙不支付货款可追究其违约责任

   D. 甲无权不按合同约定交货，但乙应当提前支付全部货款

10. 根据我国合同法的规定，当事人一方不履行合同义务或者履行义务不符合约定的，应当承担继续履行、采取补救措施或者赔偿损失等违约责任。该规定确立的违约责任的一般归责原则是（　　）

   A. 过错责任原则

   B. 过错推定原则

   C. 公平责任原则

   D. 严格责任原则

## 二、多项选择题

1. 下列合同中，既可以是有偿合同也可以是无偿合同的有（　　）

   A. 保管合同　　　　　　　　　　B. 委托合同

   C. 借款合同　　　　　　　　　　D. 互易合同

2. 2000 年 5 月 4 日，易某将自家的耕牛租与刘某使用 2 个星期，5 月 10 日，刘某提出要买下此耕牛，易某表示同意。双方商定价格为 1000 元，并约定 1 个月后交付款项。但 5 月 12 日该耕牛被雷劈死。关于此案，以下选项正确的有（　　）

   A. 该买卖合同的生效时间是 5 月 10 日

   B. 该买卖合同中耕牛的交付时间是 5 月 10 日

   C. 该耕牛意外灭失的风险由易某承担

   D. 该耕牛意外灭失的风险由刘某承担

3. 甲公司与某希望小学乙签订赠予合同，决定捐赠给该小学价值 2 万元的钢琴 2 台，后甲公司的法定代表人更换，不愿履行赠予合同。下列说法错误的是（　　）

   A. 赠予合同属于单务法律行为，故甲公司可以反悔，且不承担违约责任

   B. 甲公司尚未交付设备，故可撤销赠予

   C. 乙小学有权要求甲交付钢琴

   D. 若甲公司以书面形式通知乙小学不予赠予，则甲公司不再承担责任

4. 某甲将私房 2 间出租给某乙，租期为 2 年。在租期内，某甲又与某丙签订了私房 2 间的买卖合同，下列论述中正确的是（　　）

   A. 某甲与某丙所签的合同无效，因为某甲未取得某乙的同意

   B. 某甲应当提前 3 个月通知某乙房屋将要出售

   C. 某乙在同等条件下有权优先于某丙购买房屋

   D. 如某丙购得了房屋，则其有权决定原甲、乙之间的房屋租赁合同是否继续执行

5. 甲欲将一部分货物寄存在乙处，为此向吴律师咨询。根据《合同法》的规定，吴律师的意见正确的是（　　）

A. 甲在签订保管合同后交付货物前解除合同的，不承担违约责任

B. 甲、乙双方没有约定保管费，乙有权依交易习惯请求甲支付

C. 乙可以根据情况改变保管场所或方法

D. 在有第三人对甲寄存的货物主张权利时，除了依法对保管物采取保全或执行的以外，乙应当履行向甲返还寄存的货物的义务

## 三、判断题

1. 格式条款与非格式条款不一致的，应当采用格式条款。　　　　　　（　　）

2. 拍卖公告﹒招标公告即拍卖人、招标人发出的要约表示。　　　　（　　）

3. 如果要约人确定了承诺期限，则要约不得撤销。　　　　　　　　（　　）

4.《合同法》实施以后，人民法院确认合同无效，应当以全国人大及其常委会制定的法律和国务院制定的行政法规为依据，不得以地方性法规、行政规章为依据。
　　　　　　　　　　　　　　　　　　　　　　　　　　　　　　（　　）

5. 承诺的法律效力表现为受要约人的迟延承诺为有效承诺。　　　　（　　）

## 四、简答题

1. 试述物权的概念和特征。

2. 试述缔约过失责任的概念及构成要件。

3. 简述委托合同的特征。

4. 先履行抗辩权的适用条件有哪些？

5. 简述融资租赁合同的法律特征。

## 五、案例分析题

1. 中学生赵某，16 周岁，身高 175 厘米，但面貌成熟，像是有二十七八岁。赵某为了买一辆摩托车，欲将家中一套闲房卖掉筹购车款。后托人认识李某，与李某签订了购房合同，李支付定金 5 万元，双方遂到房屋管理部门办理了房屋产权转让手续。不久，赵某父亲发现此事后，起诉到法院。

问：该房屋买卖合同是否有效？请结合所学的合同法学理论说明理由。

2. 2004 年 6 月，A 市某食品公司经理刘某委托去 B 市办事的某个体商行负责人张某将该公司的营业执照副本和盖有该公司合同专用章的空白合同书交给公司驻 B 市办事处的王某。张某到 B 市后，因事务缠身一直未将营业执照副本和空白合同书交到王某手中。同年 7 月 2 日，张某从朋友处得知 B 市某粮油加工厂欲购买玉米，便持营业执照副本和空白合同书与加工厂签订了供应 300 吨玉米的合同。7 月 4 日，加工厂按合同约定将 30 万元定金汇入 A 市工商银行张某指定的账户。后因种种原因，张某组织货源不成，致合同无法履行。加工厂便找到刘某，要求食品公司承担违约责任。刘某以该合同不是本公司人员所签，且定金未汇入本公司账户为由，拒绝承担责任。双方争执不下，加工厂诉至法院。请回答下列问题：

（1）本案涉及哪些民事法律关系？试做简要分析。

（2）食品公司是否应对张某的签约行为承担责任？为什么？

（3）本案应如何处理？

（4）该合同的出租人享有租赁物名义上的所有权，与所有权有关的权利义务完全由承租人享有与负担。

（5）该合同的承租人承担与租赁物所有权有关的一切风险与责任。

（6）该合同解除，不免除承租人支付租金的义务。

（7）该合同的租期一般与租赁物实质使用周期相同。法律无最长期限规定。

## 五、案例分析题

1. 答：该房屋买卖合同是债的法律关系，为效力待定合同。

2. 答：（1）涉及的民事法律关系有四个：①食品公司经理与个体户张某的委托合同关系，委托的内容是代为转送营业执照副本和盖有公章的空白合同书；②张某和食品公司之间的无权代理关系，张某超越委托转送材料的授权范围，未经食品公司同意，擅自与粮油加工厂代为签订买卖合同，属超越代理权的无权代理；③A市食品公司与B市粮油加工厂之间的买卖合同关系，张某是无权代理人，玉米买卖合同当事人是食品公司和食品加工厂；④张某与食品公司发生侵权行为之债关系，张某未经许可擅自以食品公司的名义对外签订合同，给食品公司造成了损害。

（2）应当承担责任，因为张某的行为构成了表见代理。

（3）本案应做以下处理：①张某与粮油加工厂签订的买卖合同有效；②合同届期没有履行，食品公司承担违约责任，合同约定有违约金的，违约责任和定金罚则的适用，粮油加工厂有权进行选择；③食品公司可以要求张某承担侵权责任。

3. 答：（1）借款合同无效。借款合同当事人应为借款人和金融机构，因甲、乙均为生产性企业，属于违法资金拆借行为，故借款合同无效。

（2）丙、丁不应当承担责任。主合同无效，担保合同无效，但债务人、担保人、债权人有过错的，应当根据各自相应的过错承担责任。

（3）丙、丁可不承担保证责任，戊仍应承担抵押担保责任。保证合同未约定保证期限的，为主债务履行届满之日起六个月，现甲、乙推迟还款期限一年，未取得保证人的书面同意，保证人只在原保证期限内承担保证责任。因超出了六个月的保证期限，故保证人不承担保证责任。而抵押权消灭的期间为主债务诉讼时效届满之日起两年。虽然甲、乙推迟还款期限一年，仍未超出抵押权的消灭期间，故戊应承担抵押担保责任。

（4）保证人丙、丁仍应承担200万元的保证责任。因为债权人是放弃物保的，保证人在放弃物保的范围内免除保证责任。

（5）可以。同一债权既有第三人提供的保证，又有第三人提供的抵押且未约定担保范围的，债权人可向任一担保人请求全部清偿。

（6）可向债务人甲和财产代管人庚追偿。保证人承担保证责任后就取得了对债务人的追偿权。保证人承担保证责任后，就取得对其他担保人的应承担份额的追偿权。戊作为抵押担保人，其抵押物灭失，抵押权消灭。故其丧失抵押担保人的身份，丁不能向戊追偿。丙已失踪，其财产由庚代管，财产代管人在诉讼中可为诉讼当事人。故可向庚追偿。

# 第九章　民事特别法

## 第一节　婚姻、家庭法律制度

### 一、结　婚

（一）结婚的概念和特征

结婚，是指男女双方依照法律规定的条件和程序，确立夫妻关系的双方民事法律行为。婚姻关系的三特征：①缔结婚姻关系的主体必须性别不同，我国婚姻法暂不支持同性婚姻。②缔结婚姻的双方当事人必须经过结婚登记程序，否则该关系不受婚姻法保护。③结婚的法律效果是确立夫妻关系并享受由此带来的权利和承担由此带来的义务。

（二）结婚的条件

结婚行为是一种法律行为，必须符合法律规定的结婚条件，也称结婚要件，结婚条件包括结婚的实质要件和结婚的形式要件。

1. 结婚的实质条件

结婚的实质条件由结婚的必备条件和禁止条件构成。

（1）结婚的必备条件。

根据《婚姻法》的规定，结婚的必备条件包括：

第一，必须男女双方完全自愿。

第二，必须达到法定婚龄。法定婚龄是法律规定的准予结婚的最低年龄。根据《婚姻法》第六条的规定："结婚年龄，男不得早于二十二周岁，女不得早于二十周岁。"

第三，必须符合一夫一妻制。

实行一夫一妻制是我国婚姻法的基本原则，我国法律禁止重婚，也是结婚的一项必备条件。《婚姻法》对一夫一妻制、禁止重婚做了明确规定。

（2）结婚的禁止条件。

我国结婚的禁止条件包括：

第一，禁止一定范围内的血亲结婚。

《婚姻法》第七条第一项规定："直系血亲和三代以内的旁系血亲禁止结婚，这是基于社会伦理、遗传学和优生学等因素的考虑。"

第二，禁止患有一定疾病的人结婚。

《婚姻法》第七条第二项和《婚姻登记条例》第六条第五项规定，患有医学上认为不应当结婚的疾病时，婚姻登记机关不予登记。这里的患有医学上认为不应当结婚的疾病依据的是有关法律、法规的相关规定，如《母婴保护法》《传染病防治法》等。曾经患有医学上认为不应当结婚的疾病但已经治愈的人是可以结婚的。

2. 结婚的形式要件

结婚的形式要件又称结婚程序，是指法律规定的婚姻成立的必经方式或程序。

（三）结婚登记的机关和程序

结婚登记是要求结婚的男女确立夫妻关系的法定程序。根据《婚姻法》第八条的规定："要求结婚的男女双方必须亲自到婚姻登记机关进行结婚登记。符合本法规定的，予以登记，发给结婚证。取得结婚证，即确立夫妻关系。"未办理结婚登记的，应当补办。结婚登记具有亲为性。必须男女双方亲自到登记机关进行结婚登记。不能只有一方到场，也不可以委托。

1. 结婚登记的机关

内地居民办理婚姻登记的机关是县级人民政府民政部门或者乡（镇）人民政府，省、自治区、直辖市人民政府可以按照便民原则确定农村居民办理婚姻登记的具体机关。县、不设区的市人民政府的民政部门办理双方或一方常住户口在本行政区域内的内地居民之间的婚姻登记。省级人民政府可以根据实际情况规定乡（镇）人民政府办理双方或者一方常住户口在本乡（镇）的内地居民之间的婚姻登记。

2. 结婚登记的程序

（1）申请。

自愿结婚的男女必须双方亲自到一方户口所在地的婚姻登记机关申请结婚登记，提出申请。出具下列证件和证明材料：①本人的户口簿、身份证；②本人无配偶以及与对方当事人没有直系血亲和三代以内旁系血亲关系的签字声明。结婚申请必须男女双方当事人亲自到场，不能由一方单独申请也不能委托他人代理申请，或用书面意见代替本人亲自到场。

（2）审查。

婚姻登记机关应当依法对当事人出具的证件、证明材料进行审查并询问。一方面审查当事人所持证件是否真实、完备，有无伪造、涂改或冒名顶替的行为；另一方面审查当事人双方是否都符合结婚的法定实质要件。

（3）登记。

婚姻登记机关对当事人的结婚申请进行审查后，当事人符合结婚条件的，应当当场予以登记，发给结婚证。当事人从取得结婚证时起，确立夫妻关系。

婚姻登记机关对当事人不符合结婚条件不予登记的结婚申请，应当向当事人说明理由。结婚当事人认为符合婚姻登记条件而婚姻机关不予登记的，可以依据《行政复议法》的规定申请行政复议；对复议决定不服的，可依《行政诉讼法》的规定提起行政诉讼。当事人也可以直接提起行政诉讼。

当事人以结婚登记程序存在瑕疵为由提起民事诉讼，主张撤销结婚登记的，告知其可以依法申请行政复议或者提起行政诉讼。

（四）有关婚姻的特殊事项

1. 事实婚姻与同居关系

根据我国现行法律和司法解释的规定，未办理结婚登记而同居生活的男女两性结合形成的关系可分为两种：一是事实婚姻关系；二是同居关系。

事实婚姻是指没有配偶的男女未办理结婚登记，但符合结婚实质条件，并且以夫妻名义公开同居生活，周围的人们也认为他们是夫妻。

同居，指的是没有合法夫妻身份的男女同居关系。同居包括三种：第一种是有配偶者与人同居。《最高人民法院关于适用〈中华人民共和国婚姻法〉若干意见的解释（一）》〔以下简称《婚姻法解释（一）》〕对此的界定是"指有配偶者与婚外异性，不以夫妻的名义，持续、稳定地共同居住"。第二种是双方均无配偶，未办结婚登记而以夫妻名义共同生活。第三种是单纯的同居关系，指双方均无配偶，虽然持续稳定地共同居住，但并不以夫妻互待。这种关系可能发展为双方正式结婚，也可由双方或一方予以解除。后两种同居关系法律不禁止，也不提倡。

有配偶者与他人同居，是修改后的《婚姻法》明文禁止的行为。这种行为破坏了稳定的家庭关系，不利于维护良好的道德风尚与安定和谐的社会秩序，当事人一方起诉法院要求解除同居关系的，人民法院应当受理并依法予以解除。有配偶者与他人同居，无过错配偶要求离婚以及请求过错方给予损害赔偿的，人民法院应当予以支持。

没有配偶且没有婚姻障碍的一男一女以夫妻互待同居生活的，按照《婚姻法》的规定，应当补办结婚登记手续。如果当事人向法院起诉请求解除同居关系的，按照《最高人民法院关于适用〈中华人民共和国婚姻法〉若干意见的解释（二）》〔以下简称《婚姻法解释（二）》〕的规定，人民法院不予受理。因同居期间财产分割或者子女抚养纠纷提起诉讼的，人民法院应当受理。并根据子女的利益和双方的具体情况判决。生有子女的，解除同居关系后，子女的抚养教育费用应由双方合理分担。财产问题，可以按照最高人民法院《关于贯彻执行民事政策法律若干问题的意见》第十八条规定的精神处理，即：解除同居关系时，同居期间为共同生产、生活而形成的债权、债务，可按共同债权、债务处理；一方在共同生活期间患有严重疾病未治愈的，分割财产时，应于适当照顾，或者由另一方给予一次性的经济帮助；当事人一方就同居期间的财产纠纷起诉法院，法院只能依《民法》的一般共有财产关系处理；同居生活期间一方死亡，另一方要求继承死者遗产，符合《继承法》第十四条规定的，可根据相互扶助的具体情况处理，但如果以配偶身份主张享有继承权的，按对事实婚姻的处理原则区别对待。

对事实婚姻现行婚姻法采取相对承认。对事实婚姻关系的处理如下：

第一，"1994年2月1日民政部《婚姻登记管理条例》公布实施以前，男女双方已经符合结婚实质要件的，按事实婚姻处理"，法院审理事实婚姻案件应当先进行调解。经调解和好或撤诉的，确认婚姻关系有效，发给调解书或裁定书；经调解不能和好的，应判决准予离婚。

第二，"1994年2月1日民政部《婚姻登记管理条例》公布实施以后，男女双方符合结婚实质要件的，人民法院应当告知其在案件受理前补办结婚登记；未补办结婚登记的，按解除同居关系处理。"事实婚姻关系不具有婚姻的效力，双方当事人的关系不适用《婚姻法》中有关夫妻权利义务的规定；依现行婚姻法的规定，事实婚姻关系当事人一方起诉法院要求解除婚姻关系的，应先补办结婚登记，然后才可以适用《婚姻法》的规定。否则法院不受理。

离婚后，双方未再婚，未履行复婚登记手续，又以夫妻名义同居生活，一方起诉"离婚"的，人民法院不受理。

2. 无效婚姻

无效婚姻是指男女两性的结合违反了法律规定的结婚实质要件而不具有法律效力的违法结合。有下列情形之一的，婚姻无效：①重婚的；②有禁止结婚的亲属关系的；③婚前患有医学上认为不应当结婚的疾病，婚后尚未治愈的；④未达到法定婚龄的。根据《最高人民法院关于适用〈中华人民共和国婚姻法〉若干意见的解释（三）》［以下简称《婚姻法解释（三）》］，当事人以以上四原因以外的情形申请宣告婚姻无效的，法院应当判决驳回。且向法院申请宣告婚姻无效时，申请原因消失，则法院将不予支持其宣告婚姻无效的诉讼请求。

无效婚姻自始无效，具有追溯力，当事人不具有夫妻的权利与义务，但要对双方当事人在同居期间的人身关系和财产关系进行处理，因而对其应按照法定程序予以认定和处理。在我国，确认无效婚姻实行"单轨制"，无效婚姻宣告的主体只能是人民法院。

3. 可撤销婚姻

可撤销婚姻是指已成立的婚姻关系，因当事人受胁迫，欠缺结婚合意而成立的婚姻。在我国，可撤销婚姻的确认实行"双轨制"，既可依行政程序由婚姻登记机关予以撤销，也可依诉讼程序由人民法院予以撤销。

可撤销婚姻的撤销权人。受胁迫的一方当事人可依法向婚姻登记机关或人民法院请求撤销该婚姻。并且享有撤销权的只能是受胁迫一方的婚姻关系当事人本人，是否行使撤销权由撤销权人自行决定。可撤销婚姻在撤销前，现存婚姻具有法律效力，一旦被撤销则自始不发生法律效力。

撤销婚姻仅有可撤销的事由而无撤销行为的，其婚姻效力并不消灭。可撤销的婚姻须由撤销权人行使撤销权，才能确定该婚姻自始不发生法律效力。撤销权人行使撤销权的意思表示，须向婚姻登记机关或人民法院做出，而非向相对人做出。行使撤销权的时效，受胁迫的一方撤销婚姻的请求，应当自结婚登记之日起一年内提出。被非法限制人身自由的当事人请求撤销婚姻的，应当自恢复人身自由之日起一年内提出。若在法定期间内不行使该权利，该权利归于消灭。

## 二、离 婚

离婚是夫妻双方依照法定的条件和程序解除婚姻关系的法律行为，在方式上可分为协议离婚和诉讼离婚，即登记离婚与判决离婚。

### （一）协议离婚

1. 协议离婚的概念和条件

协议离婚又称双方自愿离婚，是指婚姻当事人双方自愿达成解除婚姻关系的合意，并就离婚所涉及的子女和财产达成协议，经有关部门认可而解除婚姻关系。协议离婚仅适用于双方自愿离婚并就子女和财产等问题已有适当处理的情形。在我国，双方自愿离婚的依法登记离婚。根据《婚姻法》第三十一条规定，男女双方自愿离婚的，双方必须到婚姻登记机关申请离婚。婚姻登记机关查明双方确实是自愿并对子女和财产问题已有适当处理的，应当发给离婚证。

2. 协议离婚的主管机关和程序

通过行政程序进行的协议离婚由婚姻登记的机关办理。内地居民办理离婚登记的机关是县级人民政府民政部门或者乡（镇）人民政府，省、自治区、直辖市人民政府可以按照便民原则确定农村居民办理婚姻登记的具体机关。县、不设区的市人民政府的民政部门办理双方或一方常住户口在本行政区域内的内地居民之间的离婚登记。省级人民政府可以根据实际情况规定乡（镇）人民政府办理双方或者一方常住户口在本乡（镇）的内地居民之间的离婚登记。根据《婚姻登记条例》的规定，离婚登记必须经过申请、审查、登记三个步骤。

（二）诉讼离婚

诉讼离婚又称裁判离婚，是指一方要求离婚，或双方要求离婚，但对离婚后子女和财产等问题不达成协议，由一方直接向人民法院提出离婚诉讼。人民法院经诉讼程序审理后，以调解或判决方式解除其婚姻关系。协议离婚仅适用于双方自愿离婚并就子女和财产问题已有适当处理的情形，诉讼离婚则是用于各种情况。一方为无民事行为能力人或限制民事行为能力人的离婚，以及双方要解除的是事实婚姻，则只能通过诉讼方式进行，而不能通过协议方式离婚。

1. 诉讼离婚中的两项特殊保护

（1）对现役军人的特殊保护。

《婚姻法》第三十三条规定："现役军人的配偶要求离婚，须征得军人同意，但军人一方有重大过错的除外。"这是对非军人一方离婚胜诉权的一种限制性规定，体现了在离婚问题上对现役军人的特殊保护，从而维护人民军队的稳定。

现役军人的范围是指具有中国人民解放军军籍的干部和战士、人民武装警察部队的干部和士兵，包括军队中的文职人员。但退伍、复员、转业的军人以及军事单位中不具有军籍，从事后勤管理、生产经营的人员，均不属现役军人。现役军人的配偶是指非军人的一方。双方都是军人或军人向非军人一方提出离婚的，不适用本条的特殊规定，仍适用法律的一般规定。

（2）对女方的特殊保护。

《婚姻法》第三十四条规定："女方在怀孕期间、分娩后1年内或中止妊娠后6个月内，男方不得提出离婚。女方提出离婚的，或人民法院认为确有必要受理男方离婚请求的，不在此限。"这一规定主要是为了保护妇女和子女的合法权益。这是对男方离婚诉权的限制，而不是剥夺。

2. 裁判离婚的法定条件

离婚诉讼的目的重心在于解除婚姻关系，而能否解除婚姻关系的关键在于是否符合法定判决离婚的标准。因此，法定的离婚事由是一方当事人提起离婚诉讼请求解除婚姻关系的理由和人民法院审理离婚案件据以决定是否准予离婚的依据。《婚姻法》第三十二条第二款规定，人民法院审理离婚案件时，应当进行调解，如当事人双方感情确已破裂，调解无效，应准予离婚。因此，夫妻感情是否破裂，是人民法院判决离婚或不离婚的法定条件。

根据《婚姻法》第三十二条的规定和1989年11月21日《最高人民法院关于人民法

③用于证明前款规定的过半数股东同意的证据,可以是股东会决议,也可以是当事人通过其他合法途径取得的股东的书面声明材料。

(5)关于未从家庭共同财产中析出的财产的处理办法:离婚时夫妻共同财产未从家庭共同财产中析出,一方要求析产的,可先就离婚和已查清的财产问题进行处理,对一时难以查清的,可告知当事人另案处理;或中止离婚诉讼,待析产案件审结后再恢复离婚诉讼。

(6)关于尚未取得经济利益的知识产权的处理办法:离婚时一方尚未取得经济利益的知识产权,归一方所有,在分割夫妻共同财产时可根据具体情况,对另一方予以适当照顾。

(7)房屋等不动产的处理办法:

①关于婚前已交首付的不动产的处理:夫妻一方婚前签订不动产买卖合同,以个人财产支付首付款并在银行贷款,婚后用夫妻共同财产还贷,不动产登记于首付款支付方名下的,离婚时该不动产由双方协议处理。

依前款规定不能达成协议的,人民法院可以判决该不动产归产权登记一方,尚未归还的贷款为产权登记一方的个人债务。双方婚后共同还贷支付的款项及其相对应财产增值部分,离婚时应根据《婚姻法》第三十九条第一款规定的原则,由产权登记一方对另一方进行补偿。

②未经同意出售房屋的处理办法:一方未经另一方同意出售夫妻共同共有的房屋,第三人善意购买、支付合理对价并办理产权登记手续,另一方主张追回该房屋的,人民法院不予支持。但是,夫妻一方擅自处分共同共有的房屋造成另一方损失,离婚时另一方请求赔偿损失的,人民法院应予支持。

③对参加房改的房屋的处理:婚姻关系存续期间,双方用夫妻共同财产出资购买以一方父母名义参加房改的房屋,产权登记在一方父母名下,离婚时另一方主张按照夫妻共同财产对该房屋进行分割的,人民法院不予支持。购买该房屋时的出资,可以作为债权处理。

(8)当事人请求返还按照习俗给付的彩礼的,如果查明属于以下情形,人民法院应当予以支持:①双方未办理结婚登记手续的;②双方办理结婚登记手续但却未共同生活的;③婚前给付并导致给付人生活困难的。适用前款第②、③项的规定,应当以双方离婚为条件。

(9)关于养老金的分割问题:离婚时夫妻一方尚未退休、不符合领取养老保险金条件,另一方请求按照夫妻共同财产分割养老保险金的,人民法院不予支持;婚后以夫妻共同财产缴付养老保险费,离婚时一方主张将养老金账户中婚姻关系存续期间个人实际缴付部分作为夫妻共同财产分割的,人民法院应予支持。

(10)夫妻之间的借贷问题:夫妻之间订立借款协议,以夫妻共同财产出借给一方从事个人经营活动或用于其他个人事务的,应视为双方约定处分夫妻共同财产的行为,离婚时可按照借款协议的约定处理。

(11)对婚姻中债务问题的处理。

①债权人就一方婚前所负个人债务向债务人的配偶主张权利的,人民法院不予支持。但债权人能够证明所负债务用于婚后家庭共同生活的除外。

②《婚姻法》第十九条第三款规定：夫妻对婚姻关系存续期间所得的财产约定归各自所有的，夫或妻一方对外所负的债务，第三人知道该约定的，以夫或妻一方所有的财产清偿。"第三人知道该约定的"如何判断？《婚姻法》规定"夫妻一方对此负有举证责任"。即举证责任在夫妻一方，其必须能够证明在发生债权债务关系时，第三人却已明确、清楚地知道其夫妻财产约定，才可以对抗第三人。如夫妻一方不能证明"第三人明知"，则财产约定对第三人不产生效力。

③当事人的离婚协议或者人民法院的判决书、裁定书、调解书已经对夫妻财产分割问题做出处理的，债权人仍有权就夫妻共同债务向男女双方主张权利。

④《婚姻法》第四十一条规定："离婚时，原为夫妻共同生活所负的债务，应当共同偿还。共同财产不足清偿的，或财产归各自所有的，由双方协议清偿；协议不成时，由人民法院判决。"根据这一规定和《关于人民法院审理离婚案件处理财产分割问题的若干具体意见》的具体解释，处理夫妻债务问题时要分清债务的性质，落实清偿责任。

(12) 共同财产未分的情况：离婚后，一方以尚有夫妻共同财产未处理为由向人民法院起诉请求分割的，经审查该财产确属离婚时未涉及的夫妻共同财产，人民法院应当依法予以分割。

(13) 协议离婚未成的情况下：当事人达成的以登记离婚或者到人民法院协议离婚为条件的财产分割协议，如果双方协议离婚未成，一方在离婚诉讼中反悔的，人民法院应当认定该财产分割协议没有生效，并根据实际情况依法对夫妻共同财产进行分割。

3. 离婚后的子女抚养

离婚对父母子女关系并无影响，父母子女间的关系不因离婚而消灭，也不因当事人的意思而解除；离婚后，子女无论由父方或母方直接抚养，仍是父母双方的子女，父母对子女有抚养教育的义务。根据《继承法》第三十六条、第三十七条和1993年11月3日最高人民法院《关于人民法院审理离婚案件处理子女抚养问题的若干具体意见》《婚姻法解释（一)》《婚姻法解释（二)》的规定离婚时子女抚养问题应做如下处理：

《婚姻法》第三十六条第一款规定："父母与子间的关系，不因父母离婚而消除。离婚后，子女无论由父或母直接抚养，仍是父母双方的子女。"离婚后的婚生子女、养子女仍是父母双方的子女。继父母子女关系应按以下情形处理：①继父母与未成年的继子女的关系可因父母与继父、继母与生父的离婚而消灭；②继子女是由继父母抚养成年的，继父母子女关系不消灭；③生父与继母或生母与继父离婚时，对曾受其抚养教育的继子女，继父或继母不同意继续抚养的，仍应由生父母抚养。

《婚姻法》第三十六条第三款规定："离婚后，哺乳期内的子女，以随哺乳的母亲抚养为原则。哺乳期后的子女，如双方因抚养问题发生争执不能达成协议时，由人民法院根据子女的权益和双方的具体情况判决。"此外，10周岁以上的未成年子女，要尊重他们的意愿。

父母离婚后原定的抚养方式可因父母抚养条件的变化和子女要求变更抚养关系而变更。具体变更方式可先由父母双方协议，协议不成时，要求变更的一方可向人民法院提起变更之诉，人民法院应从有利于子女身心健康、维护子女权益的角度出发，结合父母双方的情况做出裁决。

《婚姻法》第三十七条规定："离婚后，一方抚养的子女，另一方应负担必要的生活费和教育费的一部分或全部，负担费用的多少和期限的长短，由双方协议；协议不成时，由人民法院判决。关于子女生活费和教育费的协议或判决，不妨碍子女在必要时向父母任何一方提出超过协议或判决原定数额的合理要求。"当父母双方就抚养费达成协议时，法院可根据子女的需要、父母双方的负担能力和当地的实际生活水平加以确定。

抚养费的给付对象：对不能独立生活的未成年子女，父母抚养费的给付是无条件的，这里的不能独立生活的子女指的尚在校接受高中及其以下学历教育，或者未完全丧失劳动能力等非因主观原因而无法维持正常生活的成年子女。

抚养费的给付期限：高中及其以下学历教育。

抚养费的给付方式：由双方协议；协议不成时，由人民法院判决。

（四）探望权

探望权是以法律形式对亲情交流和维系的保障。探望不仅可以满足父母亲对孩子的关系、抚养和教育的情感需要，同子女保持密切的往来，还可以增进父母子女的沟通和交流，减轻子女的家庭破碎感，促进子女健康成长。

配偶在生有子女后离婚的，子女一般由配偶一方直接抚养。为保证子女的健康成长，减少父母离婚对子女的伤害，同时也为了保障父母的感情利益，赋予父母一方探望权是很有必要的。现行《婚姻法》对此做了明确规定。探望权是指离婚后不直接抚养子女的父或母一方依法享有的在一定时间，以一定方式探视、看望子女的权利。另一方有协助的义务。

探望权是父母的法定权利，任何人都不得非法干预。根据《婚姻法》第三十八条及相关司法解释的规定，享有探望权的主体是离婚后未直接抚养子女的父或母。

探望权的行使包括行使的方式、时间及长度、地点、次数等内容。这些内容由离婚后的父母双方加以协商。除了权利人的积极作为外，行使探望权还需直接抚养养子女一方的协助。协助一方拒不履行协助义务，妨碍权利人探望子女的，探望人可申请人民法院采取强制措施，对拒不履行协助另一方行使探望权的有关个人和单位采取拘留、罚款等。

探望权的终止是指在一定的情况下，父母的探望会对子女造成不良影响，则未成年子女、直接抚养子女的父或母以及其他对未成年子女负担抚养、教育义务的法定监护人，有权向人民法院提出中止探望权的请求。在双方当事人充分的表达完自己的意见后，人民法院对是否需要中止探望权依法做出判决。当中止探望权的原因消失后，当事人可以申请恢复探望权，人民法院应当根据申请通知当事人其探望权的恢复。

（五）无过错方离婚时的损害赔偿请求权及其行使条件

离婚时的损害赔偿是指因夫妻一方有特定侵权行为导致离婚，另一方当事人有权依法请求损害赔偿，该损害赔偿包括物质损害赔偿和精神损害赔偿。物质损害赔偿是对无过错方当事人所遭受的财产损失的补偿；精神损害赔偿具有抚慰离婚中无过错当事人一方精神痛苦的功能，并最终实现保护合法婚姻关系，保障无过错配偶合法权益的目的。故损害赔偿请求权的主体是离婚诉讼中的无过错方。

根据《婚姻法》第四十六条的规定，有下列情形之一导致离婚的，无过错方有权请求损害赔偿：①重婚的；②有配偶者与他人同居的；③实施家庭暴力的；④虐待、遗弃家庭成员的。

这不仅是判决离婚的法定事由，还是无过错方请求损害赔偿的依据。当事人有上述情形的即被视为有过错，即须对无过错方承担损害赔偿责任。但是如果当事人有上述情形之外的其他过错的，无过错方则不得请求离婚损害赔偿。同时，如果双方均有上述过错，则法院对一方或双方提出的离婚损害赔偿请求不予支持。

离婚损害赔偿的三个限制：第一，只有过错方可以提出，其他家庭成员不可以。第二，过错必须导致离婚，没有离婚或不想离婚，都无权请求离婚损害赔偿。第三，只能向配偶要求，不可以向第三者。

无过错方作为原告向人民法院提起的损害赔偿请求必须与离婚诉讼同时提出，由人民法院在判决离婚时一并做出裁决。由于人民法院在受理离婚案件时已将与当事人相关的权利义务书面告知了当事人，故原告不提出损害赔偿请求的，视为对权利的放弃，并丧失请求损害赔偿的权利。原告在离婚诉讼中即使提出了损害赔偿请求，但人民法院判决不准离婚的，则当事人的请求权也会因失去了存在基础而不能得到支持。

如果无过错方作为被告并且同意离婚的，可以在离婚诉讼中要求损害赔偿。一审时被告未提出损害赔偿请求而在二审期间提出的，人民法院应当进行调解，调解不成的，当事人可以在离婚后1年内对损害赔偿另行起诉；如果被告不同意离婚，也不提起损害赔偿诉讼的，被告可以在人民法院判决准予离婚后1年内就此单独提起诉讼。

当事人协议离婚的，在办理离婚登记手续后，一方以《婚姻法》第四十六条规定为由向人民法院提出损害赔偿请求的，人民法院应当受理。但当事人在协议离婚时已经明确表示放弃该项请求，或者在办理离婚登记手续一年后提出的，不予支持。

依据《婚姻法解释（一）》的规定，婚姻关系无过错方请求损害赔偿的范围包括物质损害赔偿和精神损害赔偿。精神损害赔偿请求权是指无过错方请求对方给付相应的精神损害抚慰金的权利，具体赔偿的数额已经最高人民法院《关于确定民事侵权精神损害赔偿若干问题的解释》予以确定。

## 三、夫妻关系

夫妻是在婚姻关系存续时对男女双方的称呼，又称为配偶。夫妻关系即夫妻法律关系，它是夫妻之间权利和义务的总和。夫妻关系是家庭关系中最重要的关系。夫妻关系的内容包括夫妻人身和财产的权利义务关系。《婚姻法》第十三条规定：夫妻在家庭中的地位平等。这是宪法中男女平等原则的体现，其核心是指男女双方在婚姻、家庭生活中的各个方面都平等地享有权利、负担义务，互不隶属、支配。夫妻在家庭中地位平等，既是确定夫妻间权利和义务的原则，也是处理夫妻间权利和义务纠纷的基本依据。

（一）夫妻人身关系

夫妻人身关系是指夫妻双方在婚姻中的身份、地位、人格等多个方面的权利义务关系，是夫妻关系的主要内容，根据《婚姻法》的有关规定，夫妻人身关系主要有下列内容：

1. 夫妻有各用自己姓名的权利

姓名权是人格权的重要组成部分，是一项重要的人身权利。作为人身权的姓名权由夫妻双方完整、独立地享有，不受职业、收入、生活环境变化的影响，并排除他人（包括其配偶在内）的干涉。在婚姻家庭生活中，夫妻一方可合法、自愿地行使、处分其姓名权，这还体现在子女姓名的确定上，《婚姻法》第二十二条规定："子女可以随父姓，可以随母姓。"对子女姓名的决定权，由夫妻双方平等享有。

2. 夫妻间的忠实义务

《婚姻法》第三条第二款、第四条对夫妻双方所负的忠实义务尽做了原则性规定，忠实主要是指夫妻在性生活上互守贞操，保持专一，不为婚姻外性行为；也包括夫妻不得恶意遗弃其配偶，不得为第三人利益损害、牺牲其配偶的利益。法律对夫妻间同居的权利和义务未做明确规定，一般认为，权利的行使与义务的履行以配偶一方正当、合理的要求为限，并因其具有强烈的人身性，不能被强制执行。明确夫妻有相互忠实的义务，不仅是一夫一妻制的需要，还为追究各种侵犯婚姻的违法行为提供了法律依据。

3. 夫妻双方的人身自由权

《婚姻法》第十五条规定，夫妻双方都有参加生产、工作、学习和社会活动的自由，一方不得对他方加以限制或干涉。这是夫妻双方各自充分、自由发展的必要和先决条件。夫妻一方行使人身自由权以合法、合理为限，并应互相尊重，不得滥用权利损害他方和家庭的利益。

4. 夫妻有平等的住所决定权

《婚姻法》第九条对此做了规定，登记结婚后，根据男女双方约定，女方可以成为男方家庭的成员，男方也可以成为女方家庭的成员。夫妻应有权协商决定家庭住所，一方不得对另一方强迫，第三人也不得干涉。可选择男方或女方原来的住所或另外的住所。

5. 夫妻都有计划生育的义务

实行计划生育是我国的一项基本国策，是夫妻的法定义务。义务的主体是夫妻双方，而非仅仅是女方，《婚姻法》第十六条规定，夫妻双方都有实行计划生育的义务。《妇女权益保障法》第四十七条第一款明确规定，妇女有按照国家有关规定生育子女的权利，也有不生育的自由，即妇女有生育权。《人口与计划生育法》第十七条规定，公民有生育的权利。

（二）夫妻财产关系

男女双方因结婚产生了夫妻人身关系，也就随之产生了夫妻财产关系。《婚姻法》第十九条规定，夫妻可以约定婚姻关系存续期间所得的财产以及婚前财产各自所有、共同所有或部分各自所有、部分共同所有。约定应当采取书面形式。没有约定或约定不明确的，适用法律关于夫妻共同财产和一方个人财产的规定。夫妻对婚姻关系存续期间所得的财产以及婚前财产的约定，对双方具有约束力。夫妻对婚姻关系存续期间所得的财产约定归各自所有的，夫或妻一方对外所负的债务，第三人知道该约定的，以夫或妻一方所有的财产清偿。

可见，《婚姻法》对夫妻财产制度采取了法定夫妻财产制与约定夫妻财产制相结合的模式。

1. 法定夫妻财产制

（1）法定夫妻财产制是指夫妻双方在婚前、婚后均没有约定或所作约定无效时，依法律规定直接适用的夫妻财产制度。《婚姻法》第十七条规定，夫妻在婚姻关系存续期间所得的财产归夫妻共同所有。我国法定夫妻财产制采取的是限定的婚后所得共同制。夫妻婚前财产婚后不再转化为夫妻共有财产。归夫妻共同所有的财产有：①工资、奖金；②生产、经营的收益；③知识产权的收益；④继承或赠与所得的财产（但遗嘱或赠予合同中确定只归夫或妻一方的财产除外）。⑤其他应当归共同所有的财产。

《婚姻法》第十八条还规定了夫妻个人特有财产，将其与夫妻共有财产区分。夫妻个人特有财产的范围包括：①一方的婚前财产；②一方因身体受到伤害获得的医疗费、残疾人生活补助费等费用；③遗嘱或赠予合同中确定只归夫妻一方的财产；④一方专用的生活用品；⑤夫妻一方个人财产在婚后产生的收益中孳息和自然增值。⑥其他应当归一方的财产。

（2）特殊规定。

①婚前或者婚姻关系存续期间，当事人约定将一方所有的房产赠与另一方，赠与方在赠与房产变更登记之前撤销赠与，另一方请求判令继续履行的，人民法院可以按照《合同法》第一百八十六条规定："赠与人在赠与财产的权利转移之前可以撤销赠与。具有救灾、扶贫等社会公益、道德义务性质的赠予合同或者经过公证的赠予合同，不适用前款规定"进行处理。

②婚后由一方父母出资为子女购买的不动产，产权登记在出资人子女名下的，可按照《婚姻法》第十八条第三项的规定，视为只对自己子女一方的赠与，该不动产应认定为夫妻一方的个人财产。由双方父母出资购买的不动产，产权登记在一方子女名下的，该不动产可认定为双方按照各自父母的出资份额按份共有，但当事人另有约定的除外。

③婚姻关系存续期间，夫妻一方请求分割共同财产的，人民法院不予支持，但有下列重大理由且不损害债权人利益的除外：a. 一方有隐藏、转移、变卖、毁损、挥霍夫妻共同财产或者伪造夫妻共同债务等严重损害夫妻共同财产利益行为的；b. 一方负有法定扶养义务的人患重大疾病需要医治，另一方不同意支付相关医疗费用的。

夫妻财产除了包括积极财产外，还包括消极财产，即对外负担的债务。夫妻共同负担的债务，由夫妻共同所有的财产清偿；夫妻对婚姻关系存续期间所得的财产约定归各自所有的，夫或妻一方对外所负的债务，第三人知道该约定的，以夫或妻一方所有的财产清偿。

2. 约定夫妻财产制

约定夫妻财产制是相对法定财产制而言的，是依据不同的发生原因做出的划分。它是指婚姻当事人以约定的方式对婚前、婚后取得的财产的归属、处分以及在婚姻关系解除后的财产分割达成协议，并具有优先于法定财产制适用的效力，又称契约财产制度，是意思自治原则在《婚姻法》中的贯彻和体现。

夫妻财产约定的有效条件：①约定的主体须具有合法的夫妻身份，且双方须具有完全民事行为能力。②当事人必须自愿，意思表示真实。③约定的内容必须合法，不能损害国家、集体、他人的利益，不得违背社会公共利益。

约定的形式：法律明确要求采取书面形式。约定的财产范围包括夫妻婚前与婚姻关系存续期间的财产。约定的内容有三种，可以是各自所有、共同所有或部分各自所有、部分共同所有。即分别财产制、一般共同财产制、混合财产制。

约定的生效条件：首先必须具备民事法律行为生效的要件，合法、自愿、真实；其次，符合特别法上的要求，如男女双方平等，保护妇女、儿童和老人的合法权益（这是有效条件，该约定一般订立即生效）。

约定的内容：在第三人知晓时，其对外具有对抗的效力，否则，无对抗的效力；对内则对夫妻处理财产的行为产生约束力。为逃避债务的虚假约定或协议离婚分割财产的，应被认定为无效行为。对债务人非法目的的认定，可结合夫妻财产约定或协议分割的时间、方式、当时的背景等考察。

### 四、父母子女关系

父母子女关系，是指父母、子女间在法律上的权利义务关系，又称为亲子关系。根据血亲形成的性质，可分为自然血亲和拟制血亲的父母子女关系，自然血亲包括婚生父母子女关系和非婚所生父母子女关系。拟制血亲包括收养形成的养父母子女关系和事实上形成扶养关系的继父母子女关系。

（一）自然血亲的父母子女关系

自然血亲的父母子女关系是基于子女出生的法律事实而在子女和父母亲之间形成的法律上的权利义务关系，又称作亲子关系。依出生事实发生期间的不同，自然血亲又分为婚生和非婚生的亲子关系。自然血亲的父母子女关系因血缘而存在，不能人为解除，除非一方死亡而自然终止，其法律上的权利义务关系在一般条件下只能因父母合法的送养行为而终止。

1. 婚生父母子女关系

婚生父母子女关系是指在婚姻关系存续期间受胎或出生的子女与父母形成的权利义务关系。婚生父母子女关系的形成须具备下列条件：①该婚姻关系合法有效；②该子女的血缘须来自合法配偶身份的男女双方；③该子女的出生时间在法定时间内。在现代科技条件下，受孕包括传统的自然受精，又包括母体内受孕（人工授精）与母体外受精（试管婴儿）。在夫妻关系存续期间，双方一致同意进行人工授精的，所生子女应视为夫妻双方的婚生子女。

（1）父母的权利义务。

在人身方面的权利义务包括：①扶养的权利与义务，即父母在经济上对子女的供养和在生活上对子女的照料，包括负担子女的生活费、教育费、医疗费等。这是父母对子女所负的最主要的义务，目的是为了保障子女的生存和健康成长。扶养的权利和义务的行使有两种方式：一是直接与子女一起生活，二是间接地提供扶养费，部分履行照顾子女生活的（如提供扶养费），享有探望权。②管理教育的权利和义务。根据《未成年人保护法》《义务教育法》的规定，父母有预防、制止子女的各种不良行为的义务。③法定代理。《民法通则》规定，父母为子女的法定代理人，代理子女为各种行为。在财产方面，主要表现为对子女财产的管理；未成年人给他人造成的损失，父母须承担赔偿责任。这是有效地保障子女身心健康和财产安全的法律依据。

（2）子女的权利义务。

未成年或不能独立生活的子女，当父母不履行抚养义务时，有权要求父母给付抚养费，其中不能独立生活的子女是指尚在校接受高中及其以下学历教育。父母对成年子女的抚养义务是附条件的。即成年子女非因主观原因丧失、部分丧失劳动能力而无法维持正常生活。"抚养费"则包括子女生活费、教育费、医疗费等费用。子女对父母有赡养扶助的义务。子女不履行赡养义务时，无劳动能力的或生活困难的父母，有要求子女给付赡养费的义务，并且不因父母的婚姻关系变化而终止。《婚姻法》第三十条规定，子女有义务尊重父母的婚姻权利，不得干涉父母再婚以及婚后的生活。《婚姻法》第二十四条规定，父母和子女有相互继承遗产的权利。

2. 非婚生父母子女关系

非婚生子女是指没有婚姻关系的男女所生的子女。《婚姻法》第二十五条规定，非婚生子女享有与婚生子女同等的权利，任何人不得加以危害和歧视。不直接抚养非婚生子女的生父或生母应当负担子女的生活费与教育费，直至子女能独立生活为止。非婚生子女一般按生母的婚生子女对待，非婚生子女一般可由生父表示认领；生父不承认的，可由生母加以证明。生母与非婚生子女有权要求未履行抚养义务的生父给付抚养费。

(二) 拟制血亲的父母子女关系

1. 继父母子女关系

继子女是指夫与前妻或前夫与妻所生的子女，继父母是指母之后夫或父之后妻；继父母子女关系是指在生父母一方死亡或离婚后，另一方带子女再婚形成的权利义务关系。根据继子女与继父母之间是否存在扶养关系，其可分为以下两类：一是由共同生活的法律事实形成的拟制血亲的继父母子女关系；二是直系姻亲的继父母子女关系。这两类继父母子女关系的法律后果、形成事由是不同的。拟制直系血亲的继父母子女关系的形成除了父母的再婚行为外，还须有共同生活的条件，其产生的法律后果与血亲关系的父母子女间的权利义务关系相同。《继承法》第十条规定，有扶养关系的继父母子女间有继承权，且继子女有赡养继父母的义务。而仅为直系姻亲关系的继父母子女间没有法律上的权利义务关系，如继子女成年后其生父或生母与他人再婚，子女对其生父或生母的再婚对象无法律上的赡养义务与继承权。

《婚姻法》第二十七条规定，继父母与继子女之间不得虐待或歧视。继父或继母和受其抚养教育的继子女间的权利和义务，适用本法对父母子女关系的有关规定。这说明形成了事实上扶养关系的继父母子女间的权利和义务，与亲生父母子女间的权利义务是相同的。

没有形成事实上扶养关系的继父母子女关系随生父母与继母、继父间婚姻关系的消灭而消灭。

2. 养父母子女关系

养父母子女关系是通过收养行为在收养人与被收养人之间形成的权利义务关系。收养是指自然人依照法律规定，领养他人的子女为自己的子女，在本无自然血亲关系的收养人与被收养人之间形成拟制血亲的父母子女关系的民事法律行为。

(1) 收养关系的成立。

①收养关系成立的实质要件。

这涉及收养人、被收养人、送养人。

　　第一，收养人的条件。

　　首先，根据《收养法》第六条的规定，收养人必须同时具备以下条件：①无子女；②有抚养教育被收养人的能力；③未患有在医学上认为不应当收养子女的疾病；④年满三十周岁；⑤男性收养人无配偶，收养女性的，则他们之间年龄应当相差40周岁以上；⑥收养人有配偶的，须由夫妻双方共同决定。其次，法律规定了例外，收养人收养三代以内同辈旁系血亲的子女，可以不受《收养法》第四条第三项、第五条第三项、第九条和被收养人不满14周岁的限制；华侨收养三代以内同辈旁系血亲的子女的，还可以不受《收养法》第六条第一项的限制。再次，收养人一般只能收养一名子女；收养孤儿、残疾儿童或者社会福利机构抚养查找不到生父母的弃婴和儿童，可以不受无子女和收养一名的限制。最后，收养人为外国人的，适用有关特别法的规定。

　　第二，被收养人的条件。

　　《收养法》第四条规定了被收养人的条件：①年龄限制。《收养法》第四条规定，被收养人须为不满14周岁的未成年人。②特定身份。丧失父母的孤儿；查找不到生父母的弃婴和儿童；生父母有特殊困难无抚养能力的子女。

　　第三，送养人的条件。

　　送养人须为法律所认可的合格的送养人：是孤儿的监护人，社会福利机构，有特殊困难而无力抚养子女的生父母。子女送养作为夫妻关系中的重大事项，必须由夫妻双方共同协商决定。但生父母一方下落不能或查找不到的，可以单方送养。

　　送养人不得以送养子女的理由违反计划生育的规定再生育子女。在配偶一方死亡，另一方送养未成年子女的，被送养人祖父母、外祖父母有优先抚养权。

　　收养作为变更亲属身份的民事法律行为，须合法、自愿、意思表示真实，被收养人为年满十周岁的未成年人的，须经被收养人同意。

　　②收养关系成立的形式要件。

　　收养关系的成立是重大民事行为，产生重大法律后果，《收养法》规定了收养关系成立的行政登记制度。有关当事人答成收养协议后，均应办理收养登记1999年4月1日《收养法》实施后的事实收养关系一般不能得到承认。收养双方或一方要求办理公证的，应当办理收养公证。收养人与送养人应向有关部门共同申请，并提交有关证明材料，被收养人年满10周岁的应亲自到场。

　　受理收养登记的机关为县级以上人民政府的民政部门。民政部门应对提交的材料加以全面审查，决定是否准许。被收养人为查找不到生父母的弃婴和儿童的，应在登记前予以公告。

　　民政部门对证明材料齐全、合法、有效，符合收养条件的，应准予登记并颁发《收养证书》，公安部门应依法办理户口登记等手续。

　　《收养法》第十四条对继父母收养继子女做了明确规定，并放宽了限制，不受无子女、有抚养教育被收养人的能力、未患有在医学上认为不应当收养子女的疾病及年满三十周岁限制。以鼓励继父母子女关系变成养父母子女关系，保障当事人利益，维护家庭的和睦与稳定。

　　（2）收养的法律效力。

　　收养关系自登记之日起成立，生效。

收养的拟制效力即收养关系的成立导致收养人与被收养人之间发生父母子女的权利义务关系，以及被收养人与收养人的近亲属发生相应的亲属关系等法律后果。拟制效力主要包括以下几个内容：养子女的姓名权、养父母对养子女的抚养教育义务、养父母对未成年养子女保护和教育的权利和义务、养子女对养父母的赡养扶助义务、养父母与养子女之间的遗产继承权、养子女与养父母的近亲属之间发生法定的权利和义务关系。

收养的消除效力即因收养成立而终止与原亲属关系及权利义务的效力。养子女与生父母及其他近亲属间的权利义务关系，因收养关系的成立而消除。此处改变的只是法定的权利义务而非血缘关系，所以有关禁止直系血亲与三代以内旁系血亲结婚的规定，对养子女与生父母及其他近亲属依然适用。

（3）收养关系的解除。

收养关系作为一种法律拟制的民事法律关系，既可以通过法律行为依法设立，也可以经由一定的法律程序予以解除。

养父母与成年养子女关系恶化，无法共同生活的；收养人不履行抚养义务，有虐待、遗弃等侵害未成年子女合法权益行为的；送养人行使对养父母子女关系的解除权的；养子女成年后，虐待、遗弃养父母的。养子女年满十周岁的，应征得本人同意。被收养人仍未成年的，收养人不得解除收养关系，但收、送养双方协议解除的除外。

收养人与送养人或收养人与成年的被收养人可以协议解除收养关系，不能达成协议的，也可以通过诉讼解除。当事人协议解除关系的，应当到民政部门办理解除收养关系的登记。

根据《收养法》第二十九条、第三十条的规定，收养关系解除后，养子女与养父母及其他近亲属间的权利义务关系即行消除，与生父母及其他近亲属的权利义务关系自行恢复，但成年养子女与生父母及其他近亲属间的权利义务关系是否恢复，可以协商确定。

# 第二节　继承法

## 一、继承权概述

（一）继承的概念和分类

继承有广义和狭义之说，广义的继承是指对死者生前权利和义务的承受，包括财产继承和身份继承，狭义的继承不包括身份继承，狭义的继承是指财产继承。即公民死亡后，将死者生前遗留的合法财产依法转移给继承人所有的法律制度。在继承中，死者为被继承人，被继承人死亡时所遗留的财产称为遗产。

我国继承法将继承分为法定继承和遗嘱继承。法定继承是指继承人根据法律的规定而承接被继承人遗产的继承方式。遗嘱继承是法定继承人范围以内的人，依照被继承人合法有效的遗嘱，继承被继承人遗产的继承方式。在适用上，遗嘱继承优于法定继承。

（二）继承权的概念和特征

继承权是自然人依照法律规定或被继承人遗嘱的指定，享有的承受被继承人遗产的民事权利。

继承权具有以下法律特征：

（1）继承权的发生以被继承人（财产所有人）死亡为唯一的法定原因，此处的死亡包括生理死亡与宣告死亡。只有财产所有人死亡，才发生按继承方式转移财产所有权的情形。而继承权发生的根据是法律的直接规定或合法有效的遗嘱。

（2）享有继承权的主体只能是自然人。法人、其他组织和国家虽可以受遗赠人的身份取得遗产，但不能以法定继承人或遗嘱继承人的身份取得遗产。

（3）继承权的主体原则上限于与被继承人有一定亲属关系的人。根据我国《继承法》的规定，继承人（包括法定继承人和遗嘱继承人）只能是与被继承人有在法律规定特定范围内的亲属关系的自然人，包括特定的婚姻、血缘以及收养关系。

（4）继承权具有不可转让性。继承权虽然是一项财产权，但由于它的取得具有一定的身份色彩，继承人虽然可能放弃继承权，但不得将继承权转让给他人。

## 二、继承法的基本原则

继承法的基本原则是处理财产继承必须遵守的普遍适用的法律准则，它贯穿、渗透于继承法体系中，继承法的基本原则主要有以下五个：

1. 保护公民私有财产继承权原则

保护公民私有财产继承权是继承法的最基本和最重要原则，《宪法》第十三条规定："国家依照法律规定保护公民的私有财产继承权。"《继承法》第一条规定："为保护公民的私有财产继承权，制定本法。"

2. 继承权平等原则

继承权平等原则主要是指继承权男女平等。《继承法》第九条规定："继承权男女平等。"男女平等是我国法律的一项重要原则，男女平等原则在《继承法》中的体现在于继承权主体不因性别不同而权利不同。

继承权平等原则不仅包括男女继承权平等，而且包括婚生子女和非婚生子女继承权平等，养子女和亲生子女继承权平等方面。

3. 养老育幼原则

养老育幼是中华民族的传统美德，它既是一项道德要求，也是我国继承制度确立的一项基本原则。

4. 权利和义务相一致原则

权利与义务相一致一般指权利义务基于同一法律关系产生并具有一一对应关系，《继承法》在一定程度上也体现了这一条款。《继承法》第十四条规定：继承人以外的对继承人扶养较多的人，可以分给他们适当的遗产。此处继承人以外的人本无获得财产性利益的权利，但因承担了较多的赡养义务，故可分得一定的财产权利，是权利与义务相一致原则的体现。

5. 互谅互让、协商处理遗产的原则

《继承法》第十五条规定："继承人应当本着互谅互让、和睦团结的精神，协商处理继承问题。遗产分割的时间、办法和份额，由继承人协商确定。协商不成的，可由人民调解委员会调解或向人民法院提起诉讼。"

## 三、继承权的取得、接受和放弃、丧失和保护

（一）继承权的取得

继承权的取得，是指确定继承人范围、继承的顺序、继承的份额等问题的依据。

1. 法定继承权的取得

法定继承权是直接依据法律的规定而享有的继承权。根据《继承法》的规定，自然人可基于以下三种原因而取得继承权：

第一，因婚姻关系而取得。《婚姻法》《继承法》均明确规定，配偶之间有互相继承遗产的权利，并且是第一顺序继承人。

第二，因血缘关系而取得。父母子女、兄弟姐妹之间相互享有继承权正是基于血缘关系产生的。

第三，因抚养、赡养关系而取得。有扶养关系的继父母与继子女之间以及有扶养关系的继兄弟姐妹之间有继承权；丧偶儿媳对公婆、丧偶女婿对岳父母尽了主要赡养义务的，作为第一顺序继承人。

2. 遗嘱继承权的取得

遗嘱继承权是继承人根据被继承人所立遗嘱而取得的继承权。遗嘱继承权的取得存在自身的依据：

第一，自然人取得遗嘱继承权必须依据被继承人生前立下的合法有效遗嘱。

第二，被继承人只能在法定继承人的范围内选定遗嘱继承人或对法定继承人的继承份额做出规定，而不能任意选定法定继承人范围以外的人为遗嘱继承人。

第三，立遗嘱人死亡。立遗嘱人死亡是遗嘱继承权产生的生效要件。

（二）继承权的接受与放弃

1. 继承权的接受

《继承法》第二十五条规定："继承开始后，遗产分割前继承人未表示放弃继承权的，视为接受继承。"无民事行为能力人的继承权，由其法定代理人代为行使。

2. 继承权的放弃

在继承开始以后至遗产处理前，继承人可以做出放弃继承的意思表示，在遗产分割后表示放弃的不再是继承权，而是所有权。继承人放弃继承权的，应采用明示的方式。继承人放弃继承应当以书面形式向其他继承人表示。用口头方式表示放弃继承的，本人承认，或有充分证据证明的，也应当认定有效。放弃继承是继承人的单方法律行为，继承人一旦放弃继承权，其效力及于继承开始之时。放弃继承不得附加任何条件，继承人因放弃继承权而不能履行法定义务的，放弃继承行为无效。同时，原则上，继承人放弃继承权后，不允许其撤回，除非放弃的意思表示有瑕疵。

（三）继承权的丧失

继承权的丧失是指对被继承人或其他继承人犯有某种罪行或其他违法行为的继承人，依法丧失原来拥有的法定继承权和遗嘱继承权。

根据《继承法》第七条的规定，继承人有下列行为之一的，丧失继承权：

（1）故意杀害被继承人的。不论出于何种动机，不论是既遂还是未遂，不论是直接故意还是间接故意，继承人均丧失继承权；继承人有《继承法》第七条第（1）项或第（2）项所列之行为而被继承人以遗嘱将遗产指定由该继承人继承的，可确认遗嘱无效，并按《继承法》第七条的规定处理。

（2）为争夺遗产而杀害其他继承人的。只有当继承人的杀害动机是争夺遗产，杀害的对象是其他继承人时，才能确定其丧失继承权。对于其他目的而杀害其他继承人的，并不丧失继承权。

（3）遗弃被继承人或虐待被继承人情节严重的。遗弃被继承人是指有赡养能力、扶养能力的继承人，拒绝赡养或扶养没有独立生活能力或丧失活动能力的被继承人的行为。虐待被继承人主要是指经常对被继承人进行肉体或精神上的折磨；继承人虐待被继承人情节严重的，或者遗弃被继承人的，如以后确有悔改表现，而且被虐待人、被遗弃人生前又表示宽恕可不确认其丧失继承权。

（4）伪造、篡改或销毁遗嘱，情节严重的。情节严重是指伪造、篡改或销毁遗嘱的行为侵害了缺乏劳动能力又无生活来源的继承人的利益，并造成其生活困难的，应认定其行为情节严重。

## 四、法定继承概述

### （一）法定继承的概念和特点

法定继承是遗嘱继承的对称，是指法律以明确规范的形式直接规定继承人的范围、继承顺序、遗产的分配原则等的一种继承方式。

法定继承具有以下法律特点：

（1）法定强制性。法定继承人的范围、继承顺序、继承份额以及遗产分配原则都由法律明确规定。

（2）补充限制性。法定继承的限制指的是遗嘱继承人必须在法定继承人的范围内选择，补充则是指在没有遗嘱或遗嘱无效的情况下才适用法定继承。

### （二）法定继承的适用范围

根据《继承法》的规定，遗赠扶养协议优先于遗嘱继承，遗嘱继承优于法定继承。有下列情形之一应适用法定继承：

（1）遗嘱未处分的或遗嘱无效部分涉及的遗产。

（2）受遗嘱人或遗嘱继承人在被继承人死亡后所未涉及的那部分遗产。

（3）遗嘱继承人放弃继承或丧失继承权后所涉及的遗产。

（4）受遗赠人放弃受遗赠后涉及的遗产。

## 五、法定继承人的范围和顺序

### （一）法定继承人的范围

第一，配偶。配偶是彼此处于合法婚姻关系中的夫妻相互之间的称谓。合法有效的婚姻是配偶互为法定继承人的前提条件。

第二，子女。《继承法》第十条规定，子女包括婚生子女、非婚生子女、养子女和有扶养关系的继子女。子女对父母的继承权不受父母婚姻关系变化的影响。

第三，父母，包括生父母、养父母和有养关系的继父母。

第四，兄弟姐妹，包括同父母、同父异母、同母异父的兄弟姐妹，养兄弟姐妹和有扶养关系的继兄弟姐妹。

第五，祖父母、外祖父母。祖父母、外祖父母与孙子女、外孙子女之间是除父母子女以外的血缘关系最近的直系血亲。《继承法》赋予祖父母、外祖父母继承孙子女、外孙子女遗产的权利，既符合养老育幼的原则，又能促进家庭团结和睦。

第六，对公婆尽了主要赡养义务的丧偶儿媳和对岳父母尽了主要赡养义务的丧偶女婿。这是为了鼓励那些照顾、赡养公婆和岳父母的丧偶儿媳和丧偶女婿。

（二）法定继承人的顺序

根据《继承法》第十条的规定，第一顺序的法定继承人是配偶、子女、父母；第二顺序的法定继承人是：兄弟姐妹、祖父母、外祖父母。《继承法》第十二条规定："丧偶的儿媳对公婆、丧偶的女婿对岳父母，尽了主要赡养义务的，作为第一顺序继承人。"

## 六、代位继承和转继承

（一）代位继承

代位继承，是指在法定继承中被继承人的子女先于继承人死亡或宣告死亡时，本应由继承人继承的遗产，由已死亡子女的晚辈直系血缘代位继承的法律制度，又称间接继承。

代位继承须具备以下条件：

（1）被代位人先于被继承人死亡是代位继承发生的前提条件和唯一的法定原因。只有被继承人的子女先于被继承人死亡的，在继承开始时，被继承人的子女无继承能力，才可能发生代位继承。

（2）被代位人只能是被继承人的子女。该子女包括婚生子女、非婚生子女、养子女、有扶养关系的继子女，但被继承人的其他法定继承人如配偶、父母、兄弟姐妹等不能作为被代位人。

（3）代位人必须是被代位人的晚辈直系亲属。根据《继承法》的规定，只有被继承人的晚辈直系血亲才享有代位继承权，被代位继承人的其他亲属，如兄弟姐妹、配偶等均无此权利。被继承人的生子女和养子女、已形成扶养关系的继子女的生子女和养子女以及被继承人的生子女都可代位继承。

（4）被代位人生前有有效继承权。继承人丧失继承权的，其晚辈直系血缘不得代位继承。

（5）代位继承只发生在法定继承中，不适用于遗嘱继承。在遗嘱继承中，遗嘱继承人的遗产继承权是在立遗嘱人死亡后才发生法律效力，若遗嘱继承人先于立遗嘱人死亡，其本身尚未存在有效的遗产继承权，所以不可能产生代位继承问题。

（6）被代位人先于被继承人死亡。如被继承人的子女在继承开始后遗产分割前死亡

得遗嘱继承人、受遗赠人或其他任何人的同意。

（2）遗嘱是遗嘱人亲自进行的民事法律行为，不能由他人代理。遗嘱具有人身性，故须由遗嘱人按自己的意志亲为之，而不能由他人代理。

（3）遗嘱是在遗嘱人死亡后才发生法律效力的民事法律行为。在遗嘱人未死亡前，遗嘱继承人只有继承期待权，当遗嘱人死亡后，遗嘱继承人才有了继承既得权。

（4）遗嘱是一种要式法律行为。若不符合法定的形式，则遗嘱不能发生法律效力。

（四）遗嘱的形式

遗嘱的形式，是指遗嘱人处分财产的意思表示方式。根据《继承法》第十七条的规定，遗嘱的法定形式有以下五种：

1. 公证遗嘱

公证遗嘱是指由遗嘱人亲自申请，经国家公证机关依法认可其真实性与合法性的书面遗嘱。公证遗嘱由遗嘱人向公证机关申请办理，是国家对遗嘱真实性和合法性的认可，能更好地保障遗嘱意思表示的真实性，因而法律效力最高。

2. 自书遗嘱

自书遗嘱是指由遗嘱人亲笔书写的遗嘱。这种遗嘱设立形式简便，具有较强的保密性，是最常用的遗嘱形式。如对原遗嘱做修改的，也应由本人亲笔书写并签名方为有效。

3. 代书遗嘱

代书遗嘱是指遗嘱人口述遗嘱内容，请他人代为书写的遗嘱。遗嘱人不能书写或亲笔书写遗嘱有困难，可以请他人代书，由代书人、见证人和遗嘱人签名。如遗嘱人不能签名，以按指印代替，不能由他人代签。

4. 录音遗嘱

录音遗嘱是指遗嘱人口述，以录音方式录制下来的遗嘱。以录音方式设立的遗嘱，应当有两个以上的见证人在场见证。

5. 口头遗嘱

口头遗嘱是指由遗嘱人用口头表述形式设立的遗嘱。遗嘱人在危急情况下，可以立口头遗嘱。口头遗嘱应当有两个以上见证人在场见证。

（五）遗嘱的效力

1. 遗嘱有效的条件

第一，遗嘱人立遗嘱时必须具有遗嘱能力。根据《民法通则》的相关规定，完全行为能力人具有遗嘱能力。确定遗嘱人是否具有遗嘱能力，应以遗嘱人设立遗嘱时为准。如果设立遗嘱时具有行为能力，立遗嘱后丧失行为能力的，不影响遗嘱的效力。设立遗嘱时没有行为能力，立遗嘱后具有行为能力的，仍属无效遗嘱。

第二，遗嘱是遗嘱人的真实意思表示。凡是遗嘱人受胁迫、受欺骗所立的遗嘱，或者被伪造、篡改的遗嘱，均不是遗嘱人的真实意思表示。

第三，遗嘱的内容合法。首先，遗嘱处分的财产范围，限于遗嘱人个人所有的合法财产。如遗嘱人处分了属于国家、集体或他人所有的财产，则这部分遗嘱内容无效。其次，遗嘱人个人所有的合法财产，并非全部都能被遗嘱处分。遗嘱应当对缺乏劳动能力又没有生活来源的继承人保留必要的份额。

第四，遗嘱必须不违反社会公共利益和社会公德。遗嘱若损害了社会公共利益或其内容违反社会公德，则不能有效。

第五，遗嘱的形式要符合法律规定的要求。

2. 遗嘱无效的情形

第一，遗嘱人无遗嘱能力，所立遗嘱无效。无行为能力人或限制行为能力人所立的遗嘱无效。

第二，受胁迫、欺骗所立的遗嘱无效。这类遗嘱不是遗嘱人的真实意思表示，因此无效。

第三，伪造的遗嘱无效。伪造的遗嘱根本不是被继承人的意思表示，因此，即使伪造遗嘱没有损害继承人的利益，或并不违背被继承人的意思表示，也属无效。

第四，被篡改的遗嘱内容无效。遗嘱被篡改的，被篡改的部分无效，不影响遗嘱中未被篡改内容的效力。

第五，如果遗嘱没有对缺乏劳动能力又没有生活来源的继承人保留必要的份额，对应当保留的必要份额的处分无效。

（六）遗嘱的变更和撤销

在遗嘱发生效力前，遗嘱人可随时变更或撤销所立的遗嘱。遗嘱的变更或撤销方式有明示方式和推定方式两种。

1. 遗嘱变更、撤销的明示方式

遗嘱变更、撤销的明示方式是指遗嘱人公开为意思表示，明确表示对原立遗嘱进行变更、撤销。遗嘱人以明示方式变更、撤销遗嘱的，须以法律规定的设立遗嘱的方式进行。否则将不发生变更或撤销遗嘱的效力。《继承法》第二十条规定："自书、代书、录音、口头遗嘱，不得撤销、变更公证遗嘱。"因此，公证遗嘱的变更、撤销只有到公证机关办理公证后方为有效。

2. 遗嘱变更、撤销的推定方式

遗嘱变更、撤销的推定方式是指遗嘱人虽未以明确的意思表示变更、撤销所设立的遗嘱，但法律根据遗嘱人的行为或内容相抵触的前后数份遗嘱，推定遗嘱人变更或撤销原遗嘱。推定方式主要有以下几种：①公证遗嘱优先于其他一般形式遗嘱；②遗嘱人立有数份遗嘱，且内容相互抵触的，以最后所立的遗嘱为准；③遗嘱人生前的行为与遗嘱的意思表示相反，而使遗嘱处分的财产在继承开始前灭失、部分灭失或所有权移转、部分移转的，遗嘱视为被撤销或部分被撤销；④遗嘱人故意销毁遗嘱的，推定遗嘱人撤销原遗嘱，原遗嘱毁坏后是否又立有新遗嘱不影响推定的效力，但公证遗嘱并不在列。

（七）遗嘱的执行

遗嘱的执行是指遗嘱人死亡后，为了实现遗嘱内容，由特定的人按照遗嘱人所立遗嘱的内容处理遗产及其他事项而采取的必要行为与程序。遗嘱的执行在被继承人死亡后、遗嘱生效时开始。

1. 遗嘱执行人是因遗嘱内容或法律规定而有权执行遗嘱以实现遗嘱内容的人或组织。

（1）遗嘱执行人按照其产生的方法大致可分为三类：①从遗嘱中产生。遗嘱人在遗嘱中明确指出了遗嘱执行人或在遗嘱中委托他人来指定遗嘱执行人，委托他人指定时应征得被委托人同意。②法定继承人作为遗嘱执行人。当遗嘱中并未指出遗嘱执行人且在遗嘱中未委托他人执行遗嘱时，由法定继承人为遗嘱执行人。③遗嘱人所在单位或遗嘱人最后居住地的基层组织担任遗嘱执行人。此种情况只有在两个条件同时满足的情况下才能出现：a. 遗嘱中并未指定执行人与被委托人或虽指定了执行人但执行人无法执行遗嘱；b. 无法定继承人或法定继承人不能执行遗嘱时。

（2）遗嘱执行人的职责，遗嘱执行人有管理遗产并执行遗产以实现遗嘱人意愿、保护继承人及受赠人与其他利害关系人利益的责任。《继承法》并未具体规定遗嘱执行人的事务，从实践的角度上，遗嘱执行人的职责有：①制作遗产清单。②管理遗产并为执行做必要准备工作。③继承人妨碍的排除。遗嘱执行人在履行执行职责时，继承人不得妨碍其职责的履行。④遗嘱执行人如果有数人时，在执行职务中若有意见分歧，可以协商并采取少数服从多数的原则。⑤为执行上的必要，可以作为独立的诉讼主体提起诉讼。

2. 对附有义务的遗嘱的执行

依照我国《继承法》与我国最高人民法院《关于贯彻执行〈继承法〉若干问题的意见》的规定，遗嘱继承或者遗赠附有义务的，继承人或者受遗赠人应当履行义务。没有正当理由不履行义务的，经有关单位或者个人请求，人民法院可以取消他接受遗产的权利。而当请求人为受益人或其他继承人时，人民法院可取消不履行义务人接受附义务那部分遗产的权利，转由提出请求的继承人或受益人负责按遗嘱人的意愿履行义务，接受遗产。

## 九、遗 赠

### （一）遗赠的概念及其特征

遗赠，是指自然人通过设立遗嘱把遗产的全部或一部分无偿赠给国家、集体或法定继承人以外的自然人，并在遗赠人死后发生法律效力的单方民事法律行为。其中设立遗嘱的自然人称为遗赠人，接受遗赠遗产的人称为受遗赠人。

遗赠具有以下法律特征：

（1）遗赠是遗赠人亲自进行的单方、无偿，并于死亡后生效的要式法律行为。遗赠人只须亲自设立遗嘱，单方为意思表示，即可将个人财产赠送给受遗赠人，而不需得到他人同意。遗赠人赠送给受遗赠人财产是无偿的。遗赠的意思表示须以遗嘱方式为之，并符合法定的遗嘱形式。遗赠在遗赠人死后才发生法律效力。

（2）受遗赠人只能是国家、集体或法定继承人以外的人。

（3）遗赠须由受遗赠人亲自接受，并明确表示接受时才发生遗赠的法律效果，不能由他人代为行使，但无民事行为能力人、限制民事行为能力人的除外。

（4）受遗赠人无权参与遗产分配，仅能从继承人或遗嘱执行人处取得受遗赠的遗产。

（5）遗赠人行使遗赠权不得违背法律规定。遗赠人行使遗赠权，只能处理其个人所有的合法财产，不得侵害国家、集体或他人利益。

### （二）遗赠与遗嘱继承的区别

虽然遗赠与遗嘱继承具有一定的相似性，都是在遗嘱人死亡后由遗嘱处分财产的方式，但也有一些不同之处，其区别有三点：

1. 两者的主体不同

受遗赠人不限定于自然人，也可为法人，如公司、集体、国家。遗嘱继承人被限定于法定继承人中，只能是与遗嘱人有扶养、血缘、婚姻关系的自然人。

2. 两者所附义务不同

受遗赠人一般只享有权利，不需承担义务，除非存在附条件的遗赠。遗嘱继承是继承人对遗嘱人财产权利与义务的概括承受，并且继承人在遗嘱人生前承担了对遗嘱人的扶养义务的可能性。

3. 两者取得遗产的方式不同

受遗赠人一般直接从遗产执行人处取走在遗嘱中所提到的物品或份额，无须参加遗产分配。遗产继承人参与遗产分配以实现继承权。

（三）遗赠的有效条件

遗赠由遗嘱产生，使受遗赠人获得遗赠人的部分或全部遗产，故其有效条件与遗嘱应当类似，包括以下几个方面：①遗赠人具有完全的行为能力，必须由本人意思做出，不可他人代理。②遗赠人的意思表示真实，受胁迫、欺骗所订立的遗嘱、伪造的遗嘱无效。③遗赠内容必须合法有效不违反公共利益与善良风俗。④遗赠形式必须符合法律规定，非依法形成的遗赠不发生法律效力。⑤受遗赠人是国家、集体或法定继承人以外的人，法定继承人只能成为遗嘱继承人。

## 十、遗赠扶养协议

（一）遗赠扶养协议的概念和特征

遗赠扶养协议是指遗赠人与扶养人签订的，遗赠人将全部或部分财产在其死亡后按协议规定归扶养人所有，扶养人承担对遗赠人生养死葬义务的协议。《继承法》第三十一条规定，公民可以与扶养人签订遗赠扶养协议。按照协议，扶养人承担该公民生养死葬的义务，享有受遗赠的权利。公民也可以与集体所有制组织签订相同内容的扶养协议。

遗赠扶养协议具有以下特征：

第一，遗赠扶养协议是双务有偿的法律行为。遗赠扶养协议一经有效成立，就对协议双方产生约束力，遗赠方和扶养方既享有权利，也承担义务。扶养人享有取得遗赠人遗产的权利，以承担对遗赠人的扶养义务为前提；遗赠人享有受扶养人扶养的权利，以承担将自己死后的遗产遗赠给扶养人为条件。

第二，遗赠扶养协议是生前法律行为与死后法律行为的结合。扶养人必须按协议对遗赠人尽扶养义务，这是其在生前的效力，但财产的赠与在遗赠人死亡后才能发生效力。

第三，遗赠扶养协议的遗赠人只能是自然人，而且一般多为生活无依无靠的孤寡老人。扶养人则既可以是自然人，也可以是集体所有制组织。

第四，遗赠扶养协议的效力优先于遗嘱继承和法定继承。根据《继承法》第五条的规定，继承开始后应先执行遗赠扶养协议，然后才按遗嘱继承和法定继承处理遗产。

第五，遗赠扶养协议是要式法律行为。

（二）遗赠扶养协议当事人的权利义务

1. 遗赠人的权利和义务

遗赠人享有依遗赠扶养协议请求扶养人扶养和接受扶养人扶养的权利；承担在世时妥善管理遗赠财产、不处分遗赠财产并在死后将该财产转移给扶养人的义务。

2. 扶养人的权利和义务

扶养人享有在遗赠人死后取得遗赠财产的权利；承担扶养照顾遗赠人，并在遗赠人死亡后将其安葬的义务。

3. 遗赠扶养协议的解除

遗赠扶养协议的解除是指协议双方当事人协商一致或由于一方行为致使合法有效的遗赠扶养协议效力归于消灭的法律制度。遗赠扶养协议的解除通常存在以下两种情况：

（1）双方协商一致同意解除。如果遗赠扶养协议当事人一方的情况发生变化，一方当事人有正当理由，可以要求双方协商解除协议。在这种情况下，双方应协商对扶养人的补偿事项做出合理的解决。

（2）当事人一方由于无正当理由拒不履行协议内容，导致协议解除。若由于遗赠人的行为导致协议解除，则其应支付扶养人已经支付的扶养费用和劳动报酬；若扶养人无正当理由不承担扶养遗赠人的义务导致协议解除的，不能享有受遗赠的权利，无权请求返还其已经支付的扶养费用和劳动报酬。

## 十一、继承开始

（一）继承开始的时间和地点

《继承法》第二条规定，继承从被继承人死亡时开始。即确定继承开始的时间，应以被继承人死亡的时间为准。

被继承人死亡包括自然死亡和宣告死亡。公民的自然死亡应以医学上公认的方法所确定的生命终止时间为准。公民因为失踪被宣告死亡的时间，是以法院判决中确定的失踪人的死亡日期为准。

如果相互有继承关系的几个人在同一事件中死亡，并且不能确定死亡时间的，推定没有继承人的先死亡。死亡人各自都有继承人的，如果几个死亡人辈分不同，推定长辈先死亡。如果几个死亡人辈分相同，推定同时死亡，彼此不发生继承，由他们各自的继承人分别继承。

继承开始的地点指的是法律确认的处理继承问题的场所。继承法对继承开始的地点没有明文规定，但按照《民事诉讼法》第三十三条第三款的规定："因继承遗产纠纷提起的诉讼，由被继承人死亡时住所地或者主要遗产所在地人民法院管辖。"

（二）继承开始的通知

根据《继承法》第二十三条的规定："继承开始后，知道被继承人死亡的继承人应当及时通知其他继承人和遗嘱执行人。"继承人中无人知道被继承人死亡或者知道被继承人死亡而不能通知的，由被继承人生前所在单位或者住所地的居民委员会、村民委员会负责通知。

## 十二、遗　产

### （一）遗产的概念和法律特征

遗产是公民死亡时遗留的个人合法财产。

根据继承法第三条的规定，遗产具有以下特征：

第一，遗产是死亡自然人的个人财产，具有范围限定性，他人的财产不能作为遗产。

第二，遗产是自然人死亡时尚存的财产，即遗产的遗留性，遗产具有时间的特定性。

第三，遗产是死亡自然人遗留的合法财产，具有合法性。

第四，遗产必须是死亡自然人遗留下来能够依法转移给他人的财产，具有可移转性。不能转移给他人承受的财产不能作为遗产。

### （二）遗产的法律地位

遗产的法律地位问题在本质上就是在继承开始后，遗产分割前，遗产的权利主体是谁。最高人民法院在《关于贯彻执行〈民法通则〉若干问题的意见》第一百七十七条明确规定："继承开始以后，继承人未明确表示放弃继承的视为接受继承，遗产未分割的，视为共同共有。"故我国一般认为是继承人共同共有。

### （三）遗产的范围

根据《继承法》的规定，遗产包括以下财产：①公民的收入；②公民的房屋、储蓄和生活用品；③公民的林木、牲畜和家禽；④公民的文物、图书资料；⑤法律允许公民所有的生产资料；⑥公民的著作权、专利权中的财产权利；⑦公民的其他合法财产，主要是指担保物权和依法可继承的用益物权、有价证券以及以财物为履行标的债权等。

但下列财产不能作为遗产继承：①与被继承人人身不可分的人身权利。②与人身有关的专属性的债权债务。③承包经营权。承包经营权本身不能作为继承的客体，但个人承包应得的个人收益在继承人死亡后可以作为遗产继承。若继承人希望继续承包的，则应根据合同或法律的相关规定办理变更合同手续。④国有资源使用权。

### （四）遗产的保管

我国笼统地规定了存有遗产的人负有保管遗产的义务，《继承法》第二十四条规定："存有遗产的人，应当妥善保管遗产，任何人不得侵吞或者争抢。"同时，《最高人民法院关于贯彻执行〈中华人民共和国继承法〉若干问题的意见》中第44规定人民法院在审理继承案件时，如果知道有继承人而无法通知的，分割遗产时，要保留其应继承的遗产，并确定该遗产的保管人或保管单位。

### （五）认定遗产应注意的问题

1. 被继承人的遗产与共有财产的区别

遗产只能是死亡自然人的个人合法财产，在认定遗产时必须将其个人财产与他人财产加以区分。财产共有多以一定身份关系或契约关系的存在为前提，如夫妻共有、合伙共有等。当被继承人为财产共有人之一时，继承开始后应将其份额从共有财产中分割出来作为遗产加以继承。被继承人与他人共有的财产在认定遗产时容易被错误认定，因此我们既不能将全部共有财产作为遗产来继承，也不能将共有财产中的遗产部分忽视。《继承法》就明确规定，在分割遗产时，对夫妻在婚姻关系存续期间所得的共同所有财产，除有约定外，应当先将夫妻共同所有财产一半分出为配偶所有，其余的归为被继承人的遗产。

2. 被继承人的遗产与保险金、抚恤金的区别

如果保险合同指定了受益人的，则由受益人取得保险金；保险合同未指定受益人的，则保险金可以作为遗产加以继承。

对于抚恤金，如果是职工、军人因公死亡、生病或其他意外事故死亡后，由有关单位按规定给予死者家属而产生的，因具有对死者家属的经济补偿性，不能列为遗产。有关部门发给因公伤残而丧失劳动能力的职工、军人的生活补助归个人所有，这类抚恤金可以作为遗产继承。

### （六）遗产的分割

分割遗产作为一种处分行为，是对共有遗产进行分割，最终使遗产的各部分归各拥有人，从而达成终止遗产的共同共有关系这一事实。

遗产的分割的方法有三种：①按遗嘱指定的内容进行分割。被继承人在生前对财产享有处分权，遗产的分割应当尊重被继承人的意思。②继承人协议。当被继承人并未订立遗嘱或遗嘱方案无效或遗嘱并未完全处分遗产时，共同继承人可达成遗产分割协议。该协议须经全体继承人同意且欠缺行为能力的继承人须经其法定代理人同意才能通过。③裁判分割。当被继承人无遗嘱且继承人无法达成协议时，继承人可以向法院起诉，法院通过裁判的方式进行遗产分割。

### （七）债务清偿

我国《继承法》规定继承遗产应当清偿被继承人依法应当缴纳的税款和债务，缴纳税款和清偿债务以他的遗产实际价值为限。继承人放弃继承的，对被继承人依法应当缴纳的税款和债务可以不负偿还责任。

债务清偿的原则：①限定清偿原则。指缴纳税款和清偿债务以遗产实际价值为限。遗产债务以遗产进行清偿，无遗产则不负清偿责任；超过遗产的部分，继承人可自由选择是否偿还。②保留必留份原则。指继承人中有缺乏劳动能力又没有生活来源的人，即使遗产不足以清偿债务，也应当保留其适当遗产，然后再进行债务清偿。③顺序清偿原则，指当遗产存在不同清偿主体时，应根据法律规定的顺位进行清偿，同一顺位的应按照比例清偿。若遗产被分割后有未清偿的债务，当既有法定继承又有遗嘱继承，首先由法定继承人以其所得遗产为限进行清偿；不足清偿时，剩余部分由遗嘱继承人和受遗赠人按比例用所得遗产偿还。当只有遗嘱继承与遗赠的，由遗嘱继承人与受遗赠人按比例用所得遗产偿还。

## 十三、无人继承又无人受遗赠的遗产

无人继承又无人受遗赠的遗产是指继承开始后，没有继承人或继承人全部放弃继承，

且继承开始后，如继承人和受遗赠人处于不明状态时，必须通过公告程序寻找继承人和受遗赠人。《继承法》对公告程序没有做出规定，实践中的一般做法是由遗产保管人或有关单位及时发出寻找公告，公告期至少为 1 年，逾期若无继承人或受遗赠人出现，则将该遗产视为无人继承又无人受遗赠的遗产。

# 第三节　知识产权法

## 一、知识产权的概念和特征

知识产权，是指民事主体所享有的以著作权、商标权和专利权为主要内容，反映人们创造性智力成果的专有权利的总称。

知识产权作为民事权利的一种，除了具有同其他有形财产相同的基本特征外，还具有自己的特征。

1. 知识产权权利客体的无形性

知识产权的客体是民事主体通过创造性劳动产生的智力成果，其本质是信息的独特集合。智力成果中所蕴含的信息是无形的、非物质的，无法为人们以实物的形式实际占有，它的价值的实现往往通过各种形式的物质作为载体，向受众传递。而知识产权的效力只及于该智力成果而不及于作为物品的载体本身。

2. 知识产权的法定性

知识产权虽是由人类智力活动创造的智慧财产产生，但并非每项智力成果都会产生相应的知识产权，某一种具体的智力成果能否产生相应的知识产权，必须由法律明确规定。知识产权必须经国家法律直接确认，核准授予。

3. 知识产权的专有性

知识产权的专有性是指知识产权的排他性。含义是：除法律另有规定外，未经知识产权人的许可，任何人不得以营利为目的实施其知识产权。另外，当事人就某一具体的智力成果已取得知识产权后，在同一法域内（可能是一个主权国家范围内，也可能是一个地区，如中国香港、澳门和台湾等），其他人不得就相同主题的智力成果再获得同类的知识产权。

4. 知识产权的时间性

知识产权的时间性是指知识产权具有时间的限制，依法取得的知识产权只能在法律规定的有效期内受保护，一旦超过法律规定的保护期，知识产权就丧失其法律效力，相应的创造成果就会进入公有领域，成为人类共同的精神财富，任何人都可以自由使用。

5. 知识产权的地域性

知识产权的地域性是指依一国或一地区的知识产权法取得的知识产权只在该国或该地区生效，不具有域外的效力，他国或其他地区没有承认和保护的义务。如果希望在其他国家和地区获得知识产权的保护，就应当依据相应的知识产权国际条约、双边协定及互惠原则到相应的国家或地区取得知识产权。

## 二、知识产权的范围

狭义上，知识产权包括版权和工业产权，工业产权包括商标权、专利权，版权包括著作权和邻接权。广义上，《世界知识产权组织公约》将知识产权分为八大类，主要包括：①与文学、艺术及科学作品有关的权利，即版权；②关于表演艺术家的演出、录音制品和广播节目的权利，即邻接权；③发明专利权；④发现权；⑤工业品的外观设计权；⑥关于商标、服务标志、厂商名称和标记的权利；⑦制止不正当竞争权；⑧一切在工业、科学、文学、艺术领域由于智力活动产生的权利。

### 三、知识产权的侵权行为和侵权民事责任

（一）知识产权的侵权行为

《民法通则》规定，一项知识产权只有具备了法定性、时间性和地域性三个条件，才可能发生侵权纠纷，其权利才能受到保护。

知识产权的侵权行为是指未经知识产权人的许可，在知识产权的保护期内，擅自以营利为目的实施他人受法律保护的知识产权并应当承担相应法律责任的行为。

知识产权的侵权构成要件有两个：一是行为人擅自行使知识产权人的权利或侵害权利人的其他利益；二是行为的不法性。因此，行为人使用知识产权人的某项权利，但此种行为是法律许可的，如合理使用或法定许可行为，其行为并不构成侵权。

（二）知识产权的侵权民事责任

我国的知识产权法并未对侵权行为的归责原则做专门的规定，但依据特别法没有规定适用普通法的原则，知识产权的归责原则应当适用《民法通则》规定的过错责任原则。

知识产权的侵权主要是一般的侵权行为，故原则上对知识产权的过错认定与一般的侵权行为的过错认定并无不同，亦应以客观过错的标准进行，即无论侵权行为人主观上是故意还是过失，只要客观上实施了侵权行为并产生了损害后果，就应当承担相应的法律责任。损害事实应当具有确定性和可补救性的特点。当然，上述只是知识产权侵权损害赔偿责任的构成要件，与停止侵害的民事责任的构成要件不同，后者以侵权行为仍在继续或再次发生为构成要件。

知识产权侵权行为应承担的民事责任形式主要有停止侵害、消除影响、赔礼道歉和赔偿损失等。其中，知识产权损害赔偿数额的确定主要有以下计算方法：

（1）权利人因被侵权所受到的实际损失确定。

（2）实际损失难以确定的，可以按照侵权人因侵权所获得的利益确定。

（3）权利人的损失或者侵权人获得的利益难以确定的，参照该权利许可使用费的倍数合理确定（此方法只适用于专利、商标侵权诉讼）。

（4）按前述方法都难以确定时，人民法院可以根据知识产权的类型、侵权行为的性质和情节等因素，50万元（侵犯著作权）、100万（侵犯专利权）、300万（侵犯商标权）以下酌情判决。

### 四、知识产权的权利冲突

知识产权的权利冲突，是指知识产权与其他合法民事权利或知识产权相互之间因归属不同的权利主体而出现的矛盾或抵触状态。

处理知识产权的权利冲突主要适用下列原则：

第一，约定优先原则。当事人对有关权利冲突的处理有合法有效的合同约定的，优先适用合同中的约定处理纠纷。

第二，保护在先权利原则。当事人对有关权利冲突的处理没有约定或约定无效的情况下，一般应保护产生时间在先的知识产权或其他民事权利，抑制或消灭后产生的权利。

第三，过期权利丧失原则。在先权利人应在法律规定的期间请求消灭或抑制与其在先民事权利相冲突的知识产权，否则就丧失胜诉权。

第四，综合考量原则。在前述原则都难以适用的情况下，应根据案件的具体情况，综合考虑诚实信用原则、公平原则和判决的社会后果及影响等因素处理权利冲突纠纷。

### 五、知识产权的诉讼时效

我国的知识产权诉讼时效涉及两种时效期间，即普通诉讼时效 2 年和最长诉讼时效 20 年。

普通诉讼时效期间从权利人知道或应当知道权利被侵害时起算，并适用我国法律关于诉讼时效中止、中断和延长的规定。最长诉讼时效期间从权利人被侵害之日起算，只适用时效延长的规定。

侵犯知识产权的诉讼时效为 2 年，自专利权人或者利害关系人知道或者应当知道侵权行为之日起计算。权利人超过 2 年起诉的，如果侵权行为在起诉时仍在继续，在该项知识产权有效期内，人民法院应当判决被告停止侵权行为，侵权损害赔偿数额应当自权利人向人民法院起诉之日起向前推算 2 年计算。

### 六、知识产权诉讼的特殊程序问题

（一）当事人

对侵犯知识产权的民事诉讼，知识产权权利人或者利害关系人可以作为原告提起诉讼。

知识产权的权利人，是指著作权人、专利权人、商标权人等，利害关系人是指使用（实施）合同中的被许可人、知识产权财产权的合法继承人等。使用（实施）合同中的被许可人中，独占使用（实施）合同中的被许可人，可以单独起诉；排他使用（实施）合同中的被许可人在知识产权权利人不起诉的情况下，可以起诉。

（二）管　辖

专利纠纷第一审案件，由省、自治区、直辖市人民政府所在地的中级人民法院和最高人民法院指定的中级人民法院管辖。

著作权民事纠纷案件，由中级以上人民法院管辖；各高级人民法院根据本地区的实际情况，可以确定若干基层人民法院管辖第一审民事纠纷案件。

商标权民事纠纷案件，由中级以上人民法院管辖；各高级人民法院根据本地区的实际情况，经最高人民法院批准，可以在较大城市确定 1~2 个基层人民法院受理第一审民事纠纷案件。

（三）诉前责令停止侵权行为

知识产权权利人或者利害关系人有证据证明他人已在实施或者即将实施侵犯其著作权、商标权或专利权的行为，如不及时制止，将会使其合法权益受到难以弥补的损害的，可以在起诉前向人民法院申请责令停止有关行为的措施。

（四）诉前财产保全

《专利法》第六十六条、《商标法》第六十五条和《著作权法》第五十条的规定包含了起诉前申请人可以要求法院采取财产保全措施的内容。采取诉前财产保全措施的，按照《民事诉讼法》的有关规定进行。

（五）诉前证据保全

《专利法》第六十七条规定："为了制止专利侵权行为，在证据可能灭失或者以后难以取得的情况下，专利权人或者利害关系人可以在起诉前向人民法院申请保全证据。"人民法院采取保全措施，可以责令申请人提供担保；申请人不提供担保的，驳回申请。人民法院应当自接受申请之时起四十八小时内做出裁定；裁定采取保全措施的，应当立即执行。申请人自人民法院采取保全措施之日起 15 日内不起诉的，人民法院应当解除该措施。

《商标法》第六十六条规定："为制止侵权行为，在证据可能灭失或者以后难以取得的情况下，商标注册人或者利害关系人可以依法在起诉前向人民法院申请保全证据。"

（四）举证责任部分倒置

虽然《民事诉讼法》第六十四条提出："谁主张，谁举证。"但因知识产权侵权纠纷的特殊性，原告很难证明被告的行为是侵犯自己的专利权，故《专利法》第六十一条明确指出："专利侵权纠纷涉及新产品制造方法的发明专利的，制造同样产品的单位或者个人应当提供其产品制造方法不同于专利方法的证明。"此处倒置的是证明是否具有侵权行为，其他要件如损害事实、因果关系等还是原告证明，并未倒置。

## 七、知识产权国际保护的主要原则

根据目前世界上保护知识产权的国际公约或协定等文件的规定，知识产权国际保护的主要原则有以下几项：

（一）国民待遇原则

国民待遇原则，是指每一缔约方在知识产权的保护方面对其他缔约方的国民所提供的保护待遇不低于对其本国国民所提供的待遇。

此外，"国民"既包括自然人、法人，还包括其他组织。作为自然人的国民，是指具有一国或几国国籍的自然人。若一个自然人具有两个或两个以上的国籍，只要其中有一个国籍是《保护工业产权巴黎公约》的成员国即可；作为法人或其他组织的国民根据其设立的法律来认定。

国民待遇原则主要规定在《保护工业产权巴黎公约》（以下简称《巴黎公约》）和

《保护文学和艺术作品伯尔尼公约》（以下简称《伯尔尼公约》）两个国际公约中。

### （二）最惠国待遇原则

最惠国待遇原则，是指一个缔约方向任何其他国家的国民所给予的任何利益、优待、特权或豁免都应立即无条件地适用于其他缔约国的国民。最惠国待遇原则一直是多边贸易体制中的一项重要原则，《与贸易有关的知识产权协议》首次将此项原则同样适用于知识产权。当然，在此协议中也允许就最惠国待遇存在例外，并就具体的例外情形做了规定。

### （三）独立保护原则

独立保护原则在《巴黎公约》和《伯尔尼公约》中都有规定。《巴黎公约》规定的独立性保护原则包括专利权的独立和商标权的独立两个方面，缔约国的国民就同一发明或商标在数国（包括缔约国和非缔约国）取得专利权或商标权互不干涉，各自独立；《伯尔尼公约》着重规定了著作权的独立保护原则，即基于本公约的独立保护原则而受公约保护著作权的享有和行使，不依赖于作品来源国受到的保护，除公约的特别规定以外，受保护的程序及为保护作者权利而提供的救济方式，完全适用提供保护的那个国家的法律。

### （四）自动保护原则

《伯尔尼公约》第三条第一款第（a）项规定："作者为本同盟任何成员国的国民者，其作品无论是否出版，都受保护。"第五条第二款规定："享受和行使这些权利不需要履行任何手续。"由此，对符合"人的标准"和"地的标准"的作品，在公约成员国取得著作权不必办理任何法律规定的手续。自动保护原则适用于著作权的自动取得。

### （五）优先权原则

优先权原则主要适用于工业产权的国际保护，它是指一个缔约成员就一项发明首先在任何一个缔约国中提出专利申请或就一项商标提出了注册申请时，自该申请提出之日起一定时间内（专利申请为 12 个月，商标或外观设计专利申请为 6 个月），如果向其他成员也提出相同的申请，则其他成员都必须承认该申请在第一个国家中递交的日期，并把它看作递交申请的日期。

## 【练习题】

### 一、单项选择题

1. 我国《婚姻法》规定结婚的必备条件不包括（　　）
   A. 男女双方完全自愿　　　　　　B. 举行结婚仪式
   C. 符合一夫一妻制　　　　　　　D. 达到法定婚龄

2. 下列哪一情形属于可撤销的婚姻？（　　）

    A. 当事人受欺诈而缔结的婚姻　　　　B. 当事人受胁迫而缔结的婚姻

    C. 当事人有一方重婚的　　　　　　　D. 当事人有一方未达到法定婚龄的

3. 甲、乙二人皆为现役军人，乙因感情不和向法院提起离婚诉讼要求离婚，此时（　　）

    A. 需征得甲同意　　　　　　　　　　B. 需征得甲的主管部门同意

    C. 需征得乙的主管部门同意　　　　　D. 本情况不需要征得甲的同意

4. 甲、乙二人于 2014 年结婚，甲于 2013 年与某房地产开发公司签订房地产买卖合同，以个人财产支付首付款并在银行贷款，婚后用夫妻共同财产还贷，乙因工资较高还贷较多。现甲、乙二人因情感不和离婚，对房产归属问题发生争议诉至法院（　　）

    A. 法院应直接判决房产归甲所有

    B. 法院应判决房产归乙所有

    C. 法院应判决房产归甲、乙两个共同享有

    D. 法院应先按甲、乙二人协议处理

5. 下列财产，归夫妻个人特有的是（　　）

    A. 继承或赠与所得的财产

    B. 夫妻一个人财产在婚后产生的收益中孳息和自然增值

    C. 婚前所购的机器于婚后从事生产所得的利润

    D. 小说于婚前发表但婚后取得版权收益的

6. 甲与乙结婚并育有一子丙，后甲与乙离婚并与丁结婚，此时在法律上（　　）

    A. 若丙成年，则一般将来没有对丁的赡养义务与继承权

    B. 若丙未成年，则一般将来没有对丁的赡养义务与继承权

    C. 无论丙是否成年，一般将来没有对丁的赡养义务与继承权

    D. 无论丙是否成年，一般将来有对丁的赡养义务与继承权

7. 关于收养，下列说法错误的是（　　）

    A. 收养人收养三代以内同辈旁系血亲的子女可以不受被收养人不满 14 周岁的限制

    B. 收养关系解除后，未成年的养子女与生父母及其他近亲属的权利义务关系自行恢复

    C. 养子女还是生父母的法定继承人

    D. 养子女与生父母的权利义务关系因收养关系的成立而消除

8. 下列关于继承权的说法，错误的是（　　）

    A. 享有继承权的主体只能是自然人或法人

    B. 继承权的发生以被继承人（财产所有人）死亡为唯一的法定原因

    C. 继承权的主体原则上限于与被继承人有一定亲属关系的人

    D. 继承权具有不可转让性

9. 继承权的取得，错误的是（　　）

    A. 因存在婚姻关系而取得　　　　　　B. 因完成遗赠扶养协议取得

    C. 因血缘关系而取得　　　　　　　　D. 因抚养、赡养关系而取得

10. 法定继承人以外的人酌情分配遗产需满足的条件有（　　）
    A. 依靠被继承人生前扶养
    B. 因尚未成年或衰老、残疾等原因而缺乏劳动能力
    C. 没有独立的经济收入，无法维持基本的生活状态
    D. 对被继承人扶养较多的扶养义务

11. 下列不属于遗赠与遗嘱的区别的是（　　）
    A. 两者对应的主体不同　　　　　B. 两者对应的客体不同
    C. 两者所附义务不同　　　　　　D. 两者取得遗产的方式不同

12. 关于遗赠扶养协议，下列说法正确的是（　　）
    A. 遗赠扶养协议是单务有偿的法律行为
    B. 遗赠扶养协议是生前法律行为
    C. 遗赠扶养协议的遗赠人只能是自然人
    D. 遗赠扶养协议的效力与遗嘱的齐平

13.《巴黎公约》的缔约国国民甲在其本国出版了一本书籍，在我国（　　）
    A. 必须在我国境内首先出版，才予以保护
    B. 必须在我国境内首先发表，才予以保护
    C. 我国应予以保护
    D. 必须在我国办理登记手续，才予以保护

14. 关于著作权部分规定较多的国际公约是（　　）
    A.《伯尔尼公约》　　　　　　　B.《巴黎公约》
    C.《与贸易有关的知识产权协议》　D.《马德里协定》

15. 有关于知识产权的特征，下列说法错误的是（　　）
    A. 一国或一地区的知识产权法取得的知识产权只在该国或该地区生效，不具有域外的效力
    B. 知识产权的时间性是指知识产权具有时间的限制，依法取得的知识产权只能在法律规定的有效期内受保护
    C. 除法律另有规定外，未经知识产权人的许可，任何人不得以营利为目的实施其知识产权
    D. 知识产权的效力不只及于该智力成果更及于作为物品的载体本身

## 二、多项选择题

1. 男女双方到婚姻登记机关申请结婚登记，所需提出的材料包括（　　）
    A. 本人的户口簿、身份证
    B. 双方自愿结婚的证明书
    C. 本人无配偶以及与对方当事人没有直系血亲和三代以内旁系血亲关系的签字声明
    D. 一方因无法到场时代理应持有的代理书

2. 无效的婚姻包括（　　）
    A. 重婚的

B. 婚前患有医学上认为不应当结婚的疾病，婚后尚未治愈的

C. 未达到法定婚龄的

D. 有禁止结婚的亲属关系的

3. 关于离婚在当事人人身关系方面的法律后果，下列说法正确的是（　　　）

A. 法定继承人的资格丧失 　　　　B. 共有财产的分割

C. 共同生活的权利义务解除 　　　　D. 相互扶养的权利义务终止

4. 当事人请求返还按照习俗给付的彩礼的，人民法院应当予以支持的情况是（　　　）

A. 双方办理结婚登记手续但确未共同生活的

B. 双方未办理结婚登记手续的

C. 双方婚后情感不和的

D. 婚前给付并导致给付人生活困难的

5. 关于婚姻关系存续期间的财产的分割，下列说法正确的是（　　　）

A. 夫妻共同财产，原则上均等分割

B. 离婚时一方尚未取得经济利益的知识产权，归一方所有

C. 一方尚未满足领取养老保险的条件，另一方请求按照夫妻共同财产分割养老保险金的，人民法院可予支持

D. 一方未经另一方同意出售夫妻共同共有的房屋，第三人出于善意购买并办理登记，另一方主张追回该房屋的，人民法院不予支持

6. 根据我国《婚姻法》的有关规定，夫妻人身关系包括（　　　）

A. 夫妻姓名权 　　　　B. 夫妻人身自由权

C. 婚姻住所决定权 　　　　D. 夫妻计划生育义务

7. 下列收养关系成立的情况有（　　　）

A. 甲（男，45岁），收养无血缘关系的乙（女，6岁）

B. 丙在收养了一名孤儿的情况下，又收养了一名孤儿

C. 华侨丁（25岁）收养他亲哥哥的儿子

D. 戊与其妻子希望将其儿子己（15岁）送养他人，遭己反对但仍然送养

8. 下列财产适用于法定继承的有（　　　）

A. 遗嘱未处分的或遗嘱无效部分涉及的遗产

B. 受遗赠人放弃受遗赠后涉及的遗产

C. 受遗嘱人或遗嘱继承人在被继承人死亡后所未涉及的那部分遗产

D. 遗嘱继承人放弃继承或丧失继承权后所涉及的遗产

9. 下列属于非代位继承的主体有（　　　）

A. 子女 　　　　B. 祖父母 　　　　C. 孙子女 　　　　D. 外祖父母

10. 下列特征中属于遗嘱特征的有：（　　　）

A. 单方民事法律行为 　　　　B. 亲自进行的民事法律行为

C. 死亡后才发生法律效力 　　　　D. 要式法律行为

11. 关于遗嘱继承的条件，下列说法正确的是（　　　）

A. 被继承人的遗嘱合法有效

B. 没有遗赠扶养协议

    C. 遗嘱继承人没有丧失，放弃继承权，也未先于遗嘱人死亡

    D. 没有法定继承

12. 甲生前立一份遗嘱，该遗嘱无效的部分有（　　　）

    A. 将与妻子丙婚后共买的房屋赠与其子乙

    B. 被其妻子丙改动的部分

    C. 其子丁在尾部增加的部分

    D. 对缺乏劳动能力又没有生活来源的女儿戊未保留必要份额

13. 下列关于遗产的特征，说法正确的是（　　　）

    A. 遗产是死亡自然人的个人财产，具有范围限定性，他人的财产不能作为遗产

    B. 遗产是自然人死亡时尚存的财产，即遗产的遗留性，遗产具有时间的特定性

    C. 遗产是死亡自然人遗留的合法财产，具有合法性

    D. 遗产必须是死亡自然人遗留下来能够依法转移给他人的财产，具有可移转性

14. 下列财产，不可作为遗产继承的有（　　　）

    A. 公民的著作权、专利权中的财产权利

    B. 与被继承人人身不可分的人身权利

    C. 承包经营权

    D. 国有资源使用权

15. 处理知识产权的权利冲突主要适用的原则包括（　　　）

    A. 约定优先原则　　　　　　　　B. 保护在先权利原则

    C. 过期权利丧失原则　　　　　　D. 综合考量原则

## 三、判断题

1. 我国承认所有的事实婚姻。　　　　　　　　　　　　　　　　　　　　（　　）

2. 无效婚姻自始无效，具有追溯力，当事人不具有夫妻的权利与义务。　（　　）

3. 女方怀孕期间出轨，为了保护孕妇与婴儿的权益，男方亦不得提出离婚请求。

    　　　　　　　　　　　　　　　　　　　　　　　　　　　　　　　　（　　）

4. 父母的探望会对子女造成不良影响，则未成年子女、直接抚养子女的父或母以及
其他对未成年子女负担抚养。教育义务的法定监护人，有权向人民法院提出中止
探望权的请求。　　　　　　　　　　　　　　　　　　　　　　　　　　（　　）

5. 婚姻关系存续期间，夫妻一方请求分割共同财产的，人民法院一律不予支持。

    　　　　　　　　　　　　　　　　　　　　　　　　　　　　　　　　（　　）

6. 继承权的发生以被继承人（财产所有人）死亡为唯一的法定原因，此处的死亡包
括生理死亡与宣告死亡。　　　　　　　　　　　　　　　　　　　　　　（　　）

7. 继承开始前，无法放弃继承权，只能丧失继承权。　　　　　　　　　　（　　）

8. 遗赠扶养协议的效力大于法定继承的效率，法定继承的效力大于遗嘱的效力。

    　　　　　　　　　　　　　　　　　　　　　　　　　　　　　　　　（　　）

9. 同一顺序继承人继承遗产的份额均应均等。　　　　　　　　　　　　　（　　）

10. 遗赠附有义务的，受遗赠人没有正当理由不履行义务，经有关单位或者个人请
求，人民法院可以取消他接受遗产的权利。　　　　　　　　　　　　　（　　）

11. 知识产权虽是由人类智力活动创造的智慧财产产生，但并非每项智力成果都会产生相应的知识产权。　　　　　　　　　　　　　　　　　　（　　）

12. 当事人对有关权利冲突的处理有合法有效的合同约定的，优先适用合同中的约定处理纠纷。　　　　　　　　　　　　　　　　　　　　　　（　　）

13. 专利侵权纠纷涉及新产品制造方法的发明专利的，证明有侵权事实的责任归于被侵权方。　　　　　　　　　　　　　　　　　　　　　　　（　　）

14. 最惠国待遇原则是指一个缔约方向任何其他国家的国民所给予的任何利益、优待、特权或豁免都可附条件地适用于其他缔约国的国民。　　　　（　　）

15. 根据《伯尔尼公约》的规定，若一人国籍为非缔约国，则此人所出版的作品绝对不受公约保护　　　　　　　　　　　　　　　　　　　　　（　　）

## 四、简答题

1. 简述结婚登记的程序。

2. 什么是约定夫妻财产制？

3. 简述被继承人的遗产与保险金，抚恤金的区别。

## 五、案例分析题

甲与乙于 1993 年结婚，次年生育一女丙，次年生育一子丁。1995 年，甲与乙因特殊困难而无力抚养丙，合意将丙交给甲的侄子己（30 岁，无配偶）抚养并办理送养、收养手续。后甲与乙因情感不和离婚，法院判决丁归乙抚养。2005 年乙携丁改嫁给戊，同时在征得甲同意的后收养丁并办理收养手续。2009 年甲因心脏病突发死亡，同年戊与乙遭遇交通事故意外死亡。戊生前已立遗嘱，内容为将其所有财产归戊母亲所有。

根据以上材料，回答下列问题：

（1）若甲与乙并未办理结婚登记手续但符合结婚实质要件，其婚姻是否有效？

（2）已收养丙的行为是否有效？

（3）丁是否有权继承甲的遗产？

（4）戊的遗嘱是否有效？

## 【参考答案】

### 一、单选题

1. B　2. B　3. D　4. D　5. B　6. A　7. C　8. A　9. B　10. D　11. B　12. C　13. C　14. A　15. D

### 二、多选题

1. AC　2. ABCD　3. ACD　4. ABD　5. ABD　6. ABCD　7. BC　8. ABCD　9. ABD　10. ABCD　11. ABC　12. ABCD　13. ABCD　14. BCD　15. ABC

### 三、判断题

1. ×　2. √　3. ×　4. √　5. ×　6. √　7. √　8. ×　9. ×　10. √　11. √　12. √　13. ×　14. ×　15. ×

### 四、简答题

1. 答：（1）申请、自愿结婚的男女必须双方亲自到一方户口所在地的婚姻登记机关申请结婚登记，提出申请并携带必要的证件和证明材料，男女双方当事人亲自到场。

律后果。

### 三、民事诉讼法

民事诉讼法是国家制定的、用以调整法院和诉讼参与人的各种诉讼活动以及由此产生的各种诉讼关系的法律规范的总称。在我国领域内进行民事诉讼，必须适用我国民事诉讼法。其性质有四：其一是基本法，效力只低于宪法。这是根据其在法律体系中的地位所进行的划分。其二是部门法，调整的是民事诉讼法律关系。这是根据其调整的社会关系所进行的划分。其三是程序法，规定了在人民法院组织下调整民事纠纷的操作步骤。这是根据其规定的内容所进行的划分。其四是公法，是人民法院代表国家行使审判权的活动。这是根据公法与私法的划分标准进行的划分。

民事诉讼有狭义和广义之分。狭义的民事诉讼法专指民事诉讼法典，即《中华人民共和国民事诉讼法》；广义的民事诉讼法，不仅包括民事诉讼法典，而且还包括宪法、法律等其他法律规范文件中的有关民事诉讼的规范，如最高人民法院在适用民事诉讼法过程中做出的司法解释。

注意事项：地方各级人民法院做出的关于适用民事诉讼法的规定或者要求，不属于广义的民事诉讼法的范畴。

## 第二节　民事诉讼法的基本原则

民事诉讼法的基本原则，是指在民事诉讼的整个过程中起指导作用的准则，它体现民事诉讼法的精神实质，为人民法院的审判活动和诉讼参与人的诉讼活动指明了方向，概括地提出了要求。

### 一、当事人诉讼权利平等原则

《民事诉讼法》第八条规定，民事诉讼当事人有平等的诉讼权利。人民法院审理民事案件，应当保障和便利当事人行使诉讼权利，对当事人在适用法律上一律平等。法律规定的上述原则包含以下几方面的内容：①双方当事人的诉讼地位完全平等。诉讼地位平等，也就是诉讼权利和义务平等。当事人的诉讼权利平等，在民事诉讼中表现为两种情况：一是双方当事人享有相同的诉讼权利。如双方当事人都有委托代理、申请回避、提供证据、请求调解、起诉讼的权利，被告有提出反驳和反诉的权利。二是双方当事人有平等地行使诉讼权利的手段，同时，人民法院平等地保障双方当事人行使诉讼权利。②对当事人在适用法律上一律平等。

### 二、同等原则和对等原则

《民事诉讼法》第五条第一款规定："外国人、无国籍人、外国企业和组织在人民法院起诉、应诉，同中华人民共和国公民、法人和其他组织有同等的诉讼权利义务。"这就是同等原则。

《民事诉讼法》第五条第二款规定："外国法院对中华人民共和国公民、法人和其他组织的民事诉讼权利加以限制的，中华人民共和国人民法院对该国公民、企业和组织的民事诉讼权利，实行对等原则。"这就是对等原则。

### 三、法院调解自愿和合法原则

《民事诉讼法》第九条规定："人民法院审理民事案件，应当根据自愿和合法原则进行调解；调解不成的，应当及时判决。"

### 四、辩论原则

《民事诉讼法》第十二条规定："民事诉讼当事人有权对争议的问题进行辩论。"辩论原则是指在人民法院主持下，当事人有权就案件事实和争议问题，各自陈述自己的主张和根据，互相进行反驳和答辩，以维护自己的合法权益。

对于辩论原则，必须把握以下内容：①辩论权之行使贯穿于诉讼的整个过程。但是特别程序和非诉讼程序无须辩论。②辩论的内容既可以是程序方面的问题，也可以是实体方面的问题。③辩论的表现形式及方式是多种多样的，既可以通过口头形式进行，也可以运用书面形式表达。

### 五、诚实信用原则

《民事诉讼法》第十三条第一款规定："民事诉讼应当遵循诚实信用原则。"民事诉讼法的诚实信用原则，是指当事人或者其他诉讼参与人在民事诉讼中行使诉讼权利或者履行诉讼义务，以及法官在民事诉讼中行使国家审判权进行审判行为时，应当公正、诚实、守信，防止当事人滥用诉讼权利。

### 六、处分原则

《民事诉讼法》第十三条规定的处分原则，是指民事诉讼当事人有权在法律规定的范围内处分自己的民事权利和诉讼权利。

在民事诉讼中，当事人处分的权利对象是多种多样的，但无非两大类：一是基于实体法律关系而产生的民事实体权利；二是基于民事诉讼法律关系所产生的诉讼权利。对实体权利的处分主要表现在三个方面：①诉讼主体在起诉时可以自由地确定请求司法保护的范围和选择保护的方法。②诉讼开始后，原告可以变更诉讼请求，即将诉讼请求部分或全部撤回，代之以另一诉讼请求，也可以扩大（追加）或缩小（部分放弃）原来的请求范围。③在诉讼中，原告可全部放弃其诉讼请求；当事人双方可以达成或拒绝达成调解协议；在判决未执行完毕之前，双方当事人随时可就实体问题自行和解。诉讼权利是当事人处分的另一重要对象，诉讼权利虽然属于程序意义上的权利，但往往与实体权利有关，当事人对实体权利的处分一般是通过对诉讼权利的处分而实现的。

对诉讼权利的处分主要体现在以下几个方面：①诉讼发生后，当事人可依自己的意愿决定是否行使起诉权；②在诉讼过程中，原告可以申请撤回起诉，从而要求人民法院终结已经进行的诉讼；③在一审判决做出后，当事人可以对未生效的判决提起上诉或不提起上诉；④在执行过程中，申请执行人可以撤回其申请。

### 七、检察监督原则

《民事诉讼法》第十四条规定："人民检察院有权对民事诉讼实行法律监督。"根据这一检察原则的要求，人民检察院实行监督的内容主要有两方面：①监督审判人员是否有贪赃枉法、徇私舞弊等违法行为；②对人民法院作出生效判决、裁定是否正确合法地进行监督。

《民事诉讼法》第十五条规定："机关、社会团体、企业单位对损害国家、集体或者个人民事权益的行为，可以支持受损害的单位或者个人向人民法院起诉。"支持起诉必须具备三个条件要件：①支持起诉的主体机关、团体、企业事业单位；②支持起诉的前提是法人或者自然人有损害国家、集体或者个人民事权益的违法行为；③支持起诉的时机必须是受损害的单位或个人造成了损害，而又不能、不敢或者不便诉诸法院。

# 第三节　民事诉讼的基本制度

## 一、合议制度

合议制度，是指由若干名审判人员组成合议庭，对民事案件进行审理的制度。在普通程序中，合议庭的组成有两种形式，即由审判员与人民陪审员共同组成或由审判员组成。在第二审程序中，合议庭由审判员组成；在再审程序中，再审案件原来是二审的，按第二审程序另行组成合议庭；在特别程序中，只要是要求对案件的审理实现合议制的，合议庭都由审判员组成。

## 二、回避制度

回避制度，是指为了保证案件的公正审理，而要求与案件有一定利害关系的审判人员或其他有关人员，不得参与本案的审理活动或诉讼活动的审判制度。适用回避的人员包括：审判人员（审判员和人民陪审员）、书记员、翻译人员、鉴定人员、勘验人员等。具有下列情形之一的，上述人员应当自行回避，当事人有权用口头或者书面方式申请他们回避：

（1）是本案当事人或者当事人、诉讼代理人近亲属的。

（2）与本案有利害关系的。

（3）与本案当事人、诉讼代理人有其他关系，可能影响对案件公正审理的。

接受当事人、诉讼代理人请客送礼，或者违反规定会见当事人、诉讼代理人的，当事人有权要求他们回避。

上述人员有前款规定的行为的，应当依法追究法律责任。

回避应当在案件开始审理时提出，回避事由在开始审理后知道的，也可以在法庭辩论终结前提出。回避申请提出后，是否准许申请，审判人员应否回避，由法院院长决定，其他人员回避的，由审判长决定。法院对当事人的回避申请，应在申请提出3日内以口头或书面形式做出决定，申请人对决定不服的，可以在接到决定时申请复议一次。复议期间，被申请回避的人员，不停止参与本案的工作。

从当事人提出回避申请到法院做出是否同意申请的决定期间，除案件需要采取紧急措施的外，被申请回避的人员应暂停执行有关本案的职务。法院决定同意申请人回避申请的，被申请回避人退出本案的审判或诉讼；法院决定驳回回避申请而当事人申请复议的，复议期间，被申请回避的人员不停止参与本案的审判或诉讼。

### 三、公开审判制度

公开审判制度是指人民法院审理民事案件，除法律规定的情况外，审判过程及结果应当向群众、社会公开。根据法律规定，公开审判也有例外，下列案件不公开审判：一是涉及国家秘密的案件，包括党的秘密、政府的秘密和军队的秘密；二是涉及个人隐私的案件；三是离婚案件、涉及商业秘密的案件。无论是公开审理的案件，还是不公开审理的案件，宣判时一律公开。

### 四、两审终审制度

两审终审制度，是指一个民事案件经过两级人民法院审判后即告终结的制度。适用特别程序、督促程序、公示催告程序和企业法人破产还债程序审理的案件，实行一审终审。

依两审终审制度，一般的民事诉讼案件，当事人不服一审人民法院的判决、允许上诉的裁定，可上诉至二审人民法院，二审人民法院对案件所做的判决、裁定为生效判决、裁定，当事人不得再上诉。

# 第四节 主管与管辖

### 一、民事诉讼的主管

法院受理民事案件的权限就是民事诉讼中所称的法院主管，也即确定法院与其他国家机关，社会团体之间解决民事纠纷的分工和权限。

我国确定法院主管的标准是法律关系的性质。《民事诉讼法》第三条规定："人民法院受理公民之间、法人之间、其他组织之间以及他们相互之间因财产关系和人身关系提起的民事诉讼，适用本法的规定。"

根据这一规定和审判实践的具体情况，我国人民法院主管的民事案件主要有以下几类：①由民法调整的平等主体之间的财产关系和人身关系产生的案件；②由婚姻法调整的婚姻家庭关系产生的案件；③由劳动法调整的劳动合同关系和劳资关系产生的案件；④由其他法律调整的社会关系产生的特殊类型案件，如《中华人民共和国全国人民代表大会和地方各级人民代表大会选举法》第二十五条规定，公民不服选举委员会选举名单申请所做的决定时，可以向选区所在地人民法院起诉。

### 二、管辖和级别管辖的概念

民事诉讼中的管辖是指各级人民法院之间和同级人民法院之间受理第一审民事案件的分工和权限。级别管辖是指按照一定的标准，划分上下级人民法院之间受理第一审民事案件的分工和权限。

### 三、各级人民法院管辖的第一审民事案件

（一）基层人民法院管辖的第一审民事案件

《民事诉讼法》第十八条规定："基层人民法院管辖第一审民事案件，但本法另有规

定的除外。"

（二）中级人民法院管辖的第一审民事案件

依据《民事诉讼法》第十九条的规定，中级人民法院管辖的第一审民事案件有三类：

第一，重大的涉外案件。《关于适用〈中华人民共和国民事诉讼法〉若干问题的意见》第一条专门作出解释，即"重大涉外案件"是指争议标的额大或者案情复杂，或者居住在国外的当事人人数众多的涉外案件。

第二，在本辖区有重大影响的案件。

第三，最高人民法院确定由中级人民法院管辖的案件。目前这类案件主要有：①海事、海商案件；②专利纠纷案件；③重大的涉港、澳、台民事案件；④诉讼标的金额大或者诉讼单位属省、自治区、直辖市以上的经济纠纷案件。

（三）高级人民法院管辖的第一审民事案件

从当前的情况看，各地一般都是把诉讼标的额大的民事案件作为在本辖区内有重大影响的案件，具体数额则是由各高级人民法院根据本地的情况作出规定后报最高人民法院批准。

（四）最高人民法院管辖的第一审民事案件

最高人民法院管辖的第一审民事案件有两类：一类是在全国有重大影响的案件，另一类是认为应当由本院审理的案件。

## 四、一般地域管辖

地域管辖，是指按照各人民法院的辖区和民事案件的隶属关系来划分诉讼管辖。地域管辖的作用在于确定同级人民法院在各在辖区内受理第一审民事案件的分工和权限。一般地域管辖，是指以当事人的所在地与人民法院的隶属关系来确定诉讼管辖。

当事人有原告和被告之分，一般地域管辖的通行做法是实行原告就被告原则，即以被告所在地作为确定管辖的标准。我国民事诉讼法是以被告所在地管辖为原则，原告所在地管辖为例外来确定一般地域管辖的。

（一）原则规定——被告所在地人民法院管辖

1. 被告为公民

由被告住所地人民法院管辖。被告住所地与经常居住地不一致的，由经常居住地人民法管辖。公民的住所地是指该公民的户籍所在地。经常居住地是指公民离开住所至起诉时已连续居住满1年的地方，但公民住院就医的地方除外。

最高人民法院在《关于适用〈中华人民共和国民事诉讼法〉若干问题的意见》中对下列情况做了补充规定：①双方当事人都是被监禁或被采取强制性教育措施的，由被告原住所地人民法院管辖；被告被监禁或被采取强制性教育措施1年以上的，由被告被监禁或被采取强制性教育措施地人民法院管辖；②双方当事人均被注销城市户口的，由被告居住地人民法院管辖；③离婚诉讼双方当事人都是军人的，由被告住所地或者被告所在团级以上单位驻地的人民法院管辖；④夫妻双方离开住所超过1年，一方起诉离婚的案件，由被告经常居住地人民法院管辖。

2. 被告为法人或其他组织

由被告住所地人民法院管辖。这里的住所地是指法人或其他组织的主要办事机构所在地或主要营业地。被告如为没有办事机构的公民合伙、合伙型联营体，则由注册地人民法院管辖；没有注册地，几个被告又不在同一辖区的，被告住所地的人民法院都有管辖权。

（二）例外规定——原告所在地人民法院管辖

《民事诉讼法》第二十二条规定的四种例外情形是：①对不在中华人民共和国领域内居住的人提起的有关身份关系的诉讼；②对下落不明或者宣告失踪人提起的有关身份关系的诉讼；③对被采取强制性教育措施的人提起的诉讼；④对正在被监禁的人提起的诉讼。

上述规定中的身份关系是指与人的身份相关的各种关系，如婚姻关系、亲子关系、收养关系等。

《关于适用〈中华人民共和国民事诉讼法〉若干问题的意见》规定的例外情形是：①被告一方被注销城镇户口，由原告所在地人民法院管辖；②追索赡养费案件的几个被告住所地不在同一辖区的，可以由原告住所地人民法院管辖；③非军人对军人提出的离婚诉讼，如果军人一方为非文职军人，由原告住所地人民法院管辖；④夫妻一方离开住所地超过1年，另一方起诉离婚的案件，由原告住所地人民法院管辖。夫妻双方离开住所超过1年，被告无经常居住地的，由原告起诉时居住地的人民法院管辖。

（三）离婚诉讼管辖的特别规定

第一，在国内结婚并定居国外的华侨，如定居国法院以离婚诉讼须由婚姻缔结地法院管辖为由不予受理，当事人向人民法院提出离婚诉讼的，由一方原住所地或国内的最后居住地人民法院管辖。

第二，在国外结婚并定居国外的华侨，如定居国法院以离婚诉讼须由国籍所属国法院管辖为由不予受理，当事人向人民法院提出离婚诉讼的，由一方原住所地或在国内的最后居住地人民法院管辖。

第三，中国公民一方居住在国外，一方居住在国内，不论哪一方向人民法院提起离婚诉讼，国内一方住所地的人民法院都有管辖权。如国外一方在居住国法院起诉，国内一方向人民法院起诉，受诉人民法院有管辖权。

第四，中国公民双方在国外但未定居，一方向人民法院起诉离婚的，应由原告或被告原住所地的人民法院管辖。

## 五、特殊地域管辖

特殊地域管辖又称特别管辖，是指不仅以被告所在地，而且以引起诉讼的法律事实所在地，诉讼标的物所在地来确定诉讼的管辖法院。《民事诉讼法》第二十三条至第三十二条规定了10种属于特殊地域管辖的诉讼。

（1）因合同纠纷提起的诉讼，由被告住所地或者合同履行地人民法院管辖。

《民事诉讼法》施行以来，最高人民法院曾多次对如何确定合同履行地作出司法解释或批复。这些解释和批复所规定的合同履行地：

第一，如果合同没有实际履行，双方当事人住所地又不在合同约定的履行地的，不依履行地确定管辖，诉讼由被告住所地法院管辖。

第二，购销合同的履行地按下列情况确定：①当事人在合同中明确约定履行地点的，以约定的履行地点为合同履行地。当事人在合同中未明确约定履行地点的，以约定交货地为合同地。合同中约定的货物到达地、到站地、验收地、安装调试地等均不应视为合同履行地。②当事人在合同中明确约定了履行地点或交货地点，但实际履行中以书面方式或双方一致认可的其他方式变更约定的，以变更后的约定确定合同履行地。③当事人在合同中对履行地点、交货地点未作约定或约定不明确的，或者虽有约定但未实际交付货物，且双方当事人住所地均不在合同约定的履行地，以及口头购销合同纠纷案件，均不依履行地确定管辖。

第三，加工承揽合同，以加工地为合同履行地，但合同中对履行地另有约定的除外。

第四，财产租赁合同、融资租赁合同，以租赁物使用地为合同履行地。但当事人在合同中对履行地另有约定的除外。

第五，补偿贸易合同，以接受投资一方主要义务履行地为合同履行地。

第六，借款合同，贷款方所在地为合同履行地，但当事人另有约定的除外。

第七，证券回购合同，凡在交易场所内进行的证券回购业务，交易场所所在地为合同履行地，在交易场所之外进行的证券回购业务，最初付款一方（返售方）所在地为合同履行地。

第八，名称与内容不一致的合同，当事人签订的合同虽具有明确、规范的名称，但合同约定的权利义务内容与名称不一致的，应当以该合同约定的权利义务内容确定合同的性质，从而确定合同的履行地；合同的名称与合同约定的权利义务难以区分合同性质的，以及合同的名称与该合同约定的部分权利义务内容相符的，则以合同的名称确定合同的履行地。

此外，最高人民法院还对联营合同的地域管辖作了如下规定：①法人型联营合同，由其主要办事机构所在地法院管辖；合伙型联营合同，由其注册地法院管辖；协作型联营合同，由被告所在地法院管辖。②主要办事机构所在地或注册地法院管辖有困难的，如法人型联合体已经办理了注销手续，合伙型联营体应经工商部门注册登记而未办注册登记，或者联营期限届满已经解体的，可由被告所在地法院管辖。

（2）因保险合同纠纷提起的诉讼，由被告住所地或者保险标的物所在地人民法院管辖。

（3）因票据纠纷提起的诉讼，由票据支付地或者被告住所地人民法院管辖。

（4）因公司设立、确认股东资格、分配利润、解散等纠纷提起的诉讼，由公司住所地人民法院管辖。

（5）因铁路、公路、水上、航空运输和联合运输合同纠纷提起的诉讼，由运输始发地、目的地或者被告住所地人民法院管辖。

（6）因侵权行为提起的诉讼，由侵权行为地或者被告住所地人民法院管辖。

（7）因铁路、公路、水上和航空事故请求损害赔偿提起的诉讼，由事故发生地或者车辆、船舶最先到达地、航空器最先降落地或者被告住所地人民法院管辖。

（8）因船舶碰撞或者其他海事损害事故请求损害赔偿提起的诉讼，由碰撞发生地、碰撞船舶最先到达地、加害船舶被扣留地或者被告住所地人民法院管辖。

（9）因海难救助费用提起的诉讼，由救助地或者被救助船舶最先到达地人民法院管辖。

（10）因共同海损提起的诉讼，由船舶最先到达地、共同海损理算地或者航程终止地的人民法院管辖。

### 六、专属管辖

专属管辖是指法律规定某些特殊类型的案件专门由特定的人民法院管辖。专属管辖是排他性管辖，它既排除了任何外国法院对诉讼的管辖权，又排除了诉讼当事人以协议方式选择国内的其他人民法院管辖。

1. 因不动产纠纷引起的诉讼

不动产诉讼专属不动产所在地人民法院管辖。

2. 因港口作业发生纠纷提起的诉讼

港口作业引起的诉讼专属港口所在地人民法院管辖。

3. 因继承遗产纠纷提起的诉讼

继承遗产的诉讼专属于被继承人死亡时住所地或主要遗产所在地人民法院管辖。

### 七、共同管辖、选择管辖及合并管辖

共同管辖，是指法律规定两个以上的人民法院对某类诉讼都有管辖权；选择管辖则是指当两个以上的人民法院对诉讼都有管辖权时，当事人可以选择其中一个人民法院提起诉讼；合并管辖也称牵连管辖，是指对某一诉讼有管辖权的人民法院，因另一诉讼与该诉讼存在着牵连关系，而对两个诉讼一并管辖和审理。

《民事诉讼法》第三十五条规定："原告向两个以上有管辖权的人民法院起诉的，应当由最先立案的人民法院管辖。"

两个以上人民法院都有管辖权的诉讼，先立案的人民法院不得将案件移送给另一有管辖权的人民法院。

### 八、协议管辖

协议管辖又称合意管辖或约定管辖，是指双方当事人在民事纠纷发生之前或之后，以书面方式约定诉讼管辖的人民法院。

《民事诉讼法》第三十四条规定："合同或者其他财产权益纠纷的当事人可以书面协议选择被告住所地、合同履行地、合同签订地、原告住所地、标的物所在地等与争议有实际联系的地点的人民法院管辖，但不得违反本法对级别管辖和专属管辖的规定。"

协议管辖的条件如下：①协议管辖只适用于合同或者其他财产权益纠纷，当事人对合同或者其他财产权益纠纷以外的其他民事、经济纠纷不得协议管辖。②协议管辖仅适用于合同或者其他财产权益纠纷中的第一审案件，对二审案件，当事人不得以协议方式选择管辖法院。③协议管辖是要式行为，必须采用书面形式。④当事人必须在法律规定的范围内进行选择。法律规定的可供当事人选择的法院是被告住所地、合同履行地、合同签订地、

原告住所地、标的物所在地等与争议有实际联系的地点的人民法院。⑤当事人必须作确定的、单一的选择。⑥当事人选择法院时，不得违反级别管辖和专属管辖的规定。

协议管辖有明示协议管辖和默示协议管辖之分。前者须有当事人约定管辖的书面协议，后者则从原告向无管辖权的法院起诉，法院受理后被告不以管辖权提出异议并应诉答辩，推断双方当事人均同意由该人民法院管辖。我国《民事诉讼法》对涉外诉讼既规定了明示协议管辖，又规定了默示协议管辖，而对非涉外诉讼仅规定了明示协议管辖。

## 九、裁定管辖

裁定管辖，是指人民法院以裁定的形式所确定的管辖。作为法定管辖的必要补充，裁定管辖主要包括三种，即移送管辖、指定管辖和管辖权转移。

### （一）移送管辖

移送管辖，是指人民法院在受理民事案件后，发现自己对案件并无管辖权，将案件移送到有管辖权的人民法院审理。

《民事诉讼法》第三十六条规定："人民法院发现受理的案件不属于本院管辖的，应当移送有管辖权的人民法院，受移送的人民法院应当受理。受移送的人民法院认为受移送的案件依照规定不属于本院管辖的，应当报请上级人民法院指定管辖。"但在下列情况下不得移送：①受移送的人民法院即使认为本院对移送来的案件并无管辖权，也不得自行将案件送到其他人民法院，而只能报请上级人民法院指定管辖。②有管辖权的人民法院受理案件后，根据管辖恒定的原则，其管辖权不受行政区域变更、当事人住所地或居所地变更的影响，因此不得以上述理由移送管辖。

### （二）指定管辖

指定管辖，是指上级人民法院以裁定方式指定其下级人民法院对某一案件行使管辖权。依据《民事诉讼法》第三十六条、第三十七条的规定，指定管辖适用于以下三种情形：①受移送的人民法院认为自己对移送来的案件无管辖权；②有管辖权的人民法院由于特殊原因不能行使管辖权；③通过协商未能解决管辖权争议。

发生管辖权争议后，应尽可能通过协商解决，协商不成的，应报他们的共同上级人民法院指定管辖。

### （三）管辖权转移

管辖权转移是指依据上级人民法院的决定或同意，将案件的管辖权从原来有管辖权的人民法院转移至无管辖权的人民法院，使无管辖权的人民法院因此而取得管辖权。根据《民事诉讼法》第三十八条的规定，管辖权转移的情形有两种：

1. 向上转移

向上转移有两种情况：①上级人民法院有权审理下级人民法院管辖的第一审民事案件；②下级人民法院认为自己管辖的一审案件需要由上级人民法院审理时，可以报请上级人民法院审理。

2. 向下转移

上级人民法院认为确有必要将本院管辖的第一审民事案件交下级人民法院审理的，应当报请其上级人民法院批准。

## 十、管辖权异议

管辖权异议，是指当事人向受诉人民法院提出的该院对案件无管辖权的主张。

《民事诉讼法》第一百二十七条规定："人民法院受理案件后，当事人对管辖权有异议的，应当在提交答辩状期间提出。人民法院对当事人提出的异议，应当审查。异议成立的，裁定将案件移送有管辖权的人民法院；异议不成立的，裁定驳回。当事人未提出管辖异议，并应诉答辩的，视为受诉人民法院有管辖权，但违反级别管辖和专属管辖规定的除外。"

受诉人民法院收到当事人提出的管辖权异议后，应当认真进行审查，经审查后，如果认为异议成立的，裁定将案件送有管辖权的人民法院审理。当案件属于共同管辖时，人民法院在移送前应征求原告的意见，否则会剥夺原告选择管辖的权利。如果认为异议不能成立，应当裁定驳回异议。裁定应当送达双方当事人，当事人不服的，可以在 10 日内向上一级人民法院提出上诉。

# 第五节 诉

## 一、诉的概念和特征

诉，是指一方当事人以另一方当事人作为相对方，就他们之间的民事权利义务争议，向特定的人民法院提出的进行审判的请求。

诉的特征主要有：①诉只能由民事权利义务争议的当事人提出；②诉只能是向人民法院提出审判请求；③诉是针对当事人提出主张的妥当性，要求法院做出判决的请求。

## 二、诉的要素

1. 诉的主体

诉的主体即诉的当事人，是指因民事权利受到侵犯发生争议，而以自己名义在人民法院参加诉讼的人。

2. 诉的标的

诉讼标的是指当事人之间发生争议，并要求人民法院做出裁判的民事法律关系。当事人提出诉，必须具备审理对象即诉讼标的，诉才有意义。

诉讼标的不同于标的物。任何一个诉讼中都会有诉讼标的，但不一定会有标的物。

诉讼标的与诉讼请求具有密切关系，但两者并不等同。诉讼标的是当事人争议的民事权利义务关系，诉讼请求则是基于法律关系要求法院作出的特定判决。

3. 诉的理由

诉的理由是指当事人提出诉的根据。诉的理由是用以说明当事人为何要提出诉，以及使这种诉得以成立的依据。

### 三、诉的分类

**1. 确认之诉**

确认之诉，是指一方当事人向人民法院提出的要求确认某种法律关系存在或不存在的诉。

根据当事人请求的目的不同，确认之诉可分为积极确认之诉和消极确认之诉，前者指一方当事人请求法院对其与对方当事人之间存在某种法律关系作出肯定判决之诉，后者则是要求法院否定与对方当事人间存在某种民事法律关系。

**2. 给付之诉**

给付之诉，是指一方当事人向人民法院提出的请求判令对方当事人履行特定的给付义务的诉讼。

**3. 变更之诉**

变更之诉又称形成之诉，是指原告请求法院以判决改变或消灭既存的某种民事法律关系的诉。

### 四、反　诉

反诉，是指在已经开始的诉讼程序中，本诉的被告以原告为相对方，向人民法院提起的与本诉存在牵连关系的独立的反请求。其特征是：①反诉当事人具有特定性，反诉只能由本诉的被告向本诉的原告提起；②反诉具有相对独立性，反诉只要提起就不因本诉的撤回而终结；③反诉目的具有对抗性，反诉可抵消、吞并、排斥原告的诉讼请求。

提起反诉的条件包括：①只能由本诉的被告对本诉的原告提起；②只能在本诉进行中提起；③只能向受理本诉的法院提起，且受诉法院对反诉具有管辖权；④与本诉适用同一种诉讼程序审理。

被告提出反诉后，法院应审查是否符合起诉的一般条件和反诉的特别条件，对符合条件的反诉，应予受理。被告如果在开庭过程中才提出反诉，除非原告放弃法定的答辩期利益，法院应休庭让原告答辩并另行指定开庭的期日。法院原则上应一并审理本诉与反诉，将两诉合并调查和辩论，并且一并对两诉作出裁判。在例外情况下，法院也可将反诉与本诉分开调查和辩论，并且在其中一诉已达到可作出判决的程序时，先行作出部分判决。

### 五、诉的合并和分离

**（一）诉的合并**

诉的合并，是指法院将两个或两个以上彼此之间有牵连的诉合并到一个诉讼程序中审理和裁判。诉的合并有狭义和广义之分。狭义的诉的合并，专指诉的客体的合并；广义的诉的合并，除指诉的客体的合并外，还包括诉的主体的合并。诉的主体的合并，常常是由共同诉讼引起的。

诉的合并的种类包括：

**1. 诉的主体的合并**

诉的主体的合并，是指将数个当事人合并到同一诉讼程序中审理和裁判。它包括：

①必要共同诉讼或普通共同诉讼；②原告或被告于诉讼进行中死亡，数个继承人承受诉讼。

2. 诉的客体的合并

诉的客体的合并，是指将同一原告对同一被告提起的两个以上的诉或者反诉与本诉合并到同一诉讼程序中审理。被合并的数个诉之间可能不存在牵连关系，也可能具有牵连关系，对无牵连关系的数个诉，法院应在同一诉讼程序中分别审理并作出判决；对有牵连关系的诉，则应先审理该诉，然后才有可能进一步审理其他各诉。

（二）当事人的诉的分离

诉的分离，是指法院将原先合并审理的几个诉，分开来进行审理。有时候，将几个诉合并在一起审理，会增加审理的难度，使诉讼复杂化和诉讼迟延，此时法院就应当将诉分开来进行审理。诉先合并后分离时，当事人和法院分离前已实施的诉讼行为，在诉分离后的审理中依然有效。

# 第六节　当事人

## 一、当事人概述

（一）当事人的概念和特征

民事诉讼中的当事人，是指因民事权利义务发生争议，以自己的名义进行诉讼，并受人民法院裁判拘束的人。当事人有广义和狭义之分，广义的当事人包括原告和被告，共同诉讼人，第三人，狭义的当事人专指原告和被告。

根据《民事诉讼法》第四十八条的规定，公民、法人和其他组织可以作为民事诉讼的当事人。法人由其法定代表人进行诉讼。其他组织由其主要负责人进行诉讼。第五十五条又规定，对污染环境、侵害众多消费者合法权益等损害社会公共利益的行为，法律规定的机关和有关组织可以向人民法院提起诉讼。

当事人的特征包括：①以自己的名义进行诉讼；②民事权利义务发生争执；③能够引起民事诉讼程序发生、变更或消灭。

（二）诉讼权利能力和诉讼行为能力

诉讼权利能力又称当事人能力，是指能够成为民事诉讼当事人，享有民事诉讼权利和承担民事诉讼义务的法律上的资格。公民（自然人）的诉讼权利能力始于出生、终于死亡，法人和其他组织的诉讼权利能力始于依法成立，终于其终止。

诉讼行为能力又称诉讼能力，是指当事人亲自进行诉讼活动，以自己的行为行使诉讼权利和承担诉讼义务的法律上的资格。有诉讼权利能力而无诉讼行为能力的人，虽然可以成为民事诉讼的当事人，但却不能自己为诉讼行为，而要由其法定代理人代为诉讼或者由法定代理人委托代理人代为诉讼。

当事人具有诉讼行为能力是诉讼行为有效的必要条件，因此无诉讼行为能力人实施的诉讼行为和针对无诉讼行为能力人实施的诉讼行为均属无效。

当事人享有的诉讼权利主要有：①提起诉讼的权利与反驳诉讼的权利；②委托代理人的权利；③申请回避的权利；④收集和提供证据的权利；⑤进行陈述、质证和辩论的权利；⑥选择调解的权利；⑦自行和解的权利；⑧申请财产保全和先予执行的权利；⑨提起上诉的权利；⑩申请再审的权利；⑪申请执行的权利；⑫查阅、复制本案有关材料的权利。

当事人应当履行的诉讼义务主要是：①依法行使诉讼权利；②遵守诉讼秩序；③履行生效的法律文书。

## 二、当事人的变更

当事人的变更是指在诉讼过程中，根据法律的规定或基于当事人的意思，原诉讼的当事人被变更或变动为新的当事人的一种诉讼现象。当事人的变更包括法定的当事人变更和任意的当事人变更。

法定的当事人变更是指在诉讼过程中出现了某种情况，根据法律规定所发生的当事人变更。导致法定的当事人变更的情况包括：①在诉讼过程中，当事人死亡，发生诉讼继承时。②因法人或其他组织合并或分立所发生的当事人变更。③法人解散、依法被撤销或宣告破产。在诉讼过程中，发生法定的当事人变更的情况以后，新的当事人是继续原当事人的诉讼程序，而不是使诉讼程序重新开始。原当事人的诉讼权利义务由新的当事人承担，原当事人所实施的一切诉讼行为对新的当事人仍然有效。

任意的当事人变更是相对于法定的当事人变更而言的。任意的当事人变更不是因为出现了某种情况，根据法律规定所发生的当事人变更，而是指在诉讼过程中，因原诉讼当事人不适格发生的当事人变更。

## 三、原告与被告

原告，是指为维护自己或自己所管理的他人的民事权益，而以自己名义向法院起诉，从而引起民事诉讼程序发生的人。

被告是指被原告诉称侵犯原告民事权益或与原告发生民事争议，而由法院通知应诉的人。

## 四、共同诉讼

共同诉讼，是指当事人一方或双方为 2 人以上（包括 2 人）的诉讼。在民事诉讼理论中，原告方为 2 人以上的称为积极的共同诉讼，被告方为 2 人以上的称为消极的共同诉讼，原、被告均为 2 人以上的称为混合的共同诉讼。

共同诉讼的特征有两个：①当事人一方或双方为 2 人以上；②多数当事人在同一诉讼程序中进行诉讼。

## 五、必要的共同诉讼

必要的共同诉讼是指当事人一方或者双方为 2 人以上，诉讼标的是共同的，法院必须合并审理并在裁判中对诉讼标的合一确定的诉讼。

必要的共同诉讼具有下列特征：①当事人一方或双方为 2 人以上的多数当事人；②多数当事人之间的诉讼标的是共同的；③法院必须合并审理多数当事人之间的诉讼，并在裁判中合一确定诉讼标的，对多数当事人之间的权利义务作出内容相同的裁判。

能够引起必要共同诉讼的具体情形主要包括：①企业法人的分支机构为他人提供保证的，人民法院在审理保证纠纷案件中可以将该企业法人作为共同被告参加诉讼。但是商业行、保险公司的分支机构提供保证的除外。②一般保证的债权人向债务人和保证人一并提起诉讼的，人民法院可以将债务人和保证人列为共同被告参加诉讼。③债权人向人民法院请求行使担保物权时，债务人和担保人应当作为共同被告参加诉讼。④同一债权既有保证又有物的担保的，当事人发生纠纷提起诉讼的，债务人与保证人、抵押人或者出质人可以作为共同被告参加诉讼。

此外，根据最高人民法院 2001 年 4 月 16 日颁布的《关于审理劳动争议案件适用法律若干问题的解释》的规定，原用人单位以新的用人单位和劳动者共同侵权为由向人民法院起诉的，应将新的用人单位和劳动者列为共同被告。

## 六、普通共同诉讼

普通共同诉讼是指当事人一方或者双方为 2 人以上，共同诉讼标的是同一种类，法院认为可以合并审理，当事人也同意合并审理的诉讼。

普通共同诉讼具有以下特征：①普通共同诉讼的诉讼标的是同一种类的；②普通共同诉讼有数个诉讼请求；③普通共同诉讼是可分之诉。

诉构成普通共同诉讼必须具备下列条件：①两个以上的当事人就同一种类诉讼标的案件向同一法院起诉；②归同一法院管辖，适用同一诉讼程序；③合并审理能够达到节约人力、物力和费用的目的；④法院认为可以合并审理；⑤当事人同意合并审理。

《民事诉讼法》第五十三条第二款规定："对诉讼标的没有共同权利义务的，其中一人的诉讼行为对其他共同诉讼人不发生效力。"

## 七、诉讼代表人

（一）诉讼代表人的概念

诉讼代表人是指由人数众多的一方当事人推选出来，代表该方当事人进行诉讼的人。《民事诉讼法》第五十四条、第五十五条和《最高人民法院关于适用〈中华人民共和国民事诉讼法〉若干问题的意见》第五十九条至六十四条对诉讼代表人做了规定。根据上述规定，我国民事诉讼中的诉讼代表人包括人数确定代表人诉讼中的诉讼代表人和人数不确定代表人诉讼中的诉讼代表人两种。

（二）代表人诉讼的种类

1. 人数确定的代表人诉讼

人数确定的代表人诉讼，是指由起诉时人数已确定的众多的共同诉讼人推选出来作为代表，代替全体共同诉讼人参加诉讼，实施诉讼行为的人。

构成人数确定的代表人诉讼须符合以下四个条件：①当事人一方人数众多。《民事诉讼法》意见设定的标准一般为 10 人以上；②起诉时当事人的人数已经确定；③众多当事人之间具有共同的或同一种类的诉讼标的；④当事人推选出若干代表人。

2. 人数不确定的代表人诉讼

人数不确定的代表人诉讼，是指由人数不确定共同诉讼人中向法院登记权利的人推选出代表，由代表人以全体共同诉讼人的名义参加诉讼，实施诉讼行为。

构成人数不确定的代表人诉讼须具备下列条件：①当事人一方人数众多且具体人数在起诉时尚未确定；②诉讼标的为同一种类，即多数当事人之间没有共同的权利或义务关系，不存在共同的诉讼标的，但各方当事人的诉讼标的属同一种类；③推选出诉讼代表人。产生的方式依次为：首先选定，即由向人民法院登记的那部分权利人选出诉讼代表人；其次商定，在权利人推选不出代表人时，由人民法院与权利人通过协商的方式产生代表人；最后指定，在协商不成的情况下，由人民法院在权利人中指定代表人。

（三）关于人数不确定代表人诉讼的特殊程序

1. 公　告

人民法院在受理案件后，可根据《民事诉讼法》的规定发出公告，在公告中说明案件情况和诉讼请求，通知尚未起诉的权利人在规定期间内来法院登记。公告的期限由法院视具体情况决定，但最少不得少于 30 日。

2. 登　记

登记，是指人民法院对见到公告后前来参加诉讼的权利人进行登记。权利人向法院登记时，应证明自己与对方当事人的法律关系和所受到的损失，证明不了的，不予登记。

3. 裁判效力

人民法院对人数不确定的代表人诉讼作出裁判后，裁判的拘束力仅及于参加登记的全体权利人，对未参加登记的权利人无直接拘束力，但具有预决效力。未参加登记的权利人在诉讼时效期限内提起诉讼，法院认定其请求成立时，应裁定直接适用法院对代表人诉讼已作出的裁判，而无需另行作出裁判。

## 八、第三人

（一）第三人的概念

民事诉中的第三人，是指对他人之间的诉讼标的有独立的请求权，或者虽然没有独立的请求权，但与案件处理结果有法律上的利害关系，而参加到他人之间正在进行的诉讼的人。

（二）有独立请求权的第三人

有独立请求权的第三人是指对他人之间的诉讼标的，主张独立的请求权，而参加到原、被告之间正在进行的诉讼中的人。

1. 有独立请求权的第三人参加诉讼的条件

第一，对本诉原、被告争议的诉讼标的，主张独立的请求权。第三人主张独立的请求权有两种情形：一种是主张全部的实体权利，即主张双方当事人争执的民事权益既不归原告所有，又不归被告所有，而是全部归自己所有。另一种是仅主张部分实体权利。

第二，本诉在进行。本诉正在进行是时间方面的条件，它是指第三人欲参加的诉讼已经开始而尚未终结，具体是指法院受理诉讼后作出裁判前。

第三，以提出诉讼的方式参加。

2. 有独立请求权的第三人的诉讼地位

有独立请求权的第三人在诉讼中具有相当于原告的诉讼地位。有独立请求权的第三人虽然在提起诉讼时将本诉的双方当事人均作为被告，但在诉讼中，居于被告地位的本诉的原告与被告并非共同诉讼人，因为他们对诉讼标的具有对立的。而不是共同的利害关系。

### （三）无独立请求权的第三人

1. 无独立请求权的第三人参加诉讼的条件

无独立请求权的第三人，是指因正在进行的诉讼的裁判结果与他具有法律上的利害关系，而参加诉讼的人。

作为无独立请求权的第三人参加诉讼，必须符合以下条件：①与案件处理结果有法律上的利害关系。法律上的利害关系是指民事实体法上的权利义务关系。第三人与案件处理结果具有的法律上的利害关系，包括两种类型；其一是义务性关系。其二是权利义务性关系，即方当事人败诉会使第三人享有一定的权利和承担一定的义务。②他人之间的诉讼正在进行。③申请参加诉讼或由法院通知其参加诉讼。

2. 无独立请求权的第三人的诉讼地位

无独立请求权的第三人的诉讼地位既有从属性的一面，又有独立性的一面。无独立请求权的第三人是参加一方当事人进行诉讼，参加诉讼的目的是为了帮助被参加的一方赢得诉讼，因而不得实施与参加人地位和参加目的相悖的诉讼行为，但另一方面，无独立请求权的第三人作为广义的当事人，又享有一些独立的诉讼权利。

在一定情况下，无独立请求权的第三人还可以取得与被参加诉讼的当事人完全相同的诉讼地位，即"人民法院判决承担民事责任的第三人，有当事人的诉讼权利义务"。

### （四）第三人撤销之诉即第三人的对生效法律文书的改变权或撤销权

《民事诉讼法》第五十六条第三款规定了两种第三人对生效法律文书的改变或撤销权。即："前两款规定的第三人，因不能归责于本人的事由未参加诉讼，但有证据证明发生法律效力的判决、裁定、调解书的部分或者全部内容错误，损害其民事权益的，可以自知道或者应当知道其民事权益受到损害之日起六个月内，向作出该判决、裁定、调解书的人民法院提起诉讼。人民法院经审理，诉讼请求成立的，应当改变或者撤销原判决、裁定、调解书；诉讼请求不成立的，驳回诉讼请求。"

第三人撤销之诉这一制度的设立除了是赋予第三人在其因故未能参加诉讼而最终权利受损时的救济诉权，其目的还在于遏制近些年来屡见不鲜的虚假诉讼。在这些虚假诉讼中，原、被告常常通过骗取法院的生效法律文书来侵害第三人的合法权益。

理解该条款应注意以下几点。

（1）适格原告。是指因不能归责于本人的事由未参加诉讼的无独立请求权第三人或者有独立请求权第三人，一般是指本应在虚假诉讼中以无独立请求权第三人或者有独立请求权第三人身份参与诉讼的利害关系人，且没有证据证明第三人因怠于行使诉权而未参与诉讼。

（2）适格被告。以虚假诉讼中的全部当事人为共同被告。

（3）诉讼请求。是要求改变或者撤销生效判决、裁定、调解书的部分或者全部内容。

（4）证据要求。原告在向人民法院提交起诉书时必须同时提交足以证明发生法律效力的判决、裁定、调解书的部分或者全部内容错误，损害其民事权益的相关证据。

（5）诉讼时效。原告自知道或者应当知道其民事权益受到损害之日起六个月内起诉。

（6）管辖规定。由作出该生效判决、裁定、调解书的人民法院管辖。

（7）法院审判。人民法院经审理，诉讼请求成立的，应当改变或者撤销原判决、裁定、调解书；诉讼请求不成立的，驳回诉讼请求。

## 九、诉讼代理人

（一）诉讼代理人的概念与特征

民事诉讼代理人，是指依据法律的规定或者当事人的授权，在民事诉讼中为当事人的利益进行诉讼活动的人。

诉讼代理人具有如下特征：①以被代理人的名义实施诉讼行为；②具有诉讼行为能力和一定的诉讼知识；③在代理权限范围内实施诉讼行为；④诉讼代理行为的法律后果由被代理人承担；⑤在同一诉讼中只能代理一方当事人，不能代理双方当事人。

（二）诉讼代理的种类

《民事诉讼法》只规定了法定诉讼代理人和委托诉讼代理人两类代理人。

1. 法定诉讼代理人

（1）法定诉讼代理人的概念和范围。

法定诉讼代理人是指根据法律规定代理无诉讼行为能力的当事人实施诉讼行为的人。

法定诉讼代理人与委托诉讼代理人不同，前者作为诉讼代理人既与当事人的意志无关，也不取决于他本人的意愿，而是由于法律的规定。后者作为诉讼代理人是由当事人选择和委任的，同时也以其本人同意作为代理的条件。

法定诉讼代理人的被代理人只限于无民事行为能力的人或限制民事行为能力的人，因此法定诉讼代理人的范围一般与无民事行为能力的人或限制民事行为能力的人的监护人一致。

（2）法定诉讼代理人的代理权限。

法定诉讼代理是代理无民事行为能力或限制民事行为能力的当事人进行诉讼，这样的当事人因年龄或精神方面的原因通常不出庭参加诉讼，即使出庭也因为诉讼能力欠缺而不得实施诉讼行为。从监护人角度说，根据《民法通则》和《婚姻法》的有关规定，监护人不仅负有保护被监护人的人身、财产及其他合法权益的责任，而且在被监护人造成他人损害时还须承担侵权赔偿责任。

因此，法定诉讼代理人处于与当事人类似的地位，使他们享有包括处分被代理人的实体权利在内的广泛的诉讼权利是必要的。但另一方面，法定诉讼代理人毕竟不是当事人，为防止被监护人的利益受到损害，人民法院应当对法定诉讼代理人的行为进行必要的监督。

（3）法定诉讼代理权的取得。

法定诉讼代理权产生的基础是实体法上的监护权。没有实体法上的监护权，也就没有诉讼中的法定诉讼代理权。作为实体法上的监护权，是先于被代理人的纠纷而存在的，因此法定诉讼代理权也是先于被代理人的纠纷而存在的。

（4）法定诉讼代理权的取得与消灭。

法定诉讼代理人的代理权的发生有两种情况：一种是诉讼发生前便存在，在多数情况下无民事行为能力人或限制民事行为能力人的监护人早在诉讼发生前就已确定好，因此诉讼发生前代理权便存在；另一种是诉讼发生后才存在，被人民法院指定诉讼的监护人便是受指定后才取得诉讼代理权。

法定诉讼代理人的代理权因监护权的消灭而消灭。根据《民法通则》的有关规定，引起监护权消灭的情形包括：①被监护人取得或恢复民事行为能力；②监护人死亡或丧失民事行为能力；③因离婚或解除收养关系，监护人失去监护权。

2. 委托诉讼代理人

（1）委托诉讼代理人的概念和范围。

委托诉讼代理人是指受诉讼当事人或法定代理人的委托，以当事人的名义代为诉讼行为的人。

依据《民事诉讼法》第五十八条的规定，当事人、法定代理人可以委托一至二人作为诉讼代理人。委托诉讼代理人包括：①律师、基层法律服务工作者；②当事人的近亲属或者工作人员；③当事人所在社区、单位以及有关社会团体推荐的公民。第五十八条当事人、法定代理人可以委托一至二人作为诉讼代理人。

（2）委托诉讼代理人的代理权的产生。

委托诉讼代理人的代理权产生于当事人、法定代理人的授权委托行为。《民事诉讼法》规定授权委托必须以书面方式进行，即委托他人代为诉讼，必须向人民法院提交由委托人签名或盖章的授权委托书。

（3）委托诉讼代理人的代理权限与诉讼地位。

当事人在民事诉讼中的权利大体可分为两大类：第一类是纯程序性质的或者与实体权利关系不那么密切的诉讼权利，如申请回避等；第二类是实体权利或与实体权利紧密相关的诉讼权利，如代为承认、变更、放弃诉讼请求。第二类权利对当事人的利益关系重大，因此《民事诉讼法》明确规定诉讼代理人除非经过委托人的特别授权，不得在诉讼中实施这类行为。

委托诉讼代理人在诉讼中的地位如何，要依他所具有的代理权限和委托人是否参与诉讼这两大因素而定。如果当事人、法定代理人既把进行诉讼的权利又把属于特别授权的那些权利大部或全部授予他，而委托本人又不参与诉讼，委托诉讼代理人就处于与当事人相当的诉讼地位。如果当事人、法定代理人仅仅把代理诉讼所必需的权利授予他而保留那些需要特别授权的权利，则委托诉讼代理人与当事人的诉讼地位相去甚远。他仅仅是帮助当事人进行诉讼的诉讼参加人而已。

当事人委托诉讼代理人，本人可以出庭参加诉讼，也可以不再出庭。《民事诉讼法》

第六十二条对离婚诉讼的代理问题作了特别规定。按此规定，委托了诉讼代理人的离婚诉讼的当事人，本人除了不能表达意志的外，仍应当出庭参加诉讼。确因特殊情况无法出庭的，必须向人民法院提交离与不离的书面意见。

（4）委托诉讼代理权的变更与消灭。

诉讼代理人可能会辞去委托，委托人也可能变更代理权限的范围或者取消委托。是否变更代理权是当事人的权利，可以由当事人单方面作出决定，但当事人在作出变更或解除代理权的决定后，必须用书面形式告知人民法院，并由人民法院通知对方当事人。

委托诉讼代理权因下列原因之一而消灭：①诉讼结束；②代理人死亡或者丧失诉讼行为能力；③代理人辞去委托或被代理人取消委托。

# 第七节　民事证据

## 一、民事证据的概念及特征

民事证据，是指能够证明案件真实情况的事实材料。

证据有以下三个特征：①客观性，即证据必须是客观存在的事实材料；②关联性，即证据必须与待证的案件事实有内在的联系；③合法性，即证据应当按法定要求和法定程序取得。

## 二、民事证据的种类

民事证据的种类有：①当事人的陈述；②书证；③物证；④视听资料；⑤电子数据；⑥证人证言；⑦鉴定意见；⑧勘验笔录。

证据必须查证属实，才能作为认定事实的根据。

## 三、证据保全

证据保全，是指在证据有可能毁损、灭失，或以后难以取得的情况下，人民法院对证据进行保护，以保证其证明力的一项措施。

《民事诉讼法》第八十一条规定："在证据可能灭失或者以后难以取得的情况下，当事人可以在诉讼过程中向人民法院申请。保全证据，人民法院也可以主动采取保全措施。因情况紧急，在证据可能灭失或者以后难以取得的情况下，利害关系人可以在提起诉讼或者申请仲裁前向证据所在地、被申请人住所地或者对案件有管辖权的人民法院申请保全证据。证据保全的其他程序，参照适用本法第九章保全的有关规定。"

证据保全的条件包括：①待保全的事实材料应当与案件所涉及的法律关系有关；②待保全的事实材料存在毁损、灭失或以后难以取得的可能性；③就时间而言，利害关系人可以在诉中也可以在诉前申请证据保全。就诉前证据保全而言，应特别注意四大条件。其一，情况紧急；其二，在证据可能灭失或者以后难以取得时；其三，提起诉讼或者申请仲裁前；其四，向证据所在地、被申请人住所地或者对案件有管辖权的人民法院提出。

证据保全的提出通常情况下是由当事人申请，但在有的情况下人民法院也可以依职权决定。

一般来讲，对证人证言，可以录音或制作询问笔录；对于物证，可以进行勘验或封存原物；对书证、视听资料，可采取复制的方法。

## 四、民事诉讼的证明

### （一）证明对象的概念和范围

证明对象，是指需要证明主体运用证据来予以证明的与案件有关的事实。

证明对象的范围包括：

（1）当事人主张的民事实体权益的法律事实。

具体包括：①当事人之间产生权利义务关系的法律事实；②当事人之间变更权利义务关系的法律事实；③当事人之间消灭权利义务关系的法律事实；④妨碍当事人权利行使、义务履行的法律事实；⑤当事人之间权利义务发生纠纷的法律事实。

（2）当事人主张的具有程序意义上的事实。

（3）证据事实，即那些证明证据本身是否客观、真实、合法的事实。

（4）外国法，作为法律专家的法官应当知晓案件所适用的法律，即使不知，也可以依职权进行调查了解。因此，一般情况下，案件所适用的法律是否存在及其内容，并不需要当事人加以证明。但对外国法、地方性法规以及习惯规则，法官则未必了解，因此需要当事人对此加以证明。

### （二）免予证明的事实

（1）一方当事人对另一方当事人陈述的案件事实和提出的诉讼请求，明确表示承认的。但涉及身份关系的案件除外。

（2）众所周知的事实。

（3）自然规律及定理。

（4）根据法律规定或已知事实所能推定出的另一事实。

（5）已为人民法院发生效力的裁判所确定的事实。

（6）已为仲裁机构生效的仲裁裁决确认的事实。

（7）经过法定程序公证证明的法律事实和文书。

应该注意：

其一，前述（1）、（2）、（4）、（5）、（6）、（7）项，当事人有相反证据足以推翻的除外。

其二，对一方当事人陈述的事实，另一方当事人既未表示承认也未否认，经审判人员充分说明并询问后，其仍不明确表示肯定或者否定的，视为对该项事实的承认。

其三，当事人委托代理人参加诉讼的，代理人的承认视为当事人的承认。但未经特别授权的代理人对事实的承认直接导致承认对方诉讼请求的除外；当事人在场但对其代理人的承认不作否认表示的，视为当事人的承认。

其四，当事人在法庭辩论终结前撤回承认并经对方当事人同意，或者有充分证据证明其承认行为是在受胁迫或者重大误解情况下作出且与事实不符的，不能免除对方当事人的举证责任。

其五，在诉讼中，当事人为达成调解协议或者和解的目的作出妥协所涉及的对案件事实的认可，不得在其后的诉讼中作为对其不利的证据。

其六，诉讼过程中，当事人在起诉状、答辩状、陈述及其委托代理人的代理词中承认的对己方不利的事实和认可的证据，人民法院应当予以确认，但当事人反悔并有相反证据足以推翻的除外。

### （三）证明责任的分配与倒置

证明责任是指当事人对自己提出的主张，有提出证据并加以证明的责任。

1. 证明责任的分配

所谓证明责任的分配，是指法院在诉讼中按照一定规范或标准，将事实真伪不明时所要承担的不利后果在双方当事人之间进行划分。

《民事诉讼法》明确规定证明责任分配一般原则即第六十五条之规定：当事人对自己提出的主张应当及时提供证据。人民法院根据当事人的主张和案件审理情况，确定当事人应当提供的证据及其期限。当事人在该期限内提供证据确有困难的，可以向人民法院申请延长期限，人民法院根据当事人的申请适当延长。当事人逾期提供证据的，人民法院应当责令其说明理由；拒不说明理由或者理由不成立的，人民法院根据不同情形可以不予采纳该证据，或者采纳该证据但予以训诫、罚款。

《民事诉讼法》第六十六条又规定，人民法院收到当事人提交的证据材料，应当出具收据，写明证据名称、页数、份数、原件或者复印件以及收到时间等，并由经办人员签名或者盖章。

此外，在我国的一些实体法和《最高人民法院关于民事诉讼证据若干规定》中对某些案件的证明责任分配做了明确的规定。

理论而言，可把待证事实分为三类：产生权利的事实、妨碍权利产生的事实和权利消灭的事实。谁主张相应事实，谁就应当对该事实加以证明。

在合同纠纷诉讼中，主张合同关系成立并生效的一方当事人对合同订立和生效的事实承担举证责任，主张合同关系变更、解除、终止、撤销的一方当事人对引起合同关系变动的事实承担举证责任。对合同是否履行发生争议的，由负有履行义务的当事人承担举证责任（如果履行义务的内容是不作为时，从公平性考虑，应当由主张权利的当事人来加以证明，因为这样更容易加以证明）。

代理权发生争议的，由主张有代理权的一方当事人承担举证责任。

按照法律要件分类说的分配标准，在侵权诉讼案件中，主张损害赔偿的权利人应当对损害赔偿请求权产生的事实加以证明，也就是说明损害赔偿法律关系产生的法律要件事实，即存在侵害事实、侵害行为与侵害事实之间因果关系、行为具有违法性以及行为人存在过错。

另外，免责事由应由行为人加以证明。例如，损害是由受害人的故意造成的。

在劳动争议纠纷案件中，因用人单位做出开除、除名、辞退、解除劳动合同、减少劳动报酬、计算劳动者工作年限等决定而发生劳动争议的，由用人单位负举证责任。

在法律没有具体规定，依《最高人民法院关于民事诉讼证据若干规定》及其他司法解释无法确定举证责任承担时，人民法院可以根据公平原则和诚实信用原则，综合当事人举证能力等因素确定举证责任的承担。

2. 证明责任的倒置

在下列侵权诉讼中，对原告提出的侵权事实，被告否认的，由被告负责证明：①因产品制造方法发明专利引起的专利侵权诉讼；②高度危险作业致人损害的侵权诉讼；③因环境污染引起的损害赔偿的诉讼；④建筑物或者其他设施以及建筑物上的搁置物、悬挂物发生倒塌、脱落、坠落致人损害的侵权诉讼；⑤饲养动物致人损害的侵权诉讼；⑥有关法律规定由被告承担证明责任的侵权诉讼。

（四）民事诉讼的证明标准

证明标准，是指法院在诉讼中认定事实所要达到的证明程度。

在理论上，民事诉讼的证明标准应当是一种盖然性的证明要求。所谓盖然性，是指法官从证据资料看，待证事实具有存在与否的某种可能性。

民事诉讼的证明标准是高度盖然性，与刑事诉讼的证明标准有所不同，刑事诉讼的证明标准一般要求为证明须达到一种使法官确信的状态或能够排除一切合理怀疑。刑事诉讼的证明标准要高于民事诉讼。这是由两种诉讼的不同性质决定的。民事诉讼中，证据一般由当事人自己收集，如果民事诉讼也要求很高的证明标准，会使民事权利很难得以维护和实现。

（五）举证时限

举证时限，是指法律规定或法院指定的当事人能够有效举证的期限。

（六）证据交换概念

我国民事诉讼中的证据交换，是指于诉讼答辩期届满之后，开庭审理以前，在人民法院的主持下，当事人之间相互明示其持有证据的行为或过程。

（七）人民法院调查收集证据

人民法院调查收集证据包括两种情形：一种是根据自己的需要，依职权主动调查收集证据；另一种是根据当事人的申请调查收集证据。

1. 法院主动调查收集

依照《最高人民法院关于民事诉讼证据若干规定》的精神，"人民法院认为审理案件需要的证据"是指以下情形：①涉及可能有损国家利益、社会公共利益或者他人合法权益的事实；②涉及依职权追加当事人、中止诉讼、终结诉讼、回避等与实体争议无关的程序事项。第二类证据所涉及的事项与实体争议无关但关系到诉讼的进行，因此属于法院职权调查事项。

2. 根据当事人申请调查收集证据

《最高人民法院关于民事诉讼证据若干规定》进一步明确此种情况虽然人民法院应当收集，但必须有当事人的申请，并满足条件。这样的规定符合处分原则和辩论原则。

实质要件方面必须满足以下条件：①申请调查收集的证据属于国家有关部门保存并需人民法院依职权调取的档案材料；②涉及国家秘密、商业秘密、个人隐私的材料；③当事人及其诉讼代理人确因客观原因不能自行收集的其他材料。

形式要件方面必须属于以下几种情形之一：①提出申请的人必须是当事人本人或其代理人；②须提交申请书；③符合申请提交的期限，当事人及其诉讼代理人申请人民法院调查收集证据不得迟于举证期限届满前7日。

### （八）质 证

**1. 质证的概念**

质证，是指当事人、诉讼代理人及第三人在法庭的主持下，对当事人及第三人提出的证据就其真实性、合法性、关联性以及有无证明力、证明力大小予以说明和质辩的活动或过程。

**2. 质证的主体和客体**

质证的主体，是指在质证过程中对证据予以说明、质辩的主体。质证的主体范围包括当事人、诉讼代理人和第三人。法院是证据认定的主体，不是质证的主体。

质证的客体是指质证主体质证行为的对象。质证客体是证据。其客体范围是当事人向法院提出的证据，包括根据当事人的申请由法院调查收集的证据。在质证时，根据当事人申请由法院调查收集的证据作为提出申请的一方当事人提供的证据。

**3. 质证的程序**

在法庭审理中，质证按照以下程序进行：①原告出示证据，被告、第三人与原告进行质证；②被告出示证据，原告、第三人与被告进行质证；③第三人出示证据，原告、被告与第三人进行质证。

### （九）认 证

**1. 认证的概念和要求**

认证，是指法庭对经过质证或者当事人在证据交换中认可的各种证据材料做出审查判断。

认证的基本要求和原则性规范是：依照法定程序，全面、客观地审核证据，依据法律的规定，遵循法官职业道德，运用逻辑推理和日常生活经验法则。没有遵循这些要求的认证都是错误和违法的认证，对有无证据证明力和证明力大小的认定就是无效的。

为了保证认证的程序正义性，法庭应当公开证据认定的理由和结果。当事人对认证理由和结果有异议的，也可以向法庭提出自己的意见，但应当服从法庭对证据的最终认定。

**2. 认证的方法和注意事项**

审判人员对单一证据可以从下列几方面进行审核认定：①证据是否原件、原物，复印件、复制品与原件是否相符；②证据与本案事实是否相关；③证据的形式、来源是否符合法律规定；④证据的内容是否真实；⑤证人或者提供证据的人与当事人有无利害关系。

在认证中应注意：①关于调解或和解认可的事实能否作为证据的问题；②哪些证据不能独立作为认定案件事实的依据；③如何确认证据的证明力。

一方当事人提出的下列证据，对方当事人提出异议但没有足以反驳的相反证据的，人民法院应当确认其证明力：①书证原件或者与书证原件核对无误的复印件、照片、副本、节录本；②物证原物或者与物证原物核对无误的复制件、照片、录像资料等；③有其他证据佐证并以合法手段取得的、无疑点的视听资料或者与视听资料核对无误的复制件；④一方当事人申请人民法院依照法定程序制作的对物证或者现场的勘验笔录。一方当事人提出的证据，另一方当事人认可或者提出的相反证据不足以反驳的，人民法院可以确认其证明力。一方当事人提出的证据，另一方当事人有异议并提出反驳证据，对方当事人对反驳证据认可的，可以确认反驳证据的证明力。双方当事人对同一事实分别举出相反的证据，但都没有足够的依据否定对方证据的，人民法院应当结合案件情况，判断一方提供证据的证明力是否明显大于另一方提供证据的证明力，并对证明力较大的证据予以确认。

人民法院就数个证据对同一事实的证明力，可以依照下列原则认定：①国家机关、社会团体依职权制作的公文书证的证明力一般大于其他书证；②物证、档案、鉴定结论、勘验笔录或者经过公证、登记的书证，其证明力一般大于其他书证、视听资料和证人证言；③原始证据的证明力一般大于传来证据；④直接证据的证明力一般大于间接证据；⑤证人提供的对与其有亲属或者其他密切关系的当事人有利的证言，其证明力一般小于其他证人证言。

# 第八节　期　间

## 一、期间的概念

期间，是指法院或诉讼参与人进行或完成某种诉讼行为的期限和日期。狭义的期间指的是期限，广义的期间包括期限和期日。

期限通常，是指法院或诉讼参与人单独完成或进行某种诉讼行为的一段时间。比如，法律规定，不服一审判决的上诉期为15天。

期日，是指法院与当事人、其他诉讼参与人会合在一起进行一定诉讼活动的日期。比如，法院通知双方当事人某年某月某日开庭。

## 二、期间的种类

1. 法定期间

法定期间，是指由法律明文规定的期间。

法定期间包括绝对不可变期间和相对不可变期间。绝对不可变期间是指该期间经法律确定，任何机构和人员都不得改变，如上诉期间。相对不可变期间是指该期间经法律确定后，在通常情况下不可改变，但如遇有关法定事由，法院可对其依法予以变更，如一审的案件审理期间。

2. 指定期间

指定期间，是指人民法院根据案件审理时遇到的具体情况和案件审理的需要，依职权决定当事人及其他诉讼参与人进行或完成某种诉讼行为的期间。如法院指定当事人补正诉状的期间。

## 三、期间的计算

期间的计算包括以下内容：①期间以时、日、月、年作为表示单位；②期间开始的时、日，不计算在期间内；③法定期间或指定期间的最后一日是节假日的，以节假日期满后的第一个工作日为期间届满的日期；④诉讼文书的在途期间不包括在期间内。

### 四、期间的耽误及延展

期间的耽误是指当事人在法定期间或指定期间内，没有完成应完成的行为。《民事诉讼法》第七十六条规定："当事人因不可抗拒的事由或者其他正当理由耽误期限的，在障碍消除后的 10 日内，可以申请顺延期限，是否准许，由人民法院决定。"

# 第九节 送 达

送达，是指人民法院依法定的程序和方式将诉讼文书送交当事人及其他诉讼参与人的行为。

## 一、送达的方式

1. 直接送达

直接送达，是指由人民法院的送达人员将要送达的诉讼文书、法律文书直接交给受送达人或他的成年家属、代收人的送达方式。

根据《民事诉讼法》第八十五条及《民事诉讼法适用意见》的有关规定，以下几种情况下的送达都属于直接送达：①将诉讼文书直接交受送达人本人；②受送达人是公民的，本人不在时，将诉讼文书交其成年同住家属签收；③受送达人是法人或其他组织的，将文书交由法人的法定代表人、该组织的主要负责人或者办公室、收发室、值班室等负责收件的人签收；④受送达人有诉讼代理人的，可以将诉讼文书送交其诉讼代理人签收；⑤受送达人已向法院指定代收人的，送交代收人签收。

2. 留置送达

留置送达，是指在向受送达人或有资格接受送达的人送交需送达的诉讼文书时，受送达人或有资格接受送达的人拒绝签收，送达人将诉讼文书依法留放在受送达人住所的送达方式。

民事诉讼法第八十六条及《民事诉讼法适用意见》第八十二条对留置送达适用时必须遵循的法定条件和程序做出了具体的规定。

应注意：①如果需送达的法律文书是调解书而当事人拒绝签收的，则不可适用留置送达。②新民事诉讼法规定，可以把诉讼文书留在受送达人的住所，并采用拍照、录像等方式记录送达过程，即视为送达。

3. 电子送达

新《民事诉讼法》第八十七条规定："经受送达人同意，人民法院可以采用传真、电子邮件等能够确认其收悉的方式送达诉讼文书，但判决书、裁定书、调解书除外。采用前款方式送达的，以传真、电子邮件等到达受送达人特定系统的日期为送达日期。"

4. 委托送达

委托送达是指受诉法院直接送达确有困难，而委托其他法院将需送达的诉讼文书送交受送达人的送达方式。委托送达与直接送达具有同等效力。进行委托的法院只能委托其他法院，而不可委托其他机构或组织。根据《民事诉讼法适用意见》第八十六条的规定，委托法院应出具委托函，并附需送达的诉讼文书和送达回证，以受送达人在送达回证上签收的日期为送达日期。

5. 邮寄送达

邮寄送达，是指受诉法院在直接送达有困难的情况下，通过邮局以挂号信的方式将需送达的诉讼文书或法律文书邮寄给受送达人的送达方式。根据《民事诉讼法适用意见》第八十五条的规定，法院在采用邮寄送达时应附有送达回证。挂号信回执上注明的收件日期与送达回执上注明的收件日期不一致的，或者送达回证没有寄回的，以挂号信回执上注明的收件日期为送达日期。

6. 转交送达

转交送达，是指受诉法院基于受送达人的有关情况而将需送达的诉讼文书交有关机关、单位转交受送达人的送达方式。

根据《民事诉讼法》第八十一条和第八十二条的规定，转交送达有下列三种情形：①送达人是军人的，通过其所在部队团级以上单位的政治机关转交；②受送达人是被监禁者，通过其所在监所或所在劳动单位转交；③受送达人是被劳教者，通过其所在劳教单位转交。代为转交机关、单位收到诉讼文书后，必须立即将其交受送达人签收，受送达人在送达回证上的签收日期为送达日期。

7. 公告送达

公告送达，是指受诉法院在受送达人下落不明或采取上述方法均无法送达时，而将需送达的诉讼文书的主要内容予以公告，公告经过一定期限产生送达后果的送达方式。根据《民事诉讼法》的规定，公告送达自发出公告之日起，经过60日，即视为送达。人民法院采取公告的方式送达，应当在案卷中记明公告送达的原因和经过，随卷备查。

## 二、送达的效力

送达的效力是指法律文书送达后所产生的法律后果。

送达的诉讼文书不同，其法律后果也不相同，主要体现在以下四个方面：

第一，判决书、调解书的效力开始发生。

第二，有关的诉讼期限开始计算。

第三，当事人及其他诉讼参与人知晓应在何时参加某一诉讼活动，若不参加，将承担相应的法律后果。

第四，标志着有关诉讼法律关系的产生或消灭。

# 第十节 法院调解

## 一、法院调解的概念与性质

法院调解又称诉讼中调解，是指在民事诉讼中双方当事人在法院审判人员的主持和协调下，就案件争议的问题进行协商，从而解决纠纷所进行的活动。

法院调解是我国民事诉讼法的一项基本原则，在司法实践中被广泛地加以使用，包括调解活动的进行和以调解方式结案。因而，在诉讼活动中虽进行了调解活动，但因各种原因没有形成调解协议的，仍应当认为人民法院进行了调解。

法院调解是人民法院的职权行为，具有审理性质，这体现在：①法院调解是在法院受理案件后的诉讼中进行的；②审判人员在调解中起主导作用，其在调解中的指挥、主持和监督活动，是人民法院行使审判权的具体体现；③调解协议必须经法院确认才能发生法律效力。

## 二、法院调解与诉讼外调解、诉讼中和解的区别

### （一）法院调解与诉讼外调解的区别

第一，发生的时间不同。法院调解发生在诉讼过程中，当事人在此过程中所进行的行为属于诉讼行为；诉讼外调解发生在诉讼之外，当事人的行为无诉讼上的意义。

第二，主持者不同。法院调解是在人民法院的主持下进行的，人民法院进行该活动依据的是其审判职权；诉讼外调解的主持者可能是人民调解委员会、行政机关、仲裁机构，也可能是双方当事人所信赖的公民个人。

第三，程序不同。法院调解要遵循一定的法律原则和程序；诉讼外调解虽然也要求当事人自愿和合法地进行，但这并不是法律规定的原则，在查清事实和分清责任及程序要求的方面也不如法院调解规范。

第四，法律后果不同。诉讼中调解当事人达成协议签收了送达的调解书的，诉讼结束，具有给付内容的调解书具有执行力；诉讼外调解，除仲裁机构制作的调解书对当事人有约束外，其他机构或个人主持下达成调解协议而形成的调解书，均无约束力，当事人反悔的，可以向人民法院起诉。

### （二）法院调解与诉讼中和解的区别

第一，参加的主体不同。法院调解有人民法院和双方当事人共同参加，诉讼中和解只有双方当事人自己参加。

第二，性质不同。法院调解含有人民法院行使审判权的性质，诉讼中和解则是当事人在诉讼中对自己诉讼权利和实体权利的处分。

第三，效力不同。根据法院调解达成协议制作的调解书生效后，诉讼归于终结，有给付内容的调解书具有执行力；当事人在诉讼中和解的，则应由原告申请撤诉，经法院裁定准许后结束诉讼，和解协议不具有执行力。

## 三、法院调解的原则

法院调解的原则，是指人民法院在进行调解时应遵循的行为准则。《民事诉讼法》第八十五条规定，人民法院审理民事案件，根据当事人自愿的原则，在事实清楚的基础上，分清是非，进行调解。据此，法院调解应当遵循以下三项原则：

1. 当事人自愿原则

该项原则的具体要求是：在程序上，是否以调解的方式解决纠纷，须当事人自愿；在实体上，是否达成调解协议，须尊重当事人的意愿。强迫或变相强迫当事人进行调解，都

是违法的。

应当注意，新《民事诉讼法》第一百二十二条新增的先行调解制度，即"当事人起诉到人民法院的民事纠纷，适宜调解的，先行调解，但当事人拒绝调解的除外。"

2. 查明事实，分清是非的原则

该项原则的具体要求是：人民法院进行调解活动，必须在查明案件基本事实，分清当事人是非责任的基础上进行。

3. 合法原则

该原则的具体要求是：进行调解活动，程序上要合法，不应强迫当事人进行调解，调解未成，不应久调不决，而应及时判决；实体上要合法，协议内容应符合国家的法律规定。

应当特别注意新《民事诉讼法》第一百一十二条、第一百一十三条规定的贯彻诚实信用原则而打击恶意诉讼的新增规定，即：

第一百一十二条："当事人之间恶意串通，企图通过诉讼、调解等方式侵害他人合法权益的，人民法院应当驳回其请求，并根据情节轻重予以罚款、拘留；构成犯罪的，依法追究刑事责任。"

第一百一十三条："被执行人与他人恶意串通，通过诉讼、仲裁、调解等方式逃避履行法律文书确定的义务的，人民法院应当根据情节轻重予以罚款、拘留；构成犯罪的，依法追究刑事责任。"

### 四、法院调解的程序

《民事诉讼法》未对法院调解的程序做具体的明确规定，根据司法实践，我国法院调解的基本程序如下：

1. 调解的开始

根据《民事诉讼法》的规定，法院调解在诉讼的各阶段、各审级中均可进行。调解依双方当事人申请开始，也可由人民法院依职权主动征求当事人的意见，取得当事人同意后开始。在司法实践中，法院调解多是因法院主动征求意见而开始。

2. 调解的进行

法院的调解在审判人员的主持下进行。调解工作既可以由合议庭共同主持，也可以由合议庭中的一个审判员主持，并尽可能就地进行。

法院调解应当在当事人的参加下进行，当事人委托了诉讼代理人代为进行调解的，可以由代理人代为进行，达成的调解协议，可以由代理人签名。但离婚案件原则上应由当事人出庭，确有困难无法出庭的，应就离与不离问题出具书面意见。法院进行调解，可以邀请有关单位和个人协助。被邀请的单位和个人，应当协助人民法院进行调解。

3. 调解的结束

调解的结果有两种：一是未达成调解协议；二是达成调解协议。调解未达成协议的，人民法院应当对案件继续审理，并尽快做出判决；调解达成协议的应要求双方当事人在调解协议上签字，并根据情况决定是否制作调解书。此外，在无民事行为能力的离婚案件中，法定代理人与对方达成调解协议而要求发给判决书的，人民法院可以根据协议内容制作判决书。

## 五、调解协议与调解书

### (一) 调解协议

在人民法院审判组织的主持下，双方当事人经平等协商达成调解协议后，调解程序即告结束。调解协议通常是在调解方案的基础上形成的。根据《民事诉讼法》的有关规定，发生法律效力的调解协议有两种形式：

1. 一般形式——调解书

除法律另有规定外，凡用调解方式结案的案件都应制作调解书，并送达给双方当事人，以此作为确定双方当事人权利义务的依据。

2. 特殊形式——调解笔录

在法律有特别规定的情况下，人民法院的审判组织无须将当事人双方达成的调解协议制作成调解书，只需书记员将协议内容记入笔录中即可。根据《民事诉讼法》第九十条的规定，人民法院可以不制作调解书的案件有：调解和好的离婚案件；调解维持收养关系的案件；能够即时履行的案件；其他不需要制作调解书的案件。对于不需要制作调解书的调解协议，应当记入笔录，由双方当事人、审判人员、书记员签名或盖章。

### (二) 调解书

调解书是由人民法院制作的，以调解协议为主要内容的法律文书。《民事诉讼法》第八十九条第一款、第二款规定："调解达成协议，人民法院应当制作调解书。调解书应写明诉讼请求、案件的事实和调解结果。调解书由审判人员、书记员署名，加盖人民法院印章，送达双方当事人。"

调解书由人民法院按照法定的格式依据调解协议的内容制作。调解书的具体内容主要包括：①首部，包括制作调解书的人民法院的名称、案件的编号、当事人及其诉讼代理人的基本情况、案由等。②主文，包括案件的事实和调解的结果。该部分为调解书的核心部分，要求写得具体、明确，尤其是调解的结果部分，以避免当事人在履行调解书时发生争议。③尾部，包括案件审判人员、书记员的签名、调解书的制作时间和人民法院的印章。

## 六、调解的法律效力

### (一) 调解发生法律效力的时间

1. 调解书的生效时间

调解书经双方当事人签收后，即具有法律效力。在调解书送达之前当事人一方或双方反悔的，或调解书送达时当事人拒绝签收的（调解书不适用留置送达），调解不成立，法院应对案件继续进行审理。无独立请求权的第三人参加诉讼的案件，人民法院调解时需要确定无独立请求权第三人承担义务的，应当经该第三人同意。调解书应当同时送达该第三人。无独立请求权第三人在调解书送达之前反悔的，人民法院应当及时判决。

2. 调解笔录的生效时间

对于不需要制作调解书的案件而言，在书记员将协议内容记入笔录，双方当事人、审判人员、书记员在调解协议上签名或盖章后，调解即具有法律效力。

（二）调解的效力

调解协议生效后，与生效判决具有同等的法律效力。生效的调解书和调解笔录效力相同，具体表现在以下几方面：①诉讼结束，当事人不得以同一事实和理由再行起诉；②对调解书不得上诉，这是因为调解协议是当事人自愿协商所形成的结果，不存在不服调解书的问题，也就无所谓提起上诉；③当事人在诉讼中涉及的法律关系中的争议归于消灭，当事人之间就实体上的权利义务关系依调解协议的内容予以确定；④具有给付内容的调解书具有强制执行力。

# 第十一节　财产保全

## 一、财产保全的概念和意义

保全，又称保全措施，是指在法院受理诉讼前或诉讼过程中，在有关的财产可能被转移、隐匿、毁灭等情形下，而可能造成对利害关系人权益的损害或可能使法院将来的判决难以执行或不能执行时，根据利害关系人、当事人的申请或人民法院的决定，对有关财产采取的保护措施，或者责令债务人为或者不得为一定行为的制度。根据保全的对象，可将其具体划分为财产保全、行为保全和证据保全。根据保全的时间的不同，可以分为诉前保全和诉讼保全。

保全措施是民事诉讼法的重要制度之一，对于保证人民法院生效判决的顺利执行，维护当事人的合法权益具有重要作用。诉讼是需要时间的，而原告起诉的目的往往是请求法院判令被告履行一定具有财产性质的义务。在这一期间，被告有可能为逃避判决生效后面临的强制执行而转移或隐匿标的物或财产，导致判决书成为无法执行的空头支票，保全制度就是为了解决这一问题而设计的。

## 二、保全的种类

（一）诉前保全

诉前保全是指在诉讼发生前，人民法院根据利害关系人的申请，决定对有关的财产或行为采取保全措施的制度。

《民事诉讼法》第一百零一条规定的财产保全应具备的条件包括：

第一，具有采取保全的紧迫性。利害关系人与他人之间存在争议的法律关系所涉及的财产处于情况紧急的状态下，不立即采取保全措施将有可能使利害关系人的合法权益遭受到不可弥补的现实危险。

第二，必须由利害关系人向有管辖权的法院提出保全的申请。诉前保全发生在起诉之前，案件尚未进入诉讼程序，法院尚不存在依职权采取保全措施的前提条件。关于有管辖权的法院的理解，根据新《民事诉讼法》第一百零一条新增规定，可以是在提起诉讼或者申请仲裁前向被保全财产所在地、被申请人住所地或者对案件有管辖权的人民法院。

第三，申请人必须提供担保。在诉前保全中，法院对是否存在保全必要和会不会因申请而给被申请人造成损失难以把握，因此，要求申请人提供担保是诉前保全的必要条件，申请人不愿或不能提供担保的，法院只能驳回其申请。

（二）诉讼保全

诉讼保全是指在诉讼过程中，为了保证人民法院的判决能够顺利实施，人民法院根据当事人的申请，或在必要时依职权决定采取保护措施的制度。《民事诉讼法》第一百条对保全做出了规定。另外，《民事诉讼法适用意见》第一百零三条对判决后财产保全的特殊情形亦做出了规定，即对于当事人不服一审判决提出上诉的案件，在第二审人民法院接到报送的案件之前，当事人有转移、隐匿、出卖或损毁财产等行为，必须采取保全的，由第一审人民法院依当事人申请或依职权采取。

诉讼保全应具备的条件：①采取诉讼保全的案件是给付之诉。只有具有财产给付内容的诉讼，才存在生效判决难以实现的危险性，因而具有保全的必要。与此相反，确认之诉和变更之诉的判决不具有给付内容，不存在生效判决难以执行或执行不能的可能，因此不会发生诉讼保全的问题。②存在各种主客观原因，可能使人民法院将来做出的判决难以实现或不能实现。并不是所有给付之诉案件都能采取财产保全，只有具备《民事诉讼法》第一百条规定的"可能因当事人一方的行为或其他原因，使判决不能执行或难以执行"时，才能够采取保全措施。

### 三、保全的范围和措施

根据《民事诉讼法》第一百零二条的有规定，保全限于请求的范围或与本案有关的财物。法院在对原告的诉讼请求进行审理并做出裁判时，判予原告的利益不应超出其请求的范围，这是处分原则的要求。因此，财产保全作为防止判决生效后难以实现的一项制度，保全的范围就应当与法院判决申请人胜诉时确定的财物的给付范围一致，既不应超出诉讼请求的范围，也不能扩大到与案件无关的其他财物上。

根据《民事诉讼法》的有关规定，财产保全的措施有：查封、扣押、冻结或法律规定的其他方法。这些方法主要包括：①对季节性商品，鲜活、易腐烂变质及其他不宜长期保存的物品，可采用变卖后由人民法院保存价款的方法予以保全；②对不动产和特定动产，如车辆、船舶等，人民法院可以采取扣押有关财产权证照并通知有关产权登记部门不予办理该项产权的转移手续等方式予以保全；③人民法院对抵押物、留置物可以采取保全措施，但抵押权人、留置权人享有优先受偿权；④人民法院可以限制债权人支配其到期的应得利益，并通知有关单位协助执行；⑤债权人的财产不能满足保全请求，但对第三人有到期债权的，人民法院可以依债权人的申请裁定该第三人不得对本案债务人清偿，该第三人要求偿付的，由人民法院提存财物或价款。

### 四、保全的程序

（一）保全的申请及担保

诉讼保全由当事人提出或法院依职权决定，法院可以责令申请人提供担保；诉前财产保全只能由利害关系人提出，申请人必须提供担保。

当事人或利害关系人的申请原则上应当采用书面形式，申请书中写明请求保全财物的名称、数量或价额、财物所在的地点、需要保全的原因等。但对于采用书面形式确有困难的，也可以口头方式提出申请，由人民法院记录在卷，由申请人签名或盖章。申请人可以自己的财产作为担保或由第三人作为保证人提供担保。人民法院要求申请人提供担保而申请人拒绝的，法院依法驳回申请。

（二）保全的裁定及措施的采取

人民法院接受申请后，应当认真审查申请人的申请，对不符合条件的，应当裁定驳回；对于符合法定条件的，作出保全裁定。审查应当在法律规定的期限内完成，即对诉前保全，须在 48 小时内做出裁定；对诉讼保全，情况紧急的，也须在 48 小时内做出裁定。人民法院采取保全措施的，一般采用书面形式，一经作出，应当立即开始执行，有关单位有义务协助人民法院执行。

当事人不服人民法院保全裁定的，可以申请复议一次，复议期间不停止裁定的执行。

（三）保全措施的解除

在保全期限内，除人民法院有权解除保全措施以外，任何单位和个人都不得解除保全措施。根据《民事诉讼法》第一百零四条及最高人民法院的相关司法解释，保全因下列原因解除：①被申请人依法履行了人民法院判决的义务，保全已没有存在意义的，这是保全程序的自然解除；②被申请人向人民法院提供担保的；③申请人在保全期间撤回申请，人民法院同意其撤回申请的；④人民法院确认被申请人申请复议意见有理，而做出新的裁定，撤销原保全裁定的；⑤诉前保全措施采取后，利害关系人在 30 日内未起诉的。另外，在司法实践中，对被申请人的银行存款予以冻结，一次冻结有效期为 6 个月，如果超过 6 个月当事人没有继续要求财产保全并由人民法院裁定继续采取保全措施，则原冻结措施自动解除。

# 第十二节 先予执行

## 一、先予执行的概念和适用范围

（一）先予执行的概念

先予执行，是指人民法院在终局判决做出之前，为解决当事人一方生活或生产的紧迫需要，根据其申请，裁定另一方当事人给付申请人一定的财物，或者实施或停止实施某种行为，并立即执行。它是民事诉讼中的一种特殊的执行制度。

一般而言，执行须以生效判决作为依据，等到判决生效以后进行，但对于某些原告来说，如等到判决生效后才执行，他们正常的生产生活就难以维持或受到严重影响；且对于某些起诉目的不是要求给付，而是请求法院禁止被告实施一定行为的原告而言，若等判决后再采取禁止措施，则为时已晚，被告的行为可能已使原告受到难以挽回的损失。因此，先予执行制度的设置正是为了保护这些有特殊需要的原告，以满足他们在判决生效前就实现其诉讼请求的内容。

（二）先予执行的适用范围

先予执行适用于某些特定类别的案件，根据《民事诉讼法》的规定，先予执行适用的案件范围：①追索赡养费、扶养费、抚育费、抚恤金、医疗费的；②追索劳动报酬的；③因情况紧急需要先予执行的。

根据《民事诉讼法适用意见》第一百零七条的规定，紧急情况主要指：①需要立即停止侵害，排除妨碍的；②需要立即制止某项行为的；③需要立即返还用于购置生产原料、生产工具的贷款的；④追索恢复生产、经营急需的保险赔偿费的。

## 二、先予执行的条件

《民事诉讼法》第九十八条规定了先予执行应当具备的条件，包括以下几条：

1. 当事人之间权利义务关系明确

即当事人之间谁享有权利谁负有义务是明确的。先予执行的实质是在判决前就满足了原告的请求，它是以原告的请求在将来的判决中也会得到满足，及判决的内容会与先予执行裁定的内容基本一致为前提的。这就需要原被告之间存在明确的权利义务关系。

2. 申请人具有实现权利的迫切需要

如果不预先实现申请人的有关权利，便会严重影响申请人的生活或生产经营，使申请人的生活无法维持，或者生产经营活动无法继续。

3. 当事人向人民法院提出了申请

当事人是否因生活或生产的急需而要立即实现有关的权利，当事人自己最清楚，因此，先予执行的要求应当由当事人主动向人民法院提出，法院不能主动依职权采取先予执行的措施。

4. 被申请人有履行的能力

这一条件是考虑到先予执行的实效性和平衡双方当事人的利益而设计的，因为只有被申请人具有履行能力，申请人的申请才有可能实现，法院做出的先予执行的裁定才有实际意义。

## 三、先予执行裁定的执行及最终处理

人民法院对当事人提出的先予执行的申请应当进行审查，主要应审查两项内容：一方面，案件是否属于先予执行范围；另一方面，申请是否符合先予执行的条件。对符合先予执行条件的申请，应当及时做出先予执行的裁定。裁定送达后即发生法律效力，先予执行义务人不服的可以申请复议一次，但复议期间，不停止先予执行裁定的效力。义务人应当依裁定履行义务，拒不履行义务的，人民法院可以根据权利人的申请或依职权决定采取措施强制执行。申请复议有理的，由人民法院裁定撤销原裁定。原裁定已执行的，人民法院应当采取执行回转措施。

人民法院在案件审理终结时，应当在裁判中对先予执行的裁定及该裁定的执行情况予以说明并提出处理意见。申请人胜诉，先予执行正确的，人民法院应当在判决书中说明权利人应享有的权利在先予执行中已得到全部或部分实现；申请人败诉，先予执行错误的，人民法院应当在判决中指出先予执行错误，责令申请人返还因先予执行取得的利益或是裁定采取执行回转措施强制执行，申请人还应当赔偿被申请人因执行先予执行而遭受的损失。

# 第十三节　对妨害民事诉讼的强制措施

## 一、对妨害民事诉讼的强制措施的概念和性质

对妨害民事诉讼的强制措施，是指在民事诉讼中对有妨害民事诉讼秩序行为的行为人采用的排除其妨害行为的一种强制措施。

妨害民事诉讼的强制措施在维护诉讼秩序、保障民事诉讼顺利进行方面有着重要作用。从性质上讲，它主要是一种教育手段。但对严重违反诉讼活动的行为若仅仅用训诫、具结悔过等教育方法不足以排除妨害时，应给予必要的制裁，如罚款、拘留等，此时它又体现为排除妨害的强制性手段。

对妨害民事诉讼的强制措施的意义主要体现在四个方面：①保障人民法院正常地行使审判权；②保障当事人诉讼权利的有效行使，促使当事人履行诉讼义务；③维持正常的诉讼秩序，保证诉讼的正常进行；④教育公民遵守国家的法律，维护国家的法律权威。

## 二、妨害民事诉讼行为的构成和种类

（一）妨害民事诉讼行为的构成

妨害民事诉讼的行为，是指行为主体故意破坏和扰乱正常诉讼秩序，妨碍诉讼活动正常进行的行为。其构成要件如下：

第一，行为主体既可以是当事人，也可以是其他诉讼参与人，还可以是其他案外人。由于对妨害民事诉讼的强制措施针对的是妨害民事诉讼秩序的行为，因此，只要行为主体实施了妨害民事诉讼秩序的行为，就可以对其采取强制措施，而不论其是否是案件当事人或其他诉讼参与人。

第二，必须有妨害民事诉讼的行为发生，包括作为与不作为。作为即实施了法律禁止的行为，如伪造、毁灭证据等。不作为即不履行法律要求的行为，如拒不履行法院的生效判决、裁定。

第三，实施妨害民事诉讼行为的行为人主观上是故意。只有行为人明知自己的行为有可能导致妨害民事诉讼秩序的结果并追求或放任这种结果的发生，才能构成妨害民事诉讼行为。过失造成妨害民事诉讼秩序的结果不构成妨害民事诉讼行为。

第四，行为人实施妨害民事诉讼秩序的行为一般是在诉讼过程中。这里指的诉讼过程包括从起诉到执行完毕的整个过程。在民事诉讼过程开始前或结束后所进行的行为不属妨害民事诉讼的行为。但根据最高人民法院有关司法解释，在个别情形下法院执行完毕后，被执行人或者其他人对已执行的标的有妨害行为的，也应认为是妨害民事诉讼的行为，法院应当采取措施，排除妨害，并可依照《民事诉讼法》第一百一十一条、第一百一十二

条、第一百一十三条的规定处理。

（二）妨害民事诉讼行为的种类

根据《民事诉讼法》的规定，妨害民事诉讼的行为可以分为以下几种：

第一，必须到庭的被告，经两次传票传唤，无正当理由拒不到庭。根据《最高人民法院关于适用〈中华人民共和国民事诉讼法〉若干问题的意见》第一百二十二条的规定，必须到庭的被告是指负有赡养、抚育、抚养义务和不到庭就无法查清案情的被告。

第二，违反法庭规则，扰乱法庭秩序的行为。这是在开庭审理过程中的妨害行为，包括一般违反法庭规则的行为，如未经许可在庭审时录音、录像，不公开审理时强行进入法庭旁听等；严重违反法庭规则的行为，如哄闹，冲击法庭，侮辱、威胁、殴打审判人员，扰乱法庭秩序等行为。

第三，当事人、其他诉讼参与人以及其他人所实施的妨害诉讼证据的收集、调查及阻拦、干扰诉讼进行的其他妨害行为，具体包括：①伪造、毁灭重要证据，妨害人民法院审理案件。伪造证据是指行为人为了掩盖事实真相而，故意以弄虚作假的方式，制造根本不存在的证据。毁灭重要证据是指行为人将现有的能够证明案件事实的证据销毁、故意灭失。②以暴力、威胁、贿买方法阻止证人作证或指使、贿买、胁迫他人作伪证。包括以武力、殴打、拘禁、恐吓、金钱引诱等方式阻止本案证人向法庭提供证言；以强迫、逼使、金钱引诱、要挟等方式使不是本案证人的人作证，或是让本案证人作虚假证明。③隐藏、转移、变卖、毁损已被查封、扣押的财产或已被清点并责令其保护的财产，转移已被冻结的财产。这类行为是针对已由人民法院采取财产保全或其他限制处分权的执行强制措施的财产所为。④对司法工作人员、诉讼参与人、证人、翻译人员、鉴定人、勘验人、协助执行的人，进行侮辱、诽谤、诬陷、殴打或打击报复。这些行为阻碍司法工作人员执行职务和诉讼参与人行使诉讼权利，干扰了审判和执行活动的正常进行。⑤以暴力、威胁或者其他方法阻碍司法工作人员执行职务。这种行为是直接施加于司法工作人员的，是在司法工作人员执行职务时采取的。司法工作人员是指审判人员、执行人员、书记员、司法警察等。⑥拒不履行人民法院已生效的裁判。这是在执行程序中妨害民事诉讼的行为。

第四，有义务协助调查执行的单位实施的下列行为：①有关单位拒绝或妨碍人民法院调查取证；②根据《民事诉讼法》第一百一十四条的规定，单位接到人民法院协助执行通知书后，拒不协助查询、冻结或划拨存款的；③有关单位接到人民法院协助执行通知书后，拒不协助扣留被执行人的收入，拒不办理有关财产权证照转移手续，拒不转交有关票证、证照或其他财产；④其他拒绝协助执行的行为。

## 三、对妨害民事诉讼的强制措施的种类

根据《民事诉讼法》的规定，对妨害民事诉讼的强制措施有拘传、训诫、责令退出法庭、罚款、拘留五种。

拘传是对于必须到庭的被告，经人民法院传票传唤，无正当理由拒绝出庭的，人民法院派出司法警察，强制被传唤人到庭参加诉讼活动的一种措施。

训诫是人民法院对妨害民事诉讼秩序行为较轻的人，以口头方式予以严肃地批评教育，并指出其行为的违法性和危害性，令其以后不得再犯的一种强制措施。责令退出法庭

是指人民法院对于违反法庭规则的人，强制其离开法庭的措施。

罚款是人民法院对实施妨害民事诉讼行为情节比较严重的人，责令其在规定的时间内，交纳一定数额的金钱。

拘留是人民法院对实施妨害民事诉讼行为情节严重的人，将其留置在特定的场所，在一定期限内限制其人身自由的强制措施。

### 四、对妨害民事诉讼的强制措施的适用

1. 拘传的适用

采取拘传应具备三个条件：①拘传的对象是法律规定或法院认为必须到庭的被告，或者给国家、集体或他人造成损害的未成年人的法定代理人。诉讼标的为赡养、抚养、抚育的案件，直接涉及权利人的基本生活问题，且原被告之间有一定亲属关系，被告不到庭难以查清事实，且此类案件适宜调解，如被告不到庭则不利于原告合法权益的保护和调解的进行。②必须经过两次传票传唤。③无正当理由拒不到庭。正当理由是指当事人无法预见和难以自行克服的不可抗力事由或事实。

2. 训诫的适用

适用训诫措施，由合议庭或独任制审判员决定，以口头方式指出行为人的错误事实、性质及危害后果，并当庭责令行为人立即改正。根据《民事诉讼法》第一百一十条的规定，适用训诫的对象是违反法庭规则的人。法庭规则由书记员在开庭审理时宣布，对违反法庭规则的人，审判员可以对其直接采用训诫的强制措施并记录在案，由被训诫人签字盖章。

3. 责令退出法庭的适用

适用责令退出法庭，由合议庭或独任审判员决定，由审判长或独任审判员口头宣布，责令行为人退出法庭。做出责令退出法庭的决定后，行为人应主动退出法庭，否则司法警察可强制其退出法庭。该措施可由合议庭或独任审判员决定，并记录在案。

4. 罚款的适用

罚款必须经法院院长批准，并由人民法院出具《罚款决定书》。被罚款人对该决定不服的，可以向上一级人民法院申请复议一次。上级人民法院应在收到复议申请后 5 日内做出决定，并将复议结果通知下一级人民法院和被罚款人。复议期间不停止罚款决定的执行。按修改后《民事诉讼法》第一百一十五条的规定，对个人的罚款金额，为人民币 10 万元以下，单位 5 万元以上一百万元以下。

5. 拘留的适用

拘留、罚款可以单独使用，也可以合并适用。采用拘留措施可由合议庭或独任审判员提出，报请法院院长批准，并制作《拘留决定书》。拘留期限为 15 日以下。被拘留人由人民法院交公安机关看管。在拘留期间，被拘留人承认并改正错误的，人民法院可以决定提前解除拘留。特别需要注意的是，《民事诉讼法》第一百一十四条第二款的规定："人民法院对有前款规定的行为之一的单位，可以对其主要负责人或者直接责任人员予以罚款；对仍不履行协助义务的，可以予以拘留；并可以向监察机关或者有关机关提出予以纪律处分的司法建议。"

# 第十四节　诉讼费用

## 一、诉讼费用的概念和种类

诉讼费用，是指当事人进行民事诉讼依法应当向人民法院交纳和支付的费用。根据《民事诉讼法》的规定，诉讼费用包括案件的受理费、申请费和其他诉讼费用。

### （一）案件受理费

案件受理费，是指人民法院决定受理民事案件时，诉方当事人按照规定应向人民法院交纳的费用。这种费用具有国家税收的性质。按案件性质的不同，根据《诉讼费用交纳办法》又可分为财产案件的受理费和非财产案件的受理费两类。

#### 1. 财产案件的受理费

财产案件受理费是指人民法院对财产权益争议案件征收的案件受理费。按《诉讼费用交纳办法》的规定，对财产案件的受理费是以诉讼标的额的大小，分段依一定的比例分别计算，然后将各段数额相加即为案件的受理费的总额。具体征收数额如下：①不超过1万元的，每件交纳50元；②超过1万元至10万元的部分，按照2.5%交纳；③超过10万元至20万元的部分，按照2%交纳；④超过20万元至50万元的部分，按照1.5%交纳；⑤超过50万元至100万元的部分，按照1%交纳；⑥超过100万元至200万元的部分，按照0.9%交纳；⑦超过200万元至500万元的部分，按照0.8%交纳；⑧超过500万元至1000万元的部分，按照0.7%交纳；⑨超过1000万元至2000万元的部分，按照0.6%交纳；⑩超过2000万元的部分，按照0.5%交纳。

#### 2. 非财产案件的受理费

非财产案件受理费，是指人民法院对人身关系案件或人身非财产关系案件收取的案件受理费。《诉讼费用交纳办法》的规定涉及了以下几类非财产案件的受理费：①离婚案件每件交纳50元至300元。涉及财产分割，财产总额不超过20万元的，不另行交纳；超过20万元的部分，按照0.5%交纳。②侵害姓名权、名称权、肖像权、名誉权、荣誉权以及其他人格权的案件，每件交纳100元至500元。涉及损害赔偿，赔偿金额不超过5万元的，不另行交纳；超过5万元至10万元的部分，按照1%交纳；超过10万元的部分，按照0.5%交纳。③其他非财产案件每件交纳50元至100元。④知识产权民事案件，没有争议金额或者价额的，每件交纳500元至1000元；有争议金额或者价额的，按照财产案件的标准交纳。⑤劳动争议案件每件交纳10元。

### （二）申请费

根据《诉讼费用交纳办法》第十四条规定，依法向人民法院申请执行人民法院发生法律效力的判决、裁定、调解书，仲裁机构依法做出的裁决和调解书，公证机关依法赋予强制执行效力的债权文书，申请承认和执行外国法院判决、裁定以及国外仲裁机构裁决的，按照下列标准交纳：①没有执行金额或者价额的，每件交纳50元至500元。②执行金额或者价额不超过1万元的，每件交纳50元；超过1万元至50万元的部分，按照1.5%交纳；超过 50 万元至 500 万元的部分，按照 1% 交纳；超过 500 万元至 1000 万元的部分，按照 0.5% 交纳；超过 1000 万元的部分，按照 0.1% 交纳。

（三）其他诉讼费用

当事人除了交纳案件受理费之外，还应交纳在诉讼中实际支出的各种费用，统称为其他诉讼费用，主要包括：勘验费、鉴定费、公告费、翻译费；证人、鉴定人、翻译人员在人民法院决定日期出庭的交通费、住宿费、生活费和误工补助费、执行过程中实际支出的费用。

其他诉讼费用的征收，只限于财产案件。

## 二、诉讼费用的负担原则和负担情形

诉讼费用原则上由败诉人负担。在通常情形下，败诉人即是在诉讼结束时，判决中认定他在实体上有过错的人。但在特殊情形下，当诉讼的结果中当事人并非全败或全胜，或败诉人实体上无过错，或是诉讼以原告撤诉、调解结案，此时的诉讼费用负担即具有特殊性。

根据案件的不同情况，诉讼费用有以下几种负担情形：①败诉人负担。一方当事人败诉的，应负责案件受理费及其他诉讼费用。②按比例负担。当事人各有胜负的，按责任大小和败诉部分的比例，分担案件受理费，并由法院根据具体情况确定其他诉讼费用的分担数额。③协商负担。达成调解协议的案件，诉讼费用由双方协商确定；协商不成的，由法院决定。④原告或起诉人负担。撤诉案件，原告承担诉讼费用，其中案件受理费减半征收。驳回起诉的案件，案件受理费由起诉人负担。⑤离婚案件诉讼费用的负担。由人民法院根据当事人双方的具体情况决定。⑥申请执行费和执行中实际支出的费用由被申请人负担。这主要是指督促程序和公示催告程序中的诉讼费用由被申请人承担。⑦实施不正当行为的当事人负担。当事人因违法行为发生的费用由行为人承担，如串通他人作伪证，该作伪证人的误工补贴等费用。

## 三、诉讼费用的预交、缓交、减交和免交

诉讼费用由原告预交。被告提出反诉的，应预交反诉的诉讼费用。申请执行费由申请人预交。上诉案件诉讼费用的预交，与一审案件采取相同的原则。

当事人无论是应预交诉讼费用，还是诉讼终结时应负担诉讼费用，如果确实有困难，可以向法院申请缓交、减交或者免交。

《诉讼费用交纳办法》还规定下列案件免交诉讼费用：①依照《民事诉讼法》规定的特别程序审理的案件。②依照审判监督程序进行提审、再审的案件。

此外，追索赡养费、扶养费、抚育费、抚恤金和劳动报酬的案件，原告可以预交案件受理费，案件审结时，由败诉人负担。

诉讼费用的缓、减、免，只适用于自然人，法人或非法人团体不适用。

# 第十五节　普通程序

## 一、普通程序的概念和特征

普通程序是《民事诉讼法》规定的人民法院审理第一审民事案件通常所适用的程序。

普通程序在民事诉讼程序中处于十分重要的地位，由于现行《民事诉讼法》中没有关于程序总则的单独规定，而普通程序又具有上述基本特征，因此普通程序的规定在《民事诉讼法》中具有程序通则的作用。

普通程序的特征包括：①无论在程序上和内容上，普通程序都是最完整的民事诉讼审判程序；②普通程序是民事诉讼审判中，人民法院审理除简单民事案件和特殊类型案件外的基础程序；③普通程序在适用中具有独立性和广泛性。

## 二、起　诉

### （一）起诉的条件

起诉，是指公民、法人和其他组织的权益受到侵害或与他人发生争议时，向人民法院提起诉讼，请求人民法院通过审判予以司法保护的行为。

依照《民事诉讼法》第一百一十九条的规定，起诉的条件如下：①原告必须是与本案有直接利害关系的公民、法人或其他组织；②有明确的被告；③有具体的诉讼请求、事实和理由；④属于人民法院受理民事诉讼的范围和受诉人民法院管辖。

### （二）起诉的方式

起诉的方式以书面起诉为原则，以口头起诉为例外。根据《民事诉讼法》第一百二十条的规定，起诉应当向人民法院递交起诉状，并按照被告的人数提交起诉状副本。书写起诉状确有困难的，可以口头起诉，由人民法院记入笔录，并告知对方当事人。

### （三）起诉状的内容

根据《民事诉讼法》第一百二十一条的规定，起诉状应当写明：①当事人的有关情况；②原告的诉讼请求，以及诉讼请求所依据的事实和理由；③证据和证据来源、证人的姓名、依据等；④受诉法院的名称、起诉的时间、起诉人签名或盖章。

### （四）起诉状的制作

起诉状，是指民事案件原告为了维护自身的合法权益，向人民法院呈送的指控被告的书面依据。

起诉状分为首部、正文和尾部三部分。首部，包括标题、当事人基本情况。正文，按格式规定应写明诉讼请求、事实与理由、证据和证据来源、证人姓名和住址，并按上述三部分内容安排固定的层次结构。尾部，按格式规定写明致送规范用语，即"此致××××人民法院"，"××××人民法院"另行顶格书写。次行写明"所附本诉状副本×份"及

"证据材料"。文末在起诉人之后由本人签署，写明年月日。

### 三、受　理

受理，是指人民法院通过对当事人的起诉进行审查，对符合法律规定条件的，决定立案审理的行为。法院接到原告起诉后，应及时依法进行审查，以决定是否立案。案件一经法院立案，就因此产生如下法律后果：①人民法院对该具体案件的审判权和审理职责由此产生；②人民法院对该案件的排他管辖权由此形成；③双方当事人相应的诉讼地位由此产生。人民法院对起诉审查以后，要针对不同情况做出不同的处理：

第一，人民法院认为起诉符合法定条件的，应当在7日内立案并通知当事人。

第二，人民法院认为起诉不符合法定条件的，应当在7日内做出裁定书不予受理。（这是《民事诉讼法》修改后的第一百二十三条，该规定明确了对当事人诉权的保障，不予受理的，必须给出书面裁定，以便当事人行使上诉权。）

第三，当事人的起诉属于其他情况的，分别予以处理：①依照《行政诉讼法》的规定，属于行政诉讼受案范围的，告知原告提起行政诉讼。②依照法律规定，双方当事人对合同纠纷自愿达成书面仲裁协议向仲裁机构申请仲裁，不得向人民法院起诉。③依照法律规定，应当由其他机关处理的争议，告知原告向有关机关申请解决。④对不属于本院管辖的案件，告知原告向有管辖权的人民法院起诉。⑤对判决、裁定已经发生法律效力的案件，当事人又起诉的，告知原告按照申诉处理。对别的法院已立案受理的案件，也应裁定不予受理。否则，就违背了"一事不再理"的原则，这一原则的意义在于避免诉讼成本的无谓支出及相互矛盾的判决，维护法院的权威。与此同时，由于撤诉被视同为未起诉，因此，当事人撤诉或者法院按撤诉处理后，当事人以同一诉讼请求再次起诉的，法院应予受理。⑥依照法律规定，在一定期限内不得起诉的案件，在不得起诉的期限内起诉的，不予受理。⑦判决不准离婚及调解和好的离婚案件，判决、调解维持收养的案件，没有新情况、新理由，原告在6个月内又起诉的，不予受理。⑧赡养费、抚养费、抚育费案件，裁判发生法律效力后，因新情况、新理由，一方当事人再行起诉要求增加或减少费用的，人民法院应当作为新案处理。⑨当事人超过诉讼时效期间起诉的，人民法院应予受理。⑩对于专利纠纷案件的受理问题，最高人民法院在《关于审理专利纠纷案件的若干问题的解答》中规定：对于专利权属纠纷案件，人民法院应当依法受理。

第四，《民事诉讼法》第一百三十三条新增规定，人民法院对受理的案件，分别情形，予以处理：①当事人没有争议，符合督促程序规定条件的，可以转入督促程序；②开庭前可以调解的，采取调解方式及时解决纠纷；③根据案件情况，确定适用简易程序或者普通程序；④需要开庭审理的，通过要求当事人交换证据等方式，明确争议焦点。

### 四、审理前的准备

审理前的准备是指人民法院接受原告起诉并决定立案受理后，在开庭审理之前，由承办案件的审判员依法所做的各项准备工作。审理前的准备工作主要有：

1. 送达起诉状副本和提出答辩状

《民事诉讼法》第一百一十三条规定，人民法院应当在立案之日起5日内将起诉状副本送达被告，原告口头起诉的案件，也应当在立案后5日内以书面形式将口头起诉的内容告知被告。被告应当在收到起诉状副本之日起15内提出答辩状。人民法院在收到答辩状之日起5日内将答辩状副本送达原告。

2. 告知当事人的诉讼权利义务及合议庭组成人员

人民法院应当在受理案件通知书和应诉通知书中或以口头方式告知当事人所享有的诉讼权利和所承担的诉讼义务。普通程序的审判组织必须采用合议制，为保障当事人申请回避权的充分行使，审理案件的合议庭组成后，法院应当在3日内把合议庭的组成人员告知当事人。

3. 审阅诉讼材料，调查收集必要的证据

审阅诉讼材料是审判前的准备工作的中心环节，承办案件的审判员必须通过审阅原被告提交的诉讼材料，初步了解案情，掌握双方当事人争执的问题和矛盾的焦点，并确定当事人提供的证据是否充分，是否需要人民法院调查、收集必要的证据，案件应当适用的有关法律，涉及的有关专业知识以及案件是否能及时进入开庭审理阶段。

4. 追加当事人

追加当事人只有在诉讼属于共同诉讼的情形下才会发生，追加前的当事人所进行的诉讼行为对追加后的当事人具有法律上的约束力。

## 五、开庭审理

开庭审理是指在人民法院审判人员的主持下，在当事人和其他诉讼参与人的参加下，在法院固定的法庭上或法律允许设置的法庭上，依照法定的程式和顺序，对案件进行实体审理，从而查明案件事实、分清是非，在此基础上对案件做出裁判的全部过程。

1. 开庭审理的形式

开庭审理的形式包括：①法庭审理；②公开审理；③言词审理。

2. 开庭准备

开庭审理的准备包括：①人民法院确定开庭日期后，应当在开庭审理前3日通知当事人和其他的诉讼参与人；②对于公开审理的案件，人民法院应当在开庭审理前3日发布公告。

3. 法庭调查

《民事诉讼法》第一百三十八条规定的法庭调查顺序：①当事人陈述；②告知证人的权利义务，证人作证，宣读未到庭的证人证言；③出示书证、物证、视听资料和电子数据；④宣读鉴定意见；⑤宣读勘验笔录。

4. 法庭辩论

法庭辩论，是指双方当事人及其诉讼代理人充分行使自己的辩论权，在法庭上就有争议的事实和法律问题进行辩驳和论证。

法庭辩论的参加者只能是原告、被告和诉讼中的第三人，以及他们的诉讼代理人。法庭辩论按下列顺序进行：①原告及其代理人发言；②被告人及其代理人发言或答辩；③诉讼中的第三人及其诉讼代理人发言或答辩；④互相辩论。在案件受理后，法庭辩论结束前，原告增加诉讼请求，被告提出的反诉，第三人提出与本案有关的诉讼请求，可以合并审理的，法院应当合并审理。此外，法庭辩论终结后，法院做出判决前，对于能够调解的，可以在事实清楚、是非明确的基础上再进行调解。调解不成的，应当及时判决。

5. 案件评议和宣告判决

评议和宣判，即由合议庭的人员在法庭调查和法庭辩论的基础上，认定案件真实，确定适用的法律，最后宣告案件的审理结果。法庭辩论终结后，由审判长宣布休庭，合议庭组成人员进入评议室对案件进行评议，合议庭评议实行少数服从多数的原则，评议的情况应如实记入笔录。评议笔录不准当事人及其诉讼代理人查阅、复制。评议完毕，由审判长宣布继续开庭，宣告判决结果。不论案件是否公开审理，宣告判决结果一律公开进行。宣告判决有两种方式：一种是当庭宣判，一种是定期宣判。

6. 审理期限

审理期限，是指某一案件从人民法院立案受理到做出裁判的法定期间。适用普通程序审理的案件，人民法院应当在立案之日起 6 个月内审结；有特殊情况需要延长的，报请院长批准，批准延长的期限最长不超过 6 个月；在上述期限内还未审结，需要延长的，由受诉法院报请上级法院批准，延长的期限由上级法院决定。

## 六、撤 诉

撤诉，是指在人民法院受理案件之后，宣告判决之前，原告要求撤回其起诉的行为。

1. 申请撤诉

申请撤诉，即原告在法院立案受理后，进行审判前，以书面形式或口头形式向人民法院提出撤回其起诉的要求。

原告向法院申请撤诉，应当同时符合以下条件：①申请人必须是原告、上诉人及其法定代理人；②撤诉必须是原告自愿；③撤诉必须合法；④撤诉必须由人民法院作出裁定。

2. 按撤诉处理

按撤诉处理，即原告虽然没有提出撤诉申请，但其在诉讼中的一定行为已经表明他不愿意继续进行民事诉讼，因而，法院依法决定注销案件不予以审理的行为。

按撤诉处理的情况为：①原告或上诉人未按期交纳诉讼费用；②原告经传票传唤，无正当理由拒不到庭；③原告未经法庭许可中途退庭；④原告应预交而未预交案件受理费，人民法院应当通知其预交，通知后仍不交纳，或申请缓、减、免未获人民法院批准仍不交纳诉讼费用的，按撤诉处理；⑤无民事行为能力的原告的法定代理人，经法院传票传唤无正当理由拒不到庭的，可按撤诉处理；⑥有独立请求权的第三人经法院传票传唤，无正当理由拒不到庭的，或未经法庭许可中途退庭的，可按撤诉处理；无独立请求权的第三人，无正当理由拒不到庭的，或未经法庭许可中途退庭的，不影响案件的审理；依法可以按撤诉处理的案件，如果当事人有违法行为需要依法处理的，法院可以不按撤诉处理。

3. 撤诉的法律后果

无论当事人申请撤诉或是按撤诉处理，都会产生一定的法律后果，具体包括：①法院裁定准许撤诉或按撤诉处理，都会直接引起终结诉讼程序的法律后果；②诉讼时效重新开始计算，原告在诉讼时效期间内再次起诉的，人民法院应当受理；③诉讼费用由原告或上诉人负担。

## 七、缺席判决

缺席判决，是指人民法院在一方当事人无正当理由拒不参加法庭审理的情况下，依法做出判决。

根据《民事诉讼法》的有关规定，缺席判决适用于下列情况：①原告不出庭或中途退庭按撤诉处理，被告提出反诉的；②被告经传票传唤，无正当理由拒不到庭的，或未经法庭许可中途退庭的；③法院裁定不准撤诉的，原告经传票传唤，无正当理由拒不到庭的；④无民事行为能力的被告人的法定代理人，经传票传唤无正当理由拒不到庭的；⑤在借贷案件中，债权人起诉时，债务人下落不明的，人民法院受理案件后公告传唤债务人应诉。

缺席判决与对席判决具有同等法律效力。人民法院对缺席判决同样应依照法定的方式和程序，向缺席的一方当事人宣告判决及送达判决书，并保障当事人充分行使上诉权利。

## 八、延期审理

延期审理，是指人民法院开庭审理后，由于发生某种特殊情况，使开庭审理无法按期或继续进行从而推迟审理的制度。延期审理只能发生在开庭审理阶段，延期审理前已进行的诉讼行为，对延期后的审理仍然有效，但延期的时间不计算在审理期限内。

有下列情形之一的，可以延期审理：①必须到庭的当事人和其他诉讼参与人有正当理由没有到庭的；②当事人临时提出回避申请的；③需要通知新的证人到庭，调取新证据，重新鉴定、勘验，或者需要补充调查；④其他应当延期的情形。

## 九、诉讼中止

诉讼中止，是指在诉讼进行过程中，因发生某种法庭中止诉讼的原因，诉讼无法继续进行或不宜进行，因而法院裁定暂时停止诉讼程序的制度。适用诉讼中止的情形包括：①一方当事人死亡，需要等待表明是否参加诉讼的；②一方当事人丧失诉讼行为能力，尚未确定法定代理人的；③作为一方当事人的法人或者其他组织终止，尚未确定权利义务承受人的；④一方当事人因不可抗拒的理由，不能参加诉讼的；⑤本案必须以另一案的审理结果为依据，而另一案尚未审结的；⑥其他应当中止诉讼的情形。中止诉讼由法院作出裁定，裁定一经做出，立即生效，当事人既不得上诉也不得申请复议。中止诉讼的效果是本案诉讼程序停止，因此，法院、当事人及其他诉讼参与人在此期间即使为诉讼行为，也不产生法律效力，但财产保全、证据保全除外。中止诉讼的原因消除后，由当事人申请或者法院依职权恢复诉讼程序。诉讼程序恢复后，不必撤销原裁定，从法院通知或准许当事人双方继续进行诉讼时起，中止诉讼的裁定却失去效力；诉讼中止前进行的一切诉讼行为，在诉讼程序恢复后继续有效。

## 十、诉讼终结

诉讼终结，是指在诉讼进行过程中，因发生某种法定的诉讼终结的原因，使诉讼程序继续进行已没有必要或不可能继续进行，从而由人民法院裁定终结诉讼程序的制度。适用诉讼终结的情形包括：①原告死亡，没有继承人，或者继承人放弃诉讼权利的；②被告死亡，没有遗产，也没有应当承担义务的人的；③离婚案件中的一方当事人死亡的；④追索赡养费、抚养费、抚育费以及解除收养关系案件的一方当事人死亡的。诉讼终结并没有解决当事人之间的实体权益问题，因此人民法院以裁定的形式决定诉讼终结。裁定一经做出，立即发生法律效力，当事人既不得上诉也不得申请复议。终结诉讼的法律效果表现为结束本案诉讼程序，对于案件的实体争议，则不能做出任何处理。

# 第十六节　简易程序

## 一、简易程序的概念和适用范围

在我国民事诉讼中，简易程序是指基层人民法院及其派出法庭审理简单民事案件和简单经济纠纷案件所适用的程序。设立简易程序的目的在于提高诉讼效率，减轻当事人诉累。

简易程序的适用范围，是指哪些法院审理的哪些案件应当适用简易程序。换言之，简易程序的适用范围应当从适用该程序的法院有哪些和适用该程序的案件有哪些两个方面来界定。

按照现行《民事诉讼法》的规定，只在基层人民法院及其派出法庭才可以适用简易程序审理第一审案件。适用简易程序审理的案件只能是事实清楚、权利义务关系明确、争议不大的简单的民事案件。但是，新《民事诉讼法》第一百五十七条新增规定，当事人双方也可以约定适用简易程序。这就是说，简易程序的适用，可以由人民法院依职权按规定条件决定，也可以由当事人双方约定。但无论是决定还是约定，其审理主体必须是基层人民法院及其派出法庭。这里应特别注意的是，第一，根据新《民事诉讼法》第一百五十九条第二款规定，适用简易程序审理的民事案件，可以用简便方式传唤当事人和证人，送达诉讼文书、审理案件，但应当保障当事人陈述意见的权利。第二，新《民事诉讼法》第一百六十二条新增规定，由人民法院决定适用简易程序审理的简单民事案件，标的额为各省、自治区、直辖市上年度就业人员年平均工资30%以下的，实行一审终审。由此可见，新《民事诉讼法》规定了小额诉讼程序，实行一审终审，不得上诉，但是应该注意，可以再审。第三，新《民事诉讼法》第一百六十三条新增规定："人民法院在审理过程中，发现案件不宜适用简易程序的，裁定转为普通程序。"这是简易程序转为普通程序的新增规定，注意使用的文书是裁定。

《最高人民法院关于适用简易程序审理民事案件的若干规定》列举了五种不适用简易程序的案件：①起诉时被告下落不明的；②发回重审的；③共同诉讼中一方或双方当事人人数众多的；④法律规定应当适用特别程序、审判监督程序、督促程序、公示催告程序和企业法人破产程序的；⑤人民法院认为不适宜适用简易程序的。

另外，已经按照普通程序审理的案件，在审理过程中无论是否发生了情况变化，都不得改用简易程序审理。

## 二、简易程序的具体适用

（一）起诉与答辩

1. 起诉的方式

《民事诉讼法》第一百四十三条第一款规定："对简单的民事案件，原告可以口头起诉。"《最高人民法院关于适用简易程序审理民事案件的若干规定》第四条规定："原告本人不能书写起诉状，委托他人代写起诉状确有困难的，可以口头起诉。"依照法律规定，适用简易程序的民事案件，原告起诉有两种方式：一是书面起诉；二是口头起诉。

2. 起诉的内容与起诉状的送达

原告起诉的内容应包括当事人的基本情况、联系方式、诉讼请求、事实理由及相关证据和证据来源。

当事人口头起诉的，人民法院应将上述内容予以准确记录，将相关证据予以登记。人民法院应当将上述记录和登记的内容向原告当面宣读。原告认为无误后应当签名或者按印。

为保证人民法院及时审理案件，维护当事人的合法权益，当事人在起诉或答辩时应向人民法院提供自己准确的送达地址。人民法院按照原告提供的被告的地址或者其他联系方式无法通知被告应诉的，按以下情况分别处理：①原告提供了被告准确的送达地址，但人民法院无法向被告直接送达或留置送达应诉通知书的，应当将案件转入普通程序审理；②原告不能提供被告准确的送达地址，人民法院经查证后仍不能确定被告送达地址的，可以被告不明确为由裁定驳回原告起诉；被告到庭后拒绝提供自己的送达地址和联系方式的，人民法院应当告知其拒不提供送达地址的后果；经人民法院告知后被告仍不提供的，按下列方式处理：被告是自然人的，以其户籍登记中的住所地或者经常居住地为送达地址；被告是法人或者其他组织的，应当以其工商登记或者其他依法登记、备案中的住所地为送达地址。'

因当事人自己提供的送达地址不准确、送达地址变更未及时告知人民法院，或者当事人拒不提供自己的送达地址而导致诉讼文书未能被当事人实际接收的，按下列方式处理：邮寄送达的，以邮件回执上注明的退回之日视为送达之日；直接送达的，送达人当场在送达回证上记明情况之日视为送达之日。

依据《民事诉讼法》的规定，采取留置送达方式送达诉讼文书的，受送达的自然人以及他的同住成年家属拒绝签收诉讼文书的，或者法人、其他组织负责收件的人拒绝签收诉讼文书的，送达人应当邀请有关基层组织或者受送达人所在单位的代表到场见证，被邀请的人不愿到场见证的，送达人应当在送达回证上记明拒收事由、时间和地点以及被邀请人不愿到场见证的情形，将诉讼文书留在受送达人的住所地或者从业场所，即视为送达。但送达人的同住成年家属或者法人、其他组织负责收件的人是同一案件中另一方当事人的，不适用此规定。

3. 被告的答辩

被告答辩是被告行使辩护权的重要内容。在民事简易程序中，被告有权选择答辩的方式。双方当事人到庭后，被告同意口头答辩的，人民法院可以当即开庭审理；被告要求书面答辩的，人民法院应当将提交答辩状的期限和开庭的具体日期通知各方当事人，并向当事人说明逾期举证以及拒不到庭的法律后果。

(二) 审理前的准备

1. 举证期限的特点

适用简易程序审理的民事案件，当事人及其诉讼代理人申请人民法院调查收集证据和申请证人出庭作证，应当在举证期限内提出，但其提出申请的期限不受《最高人民法院关于民事诉讼证据的若干规定》第十九条第一款"不得迟于举证期限届满前七日"以及第五十四条第一款"当事人申请证人出庭作证，应当在举证期限届满前十日提出，并经人民法院许可"的限制。

2. 对适用简易程序存有异议的处理

民事诉讼简易程序中允许当事人对适用简易程序提出异议。当事人一方或者双方就适用简易程序提出异议后，人民法院应当进行审查。异议成立的，应当将案件转入普通程序审理，将合议庭的组成人员及相关事项以书面形式通知双方当事人，并将上述内容记入笔录。

简易程序转入普通程序审理的民事案件的审理期限仍然从人民法院最初立案的次日起开始计算。

（三）开庭审理

1. 简易程序中的调解

由于适用简易程序审理的案件大都是一些诉讼标的金额较小、案情简单、权利义务明确的案件，因此，有可能调解的案件应该遵循当事人自愿的原则，尽可能促进当事人达成调解。调解达成协议并经审判人员审核后，双方当事人同意该调解协议并经双方签名或者按印后生效的，该调解协议自双方签名或按印之日起发生法律效力。调解协议生效后，人民法院仍应当另行制作民事调解书。

2. 对当事人诉讼权利义务的告知

在简易程序中，开庭前已经书面或者口头告知当事人诉讼权利及义务，或者当事人各方均委托律师代理诉讼的，审判人员除告知当事人申请回避的权利外，可以不再告知当事人其他的诉讼权利及义务。

3. 法庭调查与辩论

依简易程序审理案件时，审理程序比较简便。开庭审理时，不受 3 日前通知当事人和其他诉讼参加人的限制。举证期限由当事人在 15 日内协商决定，并可当庭举证。开庭时，本着简便易行的原则和有利于尽早解决纠纷的目的，法院在进行法庭调查、法庭辩论时，可以不按法定顺序进行。适用简易程序审理的民事案件，应当一次开庭审结，但人民法院认为确有必要再次开庭的除外。

4. 庭审笔录

庭审笔录应当将审理案件的全部活动都记入笔录。对于审判人员关于当事人诉讼权利义务的告知、争议焦点的概括、证据的认定和裁判的宣告等重大事项；当事人申请回避、自认、撤诉、和解等重大事项；当事人当庭陈述的与其诉讼权利直接相关的其他事项，应详细记载。

（四）宣 判

适用简易程序审理的案件，以判决结案的，也应当公开宣判，宣判方式有当庭宣判和定期宣判两种。除人民法院认为不宜当庭宣判的以外，应当当庭宣判。

（五）判 决

1. 判决的送达

当庭宣判的案件，人民法院应当告知当事人或诉讼代理人领取裁判文书的时间、地点，当事人在指定期间内领取判决书之日即为送达之日；当事人在指定期间未领取的，指定领取裁判文书期限届满之日即为送达之日，上诉日期从人民法院指定领取裁判文书期限届满之日的次日开始计算。

当事人因交通不便或者其他原因当庭要求邮寄送达裁判文书的，人民法院按照当事人自己提供的地址邮寄送达的，邮件回执上注明的收到或者退回之日即为送达之日。定期宣判的案件，定期宣判之日即为送达之日，上诉日期自定期宣判的次日开始计算。

当事人在定期宣判的日期无正当理由未到庭的，不影响该裁判上诉期间的计算。按撤诉处理或者缺席判决的，人民法院可以按照当事人自己提供的送达地址，将裁判文书送达给未到庭的当事人。

2. 判决书的简化

适用简易程序审理的民事案件，也应制作完整的裁判文书。但有下列情形之一的，人民法院在制作裁判文书时对认定事实或者判决理由部分可以适当简化：①当事人达成调解协议并需要制作民事调解书；②一方当事人在诉讼过程中明确表示承认对方全部诉讼请求或者部分诉讼请求的；③当事人对案件事实没有争议或者争议不大的；④涉及个人隐私或者商业秘密的案件，当事人一方要求简化裁判文书中的相关内容，人民法院认为理由正当的；⑤当事人双方一致同意简化裁判文书的。

# 第十七节　第二审程序

## 一、第二审程序的概念

第二审程序，是指上一级人民法院根据当事人的上诉，就下级人民法院的第一审判决和裁定，在其发生法律效力前，对案件进行重新审理的程序。第二审程序因当事人提起上诉而开始，所以第二审程序又成为上诉程序。人民法院审理民事案件，实行两审终审制，故第二审程序也称终审程序。

第二审程序并不是民事诉讼的必经程序，也不是人民法院审理案件的必经程序，如果当事人在案件一审过程中达成调解协议或者在上诉期内未提起上诉，一审法院的裁判就发生法律效力，第二审程序也因无当事人的上诉而无从发生，当事人的上诉是第二审程序发生的前提。当然，当事人的上诉还必须和法院的受理相结合。

## 二、第二审程序与第一审程序的关系

第二审程序与第一审程序虽然是两个独立的诉讼程序，但两者有密切的联系。第一审程序是第二审的前提和基础，第二审程序是第一审程序的继续和发展。第二审程序不是人民法院审理民事案件的必经程序。第一审程序中，当事人对一审判决和裁定在上诉期限内不上诉一审案件经调解达成协议，以及依照法律规定实行一审终审的案件，均不会发生第二审程序。

第二审程序与第一审程序的区别如下：①程序发生的原因不同。一审诉讼程序的发生，基于当事人的起诉权和人民法院的管辖权；而二审程序的发生是基于当事人的上诉权和人民法院审判上的监督权。②审理的对象不同。第一审诉讼程序是以原告的起诉状和被告的答辩状为基点展开的，审理的对象是双方当事人之间的民事权益争议，而第二审程序是以一审裁判为基点，对当事人上诉请求的有关事实和适用的法律进行审查，审理对象是一审法院的裁判。③适用的程序不同。第一审法院审理民事案件，既可以适用普通程序，也可以适用简易程序，并且必须开庭审理，不能径行判决；二审法院审理上诉案件不能使用简易程序，只能按第二审程序进行审理，对事实清楚、不需要开庭审理的上诉案件，可以径行判决、裁定。④裁判的效力不同。适用第一审程序审结后的判决，在上诉期间，是未发生法律效力的裁判；适用第二审程序审结后的裁判，是发生法律效力的裁判，当事人不能再提起上诉。

### 三、上诉的提起与受理

（一）上诉的提起

上诉，是指当事人不服第一审法院所做的尚未生效的裁判，在法定期限内声明不服，要求上级人民法院撤销或变更该裁判的诉讼行为。

上诉的提起，是指当事人对一审法院裁判不服，向该法院的上一级法院依法提起上诉的行为。

1. 提起上诉的条件

提起上诉的条件，是指提起上诉必须具备的要件，包括实质要件和形式要件两个方面。

上诉的实质要件，是指法律规定哪些裁判可以提起上诉。根据《民事诉讼法》的规定，除了依据特别程序、督促程序、公示催告程序和企业法人破产还债程序所做的裁判不准上诉外，凡地方各级人民法院以普通程序和简易程序所做出的一审判决以及法律规定可以上诉的裁定，包括不予受理、驳回起诉和对管辖权有异议的裁定，在法定期间内，当事人均可以提起上诉。

上诉的形式要件，是指当事人应当具备的法定的程序上的条件，具体包括下列三个方面：

第一，提起上诉的主体必须合格。根据《民事诉讼法》的规定及最高人民法院的司法解释，上诉人是享有上诉权的人，被上诉人是上诉人的对方当事人。具体有：第一审程序中的原告和被告、共同诉讼人、诉讼代表人、有独立请求权的第三人及一审法院的判决认定其承担责任的无独立请求权的第三人。双方当事人和第三人都提出上诉的，均为上诉人。委托代理人代为提起上诉的，须经当事人特别授权。被上诉人一般是第一审程序中的对方当事人。必要共同诉讼人中的一人或部分人提出上诉的，按下列情况分别处理：①该上诉对与对方当事人之间权利义务分担有意见的，不涉及其他共同诉讼人利益的，对方当事人为被上诉人，未上诉的同一方当事人依原审诉讼地位列明；②该上诉仅对共同诉讼人之间的权利义务分担有意见，不涉及对方当事人利益的，未上诉的同一方当事人为被上诉人，对方当事人依原审诉讼地位列明；③该上诉对双方当事人之间以及共同诉讼人之间权利义务承担有意见的，未提出上诉的其他当事人均为被上诉人。

第二，必须在法定的上诉期限内上诉。上诉期限又称上诉期，是指法律规定的可以行使上诉权的期限。根据法律的有关规定，不服判决的上诉期限为 15 日，不服裁定的上诉期限为 10 日，从裁判送达之日起计算。诉讼参加人各自接收裁判的，从各自的起算日分别开始计算；任何一方的上诉期未满，裁判都是在上诉期内，这时，裁判处于一种不确定状态，当事人可以上诉。只有当双方当事人的上诉期都届满后，双方均未提起上诉的裁判才发生效力。

共同诉讼人上诉期间的计算，因共同诉讼的种类不同而不同，必要共同诉讼人的上诉期间应以最后一个收到裁判的共同诉讼人的上诉期来计算。普通共同诉讼人的上诉期则分别计算。

第三，必须提交上诉状。当事人不服一审法院作出的裁判，提起上诉时，必须递交上诉状。上诉状表明当事人不服一审法院的裁判，请求二审法院变更原审裁判。上诉状应写明以下内容：①当事人的姓名，当事人是法人或者其他组织的，还应写明法人或其他组织的全称、法定代表人或者主要负责人的姓名和职务；②原审法院的名称、案件的编号和案由；③上诉的请求和理由。

2. 提起上诉的程序

当事人不服一审法院的裁判，提起上诉的，原则上应向原审法院提交上诉状，同时也允许当事人直接向二审法院提起上诉。

3. 上诉人与被上诉人的确定

提起上诉，首先必须有上诉人和被上诉人，并且上诉人和被上诉人必须合法。上诉人是享有上诉权的人，被上诉人是上诉人的对方当事人。凡是在第一审程序中具有实体权利的当事人都可能成为上诉人或被上诉人。具体有：第一审程序中的原告和被告、共同诉讼人、诉讼代表人、有独立请求权的第三人及一审法院的判决认定其承担责任的无独立请求权的第三人。

（二）上诉的受理

当事人提起上诉，符合法定的上诉条件的，均应受理，并履行如下法定程序。

1. 上诉文书的送达

原审法院收到当事人的上诉状及其副本后，应当在5日内将上诉状副本送达对方当事人。对方当事人收到上诉状副本后，应当在15日内提出答辩状。被上诉人提交答辩状的，法院应当在收到答辩状之日起5日内将答辩状副本送达上诉人。

2. 诉讼案卷和证据的报送

原审法院收到上诉状和答辩状后，应当在5日内连同全部案卷和证据报送二审法院。

（三）上诉的撤回

上诉的撤回是指上诉人依法提起上诉后，在二审法院作出裁判前，要求撤回自己上诉的诉讼行为。

申请撤回上诉的方式既可以是书面的，也可以是口头的。口头申请撤回上诉的，应将申请内容记入笔录。准予撤回上诉的裁定是终审裁定。

## 四、上诉案件的审理

1. 二审法院对上诉案件的审理范围

《民事诉讼法》规定，第二审人民法院应当对上诉请求的有关事实和适用法律进行审查。根据最高人民法院的有关司法解释，第二审案件的审理应当围绕当事人上诉请求的范围进行，当事人没有提出请求的，不予审查。但判决违反法律禁止性规定、侵害社会公共利益或者他人利益的除外。被上诉人在答辩中要求变更或者补充第一审判决内容的，第二审人民法院可以不予审查。

2. 上诉案件的审理方式

上诉案件的审理方式是实现上诉审职能所采取的形式问题。根据《民事诉讼法》的规定，二审法院审理上诉案件应当由审判员组成合议庭进行审理，不能采用独任制，也不能由陪审员参加合议庭。

第二审人民法院对上诉案件，应当组成合议庭，开庭审理。经过阅卷、调查和询问当事人，对没有提出新的事实、证据或者理由，合议庭认为不需要开庭审理的，可以不开庭审理。

3. 上诉案件的调解

在第二审程序中达成调解协议的都应制作调解书，由审判员和书记员署名，并加盖人民法院的印章。调解书送达当事人后，原审法院的判决即视为撤销。

## 五、上诉案件的裁判

（一）在第二审程序中对上诉案件的不同裁判

1. 对第一审判决提起上诉的案件的裁判

第二审人民法院对上诉案件，经过审理，按照下列情形，分别处理：

（1）原判决、裁定认定事实清楚，适用法律正确的，以判决、裁定方式驳回上诉，维持原判决、裁定。

（2）原判决、裁定认定事实错误或者适用法律错误的，以判决、裁定方式依法改判、撤销或者变更。

（3）原判决认定基本事实不清的，裁定撤销原判决，发回原审人民法院重审，或者查清事实后改判。

（4）原判决遗漏当事人或者违法缺席判决等严重违反法定程序的，裁定撤销原判决，发回原审人民法院重审。

原审人民法院对发回重审的案件作出判决后，当事人提起上诉的，第二审人民法院不得再次发回重审。

发回原审法院重审的案件，仍应按一审程序审理，审理后作出的裁判为一审裁判，当事人不服的仍可以上诉。

2. 对第一审裁定的处理

当事人对不予受理的裁定、管辖权有异议的裁定、驳回起诉的裁定，可以依法上诉。二审法院对不服一审法院裁定的上诉案件的处理，也一律使用裁定。对于原裁定认定事实清楚、证据充分、适用法律正确的，裁定驳回上诉，维持原裁定；原裁定认定事实不清或证据不足，适用法律错误的，裁定撤销原裁定，做出正确的裁定。

（二）第二审裁判的效力

第二审法院的裁判为终审裁判，其法律效力体现在以下三个方面：①不得对裁判再行上诉。②不得就同一诉讼标的，以同一事实和理由重新起诉。但是，判决不准离婚、调解和好的离婚案件以及判决维持收养关系的案件、调解维持收养关系的案件除外。③具有强制执行的效力。

### （三）上诉案件的审结期限

按照《民事诉讼法》的规定，第二审法院审理不服判决的上诉案件，应当在第二审法院立案之日起 3 个月内审结。有特殊情况需要延长的报请本院院长批准，由院长根据案件的具体情况，在保证案件审判质量的原则下予以审批。

第二审法院审理不服裁定的上诉案件，应当在二审法院立案之日起 30 日内做出终审裁定，没有特殊情况延长的规定。

# 第十八节　审判监督程序

## 一、审判监督程序概述

审判监督程序又称为再审程序，是指人民法院对已经发生法律效力的判决、裁定，依照法律规定由法定机关提起，对案件进行再审的程序。它并不是每一个民事案件的必经程序，只是对于判决、裁定、调解书已经发生法律效力而且符合再审条件的案件才能适用的一种特殊审判程序。就性质而言，审判监督程序是纠正人民法院已经发生法律效力的错误裁判的一种补救程序，它有以下特点：①审判监督程序是对已经发生法律效力的裁判进行再审的程序，它们既不是第一、第二审程序的继续和发展，也不是民事诉讼的必经程序。②审判监督程序的提起只能是特定的机关和人员。有权提起再审的主体，或者是各级人民法院院长、上级人民法院、最高人民法院依法定的方式提起再审，或者是有审判监督权的人民检察院提起抗诉，或者是当事人依照法定的条件申请再审。③提起审判监督程序，必须是案件的裁判在认定事实或适用法律上确有错误，否则，不可能引起再审。④审判监督程序的提起有特定的时间要求。人民法院基于审判监督权提起再审以及人民检察院基于检察监督权提起抗诉，不受时间的限制，只要有权提起再审的人民法院发现生效裁判确有错误或者原生效裁判存在法定的抗诉事实和理由，人民法院和人民检察院随时都可以提起再审程序。当事人申请再审，应当在判决、裁定发生法律效力后 2 年内提出。⑤审判监督程序的审理对象只能是已经发生法律效力的有错误的裁判。⑥人民法院审理再审案件适用的程序取决于生效裁判的情况。如果生效裁判是由第一审法院作出的，按照第一审程序审理；如果生效裁判是由第二审法院作出的，按照第二审程序审理。同时，依照再审程序审理案件的法院，不仅包括原审法院，而且包括原审法院的上级法院和最高法院。⑦按照审判监督程序再审的案件，应当裁定中止原裁判的执行。

## 二、基于审判监督权的再审

### （一）提起审判监督程序的条件

#### 1. 本院院长及审判委员会提起再审

在本院行使审判监督权的是本院院长和审判委员会，他们对本院审判人员和合议庭的审判工作进行监督。因此，本院院长发现已发生法律效力的判决、裁定、调解书，认为确有错误需要再审的，应当提交审判委员会讨论决定。决定再审的，应当裁定中止原判决、裁定的执行。

2. 最高人民法院提起再审

根据《民事诉讼法》的规定，最高人民法院对地方各级人民法院已经发生法律效力的判决、裁定、调解书，发现确有错误的，有权提审或者指令下级人民法院再审。

3. 上级人民法院提起再审

根据《民事诉讼法》的规定，上级人民法院对下级人民法院已经发生法律效力的判决、裁定、调解书，发现确有错误的，有权提审或者指令卜级人民法院再审。

（二）对案件再审的程序

1. 原审人民法院再审的程序

决定再审的，由原审人民法院做出裁定，中止原裁判的执行，同时，另行组成合议庭，按照原审程序对再审案件进行审理。即原来是第一审法院审结的，再审时，仍按第一审程序进行审理，审理后作出的裁判属于未确定的裁判，当事人不服的，可以提起上诉。原来是第二审法院审结的，再审时，仍按第二审程序进行审理，审理后作出的裁判为终审裁判，当事人不得再提起上诉。

2. 上级人民法院和最高人民法院依提审和指令再审的程序决定提审或者指令再审的，做出裁定，中止原裁判的执行

第一，指令再审的案件。对再审案件指令再审，只限于上级人民法院对其下级人民法院所审理并已发生法律效力的裁判。对上级人民法院依法作出的第二审裁判，不应指令第一审法院再审。

第二，提审的案件。提审是指对下级法院已经审结但裁判确有错误的案件，上级法院认为不宜由下级法院再行审理，因而提归自己审判。提审主要发生以下几种情况：①对已经审结的案件，如果裁判确有错误，就应该进行再审。②由于上级法院和下级法院之间并非领导与被领导的关系，所以，当上级法院指令下级法院再审而下级法院不再审时，上级法院就可以自己提审。③上级法院和最高法院认为自己对案件进行审理为宜，就不一定指令下级法院再审，而可以自己提审。上级人民法院和最高人民法院提审的再审案件，即使原来是一审法院审理终结的，也要按第二审程序进行审理。

## 三、基于检察监督权的抗诉和再审

（一）抗诉的事实和理由

对于下列情形，人民检察院可以提出抗诉：①裁定认定事实的主要证据不足的；②原判决、裁定适用法律确有错误的；③人民法院违反法定程序，可能影响案件正确判决、裁定的；④审判人员在审理该案件时有贪污受贿、徇私舞弊、枉法裁判行为的。人民检察院提起抗诉的理由，不仅局限于原裁判在内容上确有错误，而且涉及裁判活动的违法性。

（二）抗诉的程序

1. 抗诉的提出

根据《民事诉讼法》的第二百零八条规定，最高人民检察院对各级人民法院已经发生

法律效力的判决、裁定，上级人民检察院对下级人民法院已经发生法律效力的判决、裁定，发现有本法第二百条规定情形之一的，或者发现调解书损害国家利益、社会公共利益的，应当提出抗诉。

地方各级人民检察院对同级人民法院已经发生法律效力的判决、裁定，发现有本法第二百条规定情形之一的，或者发现调解书损害国家利益、社会公共利益的，可以向同级人民法院提出检察建议，并报上级人民检察院备案；也可以提请上级人民检察院向同级人民法院提出抗诉。

各级人民检察院对审判监督程序以外的其他审判程序中审判人员的违法行为，有权向同级人民法院提出检察建议。

《民事诉讼法》第二百零九条有下列情形之一的，当事人可以向人民检察院申请检察建议或者抗诉：①人民法院驳回再审申请的；②人民法院逾期未对再审申请作出裁定的；③再审判决、裁定有明显错误的。人民检察院对当事人的申请应当在 3 个月内进行审查，做出提出或者不予提出检察建议或者抗诉的决定。当事人不得再次向人民检察院申请检察建议或者抗诉。

2. 抗诉的方式

人民检察院决定对人民法院的生效的判决、裁定、调解书，提出抗诉的，应当制作抗诉书。

人民检察院提出抗诉的案件，人民法院应当再审，即只要人民检察院提出抗诉，人民法院应当直接进行再审，并不需要院长提交审判委员会讨论。

（三）对抗诉案件的再审

1. 接受抗诉及对案件再审时的法院的审级

第一，人民检察院抗诉的目的，决定了人民检察院再审程序提出抗诉应向同级人民法院提出，并由同级人民法院进行再审。

第二，人民法院系统内部审判监督的特点也决定了人民检察院按再审程序提出抗诉，应向同级人民法院提出，并由同级人民法院进行再审。

2. 人民检察院派员出庭

根据《民事诉讼法》的规定，人民检察院提出抗诉的案件，人民法院应当再审，并应当通过人民检察院派员出席法庭。

## 四、基于当事人诉权的申请再审

（一）申请再审的条件

第一，申请再审的主体必须合法。根据民事诉讼法的规定，有权提出申请再审的，只能是原审中的当事人，即原审中的原告、被告、有独立请求权的第三人和判决其承担义务的无独立请求权的第三人以及上诉人和被上诉人。

第二，申请再审的对象必须是已经发生法律效力的判决、裁定和调解书。

第三，申请再审必须在法定期限内提出。根据《民事诉讼法》的规定，当事人申请再审，应当在判决、裁定发生法律效力后 6 个月内提出。有新的证据，足以推翻原判决、裁定的；原判决、裁定认定事实的主要证据是伪造的；据以做出原判决、裁定的法律文书被撤销或者变更的；审判人员审理该案件时有贪污受贿、徇私舞弊、枉法裁判行为的。自知道或者应当知道之日起 6 个月内提出。

第四，申请再审必须符合法定的事实和理由。具体包括 13 项：

（1）有新的证据，足以推翻原判决、裁定的。

（2）原判决、裁定认定的基本事实缺乏证据证明的。

（3）原判决、裁定认定事实的主要证据是伪造的。

（4）原判决、裁定认定事实的主要证据未经质证的。

（5）对审理案件需要的主要证据，当事人因客观原因不能自行收集，书面申请人民法院调查收集，人民法院未调查收集的。

（6）原判决、裁定适用法律确有错误的。

（7）审判组织的组成不合法或者依法应当回避的审判人员没有回避的。

（8）无诉讼行为能力人未经法定代理人代为诉讼或者应当参加诉讼的当事人，因不能归责于本人或者其诉讼代理人的事由，未参加诉讼的。

（9）违反法律规定，剥夺当事人辩论权利的。

（10）未经传票传唤，缺席判决的。

（11）原判决、裁定遗漏或者超出诉讼请求的。

（12）据以做出原判决、裁定的法律文书被撤销或者变更的。

（13）审判人员审理该案件时有贪污受贿，徇私舞弊，枉法裁判行为的。

（二）申请再审的范围

根据《民事诉讼法》的规定，当事人对已经发生法律效力的调解书，提出证据证明调解违反自愿原则或者调解协议的内容违反法律的，可以申请再审，经人民法院审查属实的，应当再审。

对不予受理、驳回起诉的裁定，当事人可以申请再审。

当事人对已经发生法律效力的解除婚姻关系的判决、调解书不得申请再审。

按照督促程序、公示催促程序、企业法人破产还债程序审理的案件以及依照审判监督程序审理后维持原判的案件，当事人不得申请再审。

（三）申请再审的方式和程序

当事人对已经发生法律效力的判决、裁定，认为有错误的，可以向上一级人民法院申请再审；当事人一方人数众多或者当事人双方为公民的案件，也可以向原审人民法院申请再审。当事人申请再审的，不停止判决、裁定的执行。

当事人申请再审，应当向人民法院提交申请书，并按对方当事人人数提供申请书副本。

**五、再审案件的审判程序**

1. 裁定中止原判决的执行

人民法院应当自收到再审申请书之日起 3 个月内审查，符合本法规定的，裁定再审；

不符合本法规定的，裁定驳回申请。有特殊情况需要延长的，由本院院长批准。

因当事人申请裁定再审的案件由中级人民法院以上的人民法院审理，但当事人依照本法第一百九十九条的规定选择向基层人民法院申请再审的除外。最高人民法院、高级人民法院裁定再审的案件，由本院再审或者交其他人民法院再审，也可以交原审人民法院再审。

应该注意的是，《民事诉讼法》第二百零六条规定："按照审判监督程序决定再审的案件，裁定中止原判决、裁定、调解书的执行，但追索赡养费、扶养费、抚育费、抚恤金、医疗费用、劳动报酬等案件，可以不中止执行。"

2. 另行组成合议庭

人民法院审理再审案件，一律实行合议制。如果由原审人民法院再审的，应当另行组成合议庭。

3. 依照原审程序进行审理

再审的案件，原来是第一审审结的，再审时适用第一审程序审理，最高人民法院和上级人民法院提审的除外。再审后所做的判决、裁定，当事人不服可以上诉；再审的案件原来是第二审审结的，再审适用第二审程序审理。再审后的判决、裁定为终审裁判，当事人不得上诉。

人民法院提审或按照第二审程序再审的案件，在审理中发现原判决违反法定程序的，可分别情况处理：

（1）认为不符合《民事诉讼法》规定的受理条件的，裁定撤销一、二审判决，驳回起诉。

（2）具有下列违反法定程序的情况，可能影响案件正确判决裁定的，裁定撤销一、二审判决，发回原审人民法院重审：①审理本案的审判员、书记员应当回避的；②未经开庭审理而作出判决的；③适用普通程序审理的案件当事人，未经传唤而缺席判决的；④其他严重违反法定程序的。

# 第十九节　特别程序

## 一、特别程序的特点和适用范围

特别程序，是指人民法院审理某些非民事权益争议案件所适用的特殊审判程序。特别程序不同于审判一般民事案件的普通程序和简易程序，它具有自己的特殊性和独立性，是我国《民事诉讼法》规定的审判程序的重要组成部分。

1. 特别程序的特点

特别程序与普通程序、简易程序相比，具有如下特点：

第一，特别程序的性质是对某种法律事实进行确认。适用特别程序审理的案件，其目的不是解决双方当事人之间的民事权益冲突，而是确认某种法律事实是否存在，权利状态的有无或者公民是否享有某种资格，能否行使某种权利。

第二，启动特别程序的当事人比较特殊。特别程序可基于申请人的申请而开始。起诉人或者申请人不一定与本案有直接利害关系，有的有直接利害关系，有的没有直接利害关系。

第三，审判组织特殊。与审理民事争议案件的审判组织相比，根据特别程序审理案件的审判组织较为特别，如审理选民资格案件或者重大疑难的其他案件，必须是由审判员组成合议庭审理。除此之外的其他按特别程序审理的案件，由独任制法庭审理。

第四，实行一审终结制度。人民法院依照特别程序审理案件，实行一审终审制，判决书一经送达，即发生法律效力，当事人不得对此声明不服，不得提起上诉。

第五，审理期限较短。根据《民事诉讼法》的规定，按特别程序审理的案件，应当在立案之日起 30 日内或公告期满后 30 日内审结。有特殊情况需要延长的，由本院院长审批。但选民资格案件必须在选举日之时审结，不得延长到选举日后审结。

第六，免交案件受理费。根据特别程序审理的案件，不论当事人的情况如何，一律免交案件受理费。

第七，根据特别程序审理的案件，判决发生效力后，如发现认定事实或适用法律确有错误，由原审法院按特别程序的规定撤销原判决，做出新判决。

2. 特别程序的适用范围

适用特别程序的案件有两类：一类是选民资格案件；另一类是非讼案件。其中，非讼案件包括：宣告公民失踪、宣告公民死亡案件；认定公民无民事行为能力或限制民事行为能力案件；认定财产无主案件；确认调解协议案件和实现担保物权案件。

## 二、选民资格案件

选民资格案件，是指公民对选举委员会的选民资格名单有不同意见，向选举委员会申诉后，对选举委员会就申诉所做的决定不服，而向人民法院提起诉讼的案件。选举权和被选举权是我国公民依法享有的一项参与国家事务管理的庄严的政治权利。人民法院审理选民资格案件的意义就在于，保护有选举资格的公民享有选举权和被选举权，使他们能够依法参加选举活动，行使神圣的选举权利，选举自己的代表管理国家事务。

选民资格案件的审理程序包括：

第一，起诉。根据选举法和《民事诉讼法》的有关规定，公民对选举委员会的选民资格名单有不同意见，应当先向选举委员提出申诉，选举委员会应在 3 日内对申诉做出决定。

申诉人对处理决定不服的，可以在选举日的 5 日前向人民法院起诉。选民资格案件的起诉人既可以是选民本人，也可以是有关组织或其他公民。

第二，管辖。选民资格案件，由选区所在地的基层人民法院管辖。这样规定不仅方便公民起诉，而且便于受诉人民法院与选举委员会取得联系，及时向选举委员会和有关公民进行调查，查明情况，做出正确的判决。

第三，审理和判决。人民法院审理选民资格案件时，只能由审判员组成合议庭进行审理，不能实行独任制和陪审制。开庭审理时，起诉人、选举委员会的代表和有关公民必须参加。人民法院的判决书，应当在选举日前送达选举委员会和起诉人，并通知有关公民。判决书一经送达就发生法律效力。

## 三、宣告公民失踪案件

宣告公民失踪的案件，是指公民离开自己的住所下落不明，经过法律规定的期限仍无音讯，经利害关系人申请，人民法院宣告该公民为失踪人的案件。

**（一）宣告公民失踪的条件**

宣告公民失踪的条件分为实质要件和形式要件。实质要件包括：①该公民须有下落不明的事实；②下落不明的时间须持续满 2 年；③须由该公民的利害关系人提出申请，该公民的利害关系人通常是指该公民的配偶、父母、成年子女以及与其关系密切的近亲属。形式要件包括：①利害关系人申请该公民失踪，必须向下落不明人依据地的基层法院提出书面申请，写明该公民失踪的事实；下落不明的时间和宣告失踪的要求。②提出公安机关或者其他有关机关关于该公民下落不明的书面证明。

**（二）审理程序**

法院在收到利害关系人的书面申请，认为符合法定条件的，应立案受理，发出寻找下落不明人的公告。公告期间为 3 个月，从发出公告的次日起计算。确认申请宣告公民失踪的真实存在的，应作出判决，宣告该公民为失踪人。判决一经作出并送达至当事人，即发生法律效力。

**（三）失踪人财产的管理**

失踪人的财产由他的配偶、父母、成年子女或者关系密切的亲戚朋友代为管理。代管人的职责是，管理和保护好失踪人的全部财产，清偿失踪人失踪前所欠下的税款、债务和其他费用。

**（四）宣告公民失踪判决的撤销**

公民本人或者他的利害关系人有权向做出失踪判决的法院提出申请，请求撤销原判决，以恢复公民失踪前的事实和法律状态。

## 四、宣告公民死亡案件

宣告公民死亡案件，是指公民下落不明满法定期限，人民法院根据利害关系人的申请，依法宣告该公民死亡的案件。

**（一）宣告公民死亡的条件**

宣告公民死亡的条件同样分为实质要件和形式要件。

实质要件包括：①须有该公民下落不明的事实存在；②下落不明需要在法定期间或者有关机关证明其不可能生存的。

形式要件包括：①利害关系人须以书面方式向下落不明住所地的基层法院提出申请；②提出公安机关或其他机关出具的关于该公民下落不明的证明文件。

**（二）案件的审理**

发出寻找下落不明的公告。公告期限届满，确认申请宣告该公民死亡的事实存在的，应做出判决，宣告该公民为死亡人。判决一经做出并送达，即发生法律效力。

宣告死亡是法院根据法律规定推定下落不明人死亡，但事实上他是否死亡，仍然无法确知。因此，宣告死亡后，下落不明人可能重新出现或者确知其所在地的，该公民本人或利害关系人可以向做出判决的法院提出申请，请求撤销原判决，做出新判决。

（三）宣告公民死亡的法律后果

公民被宣告死亡后，其民事权利能力随之而被终止。原有的婚姻关系随之消灭，继承因宣告死亡而开始。

宣告死亡结束该公民以自己的住所或经常居住地为活动中心所发生的民事法律关系。但宣告死亡和自然死亡毕竟不同，如果该公民在异地生存，并不影响其民事活动。

（四）宣告公民死亡判决的撤销

法院撤销宣告死亡的判决后，该公民因死亡宣告而消灭的人身关系，有条件恢复的，可以恢复；原配偶在公民被宣告死亡期限尚未再婚的，夫妻关系从撤销宣告死亡判决之日起自行恢复；如果原配偶再婚后又离婚，或者再婚后其配偶死亡的，其夫妻关系不能自行恢复。

被宣告死亡人在被宣告死亡期间，其子女如被他人收养，宣告死亡判决撤销后，以子女收养未经被收养人同意为理由，收养人和被收养人同意可以解除收养关系。

被宣告死亡人的财产，在宣告死亡期间被他人取得的，宣告死亡判决撤销后，该公民有权请求返还；依照《继承法》取得该公民财产的个人或组织，应当返还原物；原物不存在的，给予适当的补偿。利害关系人隐瞒真实情况，使他人被宣告死亡而取得财产的，该利害关系人除返还原物及孳息外，还应赔偿所造成的损失。

## 五、认定公民无行为能力或者限制行为能力案件

（一）认定公民无行为能力或者限制行为能力的条件

第一，须精神病人有不能辨别自己行为或者不能完全辨别自己行为的事实存在。

第二，须由精神病人的近亲属或者其他利害关系人提出书面申请，请求认定该精神病人为无民事行为能力人或者限制民事行为能力人。

第三，申请应当采用书面形式。

第四，申请认定公民无民事行为能力或者限制民事行为能力的案件，应当由该公民住所地的基层法院管辖。

（二）审理的程序

1. 确定代理人

《民事诉讼法》第一百七十二条规定："人民法院审理认定公民无民事行为能力或者限制民事行为能力的案件，应当由该公民的近亲属为代理人，但申请人除外。近亲属互相推诿的，由人民法院指定其中一人为代理人。"

2. 鉴　定

鉴定是审理此类案件的重要程序。认定公民无民事行为能力或者限制民事行为能力，

需要对该公民的身心状态进行科学的观察和分析，然后才能做出结论。

3. 对案件的审理

法院通过审理，认为该公民完全丧失民事行为能力或者部分丧失民事行为能力，申请有事实根据的，应当做出判决，认定该公民为无民事行为能力人或者限制民事行为能力人。该判决为终审判决，不得上诉。

判决生效后，根据《民法通则》第十七条的规定，由下列人员担任监护人：①配偶；②父母；③成年子女；④其他近亲属；⑤关系密切的其他亲属、朋友愿意承担监护责任，经精神病人的所在单位或者住所地的居民委员会、村民委员会同意的。

（三）原判决的撤销与民事行为能力的恢复

认定该公民无民事行为能力或限制民事行为能力的原因消失、事实不复存在时，法院应当根据该公民本人或者利害关系人的申请，做出新判决，撤销原判决，从法律上恢复该公民的行为能力。监护人的监护权因原判决撤销而消灭，不能再对该公民行使监护权。

## 六、认定财产无主案件

### （一）认定财产无主案件的条件

认定财产无主案件，是指对于所有人不明或者所有人不存在的财产，法院根据申请人的申请，查明属实后，做出判决，将其收归国家或集体所有。

认定财产无主，应具备如下条件：①被认定的无主财产，以有形财产为限；②财产所有人确已消灭或者不知谁是财产所有人，权利的归属问题无法确定，需要通过法律程序加以解决；③财产的所有人不明或者失去所有人的状态持续一定期间；④须由申请人提出书面申请，然后由法院审理认定；⑤认定财产无主的案件，由财产所在地的基层法院管辖。

### （二）审理程序

第一，法院接受申请后，应进行审查，认为申请不符合条件或者财产有主的，裁定驳回申请；申请符合条件的，立案受理。

第二，发布财产认领公告。公告满1年无人认领财产的，法院应做出财产无主的判决，同时根据财产的不同情况，收归国家或集体所有。判决送达后，立即发生法律效力，交付执行组织执行。执行组织应当发布执行令，责令财产的非法占有人交出财产；拒不交出的，应予以强制执行。

### （三）认定财产无主后，财产所有人重新出现的处理

判决认定财产无主后，原财产所有人或者其继承人可能出现，在这种情况下，应当撤销法院原判决，以保护原财产所有人或者其继承人的合法权益。

## 七、确认调解协议案

《民事诉讼法》第一百九十四条规定，申请司法确认调解协议，由双方当事人依照人民调解法等法律，自调解协议生效之日起30日内，共同向调解组织所在地基层人民法院

提出。

《民事诉讼法》第一百九十五条规定，人民法院受理申请后，经审查，符合法律规定的，裁定调解协议有效，一方当事人拒绝履行或者未全部履行的，对方当事人可以向人民法院申请执行；不符合法律规定的，裁定驳回申请，当事人可以通过调解方式变更原调解协议或者达成新的调解协议，也可以向人民法院提起诉讼。

### 八、实现担保物权案件

《民事诉讼法》第一百九十六条规定，申请实现担保物权，由担保物权人以及其他有权请求实现担保物权的人依照物权法等法律，向担保财产所在地或者担保物权登记地基层人民法院提出。

《民事诉讼法》第一百九十七条规定，人民法院受理申请后，经审查，符合法律规定的，裁定拍卖、变卖担保财产，当事人依据该裁定可以向人民法院申请执行；不符合法律规定的，裁定驳回申请，当事人可以向人民法院提起诉讼。

# 第二十节　督促程序

## 一、督促程序概述

督促程序是一种迅速简便的保护债权人合法权益的非讼程序。对以金钱、有价证券为内容的债务，履行期已到，债务人不履行债务时，债权人请求债务人给付金钱、有价证券，并且符合《民事诉讼法》规定的条件的，债权人可以向有管辖权的基层法院申请支付令。所谓金钱，是指可供流通和作为支付手段的货币，禁止流通的金、银等贵金属不包括在内。有价证券是指权利主体设立的旨在证明某种财产权利，权利或持有人以此实现其权利的凭证，包括本票、汇票、支票、股票、公债券、国库券、债券等。

（一）督促程序的特点

第一，债权人的申请须以金钱或有价证券为标的，债权人申请支付令的债权，只限于给付金钱和有价证券为内容的债权，以其他财产或行为为内容的债权，超过债务履行期，债务人没有履行，债权人可以向有管辖权的法院提起诉讼，请求法院判令债务人履行，不能申请发支付令。

第二，督促程序因债权人的申请而开始，具有简捷性。

第三，支付令的做出和生效具有一定的条件。

（二）督促程序的适用范围和条件

1. 适用范围

《民事诉讼法》规定，债权人请求债务人给付金钱、有价证券，符合下列条件的，可以向有管辖权的基层人民法院申请支付令：①债权人与债务人没有其他债务纠纷的；②支付令能够送达债务人的。

申请书应当写明请求给付金钱或者有价证券的数量和所根据的事实、证据。根据该规定，首先，督促程序仅适用于债权人请求债务人给付金钱、有价证券的债权债务关系案件；其次，请求给付的金钱、有价证券已经到期，且数额确定。

2. 适用条件

第一，债权人与债务人没有其他债务纠纷。所谓没有其他债务纠纷，是指债权人对债务人没有对待给付的义务。

第二，支付令能够送达债务人。所谓送达，是指人民法院通过直接送达、留置送达等方式，将支付令交付给债务人。

3. 案件的管辖

根据《民事诉讼法》的规定，债权人申请支付令，符合条件的，由有管辖权的基层人民法院管辖。按照《民事诉讼法》关于地域管辖的一般规定，所谓"有管辖权的人民法院"，应该包括两种情况：①债务人是公民的，其住所地与经常居住地不一致的，应该是指该公民的住所地的人民法院；②债务人是法人或者其他组织的，应当是指法人或者其他组织的主要营业机构所在地的人民法院。

## 二、支付令的申请和审查

### （一）支付令的申请

1. 申请支付令的条件

申请支付令的条件包括：①债权人请求债务人给付的标的必须是金钱和汇票、本票、支票以及股票、债券、国库券、可转让的存款单等有价证券；②请求给付的金钱或有价证券已到期且数额确定，并写明了请求所根据的事实和证据；③债权人与债务人之间不存在对等给付义务；④支付令必须能够送达债务人。

2. 提交申请书

债权人向人民法院提出支付令申请，必须提交申请书，其内容应包括：①债权人、债务人双方的姓名或名称等基本情况；②债权人要求债务人给付金钱或有价证券的种类、数量；③债权人请求所依据的事实和证据；④债务人的财产状况和可供执行的财产。

债权人向人民法院提交申请书的同时，应提交必要的证据材料，如证明债权债务关系存在的合同、收据等。

3. 向有管辖权的人民法院提出申请

根据《民事诉讼法》的规定，债权人申请支付令，可以向有管辖权的基层人民法院提出。此条款对督促程序的级别管辖做了明确规定，中级以上人民法院不审理此类案件。

### （二）对支付令申请的审查和处理

1. 对申请形式上的审查

对申请形式上的审查应从接到申请人申请书之日起即开始，并在 5 日内审查结束，通知债权人是否受理其申请。

审查内容包括：①申请人是否具备申请资格和申请能力；②申请是否符合法定条件和方式；③申请手续是否完备；④申请是否应由本法院管辖。

经过审查，如果认为申请符合上述要求，应按《民事诉讼法》第一百九十二条的规定，在 5 日内通知债权人予以受理。

2. 对申请内容上的审查

人民法院受理了支付令申请后，应对申请进行内容上的审查。这种审查应在法院决定受理申请之日开始，并在 15 日内做出是否发布支付令的决定。审查内容包括：①进一步查实申请人提供的事实和证据；②债权债务关系是否明确；③债权债务关系是否合法。

这种审查只采用书面方式，不需开庭审查。经过审查，人民法院如果认为债权债务关系明确、合法，应当在受理申请之日起，15 日内直接向债务人发布支付令；否则，应以裁定驳回债权人的申请，该裁定不得上诉。

（三）支付令的发出

人民法院接到申请后，经过形式和实质审查，认为符合条件，债权债务关系明确、合法的，应在受理申请之日起，15 日内向债务人发布支付令。

支付令应记明以下事项：①债权人、债务人姓名或名称等基本情况；②债务人应当给付的金钱或有价证券的种类、数量；③清偿债务或提出异议的期限；④在法定期间不提出异议的法律后果；⑤诉讼费用的承担。支付令由审判员、书记员署名，并加盖人民法院印章。支付令应向债务人本人直接送达，债务人拒绝接收的，人民法院可留置送达。

债务人收到支付令后未于法定期限内提出异议，则支付令生效。生效的支付令与生效的判决、裁定和调解协议产生同样的法律效力。如果债务人拒不清偿债务，债权人有权依支付令向人民法院申请强制执行。债务人对债务本身没有异议，只是提出缺乏清偿能力的，不影响支付令的效力。债务人口头异议无效。在人民法院发布支付令以前，申请人撤回申请的，人民法院应当准予撤回申请并裁定终结督促程序。

（四）对支付令的异议

1. 异议的提出

《民事诉讼法》第二百一十六条规定，债务人应当自收到支付令之日起 15 日内向人民法院提出书面异议。提出异议应具备两个条件：提出异议的法定期间为 15 日，与诉讼程序中对判决的上诉期限相同，该期限自债务人收到支付令之日起计算；提出异议的形式只能以书面为准，即由债务人向人民法院提交异议书。异议书的内容只要表明不愿或不应当履行支付令中所载义务的意思表示即可，无须附加充分理由。债务人口头异议无效。

《民事诉讼法》第二百一十七条规定，人民法院收到债务人提出的书面异议后，经审查，异议成立的，应当裁定终结督促程序，支付令自行失效。支付令失效的，转入诉讼程序，但申请支付令的一方当事人不同意提起诉讼的除外。从程序上讲，对异议进行审查，提出的异议遇有下列情况，按无效处理：①债务人对债务本身无异议，只是提出缺乏清偿能力的，不影响支付令的效力。②债务人异议必须具备法定书面形式，在书面异议书中写明拒付的事实和理由，口头异议无效。③债务人收到支付令后，不在法定期限内提出书面异议，而向其他人民法院起诉的，也不影响支付令的效力。④债权人有多项独立的诉讼请求，债务人仅就其中某一项请求提出异议的，其异议对其他支付请求无效。⑤债务人为多人的，其中一债务人提出异议，如果债务人是必要共同诉讼人，其异议经其他债务人同意承认，对其他债务人发生效力；如果债务人是普通共同诉讼人，债务人一人的异议对其他债务人不发生效力，人民法院认定异议无效，应以适当方式尽快告知债务人。因此异议不成立，支付令仍然有效。及时告知债务人，可以督促其自行清偿债务，完成支付令指定的义务。

2. 异议成立的法律后果

第一，终结督促程序。按照《民事诉讼法》的规定，终结督促程序，人民法院应当做出裁定。终结督促程序裁定书由审判员、书记员署名，并加盖人民法院印章。此裁定一经做出，即产生法律效力，债权人不得上诉。终结督促程序是人民法院在适用程序上所作的决断，而不是对债权人请求权的否定，至于债权人如何主张其权利，由其自行决定。人民法院可告知债权人另行起诉，由有管辖权的人民法院管辖。

第二，支付令自行失效。人民法院支付令生效的条件是债务人在规定的期限内没有清偿债务，也不提出书面异议，或者提出的异议被人民法院驳回。如果债务人提出书面异议成立，则支付令自行失败，即不能作为债权人申请强制执行的根据。

# 第二十一节 公示催告程序

## 一、公示催告程序概述

### （一）公示催告程序的概念

公示催告程序，是指人民法院根据当事人的申请，以公示的方式通知并催促不明确的利害关系人，在法定期间内申报权利，逾期无人申报，做出宣告票据无效（除权）判决的程序。

### （二）公示催告程序的特点

第一，公示催告程序的开始必须基于权利人的申请，法院在经过认真审查后，认为申请符合法律规定的，应批准其申请并作出公示催告。

第二，申请公示催告，以持有人持有的按照规定可以背书转让的票据被盗、遗失和灭失为条件，而对其他事项的公示催告申请，则以利害关系人去向不明，需要认定有关情况为前提。

第三，公示催告的申请权由票据或其他事项的持有人或权利人行使。票据或其他事项的持有人、权利人具备两个条件：①票据的持有或对事项的占有是合法的。②票据或事项是在他手中丧失或情况不明的，即他是票据或其他事项丧失的最后持有人、占有人，仅对票据或其他事项主张权利的人，无权申请公示催告。

### （三）公示催告程序的适用范围

根据《民事诉讼法》的规定，公示催告程序可在两种情况下适用：①按照规定可以依背书转让的票据被盗、遗失或灭失时，申请人向支付地的基层人民法院申请公示催告。②其他事项丧失，持有人或占有人能否申请公示催告，以有关法律有无规定为准。《民事诉讼法》规定的依照法律规定可以申请公示催告的其他事项是指票据以外的其他证券，如指示证券、提单、仓单、公司股票等。

## 二、公示催告申请的提起和受理

（一）申请公示催告的条件

第一，申请的主体必须是按规定可以背书转让的票据持有人，即票据被盗、遗失或灭失的最后持有人。

第二，申请公示催告必须是可以背书转让的票据被盗、遗失或灭失；必须是利害关系人处于不明状态；其他事项的申请须有法律的明文规定。

第三，申请公示催告必须向票据支付地的基层人民法院提出申请。

第四，申请人应当向人民法院递交申请书。

第五，公示催告申请人撤回申请，应在公示催告前提出；公示催告期间申请撤回的，人民法院可以进行裁定，终结公示催告程序。

（二）对公示催告申请的审查和受理

人民法院收到公示催告的申请后，应当立即审查，并决定是否受理。经审查，认为符合受理条件的，通知予以受理，并同时通知支付人停止支付；认为不符合受理条件的，7日内裁定驳回申请。

（三）公示催告案件的审理

1. 止付通知、公告和申报权利

第一，人民法院决定受理公示催告申请，应当同时通知止付人停止支付，至公示催告程序终结。人民法院通知支付人停止支付，应符合有关财产保全的规定。公示催告期间，转让票据的行为无效。

第二，公告。人民法院决定受理公示催告申请，应在3日内发出公告，催促利害关系人申请权利，公示催告期间，由人民法院根据情况决定，但不得少于60日。

第三，申报权利，即利害关系人在公示催告期间向人民法院提出对丧失的票据享有权利的行为。

2. 除权判决及其效力

除权判决即宣告票据无效的判决。在申报权利的期间没有人申报的，或申报被驳回的，公示催告申请人应自申报权利期限届满的次日起1个月内申请人民法院作出除权判决。逾期不申请判决的，终结公示催告程序。除权判决作出后，应进行公告，并通知支付人。自判决公告之日起，申请人有权依据判决向付款人请求付款。利害关系人未在判决前申报权利的，自知道或应当知道判决公告之日起1年内，可以向做出判决的人民法院起诉，人民法院可按票据纠纷适用普通程序审理。

3. 对利害关系人权利的救济

除权判决是人民法院根据申请人一方陈述的事实和理由，以及公示催告期限届满而无人申报权利的事实作出的，其判决的根据是法律上的推定，因而判决结论与事实真相完全可能相反。如果真正的票据权利人因故未能在作出除权判决前申报权利，其合法权利就会因除权判决而受到损害。基于此，法律必须为利害关系人设立相应的救济措施。

《民事诉讼法》对利害关系人权利的救济的规定包括两个方面。一方面是关于除权判决的公告规定，另一方面是关于另行提起诉讼的规定。根据《民事诉讼法》第二百条的规定，利害关系人在除权判决生效后，还可以向人民法院起诉。

# 第二十二节　民事裁判

裁判一般，是指人民法院在审理民事案件的过程中，根据案件事实和国家法律解决民事纠纷，所做出的有关实体问题和程序问题的具有公权性质的判断或表示，通常称之为民事裁判。

民事裁判有广义和狭义之分。广义的包括人民法院的判决、裁定和决定等，还包括人民法院认可的调解协议，它们各有自己独立的适用范围和适用条件，法律效力也有所区别；狭义的仅指人民法院做出的判决和裁定。

## 一、判　决

### （一）民事判决的概念

民事判决，是指人民法院在诉讼中所做出的裁判的一种类型。在我国，是指人民法院通过对民事案件的审理，查明事实，并根据事实，依照法律、法规的规定，对双方当事人之间的实体问题所做的结论性的权威判定。

### （二）民事判决的分类

按不同的标准、不同的角度，民事判决可以做不同的分类：

第一，民事判决就其所解决的诉的性质或种类不同，可以分为给付判决、确认判决和形成判决。给付判决是指在认定原告请求权存在的基础上，判令对方履行义务的判决；确认判决是指单纯确认当事人之间法律关系存在或不存在的判决；形成判决是指变动现存法律关系的判决。形成判决确定时，不需要通过强制执行便自动发生法律状态的效果，一般情况下形成判决的效果是使已经存在的法律关系不再存在。

第二，民事判决就其解决案件的全部或部分争议不同，可以分为全部判决和部分判决

全部判决是指当案件辩论终结时法院对所有应判定的事项一并做出终局裁判的判定。部分判决是指在诉讼过程中，法院对可分的权利义务或实体请求的一部分所做出的判决，通常是诉讼请求合并审理的情况下做出的部分判决。在有的情况下，如果各请求相互之间不能独立的，则不允许做出部分判决。在我国的民事诉讼实践中很少有做出部分判决的，大多数情况是一并做出全部判决。

第三，民事判决根据双方当事人是否出庭，可以分为对席判决和缺席判决。对席判决是指在双方当事人都出庭进行诉讼后所做出的判决。这里所指的当事人出庭进行诉讼，也包括当事人未到庭，而是由其诉讼代理人出庭代为进行诉讼的情形。缺席判决是一方当事人没有出庭进行诉讼所做出的判决。民事诉讼依当事人双方对席进行诉讼为原则，因此，人民法院在当事人一方缺席时做出的判决就是一种例外。只有在法律有明确规定的情形

时，法院才能做出缺席判决。

第四，民事判决根据其制作的法院审级，可以分为一审判决、二审判决和再审判决。

第五，民事判决就其解决案件的结果，可以分为肯定判决和否定判决。

第六，民事判决就当事人对民事权利和诉讼权利的情况不同，可以分为放弃判决和承认判决。

（三）民事判决的内容

民事判决一般应包括以下内容：①诉讼参与人的基本情况；②案由、诉讼请求、争议的事实和理由；③判决认定的事实、理由和适用的法律依据；④判决结论；⑤诉讼费用的负担；⑥上诉期间和上诉法院。

根据《民事诉讼法》第一百五十二条的规定，判决书应当写明判决结果和做出该判决的理由。判决书内容包括：①案由、诉讼请求、争议的事实和理由；②判决认定的事实和理由、适用的法律和理由；③判决结果和诉讼费用的负担；④上诉期间和上诉的法院。判决书由审判人员、书记员署名，加盖人民法院印章。

（四）民事判决的法律效力

民事判决的效力，是指法院的生效判决在法律上的效力。法院的生效判决在法律上具有对人的约束力、对事的确定力，有给付内容的判决还具有执行力。

判决的约束力即判决对人的拘束力，表现为：判决一经生效，当事人必须遵守和履行；人民法院不得随意变更判决的内容；任何企事业单位、机关、团体和个人，都有责任尊重和维护法院的判决。

判决的确定力表现为：判决确定的当事人之间的实体权利义务问题，不得再行争议；当事人不得对判决认定的事实再行起诉或上诉，人民法院非经法定程序，也不得改变判决。

判决的执行力表现为：具有给付内容的判决生效后，义务人如果不履行义务的，权利人可以向人民法院请求强制执行。

## 二、裁　定

民事裁定是人民法院在审理民事案件过程中，为保证审判工作的顺利进行，就诉讼程序方面的有关事项所作的断定。

民事裁定是人民法院行使诉讼指挥权的表现，主要是解决程序问题的；民事裁定可以是口头的，也可以是书面的。

裁定与判决的区别如下：

1. 适用的事项不同

裁定解决的是诉讼过程中的程序性问题，目的是使人民法院有效地指挥诉讼，清除诉讼中的障碍，推进诉讼进程。判决解决的是当事人双方争执的权利义务问题，即实体法律关系，目的是解决民事权益纠纷，使当事人之间的争议得以解决。

2. 做出的依据不同

裁定根据的事实是程序性事实，依据的法律是《民事诉讼法》，可以在诉讼过程中的任何阶段作出。判决根据的事实是人民法院认定的民事法律关系发生、变更和消灭的事实，依据的法律是《民法》《婚姻法》《继承法》《经济法》等实体法，判决只能在案件审理的最后阶段做出。

3. 形式、上诉范围、上诉期限和法律效力不同

裁定可以采取口头形式或者书面形式，而判决必须采取书面形式。裁定只有不予受理、对管辖权有异议的和驳回起诉的裁定，根据《民事诉讼法》的规定，准许当事人在裁定后 10 日内上诉，其他裁定一经做出，立即生效；而判决允许上诉的范围比较广泛，地方各级人民法院做出的第一审判决，在判决做出后 15 日内准许上诉。裁定的效力可以相应改变，如对中止诉讼的裁定，在中止诉讼的原因消除后，应做出恢复诉讼程序的新裁定；而判决的效力及于实体，非经法定程序不得改变。

民事裁定通常由首部、正文部分和尾部三部分组成。首部应写明案由、审判组织和审判方式等，正文部分应写明事实、理由和结论，尾部应写明审判员、书记员及做出裁定的时间。

民事裁定对当事人、法院都有约束力，不同的裁定生效的时间不同。

## 三、决定

民事决定，是指人民法院在民事诉讼过程中，为保证诉讼活动的顺利进行，对诉讼程序中发生的特殊事项所做出的断定。民事决定是基于人民法院在审判活动中的处分权做出的，它所解决的只是诉讼中特殊的、具有紧迫性的问题。

民事决定主要适用于：对当事人申请回避问题的处理；对妨害民事诉讼行为的处理；对当事人申请顺延诉讼期限的处理；对人民法院提起再审案件的处理；对缓、减、免交诉讼费的处理。

民事决定一经作出或送达，即发生法律效力，并且必须立即执行。法律规定可以申请复议的，当事人可以申请复议一次，复议期间不停止决定的执行。

民事裁定的适用范围：①不予受理；②对管辖权有异议的；③驳回起诉；④保全和先予执行；⑤准许或者不准许撤诉；⑥中止或者终结诉讼；⑦补正判决书中的笔误；⑧中止或者终结执行；⑨撤销或者不予执行仲裁裁决；⑩不予执行公证机关赋予强制执行效力的债权文书；⑪其他需要裁定解决的事项。对前述第一项至第三项裁定，可以上诉。裁定书应当写明裁定结果和做出该裁定的理由。裁定书由审判人员、书记员署名，加盖人民法院印章。口头裁定的，记入笔录。

公众可以查阅发生法律效力的判决书、裁定书，但涉及国家秘密、商业秘密和个人隐私的内容除外。

# 第二十三节　执行程序

## 一、执行程序概述

### （一）执行和执行程序

执行，是指人民法院的执行组织依照法定的程序，对发生法律效力的法律文书所确定

的给付内容，以国家的强制力为后盾，依法采取强制措施，迫使义务人履行义务的行为。执行程序，是指保证具有执行效力的法律文书得以实施的程序。

（二）执行的原则

执行的原则包括：①执行必须以生效的法律文书为根据；②执行的对象只能是被执行人的财产或行为，不能对执行人的人身采取强制措施；③人民法院执行与有关单位、个人协助执行相结合的原则；④申请执行与移送执行相结合的原则；⑤强制执行与说服教育相结合的原则；⑥依法保护权利人的合法权益与适当照顾被执行人的利益相结合的原则。

（三）执行程序的一般规定

1. 执行机构

基层人民法院、中级人民法院根据需要，可以设立执行机构。

2. 执行根据

能够作为执行根据据以执行的法律文书主要有：①人民法院制作的具有执行内容的法律文书；②其他机关制作的由人民法院执行的法律文书；③人民法院制作的承认并执行外国法院判决、裁定或外国仲裁机构的裁决的裁定书。

3. 执行管辖

发生法律效力的民事判决、裁定，以及刑事判决、裁定中的财产部分，由第一审人民法院执行；法律规定由人民法院执行的其他法律文书（仲裁裁决书和公证债权文书），由被执行人住所地或被执行人的财产所在地人民法院执行；发生法律效力的支付令，由制作支付令的人民法院负责执行。

4. 执行异议

执行异议，是指在执行过程中，案外人对被执行的财产的全部或一部分主张权利并要求人民法院停止并变更执行的请求。在执行过程中，案外人对执行标的提出异议的，执行员应当按法定程序进行审查。理由不成立的，予以驳回；理由成立的，由院长批准中止执行。如发现判决、裁定确有错误，按照审判监督程序处理。除案外人可对执行标的提出异议外，执行员在执行本院或上级法院的判决、裁定和调解书时，发现确有错误的应提出书面意见，报请院长审查处理或经院长批准，函请上级法院批准。

5. 委托执行

被执行人或执行的财产在外地的，负责执行的人民法院可以委托当地人民法院代为执行，也可以直接到当地执行。直接到当地执行的，负责执行的人民法院可以要求当地人民法院协助执行，当地人民法院应根据要求协助执行。委托外地人民法院代为执行的，受委托的人民法院收到委托函后，必须在 15 日内开始执行，不得拒绝。执行完毕，应将执行结果及时函复委托人民法院；受托人民法院在 30 日内如还没有执行完毕，也应将执行情况函告委托人民法院。受委托人民法院在接到委托函后，无权对委托执行的生效的法律文书进行审查；执行中发现据以执行的法律文书错误的，受委托人民法院应及时向委托人民法院反映。受委托人民法院应严格按照生效法院文书的规定和委托人民法院的要求执行。对债务人履行债务的时间、期限和方式需要变更的，应征得申请执行人的同意，并将变更情况及时告知委托人民法院。受委托人民法院遇有需要中止或终结执行的情形，应及时函告委托人民法院，由委托人民法院做出裁定，在此期间，可以暂缓执行。受委托人民法院不得自行裁定中止或终结执行。委托执行中，案外人对执行标的提出异议的，受委托人民法院应函告委托人民法院，由委托人民法院通知驳回或做出中止执行的规定，在此期间，暂缓执行。

6. 执行和解

在执行中，双方当事人自行和解达成协议的，执行员应当将协议内容记入笔录，由双方当事人签名或者盖章。

申请执行人因受欺诈、胁迫与被执行人达成和解协议，或者当事人不履行和解协议的，人民法院可以根据当事人的申请，恢复对原生效法律文书的执行。

7. 执行担保

在执行中，被执行人确有困难暂时没有偿付能力时，向人民法院提供担保，并经申请执行人同意的，由人民法院决定暂缓执行及暂缓执行的期限，但最长期限不得超过1年。被执行人或担保人对担保的财产在暂缓执行期间有转移、隐匿、变卖、毁损等行为的，人民法院可以恢复强制执行。被执行人在人民法院决定暂缓执行的期限届满后仍不履行义务的，人民法院可以直接执行担保财产，或者裁定执行担保人的财产，但执行担保人的财产以担保人应当履行义务部分的财产为限。

8. 执行承担

执行承担，是指在执行程序中由于出现特殊情况，被执行人的义务由其他的公民、法人或组织履行。执行承担在下列情况下发生：①作为被执行人的公民死亡的，其遗产继承人没有放弃继承的，人民法院可以裁定变更被执行人，由该继承人在遗产的范围内偿还债务。继承人放弃继承的，人民法院可以直接执行被执行人的遗产；②作为被执行人的法人或其他组织分立、合并的，其权利义务由变更后的法人或其他组织承受；被撤销的，如依有关实体法的规定有权利义务承受人的，可以裁定该权利义务承受人为被执行人；③其他组织在执行中不能履行法律文书确定的义务的，人民法院可以裁定执行对该其他组织依法承担义务的法人或公民个人的财产；④在执行中，作为被执行人的法人或其他组织名称变更的，人民法院可以裁定变更后的法人或其他组织为被执行人。

9. 执行回转

执行回转，是指执行完毕后，由于法定原因使已经被执行的财产的一部或全部返还给被执行人，恢复至执行程序开始前的状况。执行回转的原因有：执行完毕后，据以执行的判决、裁定和其他法律文书确有错误，被人民法院撤销；法律规定由人民法院执行的其他法律文书执行完毕后，该法律文书被有关机关依法撤销。执行回转应由人民法院做出执行回转的裁定，责令取得财产的人返还财产。

## 二、执行开始

（一）申请执行

申请执行是指享有权利的一方当事人根据生效的法律文书，在对方拒不履行义务的情况下，可以向有管辖权的人民法院申请执行。

1. 对生效裁决和调解书的申请执行

根据《民事诉讼法》的规定，发生法律效力的民事判决、裁定、调解书和其他应由人民法院执行的法律文书，当事人必须履行。一方当事人拒绝履行的，对方当事人可以向人民法院申请执行。

2. 对仲裁裁决的申请执行

根据《民事诉讼法》第二百三十七条的有关规定，对依法设立的仲裁机构的裁决，一方当事人不履行的，对方当事人可以向有管辖权的人民法院申请执行。受申请的人民法院应当执行。被申请人提出证据证明仲裁裁决有下列情形之一的，经人民法院组成合议庭审查核实，裁定不予执行：①当事人在合同中没有订有仲裁条款或者事后没有达成书面仲裁协议的；②裁决的事项不属于仲裁协议的范围或者仲裁机构无权仲裁的；③仲裁庭的组成或者仲裁的程序违反法定程序的；④裁决所根据的证据是伪造的；⑤对方当事人向仲裁机构隐瞒了足以影响公正裁决的证据的；⑥仲裁员在仲裁该案时有贪污受贿，徇私舞弊，枉法裁决行为的。人民法院认定执行该裁决违背社会公共利益的，裁定不予执行。裁定书应当送达双方当事人和仲裁机构。仲裁裁决被人民法院裁定不予执行的，当事人可以根据双方达成的书面仲裁协议重新申请仲裁，也可以向人民法院起诉。

3. 对公证机关依法赋予强制执行效力的债权文书的申请执行

《民事诉讼法》规定，对公证机关依法赋予强制执行效力的债权文书，一方当事人不履行的，对方当事人可以向有管辖权的人民法院，即被执行人住所地或被执行财产所在地的人民法院申请执行。

申请执行的期间为2年，申请执行时效的中止、中断，适用法律有关诉讼时效中止、中断的规定。2年的期间，从法律文书规定履行期间的最后一日计算；法律文书规定分期履行的，从规定的每次履行期间的最后一日起计算；法律文书未规定履行期间的，从法律文书生效之日起计算。

（二）移送执行

移送执行是指人民法院的裁判发生法律效力后，由审理该案的审判人员将案件直接交付执行人员执行，从而开始执行程序的行为。

根据《民事诉讼法》的有关规定，移送执行的案件主要有：①判决、裁定具有交付赡养费、抚育费、扶养费、医药费等内容的案件；②具有财产执行内容的刑事判决书、裁定书；③审判人员认为涉及国家、集体或者公民重大利益的案件。

（三）执行措施

执行措施，是指人民法院依照法定程序，强制执行生效法律文书的方法和手段。

《民事诉讼法》根据不同的执行对象规定了不同的执行措施：①查询、冻结、划拨被执行人的存款；②扣留、提取被执行人的收入；③查封、扣押、拍卖、变卖被执行人的财产；④搜查被执行人的财产；⑤强制被执行人交付法律文书指定的财物或票证；⑥强制被执行人迁出房屋或退出土地；⑦强制被执行人履行法律文书指定的行为；⑧办理财产权证照转移手续；⑨强制被执行人支付迟延履行期间的债务利息及迟延履行金。

### 三、执行中止和执行终结

（一）执行中止

执行中止是指在执行过程中，由于某种特殊情况的发生而暂时停止执行程序，待该情况消除后再恢复执行程序的制度。

执行过程中，遇到以下情况，人民法院应当中止执行：①申请人表示可以延期执行的；②案外人对执行标的提出确有理由的执行异议的；③作为一方当事人的公民死亡，需要等待继承人继承权利或承担义务的；④作为一方当事人的法人或其他组织终止，尚未确定权利义务承受人的；⑤人民法院认为应当中止执行的其他情形，如在司法实践中被执行人下落不明的情况。

（二）执行终结

执行终结是指在执行过程中，由于发生某些特殊情况，执行程序不可能或没有必要继续进行，从而结束执行程序的制度。

在执行过程中，引起执行终结的情况有：①申请人撤销执行申请的；②据以执行的法律文书被撤销的；③作为被申请执行人的公民死亡，无遗产可供执行，又无义务承担人的；④追索赡养费、抚养费、抚育费案件的权利人死亡的；⑤作为被执行人的公民因生活困难无力偿还借款，无收入来源，又丧失劳动能力的；⑥人民法院认为应当终结执行的其他情形。

# 【练习题】

## 一、单项选择题

1. 下列说法正确的是（　　）
   A. 调解具有合同法上的意义
   B. 调解协议不具有法律上的强制性
   C. 经过调解双方达成协议的，当事人不可以起诉
   D. 调解是用一定的法律规范和道德规范劝导冲突双方

2. 下列哪种说法错误？（　　）
   A. 在国内结婚并定居国外的华侨，如定居国法院以离婚诉讼须由婚姻缔结地法院管辖为由不予受理，当事人向人民法院提出离婚诉讼的，可由一方在国内的最后居住地人民法院管辖
   B. 在国外结婚并定居国外的华侨，如定居国法院以离婚诉讼须由国籍所属国法院管辖为由不予受理，当事人向人民法院提出离婚诉讼的，可由一方原住所地人民法院管辖
   C. 中国公民一方居住在国外，一方居住在国内，不论哪一方向人民法院提起离婚

诉讼，国内一方住所地的人民法院都有权管辖。如国外一方在居住国法院起诉，国内一方向人民法院起诉的，由居住国法院和人民法院协商管辖

　　D. 中国公民双方在国外但未定居，一方向人民法院起诉离婚的，应由原告或者被告原住所地的人民法院管辖

3. 人民法院发现受理的案件不属于本院管辖的（　　）

　　A. 应当报请上级人民法院，上级人民法院同意后移送有管辖权的人民法院

　　B. 受移送的人民法院应当报请上级法院，上级人民法院同意后方可受理

　　C. 受移送的人民法院认为受移送的案件依照规定不属于本院管辖的，应当报请上级人民法院指定管辖

　　D. 受移送的人民法院认为受移送的案件依照规定不属于本院管辖的，可以再自行移送有管辖权的法院

4. 甲收到一份人民法院的判决书，其送达日期为（　　）

　　A. 法院发出判决书之日期

　　B. 邮递员送达到甲家之日期

　　C. 甲在送达回证上的签收日期

　　D. 法院收到送达回证之日期

5. 甲公司在上海与日本乙公司签订一份买卖合同，合同约定乙公司向甲公司供应机器设备，经甲公司检验，发现其中4台机器存在严重质量问题，经协商未能解决，甲公司向我国人民法院起诉，要求乙公司承担违约责任。则（　　）

　　A. 只能适用我国民事诉讼法

　　B. 能适用日本民事诉讼法

　　C. 如果双方在合同中选择适用第三国民事诉讼法的，也可以适用第三国民事诉讼法

　　D. 双方没有做出选择的，由人民法院决定适用我国或日本的民事诉讼法

6. 甲、乙两人因合同纠纷向a县人民法院起诉，a县人民法院受理后经审查发现该纠纷不属自己管辖，遂移送b县人民法院。b县人民法院接受到案件后，认为依照规定该纠纷也不属于本院管辖，b县人民法院应当如何处理？（　　）

　　A. 将该案退给a县人民法院

　　B. 报请共同上级人民法院管辖

　　C. 再行移送有管辖权的人民法院

　　D. 报请上级人民法院指定管辖

7. 对终结执行，人民法院应当（　　）

　　A. 当面告知当事人　　　　　　　B. 书面通知当事人

　　C. 做出书面裁定　　　　　　　　D. 做出书面决定

8. 甲向A区人民法院起诉乙，乙对管辖权提出异议，一审法院裁定驳回管辖异议，乙不服向中级人民法院提起上诉，在此期间，甲向A区人民法院提出撤诉申请，人民法院应当如何处理？（　　）

　　A. 一审法院裁定准予撤诉

　　B. 二审法院裁定准予撤诉

    B. 将案件移送到 B 市 D 区法院

    C. 将案件移送到 B 市 E 区法院

    D. 将案件报送 B 市中级法院指定管辖

6. 审判监督程序的发生，可以基于（ ）

    A. 本法院基于审判监督权决定的再审

    B. 上级人民法院基于审判监督权决定的再审

    C. 当事人基于诉权的申请再审

    D. 检察院基于检察监督权依法抗诉的再审

7. 民事诉讼证据具有以下几个特征（ ）

    A. 关联        B. 客观        C. 合法性        D. 真实性

8. 下列哪些事实当事人无须举证证明，当事人有相反证据足以推翻的除外？（ ）

    A. 众所周知的事实

    B. 根据法律规定或者已知事实和日常生活经验法则能推定出的另一事实

    C. 已为人民法院发生法律效力的裁判所确认的事实

    D. 已为仲裁机构的生效裁决所确认的事实

9. 依督促程序，申请支付令的范围公限于（ ）

    A. 给付票证                B. 给付特定的实物

    C. 给付金钱                D. 给付有价证券

10. 我国《民事诉讼法》规定，下列民事主体中不适用破产还债程序？（ ）

    A. 私营有限责任公司        B. 个体工商户

    C. 个人合伙              D. 未取得法人资格的联营企业

## 三、判断题

1. 书记员、翻译人、人民陪审员、鉴定人都适用回避制度。（ ）

2. 民事诉讼当事人都依法享有诉权。（ ）

3. 人民调解委员会是在基层人民政府和基层人民法院指导下，调解民间纠纷的群众性组织。（ ）

4. 送达人是被监禁的，送达的诉讼文书通过其家属转交。（ ）

5. 适用简易程序审理的民事案件，由审判员一人独任审理。（ ）

6. 当事人一方或者双方为二人以上，其诉讼标的是共同的为共同诉讼。（ ）

7. 因共同海损提起的诉讼，只能由共同海损理算地或者航程终止地的人民法院管辖。（ ）

8. 如果证人与当事人有利害关系，该证人就应该回避。（ ）

9. 证人确有困难不能出庭的，经人民法院许可，可以提交书面证言。（ ）

10. 期间包括法定期间和指定期间。（ ）

11. 受送达人收到送达文书的日期为送达日期。（ ）

12. 人民院进行调解，由合议庭主持。（ ）

13. 申请人在人民法院采取保全措施后 10 日内不起诉的，人民法院应当解除财产保全。（ ）

14. 法人的住所地是指法人的主要营业地或者法人的注册地。　　　（　）

15. 铁路运输合同纠纷及与铁路运输有关的侵权纠纷，由纠纷发生地和侵权行为地法院管辖。　　　（　）

16. 被代理人和代理人承担连带责任的，为共同诉讼人。　　　（　）

17. 在诉讼中，无独立请求权的第三人有当事人的诉讼权利义务，判决承担民事责任的无独立请求权的第三人有权提出上诉。　　　（　）

18. 判决宣告票据无效的，可由审判员一人独任审理。　　　（　）

19. 双方当事人对合同纠纷自愿达成书面仲裁协议向仲裁机构申请仲裁、不得向人民法院起诉的。　　　（　）

20. 原告增加诉讼请求，被告提出反诉，第三人提出与本案有关的诉讼请求，可以合并审理。　　　（　）

21. 人民法院对涉及青少年的不公开审理的案件，判决不公开宣告。　　　（　）

22. 依法不准上诉或者超过上诉期没有上诉的判决、裁定，是发生法律效力的判决、裁定。　　　（　）

23. 当事人不服地方人民法院第一审裁定的，有权在裁定书送达之日起15日内向上一级人民法院提起上诉。　　　（　）

24. 按照审判监督程序决定再审的案件，裁定中止原判决的执行。　　　（　）

25. 一方当事人不履行仲裁裁决的，对方当事人可以向被申请人住所地或者财产所在地的中级人民法院申请执行。　　　（　）

## 四、简答题

1. 简述辩论原则的内容。

2. 简述诉讼代理人的特征。

3. 简述证据保全的概念和条件。

4. 不适用简易程序的案件包括哪些?

5. 审判监督程序有哪些特点?

## 五、案例分析

1. 甲县某加工厂和庚县某食品厂于 2005 年 10 月 1 日在乙县签订了一份食品加工承揽合同。约定:"运输方式:加工厂代办托运;履行地点:加工厂在丙县的仓库。发生纠纷则在丁县仲裁委员会仲裁,也可以向乙县和丁县的人民法院起诉。"合同签订后,加工厂即在其设在戊县的分厂进行加工,并在戊县车站发货。食品厂收货后即投入使用。因食品质量不合格,致使食品厂损失 5 万多元。两厂协商未果。根据以上材料,回答下列问题:

(1) 该合同纠纷应通过仲裁解决还是诉讼解决?

(2) 丁县法院是否有管辖权? 为什么?

(3) 乙县法院是否有管辖权? 为什么?

2. 甲是 A 市某中学教师,1994 年 8 月,甲外出旅游一直未归,甲的妻子和甲的父母寻找未果。2000 年,甲某所在学校向 A 市人民法院提出宣告甲死亡的申请,A 市人民法院受理后,发出寻找甲某的公告。公告期届满后,人民法院做出宣告失踪的裁定。某中学不服裁定,便向上级法院。根据以上材料,回答下列问题:

（1）法律对宣告失踪和宣告死亡的公告期间是如何规定的？

（2）该案在程序上有哪些错误？

3. 甲将祖屋四间卖给乙，双方于 2007 年 8 月 1 日在 D 市签订了房屋买卖合同，合同约定：2007 年 9 月 1 日，乙将价金 40 万交付给甲，交付价金后的 15 日以内，甲和乙到有关部门办理房屋产权变更登记，同时，甲担心乙到时改变主意，自己再找买主比较浪费时间，于是在合同中约定了定金条款和违约金条款，约定由乙于 8 月 5 日交付定金 3 万给甲；同时任何一方违约的，由违约方向非违约方支付违约金 4 万。8 月 5 日，乙将定金交付给了甲。9 月 1 日届至，甲催乙付款，乙一直口头表示答应，却延迟至 10 月 5 日，都没有交付 40 万。10 月 30 日，甲诉至法院要求乙支付房款及违约金。诉讼中，甲的妹妹丙得知该情况，于是向法院主张，这四间房屋中有两间是自己的，请求法院确认自己对的两间房屋的所有权，并请求返还房屋。根据以上材料，回答下列问题：

（1）诉讼中，乙认为甲只能要求自己支付房款，并且甲只能主张定金。问法院是否会支持乙的主张？

（2）本案诉讼参加人的地位如何？

# 【参考答案】

## 一、单项选择题

1. B　2. C　3. C　4. C　5. A　6. D　7. C　8. C　9. B　10. C　11. D　12. A　13. D
14. A　15. A　16. C　17. A　18. A　19. D　20. A

## 二、多项选择题

1. ABCD　2. BC　3. ABC　4. ABCD　5. BCD　6. ABCD　7. ABC　8. ABCD
9. CD　10. BCD

## 三、判断题

1. √　2. √　3. √　4. ×　5. √　6. √　7. ×　8. ×　9. √　10. √　11. ×　12. ×
13. ×　14. √　15. ×　16. √　17. √　18. ×　19. √　20. √　21. ×　22. √
23. ×　24. √　25. √

## 四、简答题

1. 答：（1）辩论权的行使贯穿于诉讼的整个过程。

（2）辩论的内容既可以是程序方面的问题，也可以是实体方面的问题，内容要以案件事实为基础，围绕争论的焦点展开。

（3）审判人员要充分保障当事人各方平等的、充分地行使辩论权。

（4）辩论的表现形式及方式可以口头形式进行，也可以书面行使表达。

2. 答：（1）诉讼代理人必须以被代理人的名义进行诉讼。

（2）诉讼代理人是有诉讼行为能力和一定的诉讼知识。

（3）在代理权限内实施诉讼行为。

（4）诉讼代理行为产生的法律后果由被代理人承担。

（5）同一诉讼代理人只能代理一方当事人，不能同时代理双方当事人。

3. 答：证据保全指证据有可能毁损、灭失或以后难以取得的情况下，人民法院对证据进行保护，以保证其证明力的一项措施。

条件：（1）待保全的事实材料存在毁损、灭失或以后难以取得的可能性；（2）就时间而言，在需要进行保全的时刻；（3）待保全的证据还没有到可将证据提交到法院的时刻或当事人无法将该证据提交法院；（4）待保全的事实材料应当与案件所涉及的法律关系有关。

4. 答：（1）起诉时被告下落不明的。

（2）发回重审的。

（3）共同诉讼中一方或双方当事人人数众多的。

（4）法律规定应当适用特别程序、审判监督程序、督促程序、公示催告程序和企业法人破产程序的。

（5）人民法院认为不适宜适用简易程序的。

（6）已经按照普通程序审理的案件，在审理过程中无论是否发生情况变化，都不得改用简易程序审理。

5. 答：（1）依审判监督程序法院审理的对象是已经发生法律效力的裁判，既包括第一审法院审理的已发生的法律效力的判决、裁定或者调解协议，也包括二审法院审理的已生效的判决、裁定或者调解协议。

（2）提起审判监督程序的主体必须是特定的机关和人员：本级人民法院院长、上级人民法院、最高人民法院、享有审判监督权的人民检察院及符合再审申请条件的当事人。

（3）提起审判监督程序的前提条件，必须是案件的裁判在认定事实或适用法律上确有错误。

（4）审判监督程序提起时限的规定与其他程序不同，除当事人申请再审须在裁判发生法律效力后 6 个月提出外，无论是人民法院按审判监督程序提起再审，还是人民检察院基于审判监督权提起抗诉，都不存在时间的限制，只要符合法定的再审条件，任何时间都可提起再审。

（5）审判监督程序审理的对象是已经发生法律效力的有错误的裁判。

（6）人民法院审理再审案件适用的程序取决于生效裁判的情况。生效裁判是第一审法院做出的，按照一审程序审理；生效裁判是由第二审法院做出的，按照第二审程序审理。

（7）按照审判监督程序再审的案件，应当裁定中止原裁判的执行。

## 五、案例分析

1. 答：（1）应通过诉讼解决。理由：根据《仲裁法》的规定，仲裁委员会可以在直辖市和省、自治区人民政府所在地设立或在其他设区的市设立，县不设仲裁委员会。

（2）丁县法院无管辖权。虽然合同双方当事人可以在书面合同中协议选择管辖法院，但必须在和合同纠纷有实际联系的地点中选择法院。丁县和合同纠纷无实际联系，所以丁县法院无管辖权。

（3）乙县法院有管辖权。因为乙县虽是合同签订地，但因合同选择两个法院管辖，该选择管辖协议无效。

2. 答：（1）宣告失踪的公告期间为 3 个月，宣告死亡的公告期间为一年。因意外事故下落不明，经有关机关证明该公民不可能生存的，宣告死亡的公告期间为 3 个月。

（2）首先，人民法院不应受理某中学的申请。因为申请宣告公民死亡必须由该公民的利害关系人即公民的配偶、父母、成年子女或其他近亲属等提出，且在前一申请宣告死亡的利害关系人有顺序上的限制。其次，公告期间届满，人民法院应当根据被宣告失踪、宣告死亡的事实是否得到确认，做出宣告失踪、宣告死亡的判决或者驳回申请的判决，而非使用裁定。再次，依特别程序审理的案件，是一审终审，不得上诉。

3. 答：（1）不会支持。既约定违约金又约定定金的，非违约方可以选择适用其中任何一条款，但不能同时适用。

（2）甲与乙因房屋买卖发生纠纷，甲向法院提起诉讼，要求乙支付房款和违约金，因此，甲是原告，乙是被告。丙对甲和乙合同中争议的房屋主张其中两间属于自己的，该请求权是独立的，因而丙是有独立请求权的第三人。

# 参考文献

[1] 王利明主编：《民法》，中国人民大学出版社 2010 年版。

[2] 马俊驹、余延满：《民法原论》（第四版），法律出版社 2010 年版。

[3] 吴汉东主编：《知识产权法》，北京大学出版社 2011 年版。

[4] 郑成思：《知识产权论》，法律出版社 1998 年版。

[5] 李明舜：《婚姻家庭继承法学》，武汉大学出版社 2011 年版。

[6] 马克昌主编：《刑法》，高等教育出版社 2010 年版。

[7] 张明楷：《刑法学》，法律出版社 2007 年版。

[8] 张卫平：《民事诉讼法》，法律出版社 2009 年版。

[9] 江伟主编；《民事诉讼法》，中国人民大学出版社 2007 年版。

[10] 陈卫东主编；《刑事诉讼法》，中国人民大学出版社 2012 年版。

[11] 陈光中主编；《刑事诉讼法》，北京大学出版社 2012 年版。

[12] 马怀德主编；《行政诉讼法学》，北京大学出版社 2004 年版。

[13] 应松年主编：《行政诉讼法学》，中国政治大学出版社 2011 年版。

[14] 姜明安主编；《行政法与行政诉讼法》，北京大学出版社 1999 年版。

[15] 张文显：《法理学》，中共中央党校出版社 2002 年版。

[16] 孙笑侠主编：《法理学》，清华大学出版社 2008 年版。

[17] 胡锦光、任端平编著：《宪法学》，中国人民大学出版社 2003 年版。

[18] 张千帆主编：《宪法学》，法律出版社 2004 年版。

图书在版编目（CIP）数据

云南省法检两院录用工作人员考试．法律专业知识教
程/马慧娟主编．—昆明：云南大学出版社，2015
ISBN 978 - 7 - 5482 - 2296 - 5

Ⅰ．①云… Ⅱ．①马… Ⅲ．①法律—中国—法律工作
者—资格考试—自学参考资料 Ⅳ．①D92

中国版本图书馆 CIP 数据核字（2015）第 081699 号

# 云南省法检两院录用工作人员考试
# 法律专业知识教程

马慧娟　主编

策划编辑：李俊峰
责任编辑：李　红
封面设计：刘文娟
出版发行：云南大学出版社
印　　装：昆明卓林包装印刷有限公司
开　　本：787mm×1092mm　1/16
印　　张：37.5
字　　数：936 千
版　　次：2015 年 5 月第 1 版
印　　次：2015 年 5 月第 1 次印刷
书　　号：ISBN 978 - 7 - 5482 - 2296 - 5
定　　价：66.00 元

社　　址：云南省昆明市翠湖北路 2 号云南大学英华园内
　　　　　（邮编：650091）
发行电话：0871 - 65033244　65031071
E - mail：market@ ynup. com